垂帘听政

慈禧太后

上册

中国历代风云人物

苏 跃◎著

中国铁道出版社有限公司
CHINA RAILWAY PUBLISHING HOUSE CO., LTD.

图书在版编目（CIP）数据

垂帘听政：慈禧太后：全2册 / 苏跃著. — 北京：中国
铁道出版社，2017.3（2021.9重印）
　（中国历代风云人物）
　ISBN 978-7-113-22840-8

Ⅰ.①垂… Ⅱ.①苏… Ⅲ.①西太后(1835-1908) – 传记
Ⅳ.①K827 = 52

中国版本图书馆CIP数据核字(2017)第025816号

书　　名：垂帘听政：慈禧太后
作　　者：苏　跃

责任编辑：付巧丽	电　　话：（010）51873038
封面设计：MXK DESIGN STUDIO	电子邮箱：tiedaolt@163.com
责任印制：赵星辰	

出版发行：中国铁道出版社有限公司（北京市西城区右安门西街 8 号，100054）
印　　刷：三河市燕春印务有限公司
版　　次：2017年3月第1版　2021年9月第2次印刷
开　　本：787mm×1092mm　1/16　印张：33　字数：629千字
书　　号：ISBN 978-7-113-22840-8
定　　价：83.00元（全二册）

目 录

【第一回】

舍花猫幼女多智，拒青梅兰儿心坚

"哇、哇、哇……" 一番撕心裂肺般的阵痛，一阵哭号，一个女婴诞生了。

女孩被裹在小包被里，这个小包被玉白色底子，上面撒满一束束兰花，很好看。惠征见状，脱口而出："兰儿，对，孩子就叫兰儿吧！"

做父亲的用心良苦，他给女儿起名"兰儿"，是希望女儿朴实无华、清淡雅致、别具一格。

叶赫那拉·兰儿在父母的呵护下幸福地生活着。一眨眼的工夫，她四岁了。俗话说："一岁看大，三岁知老。"小小年纪的她已显示出干练与不凡。

在北京锡拉胡同住的，没有几个富裕户，相比之下，叶赫那拉家算是家境好一点的。尤其兰儿三四岁的时候，祖父景瑞当个小官差，也算是吃皇粮的。父亲惠征又考取了进士，花了不少银子，总算得了个不错的差事，即吏部文选司主事。官职虽不高，但油水却不少，叶赫那拉家境况日渐好转。天性好强的兰儿总觉得自己高人一等，虽然她还很小，但已表现出对权力的强烈欲望。每次和邻居的孩子们一块儿玩耍时，她总要想方设法占上风，不然，她便大哭大闹。因此，这几户人家的孩子都让着她。时间一长，便养成了她的霸道性格。

过了三年，叶赫那拉家又生了一个女儿。第二个女儿的到来，令做父母的很有些不悦。但八岁的兰儿很喜欢妹妹蓉儿，因为蓉儿生性懦弱，不哭也不闹。

叶赫那拉·景瑞一生没什么作为，他没有为叶赫家光耀门楣，到了晚年，心底深处很有些落寞。他整天抑郁寡欢，唯有两个小孙女还能让他笑一笑。他发现大孙女兰儿与其他同龄的孩子不一样，兰儿有主见，不善于听从别人的意见。而且有时心地不那么善良，甚至有些狠。老爷子不知这秉性对兰儿来说是福还是祸。叶赫家养了一只小花猫，这是邻居陈二妹送给兰儿的。兰儿很疼爱它，每天吃饭的时候，总忘不了给小花猫喂几口好吃的。有时，她自己不舍得吃也要把猫喂饱。小花猫很爱吃鱼，可是，家境并不太富裕的兰儿，一连好几天也难得吃上一次鱼，小猫当然连鱼头、鱼刺也吃不上。兰儿看在眼里，疼在心里。小猫整天绕在她的脚边转，和她很有些感情。

这一天，惠征领了薪俸，兰儿央求母亲富察氏买条鱼来，一则自己嘴馋了，二来小花猫也能开开荤。于是，一条活蹦乱跳的鲤鱼便挂在了厨房里。之后，兰儿到邻居家去找比她大三岁的小月跳皮筋。一个时辰后，兰儿回来只见富察氏坐在厨房门前，面带怒容。

"额娘，我饿了。"

"兰儿，今天吃不成鱼了。"

"不嘛，我要吃鱼。再说，小花猫也该吃鱼骨头了。"

"它早就饱餐一顿了。"

"怎么回事儿？"兰儿有些不解，明明早上小花猫一见不带腥味的剩饭，它掉头就跑，没吃什么呀。

富察氏生气地说："生鱼挂在厨房，被它吃了。"

兰儿一听，也很生气："小花猫真烦人，一点儿也不给我留。"

富察氏接着说："也不只是咱们家的小花猫自己干的。"

"还有谁？谁家的猫？"

兰儿更生气，居然还有"帮凶"，岂有此理！

"还不是陈二妹和张大娘家的猫，而且那两只猫比咱们家的小花猫吃得更多。"

兰儿跑出院子一看，三只饱餐一顿的小猫正懒洋洋地晒着太阳。而且，别人家的那两只，肚子圆滚滚的。兰儿气得直跺脚，"额娘，你把那两只小猫唤进来，好吗？"

"干什么？"富察氏不解其意。

兰儿气呼呼地说："必须惩罚偷嘴的馋猫。"

富察氏摇了摇头说："算了，明天再买条鱼吧，今天也怪我没看好。"

兰儿不依不饶，央求母亲："我不会打死它们的，但今天就这么过去了，以后它们还会偷嘴。"

富察氏觉得兰儿的话也有道理，便"咪、咪、咪"地唤小猫。三只小猫全来了，兰儿把厨房门一关，然后放走自己心爱的小花猫，留下邻居家的。富察氏只顾生火做饭，并未理会兰儿。

兰儿先把小猫唤到墙角处，然后猛一扑，双手紧紧抓住了一只大黑猫，另一只见状，蹿了，跳到了窗户上，逃命去矣。

被抓住的这只大黑猫竭力挣扎，兰儿使尽全身的力气，死死掐住它的脖子。

富察氏见状忙喊："快放手，快放手，不然会掐死它的。"

兰儿眼里冒着凶恶的光，这是富察氏以前从未见过的。富察氏虽然也知道兰儿个性强，但还不会料到女儿是这么狠。当富察氏来抢夺大黑猫时，大黑猫惨叫着，兰儿狠狠地将它一掷。可怜的大黑猫在地上动弹了几下，断了气。

富察氏焦急地嚷着："兰儿，看你干了什么事儿。"

兰儿有些惊慌失措，低声说："它怎么就死了呢？"

富察氏有些不安，她担心刚才小猫的惨叫会被它的主人张大娘听见，过一会儿，张大娘找不到大黑猫，她一定会"兴师问罪"的。

张大娘可不是个善茬儿，一旦证实大黑猫死在叶赫家，肯定会闹得不可开交。年纪小小的兰儿明白这一点。她跑到屋外，母亲默默地做着饭，母女俩心里都有些忐忑不安。这一天下午平安无事。到了晚上，富察氏还不见自家的小花猫来吃剩饭，还认为它中午偷吃鱼儿撑着了。兰儿端着碗，好像咽不下饭，富察氏觉得女儿怪怪的。可是，繁重的家务已累得她喘不过气来，她哪儿还有工夫去过问兰儿呢？

"嘭、嘭、嘭……"

一阵急促的敲门声，是隔壁的张大娘来了。她的脸色阴沉沉的。自知理亏的富察氏连忙放下碗筷来招呼客人。张大娘四处环视了一下，说："我家的那只大黑猫一定又跑到你这里淘气了。"

富察氏一言不发，兰儿连忙说："张奶奶，我们没见大黑猫。"油灯下，富察氏看不清女儿是否脸红。

张大娘直截了当地说："中午陈二妹明明看见她家的猫与我们的大黑猫一块儿跑进你们的院子，后来，她的猫回来了，我们的呢？"

兰儿嘴一撇，生气似的说："张奶奶，您没让兰儿看大黑猫吧？"

一听这话儿有刺，张大娘便说："话是这么说，可是一墙之隔，中午我听得清楚，有猫儿的惨叫声，还有你母女的说话声。"

兰儿脚一跺，说："不错，我是打馋嘴猫了，不过打死的不是你家的大黑猫，而是我的小花猫。"

张大娘冷冷地哼了一声，兰儿转身出屋，回来时，她手中拎着一只死猫，是兰儿最心爱的小花猫。

张大娘无话可说，搭讪着："我再找找去，不打扰了，你们吃饭吧。"

张大娘努力地苦笑了一下。

富察氏震惊了："怎么，兰儿这么有心计！"

邻居走后，兰儿把死猫一扔，坐在小板凳上就哭，她哭得好伤心。

中午，她左思右想，预料到一墙之隔的张奶奶能听到这边的动静，该如何了结此事呢？只有这样了！她把心爱的小花猫抱在怀里，为它梳理毛发。当小花猫安心地在她怀里睡熟的时候，兰儿心一横，掐死了它。小花猫竟连一声惨叫也没有，便为了小主人兰儿"捐躯了"。

富察氏抚摸着女儿的黑发，难过地说："兰儿，你是个姑娘家，心不该这么狠。"

兰儿辩解道："额娘，我不这么做，张奶奶肯罢休吗？"

富察氏轻轻叹了口气，接着说："兰儿，你都八九岁了，不能一天到晚像个男孩子，你应该改一改自己的脾气，收收心，学做一个娴雅的姑娘。"

兰儿何尝不想做个好姑娘。毕竟是女孩子，看到邻居大娘、大婶、大姐都做一手好针线活，她也曾经动过心，想学一点儿。只是母亲总认为兰儿还是个孩子，没有教过女儿。今天发生的事情，让富察氏震惊：女儿长大了，长心眼了，应该尽快给她立规矩。

到了晚上，惠征夫妇谈论到兰儿，富察氏显然有些悲哀，说："兰儿不像其他姑娘那样温和、柔顺，今天发生的事情，很让我伤心，咱们的女儿有些心狠，不像你，也不像我。这样下去，真令人担忧。"

惠征已听说了白天发生的事情，他也感慨道："当初，我给她起'兰儿'这个名字的时候，是希望女儿有兰花一样的品质，蕙兰幽雅、花香袭人。"

富察氏叹了口气，低声说："这是上天安排的吧，老天爷不让咱们有个文雅的好姑娘，只有认命了。"

惠征沉思了一会儿，像是对妻子说，也像是自言自语：

"对，兰儿都八九岁了，还没受过什么教育，这是我的过错。不受教育是不行的。"

妻子似有所领悟，点头赞同他的话。

惠征拨亮了油灯，坐了起来，声音比刚才大多了，说："从明天起，就让兰儿上学去。"

"女孩子读什么书，咱们家眼见着又要添张嘴。"富察氏瞅着自己那隆起的腹部，一脸的愁云。

惠征被妻子一提，倒来了精神。

虽然他只是做个小官，但养活一家人还是没问题的。自从两个女儿出世后，他做梦都想有个儿子。

惠征反驳道："女孩子也要读书。前些年，我曾教兰儿识过几个字，她很聪明，一定能读好书的。"

丈夫这一提，富察氏想起了四年前的一件事：

那日，也是皓月当空的夜晚，春夜的风，柔和，撩拨人心。夫妻俩在油灯下，一个读书，一个做针线活儿。

小兰儿躺在母亲的身边怎么也睡不着。

富察氏轻声地说："兰儿，快睡吧。你看，月宫里的嫦娥在看着你呢，你不睡觉，她要生气了。"

"额娘，月亮姥姥怎么有时亮，有时暗？"

本来富察氏是想哄女儿快快入睡，谁知她这一提，兰儿更没有睡意了。她干脆坐了起来。

"额娘，嫦娥抱的小兔和咱们家的小白兔一样吗？"

富察氏笑了笑，她笑女儿的天真，又不好回答女儿，便说："问你阿玛吧，他懂的比我多。"

惠征放下书来，抚摸着女儿的头，说："人家都这么说，月宫里有什么，我也不知道。至于有明有暗，那是因为有初一，还有十五。"

其实，惠征也解释不通月有阴晴圆缺的道理，他生怕女儿再问下去，连忙岔开话题，说："兰儿，今晚的月光特别美，你看那一轮明月挂在天空，这叫皓月当空。古代有位大诗人叫李白，他写过一首诗《静夜思》，阿玛教你背诵它，好吗？"

"李白？诗？背诵？阿玛，我听不懂。"

小兰儿真的听不懂这些词儿，父亲耐心地说："别着急嘛，我多教你几遍就会了。"

惠征清了清嗓子，抑扬顿挫地背诵着。

"床前明月光，疑是地上霜。举头望明月，低头思故乡。"

兰儿认真地听着，她那美丽的眸子放射出异彩来。父亲又背读了两遍，兰儿轻声地跟着读。读着读着，她合上了眼睛。

第二天一大早，兰儿一下子爬了起来，她揉揉眼皮，推醒惠征："阿玛，我想起了《静夜思》，我背给你听。"

兰儿一字不差地背诵着这首小诗，做父母的高兴极了，一个劲儿地夸女儿聪明。小兰儿也很有些沾沾自喜。

富察氏回忆着这件往事，她赞同丈夫的观点，兰儿很聪明，只是所受的学堂教育太少，显得不够文雅。

其实，兰儿比起其他女孩子来，致命弱点不是不够文雅，她身上也有着女孩子特有的文静。只不过，她心底的深处有些凶残的东西。这一点，在她成年，特别是进宫后表现得尤为突出。

惠征夫妇商量了一阵子，决定让女儿进私塾读书。就这样，叶赫那拉·兰儿接受了三四年的私塾教育。在道光年间，她算女子之中的"秀才"了。直到父亲调往安徽任职，她才辍学。兰儿读书很用功，她不但学会了《三字经》《诗经》，还学过《论语》《左传》《孔雀东南飞》《木兰诗》等。并且，在父亲惠征的严格要求下，还练得一手好字。尤其是她的小楷写得特别漂亮，深得父亲的赞赏。

在富察氏看来，大女儿兰儿聪明过人、机灵果断，但有些缺乏女孩子的温柔；二女儿蓉儿往往比不上姐姐的智力，但小小年纪的她心地善良、善解人意，又温柔可人；后来添的两个儿子中，大儿子照祥憨厚朴实，甚至显得有些木讷；小儿子尚幼，还未断奶，但从他那灵动的神情看来，倒有些像他大姐兰儿，也许将来会有些出息。

鉴于此，富察氏对四个儿女进行有重点的引导，尤其对兰儿，她费得心血更多。每个孩子在母亲的眼里都是可爱的，兰儿当然也不例外。富察氏坚信，只要自己不懈地耐心引导兰儿，她将来一定会成为她理想中的女孩子：既聪明伶俐，又温柔善良，以后能嫁个好丈夫。

惠征在皇城混了十几年，终于混出点名堂来了。中年时，被调往安徽池州府任职，做候补道员。

到池州后，叶赫那拉家日子一天比一天好过。兰儿也出落成一位漂亮的大姑娘了。十四五岁的少女似一朵荷花刚刚绽开花蕾，那么娇、那么嫩。读了几年的私塾，又加上母亲悉心的引导，兰儿有了很大的变化。

她举止优雅，谈吐不凡，落落大方，很有些大家闺秀的风范。惠征不希望女儿当女秀才，所以，他决定让兰儿辍学。兰儿在家中也帮母亲做些家务活，此外，还学会了绣花、做鞋、做衣等针线活。说起来，她有这些修养和技能，将来一定能嫁个好人家的。兰儿越长越漂亮，闲来无事时，她总爱对着大铜镜，左照右看，怎么也看不够自己。她学会了做衣服，便经常央求母亲给她买些好看的布来，自己动手缝制旗袍。她做的旗袍，每次都有些创新的款式，不但母亲夸奖她，就连邻居婶子、大娘也赞不绝口。有人还央求兰儿为她们做几件。

一般，兰儿不会帮别人做旗袍的。她深知自己的衣服之所以受到别人的夸奖，是因为它别致。这种"别致"一旦流传开来，不又变成一般了嘛。

富察氏总是尽量满足女儿的要求，三天两头便送给女儿一些新布料，兰儿扮演了"服装设计师兼模特儿"。时间一长，过于爱打扮的她引起了父亲的不满。

一天，兰儿又对着镜子，扯呀扯、量呀量，力求把上午刚完成的"杰作"改制得更完美。

惠征皱了皱眉头，说："兰儿，女孩子爱美是天性。你额娘做新娘子时比你还美，可是，爱美要有个分寸。阿玛注意你许久了，好像你几天就换一件新衣服。"

兰儿吃惊地问："怎么了？"

惠征答道："这样不好，太奢侈了。"

兰儿显然很不高兴。刚才，她的兴致还很高，被父亲一批评，她放下手中的活计，顶撞了起来："阿玛，您就是老脑筋。"

惠征被兰儿顶撞得也生气了，说："我就喜欢你在京城的时候，读书那么用功，不懂得吃穿打扮，那才是阿玛的好女儿。"

兰儿反驳道："现在我又不是不读书了，前几天，我还读了《长恨歌》。我打扮漂亮一些，有什么不好，额娘和邻居都夸我手巧呢。"

一听女儿读了《长恨歌》，惠征来了劲头儿。他只盼兰儿不要荒废学业。他想，姑娘大了，都爱梳妆打扮吧，做父亲的也许过问得太多了。

"兰儿，读了《长恨歌》，有什么感想？"

惠征总是不失时机地与女儿探讨什么诗呀、经呀、词呀，如果不是在大清道光年间，兰儿也许能考个什么"研究生"。

"《长恨歌》嘛，女儿感受最深的是：姊妹兄弟皆列土，可怜光彩生门户。遂令天下父母心，不重生男重生女。"

惠征一听，心中感慨颇多。这个女儿在做美梦，她梦想成为杨贵妃第二，可笑、可爱。

兰儿看出了父亲的心思，不屑地说："杨贵妃不过是个妃子，最后依然被赐死，她不是皇后，还称不上凤。我呀……"

她突然不说了，她只敢想，不敢说，她想说"我叶赫那拉·兰儿要做骑在龙上的凤"！

惠征苦笑了一下，说："兰儿，你也不小了，还像个小孩子，不能实现的事情就不要去想，免得越想越得不到手，心里苦。"

兰儿脱口而出："阿玛，你怎么能断言我想的得不到手呢？"

惠征摇了摇头，什么也没有说。

一晃又是两年过去了。惠征忘记了父亲景瑞的教训，做候补道员以来，一天比一天贪心，终于，东窗事发，叶赫那拉·惠征被革职了。

真是福无双至、祸不单行。被革职的惠征又得了肝病，叶赫家一下子又陷入了困境之中，家庭的重担一下子落到了十六岁的兰儿的肩上。

家庭的突然变故，使兰儿长大、成熟起来了。比起其他人家的女孩，她显得老练得多。她顾不得什么面子，父亲、母亲、弟弟、妹妹要吃饭，只靠母亲贩点日用货品是不够的。

原来惠征在职时，兰儿家有个丫鬟，能干些粗重的家务活，如今丫鬟用不起，家务便由兰儿包揽。此外，她还要替人家做做衣服以补贴家用。由于兰儿的针线活很别致，她不愁没"生意"，只是有时累得她两腿直打晃。

给人家做衣服，兰儿心里总有些不平衡。过去，家境好的时候，是别人看她不断地穿新衣服。可如今，是她看别人穿新衣服，那种隐痛只有兰儿自己才体会得出。可是，无奈，这就是人生吧。

虽然家庭陷入了贫困，兰儿不再像以前那么爱梳妆打扮，但青春的气息是挡不住的。特别是这些日子以来，兰儿变得更加漂亮了。她如出水芙蓉一般，一对水汪汪的眼睛左顾右盼，十分动人。

叶赫家隔壁住着一户姓荣的人家，这家两口子都上了年纪，靠卖早点为生。他们夫妇只生了一个儿子，叫荣禄，已经十九岁了。兰儿认得这个小伙子，并称他为"荣大哥"。荣大哥浑身有使不完的劲儿，每次见到兰儿，他都憨厚地一笑，兰儿也报之以甜甜的微笑，但他们俩从未单独相处过。

这一天，兰儿端着木盆到大清河边去洗衣服。河水清澈见底，小鱼儿在水中自由地游来游去，岸边杨柳拂面、小草茵茵。一群鸭子正嘎嘎叫着向河岸游来。

兰儿边洗衣服，边哼着小曲，十分惬意。不一会儿就洗好了衣服，她抬头一看，天色还早，环视一下左右无人，便迅速解散大辫子，在河里洗头。她那乌黑的秀发在清凌凌的河水中漂啊漂，她几乎陶醉了。

洗完头，她将一头秀发梳理通顺，披散在肩上，又将裙子撩起，坐在一块大石头上，用双脚拍击水面。很长时间以来，生活的重担压得她喘不过气来，她很少有今天这样的心情，不由得哼唱起江南小曲。本来，她是旗人，小时候又在京城生活，是不会唱江南小曲的。随父迁居安徽池州后，池州人杰地灵，山美水也美，陶冶了人们的情怀，以至于人人都会唱特别优美动人的江南小曲。兰儿跟别人学了《采莲曲》《紫竹小调》，还有《茉莉花》等曲，还都唱得不错。

边哼着小曲，边欣赏美丽如画的山水，是此时兰儿最大的精神享受。她看见远处的山，山上青一块、紫一块、绿一块；再看看近处的水，水中有十来枝荷花，荷叶上清水滴滴，水珠滚来滚去。远山近水，画面宜人。兰儿微闭双眼，进入遐想之中。暂时，她忘却了家事的烦恼，仿佛此时此刻，她进入了缥缈的仙界之中。

"吱、吱、吱……"由远而近，越来越近，是竹扁担发出的极富有节奏的声音。

兰儿不由得看了看，原来是荣大哥正挑着两只大木桶向河边走来。兰儿连忙将双脚收回，穿上了鞋子。荣大哥冲兰儿一笑，他打满了水，挑着担子走远了。

望着荣大哥远去的背影，兰儿的心怦然一动，心里想：多么健美的小伙子，魁梧的身材，宽厚的肩膀，还有那矫健的步伐，他那双大手一定十分有力。

兰儿不敢多想，她的脸有些发烫，毕竟是十六岁的大姑娘了，心中隐隐约约有一种渴望与遐思，但她实在不敢去深想。兰儿轻轻地抚摸着发烫的双颊，暗暗地对自己说："兰儿，千万不能胡思乱想，要好好把握自己的一生。"

兰儿与别的姑娘不一样，她不甘于做个温顺的女子，更不甘心嫁个平庸的丈夫，一生辛辛苦苦养儿育女、操持家务、奉养公婆。她，不是那种人！

她还记得《诗经·桃夭》中的几句话："桃之夭夭，灼灼其华。之子于归，宜其室家。"

这样的女孩子真的幸福吗？一朵鲜花尚未怒放便给了人，太可惜了，也太委屈天下早嫁的女人了。兰儿不会做这种人的！

其他姑娘一过十四五岁，便有人上门来说媒，父母考察一番后，便定了亲，女孩子也盼望着出嫁。兰儿对此不屑一顾，甚至有些瞧不起这些女孩子，她可不愿意草率出嫁。常言道："女儿是娘家的公主。"到了婆家，吃苦受累也得不到一句称赞。

特别是从母亲那布满皱纹的脸上，她更能体会到这一点。兰儿曾多次端详过母亲，她能隐隐约约地看到母亲年轻时的光华与风采。她听说过外祖母家很富裕，若不是嫁给不走运的叶赫那拉·惠征，怎么会四十来岁的人却如老太太一般，整日佝偻着背，头发花白，喘着粗气。这就是女人出嫁的悲剧。

这种悲剧，决不能在她兰儿的身上重演，她要做特殊的女人。或许，某一日太阳能从西边出来，鸡窝里也能飞出金凤凰。

对于聪明的兰儿来说，她也明白早晚非出嫁不可。但她要嫁的人必须有足够的能力来养活她，而且日子过得不能像现在这样辛苦。

"荣大哥虽然人很老实，又长得英俊，但他家太穷了。"兰儿想着想着走进了家门。

"姐姐，你好漂亮，像仙女下凡。"

妹妹蓉儿以惊羡的目光注视着姐姐，兰儿被妹妹看得有些不自在，低下了头。她转身进了厨房，生火烧饭，肚子早已饿了。妹妹跟在姐姐的身后，在蓉儿的眼里，姐姐又能干又漂亮。她好羡慕姐姐，并且不自觉地以姐姐为楷模，模仿着姐姐的一举一动、一颦一笑，希望自己有一天也有姐姐的风姿。

小妹一个劲儿地往炉灶里塞木柴，弄得满屋都是烟，呛得人喘不过气来。

兰儿叫道："蓉儿，你想呛死人呀！"

蓉儿嘴一�’，生气地说："怪不得邻居们都说你长得漂亮，性子很怪，一点儿也不错。谁想呛死你，我不会烧火嘛。"

兰儿心里一凉："怎么，我兰儿被人们这样议论过？这么说，荣大哥也这么看我了？"

这只不过是一刹那间的念头，兰儿马上又恢复了平静的心态，她对自己说：

"管他呢，荣大哥以及别人怎么看我都无所谓。我与他们没有任何关系，爱怎么议论，就怎么议论吧。"

这样一想，兰儿的心里舒坦多了。

第二天一大早，兰儿便去林子里砍柴，砍了柴，她还要回去做早饭。

这几天，惠征的病情不断加重，大夫来看过，开了几服药方子，兰儿准备上午把药熬出来，她希望父亲快快好起来。

砍了一会儿柴，累得她满头大汗，气喘吁吁，不禁撩起衣袖来擦汗。这么一大捆木柴，可怎么运回家呀？她四处张望，连个人影也没有，即使附近有人，人家也不一定来帮她。兰儿只好背起一捆木柴，吃力地往回走。

"兰儿妹妹，我来帮你背柴吧！"

好像是天上掉下来一个人似的，说话的正是荣大哥。原来，漂亮的少女早已在小伙子的心里扎下了根，他时刻关注着兰儿的一举一动。十九岁的小伙子日也思、夜也想，总想找个机会和兰儿单独待在一块儿。所以，兰儿来洗衣服，他便去挑水；兰儿来砍柴，他便上山挖竹笋，兰儿上街买东西，他又借口去串门。总之，兰儿的身影像块磁铁，早已牢牢地吸住了他。

兰儿毕竟是个姑娘家，没那么大的力气，一大捆柴，她的确背不动。眼前现成的壮劳力，不用白不用，她放下了木柴。荣大哥把为兰儿效力看成是无上的光荣，在心爱的姑娘面前，他想表现一番。

一捆木柴背在小伙子的背后像棉花捏在兰儿手里一般轻巧，两人并肩走出林子，眼看要到家了，兰儿不愿左右邻居看到什么，便说："离家只有几步路，你忙去吧，我自己行。"

俗话说："恋爱中的男子最听心上人的话。"真是对极了，小伙子温顺的像个姑娘，他把兰儿的话当"圣旨"，放下了木柴。兰儿背起便走，小伙子突然冒出了一句话："兰儿妹妹，今晚你出来一下，我在林子里等你。"

兰儿惊愕地看着他，没说什么，小伙子连忙补充道："我给你看一件宝物。"

兰儿一笑，头一仰，并没有说什么。小伙子终于迈出了这艰难的第一步，向心爱的兰儿发出了约会的请求。这句话憋在心里很久了，今天突然说出来，连他自己都感到有些吃惊。

到了晚上，兰儿与母亲在昏暗的油灯下做鞋子，妹妹蓉儿手里虽然也有针线活，但一个劲儿地打瞌睡。平日里，兰儿的针线活儿做得又快又好，可今晚心不在焉。一会儿顶针歪了，一会儿针又扎手了，一会儿又走错了针。富察氏只顾低头纳鞋子，没发现兰儿的异常，蓉儿更是困得睁不开眼，哪儿还有闲心去注意姐姐。

兰儿的心中像十五只水桶打水——七上八下的。

"荣大哥一定在林子里等我。去，还是不去？去吧，两个青年男女私会，被人发觉了，脸往哪儿搁。再者，他会不会……不去吧，他会不会冒冒失失地跑到这儿找我。唉，真烦人。"

兰儿相信小伙子一定在等她，而且等得很焦急。她是位聪明的姑娘，从小伙子那热情的眼神里，她已读懂了小伙子的心事。

去？不去？不去？去？去了以后，会发生什么事情，兰儿不敢多想。算了，不去。兰儿起身去睡觉，可是，刚躺下来，小伙子那熟悉的身影又浮现在眼前。兰儿一点儿睡意也没有了。干脆，她又起身了。

"额娘，二婶白天里向我讨个花样，我送去便回来。"

兰儿直佩服自己，撒谎时心不慌，脸不红，像真的一样。

富察氏看看外面，说："天色不早了，明天再去吧。"

兰儿忙说："那不好吧。没事儿，您放心，不会太长时间的。"

富察氏不再说什么，兰儿连忙拉开门闩，飞奔出去。她一路小跑，到二婶家剪了个花样，又急匆匆跑向林子。天很黑，一个人影也没有，她打了个寒噤。

"兰儿妹妹。"

荣大哥从树林里走了出来，正冲着兰儿站着，兰儿本能地向后退了几步。

小伙子天还没黑就来到了林子里，他等啊等，盼呀盼，在等待中盼望，在盼望中失望，最后，几乎绝望。他正转身想走，突然，他眼前一亮：是兰儿，正是兰儿。

兰儿正朝这边跑来，她上气不接下气，也许还有些害怕和紧张。兰儿的身子一个劲儿地发抖，荣大哥脱下自己的小褂，轻轻地披在兰儿的身上。

"兰儿，怎么这么晚才来？"小伙子靠近兰儿的身边，轻声地问。兰儿低头不语，他从怀里掏出一个物品放在手心："兰儿，你瞧这是什么？"

兰儿看见那物品在黑夜中一闪一闪的，非常好看，便好奇地问道："这一闪一闪的是何宝物？"

小伙子轻声地说："这就是夜明珠，是我小的时候从奶奶的梳妆盒里拿的。后来，奶奶发现她心爱的宝贝丢了，大吵大闹，吓得我躲在门后不敢出声。奶奶死后，我常把它拿出来看一看。你要是喜欢它，我就把它送给你。"

兰儿长这么大，还没什么像样的首饰。母亲原来有个金戒指，还有一对金耳坠，家里贫困时典当了。最后只留了个银项链，过年时，母亲把叶赫家唯一的首饰送给了大女儿兰儿。兰儿舍不得戴，只是偶尔拿出来看一看，然后再把它收藏好。

荣大哥手中的夜明珠在黑暗中晶莹闪亮，实在好看。兰儿情不自禁地点了点头。小伙子连忙把夜明珠放在心上人的手中。兰儿紧攥着这颗昂贵的夜明珠，听到荣大哥贴在她的身边柔声地问："喜欢吗？"

兰儿无声，小伙子一把抓住兰儿的手，激动地说："等你做新娘子的时候，我要看你戴上它，好吗？"

黑夜里，兰儿的脸一个劲儿地发烫，心也在怦怦直跳。小伙子紧握住兰儿的手不肯松手，兰儿依偎在他的胸前。

天上的星星悄悄地闭上了眼睛，它怕羞红了年轻人的脸。温柔的世界里，只有这一对年轻人，他们忘却了身外的一切。

"兰儿，我要娶你做妻子。"小伙子在姑娘的耳边呢喃着。

兰儿的身子一抖，猛地推开了荣大哥，跑了。

她的耳边一直响彻着一个声音："不能，不能，万万不能！不能走错这一步，我不能嫁给他。我要嫁给一个有权、有财、有势的男人！"

兰儿一口气跑回了家，富察氏见女儿面色苍白、气喘吁吁，连忙问："兰儿，你怎么了？哪儿不舒服？"

"额娘。"兰儿唤了一声"额娘"，再也说不下去了。她望着四面透风的墙，无语泪千行。

从这以后，兰儿不愿再见荣大哥，两个年轻人都承受着爱的煎熬。可是，兰儿的理智最终战胜了情感，她不敢再多迈一步。

为了逃避小伙子那炽热的目光，兰儿不再去河边洗衣、挑水，只好用自家门前井里的水。富察氏有些儿纳闷，一日她问兰儿："这井水有些涩，你怎么不去河边洗衣洗菜？"

兰儿信口答道："我嫌太远了，来回太累了。"

做母亲的心里有些酸酸的，她心疼女儿，但又无可奈何。想当初，叶赫家家境好的时候，兰儿虽然不是什么千金大小姐，起码也用不着让她挑水、做饭、洗衣吧。富察氏鼻子一酸，说："那让你妹妹和大弟弟抬水吧，你也别太劳累了。"

兰儿直摇头，说："不行，蓉儿八九岁，照祥才七岁，他们哪儿能抬得动水。"

"没关系，小孩子出去撒野比抬水还累人，抬几桶水累不着他们。"

兰儿不好再说什么，默默地做着家务事儿，心里真不是滋味。她何尝不想念那个对她关怀备至又体贴温存的小伙子。可她告诉自己，长痛不如短痛，现在应该"快刀斩乱麻"，痛下决心，咬紧牙关挺过去。

兰儿受着煎熬，小伙子更受着煎熬。甚至，他的痛苦比兰儿还深。本来，小伙子倾慕兰姑娘已久，那一个晚上，他差一点儿便拥有兰儿。兰儿在他的怀中是那么温柔与娇媚，一点儿也不像邻居大婶所说的"有些野性""缺少文气"。在小伙子看来，她们对兰儿简直是诽谤。

可是，为什么？为什么？自从那个晚上以后，兰儿不再到河边洗衣、挑水，不再到林子里打柴。

小伙子天天失神地望着河边，他百思不得其解。白天也盼，黑夜也盼；走路也想，吃饭也想。那痛苦的样子真叫人难受。

见不到心上的姑娘，小伙子焦急万分。他鼓足了勇气，决定到兰儿家找她。其实，叶赫家与荣家相距并不远，中间只隔三户人家。可是在小伙子看来，很远、很远。仿佛兰儿在天上，她就是那颗最皎洁明亮的月亮，可望而不可即。月亮的影子浮在水中，他想伸手去抓，什么也抓不着。他似乎感觉到兰儿不属于他！真折煞人也。

小伙子犹豫了一下，还是走向兰儿家。富察氏正巧在门口做事，见到邻居荣家大儿子来到，热情地打了个招呼："是你呀，快请进，有什么事吗？"

魁梧的大小伙子竟不知说什么是好，他低着头，红着脸，直搓双手。"没，没什么大事，我想找照祥玩。"

富察氏一听这话，愣了。她心想：准是他神经不正常，十八九岁的大小伙子来找一个七岁的小男孩玩。再者，两家虽是近邻，但平日里来往极少，怎么今天他……

富察氏依然很热情地说："照祥不在家，他和蓉儿去河边挑水去了，你等一会儿吧。"

小伙子不知说什么是好，他局促地站在那儿，还是不停地搓着双手，那尴尬劲儿真让人难受。

屋里的兰儿把外面的事情看得一清二楚，她的心怦怦直跳，心想：糟糕，这冒失鬼，还是找来了，冤家！

她真怕小伙子沉不住气，说出什么不该说的话，所以走了出来。

"是荣大哥。"

"兰儿妹妹。"

小伙子凝视着兰儿，眼睛一眨也不眨，他那热切的眼神被富察氏看在了眼里。

兰儿生怕母亲再盯下去，连忙说："好一会儿了，怎么弟弟、妹妹还不回来，我到河边去看看。"说罢急匆匆地走了。

小伙子搭讪着对富察氏说："我也走了。"他像个逃犯，逃出了富察氏的视线。

望着俩人远去的身影，她似有所悟，自言自语地说："对呀，我想起来了，几天前兰儿晚上说去二婶家送花样，可回来的很晚。从那以后，兰儿很少出门，今天偏偏又出了这等怪事，会不会是他们……"

惠征躺在床上一个劲儿地咳嗽，富察氏三步并作两步，忙给丈夫端上茶水。她的心里好难过，丈夫这一病可不轻，吃了二十多天的药，还不见好转，面部渐渐呈暗色，脸上很瘦，两个颧骨高高突起。

"喝口水吧，咳嗽得很难受吧？"

惠征勉强喝了口水，有气无力地问："刚才站在外面说话的是谁呀？"

"是荣家的大儿子。"

"他来干什么？"

惠征有些诧异，虽然他也认识那个小伙子，但平日里没说过几句话，所以印象不深。

富察氏想了想，她不想给丈夫添心事，便说："来串门儿，没什么事儿。"

惠征也没多问什么。他身体太虚弱了，一个劲地喘着粗气，额头上沁出了虚汗。他好像感到死亡的大门已向他敞开了一半，恐怕自己没多少日子了，七尺男儿禁不住心头一酸。他拉住妻子的手说："自从你嫁到叶赫家，辛勤操持家务，养儿育女，没过几天清闲的日子。我的病恐怕好不了了，我走以后，你肩上的担子更重……"

富察氏连忙制止了丈夫，不让他说下去。其实，此时夫妇俩心里都非常明白，这一次的家道中落使叶赫家一蹶不振，而且叶赫那拉·惠征的病康复的希望也很渺茫。富察氏禁不住潸然泪下。

"别说了，你会好起来的。"

除此之外，她又能说什么呢。惠征有一肚子的话要对妻子说，今天不说，他怕以后没有机会说了。这会儿，他感到神清气爽了许多，便坐了起来，认真地说："我走后，你们孤儿寡母的，不要在这儿生活了，这池州虽好，毕竟不是我们的故乡。依我看，你还是带着孩子回京城吧，那儿有几家亲戚，也有我的几位故交，以便有人照顾你们，我才能瞑目。"

富察氏泪如雨下，她知道丈夫在做临终交代，一场人生骤变将来临。

再说兰儿与荣大哥，一前一后跑向河边。兰儿竭力回避小伙子，小伙子却紧追不舍，那场面颇有些戏剧性。

"兰儿妹妹，兰儿，你等一等，我有话对你说。"

兰儿又急又气，根本不理睬他。

小伙子几个箭步冲了上去，他拉住了兰儿的衣角。

"为什么你不理我？"

荣大哥好像有些生气，他有一种被人玩弄了感情的感觉。

兰儿一甩身子，挣脱了小伙子的扯拉，不耐烦地说："真烦人。"

小伙子愕然了，他不明白今日的兰儿为什么与几天前晚上的那个兰儿一点儿都不一样，一个凶巴巴的，一个温柔可爱，真是判若两人。他还是不肯放弃，急着叫道："今晚依然在林子里等你。"

兰儿不语，小伙子想上前拉住兰儿的手，兰儿忙说："你等着吧！"

小伙子听得清清楚楚，那语气好冲，他已猜出了八九分，今晚心爱的人儿是不会来的。无可奈何，小伙子失望地走了。

到了晚上，小伙子抱着一线希望在林子里等呀等，还是空等了一场。

那天，兰儿有些气恼，她没好气地骂了几句妹妹蓉儿和照祥便回了家。蓉儿和弟弟照祥被姐姐骂得莫名其妙，却不敢和姐姐顶嘴，只有快快地回家。回到家里，母亲迎了出来，看见三个儿女都一脸的不高兴，她也没说什么，只是默默地做家务。

细心的富察氏发现大女儿兰儿脸上似有泪痕，便把兰儿叫到一边，关切地问："兰儿，你有心事？"

兰儿被母亲温和的声音所感染，像有一肚子冤屈似的，泪水直往下流。

富察氏为女儿抹去泪水，叹了口气，"唉，额娘也年轻过，什么都体会过的。"

知女莫如母，疼女也莫如母。母女心连心，兰儿在母亲面前还有什么不好开口的呢。她鼓足了勇气讲述了几天前那个晚上的故事，讲完之后，她问母亲："额娘，我做得对吗？"

富察氏如何能用"对"或"不对"来回答女儿的问题呢？在她看来，女儿如此处理感情问题，无论对错，都说明兰儿很理智。这一点，她与其他的女孩子太不一样了。

一生中能遇上一个珍爱自己的男子是福气。但对于兰儿来说，这福气已来临，她又将其拒之门外，做母亲的不由得暗暗佩服女儿，但同时也有些迷惑不解："十六七岁的大姑娘，一定渴望找到归宿。兰儿呀，兰儿，你究竟要嫁怎样的男子呢？"

兰儿勾着母亲的脖子，亲昵地说："额娘，以后我们再也不提他了，好吗？来，钩个手，一言为定。"

富察氏笑了。好久以来，兰儿都没这般可爱的神态了，今天的举动让她想起女儿小的时候。这些年，兰儿变得有些冷漠，今天突然与母亲亲热了起来，做母亲的很有些"受宠若惊"。

又过了两个月，叶赫家搭上了灵棚，叶赫那拉·惠征病故，全家人不胜悲恸。惠征抛下多病的妻子和四个尚不能独立生存的儿女，孤儿寡母，境遇十分凄惨。

父亲死后，兰儿少言寡语，虽然邻居们都来帮忙办理丧事，兰儿仍是紧闭嘴巴，不道一声谢。她只知道磕头、哭泣，除此之外，她不知道还应干些什么。荣大哥来吊唁，兰儿让大弟照祥作揖答谢。小伙子本来想安慰她几句，但话到嘴边又咽了回去。因为，他看到兰儿的脸上除了悲伤，还有坚毅，一种女孩子少有的坚毅，甚至有些冷酷。

【第二回】

天赐良机入宫门，帝后情深暂沉寂

　　惠征没能给妻子儿女留下银子，他只留下了一大堆债务。来了几个讨债的，一见叶赫家已一贫如洗，又在办丧事，便不好说什么，烧了把火纸，走了。还有一些好心人凑了些钱，劝可怜的孤儿寡妇扶柩回京。

　　一路艰辛，只有兰儿母女才能体会得出。好不容易，她们来到了新江。江面上正刮着大风，波浪几乎将小船掀翻。兰儿紧靠在船舱壁边，泪水顺着脸颊直往下淌。

　　年仅十六岁的姑娘将要挑起生活的重担，将父亲殡葬后，又要照料、安排一家人的生活。兰儿觉得前程渺茫。外面黑漆漆的，伸手不见五指，兰儿只穿了一件薄衫，八月的夜风吹着，她感到又冷又怕。

　　此时，她又想起了荣大哥，想起了那双温暖的大手，想起了耳边的呢喃。此时，他能在身边，该有多好啊！兰儿虽然坚决拒绝了爱她的男子，可往往在困难的时候，也不明白为什么居然会不由自主地想起他。

　　这就是说不清、剪不断、理还乱的情吧！

　　"额娘，我好饿。"年幼的小弟弟桂祥依偎在母亲的怀里，吵着肚子饿。

　　这茫茫的荒野，滔滔的大江边，到哪儿去买吃的？离开池州时，邻居大娘、婶子有的送鸡蛋，有的送油饼，这些日子全是靠这些充饥的。鸡蛋没几天就吃完了，油饼昨天也吃完了。本来，兰儿的心里就有些着急，离京城还远着呢，至少还要走半个月，本来就不多的盘缠用得差不多了，这可怎么办？

　　小弟一哭，兰儿的心更慌了。天很黑，小船停泊在岸边，江水无情地拍击着岸边的礁石，发出有节奏的声音，似老人吼，似杜鹃啼，令人毛骨悚然。

　　母亲斜靠在舱板上睡着了，兰儿看得很清楚。四十上下的母亲，头发已经白了一大半，满脸布满皱纹，那皱纹里写的全是辛酸与沧桑。蓉儿与大弟照祥也睡着了，小弟桂祥睁着小眼睛，盯着姐姐看，他小声说："姐姐，我饿。"

兰儿最喜欢这个小弟弟，可是，她手边一点儿吃的东西也没有。她轻轻地把小弟抱起，哄他入睡。"小弟乖，夜深了，姐姐到哪儿给你弄吃的？等明天吧。"

等明天？明天能饱餐一顿吗？兰儿不敢多想。小弟很听姐姐的话，他不再闹了。兰儿也觉得饥饿难忍，她咽了一口唾沫，向舱外望了望，天真黑，伸手不见五指。兰儿躺下，渐渐入睡了。一觉醒来，天已大亮，隐隐约约看见岸边的东南方向住着几户人家。兰儿揣了些碎银子，准备上岸买些吃的东西回来。她走着走着，总觉得后面有人在紧跟着她。她的心一下子紧缩了起来，心想：不好，这里人生地不熟，可别碰上什么坏人。

于是，兰儿大步流星地走向村庄，后面的人是一个四十来岁的男子，他也迈开大步，紧跟上来。兰儿的心提到了嗓子眼，她几乎要叫出声来。

"姑娘，请留步。"

后面的男子在喊她。听那声音，不像是歹人，兰儿壮了壮胆子，回头望着。

"烦问姑娘，这船的主人可是叶赫那拉·惠征的遗孀？"

"正是。"

兰儿打量着来者，一副官差模样，她的心安稳了许多。

兰儿心想：别忙着和他多讲什么，不对呀，父亲早年在京城做个小官，后又到安徽池州任职，从未到过新江，这一带并无亲朋好友呀。这个男子究竟是何人？为什么要打听她们娘几个？兰儿小心翼翼地站着，什么也不说。

"咱们知县吴大人让本差送三百两银子给惠征大人的家属。我打听了许多人才找到你们，请姑娘收下银子吧。"

一听官差这句话，兰儿更莫名其妙了。她迟疑了一下，不肯向前。

那官差又说："吴大人担心你们扶柩回京盘缠不够，昨天差我来打听你们，快收下吧！"

兰儿一时想不起哪位"吴大人"，但她可以肯定，这位吴大人一定是父亲早年的同僚，既然人家有心帮助自己，为何不收呢？这恩情日后再报吧。

于是，兰儿高兴地收下了三百两银子，这银子对于窘迫中的叶赫家来说，可谓是雪中送炭。

兰儿买了几个饼子回到船上，母亲及弟妹们已醒，一家人以饼充饥。两个弟弟昨天就没吃饱，今儿早上他们真是狼吞虎咽。兰儿安慰他们说："慢慢吃，别噎着。等到了中午，我到集市上买些卤肉来，咱们解解馋。"

富察氏连忙说："算了吧，离京城还远着呢，盘缠不多，省着点儿吧。"

兰儿这才道出刚才发生的事情。弟妹们一听，拍手叫好。富察氏沉思着，她想不起来是哪个姓吴的在困难之际拉了他们一把。

姓吴的究竟是何许人也？他正是惠征的旧僚吴棠。这个吴棠是个汉人，几年前也在京城做官。那时，惠征与他有些往来，富察氏也认识吴棠。今天太突然了，她一时没有想到吴棠。

在弄清了资助他们的恩人即为惠征生前旧僚吴棠后，全家登门拜谢。接着，便匆匆往京城赶。

半个月后，叶赫家到了京城。安葬了父亲，兰儿一家在京城阜成门外芳嘉园一带租赁了两间低矮的茅草屋，总算安顿了下来。

从新江带来的三百两银子，的确解决了兰儿家的燃眉之急，除了安葬父亲用了六十两银子，还剩下二百多两银子。无依无靠的兰儿决心挑起家庭的重担。她拿出一百两银子做本钱，学着做了点小生意。

俗话说：钱难挣、挣钱难。再难，这钱她还得去挣。兰儿咬紧牙关，和妹妹蓉儿一起起早贪黑，贩粮、贩菜，基本上解决了全家的温饱问题。当时，蓉儿只有十来岁，还是个孩子，兰儿带着她是为了壮胆。每天天还没亮，姐妹俩便起床，趁天没亮便赶往三十里路以外的吴村去买粮食，然后全靠手提肩背，将粮食带回来。上午便可以在芳嘉园一带出售，好的时候，一天也能赚几两银子，除了五口人吃饭，还略有节余。

两个月下来，兰儿累得又黄又瘦，娘心疼她，说什么也不让女儿再如此辛苦下去，叶赫家又陷入了困境之中。

日子总要咬着牙过下去，兰儿又用一点碎银子开了一个小杂货铺，经营些日常生活用品。什么针线、灯油、火纸、酱油之类的东西，她都卖，这样又勉强维持了半年。

转眼兰儿已十七岁，她虽是旗人，但长在南国，以至于言谈举止间透露出南国女人的灵气。一对水汪汪的眼睛，明眸皓齿，清澈透亮；长长的黑发像瓜蔓拖到地上，惹人怜爱；那透出青春活力的脸蛋儿又如红瓜瓤，好一副俏模样。芳嘉园一带的小伙子有事没事总爱到兰儿的店里去转一转，还给她起了个雅号，叫"上店西施"。一时间，兰儿的小店门庭若市，很热闹。

一日，从小店对面走来一个中年男子，他径直朝小店走来，兰儿不认识他，更不会注意到这个人。只见这人身穿长袍，头戴薄呢子小帽，脚蹬一双新布鞋。看得出来，此人有些学识。

"请问，叶赫惠征家在哪儿？"

来者向路人打听着。芳嘉园的人只知道叶赫兰儿、叶赫蓉儿、叶赫照祥，就是没听说过叶赫惠征。

"不知道，这儿没有叶赫惠征这个人，你到别处去打听吧。"

兰儿正取货，猛然间听到有人打听亡父，她连忙喊："这儿，这儿就是叶赫惠征家。"

来者忙问："你是兰儿，还认得我吗？快去告诉你额娘，就说苏域来看你们了。"

兰儿一看，心中十分高兴，这位苏大叔她见过。心想一定又是亡父的同僚，也许是来帮助她们的吧，连忙笑迎来者："苏大叔，快请坐，兰儿这就去喊额娘，快请坐、请坐。"

兰儿非常高兴，贫困中，她希望奇迹突然出现。

一点儿也不错，苏域的到来使兰儿的人生出现了重大转折。苏域是受过惠征资助的朋友。后来，惠征南下安徽，便与苏域失去了联系。可十几年来，苏域时刻提醒自己：知恩当报。虽然后来惠征与苏域从未见过面，但惠征的恩情，苏域念念不忘。惠征离开京城后，苏域娶妻生子，并在皇宫大内的内务府里谋了个小职务，尽管官不至品，但手中也有些小实权，他专司为皇族选秀女之职。

内务府规定从十四岁到十七岁的满蒙官兵之家的女儿都可以入选，一般是三年一大选，一年一小选，后宫的皇后、嫔、妃、贵人、常在、答应等，全都是由秀女中挑选出来的。

咸丰三年，又逢选秀女，而且这一次选秀女活动由苏域主办。一开始，叶赫那拉全家人扶柩回京，苏域有所耳闻，只是打听不到惠征的家人住在北京何处。这一天，也许是巧合，也许是天意，大街上，苏域仿佛感到那位姑娘有可能是叶赫那拉·兰儿。

苏域来到了芳嘉园，让兰儿高兴的是不仅得到了几十两银子的资助，更重要的是这位苏大叔表示以后还会来看望她们。在京城，兰儿有了一个小靠山。兰儿暗暗下定决心，拉住这位热心人——苏大叔，或许他对自己的帮助远远不是资助几两银子。因为，他在皇宫大内内务府做事！

就在叶赫那拉·兰儿十五岁的那年，大清入关后的第七代国君登基了。他便是爱新觉罗·奕詝，即咸丰皇帝。

咸丰皇帝为道光皇帝的第四个皇子，他生在北京圆明园。他的出生给年迈的道光皇帝带来了无限的欢乐。奕詝儿时父宠母爱，可是这种快乐的生活并没有维持多久。英国的大炮轰开了中国紧闭了几百年的大门，也打碎了奕詝的美梦。年仅十几岁的小皇子饱尝了失去亲额娘的痛苦。他被送到另一个宫里去抚养，养母是父皇的另一个宠妃，她便是奕䜣的生母——静贵妃，即后来的康慈皇太妃。

十四五岁的奕詝在师傅杜受田的教导下，开始涉入皇权争斗。与他争夺皇位的是静贵妃之子——爱新觉罗·奕䜣。父皇掂不出哪个儿子的分量更重，只好比试武艺以论高低。文弱的奕詝哪儿是文武双全的奕䜣的对手，就在这关键的时刻，恩师杜受田献上一计，使南苑校猎一无所获的奕詝赢得了父皇的欢心，从而奠定了奕詝被立为太子的基础。

几年后，十九岁的奕詝登上了皇位，开始了咸丰时代。年轻的天子也曾励精图治，也曾踌躇满志。可是，太平天国运动风起云涌，外国的军舰一步步逼近，咸丰皇帝又恼又怕，他恨朝中无能臣，他恨父皇给他留下了一个烂摊子。怨恨中，他渐渐倦于朝政了。

被内忧外患弄得焦头烂额的咸丰皇帝，只有在后宫才能得到片刻的欢愉。此时的他觉得自己爱江山，但更爱美人。

如果没有咸丰二年的选秀女活动，就不会有历史上的慈禧太后。事实上，循章选秀女活动在进行着，叶赫那拉·兰儿在一步步逼近皇宫，这段历史无法改写。

当叶赫那拉家与叶赫·惠征的故友苏域续上关系后，叶赫那拉家发生了重大变化。不仅经济上有了大大的改观，而且兰儿的命运也迅速改变着。正是"三十年河西、三十年河东"，兰儿走出了芳嘉园，走进了紫禁城，走上了中国清末的政治舞台。

这一天，在皇宫内务府当差的苏域急匆匆地来到了叶赫家，急切对兰儿母女说："兰儿，内务府五天后选秀女，大叔有心帮你，你去不？"

兰儿摇了摇头，说："兰儿没那福分。"

"不，你符合条件。你们叶赫家是镶蓝旗，属八旗之列，试一试吧！"

苏域说的一点儿也不错。虽然二十年前，叶赫那拉·惠征家道中落，但更改不了他们的家世，兰儿的确是八旗之女。但是，兰儿此时已经十八岁了，已过十四至十七岁的年龄段。不过，特殊情况，年龄可放宽至十九岁，这就是说，兰儿可以去试一试。兰儿心里当然想去试一试，不去试，怎么知道没那个运气。

兰儿想：选秀女是通向荣华富贵的第一步，不迈出这一步，就难有一步登天当皇后的云梯！

兰儿不再顾忌什么面子了，她坚定地对苏域和母亲说："我去，一定去。"

苏域笑了："侄女，大叔一定帮你这个忙，尽大叔之力，祝我们成功！"

内务府选秀女，其实是全国选美大赛。姑娘们个个打扮得花枝招展、艳丽迷人。本来，十四至十七岁的姑娘，正是花季，个个赛天仙。候选人不允许走着进紫禁城，内务府要求她们必须乘车子来。不过，所乘的车子大有讲究，有的车子装饰得十分辉煌，有的车子却暗淡无光，车子的档次标明候选人的家境与社会地位。

兰儿家境贫寒，哪儿有高档的车子坐。不过，她今天乘坐的是一辆红色的四轮豪华车子，这车子是苏域跑了半个北京城才租来的。这辆车子左右各挂一盏明亮的红灯笼。与其他车子一起，夜幕降临后入神武门，等候开门。

到了第二天凌晨，神武门开启，候选者纷纷下车，举步入皇宫大内。秀女们都熬了一夜，个个无精打采，有的大家闺秀们，平日里娇生惯养，怎堪忍受这份苦熬，她们一个劲儿地打哈欠，有的还抹鼻涕、淌眼泪。看来，登天的云梯不好上。

兰儿则不然，从小家境贫寒，她早已习惯起早贪黑。特别是定居芳嘉园，几乎都没睡过安稳觉。熬上一个通宵，对于她来说简直是小菜一碟。

看到大多数姑娘精神不振，兰儿心里暗自高兴："天助我也！最好是再熬上一整天，把其他姑娘全熬倒，到那时，我依然精神饱满，取胜的可能性则更大。"

到了上午，姑娘们便由内务府公差带领着进入内务府大门，先由内务府大臣初步目视一下，将其中的佼佼者留下，送到寿康宫康慈皇太妃那里，再由咸丰皇帝与康慈皇太妃共同定夺。

兰儿今天上身穿了一件绿色的小褂，外罩米色夹袄，下身着米色小裙，既没有描眉，也没有施粉，更没带什么首饰，好一副天然女儿样。

兰儿如此之装扮，是有她深刻用意的。本来，决定参加选秀女，富察氏就为女儿开始张罗了。家中再穷，做娘的也要为女儿买上等的妆粉，做一身漂亮的衣裙。特别是苏城，他目前生活得比较宽裕，不缺那几个钱，他叮嘱妻子为兰儿买来上等的衣料，又让妻子找了个好裁缝，为兰儿做套合体的衣服。

然而，她不！她拒绝了母亲送的妆粉、苏大婶送的耳环、戒指、簪子等饰物，只挑了一套较淡雅的衣裙穿上。

"好看吗？"兰儿穿好衣服，向众人展示。

富察氏担心地说："别的姑娘一定精心装扮，个个花枝招展，你如此淡泊，一定不招人注意。"

"不，姐姐漂亮极了，这才是真正意义上的美。"大弟弟照祥说出了兰儿心中的话。

兰儿认为一个人走进了百花争妍的花丛中，他更想欣赏的可能不是牡丹、玫瑰，也可能不是紫罗兰、郁金香，他可能很想寻觅一株青青的小草，去嗅一嗅它那淡淡的清香。所以，兰儿今天一身的淡雅。

候选的秀女们五个人一组，由内务府大臣带着，排着队走进寿康宫。

此时，康慈皇太妃正目不转睛地盯着每一位姑娘看，上上下下打量着她们。她那全神贯注的神情就像在挑选货物。姑娘们一个个羞答答地施礼、回话。她们中有的人故作媚态，仿佛自己百般娇丽就能一下子吸引住咸丰皇帝。殊料，咸丰皇帝却打不起精神来。他的确很困乏，昨夜留宿坤宁宫，和皇后说了大半夜的话，直到三更天才在皇后的催促下入睡。今天一大早，皇后不忍心弄醒甜甜梦乡中的他。可是，又怕康慈皇太妃生气，才极不情愿地推醒了他。

在皇后的催促下，咸丰皇帝伸了个懒腰，懒懒地起了身，又同皇后一道来到了寿康宫太妃这儿。一个个年轻貌美的女子走了过去，咸丰皇帝没正视她们，太妃表现出不高兴的样子。"皇上，你仔细瞧一瞧，这个姑娘模样不错。"

咸丰皇帝心不在焉地"嗯"了一声，也没说"留下"。好端端的姑娘从他眼皮下溜掉了。

"皇上，正走来的那两个怎么样？"

皇后生怕太妃生气，也提醒着皇上，可皇上依然没有兴趣。

站在后面的兰儿心中十分焦急。"还有八个人，就要自己上场了，皇上对选秀女如此冷漠，如何是好？再者，已经走过去的十几个人，个个貌若天仙，他连看也不看一眼，怎么办呀？"

急得兰儿头上直冒汗，她突然冒出了一个点子。

"对，就这么干，不见效的话，那便是老天爷不肯帮忙了。"

兰儿急中生智，猛地咳嗽了起来。当她发现太后、皇后和皇上向她们这边张望之际，她立刻停止了咳嗽，恢复泰然自若的样子。

咸丰皇帝向秀女群望了一眼，他并非木头一块，焉能看不出来下面站着的全是俏佳人儿。他为什么表现得不热心呢？一是他太爱皇后了，生怕表现得太积极，伤了皇后的心；二是走过去的十几个人的确不算出色。

虽然这些姑娘们飘飘而来，款款而去，但并没有吸引住咸丰皇帝的视线，她们的艳丽远远比不上皇后的端庄迷人。

咸丰皇帝手握朱笔，迟迟不肯圈名字。康慈皇太妃大大不悦，她真不明白为何这些漂亮的姑娘打动不了皇上的心，已经走过二十多个人了，难道没有一个人让他中意吗？

"皇上、皇后，你们仔细瞧着些儿，总要选一至二人吧？"

康慈皇太妃直接提醒皇上与皇后必须选一两个秀女。咸丰皇帝倒没什么，皇后心中有些发憷了，虽然她贵为皇后，但实际上受太妃的钳制。毕竟，太妃是咸丰皇帝的养母，是皇后的婆婆，对于太妃，皇后是惧怕多于尊重，她要努力做个好儿媳。于是，皇后附和着康慈皇太妃，说："对呀，皇上，今日选秀女，总要有个结果。"

咸丰皇帝很不愿他的养母及妻子失望，心中也想："就依她们所言，在剩下的几个人中随便圈一两个人吧，不然，传出去也不好听。"

康慈皇太妃一个劲儿地提醒皇上留点儿神，她生怕咸丰皇帝再打哈欠。咸丰皇帝知道太妃的意思，随口问："还有几个人？"

显然，咸丰皇帝有些不耐烦了，太监安德海连忙凑前，贴在皇上的耳边说："回主子的话，还有十个人。"

就是说，还有两组，咸丰皇帝舒了口气，他欠了欠身子，不由自主地又打了一个哈欠，他心想："谢天谢地，总算快完了，前面这些秀女也没正视她们一下，也许剩下的会有一两个出色的。如果真的没有，随便圈一个算了，反正后宫也养得起她们。"

御前太监用他那喊得已经嘶哑的嗓音报："丽儿、兰儿、蓉儿、英儿、萍儿见驾！"

只见五个姑娘款款上前，她们依次下跪、叩首，自报姓名。

"丽儿叩见皇上，祝皇上万岁、万岁，万万岁；叩见皇太妃，祝太妃福如东海、寿比南山；叩见皇后娘娘，皇后娘娘吉祥。"

其实，这句祝词是统一规定的，这些秀女先到内务府时，内务府的公差早已教会了她们。这些秀女们在心中也早已背诵得滚瓜烂熟，她们不会说错一个字。

已经过去的几十人，咸丰皇帝都觉得祝词是一个腔调说出来的。可现在从这个叫"丽儿"的秀女口中吐出却无比清脆、悦耳，咸丰皇帝仔细看了一会儿，丽儿娇艳夺人，不过十四岁左右，满脸的稚气，咸丰皇帝心想：这小姑娘小巧玲珑，一定不错。随即他看了太妃、皇后一眼，从她们的眼神里，咸丰皇帝明白她们也很喜欢丽儿。于是，他手中的朱笔终于点了下去。

咸丰皇帝的爱妃丽贵妃便这样定了终身，这一瞬间，改变了她一生的命运。

"兰儿叩见皇上，祝皇上万岁、万岁，万万岁；叩见皇太妃，祝太妃福如东海、寿比南山；叩见皇后娘娘，皇后娘娘吉祥。"

咸丰皇帝还想再多看丽儿一眼，谁知也许是天意，也许是巧合，他的目光此时却落到了兰儿的脸上。

咸丰皇帝无意中与兰儿的目光相对，兰儿以为皇上已中意于她，不禁脸上飞出一朵红霞，她又掩饰不住那份秋波，左顾右盼，娇媚极了。

咸丰皇帝的心中也怦然一动："刚才那个娇巧玲珑，现在这个体态妩媚，朕真有艳福。"

咸丰皇帝有些看呆了，太监安德海又凑前一些："皇上，这位兰姑娘颇有福相。"

咸丰皇帝点了点头，表示有同感，安德海心中十分高兴。那么，安德海为何在这个关键时刻赞誉兰姑娘呢？这是有原因的。兰儿的苏大叔在内务府混了十几年，皇宫大内错综复杂的人际关系岂能逃过他的眼睛。他认为咸丰皇帝身边的小太监安德海的确是个人物。于是，昨天下午，苏域将三十两银子偷偷地塞进了安德海的手中。

苏域在内务府当差多年，安德海也掂得出苏域的分量，他可不想得罪苏域。自己不过只是个小太监，若想日后一步步爬上去，必然要交结几个在皇宫里有实力的人物，而苏域便是其中一个。所以，安德海会卖这个人情给苏域。

咸丰皇帝平日里并不讨厌小安子，反而觉得这个小太监机灵，善解人意。于是，咸丰皇帝此时接纳了小安子的意见，再者，"有福相"也是咸丰皇帝的心声，他也觉得下面站着的兰儿的确是与众不同。

咸丰皇帝抬起朱笔，在"兰儿"二字上圈了一下。这简单的动作改变了叶赫那拉·兰儿一生的命运。

兰儿欣喜地发现咸丰皇帝的朱笔动了一下，她的心里乐开了花，她几乎要跳起来了，她觉得有一股强劲的力量在托着自己，一直向上飞、向上飞……

兰儿有一步登天之感，此时的她欣喜若狂。

她已经迈开了登上天梯的第一步，她要一步步向上走、向上走，直至天宇。

她要尽享荣华富贵，满足自己最大的权欲。她是一个不平凡的女人，当秀女只不过是序幕，更精彩的"剧目"在后面。

叶赫那拉·兰儿将走向紫禁城，大清皇宫从此不太平。中国封建社会的历史上，第二个野心勃勃的女人开始粉墨登场了。

叶赫那拉·兰儿与名叫丽儿的丽贵人同一天入皇宫，成了咸丰皇帝的候选妃子。但自进宫后，她们从未见过皇上一面，只好耐着性子等着。不过，兰儿深信，皇上不会永远冷落她，阳光会照到她的身上来的。

一天下午，咸丰皇帝睡也睡足了，躺也躺够了，他非常无聊，便倚在软榻上闭目养神。乾清宫东暖阁里挂着一座老古钟，虽然年数已多，但走时十分准确，发出嘀嗒嘀嗒的声音，清脆悦耳。咸丰皇帝闲来无事时，便侧耳倾听那古钟极有节奏的嘀嗒声。一个宫女见皇上并没有睡，便端上了一碗参汤，悄悄地走近了他的身边。她看见皇上双目紧闭，一动也不动，还以为他又睡着了，便站在咸丰皇帝的身边，一动也不动。

咸丰皇帝高度集中地在听那钟声，竟没在意自己面前还站着一位宫女。他伸了个懒腰，打了个哈欠，但还是闭着眼睛。宫女见他已醒来，便小声说："万岁爷。"

咸丰皇帝一点儿心理准备也没有，被她这一唤，吓了一大跳，他浑身一哆嗦："滚、滚、滚。"

宫女不知所措，扑通一声伏在地上，一个劲儿地叩头："万岁爷饶命！奴婢该死，奴婢该死！"

宫女竟忘了手中还端着参汤，扬起手便朝自己的脸上左右开弓。碗打翻了，参汤泼了一地，宫女的嘴角在流血。

咸丰皇帝一看，无可奈何地摇了摇头。他突然感到刚才的一幕很有些可笑，宫女惩罚自己的举动实在令人纳闷儿。咸丰皇帝也认为刚才的事情错在自己，而那宫女却吓得瘫倒在地上，这真叫"伴君如伴虎"。

咸丰皇帝忽然大笑了起来："起来，起来，朕今天不罚你，怕什么，别这么哆哆嗦嗦的。"

刚才，咸丰皇帝大吼之时，其他的太监、宫女全听到了，他们不知发生了什么事情，纷纷探头探脑地躲在门外倾听里面的动静。听了一会儿，似乎明白了一点症结，大家才舒了一口气。正在这时，突然间爆发出万岁爷莫名其妙的笑声，大家面面相觑，大气也不敢出。

安德海是咸丰皇帝的贴身太监，咸丰皇帝的一举一动，小安子全看在眼里。这几天，咸丰皇帝早朝回来，情绪上并没有什么太大的变化。如今这样的喜怒无常，想必是生活太单调所致吧。

于是，安德海低着头，弯着腰，走进了东暖阁："皇上吉祥，奴才给皇上请安了。"

一见小安子这奴颜婢膝之状，咸丰皇帝更乐了："小安子，去，把地上的参汤想法子弄回碗里去。"

安德海一听，傻了。宫女满脸是泪，还跪在那儿，空碗翻放在地上，参汤泼了一地。虽说皇宫里的地面全是用青砖铺成的，一点儿泥土也没有，但泼了一地的参汤如何再弄回碗里呢？安德海弯下腰，用双手小心翼翼地去捧那泼了一地的参汤，无奈手大水浅，捧不起来呀。

"怎么办呢？看来，万岁爷今天是想开心取乐，他想看一看小安子有没有这能耐。"安德海脑瓜子一转，计上心头。

只见安德海右膝跪地，趴了下去，他把地上的参汤舔起，又吐到碗里。一口、两口、三口……果然快极了，眼见着小碗快满了。安德海一看地上，急了，眼见着被泼在地上的参汤舔净了，可是碗里还缺几口呀。安德海眼珠子一转，又计上心来。他依然像刚才那样趴在地上舔着参汤，但他吐进碗里的却是自己的唾沫。

咸丰皇帝早已识破安德海的小计谋，但他心中暗想："这小安子，心眼儿挺活络的，只可惜是个阉人。"

"皇上，全弄回去了。"安德海得意扬扬地说。

咸丰皇帝满意地点了点头。

"小安子。"咸丰皇帝很无聊地喊了一声。

奴才安德海不敢怠慢，连忙应声："万岁爷，奴才从小在家时，学了别人不曾得到的功夫，万岁爷若不嫌弃，奴才愿意献丑。"

"你有何种功夫，快让朕开开眼界。"咸丰皇帝懒洋洋地问。其实，他根本不在意这奴才会何"功夫"，只要能打发时间就行，他太无聊了。

"万岁爷，奴才会学狗叫。"安德海凑近咸丰皇帝的面前，连忙回答。

一听这话，咸丰皇帝直摇头："罢了，罢了。朕如果想听狗叫，干脆找一条小狗来，何必让你学呢。"

"万岁爷，奴才练的是童子功，一岁半的时候，学狗叫便能以假乱真，那是一般人学不来的。"

一听这话，咸丰皇帝乐了，他也实在闲来无事，既然安德海有这孝心，干脆让他叫几声也好。咸丰皇帝依然懒洋洋地说："要叫得惟妙惟肖，不然要自己掌嘴。"

"那叫得如果像极了呢？"跟随咸丰皇帝不是一天两天了，偶尔，安德海也敢壮壮胆儿。

"那，那朕就赏你白银十两！"咸丰皇帝根本不相信安德海能有那能耐，于是，随口说道。

只见安德海后退了几步，扑通一声跪在地上，向咸丰皇帝磕了个响头："小安子献丑了。"

他两条腿模仿着狗的姿势，双手落地，向前爬着，那架势酷似一条狗。若不是他穿着灰色的太监服，咸丰皇帝还真的以为地上趴着的是条个儿挺大的狗呢。

"汪、汪汪，汪、汪，汪汪汪汪……"

一连串的"汪汪"声，简直就不像从安德海嘴里发出的，那声音比真狗差不了多少。咸丰皇帝乐了，他从软榻上走了下来，走到安德海的面前。安德海摇头摆屁股，模仿着狗的姿势，双手抱住咸丰皇帝的腿，并不住地用舌头舔舔他的裤子，表现出小狗见到主人时的欢乐神情。

"哈、哈哈……"咸丰皇帝大笑。

"汪、汪汪……"安德海叫得更欢。他放开主子，在屋里爬来爬去，引逗得咸丰皇帝及太监、宫女们全都捧腹大笑。

咸丰皇帝笑出了眼泪，安德海也觉得今天的表演非常成功，他自己也趴在地上笑个不停。

"主子，赏钱吧？"趁着咸丰皇帝高兴，安德海大胆地提出了要求。

皇上乃一国之君，金口玉言，既已说出，无可更改。咸丰皇帝令一小太监去内务府取银子。

咸丰皇帝虽然是一国之君，整个大清的江山都是他的，为何区区十两银子还要去内务府取呢？

这并不难解释：皇上深居紫禁城，饭来张口、衣来伸手，平日里一个铜子也不需要，他要银子干吗呀？所以，一国之君竟拿不出一两银子来。

那小太监不敢怠慢，喏了一声，连忙去内务府取银子。刚出乾清宫宫门，迎面便遇到了皇后。皇上与皇后是夫妻，平日里，皇上可以去坤宁宫看望皇后，皇后也可以随时来乾清宫看望皇上。小太监一见皇后只带了两个宫女来，便连忙下跪："娘娘吉祥！奴才给娘娘请安了。"

"起来吧！"

"皇上在吗？"

"在，万岁爷正乐着呢。这不，万岁爷令奴才去内务府取十两银子，赏安公公。"

一听这话，皇后有些纳闷了。平日里，哪怕是太监、宫女做事再好，皇上、皇后也不用去赏赐他们。今日为何？

"为何赏小安子？"

那小太监也媚态十足，他想寻个机会讨好皇后，便一五一十地描述了刚才的情景。他知道皇后对安德海有些反感，所以描述细节时有些夸张、渲染。

"娘娘，您不曾看见，安公公那学狗爬、学狗叫，比真狗还像。"

"真的吗？有这等事儿，小安子学狗叫，皇上赏他白银十两？"皇后追问了一句，那小太监已听得出来，皇后对此事十分不满。小太监心中暗自高兴："安公公哟，你讨皇上的欢心，却招来皇后的反感，今后你的日子不一定好过。"

皇后一跨进乾清宫，有位太监便报："皇后娘娘驾到。"

太监、宫女连忙跪迎皇后，咸丰皇帝笑吟吟地走了上来："皇后，你来迟了一步，不曾看到小安子逗人的模样。"

咸丰皇帝挽着皇后的手，双双走入西暖阁。这皇上的寝宫——乾清宫，比后宫所有的院落都大得多，而且雄伟壮丽，清代历代帝王都住在这里。宫里除了有一个宽敞的大厅以外，还有东暖阁、西暖阁，两阁东、西相对，建筑格局基本一致，但室内装饰却有所区别。

东暖阁是皇上的卧室，布置得温馨、舒适，以暖色为基调；西暖阁是书房，屋内典雅、精致，摆满了历代珍奇古玩，一格格书架上堆放着书籍。当然，像《论语》《战国策》《文赋》《文心雕龙》《资治通鉴》《四库全书》这类书籍少不了。此外，还有《全唐诗》《宋词集粹》《史记》等摆放其中。这些书籍摆在书架上，并不是摆摆样子，而是供主人阅读的。

乾清宫西暖阁的书房里，有两个读书爱好者，咸丰皇帝和他的皇后。咸丰皇帝做阿哥时，六岁入上书房，拜杜受田为汉文师傅。杜受田这位大学士循循善诱，引导太子候选人奕詝进入文学艺术的殿堂，使得奕詝对汉文学艺术发生了浓厚的兴趣。登上皇位的奕詝，即咸丰皇帝，文学功底比他以前几代帝王都深厚。也许是上苍独钟于这位文豪天子，又赏赐一位大才女给他做皇后。皇后钮祜禄氏出身于显赫的贵族家庭，她的父亲钮祜禄穆杨阿曾为广西总督。此人城府很深，受过良好的汉文教育。所以，他对女儿的教育也十分重视。未来的皇后从小就在传统的封建贵族家庭中耳濡目染，对汉文学发生了极大的兴趣。她擅长吟歌赋诗，特别是五律、七绝等，每每作出，都令人拍手叫绝。

由于文学修养很高，钮祜禄皇后的品德修养也很好。她性情温和、善解人意、雍容华贵、贤淑大方，一进宫便博得了咸丰皇帝的欢心。

所以，很快她便由嫔晋升为皇后。咸丰皇帝以隆重的皇宫礼仪迎娶了他的心爱的人儿——钮祜禄氏皇后。

钮祜禄氏登上了皇后的宝座，并没有沾沾自喜，骄傲狂大，她更注意自己的一言一行、一举一动。她深知皇后母仪天下并非易事，靠的不是色，而是德。所以，她表现得更宽厚、大度，使得别人对她十分敬爱。

咸丰皇帝对他的这位皇后有爱更有敬，爱她的美丽容颜，敬她的高尚品格。因此，虽然他们早已度过了蜜月，但仍意犹未尽，皇上几乎天天留宿坤宁宫。不管皇上说什么，皇后都点头称是。面对百般柔顺的妻子，咸丰皇帝似乎少了些放荡。对皇后，他甚至有时有些恋母的感觉。

在咸丰皇帝的记忆中，亲皇额娘也和自己的皇后一样，都那么端庄、贤淑、雍容华贵。这一点，无论是宫女怡红，还是萨克达嫡福晋和云嫔，都没有。

他很庆幸自己有福气，一生中拥有这么两位高尚女人最深厚的爱。一个是母爱，一个是情爱。他对皇后的深沉的爱与无比的敬是掩饰不住的，他在皇后面前收敛了轻佻与浮薄，更无亵容狎语，就连夫妻之间打情骂俏的话，他也说不出口。

咸丰皇帝从心底深处敬爱他的皇后，和皇后在一起时，他便有一种安全感，心里感到非常充实。他把皇后当成了挚友，当然，更是爱人。

今日正拿奴才安德海开心取乐之时，皇后至此。咸丰皇帝马上打发走了安德海，由于刚才太兴奋了，才脱口而出："你来迟了……"这些话，他觉得不该说。因为，一向端庄、高贵的皇后不会对此类亵狎之行感兴趣。于是，他挽着皇后的手，走进了他们共同研讨诗文的艺术殿堂——乾清宫西暖阁。

"皇后，你为何有些倦容？"

细心的咸丰皇帝发现美丽的皇后双眼似乎有些倦怠，面色不如往日红润，便关切地问道。

皇后淡淡一笑，答道："没什么，多谢皇上关心。"

"不对，一定有什么事儿。"

咸丰皇帝捧着皇后的脸，仔细地看着。他看得更真切了，皇后的脸上有些泪痕。

"怎么了，发生了什么事情？"

一看皇上那着急的样子，皇后笑了，她轻声说："真的没什么。只不过是臣妾刚才读了一段感人的故事，读到动人处，叫人直落泪。"

"哦，有这等上乘之作，说来听听。"

咸丰皇帝心想，能让皇后落泪的文字，一定很有底蕴。他很想知道究竟是何等文字，便问："哪儿来的书？什么书？什么人写的？什么情节？"

皇后轻描淡写地答道："皇上不必再问，其实也不是什么好书，只不过其中的情节让人感动。"

咸丰皇帝扳过皇后的肩头，执拗地说："告诉朕，朕一定要知道。"

人人都有这种逆反心理，你越是不想让他知道，他就越想知道。咸丰皇帝正处于这种情绪之中，皇后生怕他误解，便说："是曹雪芹的《石头记》。"

"什么，你读那等文章！"

咸丰皇帝发出惊讶之声。皇后脸一红，低下了头。为何一听说皇后读的是《石头记》，咸丰皇帝就大吃一惊？因为曹雪芹的这本书早就以抄本的形式在民间流传，而朝廷官员组织了大学士进行审查，结果发现其中的情节的确十分精彩，故事也很感人。但是，透过生动曲折的悲欢离合的故事，却看出了曹氏的思想"叛逆"。这还了得，于是朝廷下令抄查这部书，多少年来，屡禁不止，反而流传越来越广，很令朝廷头疼。

一向温柔娴静的皇后竟也读这等禁书，咸丰皇帝能不吃惊吗。

咸丰皇帝立刻流露出不悦的神情："皇后，这等禁书有什么感人之处？"

皇后面带愧色，解释道："臣妾闲来无事，随便看几段文字。皇上，这部书上确实有感人之处，特别是两宝、两玉的爱情故事，真让人感动。"

咸丰皇帝一向佩服皇后的文才，皇后一般情况下不轻易评论某篇某章如何，今日一个劲儿地推崇《石头记》感人的故事情节，看来是有原因的。出于好奇，他追问道："既然如此，说来听听。"

皇后见咸丰皇帝不再追究她读的是禁书，便不再戒备什么，描述起书中的情节："两宝乃宝玉、宝钗；两玉乃宝玉、黛玉。黛玉是宝玉姑妈的女儿，他称'林妹妹'；宝钗是宝玉姨妈的女儿，他叫'宝姐姐'。林妹妹死了母亲，到了宝玉家。她孤苦伶仃，身弱多病；宝姐姐也住到了宝玉家，她性格温顺、宽宏大度。一个妹妹，一个姐姐，都喜欢上了宝玉。"

"那就都娶了吧。"还没等皇后说完，咸丰皇帝便发表了自己的意见，逗得皇后直发笑。

皇后认真地说："老祖宗不允许呀。结果，宝玉娶了宝姐姐，冷落了林妹妹，林妹妹抑郁寡欢，含恨死去。"

皇后的语调十分低沉，竟落下了眼泪。

咸丰皇帝轻轻为她抹去泪水，说："瞧你，书中所云乃痴语，竟动了真情，仿佛你也置身其中。"

皇后低头一言不发，咸丰皇帝张开双臂，将皇后揽入怀中，在皇后的耳边低语："皇后，朕不会冷落你。无论将来朕宠幸哪一个妃子，你永远都是朕心目中最尊贵的皇后。你贤淑温和、宽宏大度，有你相伴，人生一幸也。"

皇后并不是第一次听到这种令她心醉的话，她也轻轻地钩起咸丰皇帝的手，与他相拥走向东暖阁。

咸丰皇帝与钮祜禄皇后恩恩爱爱、甜甜蜜蜜地度过了许多美好的时光。他为自己有这样一位皇后而感到荣幸。他与皇后日日相伴、浓情蜜意，十分让人羡慕。

皇后是位温和、大度的女子，她今日来乾清宫，不是来与皇上相聚的，她为几个月前选秀女时进宫的兰儿、丽儿而来。咸丰皇帝钦定了兰儿与丽儿，可这些日子以来，皇上早把两个小秀女给忘了，似乎他已忘了选秀女一事，既不过问她们，也从未宠幸她们。可怜的两个小佳人儿空守孤灯，垂泪到天明。

皇后没有忘记那两个秀女，兰儿比自己大两三岁，丽儿比自己小一岁，但从名分上看，皇后是两个秀女的"姐姐"。做姐姐的怎么能怠慢小妹妹呢？她时刻提醒自己："你是皇后，母仪天下，应大度一些。皇上虽是自己的丈夫，但丈夫还应有更多的女人，你作为皇后，不但不能吃醋，还应该尽力帮忙她们得宠。一旦哪个妃子受宠，怀上龙种，你便是孩子的第一皇额娘。"

基于此，皇后来找皇上，向他提起兰儿与丽儿："皇上，几个月前选的那两个秀女，还记得吗？"

咸丰皇帝笑了笑，他怎么不记得。咸丰皇帝又不是糊涂人，自己有几个妃子，焉能不清楚。只是他暂时不想宠幸她们，也许，兰儿与丽儿对他还没有吸引力。

"皇后，为何今日提及此事？"

皇后温柔地说："不能再冷落她们了，再说，臣妾始终未能为皇上生一龙子。"皇后对此的确有些内疚，她也盼望皇宫里多一些孩子的笑声。

咸丰皇帝说："不急，过些日子再说吧，反正，她们在宫里养尊处优，宠幸与否有那么重要吗？"

嘴里是这么说，咸丰皇帝的心里也承认不会只贪恋皇后一个人，总有一天会有其他的女人占据他的心的。

好色乃男人的天性。咸丰皇帝有得天独厚的条件，他可以冠冕堂皇地去宠幸许多妃子。美貌的兰儿与丽儿近在咫尺，他一定会动心的，对于这一点，皇后有充分的心理准备。

有一天，皇后钮祜禄氏带着两个小宫女到后花园去赏花。前几日，内务府来报园子里的玫瑰花开得正艳，皇后极爱玫瑰花，爱它们的娇艳，爱它们的怒放，爱它们的不掩不饰。于是，她兴致极高，款款到了后花园。

　　果然如人所描绘，园子里姹紫嫣红，百花齐放。红的玫瑰、白的百合、紫的罗兰、黄的满天星。你不让我，我不让你，竞相吐芳，各领风骚。

　　花丛中，蝴蝶翩翩飞来，蜜蜂嗡嗡地叫，小虫儿高声鸣唱，小草探头探脑，一幅生动的图画。跟着皇后的两个小宫女，大的才十四岁，小的那一个刚满十二岁，她们还是孩子。一到园子里，便热闹开了，平日里皇宫大内不敢出一口大气，如今来到百花争妍的花园里，置身于大自然的美景之中，叫人如何不陶醉？

　　小宫女左顾右盼，掩饰不住内心的喜悦，她们忘了奴婢的身份，打闹着，追逐着蝴蝶。

　　皇后也不过才十五六岁，也是充满青春活力的年轻人，她也向往大自然美丽的景色。可是，她时刻不忘自己母仪天下的尊贵身份，不可能像两个小宫女似的，在一起打闹、嬉戏。她柔声慢语地说："你俩尽情地玩吧，等一会儿看谁捉的蝴蝶最多。"

　　两个小宫女一听，心中乐开了花，齐声答道："谢娘娘恩典，奴婢不会走远，只要娘娘唤一声，奴婢马上便回来。"

　　蝴蝶一样的宫女高高兴兴地跑进了花丛中，皇后则来到一簇红玫瑰旁，她凝视着红得发烫的红玫瑰，心中暗想：人说人面如花儿，其实不然，花的美在于它的艳，人的美在于她的娇。花儿只艳几日，有时只有一瞬间；而人娇却会长一些，多则三五年，少则三五月，总比朝开晚谢的花儿幸福得多。

　　皇后正凝眸细想之时，只听到后面响起一阵阵笑语声。

　　"姐姐，你瞧，百合花多纯洁、淡雅，我从小就爱她的高贵品质。百合花的花蕊中有六朵小黄蕊，还有一根极甜、极甜的花露茎，这花茎最吸引采花酿蜜的蜜蜂。"

　　说话的人小巧玲珑，清纯可爱。皇后抬头望去，看见两个面生的女子正朝这边走来。她们来到皇后的面前，双双跪下，大一点的说："皇后娘娘吉祥，兰儿给娘娘请安了！"

　　另一个小一点的女孩儿也说："皇后娘娘吉祥，丽儿给娘娘请安。"

　　"免礼！平身。"皇后想起来了，她们正是自己心中念念不忘的两个秀女——兰儿与丽儿。

　　兰儿与丽儿虽是秀女，进宫也已几个月了，但至今未曾得到过皇上的雨露垂怜。这几个月，皇上每晚都留宿坤宁宫，兰儿与丽儿根本没有机会接近皇上。

"你们两姐妹也来赏花呀？"

皇后和她们打招呼。问过之后，皇后也觉得自己很可笑，一抿嘴便笑了起来。兰儿与丽儿一看皇后如此平易近人，心中也少了几分戒备，也跟着笑。在她们看来，太妃与皇上不像皇后那么和蔼可亲。那日寿康宫目视，丽儿大气不敢出，兰儿也谨小慎微，生怕自己出岔子。今日御花园适逢皇后，兰儿心中有了谱儿，这皇宫大内，皇后是最可以接近的。

兰儿与丽儿进宫后，咸丰皇帝不曾宠幸过她们，所以没有给她们加封号，至今还只是个"秀女"，所以皇后称她们"兰儿"与"丽儿"。

"兰儿、丽儿，你们住在何处？"

皇宫院落虽多，但未被皇上宠幸的嫔妃们是不可能有单独居室的。她们往往同住在一个较大的院落里，有点儿像"集体宿舍"。所以，皇后并不知她们住在哪儿。

"回娘娘的话，我俩住在怡凝宫。"还是年龄稍大一点的兰儿的胆子大一些，那位俏丽的小美人儿丽儿只羞得满脸通红，直往兰儿的身子后面躲。

皇后见此情景，不觉失笑，心想："这等俏丽的小美人儿，空空放在怡凝宫里太冷落她了，不如让她到坤宁宫来与我做个伴儿，有机会也让皇上见识见识。花儿尚未绽开蓓蕾，可别辜负了。"于是，皇后说："丽儿，从明日起，你住进坤宁宫，与我做个伴儿。"

丽儿似乎还没反应过来，竟站着不动。

兰儿掐了一下她的小手，低声说："快谢皇后恩典。"

小美人儿丽儿这才明白过来，连忙下跪："谢娘娘恩典！"

皇后微笑了一下，她忽然发现站在前面的兰儿脸上掠过一丝不快，但她马上又掩饰住了，皇后心想："这兰儿比丽儿有心计，丽儿是个单纯的小姑娘，而兰儿则是成熟的大姑娘。"

今天，皇后一时高兴，让丽儿住进坤宁宫，丽儿当然很高兴，兰儿的心里总不是滋味。但此时，她又不好表现出来，只有自己咽苦水。她搭讪着说："娘娘，兰儿与丽儿日日相伴，丽儿这一走，兰儿还真有些舍不得。"

皇后乃敦厚之人，没兰儿那么多"花花肠子"，她随口而出："同住在皇宫里，来来回回方便得很，你想她的时候，可以去坤宁宫玩一玩嘛。我们姐妹几个在一起，都不会太寂寞。"

说者无心，听者有意，兰儿心想："就凭皇后你这一席话，足以证明，你与我兰儿相比，不可同日而语也。日后，我兰儿有出头之日，还有你皇后的好日子吗？"

不过，此时的兰儿只不过是个秀女，她无权无势、无依无靠，羽翼尚未丰满，她不会表现得锋芒毕露的。聪明的叶赫那拉·兰儿懂得如何保全自己。

皇后的一席话给兰儿开了通向咸丰皇帝的绿灯，兰儿当然不会错过这个好机会，她要尽快让咸丰皇帝注意到自己，好使十八岁的自己一步步登上天梯。

却说俏佳人丽儿住进了坤宁宫，果然引起了咸丰皇帝的注意。咸丰皇帝发现了这位娇小玲珑的小美人儿，并很快宠幸了她。丽儿并不是霸道之人，她更多的是柔顺，受宠时并不觉得飘飘然，而是像小鸟一样依人、可爱。皇后很是怜爱于她。

丽儿与皇后的关系十分融洽，咸丰皇帝非常满足于这种妻妾和睦相处的状态，他早已把与丽儿同一天进宫的秀女兰儿给忘得一干二净了。

咸丰皇帝近日来不常留宿坤宁宫，他总是待在自己的寝宫里，每晚不是招皇后，就是宠丽贵人。那种男人的满足之情洋溢于眉宇间，太监安德海是皇上的侍寝太监，咸丰皇帝的心绪变化，他看得清清楚楚。他心里暗笑："万岁爷哟，你左揽娇，右搂莺，太幸福了。"这笑里也有一丝苦味，上苍太不公平，一落地都是男孩，奕詝父宠母爱，锦衣玉食，如今当天子，坐大殿，拥有美貌的女子；而他安德海从小衣不蔽体，食不果腹，十岁上又成了阉人，如今进宫当太监，是奴才，是狗，只能眼睁睁地看着别人尽享荣华富贵。唉，命也！

安德海心里虽酸酸的，但他表面上掩饰得好极了。在咸丰皇帝面前，他卑躬屈膝，尽心尽力，颇得皇上的欢心。

却说，兰儿并不为自己一时的失意而沮丧，她是个有心计的女人，她在盘算着如何接近咸丰皇帝，来个后来者居上。她对自己说："兰儿，沉住气，有朝一日，你会翻身的，到那时，皇后与丽儿全要仰视你。"

兰儿处心积虑，希望想出一个万全之策，使得皇上将兴趣从皇后、丽儿的身上转移到自己这里。想来想去，她觉得要想让皇上宠幸于她，首先应该让皇后喜欢她。

为什么要这么说呢？因为，目前皇后在皇上面前是大红人，丽儿受宠还不是皇后一手炮制的。皇后统摄六宫，后妃的事情全掌握在她一个人的手中。

如何才能得到皇后的欢心呢，当然是先接近于她，再投其所好。兰儿刚一进宫的时候，就听别人说起过皇后，人们一致称赞皇后，都说皇后是个大才女，琴棋书画、吟诗赋词无所不精。独自垂泪的秀女兰儿自叹不如皇后，德不及皇后、命不及皇后、才也不及皇后。但是，兰儿偏偏不认命，她要想尽一切办法来改变自己的命运。

自从丽儿住进了坤宁宫，并很快得到了咸丰皇帝的宠幸，加封为"丽贵人"，兰儿更坐不住了。她心底有些怨恨皇后，自言自语道："皇后，兰儿如今受此冷遇，与你有关系，只可惜兰儿无依无靠，虽怨你，但还要巴结你。"

心中满腔怨恨的兰儿必须满脸笑容来到坤宁宫，恭恭敬敬地拜见尊贵的皇后。

"皇后娘娘吉祥，兰儿给皇后娘娘请安了。"

"兰儿平身。"

起身后，兰儿搭讪着说："兰儿思念皇后，特至此问安；兰儿又想念日日相伴的丽儿，顺便看看她。"

皇后觉得兰儿很会说话，与稚嫩的丽贵人有很大的不同。但是，皇后此时对兰儿并没有什么恶感，反而觉得她也很可爱。

"兰儿，快进来坐坐，这儿暖和。"

秋风已起，天渐凉，兰儿一路上被寒风一吹，脸颊有些红，手也觉得很冷。皇后问长问短，让她心中一阵激动，说："谢皇后关心，兰儿心中十分感激。"

皇后忙说："一家人，何必这么客气。"

"一家人"这三个字，兰儿听起来特别顺耳。如此说来，皇后已经把兰儿当作皇上的女人了。可是，兰儿心中也有些酸酸的，既然是一家人，为何到现在咸丰皇帝还没把小秀女兰儿放在眼里。然而，聪明的兰儿绝对不会流露出一丝不快的神情。她善于掩饰自己，这一点，她很有信心。

"皇后娘娘，兰儿昨日读诗，有几句不甚理解，特请教您。"

皇后一听，愣了，她没想到兰儿还能读诗：既然如此，何不探讨探讨？

"什么诗？"

"《关雎》，其中的'好逑'是什么意思？"

其实，兰儿当然懂得"好逑"的意思，只不过"谦虚"罢了。皇后也明白这一点，她不想说破，那将多么尴尬呀。

皇后说："'好逑'即好的配偶，'君子好逑'，就是说，美貌、婀娜的女子是君子好的配偶。"

兰儿听懂了似的点了点头，她又问了几个问题，有的是明知故问，也有的是真的不懂。温和的皇后一一做了解答。兰儿惊喜地发现，每当她向皇后讨教时，皇后总流露出满意的神色。

这就是说，皇后并不讨厌自己。也许，皇后在后宫找不到知音，在诗赋方面，她兰儿还算个"知音"吧。

兰儿没有忘记皇后那句十分中听的话："同住在皇宫，来来回回方便得很，你想她的时候，可以来坤宁宫玩一玩嘛。我们姐妹几个人在一块儿，都不会太寂寞。"更不会忘记皇后的"一家人"几个字。此后，兰儿几乎每一天都出入坤宁宫，她正在一步步接近皇后。

不过，到了坤宁宫也有让兰儿心酸的时候。在兰儿的心目中，从进宫当秀女的第一天起，她就已经把咸丰皇帝看成是自己的丈夫了。

可是，咸丰皇帝眼里根本没有兰儿，他甚至不记得，也不认识自己朱笔圈定的叶赫那拉·兰儿这个人了。

终于遇到咸丰皇帝驾临坤宁宫时，兰儿只觉得脸上一阵阵发烫，心跳加快，她连忙问安："皇上吉祥。"

"平身。"

咸丰皇帝连看也没看她一眼，仿佛前面这个兰儿与宫女一个样，兰儿委屈极了。皇上直奔皇后，拉住皇后的手问长问短，那情景直让兰儿心酸。但是，兰儿不会把酸楚与妒恨表现出来，她很快平复了内心的波动。善于掩饰的兰儿要让皇后怜惜她，以至于皇后对她没有一点儿设防。

这一天，兰儿用过早膳，又来到了坤宁宫，恭恭敬敬地拜见了皇后："兰儿给皇后请安。"

兰儿向皇后跪安，她并不觉得委屈自己。因为自己要为未来铺平道路，而这条金光大道必须从坤宁宫奠基。

"兰儿，免礼平身！都是一家人嘛，以后不用这么拘礼。"皇后总是那么和蔼可亲。

她拉着兰儿的手，柔声地问："这几天读新诗了吗？"

说着，皇后流露出慈祥、关切的神情。

兰儿点了点头，那神情很有些羞涩。皇后看了，心里暗想："这位兰儿虽不如丽贵人那么俊俏、迷人，但也有她别具一格之处，她很聪明，也有些才气，日后不能太薄待她。"

兰儿见皇后对自己很有些好感，心中十分高兴，抓住时机来表现自己："兰儿昨日读了一首汉乐府民歌《孔雀东南飞》，其中起句不甚理解。诗中写焦仲卿与刘兰芝悲欢离合的故事，可开头为何写'孔雀东南飞，五里一徘徊'？"

皇后拉住兰儿的手走向西暖阁，那儿是皇后的书房。拿起一本非常精致的书籍，很熟练地翻到了《孔雀东南飞》一诗。她轻轻地吟了起来："孔雀东南飞，五里一徘徊。十三能织素，十四学裁衣。十五弹箜篌，十六诵诗书。十七为君妇，心中常苦悲。"

兰儿也轻声附和，皇后微笑着点了点头："兰儿，你读诗时，抑扬顿挫，音调处理得的确很好。开头两句'孔雀东南飞，五里一徘徊'叫'起兴'。"

兰儿认真地问："什么叫'起兴'？"

皇后并不因为兰儿打断了她的话而恼怒，继续温和地说："起兴是《诗三百》的一种基本写法，《诗三百》从内容上分有风、雅、颂，从风格上、写法上分赋、比、兴。兴，即先言他物，以引起所咏之词。"

"'先言他物，以引起所咏之词'，这就是说，要吟唱一种事物，先用与这种事物相关的另一种事物开头，来引起所要吟唱的事物。皇后，兰儿的理解对吗？"

　　兰儿问了这么一句，说明她听懂了，并且她还对"起兴"进行了诠释。皇后听罢，十分满意地赞赏道："兰儿，你真聪明。"

　　皇后对聪明的兰儿的确是由衷地赞叹，她深深地体会到眼前的这位秀女不是平庸之辈，只可惜至今皇上还没看她一眼。

　　兰儿不失时机地表现自己，这一点，宽厚、仁慈的皇后并没有意识到。不知是皇后迟钝了一些，还是兰儿太会"演戏"了，皇后一天比一天欣赏兰儿，于是，每逢兰儿来到坤宁宫，皇后便与她讨论诗文。

　　"兰儿，《诗经》中的《蒹葭》篇，你读过没有？"

　　一听皇后这句，兰儿心花怒放："看来，皇后已把我兰儿当成文学上的知音了。兰儿，你记住：机不可失，时不再来！"

　　于是，她回答："刚刚读过，只是理解得不深刻。"

　　她吟唱着："蒹葭苍苍，白露为霜。所谓伊人，在水一方。"

　　皇后望着她，追问一句："如何理解呢？"

　　兰儿答道："这首诗是一位痴情的男子吟唱的，他要寻找心爱的姑娘，而最终也没有得到她。他只是站在岸边凝视着远方，发出了'宛在水中央'的感叹。飘飘扬扬的芦花呀，不知飞向何方，可望不可即也；夜露落到地上呀，马上变成了白霜，这种情景渗透了无可奈何的情绪在其中，正如那位痴情的男子寻觅不到心爱的姑娘时的失落的情感，这叫融情于景吧。"

　　兰儿娓娓道来，皇后频频点头，两个人进入一种忘情的诗情画意之中。

　　皇后更感慨万分："可惜了这兰儿，本来应该是个大才女，可如今凄凄凉凉独居深宫，实在可惜。"

　　皇后与兰儿正沉浸在古诗歌美妙、动人的情景之中时，咸丰皇帝又驾临坤宁宫了。以前，每当皇上来时，太监总是要高声报："皇上驾到。"

　　可如今，他不再高声报驾。为什么？这是因为咸丰皇帝几乎每天这个时候都来坤宁宫看望皇后。宫中的太监、宫女们都知道皇上退朝回来，第一去处便是坤宁宫。

　　日子一长，咸丰皇帝来来往往，便免去了许多礼节。可兰儿并不清楚这些情况，她未曾想到日思夜盼的咸丰皇帝会突然站在她的面前。所以，咸丰皇帝一进坤宁宫，兰儿便显得十分不安，她连忙跪下："皇上吉祥！"

　　兰儿又慌张又羞涩，又想竭力掩饰自己慌张的神情，以尽量表现得含情脉脉。她当然想让咸丰皇帝多看自己几眼，只可惜，咸丰皇帝的眼睛仍旧只是一眨也不眨地盯着美丽大方、贤淑温柔的皇后在一个劲儿地看。

看得皇后羞红了脸，看得叶赫那拉·兰儿的心里酸溜溜的。咸丰皇帝根本没在意他身后跪着的一个小秀女。

咸丰皇帝没有发话，兰儿只好长跪不起，皇后示意咸丰皇帝快发话，咸丰皇帝的手一摆，不经意地说："跪安吧。"

兰儿退了下去，她委屈极了。泪水就像断了线的珠子，扑簌簌地直往下落。她在心中暗自感叹自己的命运不济，同时又嫉恨皇后专宠于咸丰皇帝，以致她削尖脑袋也挤不进他们中间去。当然，兰儿也有些怨咸丰皇帝，恨他有眼无珠，年轻貌美的兰儿竟吸引不了他！

兰儿退了下去，但她并没有让泪水流下去。她咬了咬牙，对自己说："兰儿不是凡夫俗子，你不会就这么沉寂下去的，现在的处境只当作当年越王勾践卧薪尝胆吧。"

这样一想，她的心里反而感到舒坦多了。她甚至有些咬牙切齿地自言自语："皇上、皇后，兰儿不是等闲之辈，更不是平庸小女子，今日的委屈，是为了换得明日的崛起。紫禁城里的叶赫那拉氏有一天会让你们刮目相看的。"

皇后望着兰儿退下去的背影，对咸丰皇帝轻声地说："多好的女孩儿。"

咸丰皇帝忍不住望了望。可惜，兰儿的背影已消失在走廊的尽头。

咸丰皇帝似乎觉得皇后有些偏爱刚才跪着的小秀女，为了迎合皇后，他问道："她叫兰儿，是个秀女吧！"

皇后轻轻地叹了一口气，说："皇上应该记得她，那日与丽贵人一样进宫的。很有些才气，只可惜如今还是个秀女，连个贵人封号都没有。"

咸丰皇帝很注意皇后的心理感受，为了赢得皇后的欢心，随口说了句："那就封她个贵人吧，既然你那么喜欢她。"

叶赫那拉·兰儿由秀女晋升为贵人，她叫"兰儿"，于是宫中称她为"兰贵人"。

从此以后，兰贵人身价倍增，皇后更与她姐妹相称。

然而，咸丰皇帝则忘了自己的允诺，依然不招宠兰贵人，他的心里只有皇后和可爱的小美人丽贵人。咸丰皇帝有时留宿皇后的坤宁宫，都带一个侍寝太监去，而这个侍寝太监便是安德海。安德海很善于察言观色，从不多言多语，皇上的一个眼神，他都能认领得透。

这日，安德海又伴驾到了坤宁宫。这是冬日里的一个下午，温暖的阳光照射在大地上，晒得人懒洋洋的。咸丰皇帝与皇后在东暖阁里亲热，聪明的安德海不愿当"电灯泡"。于是，他便在小花园里闭目养神。

此时的咸丰皇帝除了皇后、丽贵人之外，又宠幸过一些妃子，不过，那几个妃子没赢得皇上的欢心，皇上很少想到她们。于是，可怜兮兮的几个小妃子总要花点银子在安公公身上，让安公公从中帮忙，以便有机会接近天子。

安德海一想到白花花的银子，心里酸楚的感觉便没有了。虽然他是个阉人，是奴才，是宫里的一条狗，但他还是个特殊人物。每晚皇上要招幸哪个妃子，全靠他安公公拿头牌。若安德海使个小花招，皇上是不会发现破绽的。

于是，后宫几个被冷落的小妃子纷纷巴结安公公，很舍得花些银子在他身上。此时，闭目养神中的安德海嘴边流露出一丝不易被人察觉的笑容，他心里正盘算着该向哪个妃子"敲竹杠"了，不然万一惹他安公公不高兴，晚上拿妃子们的头牌时，安公公耍点小聪明，她就难得被宠幸。

"安公公。"

一个清脆、悦耳的声音把安德海从遐思中唤了回来。

安德海定睛一看："噢，是兰贵人。"

安德海认识这位才被封为贵人的兰儿，今天真巧，在坤宁宫的小花园里，遇见了她。只见兰贵人亭亭玉立，身姿婀娜，风情万种，十分吸引人。

兰贵人深知安德海不是等闲之人，自己若想进一步接近皇上，没有安公公的帮忙还真不行。

十一岁的安德海自阉入宫当太监，备受孝睿和皇太妃（当年的静贵妃）的喜欢。安德海的脑袋瓜子很好使，他聪明、机灵、勤快、心细，很快博得了太妃的欢心。不久奕詝登基，开始了咸丰时代。

咸丰皇帝又把做皇子时期的贴身太监安德海带到了乾清宫，使他成为御前太监。虽然他从不过问朝政，但他手中的实权可真不少。后宫嫔妃若想受宠于皇上，非打通安公公这一"环节"不可。这一点，兰贵人早在几个月前就听说过。那天内务府选秀女，要不是苏大叔事前用银子买通了安德海，安德海在关键时刻说了句"皇上，这兰姑娘颇有福相"，否则这第一关兰贵人恐怕就过不了。自从入宫后，兰贵人便仔细研究皇宫里错综复杂的人际关系，结果她发现咸丰皇帝的御前太监中，安德海最有实力。于是，兰贵人瞄准了特殊人物安德海。

想来想去，兰贵人决定暗中注视安德海的行踪，以便接近他。今天，兰贵人悄悄地躲在坤宁宫外，皇天不负有心人，当兰贵人等上一个时辰左右时，安德海伴驾而来。

兰贵人没有进正厅或东暖阁，她生怕皇上和皇后知道自己来了坤宁宫。今天，她是来找安德海的。于是，兰贵人蹑手蹑脚地来到了小花园，拣块干净的山石坐了下来。

她刚坐下来，便看见安德海从房里出来，也来到了花园中。安德海想倚在石栏边打个盹儿，顺便细细地盘算一下哪个妃子该"进贡"他需要的什么好玩意时，兰贵人一声清脆的问安声传进了他的耳中。

他懒散地眨了眨眼，定神看了看这位前些日子才晋封为贵人的叶赫那拉氏。

眼前的这位兰贵人婀娜多姿，风韵十足，比俊俏的丽贵人风骚多了。她的身上散发着一种魅力，让安德海抗拒不了。他马上换了一副面孔，这是一副温和的面孔，是安德海面对皇上、皇后时才有的面孔。

"哦，是兰贵人。兰贵人吉祥。"

安德海鬼使神差般地向娇媚的兰贵人请了个单腿安。他大胆地盯住兰贵人看，只见她面庞如桃花、眉梢似柳叶、明眸顾盼、樱唇含情。安德海真想上前一步去摸一摸兰贵人娇美的面容。可是，他不敢。皇上的女人，他不敢动。哪怕是皇上终生没宠幸过一次的妃子，只要她有贵人的封号，就永远不允许有第二个男子拥有她。再者，自己是个阉人……这样一想，他的心里就平静多了。

兰贵人见小安子的脸上"阴转晴天"，便款款地飘到了安德海的面前，让安德海顿时又产生了一种从未有过的如梦如幻的感觉。

兰贵人将纤纤细手轻轻地搭在安德海的肩上，嗲声嗲气地说："安公公在这儿等待皇上，可真有耐心呀。这会儿皇上与皇后正亲热着呢，看样子一时半会儿是出不来的。"

安德海好像身子浮到了半空中，他的嘴唇有些哆嗦，张了几张，但没有发出声来。

兰贵人见状，接着说："安公公到我那儿坐一坐，歇一会儿，喝些水再来也不迟。"

安德海头脑里空空的，他好像什么也想不起来。不过，被兰贵人这一说，他还真感到有些口渴，肚子似乎也饿了。

安德海高高兴兴地随着兰贵人来到了怡凝宫。虽说这儿也叫"宫"，但与皇后住的坤宁宫是不可同日而语的。

这怡凝宫房屋矮小，院落破破烂烂，院里只有一位小宫女侍候着。这屋子光线也很暗，室内陈设十分简陋，仅一床、一桌、一箱、一柜、一椅而已，甚至连个像样的梳妆台也没有。那桌子上的铜镜年代已久，有些斑驳陆离了。那把破椅子还有一只腿是活动的，人坐在上面肯定会倒下去……

【第三回】

万千手段终得宠，母凭子贵荣封妃

安德海到了兰贵人的怡凝宫，往床上一瞧，他简直不敢相信皇宫里也有如此破旧的被子。两床旧锦被整齐地叠放在床上。可见，兰贵人的宫女还算勤快。

这时，小宫女端了一杯热茶进来，兰贵人上前两步接过茶水，说："出去洗衣服吧，有事时，我会叫你的。"

小宫女很顺从主子，退着出了屋。兰贵人将手中的茶水亲自送至安德海的手中，并且还递上一些点心。

安德海有些局促不安，他心里想：不管怎么说，这位兰贵人总是主子，今日如此这般，若日后她有出头之日，我小安子可没好日子了。

他连忙站了起来，接过茶水与点心，谢过兰贵人。

"兰贵人，让奴才自己来，你如此这般对待奴才，奴才心里不安呀。"

安德海的嘴巴很会说，一句话说得兰贵人心里很高兴，她暗自说："这个小安子，还很知趣，看来找他帮忙，有门儿。"

兰贵人见安德海一手端茶杯，一手拿着点心，没吃也没喝，便说："安公公不必见外，快吃吧。这儿寒碜，不比皇后的坤宁宫，没什么上等的点心。"

安德海连忙说："很好，很好。"

兰贵人不明白他说的"很好"，是指自己对他很好，还是指茶水与点心很好，反正，安德海有些激动。兰贵人递了一个眼神，安德海明白是让他吃点心，再说他也真饿了，便低头吃点心、喝茶。此时，安德海并没有在意兰贵人情绪上的变化。当他吃了一小块点心后，抬头一看，发现兰贵人早已泪盈满眶。

娇媚的兰贵人可怜兮兮的，一颗晶莹的泪珠滚了下来。安德海吓了一大跳，还以为是自己哪儿做得不好，惹得兰贵人伤心，他连忙站起来："奴才该死，惹得兰贵人不开心。"说罢，他又举起手来，拉出了掌嘴的姿势。

只见兰贵人抓住安德海的手，把他的手放在自己柔软的手心里，说："不，这不关公公的事儿，是我自己伤感罢了。安公公若不嫌弃，以后无人处，你称我姐姐，我叫你弟弟，我俩同是天涯沦落人，不分什么主子、奴才。"

一席话，说得安德海又惊又喜，惊的是兰贵人如此巴结他，喜的是他一个奴才居然与贵人称"姐弟"。他没有姐姐，从小就希望能有个姐姐疼他、爱他，今天突然从天上掉下个大美人姐姐，而且这个姐姐是"准皇妃"，那日后咸丰皇帝就有可能是他的"姐夫"，他几乎笑出了声。

乐哉！乐哉！这等好事儿哪儿去找。安德海毫不犹豫，上前一步，"扑通"一声跪在兰贵人的面前，并且磕了个响头："兰姐姐在上，受小弟德海一拜。以后无论姐姐有什么事情，尽管吩咐小弟一声。小弟愿为姐姐尽心尽力，赴汤蹈火，在所不辞。从今后，你我就如亲姐弟。"说罢，又磕了三个响头。干姐弟关系就这么确立了。

兰贵人破涕为笑，她伸手拉起跪在前面的安德海。这么一拉，安德海觉得兰姐姐的手又柔又嫩，摸到手里舒服极了，他突然壮了壮胆子，紧紧地握住这玉指不放，捏得兰贵人好疼，她嗲声嗲气地说："哎哟，瞧你，贼劲可不小呀！"

兰贵人挣脱了他的手，在安德海的额上轻轻一指，两个人会心地笑了。接着，安德海大胆地提出了要求："姐姐，以后小弟常来这儿看望你，好吗？"

他发现兰贵人缄口不语，心中明白了七八分。安德海此时是有些非分之想的，但是，他是奴才，不敢直接讲明。再者，他是阉人，也没那个能力。然而，哪怕是接近一下美丽的兰贵人，他也感到三生有幸。

兰贵人可不想与安德海超出主仆的界限，她最终的目标是咸丰皇帝。眼前的这个小太监只不过是她可以利用的工具罢了，她要把他调教成一只顺从主子的狗，让他对自己摇尾乞怜，对别人大出恶口。

想到这里，兰贵人柔声细气地说："弟弟呀，我是你姐姐，等姐姐一旦有出头之日，还能忘了你小安子吗？可是，如今你我在这皇宫里都是小人物。"

安德海为了讨好兰贵人，慌忙说："不，只有小安子一个人是小人物，是奴才，姐姐是有头有脸的大人物。"

兰贵人长叹一口气，像是对安德海说，又像是自言自语："不被皇上宠幸，一点儿地位也没有。"

安德海点了点头，从这一刻起，他就下定决心帮兰贵人早早得到咸丰皇帝的宠幸。他决定利用自己接近皇上的有利机会，再一次向咸丰皇帝推荐兰贵人。那个机会，便是皇宫里的人都知道的一个习俗。

原来，皇宫里有这么一个习俗：就是历代帝王的嫔妃们不止一个，包括贵妃、妃、嫔、贵人、答应、常在等多人。这么多的嫔妃有可能全被皇上宠幸过，但不可能同时宠幸她们。每晚只能有一个妃子被召幸，究竟这晚皇上召幸哪一位，当然由皇上自己决定。往往是每晚用过晚膳后，由侍寝太监拿出写有每个嫔妃姓名的赏牌，也称"头牌"，皇上欲召幸谁，就把谁的赏牌挑出来，由太监送至内务府，再由内务府派专职太监去请该嫔妃。

咸丰皇帝当然也遵循这个规定，安德海此时专司其职，所以他决定为兰贵人做一次努力。以往，每当晚膳后，安德海刚想拿出赏牌时，咸丰皇帝看也不看一眼，只是淡淡地说"召丽贵人"，或说"去坤宁宫"。

兰贵人的赏牌都落上了很厚的灰尘，这不能不说是她的悲哀。因为此时皇上心中只装着一个人，那便是德、才、貌俱佳的皇后。此外，那个俏人儿丽贵人只占据了咸丰皇帝心灵的一角。

可是，最近以来，情况发生了一些变化，变得有利于兰贵人了。丽贵人临产，当然不可能召幸她；皇后身体欠佳，三天两头生病，不是感冒，就是患上风疹。御医千交代、万叮嘱，告诫皇上不要在皇后患病期间与皇后同宿，否则，将直接影响皇上的健康。

为了龙体安康，咸丰皇帝已多日没有去坤宁宫了，他也没敢留皇后在乾清宫过夜。有时，他也有些想念身怀六甲的丽贵人，可是她挺着个大肚子，不可能来侍寝。咸丰皇帝一心希望丽贵人能给他生个龙子，可老天爷偏偏爱捉弄人，三天三夜的折腾，丽贵人生了个白白胖胖的小格格。这位格格便是日后的荣安固伦公主。

荣安固伦公主的出生，并没有给初为人父的咸丰皇帝带来多少欢乐。甚至可以说，他失望极了。妻妾成群的咸丰皇帝居然一连几夜独眠，真有些不可思议。

安德海把这一切全看在了眼里，他心里禁不住一阵欢喜："也许是苍天怜悯兰贵人吧，她入宫一年有余，竟未被宠幸过，这对她太不公平了。看来，上苍有眼，她的时运到了。"

安德海的确从心底深处希望皇上能宠幸兰贵人。因为，他发现兰贵人非同寻常，她虽然从未露过锋芒，但此人一旦得势，定会与众不同。从她那富有棱角的双眉里，就能看出她不是个平庸的小女子。

为了"兰姐姐"与自己将来的荣华富贵，安德海不断地做着努力。这日，用过晚膳，安德海试探性地问："奴才斗胆，请问皇上今晚可去坤宁宫？"

咸丰皇帝皱了皱眉头，漫不经心地说："算了。唉，皇后到底是怎么回事儿，一天到晚生病。"

安德海听得出来，咸丰皇帝对于皇后生病一事，有些不耐烦了。

他又壮了壮胆子，问："其他宫里的嫔妃们，皇上可召幸？"

咸丰皇帝长叹一声："朕哪儿有那心思，近来为了太平军乱贼之事，心烦意乱；再说，洋毛子兴风作浪，朕也深感不快。"

安德海还想说什么，咸丰皇帝手一摆，说："今晚不召幸任何嫔妃，朕想在乾清宫静养几日。"说罢，他懒洋洋地伸了伸胳膊，瞧他那样子，很有些无聊的样子。

咸丰皇帝本乃风流天子，自从与宫女怡红姑娘"初试云雨"，至今已几年过去了，他的生活，一举一动，一点点细微的变化，安德海全看在眼里。

安德海心里明白，这位风流天子若想独宿，简直是件难事儿，太罕见了。漫漫长夜，他能熬得过来吗？既然皇上已表明不去坤宁宫皇后那儿过夜，安德海便心中有了底儿，万一皇上长夜难挨，就有召幸嫔妃的可能性。

兰贵人有指望了。安德海鼓足了勇气，拿出兰贵人的赏牌，用银盘子端上。谁知心情不安的皇上看也不看，不耐烦地说："拿下去吧。朕不是已经说过了吗，今晚想静养一下。"

安德海连忙退了下去，他可不愿为了兰贵人而惹恼皇上。可是，他并没有走远，聪明的他有一种强烈的预感——今晚咸丰皇帝一个人独宿乾清宫的可能性不大。虽然小安子是个不中用的阉人，从来没体尝过做真正男人的滋味，但是他听别人说过这等事儿。因此，小安子深信咸丰皇帝今晚是耐不住寂寞的。

安德海几经努力，仍未使兰贵人受到宠幸，但他并没有灰心。特别是近日来，咸丰皇帝处于少有的孤独之中，安德海总有种强烈的预感，兰贵人可能在这几天内被召幸。

这天晚上，咸丰皇帝在乾清宫里的小花园中静坐了一会儿，便回东暖阁休息去了。安德海是何等机灵之人，他看得出来，这位风流天子少了佳人侍寝，显得无精打采，一脸的愁云。

安德海是最贴近咸丰皇帝的太监，皇上入睡时，他必须候在卧室门外准备随时应驾。

咸丰皇帝闷闷不乐地靠在龙榻上睡着了，安德海为他掖好锦被，带上房门，悄悄地走到卧房门外。安德海每隔两天值这样一个夜班，这一夜，在一般情况下，太监是不允许睡觉的。但是，咸丰皇帝不是暴戾的君王，他的性情比较温和，他允许侍寝太监靠在门槛上打个盹儿。

到了寒冬腊月天，他还让内务府给侍寝太监准备一床棉被，并允许他们在棉门帘内打盹儿，因此，值夜班的太监并不十分辛苦。

像往常一样，安德海靠在门边迷迷糊糊睡了一会儿。突然，他似乎听到皇上的卧房里有什么响动，仔细又听了一下，是咸丰皇帝的翻侧身子弄出的声响。而且，还听到了咸丰皇帝轻轻的叹息声。

原来，咸丰皇帝刚才并没有熟睡，他辗转反侧，难以入眠。国事、家事，事事烦心，怎么也睡不着，便干咳了几声。安德海以为皇上哪儿不舒服，便在门外小声地说："皇上，奴才能做些什么？"

咸丰皇帝又轻轻地叹了一口气，什么也没有说。安德海明白了，皇上今晚失眠，一定是孤枕难眠。

安德海又小声问："皇上既然睡不着，不如召一位嫔妃来伴驾。"

"免了，还要拿赏牌，通知敬事房，这三更半夜的，免了吧。"

听得出来，咸丰皇帝的口气并不十分强硬。这位皇上平日里对人很宽厚，他此时不想在半夜里打扰别人的休息，但如果真的能有一位佳丽来陪陪他，那一定能排遣他的孤独与苦闷。于是，安德海便大胆地说："皇上，若召某一位娘娘伴驾，奴才去直接通知娘娘便是。明日再去敬事房补办一下手续好了。再说，寻常百姓家夫妻相聚都不受任何限制，皇上乃天子，九五之尊，夜深寂寞时召一个娘娘伴驾也在情理之中。"

安德海这张能把稻草讲成金条的嘴巴果然发挥奇效了，皇上沉吟了一会儿，刚想开口点出他想召幸的祥答应，安德海连忙下跪："皇上可记得与丽贵人同一天进宫的那位兰贵人？"

咸丰皇帝摇了摇头，小安子连忙说："那位兰贵人如花似玉，天仙一般的美人儿，又温柔，又大方。"

经安德海这么一提，咸丰皇帝倒也想起来了，好像是有这么一位兰贵人。他还记得兰贵人爱穿一件绣满兰花的旗袍，看起来倒也清新脱俗，雅中见趣。既然小安子今晚提起了她，那就让她来伴驾吧。

咸丰皇帝没多想什么，随口说："也好，丽贵人都生格格了，朕还没有宠幸过她，那就让她来伴驾吧。"

安德海高兴地应了一声："嗻。奴才这便去请兰贵人。"

安德海不敢逗留，立刻去了怡凝宫。

安德海刚走，咸丰皇帝就想起了一件事，刚才他忘了问一下将要宠幸的这位兰贵人姓什么。不过，不问也无大碍，大千世界，人海茫茫，哪就这么巧姓"叶赫那拉"。

咸丰皇帝清楚地记得祖训："灭建州者叶赫，爱新觉罗氏不得与叶赫那拉氏通婚。"

如果此时咸丰皇帝问清了兰贵人正是叶赫那拉氏的后代，无论如何他也不会去碰她的。真是阴差阳错，叶赫那拉氏的后代兰儿居然睡到了爱新觉罗·奕詝的身边，并且一年后她还为大清皇族生下了一个男孩，这个男孩就是清代出生在皇宫的最后一个君王——爱新觉罗·载淳，即同治皇帝。此是后话。

安德海乐不可支，一路小跑来到了兰贵人处。兰贵人此时也没有睡下，这两天来，她的左眼眼皮跳个不停。俗话说：左眼跳财，右眼跳灾。如今这左眼皮一个劲儿地跳，预示将要有好事降临到她的身上。

什么好事呢？兰贵人最渴望的无非是被皇上宠幸，一旦她被皇上宠幸，那便意味着她的一生将要发生重要转折。

"兰贵人，快开门！"

一阵急促的敲门声，兰贵人听得出来是安德海的声音。她连忙披衣起身，让宫女快快开门。只见安德海跑得上气不接下气，一个劲儿地喘。兰贵人不知发生了什么事情，立刻紧张了起来。

一见兰贵人神色不对劲儿，安德海忙笑着说："好，好事儿！"

兰贵人撩开门帘，让安德海进屋说话，外面太冷了。刚才由于太兴奋了，安德海一路跑过来，也没在意有人在惊愕地盯着他看。这会儿，他正大口大口地喘着粗气，才发现自己身后出现了一个陌生人，她便是皇后坤宁宫的大宫女——娥儿。娥儿盯着安公公，有些纳闷儿。怎么回事儿？原来娥儿正奉皇后之命去太医院请太医，丽贵人的女儿一个劲儿地哭闹，给奶也不吃，逗她玩也不笑，哭闹得凶，皇后生怕她生病，便命娥儿去请太医。谁知娥儿刚出宫门，远远地就看见安德海朝这边跑来。

看他那急的样子，一定发生了什么事，娥儿便吩咐一同随她出坤宁宫的另一个小宫女快去为小公主请太医，自己则尾随安德海来到了兰贵人这里。

安德海似乎也发觉了自己的失态，他深知娥儿是坤宁宫的耳目，这姑娘聪明得很，可千万不能让她看出自己与兰贵人的关系不一般。所以，他定了定神，然后高叫一声："皇上口谕，今晚兰贵人伴驾。"

其实，刚才咸丰皇帝并没有发什么口谕，这会儿他是假传圣旨。不过，又有谁去追究呢？

清代皇帝召幸妃子，不但要求妃子沐浴更衣，还要求妃子沐浴更衣后，到皇上寝宫时，要把所有的衣服全脱去，由一个老太监拿一块大红毛毯把赤身裸体的妃子紧紧地裹住，扛至皇上卧房。之后，妃子从皇上的脚下爬进锦被。

据说，这是从雍正皇帝时代起开始的。雍正皇帝曾召幸一位妃子，而这位妃子是位武林高手，她的父亲为雍正皇帝赐死，为了报杀父之仇，侠女想尽一切办法，入宫当上了妃子。她打扮得漂漂亮亮的来到了雍正皇帝的卧房里，雍正皇帝心花怒放，心旌摇荡，抱住这位美人妃子亲吻时，忽感妃子的内衣里有一个硬硬的东西。雍正皇帝便伸手去摸那个东西。说那迟，那时快，妃子突然一个雀跃，挣脱开雍正皇帝的拥抱，以迅雷不及掩耳之势，从内衣里拔出雪亮的匕首，直刺向雍正皇帝。雍正皇帝早年结交游侠，自己的武功也不浅，他一见妃子如此之举动，心中明白了七八分。他使出浑身解数，将妃子手中的匕首踢落在地。妃子自知复仇失败，立即摘下金耳环，吞了下去，暴毙身亡。

从此以后，皇上再召幸妃子时，便不允许她们穿衣服，必须是赤身裸体入内，以免再发生类似事件。

兰贵人入宫不久，便听别人说起过这事儿，所以，她今天必须遵守这个规矩。

此时，兰贵人必须沐浴、更衣，这可急坏了兰贵人和小安子。这简陋的怡凝宫连个沐浴的地方都没有。再说，临时到哪儿去弄几大桶热水？用冷水冲身子，一定会感冒的。万一到了皇上那儿，一个劲儿地打喷嚏，那可怎么办呀！

兰贵人正急得团团转时，坤宁宫的宫女奉皇后的差遣来请兰贵人速去坤宁宫沐浴、更衣。

兰贵人不再犹豫什么，连忙披上一件厚衣服，便随娥儿而去。她们到了坤宁宫，皇后从软榻上坐了起来，穿好鞋子，走到兰贵人的面前，轻声地说："兰妹妹今日被召幸，姐姐真为你高兴，只愿妹妹日后受宠，为皇上生下一阿哥，也了却姐姐的一桩心病。"

此时，皇后与兰贵人以姐妹相称，这在兰贵人看来是莫大的荣幸。这足以说明她叶赫那拉·兰儿在皇宫中的地位跨了一个大台阶。瞧那皇后说话时的神态，多么亲切、多么自然，毫无故作夸张之态。

兰贵人感激地点了点头，此时，她不得不承认皇后是一个胸怀博大、宽厚仁爱之人。

皇后拉住兰贵人的手，发觉兰贵人的手有些发凉，而且还一个劲地抖个不止。皇后笑着说："兰妹妹，放松一些，不要这么紧张。皇上很懂得体贴人。"

兰贵人当然也很想使自己镇定一些。可是，这一时刻她盼望一年多了，终于盼到了，她焉能不激动？

皇后把兰贵人的手放在自己的手心里，柔声细气地说："先沐浴吧，等一会儿，姐姐让娥儿为你梳妆打扮。"

兰贵人走进浴室，室内热气腾腾，一个大木桶摆设在室内一角。两个宫女毕恭毕敬地站在那儿，她们看见兰贵人进来，立刻说："请兰贵人沐浴。"

一个宫女走上前，帮兰贵人脱去外衣，又动手来脱内衣。兰贵人双手捂住丰满的双乳，脸上泛出一片红晕。

进宫一年多了，她做过秀女，后又升至贵人，但由于咸丰皇帝一直把她给忘了，从未召幸于她。所以，像今天这样由宫女伺候沐浴的情况还是第一次，显然，她有些不自然。毕竟是大姑娘家，她害羞极了。

兰贵人将整个身子都浸泡在水里，任凭宫女为她从上到下的细细地搓揉，她觉得宫女的手不轻也不重，舒服极了。

"原来，受宠还有这么多的优待，怪不得嫔妃们都在争宠。不但生了龙子地位能上去，就是这宫廷生活也要高人一等。今晚，我一定要让皇上开心，争取能让他继续召幸于我。到那时，兰贵人就可能变成兰嫔、兰妃、兰贵妃、兰太后……"

兰贵人任思绪飞翔,越飞越远,不禁发出了傻笑声:"嘿嘿,嘿嘿……"

两个宫女看到兰贵人如此痴迷,相视一笑。其中一个年纪大一点的宫女说:"兰贵人,皇上一定会迷上你。瞧你这冰清玉洁之躯,真漂亮。"

听到宫女这句话,兰贵人高兴极了,她仰头问:"你如何能肯定皇上一定会对我着迷?"

那宫女贴在兰贵人的耳边,悄悄地说了几句什么,说得兰贵人又喜又羞。她低下头看了看自己的胴体,又仔细品味了一番,果然如那宫女所说。她的皮肤如凝脂一般,细腻极了,双腿像嫩藕,还真吸引人。

兰贵人心想:这宫女心细胆大,说话得体,等以后得了势,我一定把她带在身边。

于是,兰贵人问:"你叫什么名字?"

那宫女恭恭敬敬地回答:"回兰贵人的话,奴婢叫李杏,宫里的主子干脆叫我杏儿。"

"杏儿,你的名字很有趣,李子、杏子是吃的,可唤作人名,还很少见,也好记。"

兰贵人觉得杏儿很懂事,马上喜欢上了她。这位李杏后来果然成为慈禧太后的贴身宫女,并且与安德海兄妹相称,一生仗着慈禧的势力,在宫中很得势,其他宫女都要敬她三分。杏儿命运的改变也是从这天开始的。

沐浴以后,兰贵人有些困乏了,她一连打了好几个哈欠。杏儿连忙端上一杯浓茶,让兰贵人喝下去。

"兰贵人,皇上还等着你呢,可不能困乏呀。"皇后打趣着,兰贵人披散乌发,越发显得飘逸多姿。

皇后一只手搭在兰贵人的肩头,怜爱地说:"妹妹,你真美,皇上会喜欢你的。来,让杏儿给你梳一个别致的旗头,皇上最喜欢那发式。"

皇后深知皇上的喜好,为了能让兰贵人很快得宠,皇后毫无保留地帮助着兰贵人,她的这种奉献精神真让兰贵人吃惊。她觉得皇后是不是有些傻,别的女人来夺她丈夫的爱,她不但不恼怒,反而还竭力帮助人家,如果换成是她兰贵人,说什么也不会这样做的。

皇后与兰贵人手挽着手,并肩走到梳妆台前,杏儿奉命为兰贵人梳妆打扮。杏儿的手巧极了,不一会儿,新颖的发式便盘好了。兰贵人对着铜镜一照,露出了满意的微笑。本来芙蓉花一般的美人儿,这会儿变得更加娇艳迷人了。

"兰贵人,快点儿。"安德海在帘外催促着。

皇后笑了,冲着安德海叫一句:"该死的奴才,叫什么!"

安德海一听皇后这温和的语调，便知道皇后并没有真的恼怒。他也壮了壮胆子，回了一句："皇上等着呢。"

皇后与兰贵人相视而笑，皇后轻声说："妹妹，愿你得宠再得宠。"

兰贵人幸福极了，她羞答答地说了一句："皇后，谢谢你。"

此时，兰贵人被皇后的宽厚与真诚深深打动了。皇后如此仁慈，这是自己的福分，日后若得宠于皇帝，也有钮祜禄皇后的一份功劳，这提携之恩，定当永生相报。然而，二十多年后，心狠手辣的西太后慈禧竟将东太后慈安置于死地，不知她的良心安否！

安德海引着兰贵人，一路到了乾清宫。路上，他们故意撇开同行的两个宫女，赶紧说了几句要紧的话儿："小安子，我紧张极了，生怕皇上心中只有皇后，而不喜欢我。"

兰贵人的确有这种担心，她的担心是有充分的理由的。一则兰贵人已经十九岁了，俗话说"十八的姑娘一朵花"，可在皇宫里，十八九岁的姑娘远远比不上十五六岁的少女娇艳。

皇后如今不到十七岁，丽贵人才十五岁，死去的云嫔也不大，恐怕年龄最大的就要算她兰儿了。再者，如果咸丰皇帝喜欢她叶赫那拉·兰儿，早就召幸她了，何必要冷落她至今呢！

安德海此时又能说什么呢？他也明白这些事情，不过，现在他只能安慰兰贵人，给她鼓鼓劲儿，好让这位"兰姐姐"发挥得更好一些，令咸丰皇帝为之倾倒。

"兰贵人，不用担心，皇上好几日都是独处了，今日姐姐你有幸，在他寂寞的时候来到他的身边，我想皇上会很高兴的。"

"阿弥陀佛！但愿如此！"

兰贵人在心里祷告着，安德海匆匆地又说了一遍："姐姐请放心，皇上不是刁钻古怪之人，只要你大大方方、温柔体贴、娇媚顺从，皇上一定会高兴的。今夜你应留宿在皇上身边不走，并且还应争取下次再受宠。"

兰贵人心想："依我想呀，明天就想再来乾清宫，只怕皇上不召我。"只不过，这些话，她不好意思说出口。

到了乾清宫，早有两个宫女在门口候着了，从她们的表情中，可以看得出来，她们等得有些急了。安德海很有这方面的经验，他连忙问其中一个："灵芝姐姐，皇上睡了吗？"

那位叫灵芝的宫女抿嘴一笑："怎么睡得着呢，快进去吧。"

对于咸丰皇帝来说，召幸某个妃子太平常了，而对于兰贵人来说，今晚是她的初夜，算是新婚中的新娘子，难免有羞涩之感。她不是按正常手续进的乾清宫，所以不是被太监用红毛毯裹着扛进来的。她被带到一间侧室里，灵芝姑娘动手为她脱去外衣，又脱去内衣，只剩贴身的两件了，羞得兰贵人不敢抬头。灵芝好像还想为她再脱去什么，兰贵人连忙说："不行，不行。"

灵芝知道这位兰贵人是第一次被召幸，只是笑着说："都是这样的，以后慢慢就习惯了。"

兰贵人当然希望有以后，但此时的她浑身在发抖。灵芝为她披上一块大红毛毯，将她紧紧裹住，冲着门口喊了一声："进来吧。"

见一个彪形大汉走了过来，兰贵人下意识地拉紧了毛毯。这个老太监已在宫中度过了四十多个春秋，他的专职工作就是把被红毯子裹住的嫔妃们扛到皇上的床上，约莫一个时辰后再扛出来。当年道光皇帝的皇后及嫔妃们全是由他扛来扛去的，如今咸丰皇帝的皇后及嫔妃们依然由他扛来扛去。他一声不响地走上前去，双臂一张，便将兰贵人扛起，像扛着一捆麦子一样走向咸丰皇帝的卧房。

本来，咸丰皇帝已经等得有些不耐烦了，这些日子以来，他的心情一直欠佳。太平军风起云涌，派了干将"剿匪"，却一再失利，加上洋人的枪炮强迫大清开了一个又一个的通商口岸，更把他弄得心烦意乱。而家事也让他生气，皇后大病没有，小病不断，太医反复强调为了龙体安康，千万不能与皇后待在一块儿。另一位美人儿丽贵人又恰生产，并且生了个女孩，很让盼子心切的咸丰皇帝失望。

此时，他正值青春年少，已独守空房数日，如何耐得寂寞？所以，今晚他失眠了。心细的安德海还算知趣，他半夜三更去喊兰儿来伴驾，但愿这个兰贵人百般风情，能安慰他寂寞的心灵。可是，兰贵人长成什么模样，他都给忘了。咸丰皇帝想："兰儿？她长什么样子？是高、是矮？是胖、是瘦？是黑，还是白？怎么全记不起来了。她温柔吗？她善解人意吗？"

咸丰帝脑子里一直想着这个问题，想着想着，竟发出了轻轻的鼾声。宫女小雁儿走了过来，为他盖好锦被。蒙胧中，他感到有一双酥手在抚摸他，连忙抓住了这双手："兰儿。"

"皇上，是奴婢。"

咸丰皇帝睁眼一看，是小雁儿，他恼火极了。这个小宫女多次在他面前卖弄风情，可他总是不理睬她，因为他觉得小宫女一点儿韵味也没有。此刻，他恼怒地坐了起来，冷冷地说："下去吧。"

小宫女连忙退下，躲在一边去抹眼泪。咸丰皇帝侧耳听了听外面的动静，仍是一点儿声响也没有，他愤愤地想："这不知天高地厚的兰贵人，下次不再召幸她了。"

就在这时，安德海到了卧房门口，他轻声说："皇上，兰贵人来了。"

咸丰皇帝一声也不吭，没什么反应。安德海心想："不好，皇上一定等得不耐烦了，这对于初夜的兰贵人来说，不是件好事。"

于是，他眼珠子一转，计上心来："皇上，刚才奴才去请兰贵人时，正巧遇上坤宁宫的娥儿。娥儿姐姐得知兰贵人被召幸，告诉了皇后。皇后娘娘非让兰贵人到坤宁宫沐浴更衣不可，皇后还亲自为兰贵人梳妆打扮呢。"

一听安德海这句话，咸丰皇帝顿时高兴起来，他从前专宠皇后一个人，对于丽贵人也只是十天半个月召幸一次，还生怕皇后不高兴。如今可好了，今晚召幸兰贵人，皇后亲自为她梳妆打扮，说明皇后对此事颇赞同。

大概天底下的男人都希望妻妾和睦共处吧，咸丰皇帝也一样。他十分高兴地说："快召！"

安德海手一摆，包在大红毯子里的兰贵人被扛了进来。很快，安德海与扛兰贵人的老太监一起退下，安德海带上了房门。

兰贵人挣脱开红毯子，从咸丰皇帝的脚底处爬到了咸丰皇帝的身旁，被咸丰皇帝一把搂住。兰贵人此时半推半就，又娇又媚，身子微微发抖，脸上发烫。咸丰皇帝托起她的下巴一看，龙颜大悦。

好一个美人儿！面如芙蓉眉如柳，眼似秋水肤似云；唇若涂朱，臂如白藕；似笑非笑，似语无语，浑身上下流情溢浪，好个迷人的美佳人儿！

咸丰皇帝越看越爱，真后悔一年前没召幸这等美艳人儿，以致错过了许多的好时光……

候在门外的安德海一等再等，不见两个人起身的动静，他暗自笑了。

"兰贵人哟，你的好运来了。"

这是为什么？安德海的心里当然明白，一般来说，皇上召幸嫔妃时，并不留她们在这儿过夜，以免影响皇上的休息，第二天还要上朝处理朝政。

通常，约莫两个时辰，皇上便摇一下床头的小银铃。一听这铃声，刚才那位扛兰贵人进来的太监便走了进来，将红毯子递给妃子，妃子自己裹严身子，太监再把她扛回去。

今天三个时辰过去了，小安子还没听到铃声。他凑近房门，听得清清楚楚，咸丰皇帝已发出了鼾声。咸丰皇帝破例留妃子在乾清宫过夜，除了皇后，兰贵人是第一个在这儿留宿不走的人。安德海从心底深处为兰贵人高兴。但又怕皇上醒来摇铃，所以，他不敢离去，只好为他的大美人姐姐熬上了一夜。

第二天，天已大亮，咸丰皇帝仍不忍心让怀中的兰贵人离去，他干咳了一声，守在外门的安德海听得出其中的含义。他站在门外轻声问："皇上，不舒服吗？用不用去请太医？"

咸丰皇帝又干咳了一声，装模作样地说了一句："朕有些头疼，歇息一会儿就好了。"

安德海心里明白，咸丰皇帝今日不打算上朝了。这并非什么稀罕事儿，一千多年前，唐明皇李隆基有了贵妃杨玉环便"从此君王不早朝"。安德海也绝不会去请太医的，他要让兰贵人继续留宿乾清宫。

就这样，咸丰皇帝破例将叶赫那拉氏留宿乾清宫整整三天三夜。这三天三夜，兰贵人纵芳情、吐莺声，与咸丰皇帝恩恩爱爱，说不尽的风流。

兰贵人的"悟性"高极了，几天下来，她对咸丰皇帝的秉性了如指掌。她可以最佳程度地发挥自己的长处，愠而不过、恰到好处。既温柔百媚，又激情四溢，把个咸丰皇帝弄得神魂颠倒，不能自已。

咸丰皇帝暗中把怀里的兰贵人与坤宁宫的皇后进行了比较。结果他发现皇后雍容华贵、温文尔雅，但热情不够，而兰贵人虽学识浅薄，难脱俗气，但情意绵绵、艳丽迷人。

于是，咸丰皇帝的身边多了一个兰贵人，对皇后的眷恋之情一下子减弱了。近日来，他很少去坤宁宫看望皇后，对皇后由爱转为敬，而对兰贵人却由冷转成了热。

兰贵人初沐雨露，欣喜若狂。她要牢牢地把握这天赐的良机，借女人天赋的"武器"来左右一个男人。而这个男人又不是等闲之辈，他是大清的皇帝！

叶赫那拉氏要成为咸丰皇帝众嫔妃中的佼佼者。

工于心计的兰贵人心中十分明白，要想在后宫站稳脚跟，不但要紧紧地抓住皇上的心，而且要有名分！

在后宫诸位中，有着殊荣的是皇后，皇后之位只能设一个。目前，钮祜禄氏正值青春少年，看来近日里没有死亡的可能性；而且她性情温和，为人宽厚，更不会失德，也没有被打入冷宫的可能性。

如此一来，兰贵人便断了当皇后的念头了。当不上皇后，还要争取当贵妃，而后宫嫔妃不可能一步登天，必须一级一级地晋升。此时，她只是个贵人，那么下一步应该争取做嫔，嫔的后面才是妃与贵妃。

也可能是咸丰皇帝忽略了这件事儿，也可能是他目前还没考虑给新宠叶赫那拉氏加封什么，两个多月过去了，后宫仍称叶赫那拉氏为"兰贵人"。

没受宠之前，人称她为"兰贵人"，她没什么感觉。有时太监、宫女恭恭敬敬地向她问安："兰贵人吉祥！"她会高兴地微笑着点点头，她觉得宫仆、宫婢们还把她兰贵人当成主子看待。如今可不同了，她是天子枕边的妙人儿，宫仆、宫婢再称她为"兰贵人"，她觉得有些刺耳。仿佛他们有意在嘲笑她地位低下，有时甚至有一种受污辱的感觉。

那是一个细雨蒙蒙的下午，兰贵人为了炫耀自己专宠于咸丰皇帝，一阵风似的"飘"到了坤宁宫，说是向皇后请安，实际上是想在皇后面前示威。当她娉娉婷婷地来到皇后面前时，坤宁宫的太监、宫女们纷纷向她问安。

"兰贵人吉祥！"

"兰贵人吉祥！"

"兰贵人吉祥！"

……

兰贵人勉强地点了点头，可脸上并没有露出笑容来，由此可见，她对"兰贵人"这个称呼是何等的不满意。这时，坤宁宫中最有心计的一个宫女恭恭敬敬地走了上来，她便是两个多月前给兰贵人梳妆打扮的杏儿。杏儿向兰贵人行了个万福礼："兰主子吉祥！"

兰贵人嫣然一笑，冲着杏儿说："杏儿姑娘免礼。"

杏儿的一个"兰主子"，可把兰贵人给叫乐了。她望着杏儿退下的身影，感慨万分："这小奴婢，很有心计，如果能跟我，对我、对她都有好处。只可惜，杏儿是皇后身边的人。"

兰贵人见到皇后，必须问安："皇后娘娘吉祥！"

皇后忙起身，拉住她的手，说："一家人，以后免了这些俗套。"

兰贵人顺势说："皇后娘娘，既然你把我当成亲妹妹看待，那以后妹妹就不见外了。"

其实，兰贵人此时已不把皇后放在眼里，既然皇后让她"免礼"，她求之不得。

兰贵人坐下与皇后叙话儿，说着，说着，她提起了小杏儿："姐姐，杏儿这姑娘很招人喜爱，她在姐姐的身边，姐姐你真有福气。"

聪明的皇后也看出了兰贵人对于称呼的敏感性，她拉着兰贵人的手，亲切地说："杏儿的确是个懂事的好姑娘，妹妹若喜欢她，把她给你好了。"

"姐姐，兰儿不敢夺姐姐所爱。"

"咦，你我姐妹俩还客气什么，明个儿给内务府说一声，便可以让杏儿过去了。"

兰贵人感激地望着皇后，心里想："这位皇后果然如人所言，善解人意，温和敦厚，实在难得。我兰儿应充分利用她的这一点，给自己铺平道路。"

于是，兰贵人说："姐姐，兰儿的确很喜欢杏儿这姑娘，不过若是让她到了我那儿，只怕委屈了她。"

兰贵人为什么会这么说呢？因为兰贵人现在仍然居住在怡凝宫，那不过是三间低矮的小瓦房而已，比起辉煌、壮观的坤宁宫，那简直是高楼大厦旁边一个小小的茅棚，小巫见大巫。

一听这话，宽厚的皇后笑了笑，说："皇上已宠幸妹妹多日，妹妹仍住在怡凝宫，姐姐心里很不好受。我今天正准备去见皇上，表明心意，不知妹妹可愿移居储秀宫？"

一句话说得兰贵人心花怒放。那储秀宫比坤宁宫差不了多少，这真是像"天上掉下个大馅饼"一样的美事儿。

皇后的话还没落音，兰贵人便一个劲地点头："兰儿谢姐姐美意，但不知皇上意下如何？"

皇后缓缓地说："皇上不会反对的，他也曾经说过简陋的怡凝宫太委屈妹妹了。前几日，皇上还向我提起晋封妹妹之事呢。"

兰贵人听到这里，激动得心都快要跳出来了。

一夜之间，兰贵人交上了好运，不但很快要移居储秀宫，而且就要晋升了。升到哪一级呢？嫔？妃？贵妃？

兰贵人当然想一步登天，升至贵妃，但这似乎有些不可能，世上哪儿有一步登天之美事？如果不能一步升至贵妃，那"妃"也可以，不过，兰贵人认为还是"嫔"的可能性大一些。

兰贵人陷入了沉思之中。

这时，坤宁宫的太监来报："内务府王公公传旨，请兰贵人接旨。"

原来，内务府大太监王瑞为敬事房总管，他奉命赴怡凝宫传旨，谁知怡凝宫的小宫女告诉他，兰贵人到坤宁宫请安去了。

这样一来，大太监王瑞便到了坤宁宫。

兰贵人一听让她接旨，连忙下跪，聆听圣旨。她只觉得热血直往上冲，心跳个不止。她在心里默默地祷告："上苍保佑叶赫那拉·兰儿一步登天，皇上日夜宠幸兰儿，兰儿的好运到了。或许皇上迷恋兰儿已至如痴如醉之境界，他龙颜大悦，晋封兰儿为贵妃。万一不是贵妃，是妃或嫔也行。上苍一定保佑兰儿。"

兰贵人跪在地上，面色微红，双手微抖。她不知道皇上将把她送至何处云雾之中，但愿宣了圣旨，她马上就会"飞"起来。

只听王瑞读道："封兰贵人为懿嫔，移居储秀宫。钦此！"

果然如此，叶赫那拉氏结束了贵人的生涯，开始了懿嫔生涯！

叶赫那拉氏住进了储秀宫。这储秀宫庭院宽敞幽静，古柏挺拔，房屋高大。室内装饰精巧玲珑，家具陈设豪华别致。宫前两侧安置了成对的铜龙与铜鹿，好气派。前殿高悬乾隆皇帝的御笔匾额，上书"茂修内治"几个大字。

储秀宫的后面是丽景轩，前边是翊坤宫、体和殿。宫院位置非常不错。

往日的兰贵人今天住进了储秀宫，封号是"懿嫔"。懿嫔已懂得了如何恰当地表露自己，才能赢得咸丰皇帝对她进一步的垂爱。而在咸丰皇帝看来，这位新宠也是那么的可人，他甚至不想再宠幸其他嫔妃，有"六宫粉黛无颜色"之感。连往日令他神魂颠倒的皇后也引发不了他的怜爱与热情，他的情感专注于懿嫔一个人了。

咸丰四年，十九岁的懿嫔如一朵初放的牡丹花，娇艳迷人、芳香四溢。她能如此取悦于多情的咸丰皇帝，所动用的"资本"不单单是她的美貌，更重要的是她的才艺——例如她最擅长的江南小调。

自从咸丰皇帝宠幸懿嫔之后，安德海在他们面前穿梭的机会更多了。咸丰皇帝认为这奴才办事得体，而懿嫔更感激安德海为她所做的一切。这样一来，他们两个都很喜欢他，懿嫔开口要安德海去储秀宫，顺理成章，咸丰皇帝一口答应。不过，等内务府再调一个太监来，安德海才能搬过去住。

当咸丰皇帝把太监安德海送给储秀宫的懿嫔时，大概他想不到八年后，懿嫔变成懿贵妃后曾与这个特殊的太监演出一幕成功的"双簧戏"，以致顺利地发动了"政变"。既杀了肃顺、载垣、端华，又逮捕了另外五位辅政大臣，懿贵妃又摇身一变，变成了圣母皇太后——西太后慈禧，继而又登上了皇太后的宝座，并在这个宝座上垂帘听政，长达四十八年之久，成为大清国声名赫赫的"老佛爷"。

一段时间里，咸丰皇帝与皇后以及后宫嫔妃们去圆明园里住了。那些天，他大多数时光是与懿嫔在一起度过的。

懿嫔一天比一天迷人。她不但长得眉清目秀，唇红齿白，婀娜多姿，而且神韵飘逸，万种风情。她让风流天子越看越爱，不忍舍弃。

一日，春光明媚，鸟语花香，咸丰皇帝用过早膳，信步走在圆明园的翠轩亭前，一阵怡人的春风吹来，夹着娇脆的歌声。风流天子咸丰皇帝被这美妙的歌声打动了。平日里，梨园戏子们唱的都是什么《贵妃醉酒》《吕布戏貂蝉》，还有什么《盘丝洞》《秦寡妇上坟》等段子，难免有些俗气。而今天这歌声，婉转、悠扬、清脆，使咸丰皇帝不禁为之一振。他自言自语道："这是谁在唱歌，如此清脆、悦耳？"

他身边的一个小太监听见皇上在自言自语，连忙跑过去打听，原来是懿嫔。太监又连忙折了回来，报："万岁爷，是懿嫔在哼小曲儿。"

咸丰皇帝面露微笑，心想："哦，原来日日夜夜搂在怀里的娇人儿还会唱歌，这美妙的歌喉，真动人。"

他不禁向歌声飞起处指了指，示意太监把软轿抬过去。两个太监抬着软轿，转过一个小弯，又走入月门，这儿浓荫夹道，花香袭人，让人顿感一阵清凉，好一个幽雅之境。

只见身着淡黄长裙，上配乳白蝉衫的懿嫔正背对着他，斜靠在廊柱上，低声吟唱。她右手持一把红柄白鹅毛扇儿，左手里捏一块布满兰花的翠绿帕子，杨柳细腰，斜垂叉肩，白颈如玉琢，乌发似瀑布。咸丰皇帝简直看呆了。

这哪儿是日日夜夜拥在怀里的那个俏丽娘，这分明是仙女下凡、杨妃再生！

咸丰皇帝一激动，差一点脱口唤出一声"兰儿"。

就在这时，清脆、婉转如黄莺啼叫的江南小曲更清晰地飘进了咸丰皇帝的耳中：

秋月横空奏笛声，月横空奏笛声清。
横空奏笛声清怨，空奏笛声清怨生。

千回百转，回肠荡气，余音袅袅！咸丰皇帝好一会儿才拍手叫好："妙，妙，好曲子！"

一听皇上在后面喝彩，懿嫔连忙转身见驾："臣妾恭迎圣驾！"

她款款上前，来了个千诺安。咸丰皇帝连忙上前一步，拉住懿嫔的手，又爱又娇，将她拥在怀里："兰儿，你好娇媚。怎么朕一点儿也不知道你还有这般才气，这等歌喉？"

懿嫔羞涩地一笑，说："皇上见笑了。"

懿嫔心想："皇上呀，每次我与你相聚，都是光着身子从你的脚下爬到锦被里，那软绵绵的被窝里，尽是男欢女爱，是亮嗓子的地方吗？"

咸丰皇帝感到懿嫔倚在他的怀里，仿佛有些微微发抖，便关切地问："怎么了，哪儿不舒服？"

懿嫔半醉半痴，双颊微红，双眸含情，樱唇微颤，羞答答地说："皇上，刚才奴婢哼小曲儿，不承想让皇上听到了，心中好不踏实。奴婢哼这等低俗的小曲儿，怕皇上耻笑。"

咸丰皇帝不顾两个小太监在面前，把懿嫔搂得更紧了，生怕她像一只燕子飞走似的。他喃喃地说："朕太高兴了，朕身边这位善解人意的小美人儿，原来还是个才女。"

懿嫔也紧紧地倚在咸丰皇帝的胸前，不忍离去。当然了，懿嫔煞费心机才"钓"起咸丰皇帝这条"大鱼"，岂能让"鱼"溜掉？懿嫔咯咯地笑着："皇上取笑兰儿了，兰儿只不过是哼几支小曲儿，谈不上什么'才女'。"

"不，不，不，你刚才唱的那几句，使用了连珠手法，而且对仗工整，音韵和谐，抑扬顿挫，意蕴深厚，乃一首好诗。"

听到咸丰皇帝如此夸奖自己，懿嫔心里乐开了花。她知道咸丰皇帝六岁便受教于杜受田师傅。杜师傅乃大清一文豪，他的特殊学生爱新觉罗·奕詝深受师傅文才的影响，也有着比较深厚的文学功底。为了取悦咸丰皇帝，她挖空心思，拜博学多才的皇后为师，费了好几天工夫才吟出这么四句歌词来。

果然奏效！争宠中的叶赫那拉氏焉能不高兴！

咸丰皇帝挽着懿嫔的手，径直回到了圆明园中的寝宫，两个人你情我爱，十分快乐。咸丰皇帝觉得有些口渴时，便附在懿嫔的香腮边低语："兰儿取茶来。"

懿嫔挣脱开咸丰皇帝的怀抱，欲起身取茶，可咸丰皇帝硬是牢牢地捏住她那纤纤玉手不放。

"皇上，让兰儿去取茶。"

咸丰皇帝斜睨着怀里的俏丽娘，轻声轻气地说："兰儿只管去，与朕何干？"

懿嫔干脆倒在咸丰皇帝的怀里，哆声哆气地说："兰儿的手被皇上捏得好疼。"

"朕不疼你，谁疼你？"

两个人你恩我爱，其乐融融。懿嫔很会把握分寸，她觉得不能让皇上太放肆。因为她懂得：糖不可吃得太多，否则就有腻的感觉。于是，她轻轻地挣脱开皇上的拥抱，站了起来，又顺手理了理稍显散乱的乌发，转身去取茶了。

望着她的背影，咸丰皇帝自言自语道："这女子不但妙不可言，而且聪明伶俐，有趣儿。"

懿嫔双手捧茶，服侍得殷勤备至。咸丰皇帝一面接茶，一面凝视她那粉腮，忍不住在她那樱唇上吻了一下，羞得懿嫔满脸通红，说："皇上，有人。"咸丰皇帝紧紧搂住她，不肯放手。

咸丰五年春，爱新觉罗·奕詝与叶赫那拉氏在皇家别墅圆明园度过了甜蜜的二十多天，他们沉浸在欢爱之中的时候，无意中缔造了生在紫禁城中的最后一个皇帝——爱新觉罗·载淳，即同治皇帝。

其实，咸丰皇帝此时的心境并不十分好，他不过是借沉溺情爱来逃避现实罢了。这个时期，他被国事搅得不愿意上朝，生怕去处理棘手的问题。只有将后宫佳丽拥在怀里，他才能忘却烦恼。在女人的香腕里度春宵，对于曾踌躇满志的咸丰皇帝来说，不能不说是一种悲哀。而这却中了叶赫那拉氏的意，她把皇上的花心收了回来，又开始日夜专宠于她，她心中的一块大石头终于落了地。

回到紫禁城，咸丰皇帝仍眷恋着懿嫔，而她也总能想出新花样，撩拨得咸丰皇帝欲罢不能。每晚不是召幸懿嫔，就是驾临储秀宫。

聪明的懿嫔欲擒故纵，她生怕失去皇上的宠爱，于是，格外小心侍寝。当咸丰皇帝忘却内忧外患之痛，躲在合欢帐里度春宵时，懿嫔看出咸丰皇帝眉宇间的愁云，便试探性地说："皇上日日宠爱臣妾，恐有不妥。"

咸丰皇帝只想借男欢女爱忘却愁绪，不承想兰儿半推半就、吞吞吐吐。显然，他有些不高兴："兰儿，难道你不希望朕来陪你？"

懿嫔听得出来，咸丰皇帝有些不耐烦，她生怕咸丰皇帝真的生气，连忙说："皇上，兰儿受宠，感恩不尽，焉有不高兴之理？只是……"

懿嫔沉吟了一下，并没有马上接着说下去，咸丰皇帝追问道："只是什么？"

懿嫔见皇上追问得紧，便知不可再玩游戏了，不然弄巧成拙的话，反而害了自己，于是说："皇上日夜宠幸兰儿，是兰儿三生有幸，兰儿感激不尽。只是国事重大，欢娱事小，皇上近日为国事愁眉不展，兰儿不忍心再与皇上欢娱，恐有伤龙体。"

咸丰皇帝真想不到这怀中的美人儿如此识大体、顾大局，真乃善解人意的奇女子。他不由得再次抚摸着怀中人的娇躯，说："兰儿，你真是个贤德的女子，朕为有你而庆幸。"

懿嫔心中大喜，她肯定咸丰皇帝已对她动了真情。她紧紧地依偎在皇帝的胸前，娇滴滴地卖弄风情。这一夜，芳情脉脉，软语喁喁，男欢女爱，十分风流。

自从有了懿嫔，咸丰皇帝便冷落了贤惠温和、宽厚贤淑的皇后钮祜禄氏。每当静下心来的时候，咸丰皇帝一想到皇后，心中便有些内疚。常言道：一日夫妻百日恩。皇后并无失德之处，却被冷落至此，连咸丰皇帝自己都觉得不应该。在这种负疚心理之下，咸丰皇帝便只带了一个小太监，也没坐软轿，悄悄地来到了坤宁宫。

这些日子以来，咸丰皇帝也太冷落皇后了，虽然她宽宏大度，为人谦和，但毕竟她也是有肉有血之人，十八岁的少妇怎能不渴望丈夫的陪伴？那往日夫妻欢爱历历在目，而今"物是人非事事休"，只能无语独自泪流。

极端的孤寂中，她也难免产生一丝怨恨之情，可她并不把这怨气发在和她抢丈夫的叶赫那拉氏身上，而是不断地检点自己，反复地问自己："皇上多日不驾临此处，一定是我哪儿做错了，惹得皇上不开心。"

究竟错在哪儿呢？她百思不得其解。正在她苦苦自责之时，只听得侍寝宫女低声地说了一句："奴婢恭迎圣驾！"

这几个字犹如一声春雷，振荡着皇后的心田。她连忙抹去幽怨的泪水，又匆匆地涂了些香粉，换上一件淡紫色的旗袍，刚要出来迎驾，不承想咸丰皇帝早已站到了面前。

"臣妾恭迎皇上！"

皇后恭恭敬敬地行了礼，咸丰皇帝不禁皱了一下眉头。本来，他与皇后是夫妻，见面时，不需要像其他嫔妃那样，向他行大礼。今日相见，皇后如此迎驾，足以说明他们夫妻的关系有些不正常。想到这里，咸丰皇帝连忙说："皇后不必多礼，你我乃夫妻，礼节太重便见外了。"

咸丰皇帝往日与皇后感情浓烈时，两个人都不拘礼，如寻常百姓家普通夫妻一样，既互敬互爱，又融洽和睦，夫妻恩恩爱爱，比翼双飞。可今天如此生疏，怎不让他们心里难过！

"皇后，近来朕朝政繁忙，没来看你，心中十分想念。"

虽然咸丰皇帝编造的理由漏洞百出，但毕竟是他出于好意，不忍心直言，生怕伤害皇后。这说明他心底深处，还是爱皇后的。明白事理的皇后十分清楚这一点，她再也控制不住自己，泪水夺眶而出，顺着两颊流到了腮边。

"皇上……"

皇后哽咽地说不出话来，皇帝连忙抬起手来，轻轻地抹去她脸上的泪水，并捂住她微颤的嘴唇，小声说："皇后，什么都不用说，朕心中明白，是朕不好，冷落了你，以后朕会常来看你的。"

皇后头一偏，倚在了咸丰皇帝的怀里，咸丰皇帝拥着娇丽的皇后，共入香罗帐……

第二天早上，咸丰皇帝还在打着鼾，皇后轻轻地挪开了他的左臂，悄悄地下了床。她推开卧房门走了出来，侍寝宫女早站在门外，已准备好了洗漱用品。

宫女笑眯眯地看着皇后，她发现皇后两腮微红，眼中春波荡漾，便喜滋滋地向皇后道早安："皇后吉祥！皇后大喜！"

皇后羞涩地一笑："小丫头，哀家何喜之有？"

宫女见皇后脸上流露出多日不见的愉悦之情，便也大了胆子："喜在这儿呀！"

宫女指了指皇后的肚子，示意这一夜的恩爱，皇后一定能怀上龙子。

皇后也很高兴地说："若如你所言，哀家赏你五十两白银。"

两个人都会心地笑了。

至于如若宫女所言落空呢，皇后没有继续往下说。她不愿说，更不敢说。她多么希望宫女的话真的能实现。昨晚，皇后十分小心、谨慎，与咸丰皇帝好一番亲热后，咸丰皇帝头一偏，呼呼大睡了。而皇后直挺挺地躺在那儿，一动也不敢动，生怕龙精溢出。她在祈求上苍赐福于她，赐她钮祜禄氏一皇儿，这嫡出的皇儿将来一定能成大器。

一大早出卧房，宫女的第一句话便是"吉祥"与"大喜"，看来是个好兆头，她不由得从心底儿笑。

"小心点儿，别弄醒了皇上，让他多睡一会儿。"

皇后对皇帝体贴入微，她生怕宫女走路的脚步声太大，吵醒了皇帝。

其实，皇后刚起身的时候，咸丰皇帝便醒来了。宫女与皇后的对话，他全听见了。他也希望她们主仆二人的话能实现，至今，他还没有一个皇子呢。后来又听见皇后叮嘱宫女轻手轻脚，他真的好感动，心想："朕已冷落皇后多日，宽厚的皇后不但不怨恨于朕，反而这般心疼朕，惭愧呀！今后朕还应对她好一些才是。"

咸丰皇帝故意打了个哈欠，好让外面的皇后知道自己已经醒来。皇后听见咸丰皇帝的哈欠声，连忙撩开门帘走了进来。

"皇上吉祥！"

"爱妻吉祥！"

这会儿，皇上称皇后为"爱妻"，而不像往常那样称"皇后"，这很让皇后感动。由此看来，皇上与皇后的关系又已十分融洽了，他从内心深处爱着自己的妻子。

不消几日，皇上与皇后又浓情蜜意起来了。他们重温着旧梦，憧憬着未来，又是好让人羡慕的一对恩爱夫妻。他们三五天便相聚一次，小别胜新婚，和美恩爱，十分甜蜜。而此时却有一个人躲在深宫里，又嫉妒，又怨恨，恨得她直咬牙。她便是懿嫔叶赫那拉氏。

自从初沐雨露后，咸丰皇帝一天比一天迷恋于她，日日让她留宿乾清宫，后来，皇上及后宫各嫔妃到了圆明园，虽然一度皇上花了心，但马上又回到了她叶赫那拉氏的身边。她本来是"稳坐钓鱼台"，可不曾想被皇上冷落一年多的皇后，突然又重新得到了咸丰皇帝的宠爱。

得知此讯后，懿嫔又惧怕、又怨恨。自己年轻、健康，却一直未能怀上龙子，如今皇后一受宠，她比自己更年轻，或许哪一天她就怀上龙子了。

懿嫔也明白咸丰皇帝的心思，他是希望长子由皇后生，以便日后立为太子。他已登基五年了，至今尚无子嗣，这是后宫每个人的心病。包括皇后在内，所有的嫔妃们都希望自己先生龙子。可是，皇上总是说"不留"，这叫她们如何怀上龙种？

原来，当嫔妃受宠后，侍寝太监总要站在皇上的卧房外，问一句："皇上，留还是不留？"

咸丰皇帝每次都说"不留"。

留什么呀？

所谓"留"是指将皇上的龙精留在妃子的体内，以便让她们受孕。敬事房记录下来，以推算小龙子的出生日期。

"不留"当然指将龙精挤出。嫔妃们纵有天大的本事，也休想怀上龙子。咸丰皇帝一来心情一直不好，生怕再生格格；二来只想让皇后为他生阿哥。所以，他总说"不留"。对于叶赫那拉氏，当然也不例外。

懿嫔越来越着急，如今皇上与皇后和好如初，万一皇后捷足先登，一年半载后，生个阿哥，还有她叶赫那拉氏的地位吗？懿嫔明白，要想在后宫站稳脚跟，单凭皇上的宠幸是远远不够的。因为咸丰皇帝是个风流天子，他多情又善移情别恋，难保他不宠幸其他嫔妃。

如今她叶赫那拉氏正年轻貌美，再加略施小技，显露才华，得宠并不太难。可毕竟花无百日红，红颜易老，不消几年，这朵鲜花便会凋零的。若不趁此受宠之日怀上龙种，恐怕日后就更难了。一旦年长色衰，哪儿还有她叶赫那拉的好日子过？所以，懿嫔又急又恐慌。可这种事情，再着急也没用。每次咸丰皇帝召幸懿嫔后，大力太监用大红毯子裹住赤身裸体的懿嫔时，咸丰皇帝总是淡淡地说一句："不留。"

每当懿嫔听到这两个字时，心中总有一种说不出的酸楚。唉，人的欲望总是无止境的。一年前，懿嫔还是秀女时，她日日夜夜盼望的是能得到咸丰皇帝的青睐，哪怕一次受宠也好呀！可如今，叶赫那拉氏不再为此而担心，让咸丰皇帝召幸她已不是件难事儿。她的"胃口"比先前大多了，她希望早日怀上龙子，以实力在紫禁城站稳脚跟。

可是，不是自己的肚皮不争气，是皇上已习惯说"不留"。他只希望皇后为他生儿子，可皇后的肚皮偏偏鼓不起来。叶赫那拉氏必须抓住这天赐的良机，尽快地怀上龙子。

近日来，咸丰皇帝又被朝政弄得心烦意乱，即使召幸懿嫔，有时也很冷淡，不像以前那样浓情蜜意，而是匆匆了事，便让大力太监将她扛回储秀宫。这样一来，多情、俏丽的叶赫那拉氏得不到满足，美艳少妇难熬长夜，总免不了想入非非。可她深居简出，皇宫大内只有皇上一个真正的男人，而这个男人天生有些忧郁，谁来安慰懿嫔这颗孤独的灵魂呢？

是安德海。的确，是储秀宫的总管太监安德海。虽然他自幼自阉入宫，但他毕竟比那些宫女们多一些阳刚之气。于是，懿嫔与他的关系又笼上了一层纱。她喜欢叫他"小安子"。他喜欢听她叫他"小安子"。

起初，小安子安德海是乾清宫中的侍寝太监，他只是瞄准了有前途的兰贵人，并帮助兰贵人一步步在后宫中站稳脚跟。至于其他的事情，他没去想，也不敢想。可是，自从兰贵人变为懿嫔，并把他由内务府指派到储秀宫，当起了总管太监后，渐渐地他动了邪念。

小安子当年是自阉的，但他的自阉技术并不高明，当然没有京城阉割世家"小刀刘"割得净。入宫查身时，他使二十两银子买通了内务府刑慎司的人，草草验了身。因此，他虽为太监，但还存有男人的欲念。

进了皇宫，小安子和所有的太监一样，渐渐断了欲念。可是，他没承想那个不甘寂寞的女人竟打他的主意。

这是一个撩人的早春之夜，尽管寒冷的冬天早已过去，但春夜的风仍袭来阵阵凉意。柳枝头已萌发了新芽，一轮淡月挂在天空，倒也明亮、皎洁。储秀宫里的俏丽女子斜倚在软榻上黯然神伤："都说春天万物萌生，春意撩人，可兰儿呀，你这储秀宫却春寒料峭，凉意袭人。皇上已三天没召幸了，不知此时他正搂着哪个妃子做春梦。唉，皇上的女人只能忍受孤寂吧。"

不知不觉间，两行冷泪挂上了腮边，她正想举手用香帕擦去泪水时，小安子在帘外开口了："主子，今晚的月光不错，不知主子可愿出去散散步？"

懿嫔一想，此时咸丰皇帝早已入睡，今晚不会再来召幸她了。也好，不如出去走一走，反正白天里闲来无事，睡也睡足了，现在一点儿睡意也没有，又有忠心的小安子陪着，何不出去走一走，呼吸呼吸新鲜空气，散散心呢？

"小安子，进来吧。"懿嫔懒洋洋地说了一句。

小安子连忙答："嗻。"

只见小安子弯着腰，低着头，小心地走了进来。他不敢抬头正视懿嫔，因为宫女小杏儿正给主子捶背呢。在别人面前，小安子永远是一个懂规矩、守礼节的奴才。

懿嫔懒洋洋地说："好了，杏儿先下去吧。"

杏儿二话没说，退了下去。

"小安子，来，给我捶捶背。"

懿嫔向小安子瞟了一眼，正好两个人的目光对视。这一眼，秋波荡漾，春意甚浓，吓得小安子连忙低垂眼帘。他不敢多看艳丽的"兰姐姐"一眼，生怕自己动了那一丝残存的男人的欲念，更怕兰姐姐失控，错爱太监小安子。安德海蹑手蹑脚地走到懿嫔的背后，抬起双手为她轻轻地捶背。那双拳不轻不重，不紧不慢，比宫女杏儿的功夫好多了。

懿嫔双目微闭："小安子，哪儿学来的这一手呀？"

那娇滴的声音像翠鸟在啼叫，真好听。

安德海恭恭敬敬地回答："小的时候，我娘身体不好，每次收工回来她总累得腰酸腿疼，站不起来，小安子便给她捶一捶。"

"哦，小安子原来还是个孝子呢。"

懿嫔笑了笑，伸了个懒腰，又打个哈欠，慢慢地站了起来："好了，舒服极了。你不是说今晚月华如水嘛，也好，我睡了整整一个下午，现在一点儿困意也没有了。走，陪我去御花园散散步。哦，不要带杏儿她们。"

小安子领会"兰姐姐"的心意，只有他小安子一个人陪懿嫔就行了。他答了一声："嗻。"

"瞧你，不是说好了吗？无人处不要总是'嗻'，也不要什么'奴才'，什么'主子'的。"

懿嫔希望小安子与她拉近距离，像真正的姐弟关系，所以才这么说。小安子一听这话，拍了一下自己的脑袋："小安子就是记性不好，姐姐交代的话总是做得不好，该打、该打。"说着，他扬起右手朝自己脸上轻轻地拍了两下。

懿嫔一笑："算了。这等小事也掌自己嘴巴，你那漂亮的脸蛋儿岂不是打歪了！"

主仆二人有说有笑地出了储秀宫。只有两个小宫女挑着灯笼在前面引路，她们只顾向前走，不敢回头看，这是储秀宫的规矩。她们的后面远远地跟着懿嫔与小安子两个人，杏儿等宫女并没有同行。

夜已深，虽然明月高高挂在天上，月光洒在地上，但两个宫女还是怕黑天路不好走，便小心翼翼地在前面照着路。懿嫔踏着小碎步缓缓地走着，小安子也十分小心、谨慎，不离其左右。

一阵凉风袭来，懿嫔打了个寒噤，说："这春夜的风竟这么凉！"

小安子连忙附和道："当然了。如果姐姐觉得凉，那就回去吧。"

懿嫔执意不回去，小安子只好把一件披风披到主子的身上。

就在小安子那双大手接触到懿嫔肩膀的那一瞬间，懿嫔浑身上下抖了一下。幻觉中，那双大手像咸丰皇帝的手，又温柔又宽厚，有种很有力度的感觉。

"主子，不，姐姐，你还冷吗？"安德海见懿嫔又抖了一下，关切地问。

懿嫔低声说："嗯，有一点儿。"

她有意靠近了小安子，小安子更有意识地紧贴着她那散发着幽香的身体。

小安子被鼓励着，壮了壮胆子，轻轻地将手搭在了叶赫那拉氏的腰间，她也顺势靠在小安子的胸前。两个人彼此都能听到对方的心跳。他们的脚步更慢了。

"哎哟。"一个挑灯的宫女尖叫了一声。原来，她踩空跌倒了。懿嫔猛地从小安子的怀里闪出，她恶狠狠地说："掌嘴！"

那宫女吓得面如土色，扑通一声跪在地下，直叫："主子饶命！主子饶命！"

她连给自己几个大巴掌，打得两眼直冒金花。

懿嫔阴沉着脸说："什么'饶命'，你做什么了，还求主子饶命！"

她在示意宫女说什么都没看见，宫女深知主子的脾气，连连说："奴婢脚下踩空了，尖叫一声，坏了主子赏月的雅兴，求主子饶命。"

懿嫔本来是饶不过小宫女的，生怕她出去胡说八道。如此听来，小宫女还算识相，她不会乱说什么，就饶过她这一回吧。可是，她的情趣全没了，大吼一声："回宫！"

吓得两个小宫女不敢出大气，头垂得更低了。

黑夜中，小安子搀扶着主子，两个宫女不敢回头，只顾在前面引路。几个人回到了储秀宫，懿嫔没好气地说："滚下去！"

吓得两个宫女连忙退下，小安子站在她的面前进也不好，退也不好，他觉得无所适从："主子，消消气。"

听小安子轻声劝慰，懿嫔叹了一口气，说："该死的丫鬟！"

一听这话，小安子吓了一大跳，他生怕为了此事，小宫女会丧命，但他又不敢多说什么。

过了好一会儿，懿嫔才心平气和。小安子试探性地问："主子，如何处置那个奴婢？"

懿嫔一句话也没有，小安子接着说："主子宽宏大量，算了吧，别闹得风风雨雨，不好交代。"

叶赫那拉氏直摇头："小安子，你误会了，我当然知道处罚她们会带来什么后果。你放心，不会的，谅她们也不敢胡说八道。"

小安子舒了一口气，追问道："那姐姐还气什么，小心气伤了身子。"

懿嫔说不出口呀，她气什么，小安子心里应该明白，她气刚才御花园里的情趣被破坏了。可小安子也说不出口，两个人对视了一下，会心一笑。

小安子献媚似的说："姐姐，回头小安子好好调教调教她们。"

懿嫔点了点头，她拍着心口窝说："唉，刚才那小妮子一声尖叫，弄得我心头现在还扑扑直跳。"说完，又用秋波睨了小安子一眼，一切尽在不言中。

小安子的心头直跳，他反复地问自己："该怎么办？该怎么办？"

他举步又止。他犹豫不决。他想，但他不敢。

"安子，来，给姐姐揉一揉心口窝，这儿好难受。"

小安子鼓足了勇气，慢慢地走上前，懿嫔双目微闭。小安子抬了抬手，又放了下来，懿嫔的脸上掠过一丝不快。

小安子见状，猛地抓住叶赫那拉氏的双手，放在自己的心头，又放在唇边吻了吻。

懿嫔将小安子的手拉到自己的怀里，慢慢地靠在小安子的胸前，轻声呼唤："安子、安子。"

小安子放肆地抚摩着懿嫔的双乳……

在她的指导下，安德海学会了另一个伺候主子的技巧，这是他以前不曾会的。

"姐姐，天色不早了，我该走了，不然会闯下大祸的。"

小安子比叶赫那拉氏要理智一些，他能想到"偷"皇上的妃子的后果，他必须先保住人头，才能去享受荣华富贵。可是，懿嫔意犹未尽，她极不情愿地说："安子，如果明天皇上还不召幸我，你还来。"

小安子为了不得罪主子，便说："放心吧，小安子是主子的奴仆，一定会伺候好主子。"

也许是咸丰皇帝心烦意乱；也许是他眷恋皇后，日夜陪伴皇后；也许是上天有意让太监安德海学会伺候主子懿嫔的"全套技术"，反正，一连几个晚上，咸丰皇帝都没有召幸叶赫那拉氏。于是，这几夜，夜深人静之时，储秀宫里便多了个"鬼"。

毕竟小安子是太监，懿嫔无法得到她想要的东西，有的时候，她又恼又羞，将小安子一把推开："滚、滚、滚……"

刚才还似温驯的小绵羊，静静躺在小安子的怀里，这会儿变得像只凶猛的母狼，直让小安子感到心惊胆战。他恨自己无能，无法伺候得主子欢天喜地，但话又说回来，如果他不是阉人，恐怕也进不了皇宫，更不可能是储秀宫的总管太监。

小安子战战兢兢地从懿嫔的身边爬下来，扑通一声跪下，带着哭腔："主子息怒，是奴才该死。"说罢，他扬起手来便打了自己几个大耳刮子。他不敢心疼这张俊俏的小白脸，打得口角间都流血了。

懿嫔一看，有些心疼，便说："算了，算了。唉，这也怪不了你，出去吧。"

小安子连忙退下。懿嫔黯然神伤，独自饮泣。

再说，这几天咸丰皇帝的心情也糟透了。往日日日召宠兰儿，如今他一点儿兴趣也没有了。倒不是年轻的天子生理上出了什么毛病，而是内忧外患搅得他心神不定。一会儿是安庆被太平军攻占，一会儿是捻军直捣大同，一会儿是洋鬼子又提出开什么通商口岸。再不就是湖北水灾、四川地震、河北旱灾，反正，什么倒霉事儿都让他摊上了。

本来就很忧郁的天子，刚处理完一件又一件的麻烦事儿，另外一些麻烦事儿又接踵而至，他只好再硬着头皮去看奏折、下诏书。割地赔款、损兵折将让他心烦、心痛。风流天子哪儿还有心思去风流！

一连十来天，二十三岁的咸丰皇帝不召幸任何嫔妃，这的确很不正常。毕竟他正青春年少，国事再让他烦心，夜深人静之际，他还是能想到男欢女爱之事的。

这天上午，军机大臣琦善上奏说，英军近日没有什么动静，看来洋鬼子对大清还是有所忌讳的。听到这个消息，咸丰皇帝那颗惶惶不安的心，稍稍得到了一点儿安慰。可不知不觉间，一颗冷泪竟落到了腮边。夜深了，这冷泪只有自己轻轻抹去。

今天，他必须亲手缔造一个龙子，将来接替他的皇位。可皇后始终没有怀上身孕，这实在让盼子心切的咸丰皇帝遗憾。

夜里，咸丰皇帝失眠了，他辗转反侧，国事、家事让他心烦。青春少年的欲念也让他度夜如年。他抬头望望窗外，夜已深，恐怕已近子时，窗外一片寂静，一点儿响动也没有。他生性温和，不愿意深夜叫醒睡在帘外的侍寝太监。可是，失眠的滋味很难受。

他翻动了一下身子，并轻轻地叹了口气。帘外的太监小声问："万岁爷，要奴才伺候吗？"

"不用，朕一会儿便睡着了。"

一听这话，侍寝太监明白了，原来皇上又失眠了。这太监尽管不是真正意义上的男人，但他侍寝时，总免不了在帘外领略皇上与嫔妃们欢爱时的情景，他确认皇上此时很需要这种欢愉。

"万岁爷，奴才一直在外面候着呢。不知万岁爷召幸哪位娘娘？奴才去请便是。"这侍寝太监和安德海一样，又心细，又谨慎。

听到奴才的这句话，咸丰皇帝心里想："也好，召一位来伴驾，陪朕度过这漫漫长夜。可是，今晚召谁好呢？皇后吧，皇后近日身体很好，或许她能受孕，来年替朕生个白白胖胖的阿哥。但是，夜已深，她早该睡了，还是算了吧。丽贵人吧，不，她哺养大公主，很辛苦。自从生了女儿，娇小的丽贵人老了许多，看起来比兰儿还要大几岁，今晚让她好好休息吧。"

想到这里，他随口说："召懿嫔。"

在咸丰皇帝看来，还是万种风情的懿嫔更能让他如梦如幻，如痴如醉。所以，他想到了叶赫那拉氏。侍寝太监应了一声"嗻"，便转身离去。

乾清宫里，咸丰皇帝闭目遐思，他一点一滴地回忆往日与懿嫔欢爱的每一个细节，她的一肌一肤，可谓尽态极妍。唇若含珠，面如桃花，臂似碧玉，腿如嫩藕，飘忽若仙子，躺下如芙蓉，好不娇美。

"皇上，奴婢来迟了。"

咸丰皇帝一翻身，紧紧搂住赤身裸体、娇媚万千的懿嫔。

"兰儿，十几日不见，你更丰腴、更艳丽了。"

咸丰皇帝觉得她比十几天前还美艳，他不禁热血沸腾……

末了，咸丰皇帝呼呼大睡，懿嫔依然是由大力太监用红毯子裹着扛回了储秀宫。依然是传来"不留"。

其实，早在圆明园时，懿嫔已受孕，只不过她自己没感觉罢了，现在的"留"与"不留"，都不妨碍她八个月后生小皇子。

咸丰皇帝与懿嫔再次坠入爱河，男欢女爱，如鱼得水，这可乐坏了安德海，他暗自拍手叫好："主子有希望了，这几日皇上留宿储秀宫，主子定能怀上龙子。"

"老天爷呀，赐给兰主子一个大阿哥吧，小安子求您了。"他殷切地盼望懿嫔怀上龙子，比咸丰皇帝还心急，这正是所谓的"皇帝不急，太监急"。

懿嫔真的怀上了龙子。起初，她有些不敢相信，一个月后，她惊喜万分。因为体内有了变化，她已感到腹中有了小生命。懿嫔听丽贵人说过，一旦怀上孩子，四肢乏力，一点儿胃口也没有，无论吃什么东西都不香。而且明明是夏天，别人都穿着纱衫，可自己穿件厚旗袍还嫌冷，那冷气从心底往外冒，有时竟冷得她直发抖。

反应一天比一天明显，她又喜又惊。这日，乾清宫太监又来宣她伴驾，她决定把这个天大的喜讯告诉咸丰皇帝，让他与自己一同分享做人父、为人母的欢乐。懿嫔沐浴更衣后，用大红毯子裹着，被大力太监扛进了乾清宫东暖阁。

这一回，她不再像往日那样，爬进咸丰皇帝锦被后，羞羞答答，不肯主动抱

垂帘听政：慈禧太后

住他。今天，她一反常态，刚被塞进被窝，便将头埋在咸丰皇帝的胸前，双手紧钩住他的脖子，一个劲儿地傻笑。

咸丰皇帝问："兰儿，怎么了，你笑什么？"

咸丰皇帝托起她的下巴，想知道兰儿为何事这般高兴。

"皇上，猜猜看，有什么喜事？"

"喜事？猜不出来。"

咸丰皇帝天性忧郁，他甚至连一点儿幽默的细胞也没有。他一个劲儿地摇头。懿嫔松开了双手，把头伸到锦被外，做出欲呕吐的样子。

"兰儿，受凉了吗？"咸丰皇帝关切地问。

兰儿娇嗔地望了望他，似乎在说："你再猜猜看。"

咸丰皇帝不解其意，他被弄得如丈二和尚——摸不到头脑。他早已急不可耐，不管三七二十一，反扳着兰儿的双臂，急切地要求着。

懿嫔欲擒故纵，扭捏作态，咸丰皇帝深知她的禀性，粗鲁地揉弄着她。谁知折腾了几下，懿嫔恶心得更厉害了，她实在忍不住，"哇"的一声，吐了出来，弄得龙榻上全是呕吐物。

咸丰皇帝脸色一变："兰儿，你到底怎么了？"

懿嫔见皇上一脸的不高兴，连忙说："是，是，可能是……"

"是什么，这么吞吞吐吐的。"

"可能是有喜了。"

"什么？兰儿，你怀上朕的孩子了？真的吗？"

咸丰皇帝犹如听到了一声春雷，他不顾龙体尊严，赤身裸体地站了起来，抓住兰儿的手，急切地追问着。

只见懿嫔笑眯眯地点了点头，说："已经两个多月了，不过，没经过太医诊脉，奴婢不敢确定。"

"传太医！"

夜深人静之际，咸丰皇帝大叫"传太医"，着实把侍寝太监吓了一大跳。可是，他们看到皇上已披上了衣服，并无大碍，又放宽了心。皇上命传太医，也许是懿嫔病了吧。太监岂敢怠慢，一路小跑，一口气跑到了太医院，他已上气不接下气了："太医，快，出诊。"

一看是御前太监，夜深人静之际来传他，太医忽地坐了起来，背起医药包便奔向乾清宫。他不敢多问，一定是皇上龙体欠安，否则的话，三更半夜的，何至于匆匆来传。

"奴才恭请圣安！"

"免礼，平身！"

太医抬头一看，吓了一大跳。原来，懿嫔是被太监扛进来的，进来时别说穿鞋子，就连一条肚兜也没带。此时，她正用大红毯子将自己紧紧裹住，斜靠在龙榻上。

一看咸丰皇帝的气色，太医就知道深夜需要诊脉的不是皇上，而是懿嫔。他问："是谁不舒服？"

被太医一提醒，咸丰皇帝忙说："是她，懿嫔，她不舒服。"

太医哭笑不得，因为懿嫔裹在大红毯子里，连一个指头也不曾露出，怎么诊脉？太医凑近懿嫔，先看了看她的舌苔，又听了听她的心跳，最后说："奴才闭上双眼，请娘娘露出手臂。"

懿嫔将手臂从大红毯子里挪出，太医紧闭双目。不一会儿，太医笑了。他放下懿嫔的手腕，依然紧闭双目。

"太医，睁开眼吧。"

这句话是从懿嫔口中发出的，又悦耳又清脆，也有些威严。太医遵从指示，睁开眼，向后退了几步，双膝下跪："恭喜皇上，娘娘逯的是喜脉，奴才断定，已经近三个月了。"

咸丰皇帝龙颜大悦，不顾太医尚在面前，一把抱住懿嫔："兰儿，给朕生个儿子！"

太医忍不住偷笑了一下，懿嫔羞得满脸通红，她点了点头。咸丰皇帝高兴极了，特谕从今日起懿嫔可以随便出入乾清宫，而且储秀宫里又增添了四位宫女、两个太监、两个嬷嬷，以便更周到地伺候懿嫔。

懿嫔怀孕反应很重，她几乎吃不下什么东西，有时勉强咽下几口，也是吃一口，吐一点。她总是很怕冷，有时冷得直发抖。无奈之下，她只有在储秀宫里躺着，哪儿也不去。咸丰皇帝是个性情温和的人，他虽然好色，是位风流天子，夜夜少不了佳丽陪伴，但他是"博爱"主义者，搂着其他嫔妃，也不会忘记为他怀着孩子的懿嫔，对她关怀备至。

这天早朝回来，咸丰皇帝又信步到了储秀宫。懿嫔的妊娠反应已慢慢过去，她开始能吃一点儿东西了，人也显得精神了许多。此时已是深秋，凉风习习，秋光宜人，懿嫔早上起来，吃了一碗米粥，又吃了几块点心，此时正站在储秀宫门口张望着。她知道皇上马上就要到了。

果然不错，一行人朝储秀宫这边走来。懿嫔心中十分高兴。她随手拢了拢发髻，整了整衣裙。当咸丰皇帝的软轿停下来时，懿嫔清清脆脆地叫了一声："恭迎圣驾！皇上吉祥！"

轿子里的咸丰皇帝龙颜大悦，心里想："嗯，从清脆、悦耳的问安来看，兰儿的身体今天好多了。"

当随行太监们撩开门帘，扶着万岁爷出轿子时，他更高兴了。只见懿嫔两颊红润，气色怡人。懿嫔欲上前施礼，咸丰皇帝怎么舍得让她下跪，连忙上前扶住她，挽着她的手径直入东暖阁。

东暖阁里只剩下这一对恩恩爱爱的男女，他们的话题是腹中的胎儿。懿嫔羞红着脸说："皇上，这小家伙可调皮了，他刚才又在踢我呢。"

咸丰皇帝抚摸着懿嫔那微微隆起的腹部，柔声说："儿子，都把你额娘给踢疼了。听话啊，好阿哥，等你长大后，阿玛带你去南苑春猎，很好玩的。"

两个人沉浸在即将为人父、为人母的幸福之中，孩子是他们之间的纽带，促进了他们心灵深处的交流。

这时，杏儿端了一碗参汤，双手捧给咸丰皇帝："皇上。"

杏儿是个懂事的姑娘，当年她在坤宁宫伺候皇后时，深得皇后的欢心，如今到了储秀宫，又博得懿嫔的喜爱。每当皇上与懿嫔亲亲热热的时候，她都把其他宫女全打发走，只自己站在门外，随时听候差遣。

懿嫔接过小碗，端至咸丰皇帝的面前，杏儿知趣地退下。

咸丰皇帝接过参汤，呷了一口，马上又递到了懿嫔的嘴边："兰儿，你喝吧。"

"不，兰儿不需要。皇上，这是上等的高丽参，大补的。"

"你更需要，儿子也更需要。"

咸丰皇帝亲手端着碗，执意让兰儿把参汤喝下。懿嫔拗不过他，喝了几口。咸丰皇帝放下碗，将懿嫔拉到自己的怀里，抚摸着她那浑圆的肚子，说："兰儿，一定要给朕生个阿哥。"

懿嫔微笑着点了点头。她何尝不想生阿哥，她盼子的急切心情绝不亚于咸丰皇帝。

一阵秋风吹来，好宜人。咸丰皇帝说："兰儿，陪朕到御花园去散散步吧。"

懿嫔一听这话，很高兴。一则她已憋闷多日，早想出去走动走动；二来陪皇上散步，那是一种荣幸，对她来说，是个赏赐。她又多披了一件风衣，生怕着凉，可咸丰皇帝依然担心已有凉意的秋风会吹冷了他的儿子，执意让她再穿一件小夹袄。杏儿看在眼里，直为主子懿嫔高兴。

皇帝出行，总是前簇后拥的，不但太监、宫女们看得见皇上携懿嫔赏秋景，更重要的是，这随行的太监、宫女们是极佳的媒体，他们与各宫太监、宫女都很熟悉，聚在一起时，谁不想炫耀一下自己的主子，因此一些"新闻"在宫中传播得极快。今日的秋游一定也会成为皇宫大内的热门话题。

出门前，懿嫔风衣及小夹袄都没穿，换上的是一件淡紫色的旗袍，又好看，又舒适，很适合孕妇穿。咸丰皇帝以欣赏的口吻说："兰儿还是那么美，不仔细瞧的话，还真看不出来你已身怀有孕。嗯，这件旗袍比小夹袄好看多了。"

一路上，咸丰皇帝的龙銮在前，懿嫔的轿子随后，直往御花园方向走去。走不多远，懿嫔知道还未到御花园，可是，轿夫停了下来。她撩开门帘一看，是皇后住的坤宁宫。

原来是咸丰皇帝令太监去请皇后，到御花园一同赏秋。

不一会儿，皇后身着淡绿色旗袍来到了面前。懿嫔连忙下轿，恭迎皇后。

"皇后吉祥！"

"兰儿免礼，快平身！"

这个声音是从咸丰皇帝的龙銮里传过来的，他岂肯让怀有身孕的兰儿给皇后下跪行礼？

按皇宫的规矩，皇后是一国之母，其威势仅次于九五之尊的皇帝。嫔妃们见了皇后，应该行单膝礼并请安，可是今天咸丰皇帝却制止了这种礼节。

皇后也连忙说："妹妹不必多礼。"

皇后挽着懿嫔的手，亲自把她送到轿上。当轿帘放下的那一瞬间，懿嫔笑得很甜，可皇后的脸上却流露出一丝不快的神情。这一切，全被细心的宫女杏儿看见了，一个是她昔日的主子，一个是她的新主子，谁轻谁重，杏儿实在掂不出来。不过，她心中感慨万分："得势者猖啊！"

一点儿也不错，虽然皇后钮祜禄氏宽厚、仁慈，但毕竟她是尊贵的皇后呀，岂有皇后扶嫔妃上轿之礼。

宽厚、仁慈并不等于说就不要人格尊严，而大清紫禁城内，就偏偏出了这等邪事儿。

一行人来到了御花园，咸丰皇帝在前，皇后、懿嫔随后，三个人共赏秋景，其乐融融。一簇簇菊花正开得盛，有白菊、黄菊、紫菊，争鲜斗艳，各领风骚。

"兰儿，来。"咸丰皇帝随手摘下了一朵紫菊。懿嫔走了过来，咸丰皇帝亲手为她戴在头上。

"嗯，漂亮极了。"咸丰皇帝用极其欣赏的目光凝视着懿嫔。

皇后一言不发，径直走到假山石的背后，暗自感叹。那情景很有些凄凉。

一阵欢声笑语从远处传来："玫贵人，你等等嘛。"

"快一点呀，婉嫔，瞧你多么慢啊。"

原来，咸丰皇帝的另一些嫔妃们也来到后花园赏秋。她们之中有玫贵人、婉嫔、琦贵人、伊贵人、容贵人等。这几个女子最大的不过二十岁，最小的贵人，今年才十六岁，整整比咸丰皇帝小八岁。这一群女子一路笑着、跳着，朝这边跑来。

"琦贵人，我看你往哪儿跑！"

是容贵人的声音，两个人可能在捉迷藏。只见年龄最小的琦贵人边咯咯地笑着，边朝懿嫔这边跑来。她只顾低头奔跑，丝毫也没发觉花丛中还站着皇上、皇后与懿嫔。眼见着琦贵人就要冲到懿嫔的身上，咸丰皇帝一个箭步向前，将懿嫔拉闪开来。否则，后果不堪设想。

咸丰皇帝大吼一声："跪下！"吓得琦贵人浑身一抖，她抬头一看，只见咸丰皇帝满脸怒气，她不知道自己差一点儿闯了大祸，仍笑嘻嘻地："皇上吉祥，奴婢给皇上请安了！"

琦贵人又冲皇后笑一笑说："皇后吉祥！"

皇后点了点头。咸丰皇帝仍然是余怒未消，琦贵人并没在意这些。但她觉得今日有些不对劲儿。往日里给皇上请安，皇上马上说："免礼平身！"可是今天他一言不发。琦贵人仗着自己的年龄最小，总有点儿爱撒娇，所以，她仍做出娇媚之态，说："皇上。"

咸丰皇帝严厉地说："退下。"

这下子，琦贵人觉得很委屈，一行热泪夺眶而出。她问道："皇上，奴婢犯了什么错儿？"

琦贵人真不知自己犯了什么大错，便问了这么一句，气得咸丰皇帝面色顿青："还敢狡辩！"

"奴婢真的不知。"

"掌嘴！"平日里性情温和的咸丰皇帝，此时一反常态，竟口谕惩罚嫔妃，全是为了懿嫔。琦贵人再也忍不住了，泪水直流。咸丰皇帝越看越生气，越想越后怕，若不是自己拉闪开懿嫔，她肚子里的孩子已化为乌有了。加上琦贵人不认错，他龙颜大怒："再敢嘴硬，杖打五十。"

听到皇上这句话，站在一边一直保持沉默的皇后再也不能一言不发了，很显然，她觉得咸丰皇帝做得有些过分。皇后走上来，拉住正在哭泣的琦贵人的手，温和地说："琦贵人，还不快给皇上认错，给懿嫔请安。"

站在一旁一言不发的懿嫔挺了挺腰板，琦贵人这时才看清，原来懿嫔的肚子凸起来了。可能刚才自己光顾着说笑、奔跑，冲撞了懿嫔，才惹得咸丰皇帝如此大动肝火。

琦贵人眼里含着泪水，轻声说："懿嫔吉祥！"

"下去吧！"皇后连忙命琦贵人退下去，免得再生是非。

本来，懿嫔与琦贵人是平起平坐的，可今日却有不同的待遇，这全是因为懿嫔肚皮争气。咸丰皇帝刚才是高高兴兴地游园，被不懂事的琦贵人一搅乱，结果是扫兴而归。

回到储秀宫，咸丰皇帝和颜悦色地对懿嫔说："兰儿，从今日起，你必须静心养身，哪儿也不能去，以免出意外。"

皇上开口谁也不敢辩驳。懿嫔一听这话，一百个不高兴。一个大活人，天天闷在储秀宫里养着，就像关在笼子里的金丝雀，谁能受得住？可是，金口玉言是圣旨，羽翼尚未丰满的叶赫那拉氏只能委屈地接受了。

咸丰皇帝生在皇宫，长在皇宫，他不知道外面的世界有多精彩。可叶赫那拉氏不同，她生在北京，长在江南水乡，而且小的时候，她很野。如今禁在皇宫中，又不得出储秀宫，她快闷出病来了。无聊时，她总爱胡思乱想。她想少年生活过的那个江南小城，那儿有清凌凌的水、绿油油的田、茂密的山林、秀丽的小屋……

她还想北京芳嘉园的娘家。两间低矮的小屋里，住着她的老母亲，还有妹妹蓉儿、两个弟弟照祥和桂祥。虽然自己进了宫，脱离了贫穷，但娘家依然不富裕。每个月，内务府拨给懿嫔的月银并不多，她帮娘家的忙并不多。

想着想着，一行泪水流到了腮边。叶赫那拉氏捂住胸口，紧闭双目，轻轻叹了口气，自言自语："唉，别再胡思乱想了，等几个月后生了孩子，向皇上请求回娘家省亲，也许皇上会看在孩子的面上恩准一次。"

她把思绪拉了回来，可是，她越是告诉自己不要想得太多，免生烦恼，娘家人的每张面孔越是浮现在脑海里，亲人的身影赶也赶不走。剪不断、理还乱，是离愁。思念亲人的滋味又甜又苦，懿嫔的眼角湿润润的。

进宫已多年，可是娘家的情况所知不多。也不知额娘的身体怎么样，还有两个弟弟长多高了，妹妹蓉儿，屈指一算，她今年也十六七岁了。他们生活得好吗？吃得饱、穿得暖吗？是不是家里还开个小杂货店？

很久很久了，叶赫那拉氏没想起家人，只因这几年在皇宫里只顾得如何保全自己、在皇宫里站稳脚跟，无暇念及家人。如今一个人独居储秀宫，眼见着叶赫那拉氏的人生要迈上一个新台阶，她已不再是几年前势单力薄的秀女兰儿，如今虽不是要风得风、唤雨得雨的大人物，可也是皇宫中举足轻重的人物。此时，她觉得应该为娘家出点力了。

"让妹妹蓉儿进宫住一阵子，皇上会同意的。"懿嫔的脑海里突然闪出了这样一个大胆的念头。她相信，以自己在咸丰皇帝心目中的地位，这种小小的请求，皇上是不会驳回的。

这日，咸丰皇帝又来到储秀宫看望懿嫔和她那腹中躁动不安的小皇子时，发现懿嫔闷闷不乐的，便关切地问："兰儿，有什么不开心的事吗？"

懿嫔摇了摇头。

可是，细心的咸丰皇帝发现了懿嫔有些不对劲儿，他又找茬儿说话："朕觉得你瘦了一些。"

咸丰皇帝唯恐兰儿不长肉，与其说他是关心兰儿的健康，不如说他是更关心腹中胎儿的健康。这一点，懿嫔的心中十分明白："皇上，兰儿十分思念家人，有时甚至难以入眠。"

一听这话，咸丰皇帝急了，这可怎么是好，兰儿想家了，又不能允许她回家省亲。对于懿嫔娘家的情况，咸丰皇帝一点儿也不知道。叶赫那拉氏进宫几年了，她从未提及娘家人。咸丰皇帝不禁问："你家中都有些什么人？"

虽然兰儿是嫔妃，但毕竟她的娘家也算他的岳母家，从情理上讲也应该关心关心。

"有额娘、一个妹妹、两个弟弟。"

"你阿玛呢？"

咸丰皇帝的岳父太多了，他也弄不清每个岳父的情况。

"早已不在了。"懿嫔有些伤感。

咸丰皇帝又问："他们都好吗？"

懿嫔摇了摇头："一点儿消息都没有。"

"兰儿，你怎么不告诉朕呢？如此说来，你一定十分思念家人。朕特谕你母亲和妹妹进宫陪陪你，怎么样？"

一听这话，叶赫那拉氏欣喜若狂。她不顾突凸的大肚子，猛地起身，双臂紧紧钩住咸丰皇帝的脖子，娇滴滴地说："皇上，你真好！"

就这样，叶赫老太太与叶赫那拉·蓉儿进了皇宫。

母女三人多年不见，自然是好一番动人的情景。好一会儿，母亲才能说出话来："兰儿，有今日是你的福分。"

"额娘，女儿熬到今日，不易呀。"

"这一点，额娘心中最明白。人们都说后宫丽人个个赛天仙，额娘没能给你压过西施、赛过玉环之容，很对不起你。你凭着自己的本事得到了皇上的宠幸，能在皇宫站稳脚跟，当然不容易。"

知女莫若母。懿嫔觉得母亲不但理解她，还最心疼她。此时，她感到娘是天底下最亲、最亲的人。刚刚见面，懿嫔不想在亲人面前讲述这几年是如何度过的。再苦再难都已成为昨天，今天自己凸起的肚子就足以说明一切：她是个胜利者。

母亲凝视着女儿，轻声说："兰儿，你怀的是龙种，可不一般呀。你要加倍爱惜自己，给皇上生个白白胖胖的儿子，你这一生可就什么都有了。"

"女儿明白。额娘，两个弟弟都好吗？他们可曾读书？用功吗？"

老太太点了点头，说："再苦再累，我也会让你两个弟弟读书。他们还算听话，读书很用功。"

懿嫔十分高兴，她说："一定让他们读成书。照祥十四岁了吧，桂祥还小，要严加管教。"

　　说罢，她望着胞妹蓉儿，说："额娘，妹妹都这么高了，您可千万不要替她乱允婆家，等我生了孩子，身体一旦恢复，我便找个机会向皇上提一提这事儿。"

　　蓉儿的脸羞得通红，她直往母亲身后躲。

　　懿嫔走过来，拉住蓉儿的手接着说：

　　"皇上的七弟奕譞，今年正好十六岁，他尚无福晋，还住在宫中。我常常见着他，人品很好，长相也端正，如果妹妹能嫁给他做嫡福晋，那是妹妹的造化。"

　　一席话，说得蓉儿脸更红，说得母亲笑眯眯。这个蓉儿虽然与兰儿是亲姐妹，但两个人的性情很有些不同。妹妹性情温和、宽宏大度、雍容华贵，长得一脸福相，不像姐姐兰儿，多多少少带些尖刻相。

　　后来，这位温文尔雅、贤淑大方的叶赫那拉·蓉儿的确嫁给了咸丰皇帝的七弟奕譞，做了他的嫡福晋。她与醇亲王奕譞感情笃厚，他们的次子就是称姨妈慈禧太后为"亲爸爸"的光绪皇帝。

　　母亲与妹妹在宫中陪伴懿嫔期间，为了能使胞妹顺利坐上七福晋的宝座，懿嫔可费了不少心血。她要亲手把妹妹调教成一个贵族少女。首先，她把宫中的一切礼仪全教给了蓉儿，诸如见了陌生男子如何垂首低眉让道，见了皇太妃又如何请安，见了皇后如何站立等等。烦琐的礼节，妹妹学了一个多月。

　　其次，她要教妹妹刺绣。自己入宫做秀女，妹妹便挑起了家庭的重担。蓉儿的手又粗又大，这是做贵族妇女所忌讳的。杏儿拿来最好的润肤油膏，每天让蓉儿保养皮肤，果然很见效，十几天下来，蓉儿的皮肤变得细嫩起来了。蓉儿以前只会做粗活，如今拿起绣花针，针线总不听使唤，宫女杏儿耐着性子，手把手地教蓉儿刺绣。蓉儿心灵手巧，又能静下心来学习，两个月后，她的绣工已经相当不错了。

　　看到妹妹进步如此之快，懿嫔打心眼里高兴。她欣慰地对母亲和妹妹说："蓉儿比我有福气。我刚进宫时，做秀女，不敢多说一句话，不敢多走一步路。什么礼节呀、习俗呀，全要自己一点点用心去领会。"

　　妹妹感激地望着姐姐，说："姐姐，你比我强多了。姐姐这么厚爱于我，万一我没那福分呢？"

　　蓉儿的心里当然很担心，她担心七王爷能否看上她，也担心姐姐向皇上提出婚配之事，皇姐夫能应允吗？

　　"蓉儿，这事儿急不得。虽然姐姐不能一口答应你，但我有十之八九的把握。皇上一旦见到你，一定会答应姐姐的提议。皇上很爱老七，也曾想替他指婚，无奈没有合适的人选。他七弟的性情也比较温和，想选一位宽厚、仁慈的女子做嫡福晋。这一点，你有很大的优势。"

日子一天天过得好快，转眼间，春天又来临了。

这天，咸丰皇帝上完朝后又来了储秀宫。

身子笨重的懿嫔从卧房里走了出来，"皇上吉祥！"

懿嫔双腿微屈，以表示见过皇上。

咸丰皇帝连忙上前扶住她："别，别，别闪着腰。"

懿嫔温顺地倚在他的肩上，幸福地说："皇上，你忙于朝政，就不要来了，兰儿一切都好。"

"朕不放心。再说，两天不见你，也不知儿子长大了没有。"

说着，咸丰皇帝朝懿嫔那浑圆的肚子上仔细瞧了瞧，说："嗯，好像又长大了许多。前几天朕来看你时，你还没这么丰腴，这会儿倒像个大皮球，圆滚滚的，孩子一定很胖。朕记得丽贵人临产时，也没这么显怀，看来你一定会生阿哥。"

懿嫔用双手轻轻地抚摸着自己隆起的肚子，笑吟吟地说："皇上，万一兰儿为你生个公主，你喜欢吗？你爱她吗？"

咸丰皇帝一个劲儿地摇头："不会，不会，兰儿这次一定要为朕生个阿哥。"

"万一是个公主呢？"

兰儿最担心的就是这件事情。俗话说"隔皮不识货"，尽管小安子为她求过神、拜过佛，尽管皇后为她虔诚地上过香，尽管有经验的"妈妈"们都说像阿哥，可是兰儿依然忐忑不安，她怕自己肚皮不争气。

孩子很快就要出世了，她生怕咸丰皇帝盼子心切，万一老天爷偏偏让她生女孩，她担心因此而失宠。所以，今天她要问个明白。

咸丰皇帝沉思了一下，笑着说："生个公主，朕也爱她，骨肉连心嘛。"

懿嫔看得出来，咸丰皇帝的脸上掠过一丝不易察觉的不快。她的心猛然一揪，但马上她又恢复了常态："皇上，兰儿天天都在祈求上苍，赐一麟儿于皇上，老天爷一定听见了。"

"兰儿，谢谢你。"咸丰皇帝张开双臂，把兰儿及腹中的胎儿一起揽在了怀里。

"兰儿，朕听得清清楚楚，是个阿哥，他正在喊'皇阿玛'呢。"

懿嫔幸福地笑了。

这时，蓉儿从外面归来，十六七岁的少女，苹果一样的鲜艳，可爱至极。她一见皇上在此，忙请安："皇上吉祥！"

蓉儿向皇上请了安，咸丰皇帝看了看蓉儿，又看了看懿嫔，半晌，一句话也没说。

两姐妹被他看得莫名其妙，很不好意思。妹妹羞红了脸，低下了头。懿嫔见咸丰皇帝傻乎乎的，她便用手指在他眼前晃了晃："皇上，怎么了？有什么不对劲儿吗？"

"不，不，不，很好，很好，可是……"

"可是"什么，他也不说。懿嫔小嘴一�’，问："可是什么？兰儿不解。"

"可是，为什么一母所生，姐妹俩相差这么远呢？"咸丰皇帝终于开口了。

懿嫔笑着说："一母生九子，个个不一样，这很奇怪吗？"

"嗯。虽说老六是静额娘所生，但与朕相像极了，可你们是一母所生，却如此不一样！"

懿嫔接着问："怎么不一样？"

蓉儿被说得很不好意思，她一转身，跑了。

若按照皇宫里的规矩，她的这种做法很不合礼仪，但是，此时是在储秀宫里。姐姐是这儿的主人，而紫禁城里的天子正是姐夫，小姨子在姐夫面前偶尔耍耍小性子是可以的。

咸丰皇帝望着小姨子的背影说："姐姐娇媚、艳丽，妹妹娇小、纯洁；姐姐热辣辣的，妹妹温柔、可爱又可人。"

咸丰皇帝的本意是想讨好心爱的女人，才大加赞赏这一对姐妹花。可是，他忽略了一个问题：女人天性爱吃醋。

听到皇上的这两句话，懿嫔虽然嘴上没说什么，但心中总不是滋味。知夫莫如妻，风情天子爱花心，懿嫔真担心皇上对小妹有什么非分之念，怕咸丰皇帝垂怜小妹蓉儿。如果真是那样的话，懿嫔的日子就难过了。皇上宠幸其他嫔妃，懿嫔可以放心大胆地去争宠，想尽一切办法打击其他女人。可是，如果对手是小妹，她该怎么办？

她越想越害怕，她分明看得出来咸丰皇帝对蓉儿有一丝眷恋之情。

"皇上，您怎么了？"

咸丰皇帝陷入沉思之中，目光久久没有移向懿嫔，被她这一问，才回过神来，连连说："哦，哦，没什么。对了，朕忘了你妹妹叫什么？"

懿嫔记得很清楚，母亲与妹妹刚进宫的时候，一次偶然的机会，她们见过皇上，他当时就问过妹妹叫什么。可是，他今天又这么问，足以说明那天没在意蓉儿，今天蓉儿的身姿粘住了他的目光。

"她叫蓉儿。"

"对，对，是叫蓉儿。嗯，蓉儿今年十八九岁了吧！"

"不，她才十六七岁，还是个孩子。"

懿嫔越听越怕，她必须强调妹妹还是个孩子。

不过，咸丰皇帝反驳着她："十六七岁怎么能叫孩子，她分明是个大姑娘。朕记得丽儿受宠时十五岁，皇后进宫时也十五六岁，你当秀女时也不大嘛。"

咸丰皇帝说者无心，懿嫔听者有意。皇上的一席话，懿嫔越听越刺耳。她满心的不高兴，可是，又不能流露出来，好难受呀。她目前还没有向皇上发火的资本，不像平常百姓家，夫妻生气，可以骂几句、哭几声、闹一下，甚至打一架。这里不行，这里是皇宫，是天子的家，嫔妃们与皇上永远不是平等的夫妻关系。

"这么大的姑娘该出嫁了。"

懿嫔真怕皇上再说下去，万一咸丰皇帝看上了蓉儿，话一出口，金口玉言可就难收回了。她的心里扑扑直跳，连忙开口道："皇上不嫌弃的话，赐婚小妹，兰儿将感激不尽。"

什么是"赐婚"？所谓赐婚，是指皇帝给某某亲王或皇亲显贵指定婚姻。

懿嫔连忙央求赐婚小妹，就明确暗示了咸丰皇帝：你可不能打蓉儿的主意！

其实，的确是叶赫那拉氏多心了，咸丰皇帝根本就没有垂爱小妹蓉儿的意思。他再风流，还懂得伦理纲常，他不会纳小姨子为妃的。

一听懿嫔这句，咸丰皇帝恍然大悟，原来兰儿又吃醋，又担心，他不禁笑了起来："兰儿，朕是那种人吗？你说说看，你心中有合适的人选吗？"

懿嫔一听，十分高兴，起码心中的一块大石头落地了。她刚想脱口而出"老七"，可欲言又止，她知道时机尚不成熟，这种事情切切不可操之过急，欲速则不达嘛。于是，她改口说：

"皇上英明，兰儿不敢放肆。"

咸丰皇帝沉吟了一会儿，开口道："等过一阵子再说吧，让朕好好想一想。不过，你放心好了，朕一定为蓉儿选一门好亲事。

懿嫔感激地点了点头，由衷地说："皇上，您真好。"

"兰儿，你瞧，孩子踢了你一脚！"

刚才，咸丰皇帝的手一直按在懿嫔的腹部，他感觉到了胎儿的运动，欣喜若狂地大叫了起来。

根据敬事房推算，懿嫔应该是三月初九生产。大家都在盼望这一天早日到来。其中，等得最焦急的是咸丰皇帝和懿嫔。

他们即将为人父母，未来的孩子是男？是女？是胖？是瘦？孩子长得像谁？他的脾气又像谁？

这一切的一切，全是个谜。咸丰皇帝与懿嫔都在心里反复推测着。

可是，三月初九很快到了，储秀宫里的懿嫔那儿似乎一点儿动静也没有。她越来越能吃，饭量大得惊人。有时候，刚用过晚膳不到一个时辰，她便觉得胃里空空的。

咸丰皇帝听皇后说，胎儿过月不好，而且过月的女孩居多。他心急如焚，不知如何是好。经太医会诊，太医们一致认为，从脉象上看，是敬事房的推算有误，算错了预产期，孩子出生可能还要半个月。这下子，咸丰皇帝的心稍稍安静了下来。但懿嫔有些急不可耐，是龙是凤，这可是关系到叶赫那拉氏一生幸福与否的大事情，所以，她比任何人都着急。

懿嫔轻轻地抚摸着腹中的胎儿，说："孩子呀，孩子，你还没出娘胎，便这么与额娘作对。"

这时候，还有一个人也有些心神不定，这个人便是储秀宫的大太监安德海。夜里，他梦见了一条大龙从太和殿的大柱上飞腾了起来，那龙很美丽，五色斑斓，体态轻盈，在大柱上上腾下跳，十分炫目。刚想说什么，只见那条龙猛地变了一副凶模样，直扑向自己，吓得他抱头就窜，可那大龙紧追不放，缠住了他，死死地、牢牢地，然后又猛一张血盆大口将他的头咬掉……

安德海大叫一声，醒了，吓出了一身冷汗。是条龙？对，看得很清楚，的的确确是条龙！这么说，"兰姐姐"怀的是位阿哥。可这位阿哥为什么要咬自己的头？还想吞杀小安子？小安子又惊又怕。

第二天，小安子向懿嫔讲述了他的所梦所感。

懿嫔忍不住大笑了起来，高兴地说："小安子，你的梦是个好兆头。看来，真龙天子要降生了！"

小安子也跟着干笑了几声，虽然他笑得很勉强，但看得出来，叶赫那拉氏却笑得很开心很开心。

懿嫔只关心是条龙要降生了，她才不关心这条龙是否要咬断小安子的头呢。说来也巧，懿嫔的儿子，即后来的同治皇帝长大以后，真的砍了小安子的头，这是后话。

懿嫔依然很焦急，孩子还没有出生。储秀宫里又多了几位"姥姥"与"妈妈"，她们都是有生产经验的中年妇女，专职指导懿嫔如何生育。叶赫老太太与蓉儿奉命又出了宫，回到芳嘉园去等候消息。

每天，"姥姥"和太医们都认真观察懿嫔的情况，到了三月二十四，她的脉象突然转变，人们大喜，认为是时候了。于是，各项准备工作进入最紧张的状态之中。各种接生工具陆续送到了储秀宫，这些物品不外乎是分娩时处理胎盘和脐带用的大大小小的木槽、木碗、木铲、小木刀，还有许多新生儿用的"吗哪哈"，即尿布。此外，还有一个精美的小摇车，以及宫中接生时使用的"易产石"和挂在养心殿西暖阁的大愣蒸刀。

这易产石和大愣蒸刀是紫禁城最后一次用上它了。自从叶赫那拉氏生了小皇子载淳，这里再也没有人生过婴儿，皇宫从此断了种。

这几天，咸丰皇帝更无心上朝，一切政务均由恭亲王奕訢一人定夺，因为咸丰皇帝的心全系在储秀宫了。他不便于时时刻刻地守候着产妇，即令小安子穿梭于乾清宫与储秀宫之间。他一心祈盼上苍赐给他一麟儿，以致神经有些高度紧张。

一日，小安子来报："懿主子突然感到不适，太医与'姥姥'们正在把脉呢。皇上且耐心等待，奴才这便回去，有什么动静，奴才马上就来。"

"去，去，去，快去！"咸丰皇帝忘记了天子的尊严，说起话来如同平常人一般，也不让小安子稍喘几口气，便打发他赶回储秀宫。

当小安子回到储秀宫的时候，懿嫔已与前一个时辰判若两人，阵痛折磨得她面色苍白，形容憔悴。这时，"姥姥"大声宣布："所有的男子一律在宫外等候，宫女不得远离。"

一声令下，男人们全退到了宫门外，别说是太监，就是皇上也不得入内。女人分娩，没男人的事儿，也不准男人接近。

皇后带着丽妃等赶到了储秀宫。皇后有些坐立不安，虽说不是她生孩子，可是她盼子的心情绝不亚于咸丰皇帝和懿嫔。

她自己从来没有怀过孩子，这也许是天意吧，但是，温和、敦厚的皇后并没有因此而产生任何妒意。反而，她替懿嫔捏一把汗。皇后虔诚地祈求上苍赐给皇上一位阿哥，以了却人们的一桩心愿。

皇后坐在懿嫔的身边，她看见懿嫔双目紧闭，眉头紧皱，牙关紧咬，显示出十分痛苦的样子。皇后的心都被揪住了，虽然她没生过孩子，但从产妇的表情看，生孩子一定是十分痛苦的事情。看来，做母亲要付出极大的艰辛。皇后看见懿嫔喊爹呼娘，无力地抓着她的手，她心里好难受。她竭力安慰着懿嫔："妹妹，太难受的话，就大叫几声，哭出来吧。"

皇后在心里默默地祈祷着："老天爷呀，保佑懿嫔快快生吧，别让她这么受罪了。"

时间长了，皇后也泪流满面。她干着急，帮不上忙呀，只能听懿嫔有气无力地喊："哎哟，疼死我了，受不了了。"

懿嫔直喊得嘴唇干裂，最后只能发出微弱的哭叫声。皇后拉住她的手，陪着她流泪："妹妹，皇上一会儿就来。"

其实，皇后心里也明白，此时皇上驾到也无济于事。不经过撕心裂肺的阵痛，孩子是来不到人间的。看来，凡人也罢，真龙天子也罢，在母亲的子宫里挣扎出来的时候，对母亲一点儿也不怜惜。从第一次宫缩到一阵紧似一阵的疼痛，整整两天过去了。

这两天两夜，咸丰没安稳地睡上一觉，皇后也几乎没合眼皮。懿嫔更是迷迷糊糊地过来的。痛起来，她就喊叫哭闹几声；阵痛暂停，她就缩蜷着疲惫的身子睡一会儿，其实只是打个盹儿。刚一合眼，阵痛又起，她又大叫起来，只觉得昏天暗地、死去活来。此时，她几乎顾不上什么荣华富贵了，只有一个念头：把肚子里的这块"肉"弄出来。不让孩子这般折磨她，她实在受不了了。

咸丰皇帝像热锅上的蚂蚁，坐不安、睡不稳、吃不下，更不想上朝。他待在寝宫里简直是活受罪。每隔一个时辰左右，小安子便来报告一次产妇的情况，可每次报告都让他失望。于是，他决定驾临储秀宫。但是，他只能在正厅里坐一坐，不准进产房。宫女杏儿为皇上设立了一个临时龙榻，他躺在上面，聆听着产房里的动静，他多么希望马上传来婴儿的啼哭声啊。可是，除了懿嫔低声的呻吟外，没有一个人出大气。咸丰皇帝走一会儿、坐一会儿，直搓手。

宫女杏儿送上一碗人参汤，劝皇上喝下去。他刚呷了一口又递了过来，天并不热，可他的额上却渗出了汗珠。

突然，从产房里传来懿嫔的大呼小叫，还有"姥姥"们的声音。

"主子，屏住气息，别喊，别叫。"

"主子，快了，快了，快用力呀。"

"哇——"

一声婴啼从储秀宫中传出，这啼哭声划破了紫禁城上空的寂静。

这是公元一八五六年四月二十七日，即咸丰六年三月二十三日未时。

婴儿的哭声洪亮、清脆，一个宫女高兴地喊道："是个阿哥，是个阿哥。"

一听这话，二十六岁的咸丰皇帝顾不了龙体尊严，一蹦三跳地闯进了产房。皇后见他闯了进来，急忙阻拦。可是，哪里拦得住，咸丰皇帝拨开皇后的双臂，硬往里挤。

众人一见皇上驾临，连忙下跪，急得咸丰皇帝大叫："你们让朕看一看，看一眼就走。"

他硬闯进来看什么？当然不是来看憔悴不堪、被折磨得死去活来的懿嫔。他是来看儿子的，此时，他的心里装的全是这个刚刚落地的小龙子。"姥姥"已经把新生儿的脐带断好，包扎好，又将胎脂抹去，用柔和的小棉被包好了。

咸丰皇帝凑近婴儿，眼睛一眨也不眨地盯着孩子看。"姥姥"把婴儿递给皇上，他小心翼翼地接过褓褓，紧紧地抱在怀里，激动得热泪盈眶，爱新觉罗·奕詝终于有传人了。

"姥姥"生怕婴儿受惊，从皇上的怀里抱回了孩子。这时，咸丰皇帝才想起来为他生儿子的女人懿嫔。他朝床上望了望，只见产妇脸色蜡黄，显得疲倦不堪。但是，她还是努力地笑了笑，咸丰皇帝走到她的身边，轻轻地抚摸着懿嫔的脸颊，说："是位阿哥。"

懿嫔问："高兴吗？"

咸丰皇帝露出笑容，点了点头，说："兰儿，你好好休息。"

咸丰皇帝心满意足地离开了储秀宫，他也该好好地睡上一觉了。

咸丰皇帝盼望已久的皇子终于降生在储秀宫，他喜出望外，第二天便降旨："晋封懿嫔为懿妃。"

叶赫那拉氏身价倍增，而且储秀宫中的太监、宫女，该提升的提升，该奖赏的奖赏。咸丰皇帝为小皇子精心挑选了几个太监做"谙达"，让他们小心伺候新生儿，就连接生婆也得到了重赏。

一时间，皇宫里喜气洋洋，各宫门前挂上了大红灯笼，如同过年过节一样热闹。咸丰皇帝乐不可支，竟哼起了小曲儿，逗得御前太监、宫女直发笑。他们趁着皇上高兴，直向万岁爷讨赏钱。咸丰皇帝便让内务府给他们一些赏钱，宫内一片欢腾。

咸丰皇帝总算舒了一口气，忽地又自言自语道："给小皇子起个什么名字好呢？按辈分，他是载字辈儿，可是第二个字是什么呢？"

想来想去，也没想出个好名字，他觉得有些困乏，便又回到了龙榻上。他也该睡了，因为明天是小皇子的"洗三"。他准备亲自到储秀宫，为小皇子举行"洗三"庆典活动。

什么是"洗三"？

所谓"洗三"就是宫中按满族习俗，在孩子出生后的第三天，给新生儿洗浴。钦天监官员选定，南面是迎春神的方位，于上午十一点半给小皇子洗浴，到中午十二点半左右才能完成"洗三"仪式。

"洗三"是小皇子出生后的第一个庆典活动，当然要隆重一些，这几乎牵动了皇室的全体成员。

从前一天起，皇室成员就开始考虑应该送给小皇子什么礼物。虽然小皇子还不懂得接纳礼物，但咸丰皇帝还是为他准备了一些礼物，有红漆盒一件，内装金洋钱四个、金包一份、银包一份、莲子一包、苹果六个、鹌鹑六只。

什么意思呢？按满族习俗来讲，金、银代表了财富，即寓意咸丰皇帝的小皇子将像皇阿玛一样，拥有天下的财富；莲子即怜子，即怜爱之意；苹果、鹌鹑取汉语的谐音：平平安安。

皇后送金银八宝六个，金银玉如意四个，金银钱四个，此外还有"吗哪哈"若干，这叫"添盒"。虽然皇后不是小皇子的生母，但从送的礼物上看，也能体现出她对小皇子的爱。

皇上、皇后送上了礼物，嫔妃们也不甘落后，丽妃、婉贵人、玮贵人、容贵人、鑫常在等人也纷纷"添盒"。小皇子的皇叔、皇婶、皇姑们也来凑热闹，为小皇子准备了不少精美的礼物。一时间，储秀宫里热闹非凡。

那天，咸丰皇帝乐得合不拢嘴，一个劲儿地吩咐宫女："小心一些，小阿哥太小，沐浴时，水要不冷不热的。"说得众人都笑了，即使皇上不一再叮嘱，宫女也不敢有半点儿马虎，否则，她们的脑袋还想要吗？两个宫女，一前一后，走起路来格外小心。其中一个怀里抱着小皇子，另一个扶着她，两个人走得很慢，生怕惊动了婴儿。她们低着头一直走到大木盆边。

两个宫女小心翼翼地解开襁褓，把小皇子轻轻地放进水中。由于受到了刺激，小皇子"哇"的一声大哭起来。人们认为这太正常了，没有谁做出强烈的反应，可是，咸丰皇帝沉不住气，他大声说："怎么了？是不是水太热，或者太冷，小心点啊，不然得掌嘴！"

人们又都笑了，小皇子的六叔恭亲王奕䜣说："皇上，她们就是长了两个脑袋，也不敢有丝毫的马虎。你这是爱子心切，小孩子哭一两声是正常的。"

咸丰皇帝也笑了，他也觉得自己有些多虑，这是把皇儿看得太重。冥冥之中，他似乎感觉到眼前这个娇嫩的小婴儿将是他唯一的儿子，而这个儿子在不久的将来会登上皇帝的宝座。

咸丰皇帝默默祈祷，求上苍保佑他的皇儿，让他一生平平安安，享尽人间荣华富贵。

四月二日，小皇子又经历了"升摇车"仪式。礼物又是收了不少，储秀宫的东暖阁里堆放了数不清的金银元宝，绫罗绸缎如小山，可谓金山银海。

刚刚做了母亲的懿妃，身体尚未恢复，但她也硬撑着下了床。最高兴的人除了咸丰皇帝外，恐怕就是她了。叶赫那拉氏不但晋封为"妃"，而且还得到了咸丰皇帝的重赏，有银五百两、玉如意四副、香荷包两只、绸缎七十匹。内务府又拨来两个太监、四个宫女、两个妈妈，而且每天为懿妃加餐三次。这样一来，懿妃每天要吃三大餐、三小餐、水果两次。

叶赫那拉氏觉得人生太美妙了！

四月二十三日，小皇子满月了。紫禁城里再次掀起庆贺高潮，内务府派一名内殿太监杨寿给小皇子剃了头。咸丰皇帝令各宫嫔妃及皇亲到储秀宫大摆筵席。

懿妃今天起得特别早。刚用过早膳，皇后就带着各宫嫔妃来了。今天的主角是小皇子，但他尚在襁褓中，自然由他的母亲登场露面。懿妃打扮得漂漂亮亮，她要让各宫嫔妃领悟一下，什么叫母凭子贵！

经过一个月的精心调养，懿妃的气色好极了，她比生孩子以前更加艳丽迷人。幸福的少妇比少女多了几分妩媚和娇艳，她的脸上荡漾着迷人的微笑。

咸丰皇帝目不转睛地盯着美艳少妇兰儿看，心里更是怜爱至极。但是，众人面前，他只好压抑了那份激动，和颜悦色地说："爱妃，你调养得如此好，朕就放心了。"

懿妃嫣然一笑，似一朵牡丹花，好娇、好艳。咸丰皇帝忍不住，伸手捏住了她那纤纤玉指。懿妃两颊微红，半倚在咸丰皇帝的肩头。正在这时，有人喊："阿哥来了，阿哥来了。"

众皇亲虽已来庆贺了好几次，但大多数人今天是第一次见到小皇子，难免想多看几眼。小皇子才剃了头，显得格外精神。他只有一个月大，但看起来倒像百天的孩子。长得很像父皇咸丰皇帝，眉清目秀、五官俊逸，特别是那一双炯炯有神的大眼睛，跟咸丰皇帝一模一样。

咸丰皇帝放开孩子母亲的手，奔向孩子。他把小皇子抱在怀里，越看越爱。皇后及众嫔妃看到他怀抱婴儿笨拙的样子，都忍不住笑了。

皇后打趣地说："瞧，皇上抱着他的心肝宝贝儿，比批一大堆奏章还吃力呀！"

众皇亲、众嫔妃发出欢快的笑声，懿妃更是打心眼里高兴，她的笑应该叫作眉开眼笑。按满族习俗，孩子过满月，做父的要给孩子起个名字，咸丰皇帝当然也不例外。其实，从小皇子落地那天起，咸丰皇帝就开始考虑这个问题了。

儿子抱在怀里，他那红红的小脸很招人喜爱，胖乎乎的小手不住地舞动着，咸丰皇帝觉得怀中这个可爱的婴儿将来一定会继承父业，做一番大事。当年自己在师傅杜受田的亲授下，以宽厚、仁爱之举赢得了父皇的好感，如今自己又以仁爱治天下。咸丰皇帝认准了"仁爱"二字，他当然也希望怀中的小皇子继承自己的美德，淳朴、仁慈而宽厚，将来一统大业，承嗣皇位。想到这里，咸丰皇帝决定以"淳"为儿子命名，于是，小皇子取名叫爱新觉罗·载淳。

"载淳，好！这个名字不但响亮、好听，而且寓意深刻。"皇后是个大才女，她认为皇上为小阿哥起的这个名字非常好，不禁拍手称赞。

懿妃也觉得皇上对爱子寄予无限希望，在起名字上下了不少工夫，她当然也非常高兴。从咸丰皇帝的表情上看，他非常钟爱小载淳。作为生母，懿妃此时心花怒放。

一晃，小皇子该过"百禄"了。所谓"百禄"就是民间的百天。皇宫里的忌讳特别多，人死了以后，一百天叫"百寿"，后人才能脱去孝衣，所以孩子百天不叫"百寿"，而叫"百禄"。

又一次的喜庆来到了储秀宫。咸丰皇帝少不了赏赐懿妃和小皇子，皇后也笑逐颜开，她的赏赐不亚于皇上。

身着盛装的懿妃被众人拥着，她有些飘飘然。她的脸上挂着极满足的微笑，笑得那样美、那样甜。在风流天子咸丰皇帝看来，这俏丽娘太艳、太动人了，他抑制不住内心的激动，趁人们嘻嘻哈哈抢抱小皇子的时候，凑近美艳少妇懿妃，捏着她的手说："今天朕留宿储秀宫。"

懿妃的脸上飞出朵朵红霞，她嫣然一笑："兰儿遵旨。"

自从怀上大阿哥，身子笨后，皇上就没召幸过她，屈指算来足足半年多了，今日的好机会可不能错过呀。晚上，懿妃慌忙沐浴、更衣、梳头，急匆匆被大力太监扛到了咸丰皇帝的卧房。

一路上，懿妃心中扑扑通通直跳，她能不激动吗？往事历历在目，今日小别胜新婚，一定很美。

再说咸丰皇帝，他正躺在龙榻上静静地等待着俏丽娘懿妃的到来。他也细细地品味着与兰儿欢娱时的情景，那时的兰儿娇媚动人，羞羞答答之中似乎还有一点点野性，这是皇后及丽妃、婉贵人等身上没有的。

东方女性的羞涩最能打动男人的心，但如果女人过于含羞，就显得有些拘谨了，只能让男人怜爱，而不能让男人疯狂。兰儿又羞又娇，也有点儿放纵，简直让咸丰皇帝如痴如醉。

记得有一次，兰儿被召幸，当赤身裸体的她从脚头爬到皇上身边的时候，突然窗外刮起一阵风，把龙衾吹起了一个角，兰儿那美妙无比的胴体暴露了出来，她连忙拾起锦被的一角，将身体紧紧护住，惹得咸丰皇帝直发笑："兰儿，你这么害羞！"

兰儿羞答答地点了点头，那美妙的情景闪现在眼前。

咸丰皇帝等待着兰儿，不由自主地说了句："兰儿，你是个聪明的女子。"

正在这时，大力太监扛着大红毯子紧裹的懿妃进来了。懿妃依然从天子的脚头处爬了进来，她一言不发，紧紧地搂住皇上，激动地流着泪。

"兰儿，兰儿，你怎么了？"

咸丰皇帝托起她的下巴，关切地问。

可叶赫那拉氏依然一声也不吭。

咸丰皇帝明白了，他感慨万分："朕明白了，兰儿是想朕想得太苦了，是不是？"

懿妃躺在咸丰皇帝的双臂里，点了点头。她能说什么呢，很久，很久，她没和皇上这么亲近过了。

如今小皇子已满百日，他们二人你浓情，我蜜意，别后种种思念都化作这滴滴的泪水，打湿龙枕，打动龙心。

从此以后，咸丰皇帝隔三差五便召幸叶赫那拉氏一次，有的时候，他也留宿储秀宫，两个人恩恩爱爱、甜甜蜜蜜，皇宫上下无人不知。皇后为人温和、宽厚，她嘴上不说什么，但心里总有些不是滋味。毕竟她也是有血有肉的人，也有七情六欲。所以，从心底深处，对叶赫那拉氏专宠于咸丰皇帝，也有些觉得不顺眼。皇后乃六宫之主，母仪天下，再不高兴，她又怎么好表现出来呢？但是，各宫嫔妃就顾不上这么多了，尽管她们在皇上面前从不提及懿妃，但到了皇后和皇太妃那里，便少不了是是非非地议论了。

这天，丽妃、玫贵人、鑫常在等人相约到了坤宁宫，她们见皇后正在独自垂泪，心中便猜到了八九分。她们知道若在皇后面前说起懿妃，皇后只会叹气，于是，玫贵人说："皇后吉祥。"

"免礼。"皇后连忙抹去眼泪。

玫贵人是个直性子，坐下后，她就一个劲儿地嚷嚷道："皇上也太偏心了，就她懿妃一人伴驾，这还有我们姐妹的日子吗？"

皇后当然又是一言不发。这时，颇有心计的鑫常在开口了："别说了，咱们散散心去。去不去寿康宫给太妃请安？"

她提到的皇太妃，即咸丰皇帝的养母，道光年间的静贵妃。皇后点了点头，姐妹几个人便一同到了寿康宫太妃那儿。老太妃眼不花、耳不聋，心也不糊涂，一见"儿媳妇"们来了，心里很高兴，连忙让宫女端出水果、点心。丽妃手里牵着一位小格格，她便是咸丰皇帝的大女儿荣安固伦公主。小格格长得很漂亮，很招人喜爱，皇太妃上了年纪，更是怜爱这位小皇孙女。

小格格清清脆脆地叫了声："皇奶奶吉祥！"

太妃眉开眼笑，连忙说："好，好，乖孙女，到皇奶奶这边坐。"

小格格说："我最喜欢让皇额娘抱着，皇奶奶，您别累着！"

说得大家都笑了，一个劲儿地夸大公主聪明又可爱，乐得丽妃合不拢嘴。大公主像彩蝶一样飞到了皇后的怀里，虽然她是丽妃生的，但皇后视她如己出，所以于情于理，小格格都称皇后为"皇额娘"，而称生母丽妃为"额娘"。

小格格歪着头问皇后："皇额娘，我好想你，你想不想我呀？"

"想，皇额娘当然想你了。"

小格格高兴得直拍手，转向皇太妃，认真地说："皇奶奶，皇额娘比兰额娘好，刚才我去看小弟弟，兰额娘不准我牵小弟弟的手。"

皇太妃的脸一沉，问："真有这么回事吗？"

玫贵人、鑫常在点了点头，丽妃没说什么，但从她的表情看来，小格格说的事情是真的。

过了一会儿，丽妃开口道："是格格不懂事，她认为阿哥和她是亲姐弟，骨肉相连，便牵了小弟弟的手，阿哥也高兴得直蹦，可她兰额娘硬是甩了脸子，拉走了格格。"

玫贵人趁机说："都是太妃、皇上的心上肉，他们小姐弟亲亲热热多好呀，可懿妃硬是不让。"

鑫常在又补充道："瞧她那样子，仗着皇上宠她，目中更无人了。刚才，咱们姐妹几个拉她来给太妃请安，她的脸耷拉得好长，只推说头疼，硬是不来。"

太妃的脸色越来越难看，她禁不住心中也来了气，便对皇后说："你贵为一国之母，也应有个威严，不能让储秀宫的太放肆。"

皇后摇了摇头，太妃明白了皇后的心迹，便开口道："让懿妃明日来寿康宫。"

皇后明白，太妃以长辈的身份，想用祖训来教训懿妃。

第二天，储秀宫的懿妃正坐在梳妆台前欣赏着自己姣美的面庞，忽听坤宁宫的太监来宣："皇后有旨，召懿妃同去寿康宫，给皇太妃请安。"

天很热，各宫里都有宫女在不停地为主子们扇着扇子，可是送来的依然是热风。一听去太妃那儿请安，懿妃心里很不高兴，一则一路炎热，懿妃会出许多臭汗；二来她最怕见太妃，她总觉得太妃有些挑剔她，今日宣她去寿康宫请安，不知又要挨什么训导。但是，懿妃是妃，皇后的旨意不可不听，尽管生了小皇子，身价猛增，但不管怎么说，她也在皇后之下，再者咸丰皇帝那么敬重皇后，懿妃对皇后暂时不敢冒犯。

懿妃站立起来，想打扮打扮再走，可是坤宁宫的太监催促说："娘娘，快一点吧，免得皇后等得不耐烦了。"

懿妃觉得公公说话不对劲儿，平日里，坤宁宫的太监、宫女们对她挺客气，今天一定有什么事情。难道自己触犯了什么宫规？懿妃心里老大的不高兴，自从受宠以来，别说是奴才，各宫的嫔妃也没这般不客气地和她说过话，今天小心一些才好。

可是，懿妃不愿让别人看出她内心深处的慌张，她故意拖拖拉拉。坤宁宫的太监见了，表现出不耐烦的神情时，懿妃拉长了声音说："急什么，大胆的奴才，小心你的皮肉。"

嘴上虽然这么说，心里仍是不踏实。她换了一件水绿色的长裙，坐着轿子到了坤宁宫。一进宫，她就觉得这儿的气氛有些不对劲儿。以前每次到这里，宫女一叫："娘娘吉祥！"皇后便马上出来迎接她，并拉着手儿问长问短，今日有些异样。

"皇后吉祥！"

"免礼！"皇后的口气好冷，她的脸更冷。皇后用冷冷的目光扫了一下美艳的懿妃，懿妃顿感寒气逼人。

"你多日没去寿康宫给太妃请安了吧？"

懿妃想说："我不是在生小载淳吗？"可是，她欲言又止。

皇后又扫了她一眼，开口道："今日若没事儿，一块儿去请安吧！"

这哪儿是商量，简直是命令。皇后口谕，懿妃不敢不从。皇后的凤銮在前，懿妃的轿子随后，一前一后到了寿康宫。

见过太妃，懿妃更感不对劲儿。太妃拉着皇后的手，柔声细气地说："你的孝心，哀家心领了，何必每天都来请安呢。"

懿妃在皇后之后道："太妃吉祥，兰儿给太妃请安了。"

"唉，兰儿呀，多日不见，你越来越漂亮，也越来越富态了。"

太妃的话里带着刺儿，懿妃焉能听不出来？她为自己辩解："兰儿多日没来请安，望太妃多包涵。大阿哥一天天长大，几个嬷嬷照料不过来，再说，兰儿也不放心把大阿哥交给她们，万一有什么闪失，怎么向皇上交代呀！"

听她的话振振有词，这哪儿是赔罪，简直是表功。太妃越听越生气，心想："哼，你生了阿哥，就这么神气，左一个'大阿哥'，右一个'大阿哥'，还抬出皇上来压人，不压压你的嚣张气焰，以后还有皇后和各宫嫔妃的好日子过吗？"

太妃阴沉着脸，说："你的辛苦，哀家全知道，如此说来，好好调养好身子才是。哀家听说皇上常常留宿储秀宫，没传错吧！"

懿妃一点退路也没有，她想反正你也点明了，索性认账吧："兰儿也劝皇上保重身体，以国事为重，不可因儿女情长而耽误大好时光。"

太妃与皇后对视了一下，她们非常不满意懿妃这种强硬态度，不但不认错，反而强词夺理，为自己辩解，她目中还有太妃、皇后吗？如此下去，谈何宫规！

皇后一向待人温和，从不与别人计较，她很少大声说话，除非偶尔训斥奴婢。可是，此时她有些被激怒了，大吼一声："大胆婢子，你眼里还有太妃吗？明明是你迷惑皇上，还说皇上眷恋你？耽误了国事，你能担得起吗？"

皇后这一怒吼，震住了嚣张的叶赫那拉氏，皇宫大内毕竟还有个嫡庶之分，她"扑通"一声跪在地上，声泪俱下："兰儿知错，望太妃、皇后息怒，从今日起规劝皇上便是。"

懿妃哭得好伤心，皇后、太妃本来都是心地善良的人，她们见不得兰儿掉眼泪。懿妃这一哭，还真奏效，太妃忙说："好了，好了，知错就改，太妃还是很喜欢你。"

皇后陪着兰儿掉泪，她也劝兰儿："刚才姐姐一着急，说重了些，别放在心上。你我姐妹还不都是为了皇上好吗？妹妹，你也劝劝皇上，可不得由着性子乱来，不可因男女欢愉误了国事，伤了身体。"

懿妃点了点头，她也觉得皇后的话还有道理，叶赫那拉氏不愿做昏君的妃子，她也希望咸丰皇帝以国事为重。只有现在皇上稳坐江山，将来小载淳才能顺利即位，自己才能当皇太后，甚至是太皇太后。

皇后令寿康宫的小宫女为懿妃端上一盆热水，一边让她洗去泪痕，一边说："妹妹呀，莫怨姐姐训导你，你也太任皇上胡闹了，皇上日理万机，哪能那么贪欢吗？"

懿妃被说得羞红了脸，她此时才体会到太妃与皇后用心良苦。特别是皇后，她并不是嫉妒自己得宠，而是打心眼里关心皇上的身体健康。咸丰皇帝是她们共同的丈夫，对于皇后和各宫嫔妃来说，咸丰皇帝是她们心目中的一座山、一方天，没有这方天，谁来为这些女人们遮风挡雨？

但是，究竟是谁在皇后、太妃面前告了自己一状呢？丽妃？玫贵人？鑫常在？还是她们几个合起伙来暗中害自己？不管是谁，反正都一样，后宫佳丽在妒忌她。她越想越生气，她与皇后怎可同日而语，皇后宽厚、仁慈，别人有什么对不起自己的地方，她也是"宰相肚里能撑船"。可是，叶赫那拉氏岂是等闲之辈，她可不愿像皇后那样忍让，凡是对不起她的人，她会加倍以牙还牙，这就是懿妃铁石心肠。

到了晚上，皇上又宣懿妃伴驾。懿妃一反常态，今天晚上不抹粉，不涂脂，当大力太监用大红毯子裹紧她，扛往皇上寝宫的时候，她一个劲儿地揉眼皮，弄得眼皮红肿起来。

到了咸丰皇帝的身边，一向热情奔放的懿妃，今日沉默不语，一动也不动，只是紧紧抱住咸丰皇帝，发出轻轻的叹息声。

"爱妃，怎么了？"咸丰皇帝关切地问，懿妃的反常引起了他的关注。

咸丰皇帝发现兰儿今天有些异样，还以为她身体不适："哪儿不舒服，太医看过了吗？"

懿妃依然是一言不发，只是摇了摇头，咸丰皇帝猛地紧张了起来，问："大阿哥，是他不好吗？"

与其说咸丰皇帝关爱叶赫那拉氏，不如说他更钟爱唯一的皇子载淳。懿妃生怕咸丰皇帝为儿子担心，连连摇头。她将头贴在皇上的心口处，竟有几声呜咽。咸丰皇帝连忙托起她的下巴，一看发现她双眼红红的，就像刚哭过一样。

"兰儿，你怎么了？告诉朕。"

咸丰皇帝声音好温柔，就像是从天上飘下来的，懿妃依然默不作声，她哭得更伤心了。

咸丰皇帝急了，说道："发生什么事情又不肯说，叫朕如何是好？"

懿妃觉得"火候"到了，再沉默下去与自己无利，万一惹得皇上不高兴，自己想达到的效果也难以达到。于是，她轻轻地叹了一口气，委屈地说："皇上，兰儿以后不能常来伴驾了。"

"为什么？"咸丰皇帝很愕然。他与心爱的兰儿正浓情蜜意，怎么兰儿突然提出这个问题，他真有些纳闷儿。

"唉，还是不说的好，何必让皇上为兰儿生气呢？"

"生气？兰儿，你并没有惹朕不开心呀，和你在一起，朕觉得好幸福。"咸丰皇帝在懿妃的耳边轻轻呢喃。

【第四回】

懿贵妃批阅奏折，咸丰帝巡幸木兰

叶赫那拉氏觉得皇上已拜倒在她的石榴裙下。她的信心倍增，心中有了底儿。她此时利用了人的共性——逆反心理，即越玄的东西，人们越想知道，此时，她要让咸丰皇帝逼她开口。

"说，一定要说，朕要知道为什么你不能常来伴驾。"

懿妃是个聪明人，如果此时说出来，咸丰皇帝就不可能处于盼知心理，她必须再拖延、拖延，这叫欲擒故纵。

"兰儿经常伴驾，会影响龙体安康的，兰儿有负疚之感。"

咸丰皇帝紧握着俏丽娘的手，深情地说："怎么会呢，朕有你相伴，心里好踏实。如果你不来，朕反而难以入眠。"

"皇上的真心话，兰儿心中十分感激。不过……"

她又"卡壳"了，咸丰皇帝被她撩得心更急，追问："不过什么？"

"不过，宫中有人说长道短，兰儿心中好怕。"

终于吐出来了。

咸丰皇帝恍然大悟，原来是兰儿被其他嫔妃所嫉妒，她不愿成为众矢之的。

咸丰皇帝最讨厌后宫嫔妃争风吃醋，对于她们，他是博爱。不过，有的让他激动，有的让他敬佩，也有的让他生气，懿妃是目前最可爱的妃子，他咸丰皇帝焉能让心爱的妃子受他人之气！

"说什么？说给朕听听。"

懿妃心中高兴极了，她发现咸丰皇帝已经上钩，便开口道："她们说兰儿什么都无所谓，只是不愿让她们论皇上的长短。"

"谁在胡说八道？"

一听有嫔妃胆敢评论自己，咸丰皇帝勃然大怒。懿妃生怕事情闹大，连忙说："她们敢说什么，无非是说皇上宠得兰儿有些轻狂，误了皇上的大事儿。"

咸丰皇帝舒了一口气，原来嫔妃并不敢说什么，她们的矛头是指向兰儿的。咸丰皇帝有些小心眼儿，他面带愠色，说："朕很少宠幸她们，她们便生出许多是非来。兰儿，莫与那些见识浅薄的人论长短，只要朕一心一意宠你，你就是个幸福的女人。"

懿妃好激动，紧紧地搂住皇上，喃喃地说："兰儿谢皇上隆恩。"

咸丰皇帝一看，怀中的俏丽娘破涕为笑。为了让懿妃更开心，他脱口而出："朕不但要更加宠爱于你，还想晋封你为贵妃呢。"

一听这话，赤身裸体的叶赫那拉氏差一点没蹦起来，她急切地问："此话当真？"

其实，这一问是多余的。天子乃金口玉言，岂有戏语。

咸丰皇帝点了点头，懿妃柔声细气地说："皇上，兰儿太幸福了。"

咸丰七年二月，叶赫那拉氏晋封为贵妃。她在一步步登上天梯，去领略天朝上的无限风光。

咸丰七年三月二十四日，小皇子载淳满一周岁，储秀宫里又是一番热闹。按照习俗，小孩子在周岁这天要"抓周"。

"抓周"也称试儿，据说这种习俗最早见于南北朝时期，当时在江南一带很盛行。当孩子满周岁这一天，做父母的便请来亲朋好友，为自己的孩子举行隆重的"抓周"仪式。先将小儿沐浴更衣、喂饱喝足，再把不哭也不闹的小儿抱出来，地上铺上一张大席子，席子上堆放着各种各样的东西，有弓箭、刀剑、针线、笔墨纸砚、胭脂、麦种等物。小儿在众人的喝彩下，开始抓取，他第一把抓起的物品就代表着他将来的兴趣或志向。

如抓弓箭、刀剑之类的，说明他将来爱武；抓笔墨纸砚，说明他日后从文；抓针线、胭脂，说明他善女红；抓起麦种，说明他能做耕民。俗语说"一岁看大，三岁知老"，父母总希望自己的孩子将来能干一番大事业，所以在他婴儿时期便匆匆让他表示志愿。表志愿仅仅是一个方面，另一方面是借此机会大搞庆典活动，亲朋好友都来聚一聚，也挺热闹的。

清朝入关以来，逐步受汉人的影响，"抓周"就是向汉人学习的。清朝皇宫特别推崇这一活动。皇宫里出生的孩子，个个是皇子，他们之中总有一个将来要继承皇位，登上皇帝的宝座。这样一来，"抓周"显得尤其重要。

当然，立储主要取其德、才，但皇上总希望小皇子幼年时就表现出将来的志向，特别是对咸丰皇帝来说，载淳是他唯一的儿子。载淳满一周岁了，毋庸置疑，"抓周"一定要办得隆重一些。

五天前，咸丰皇帝便口谕内务府总管，大办"抓周"庆典活动。宫中到处张灯结彩、披红挂绿、喜气洋洋，太监、宫女们出出进进，忙得不可开交。他们穿梭于储秀宫，打扫卫生、摆上一些新家具；内务府特意为小皇子做了六套新衣裳；也有的忙着给懿贵妃梳妆打扮，研究一下哪一种发式更配她那张俊俏的脸；有的将皇上送给储秀宫的古玩字画送来，小心翼翼地摆放在储秀宫的正厅及东暖阁、西暖阁。几天来，储秀宫里一片热闹。

这次庆典活动的小主人——载淳，虽然才一周岁，但仿佛明白大家关注的焦点是他，他这几天格外高兴。一周岁的小孩子，口中已会不停地喊"阿玛、阿玛"，并能举起手来表示自己的意愿。

他瞪大眼睛盯着忙来忙去的人们，似乎明白大家正为他忙碌着，他娇嫩的小脸时时露出笑靥。当太监、宫女走近他的时候，他总要"啊、啊"地叫，人们便说一声："大阿哥吉祥！"

小载淳挥动双拳，又蹦又跳。他发现大家都在注视着自己，而且很有欣赏自己的意味，他更高兴了，干脆挣下椅子，再走上一圈，以博得人们的一片喝彩。他颇有些哗众取宠的意味，逗得大家更乐了。

时辰已到，小皇子的即兴表演必须结束，他被抱到西暖阁，"抓周"正式开始。太监、宫女们早已准备好"抓周"用的东西，有金钥匙一个、金锁一个、玉陈设两件、玉扇坠两枚、银盒一个、犀钟一捧、犀棒一双、弓一张、矢一支、文房四宝一份、盘一个、女娃玩具一件、书一部。

所有的东西，已在两天前由懿贵妃亲自过目，既要有意义，又不易弄伤小儿的手。太监、宫女们又仔细检查一遍后，才放心地摆放在大红地毯上。太监张文亮把小载淳抱到地毯上，然后放开手，让小皇子自己去抓东西。皇上、皇后、懿贵妃、丽妃、婉贵人、奕䜣、奕譞、奕谅等皇亲一下子围拢过来，大家都想目睹一下小皇子抓起物品时的神情，更想知道他会抓什么东西。

自从小载淳记事以来，从来没见过这么多的人围拢在一起关注着他，平日里爱动不爱静的他，一下子变得安静了，一个人站在许多物品中间，一动也不动。他被周围人热切的目光吓着了。这可急坏了众人，尤其是咸丰皇帝、皇后、懿贵妃等人，小皇子这么僵持下去可不行。后来在太监张文亮的引逗下，小皇子先抓起了小巧玲珑的弓矢，最后抓起了一支笔。

懿贵妃见儿子如此争气，她欣喜若狂，又见众人不断地称赞小皇子，顿时觉得脸上特别光彩。

咸丰皇帝龙颜大悦，口谕："赏大阿哥。"

几个太监拿上皇上赏赐小皇子的钱物，安德海笑眯眯地接纳着。众皇亲无不高兴，都说小皇子将来兼有文治武功，定可重振江山社稷。"抓周"是他一生的好兆头。

"抓周"活动顺利进行着，大家看到小皇子志愿颇高，都欣欣鼓舞，纷纷拿出贵重的礼物赠给他。懿贵妃的脸上始终挂着微笑，她笑小皇子争气，更为今天收到如此多的礼物而高兴。真是"三十年河西，三十年河东"，风水今日转到了储秀宫。十年前，兰儿为生计而发愁，十年后，懿贵妃为如何处理这些金银珠宝而发愁。

人们走后，她亲自指挥太监、宫女们将所赠的礼物一一清点，分门别类地摆放好。她打心眼里高兴，看看这件，瞅瞅那件，真有些眼花缭乱了。一躺到床上，她便盘算着如何赏小安子、如何赏杏儿。再者，小皇子的谙达张文亮也要赏一些，他看护小皇子，没有功劳，也有苦劳呀。何况小皇子非常喜欢他，赏一些给他，他会加倍看护小载淳。

作为母亲，不仅是爱儿子，她更期望儿子成大器，于是，在接下来的几年里，她对儿子要求特别严格。总希望他一下子就长大，饱读诗书、知情达理，成为理想的皇储。

她的这种心愿有些脱离了现实，载淳才是几岁的小儿，是个不懂事的娃娃。贪玩是小孩子的天性，而懿贵妃扼杀了他的这种天性，儿子难免疏远她。

亲子不亲，懿贵妃既心疼又心急，彻夜难眠。心疼的是自己千辛万苦生下载淳，而小皇子却亲近皇后；心急的是儿子一天天地长大，却很不了解母亲的心，他只知道撒娇、任性。

但叶赫那拉氏也明白，对于儿子的逆反心理不可操之过急。自己应耐着性子来亲近儿子，好让小皇子慢慢疏远皇后，让小孩子明白懿贵妃是生母，是世上最亲的娘。

自从小皇子落地，生母懿贵妃仿佛完成了任务，下面的烦琐事务，一切交给宫女、太监、妈妈、嬷嬷们去做。这样一来，虽然是生母，但她即使抱一抱孩子，也只是做做样子罢了，她并不需要真正地付出什么。作为母亲，她连孩子的尿布都没碰过，更没喂过奶，小皇子的饮食起居，她一点儿也不清楚。

小皇子不亲生母叶赫那拉氏，却依恋皇后钮祜禄氏。懿贵妃为此很恼火，她生怕自己失去小皇子，那样的话，这许多年的挣扎与苦熬将付诸东流。所以，她尽量耐着性子来对待儿子。经过几个月的努力，已初见成效。

时光飞逝，日月如梭。一晃到了咸丰十一年（1861年），那位顽皮、任性、聪明、天真的小载淳已经到了入学受教育的年龄。咸丰皇帝决定亲自为小皇子选择一个品学兼优的好老师，经过军机处几位大臣的磋商，他终于选定了名震四海而又博识的大学士李鸿藻充任大阿哥师傅；人称"六额驸"的御前大臣景寿为书房照料，以督促小皇子的学业。

此外，内务府为小皇子分宫另住准备着。这是祖制，孩子一入学，就不能与后妃们住在一起了。想到分宫另住，懿贵妃真有些难割舍。这几日，懿贵妃吃也吃不下，睡也睡不着，一个人常常傻呆呆地望着窗外，那情景的确很感人。

不久，载淳移居弘德宫。那以后，懿贵妃几乎见不到咸丰皇帝。以前，小皇子与母亲一起住在储秀宫，有时，皇上还要到储秀宫走一走，看看儿子。如今，儿子不在这儿，皇上几乎不再驾临储秀宫。不甘寂寞的懿贵妃越来越感到咸丰皇帝对她的冷淡，于是她就拿周围的人发火，脾气一天比一天坏。储秀宫里的太监、宫女们无不小心翼翼，大气都不敢出，生怕自己一不小心冲撞了懿贵妃。

懿贵妃回想最近一段时间自己的行为举止，感觉自己的确是变得蛮横起来了。为了重新回到皇上身边，得到皇上的宠爱，她一反常态，整个像换了个人似的，变得温柔、和蔼起来。没事的时候，不是到坤宁宫向皇后请安，就是到寿康宫向皇太妃请安，以重新获得后宫众人对她的好感。就连对太监、宫女们的态度也变了，她不再声色俱厉，也不再动辄责打。可是，储秀宫里的太监、宫女们依然是小心翼翼地做事，生怕主子喜怒无常。

看到懿贵妃态度有所改变，皇后钮祜禄氏从心底里高兴。

皇后一向宽宏大度，不计前嫌，使得懿贵妃很快能亲近她。

"姐姐，我很长时间没见到皇上了，他龙体安康吗？"

皇后一听懿贵妃的问话，面带愁云地说："妹妹，皇上近来龙体欠安，心情也格外不好，很少召幸嫔妃，这样，他会闷出病来的。"

对于皇上龙体欠安，皇后早就忧心忡忡，今日懿贵妃提及此事，她便直言相告。

懿贵妃也叹了一口气："皇上为何闷闷不乐呢？"

她似对皇后说，又像是自言自语："宫中好长时间没热闹过了，皇上太沉郁，如果能热热闹闹几天，他的心情会好一些的。"

皇后为难地说："才刚刚入夏，过新年还早着呢。万寿节和阿哥的生日才过去，有什么可以热闹的？"

"办喜事呀！"懿贵妃见缝插针，提醒皇后。

皇后摇了摇头问："办什么喜事？"

"姐姐，老七也不小了，二十一岁了吧，该为他娶亲了。"

这句话真的很奏效，提醒了皇后，她双手一拍，说："妹妹，多亏你是个细心人，老七的确不小了，尚未婚配，住在宫里也不太好。他该娶亲另住了。"

为什么皇后说"住在宫里不好"呢？这不明摆着吗，宫里的女人太多了，嫔妃十几人，宫女几百人。面对着这么多艳丽迷人的女子，万一他有非分之想，可就不好了。所以，他应该出宫另立门户。

懿贵妃探明了虚实，不失时机地说："老七长得一表人才，俊逸潇洒，也不知哪家的姑娘有福气来做他的福晋。"

皇后是个老实人，她听不出懿贵妃的弦外之音，便说："等皇上点了头，便从世家女子中挑一个给他，咱们热热闹闹给老七办喜儿。"

　　懿贵妃一听，愣住了。为什么？因为她早想把胞妹蓉儿嫁给老七奕譞。可是，听皇后的口气，蓉儿嫁王爷没可能了。蓉儿是平民之女，她没有嫁王爷的资格。

　　回到储秀宫，懿贵妃闷闷不乐，细心的小安子看到主子有心事，见机问道："主子为何不开心？"

　　懿贵妃长舒了一口气，开口道："小安子，也就数你最知我的心。七王爷已经到了婚娶的年龄，依你看，谁有福气当他的嫡福晋呢？"

　　小安子微微一笑，说道："七王爷才貌双全，为人厚道，忠诚老实，能做他嫡福晋的人必须心地善良，貌美可爱，而且又贤淑温顺。"

　　说来说去，这奴才依然没有直言是谁，气得懿贵妃直瞪眼。小安子发觉了主子的不满，干脆挑明了，他开口道："这个人不是别人，正是蓉儿姑娘。"

　　懿贵妃一听这话，不由得心花怒放。毕竟是自己的心腹，什么事儿都能被小安子说准。看来，小安子的确是"知音"。

　　懿贵妃面带笑容，沉吟了一下，说："可是，蓉儿不是秀女，皇后的意思是从秀女中挑一个，给老七做嫡福晋。这就是说，蓉儿没那个命。"

　　在知心人小安子面前，懿贵妃无须再遮掩什么，她道出了自己的担心。

　　小安子诡秘地一笑："虽说王爷的婚配是皇上指定，但有时也可以由王爷自己提出，恭王爷的婚姻不就是这样的吗？"

　　"可是……"

　　懿贵妃欲言又止，小安子明白她"可是"的内容，她自己无法向七王爷开口把蓉儿嫁给他。

　　小安子说："主子，你自己无法开口，奴才认为完全不需要主子去开口。要让七王爷自己开口，那多好。"

　　懿贵妃听糊涂了，她问道："老七自己开口？他又不认识蓉儿。再者，即使认识，他也不一定提这事儿。"

　　小安子上前一步，凑近他的主子，几乎脸都贴到了主子的脸上，嬉皮笑脸地说："让他生米煮成熟饭，不就水到渠成了吗？主子，您是聪明人，怎么忘了这一招。"

　　"生米煮成熟饭！好，小安子，这一招太好了。你这奴才的鬼点子就是多。"

　　主仆两人有说有笑，低声细语商议对策。

　　懿贵妃很赞赏小安子出的高招，可是，这下"米"之前呀，她必须精心策划。既要马到成功，又要不露痕迹，一旦蓉儿迷住了七王爷奕譞，叶赫那拉的势力在宫中便会强大起来。到那时，皇后钮祜禄氏只有望尘莫及。

一天，懿贵妃躺在软榻上愁眉不展，午膳端上以后又端了下去，这可急坏了小安子，他连忙请来太医，又跑到坤宁宫那儿去禀报主子的"病情"。

"娘娘吉祥！"

"免礼！小安子，你们主子有什么事情吗？"

小安子很少到坤宁宫，因为他自己也十分清楚，皇后有些讨厌他。今日他来，一定是他的主子懿贵妃有什么事情，细心的皇后看出了这一点。

小安子低声说："回娘娘的话，的确如此。我们主子已经两天没下床了，午膳端上去，又端了下去，一口菜也没动。"

小安子的眼泪来得也特别快，他竟落了几滴眼泪。一看小安子这状况，皇后欠了欠身子，焦急地问："太医怎么说？"

"回娘娘的话，太医说是抑郁寡欢所致，这叫什么'抑郁症'。"

小安子渲染了一番，皇后不由得不信。但仍有些不解，继续问："为何抑郁？"

小安子表现得十分恭敬，他竭力拖着沉重的语调说："娘娘您想，主子生了大阿哥，宫中多了多少乐趣呀。可如今母子分离，大阿哥移居弘德宫，主子能承受得了吗？她真的太寂寞了，再加上思念大阿哥，她能不抑郁吗？"

皇后轻声说："大阿哥住在弘德宫，离储秀宫并不远，再说，大阿哥经常去向他额娘请安，谈何寂寞与抑郁？"

"娘娘有所不知，我们主子视大阿哥为心肝宝贝，虽常回去请安，毕竟不像以前吃在一起，住在一起，她能不想念阿哥吗？"

皇后认为小安子的话有些道理，便温和地说："小安子，回去告诉你主子，把心放宽一些，明天哀家便去和她聊聊天，解解闷儿。"

安德海心中暗笑："都说皇后娘娘是忠厚老实之人，果真如此。"

第二天上午，皇后娘娘带着丽贵妃等人来到了储秀宫。懿贵妃装成病恹恹的样子，看起来十分憔悴。她有气无力地站了起来，恭迎皇后。皇后连忙挽住她的手，直到东暖阁。

"妹妹，身子好些了吗？"皇后关切地问长问短。

懿贵妃暗自垂泪，低头不语。

"到底怎么回事儿？"皇后不忍心看到别人流泪，一个劲儿地追问。

懿贵妃抹了一把眼泪，又叹了一口气，低声道："姐姐，妹妹实在控制不了自己的感情，我太难过了。"

懿贵妃哽噎得不能言语，皇后被她打动了，热泪夺眶而出："妹妹，把心放宽一些。"

懿贵妃一看皇后陪着落泪，心里有底儿了，便说："自从大阿哥离开这儿，我感到好像丢了魂儿似的，做什么事情都打不起精神来。吃也吃不下，睡也睡不着，这滋味儿真难受，实在太折磨人了。"

懿贵妃已是泪水涟涟，泣不成声。皇后陪着她流泪，其他几个嫔妃眼圈也红了。皇后安慰道："大阿哥离这儿又不远，想他的时候，尽管去弘德宫看他。"

"不，我不想影响他的学业，宁肯自己苦一点儿，也不愿去打搅他。"

皇后一听，心想："懿贵妃是明理之人，一个当娘的想儿子也是人之常情，可她宁肯自己受煎熬，也不去影响儿子的学业，精神实在可嘉！"

皇后感激地望着叶赫那拉氏，而且拉紧了她的手，很动情地说："我和皇上都很感激你，生了这么一位好阿哥。妹妹这样抑郁，可不能出什么岔子。妹妹如此抑郁寡欢，叫我如何放心。"

"是啊，我也很想开朗、高兴起来，可是不能。思念亲人之情是难以排遣的。唉，剪不断，理还乱。"

皇后虽然也很疼爱小皇子，但毕竟孩子不是她生的，至今，她也不清楚当亲娘是怎么一回事。她便说："既然妹妹不愿打搅阿哥的学业，宫中又这么冷清，那就把你妹妹蓉儿接进宫吧，那姑娘举止大方，又可人，我也很喜欢她。"

懿贵妃的愿望终于实现了，她焉能不高兴。虽然她喜上眉梢，但口中却说："她不是宫里的人，恐怕不合适吧。再说，其他宫也没这等事儿。"

她看了看皇后，又看了看其他各个嫔妃，她发现琳贵妃的脸色不对劲了。为了防止日后其他嫔妃嫉妒，此时她必须借助皇后的势力。

皇后是个老实人，她开口道："有什么不合适的，只要妹妹不抑郁寡欢，让蓉儿进宫少住一些日子，没什么。"

懿贵妃望了一眼琳贵妃，那眼神似乎在说："怎么样？我叶赫那拉氏有本事吧，你别气，你就没这等本事。"

琳贵妃头一扭，不再看懿贵妃。

皇后并没有留意她们两个人用眼神"吵架"。她寻觅了几个太监，便开口说："小安子。"

"奴才在！"

"传哀家的口谕，即刻召蓉儿姑娘入宫稍住两个月。"

"嗻。"

小安子这声音特别洪亮、清脆，比他得了五十两银子还欢快。

懿贵妃感激地拉住皇后的手，一个劲儿地说："皇后，我的好姐姐。"

皇后嫣然一笑，表示不需要这么感激她。慈厚的皇后哪里知道，自己不知不觉间钻进了叶赫那拉氏设计的圈套之中。当钮祜禄氏发觉时，已是十几年以后的事情了。

当天，小安子便把懿贵妃的胞妹叶赫那拉·蓉儿接进了皇宫。从此，改变了蓉儿一生的命运。如果当初没有这一事件，便没有历史上的光绪皇帝。因为光绪皇帝是叶赫那拉·蓉儿的次子，这是后话。

自从小皇子出生以后，蓉儿没有进过宫，叶赫那拉氏也没回过娘家，所以，两姐妹好久不见了。今日相见，当然是好一阵心酸。

再说七王爷奕𫍽，人长得十分标致，又温文尔雅，在宫中，人们都夸奖这个王爷人俊心又好。自从小皇子载淳出生以后，七王爷十分喜爱这个皇侄，两天不见便十分想念。所以，他时常出入储秀宫，逗得小皇子很开心，他与皇嫂懿贵妃相处得也很融洽。

自从小皇子移居弘德宫，奕𫍽又成了弘德宫的常客，他三天两头地去弘德宫看望小皇子，小皇子当然也十分喜爱七皇叔。在他看来，阿玛慈祥、坤宁宫的皇额娘仁爱、储秀宫的额娘严厉、七皇叔可亲。这个七皇叔十分疼爱自己，而且他更像自己的亲密朋友。

七王爷奕𫍽今年二十一岁，正是多情的年龄，无奈宫中女性虽多，但却无一可以寄托感情。不是父皇的遗孀，就是皇兄的嫔妃，还有那些数也数不清、认也认不得的低贱的宫女。生活在女人堆里的七王爷从未感受过女性的温柔。

这一天，七王爷奕𫍽闲来无事，从上书房回来后径直走向小皇子载淳的弘德宫。他已经好几天没来看望小皇侄儿了。此时已近中午，他估计小载淳也该从上书房回来了。

奕𫍽到了弘德宫并没有看到小皇子。以往每当奕𫍽来到这里时，小皇子总像小鸟儿一样，从房里"飞"出来，可是今天这儿一点儿动静也没有。七王爷有些纳闷了，他坐在东暖阁的软榻上，闭目养神，耐心地等待皇侄的到来。

"七皇叔、七皇叔。"

清脆的童音从宫院里传来，奕𫍽一听就知道是小皇子回来了。刚走到院子里，小皇子便用小手钩住了他的脖子，与他要闹。

叔侄二人闹腾了一会儿，奕𫍽才问："阿哥刚才到哪儿去了，让皇叔等了那么久。"

"我带姑姑到御花园去了。"小皇子边说边指着一位年轻的姑娘，她便是小皇子的姨妈——叶赫那拉·蓉儿。因为皇宫大内没有"姨妈"这个词儿，懿贵妃便让载淳称蓉儿为"姑姑"。

奕𫍽抬头一看，发现了他眼前正站着一位陌生的姑娘，只见她面如满月，眉如墨画，口若樱桃，腮似桃花；纤纤玉手、杨柳细腰、袅娜婷婷、丹唇传情，好一个妙龄女郎！

这姑娘见了七王爷奕𫍽，规规矩矩来了个单腿安："七王爷吉祥！"

奕𫍽傻呆呆地凝视着蓉儿，竟忘了说"免礼平身"。

小皇子望了望皇叔，又望了望姑姑，他天真地问："你们都在看什么呀？"

奕譞与蓉儿都羞红了脸，连忙把目光从对方脸上移开。奕譞心想：这姑娘不是宫女，阿哥称她"姑姑"，可自己没这个皇妹，她到底是谁？

蓉儿的心也一个劲儿地跳，以前只听别人提起过七王爷奕譞，没想到今日不期而遇，她一点儿心理准备也没有。

两个人正在猜测着对方时，储秀宫的安德海进来了。

"奴才给七王爷请安！"

小安子先左后右地一跪，给七王爷来了个单腿安，然后又去引逗小皇子："大阿哥吉祥，贵妃娘娘让奴才接阿哥过去吃点心。"

一听说吃点心，小载淳还真觉有些饿了。平日里，小皇子并不喜欢这位安公公。有时小皇子一高兴，便让小安子趴在地上，自己骑到他的背上。小安子边学狗叫边在屋子里爬来爬去，爬了几圈之后，载淳一不高兴，便从"狗"身上跳下来，有时竟踢上几脚，开心地笑着跑开。

今天，小皇子不让小安子学狗叫，却让他驮着自己去储秀宫。到了储秀宫，小皇子一见并不是自己喜欢吃的点心，他扭头就走。懿贵妃连忙把儿子揽在怀里，不让儿子走脱。小皇子与他的生母好像天生就不合，他总爱不起来这个额娘。在他的记忆中，额娘很少这样紧紧地抱住他，所以，今天觉得特别别扭。

"额娘，七皇叔还等着我呢。"

小皇子极力想挣脱母亲的怀抱，懿贵妃哪里肯松手，她将儿子搂得更紧了。

"阿哥就不肯陪额娘一会儿吗？额娘真的十分想念你。"

懿贵妃是不会让儿子回去的，她精心安排的一场戏可不能让不懂事的孩子给搅和了。

再说弘德宫的那一对青年男女。当小载淳走后，蓉儿羞红着脸低下了头。

奕譞的心怦然一动。他鼓足了勇气，开口问："请问姑娘是哪个宫的？"

蓉儿低头细语："储秀宫的。"

"哦，我记起来了。阿哥出生以前，你进过宫，你是皇嫂的小妹。"

奕譞脱口而出，蓉儿羞红了脸。奕譞见四处无人，便大胆地盯着姑娘仔细看，一朵朵红霞从姑娘的耳边飞出，十分俏丽迷人……

太监、宫女们心中也明白七八分，纷纷退下，弘德宫的东暖阁里只有这么两个年轻人。

奕譞心想：这姑娘既没有皇室格格的造作憨态，又不沾市井女人的庸俗之气，好可人。

蓉儿也暗自打量着七王爷，果真如姐姐所言，七王爷奕譞面善心慈、俊逸潇洒，好一个男子汉！

"王爷，奴婢先告辞了。"还是姑娘打破了尴尬的局面，起身告辞。

七王爷点了点头，望着姑娘远去的背影，他心中念道："将来的七福晋就应该是这样子！"

回到储秀宫，蓉儿脸上仍带着朵朵红云。懿贵妃一看，心中明白了几分，她急切地问妹妹："怎么样？够俊逸潇洒吧？"

蓉儿低头不语，做姐姐的心中十分明白，妹妹是羞于出口。

奕譞回到了自己的寝宫，一连好多天茶饭不思，那姑娘的身影总浮现在眼前，赶也赶不走。于是，他壮着胆子来到了储秀宫。

一见七王爷到此，蓉儿也没必要掩饰自己的情感，她大大方方地出来见王爷。

"七王爷吉祥！"

"姑娘免礼！"奕譞怎舍得让他心中爱慕的人儿向他施礼请安，他连忙上前一步，扶起姑娘。

两人目光对视，心中泛起一股股暖流。懿贵妃看在眼里，喜在心头。

"蓉儿，愿意做七福晋吗？"七王爷急切地问。

蓉儿满脸红霞，七王爷心中有数了，他像只快乐的小鹿直奔咸丰皇帝的寝宫。

咸丰皇帝见七弟兴冲冲地闯了进来，就知道老七一定有事。

"四阿哥，我求您一件事，可千万要答应。"

因为是在皇上的寝宫，兄弟之间没那么多礼节，奕譞称皇上为"四阿哥"，这样显得更亲昵一些。

"你还没说有什么事情，让朕如何来答应你呢？"

奕譞鼓足了勇气，脱口而出："我要纳叶赫那拉·蓉儿为嫡福晋。"

咸丰皇帝笑了。蓉儿这次进宫，他并不知道，这是后宫的琐事儿，只要皇后做主就行。但懿贵妃的小妹，他是认识的。人长得的确不错，性情也比较温和，只是没想到奕譞那么钟情于她。

"让朕想一想。"

奕譞着急了，恳请着他的皇兄："四阿哥，我喜欢那位姑娘，快答应了吧。"

咸丰皇帝拍了一下七弟的肩膀，哈哈大笑，开口道："老七，朕就成全你了！"

奕譞高兴得差一点儿蹦了起来，他激动地紧紧握住皇兄的手，大声地说："多谢皇兄！"

奕譞匆匆辞别皇兄，直奔储秀宫，他要把这个喜讯传给心爱的姑娘，让蓉儿及懿贵妃早一刻钟来分享这份幸福。

一见钟情的男女终成眷属，叶赫那拉·蓉儿嫁给了七王爷奕譞，做了他的嫡福晋，生儿育女，一生恩恩爱爱、幸福无比。

其实，最高兴的人除了一对新人之外，还有一个，那便是懿贵妃。她在皇宫里的势力正在一步步扩大。直至有一天，她端坐在大清皇帝的身边，成为中国历史上绝无仅有的"老佛爷"。

英、法、俄、美一天天逼近，太平天国运动一浪高似一浪，惊恐之中的咸丰皇帝渐渐地倦于朝政。在这种特殊的情况下，一位幻想凤在龙上的女人——叶赫那拉氏开始有了政治野心，终于，她等来了粉墨登场的机会。

秋初的一天，三十岁的咸丰皇帝忽然感到心口处一阵绞痛，这种疼痛已出现过好几次，不过，今天疼得特别厉害。

早上醒来，咸丰皇帝就感到四肢无力，嘴里好苦好苦。这几天，他的胃口都不好，什么东西都不想吃，于是他口谕不用早膳了。到了上午，咸丰皇帝猛地想起今日必须上朝，他换上龙袍，坐着龙銮上朝去。一路上，咸丰皇帝都在猜度着昨天肃顺与俄国公使谈判的情况，越想，他越生气。行至大殿时，咸丰皇帝只感到一阵眩晕，眼前一黑，便晕了过去。

咸丰皇帝昏倒在龙銮里的消息不胫而走，一下子传遍了整个皇宫。

皇后钮祜禄氏初闻此事，心急如焚、泪如雨下，她跌跌撞撞地走进皇上的卧房。一见憔悴的天子，她再也控制不住自己的感情，扑倒在龙榻边，泪水簌簌地直往下流。

咸丰皇帝伸过手来，抚摸着皇后的秀发，强打精神，说："皇后，别哭了，朕这不是好好的吗？"

皇后紧紧拉住皇上的手，生怕有人夺走她的夫君似的，哽噎不能语。半晌，她才说出话来："皇上，龙体为重，你怎么这般不爱惜自己的身体！"

这话里包含着深深的爱意，也有轻轻的埋怨，与寻常百姓家夫妻间的互相体贴没什么两样。这很让咸丰皇帝感动，他微微一笑，说："这不是好好的吗？好了，别哭了。擦干眼泪，今天就在这儿用膳吧。"

用膳后，咸丰皇帝觉得精神好多了。他在病中，一是想念皇后，希望妻子能陪伴着他；二是惦念儿子，希望儿子能好好学习。于是，问道："大阿哥近日学业如何？都十几天没见着他了，也不知他又长高了没。"

皇后温顺地说："小载淳很聪明，也很用功，李师傅直夸他。皇上，你才十几天没见过他，小孩子就是长高了一点儿，也看不出来呀。"

咸丰皇帝笑了："明日把大阿哥带来，朕很想念他。"

咸丰皇帝龙体欠安，后宫佳丽无不担心。懿贵妃、丽贵妃等嫔妃不能像皇后那样，随便出入皇上的寝宫，她们只有躲在自己的寝宫里暗自垂泪。

听说皇后已去探病，后妃们也纷纷来到坤宁宫问长问短，希望能从皇后嘴里得到一些最准确的消息。

第二天上午，大阿哥载淳早学归来，在亲额娘懿贵妃的带领下到了养心殿，

垂帘听政：慈禧太后

去看望病中的父皇。

"阿玛吉祥！"小皇子清清脆脆地叫了一声。

咸丰皇帝一看小儿那苹果一样娇艳的小脸儿，心中一阵激动，连忙说："阿哥，快起来，过来让阿玛亲一亲。"

小儿乖乖地依偎在父皇的怀里。懿贵妃来了个跪安。她的双眼仍是红肿的，两个多月没见到懿贵妃了，咸丰皇帝一看那俏丽娘，发现懿贵妃眼里噙着泪，心中不禁一颤。不管怎么说，他们当年有过一段令人销魂的回忆。

"爱妃，免礼平身！"

"谢皇上！"

"额娘，来，坐这儿。"小皇子今天对他的亲额娘格外孝顺，因为他几乎没见过额娘像今天这样可怜兮兮的。

一听儿子这句话，懿贵妃的心头一热，眼泪更控制不住，就像断线的珠子一样扑簌簌地直往下掉。

这泪水包含着委屈与感激。她紧挨着皇上与儿子坐了下来。咸丰皇帝此时感受到一家人团聚的天伦之乐，高兴地说："今日午膳，你们就在这儿用吧。"

"好，太好了。我要吃鹿肉。"

小皇子又想起了香喷喷的鹿肉。他还太小，不懂得宫中的规矩，不管哪个宫，御膳房送什么就吃什么，一般情况下不可以点菜。咸丰皇帝虽贵为天子，平日里也不去打破这个规定。但是，今天他破了例，转身对御前太监说："传御膳房，午膳传鹿肉。"

"嗻。"

"阿哥，该去上书房了。"

"额娘，我要陪阿玛一会儿。"

懿贵妃看了看咸丰皇帝，意思是让他表态。咸丰皇帝拉过儿子的手，说："阿哥是个乖巧的好孩子，学业不能耽误，现在去上书房，午时回来，香喷喷的鹿肉就送来了。"

小皇子清清脆脆地叫了一声："儿遵父命！"

"哈哈哈……"咸丰皇帝高兴地笑了。

谙达张文亮把小皇子送走了，养心殿东暖阁只剩下咸丰皇帝和懿贵妃。太监、宫女都知趣地退下，懿贵妃柔顺地说："皇上，臣妾听说皇上龙体欠安，心里十分难过。"说着，她的眼泪再次夺眶而出，两行泪水顺着香腮流到了唇边。

咸丰皇帝轻轻地为她抹去泪水："爱妃，不必担心，朕已康复，明日即可上朝。"

一听这话，懿贵妃急了，连忙说："臣妾以为不可急于上朝。一旦上朝，皇上又要劳累不堪，于龙体康复不利。"

咸丰皇帝叹了一口气，说："已经五六天没能上朝了，尽在这里看折子，听不到臣子们的当面禀奏，别误了国事。"

"皇上不必担心，有什么大事，他们会立刻呈折子的。"

"爱妃所言极是。"

正说着，军机处派人送来一大堆折子，咸丰皇帝一看，不禁皱了皱眉头，轻声说："又是一大堆折子。"

这句话，说者无心，听者有意，懿贵妃心里怦然一动，但到了嘴边的话又咽了回去。此时，她还不敢造次。不过，心中却暗自高兴：看来皇上已倦于朝政，天生我材必有用，我叶赫那拉氏一定要抓住这天赐的良机。不过眼下不能急躁，必须先试探一下皇上的意思，待到时机成熟再见机行事。

于是，她说："皇上龙体欠安，可以选择一些重要的折子批阅，至于那些次要一点的，可否让人代阅一下？"

咸丰皇帝说："谁能代朕批阅折子呢？"

"是啊，这等人才好难找。"

咸丰皇帝随手拿起手边的奏折，看了起来，懿贵妃问："臣妾需要回避吗？"

"不，你静静地坐在旁边就好了。"

今天，咸丰皇帝觉得懿贵妃表现出多少年来少有的温顺，所以，咸丰皇帝对她也报以温和的态度。懿贵妃欣喜若狂，也许，这是个好兆头。

批了几份奏折，咸丰皇帝按了按太阳穴，说："又是一大堆令人心烦的折子，英、法、俄公使暗中串通一气对付我大清，可恶。"

懿贵妃不知该不该发表意见，她凝视着咸丰皇帝，咸丰皇帝似乎也看透了她的心思，说："爱妃，你说夷人为何这般猖狂、无礼，欺人太甚？"

懿贵妃沉思了一下，开口道："我大清关了几百年的国门，夷国的情况，我们了解极少，也许，他们国力强盛，大清国力不如他们，才欺负我们的。"

咸丰皇帝眼前一亮，他紧紧握住懿贵妃的双手，激动地说："真看不出来，爱妃深居皇宫，见地居然这么深刻。难得！难得！"

懿贵妃羞涩地笑了一下："皇上取笑臣妾了。"

"不，不，你的这种见解，老六早就说过。从英、法联军炮轰大沽口看来，他们军舰的威力的确强大。我大清落后了啊！"咸丰皇帝仰天长叹。

懿贵妃暗自高兴，她高兴的是皇上非常欣赏她。于是，她放开了胆量，继续说："我大清国民非愚钝，不过训练欠缺了一些；夷人非聪慧，不过强于训化，枪炮稍先进一些，所以，他们暂时狂妄。只要大清重振海防，臣妾以为泱泱大国定能战胜弹丸夷国。"

"爱妃，朕好高兴，你这等聪明。多年来，你为后妃，不出宫门、不问政事，何以懂得这么多？"

懿贵妃回答道："皇上，臣妾少时在家，并不是大家闺秀。为了生活，兰儿没少吃苦受累，一天到晚在外面闯荡，三教九流皆接触，听他们谈起过国家大事。再者，入宫以来虽不问朝政，但皇上与皇后及老六、老七谈及政事时，臣妾在一旁仔细听，听得多了，当然有所认识。"

懿贵妃说的全是实话，虽然这些年她致力于后宫争斗，但对朝政却也十分感兴趣。她是个有心计的女人，旁听政事，心中悟出了些东西，以前没有合适的机会表露心迹。今日天赐良机，她焉能不牢牢抓住这大好的时机，好好地表现一下自己。

咸丰皇帝万万没想到后宫的嫔妃居然有如此见解，以前他小瞧叶赫那拉氏了，今日听她一语，当刮目相看。咸丰皇帝激动地拉住懿贵妃的纤纤玉手，在自己的手心里搓来搓去，好像今日才真正认识这位妃子似的。真看不出来，懿贵妃虽然文学修养不及皇后，但政治头脑远远胜过皇后一筹。

咸丰皇帝头脑一发热，便做出一个十分错误而荒唐的决定，正因为这次错误，导致了大清历史上的"凤骑在龙上"的局面。这一决定是叶赫那拉氏人生的大转折，是她登上晚清政治舞台的"酵母素"。他说："爱妃，这有几份奏折，你学着看看，朕便可减轻一些负担。"

病中的皇上倦于朝政，他竟把治理国家的重要"文件"——奏折，交给了一个后妃，而没有交到军机大臣手里，这不能不说是爱新觉罗·奕詝人生的大失误！

咸丰皇帝说出这句话的时候是一时冲动，但是这个冲动还是有根源的。其实，这些年来内忧外患，加上身体状况一天不如一天，忧郁的天子早已厌倦朝政，但是，他又不甘心自动把皇位让给别人坐。想来想去，他的皇位只能传给唯一的儿子——爱新觉罗·载淳。而且多病的天子也想到了自己可能会早逝，万一撒手归西，年仅六岁的皇子能挑得起大清的江山吗？这个问题一直在咸丰皇帝的心里缠绕着。

当然，幼童挑不动大清的江山。小皇子一旦登上宝座，必须有一个十分可靠的人来辅佐他。

谁能尽心尽力辅佐小载淳呢？恭亲王奕诉？不行，他有篡夺皇位的可能性。军机大臣肃顺？更不行，皇权落入外人之手，岂不更危险。想来想去，他没能想出一个合适的人选来。

前一阵子，他首先想到了皇后，可是皇后虽然可靠，但她太宽厚、仁慈，政治敏锐力很差。之后又想到了叶赫那拉氏，她是载淳的生母，这个女人虽是女流之辈，但却有男人的魄力与手腕，也有男人的胆识。但是，这个女人有点儿狠，她行吗？

这个问题已想了很久，但是一直处于朦胧状态。今日懿贵妃出言惊人，咸丰皇帝心头为之一振，把小皇子交给她辅佐，还是大有好处的。一来她会尽心尽力辅佐儿子，二来她有政治才干，咸丰皇帝心头的一块大石头落了地。

开始学看折子，懿贵妃是非常认真的。咸丰皇帝把一些反映次要问题的奏折交给她，诸如科场舞弊、赈济灾民、平判小股乱匪之类的呈折，他让懿贵妃学着批阅，以慢慢地锻炼她的能力。渐渐地，叶赫那拉氏有了长进，咸丰皇帝很是高兴。

自从懿贵妃学着批阅奏折以来，咸丰皇帝感到肩上的担子轻多了，干脆也不上朝了。他每天派人把折子全送到养心殿，自己先粗阅一遍，拣出他认为是次要问题的奏折，让懿贵妃批阅。天天如此。

对于懿贵妃的行为，皇后与丽贵妃都有说不尽的担心，军机处的几位大臣更是深感不满与焦虑。每当他们规劝皇上尽快上朝听政时，咸丰皇帝总推说龙体欠安，不愿临朝。眼看着，懿贵妃的"羽翼"一天天地丰满了。

皇后钮祜禄氏内心的担忧一步步加重，便想方设法要让逃避现实的咸丰皇帝重新振作起来，以勤于朝政。

眼看着皇上三旬万寿节就到了，皇后想借此让咸丰皇帝到圆明园里好好乐一乐。就这样，咸丰皇帝被皇后及众嫔妃劝着，住进了他的出生地——圆明园。

这是他这一生最后一次进这园子，不过此时的他并未认识到这一点。他像往年一样，带着皇后、嫔妃、小皇子、大公主等人住进了风光旖旎的皇家别墅——圆明园。

进了圆明园，咸丰皇帝的心情好多了。毕竟是人生的而立之年，他回顾往事，有欢乐、幸福，也有悲伤、痛苦。想想十年前，他登基之初，朝廷上下人浮于事、财政吃紧，可如今虽内忧外患不减当年，但经过他早年的一些努力，总算艰难地撑了起来。

二十岁生日，先帝驾崩不久，年轻的新帝守制，没有好好庆贺一番。如今三十岁了，妻妾成群、儿女成双，也该好好地热闹一番了。在王公大臣及后宫嫔妃的簇拥下，他坐在龙銮上，享受着世间"第一人"的快乐。

由于世道不太平，咸丰皇帝谕令各省总督、巡抚、各州知府等地方官员不必进京朝贺，只须进贡以贺万寿即可。这样一来，围绕在咸丰皇帝身旁的人并不多，无非是在京大臣、王公贵族及后宫嫔妃。

恭亲王奕訢作为军机大臣，留守紫禁城处理日常事宜。懿贵妃当然与皇后、丽贵妃等嫔妃一起随皇上而行。不过，她并没有像其他嫔妃那样沉湎于吃喝玩乐之中，而是静静地独处一室，批阅每天军机处送来的奏折。

当肃顺等人发现叶赫那拉氏批阅奏折、参与朝政后，他们的第一反应是极端不满，尤以肃顺反应最为强烈。后来，军机处几位大臣对此事的看法也有分歧。有的人支持肃顺，坚决反对叶赫那拉氏参政，认为皇上破坏了祖制；但也有的人认为这没什么，懿贵妃又不会篡夺皇位，皇上仍安安稳稳地坐在龙椅上，她只不过为皇上分担一些罢了，有利于龙体早日康复。

这两年来，皇上倦于朝政、情绪低落，早有几个敏感的臣子看出来了。如果精明能干的懿贵妃能为皇上排遣苦恼，让皇上好好休养一下，也不失为一件好事。不过，军机处有一个人，其想法与所有的人都不同，他便是恭亲王奕䜣。作为皇族中一人之下、众人之上的"铁帽子"王爷，他对咸丰皇帝自然是忠心耿耿，但有时也难免有非分之想。毕竟，他有着特殊的地位与经历。当年，道光皇帝在世的时候，最钟爱两个皇子，一个是奕詝，即咸丰皇帝，另一个就是奕䜣。道光皇帝为立太子之事，始终犹豫不决。这就是说，恭亲王差一点儿当上了皇帝。可是，天不遂人愿，最终还是奕詝登上皇位。恭亲王奕䜣心底深处对此始终不能忘怀。但聪明的奕䜣明白自己这一辈子没有当皇帝的命，他也不再去想了。

近两年来，咸丰皇帝的身体如秋草一样羸弱，作为亲人，他为皇兄难过；作为王爷，他的心里又暗自高兴。万一皇上出现不测，继承王位的一定是小皇子载淳。但载淳尚年幼，必须要有人在背后支持他、辅佐他。载淳的生母懿贵妃，为人十分精明，这个女人如果将来能以母后的身份辅佐儿子，那对恭亲王是十分有利的。对于奕䜣来说，对付一个女人总比对付一个男人要容易得多。所以，当咸丰皇帝驾临圆明园，整日听戏、游乐，几乎忘了朝政的时候，恭亲王奕䜣默默地注视着精明能干的懿贵妃，心中暗自高兴。

这一天，初夏的微风徐徐吹来，懿贵妃聚精会神地批阅着奏折，她的眉头紧锁不展，似遇到了不开心的事。正在这时，太监安德海操着一副又尖又细的"娘娘腔"说："六王爷驾到，奴才给王爷请安了。"

这声音特别洪亮，奕䜣觉得平日就不讨人喜欢的小安子，此时更令人烦。他连一个"免礼"都不想说："小安子，皇上呢？"

"回王爷的话，皇上携皇后、丽娘娘、大阿哥和大公主等人听戏去了。"

"你在这儿干什么？"

"随时听候懿主子的吩咐。"

小安子对答如流，那一副"油滑"样，很让恭亲王反感。

这时，懿贵妃听到两个人的对话，从屋里走了出来，似笑非笑地说："是六王爷来了，请坐！"

虽然懿贵妃是皇嫂，恭亲王是小叔子，但论在皇宗的地位，恭亲王比懿贵妃要高一些。所以，此时奕訢坐上座，懿贵妃坐下座。

懿贵妃开口道："皇上、皇后都听戏去了，不消两个时辰便会回来，王爷慢慢坐着，我还有点事儿，把那几份奏折看完再陪王爷闲聊。"

恭亲王没说什么，懿贵妃转身走了。望着她转身的那一瞬间，奕訢感慨万分："唉，我堂堂一王爷，还不如一个妃子，妃子可以随便出入宫闱，可以批阅奏折。可我来这儿探望皇上必须先禀报一声，我一个军机大臣，只能看折子，还从来没批过折子。这女人不简单！"

自从懿贵妃宫闱之内批阅奏折以来，咸丰皇帝感到轻松多了。从堆积如山的报忧不报喜的奏折中挣扎出来的天子，把大部分精力用于游乐，倒也十分惬意。他对皇后说："兰儿的确精明能干，为朕减轻了许多负担，朕觉得这些日子以来，睡也睡得安稳，吃也吃得香甜。如果早一点儿让兰儿学着看奏折，朕不知道有多快活。"

皇后钮祜禄氏听罢，默不作声。本来，她是希望皇上在圆明园稍住几日，调养一下龙体便回宫。可是，皇上却来个乐不思蜀，整日游乐，把朝廷大事全推给了懿贵妃，岂不让人着急。

到了夏末秋初，天气渐渐变凉，经过了几个月的调养，咸丰皇帝的气色好多了。虽然这一年来，懿贵妃逐渐学会了批阅奏折，成了他不可多得的"臂膀"，但这毕竟不是长久之计。再者，后妃参与朝政，群臣早已不满，聪明的咸丰皇帝焉能不知道。这样下去也不好。于是，咸丰皇帝决定起驾回宫。

回到了紫禁城，懿贵妃不便再独撑一面，她独揽批阅奏折的局面很快结束。咸丰皇帝每日临朝，重大事件都征询群臣的意见，再做谕令。一些无关大局的事情，他便把折子顺手一拨，放在一边，带回养心殿。每天下午，懿贵妃必至养心殿，处理这些带回来的折子。在懿贵妃学习看折子的时候，咸丰皇帝让她把奏折的内容先念给他听，然后她再根据皇上的口谕，代批折子。

如今，懿贵妃已经熟悉了清朝法典制度以及谕令的拟制，对于那些微不足道的小事情，咸丰皇帝连听也不愿意听了。有时，懿贵妃开始读折子，他连忙摇手说："朕已经知道这件事了，爱妃不必详说，你看着办吧。"

懿贵妃正对皇上这个态度求之不得。既然如此，她可以在一定程度上摆脱皇上的制约，以发挥自己的聪明才智，这是她梦寐以求的！

就在清军与八国联军在八里桥激战的时候，咸丰皇帝为自己安排了一出戏——巡幸木兰。

什么是"巡幸木兰"呢？

"称木兰者，国语哨鹿之谓。围场为哨鹿所，故云尔。久则视若地名，且有

垂帘听政：慈禧太后

称上兰者。"

　　就是说，在国家存亡的危急时刻，爱新觉罗·奕詝，即咸丰皇帝要去承德避暑山庄打猎了。乱世危机之际，堂堂的一国之君哪儿有心思去打猎？所谓"巡幸木兰"，即逃跑。他动这个念头是由一份奏折引起的。

　　当大沽口失陷后，一向骁勇的僧格林沁一下子泄了气。他深知夷人洋枪、洋炮的厉害，便上奏一密折，劝皇上"巡幸木兰"。当时，时况并不十分危机，咸丰皇帝便压下了这一密折。如今紫禁城里的天子似乎已听见了洋枪、洋炮声，龙椅坐不稳了，他又想到了僧格林沁的那份密折了。

　　不到万不得已，咸丰皇帝是不会考虑"巡幸木兰"的。不过，他从心底深处感激僧格林沁，不管怎么说，这个老臣是为他的安全着想的。

　　八里桥清军大败，咸丰皇帝再也沉不住气了，他对军机处几个大臣说："秋令已至，朕打算几天后起程。"

　　恭亲王奕訢连忙问"皇上准备去哪儿？"

　　咸丰皇帝低语："巡幸木兰。"

　　"什么？皇上有此意？"

　　恭亲王奕訢万万没想到在这个关键的时候，皇上会打算出逃。

　　咸丰皇帝默不作声，过了一会儿才说："时局紧张，朕本想率师亲征以振军心。可是僧格林沁及肃顺、端华、载垣等爱卿竭力劝朕巡幸木兰。老六，你把'巡幸木兰'与'率师亲征'两种意见都拿出来，听一听群臣的意见。"

　　"嗻。"恭亲王奕訢有气无力地应了一声，失望至极。自从皇兄奕詝登基以来，他奕訢是忠心耿耿，因为他觉得皇兄是个明君。没想到在这关键的时刻，奕詝怯懦的本性完全暴露了出来。既然皇上有口谕，奕訢只好在群臣前摊出了两个方案：巡幸木兰与率师亲征。

　　一时间，朝廷上下议论纷纷，但经过大家的一番讨论，基本思想定了下来，即大多数人既不赞同皇上草率出征，也不赞同危机之时逃跑。

　　率师亲征的危险性太大，为了江山社稷，咸丰皇帝必须安然无恙；为了稳定人心，他又必须留在京城。最后，由大学士贾桢领衔上奏于朝廷：

　　"亲征不可轻试，木兰之行，尤多窒碍。望皇上三思！"

　　咸丰皇帝看到众人联名呈的奏折后，龙颜大怒，朱谕："何人定稿？何人秉笔？明白答复。"

　　众人反复议定，由内务府总管大臣宝鋆复奏。咸丰皇帝接到奏折后，气呼呼地将折子甩给懿贵妃，说："朕已决定了，巡幸木兰没有什么不好。不过，何时出宫尚未决定。惠亲王乃皇叔，他处处以国家为重，着他与恭亲王、端华等人商议，再奏。"

懿贵妃这些日子以来，也是在万分的惊恐中度过的。以前，养尊处优的她只懂得后宫争宠，一心想让皇上专宠于她。如今，登上政坛的懿贵妃深感政局的危机，特别是大沽口失陷以后，一听到洋人又开炮了的消息，她就感到心惊肉跳。今天，离京城只有二十多公里的八里桥失陷了，女流之辈的她焉能不惊慌失措。

咸丰皇帝将奏折甩给她，她连忙拿起奏折，仔细看了两遍，欲言又止。说心里话，她觉得宝鋆等大臣的奏言很有道理，此时皇上"巡幸木兰"的确不是上策。可是，咸丰皇帝的态度很明朗，她又能说什么呢。现在，皇上干脆把这件事交给他最相信的几个亲王们去商议，等于说群臣的意见已不值钱，更何况她一个后妃呢！

恭亲王奕䜣、惇亲王奕誴、醇亲王奕譞是咸丰皇帝的三个皇弟，他们当然以皇兄的安危为重，不主张"巡幸木兰"。

奕䜣说："京城戒备森严，能挡夷人。但热河地处平川大野，毫无遮掩，万一夷人逼近热河，皇上连个栖身之处都没有。"

端华却持反对意见，他反唇相讥，说："京城已在夷炮之下，谁能保证皇上万无一失。"

一句话说得大家都哑巴了。是的，谁敢担保皇上留在京城不出事呢？既然如此，咸丰皇帝只好离开京城了。

天下没有不透风的墙，这消息不胫而走，仅两天的工夫就传遍了全北京城。洋鬼子兵临城下，皇上要逃，这下子可乱了套了。一些有钱的人家纷纷一窝蜂去挤到钱庄取出所有的存银。也有的匆忙收拾一些值钱的东西，携老带幼连夜外逃，就连前门的烧饼都被抢购一空。大街上，人们脸上挂着慌乱的神情。亲朋好友见了面，相对无语，潸然泪下，仿佛生离死别就在明天。

京城里一片混乱。朝中官员有的躲在家中称病，有的与家人商议出逃之事，也有的以死相谏，劝皇上留下来以安人心。

劝阻皇上放弃"巡幸木兰"念头的老臣的确不少，他们一致认为皇上应该处之泰然，这样方能安定人心，同心同德抗击夷兵。

皇宫内南书房、上书房的师傅们也动了起来。小皇子载淳的师傅李鸿藻听到皇上欲"巡幸木兰"的消息后，又惊又气。他万万也想不到，一向圣明的君王今日竟如此胆怯，弃国家、社稷、百姓于不顾，只知道保全自己的龙体。

作为天子，咸丰皇帝又何尝不想躺在皇宫里睡大觉。可是，天不遂人愿。"巡幸木兰"即在眼前。第二天，前来上殿劝留的大臣们更多了。有的老臣竟伏地痛哭，希望皇上不要临阵出逃。

可是主意已定，皇上望着群臣，在考虑着一个重大问题：他去承德后，谁来替他看"家"？偌大的京师，必须交给一个可靠的人才放心。突然，他的目光落在恭亲王奕訢的身上。对！就是他。自己的亲弟弟，一定最贴心。

"老六，你留守京城，朕明谕你为钦差大臣，与外国人周旋。一旦京师平静，朕即回京。"

恭亲王奕訢有气无力地应了一声，更多的是无奈与失望。其他大臣们有的也十分反对皇上出逃，但他们又能说什么呢？连皇上的三个亲弟弟哭劝都不起作用，恐怕再没有人阻止皇上的行动了。

天已大亮，皇宫里一片混乱。后妃们惊慌失措，皇后泣不成声，丽贵妃一个劲儿地打哆嗦。懿贵妃既不哭，也不害怕，她下决心，再做最后的努力。可是也以失败告终。

爱新觉罗·奕詝走定了。大臣们只好从命。上午八时许，惠亲王绵愉、恭亲王奕訢、惇亲王奕誴、醇亲王奕譞、怡亲王载垣、郑亲王端华，及在京重臣为天子送行。

咸丰皇帝登上了龙銮。龙銮刚起，他大叫道："去圆明园看一看！"

恭亲王不解，问："为何去圆明园？"

皇后抽泣着，她在奕訢的耳边低语："圆明园是皇上的出生地，他想去看一看，就让他去看吧。"

一行人匆忙赶至圆明园，咸丰皇帝刚想下轿，紧随其后的懿贵妃劝阻道："皇上，来不及了。"

"也罢。"咸丰皇帝掀开轿帘，望了一眼圆明园。前些时候那个烧圆明园的怪梦一直萦绕在他的心头，他觉得这是最后一次看到圆明园了。

他不禁潸然泪下，泪水打在怀中的小载淳的脸上。载淳仰起小脸，天真地问："阿玛，你为什么要哭？"

咸丰皇帝抚摸着儿子的小脑袋，哽咽得说不出话来。驰往承德，这并不是第一次，但往日是盛夏来临，赴承德避暑；今天秋光已至，是逃往热河避难。他的心里焉能不难过！

"阿玛，我们什么时候能回来？我想永远住在皇宫里。"

"好孩子，巡幸木兰，冬天一过就回来。阿玛也和你一样，想永远住在皇宫里。"

咸丰皇帝一路安慰着小皇子，其实他心底也没谱儿，到底何时能回京，这很难预料。不过，此时咸丰皇帝没料到他永远回不来了。这一去，他永远地离开了皇城。一年后回来的是他的灵柩，他的魂魄永远留在了避暑山庄。

一路上，皇后与丽贵妃在不断地哭泣。大公主坐在皇后的怀里，又惊又怕，小手一个劲儿地哆嗦。皇后抹了一把泪水，安慰道："格格，莫怕，快到了。"

懿贵妃要镇定一些。她心里盘算着到了承德以后，如何安慰皇上，取悦于皇上，以继续代皇上批阅奏折。

只要能批阅奏折，出逃还是在皇宫，对于叶赫那拉氏来说，都无所谓！

咸丰皇帝仓皇出逃，一路颠簸，十分辛苦。他感到四肢乏力，腿酸腰疼，一贯养尊处优的天子何曾受过这份罪。此时，他又怕又累，生怕联军追来，把他从龙銮里拉出来，所以他口谕龙銮前行的速度再快一些。

这一行人除了上百个皇族贵戚，还有一些王公大臣、侍卫、太监、宫女，共计两千多人。因为是出逃，准备得不够充分，临行前所带粮食十分有限。为了保障皇上的膳食，内务府大臣只好下令减少侍从的口粮。从第三天起，每人每天只吃两餐，上午九时吃早餐，每个兵丁一个馒头，没有稀饭；下午四时吃晚餐，每人一碗薄粥、一个馒头、一根咸菜。一些壮汉子平日里饭量就很大，这几天又在不停地前行，有的人一顿四个馍馍也填不饱肚子，如今供应这么少的食物，他们哪里走得动路，所以前进速度越来越慢。第五天一上午才前行十多里地。照这样计算，半个月也到不了承德。

肃顺、端华、载垣等人见此情景，心中十分焦虑。他们不能不想到唐明皇以及"马嵬之变"，虽然此次出逃不是红颜引起的祸患，但若是兵丁造反不前行，任他几个王公大臣也奈何不了这些人。行路时最忌出什么岔子，他们几个人一商议，决定派一小队人马迅速回京，去购买果食蔬肉，保障兵丁的供给。惠亲王绵愉是咸丰皇帝的叔父，他老成持重，在群臣中很有些威信，他建议就近购买。

载垣赞同惠亲王绵愉的主张，其他几个大臣也没什么异议，于是内务府大臣亲自带领二十多个人，去密云县城买食物。两个时辰后，他们又带着银子回来了。他们只买了二百多个鸡蛋和几十斤大萝卜。一见这情景，肃顺心中明白了一大半，一定是地方官吏逃匿已尽，百姓更纷纷逃走，不然何至于此！

"保障皇上、阿哥、后妃们的膳食，其他人一律不准擅自饮食。"艰苦的条件下，肃顺只能这么做。

可是，兵丁们饿得厉害，他们竟不顾性命，合伙冲进临时的御膳房，抓起尚未煮熟的鸡蛋就往嘴里塞。

内务府大臣一见这情景，急了，又叫又骂，可是制止不住。干脆，他也下手抓鸡蛋。他抓起了最后两个鸡蛋，端在怀里径直到了咸丰皇帝的面前，面带愧色地说："皇上，这两个鸡蛋趁热吃了吧。"

咸丰皇帝早已饥饿难忍，他顾不得龙体尊严，一大口吞下了一个鸡蛋。当他拿第二个时，突然问懿贵妃："大阿哥吃了没有？"

只见懿贵妃双眼湿润，他明白了，连忙说："快把大阿哥带来。"

懿贵妃稍稍迟疑了一下，但她还是把小皇子带来了。

咸丰皇帝亲手剥去蛋壳，递给了儿子。小皇子津津有味地吃着。六岁的小儿只三四口便吞下了鸡蛋："阿玛，我还饿。"

懿贵妃拉过孩子，轻声说："等一会儿再吃吧。"

皇后看在眼里，她心里难过极了。无论如何她也想不到今天竟遭此不幸，她强忍悲痛，对小皇子说："阿哥是个乖孩子，听你额娘的话，好吗？"

小皇子十分懂事，他点了点头。看到小儿如此乖巧，咸丰皇帝的心就像针扎一样难受……

咸丰皇帝逃走后，留守京师的恭亲王奕䜣、醇亲王奕𫍽、预亲王义道、大学士桂良、协办大学士户部尚书周祖培等人，负责与外国公使议和事务。

失意了多年的奕䜣终于熬到出头这一天，他决定努力办好这件事，让世人刮目相看。

奕䜣向英国公使额尔金和法国公使葛罗发了照会，称："本亲王受命奉为钦差便宜行事全权大臣，即派恒祺、蓝蔚雯等，前往面议和局。贵大臣暂息干戈，以敦和好。为此照会。"

额尔金与葛罗认识到清朝政府态度并不强硬，心里便有了数了。特别是大清皇帝的出逃足以证明清朝国力衰弱，无力抵抗外国的军舰及洋枪、洋炮。于是，外国公使便强硬了起来，谈判时目空一切，令恭亲王十分气愤。

在大清的国土上，外国人猖狂叫嚣："亲王大人，如果你们清国有和好的诚意，就应该立刻放了巴夏礼，否则免谈什么和好。"

听那口气，不像在谈判，却像是威胁。一向骄傲的恭亲王怎能接受他人的这种口气，他冷冷地说："谈判应该本着平等的原则，英法联军驻我通州，荷枪实弹，我大清焉能放了巴夏礼等人。"

一提到巴夏礼，奕䜣就感到很头疼。这位"中国通"狡猾奸诈，当他通州被擒后，被扣押在京城刑部北监。清政府让他写一封信给英国首相，下令退兵，巴夏礼口头应允，但提出了一个让清政府难堪的条件——"退兵书"只能用英文写，而不能用汉文写。大清朝廷文武官员数百人，却没有一个懂英文的，这不是明摆着要手腕吗？一气之下，一些官员纷纷提出对巴夏礼处以极刑，以防后患。

当时，咸丰皇帝也动过这个念头，只是迟迟没做出最后的决定。他认为巴夏礼是英法侵略军侵华的罪魁祸首，此人不杀难解心头之恨，但此时应扣留巴夏礼，以做人质要挟联军。现在，皇上逃离了京城，奕䜣与英法公使周旋的第一个焦点便是巴夏礼。英法两国公使照会奕䜣，要求释放巴夏礼及同时被擒的三十名随员，声称："未回之先，断不能咨会两军暂息干戈，实不便遽议和局。"

接到外国公使的照会，奕䜣与留京的几位大臣桂良、文祥、宝鋆等人细商议，大家一致认为谈判尚未进行，结果究竟如何难以预料，此时万万不可放了巴夏礼。一旦放虎归山，这只"虎"一定会反扑过来，"咬"伤擒他的人。所以，暂时只能继续扣押他在京城，作为清政府与外国公使谈判的"一张王牌"。大家一致认为应该将这些情况上奏给皇上，于是，一份六百里加急送到了咸丰皇帝的"行宫"。

咸丰皇帝一行人历尽艰辛，终于到了承德避暑山庄，他深深地舒了一口气。

自从逃离京城，半个多月以来，咸丰皇帝没一刻安宁过。一路上的颠簸不说，单是那难以下咽的米粥就让他心有余悸。沿途地方官有的早已逃匿，有的虽忠于朝廷，以皇上宿他州府而感到万分荣幸，可是天不遂人意，几个忠于朝廷的知府都是最穷地方的知府，拿不出什么山珍海味来招待皇上。

好不容易总算到了热河，咸丰皇帝只感到筋疲力尽，心灰意冷。京师的情况一无所知，他如何能安寝、安食！

这天，咸丰皇帝独坐在热河行宫烟波致爽殿西暖阁里，皇后携懿贵妃、丽贵妃等人来问安。她们很担心皇上有什么不适，因为这一阵子皇上每餐只吃几口饭菜。

"皇上，想什么呢？"

当她们进来时，发现皇上正低头沉思。于是，皇后柔声细气地问了这么一句。其实，皇上在想什么，只有懿贵妃最清楚。

一见后妃们进来，咸丰皇帝强颜欢笑，轻声回答："离开京师有二十多天了吧，也不知老六与外国人交谈的结果，怎让朕不着急。"

皇后叹了一口气说："是呀，老六虽精明能干，但外国人也很狡猾，留给他的是副重担子，也真难为他了。不过皇上请放心，老六会把事情办好的。"

懿贵妃也说："皇上，龙体为重，皇后说得对，六王爷一定不负众望。"

正在这时，奕䜣的折子到了，懿贵妃连忙从御前太监手中接过折子。她拆开一看，果然是呈奏与外国公使谈判一事。主要话题是奏请皇上，是否放了英国公使巴夏礼。

咸丰皇帝把全权交给了他的六弟，并谕令恒福迅速调集民丁，举办团练，配合清军以防联军。

替天子"看家"的恭亲王奕䜣，希望自己在这个关键时刻充分发挥自己的才干，让皇上对他也能刮目相看。但是他明白，单凭自己的智慧与力量不足以对付狡诈的英国公使。于是，他坐镇圆明园，又请来了一位军机大臣，他的岳父——桂良。

自从天津谈判失败后，桂良被咸丰皇帝召回京城，终日闷闷不乐。他并不承认自己的无能，而是怨恨天子优柔寡断。生在这么一个乱世，他无处施展自己的才华。好在乘龙快婿恭亲王奕䜣理解他，暗中支持他，才使他重新振作了起来。

与桂良同时到达圆明园的还有一位大臣——文祥。他们与奕䜣共商军机大事。

"英法联军绝不会善罢甘休，恐怕他们以和谈为名，拖延时间，休整军队，寻机再战。"桂良开口道。

奕䜣非常赞同他岳父的意见，便说："大人所言极是，英法联军怎肯轻易撤兵？我大清应一方面做好防范准备；另一方面与洋人周旋，争取和谈成功。"

恭亲王奕䜣对谈判仍抱有一线希望。在他与外国公使的交锋中，他感到洋人很贪财，谈判的焦点虽然是巴夏礼，但两国公使也一再提出战争赔款问题。他想，如果在赔款问题上对洋人稍作让步，也许战争能避免。所以，此时奕䜣对和谈是抱有希望的。

大学士文祥则不那么认为，他认为英法联军志在必得，和谈只不过是虚晃一枪，最终，仗还是要打的。他担心的是万一近日内开仗，清兵已无力抵御。八里桥惨败后，京津一带的兵力大大减弱，僧格林沁及瑞麟所带之兵，逃的逃、死的死，留下的战斗力极差。

一支溃败的军队怎挡英法联军？文祥道出了自己的担心。奕䜣与桂良都默默地点头。这种担心，他们心中早有，只不过不愿说出罢了。

谈判仍在进行，迟迟没有结果。奕䜣坚持扣留巴夏礼，以强迫英法退兵。可是，他把巴夏礼看得太高了，英法公使不过是拿巴夏礼做做"文章"。死一个巴夏礼算什么，他们真正的目的是侵占中华。

一八六〇年九月二十七日，京城朝阳门总兵告急：英法联军先头部队已到朝阳门外，情况十分危急。恭亲王及桂良、文祥等大臣们一听这消息，都有些慌了神。他们没想到英法联军的行动会这么快。

桂良的声音都有些颤抖了，他急忙问："联军开枪了没有？"

总兵回答："只是布阵，尚未开枪。不过，他们运来了大量的枪炮、云梯，恐怕不久会开仗的。"

恭亲王奕䜣也急着问："兵力有多少？"

"三四千人吧。"

大家一时间紧张了起来，个个面带土色。

奕䜣镇定了一下，说："加紧防守，调集兵力，同仇敌忾，打击联军。"

总兵先退下了，几位军机大臣一致认为此等军机大事应立刻上奏皇上，于是，一份八百里加急奏折送往承德。

承德避暑山庄里的咸丰皇帝，名义上是"巡幸木兰"，其实他哪儿有心思逍遥自在？京城是什么情况？皇宫还在吗？一切的一切，他全不知道。三天没来奏折了，真急死人。咸丰皇帝凝视前方，一语不发。

就在这时，一阵零乱的脚步声由远而近，懿贵妃连忙迎了出去，一见是京城来的人，便急切地问："有折子吗？"

"回娘娘的话，有折子，八百里加急。"

一听说是八百里加急，她的脸色骤然大变，连忙接过折子，迅速拆开。

只听得咸丰皇帝大叫："快读。"

御前太监欲接过折子，谁知懿贵妃手一摆，说："站一边去。"

懿贵妃亲自把奕訢的折子仔细读了一遍。咸丰皇帝与她都深知事态严重，两人商议了好一会儿，咸丰皇帝说："爱妃，召肃顺等人共议大事吧。"

懿贵妃阻挡道："此等急事，毋庸再议，依臣妾看，皇上应即刻朱谕才是。"

"也好，朕这便口谕，爱妃代朕拟谕。"

懿贵妃依照咸丰皇帝的意思，写下了几个大字："总期抚局速成。"

当夜，谕旨又以八百里加急送至京城奕訢那里。

懿贵妃明白，皇上不希望开仗，哪怕多赔些银子都没关系。至于如何"抚局"呢？那就要看老六奕訢的能耐了。咸丰皇帝认为此时应尽快放了巴夏礼，以平息事态。

远在热河的天子怎知，如今就是放了巴夏礼，英法联军也不会退兵的，战争始终是要爆发的。

第二天，咸丰皇帝下谕令，决定从南方及西北、东北地区调兵遣将，火速赶往京城。

他从湖北调荆州将军都兴阿统带马队四百名、湖广总督官文统带练勇两千人、绥远将军成凯统带精兵五百人、山东巡抚文煜统带精兵八百人、河南巡抚庆廉统带精兵六百人、山西巡抚英桂统带精兵四百人。令各路人马急赴京师，以增强京师的兵力。

谕令发出后，咸丰皇帝才舒了一口气。他往龙榻上一靠，似自言自语，又似对懿贵妃等人说："多方兵力增援京师，英法联军的洋枪洋炮能有多大的威力？朕要看看他们惨败的景象。"

皇后依然很担心，她怯怯地说："调集兵力能来得及吗？"

懿贵妃想安慰皇上、皇后，便开口道："八里桥之战，夷军损伤也十分惨重，他们要作休整，只怕不会近期内开仗的。"

可是，一向聪明的懿贵妃，这次说错了。咸丰皇帝调集兵力的谕令尚未到达各省的时候，京师的大门就被英法联军轰开了。

京师炮火连天，英法联军已层层包围了京城，如入无人之境，大模大样地直抵定海；清兵一路败退，一直退到了圆明园。联军叫嚣着、狂奔着，又一路追到了圆明园。从定海到圆明园，这一路的追杀，联军丧尽天良，无恶不作。男女老幼哭爹喊儿，十分悲惨。

百年国耻啊！天怒人怨！

圆明园位于北京西郊。康熙年间，康熙皇帝偶然间发现了这座明代留下的废园。他认为这里地理环境优雅，只不过园子里长期不住人，有些荒草丛生、凌乱不堪。只要稍加修缮，它将成为一座人间天堂。

于是，康熙皇帝把这座园子赐给了他的四皇子胤禛，即后来的雍正皇帝，并亲自赐名"圆明园"。

四皇子胤禛住进了这园子，开始大兴土木，建成了"圆明三园"，即：圆明园、长春园、万春园。此外，还有一些属园，如畅春园、清漪园、静明园、静宜园以及近春园、熙春园等，形成了绵延十几里的人间大花园。

此后，又经历了乾隆、嘉庆、道光、咸丰五位皇帝，他们每一朝都不断地完善这里。到了咸丰年代，圆明园已成为皇家别墅，是皇帝夏日避暑听政的人间胜境。

圆明园被人们誉为"万园之园"，它不仅是一处荟萃中外建筑艺术精华的富丽堂皇的园林，还是一个珍藏历代珍宝、典籍、文物的博物馆，是西方人心目中的东方明珠。它熠熠生辉、璀璨夺目，实为世上罕见之处。

圆明园的建筑融汇了东方与西方建筑艺术的精华。它的各大殿宇建筑规模宏大、气度非凡。"正大光明殿"朴素典雅；"弘德宫""秀山房"等寝宫珠光宝气、奢华无比。有的地方宁静、淡泊，如小家碧玉；有的地方风韵雅致，如多情的少妇。"湛翠轩""听雨轩""万安殿"又各具特色，各领风骚，曲折多变，富有情趣。

园内屋宇的室内间隔，也大多采用门罩、屏风、碧纱橱等挡断。墙壁上挂有中国山水画，草木虫鱼、飞禽走兽、古代仕女、威风猛虎；也有的挂上西洋画，例如汲水的土耳其少妇以及威尼斯风光。总之，这园是中西合璧的典范之处。

有的楼阁是典型的东方建筑，四环曲折、飞檐廊角；有的楼阁则是西式建筑，呈几何对称形。在西洋楼阁之间，巧妙地立了十几只大白鹅和几只山羊，羊嘴与鹅头处都有喷水口，日夜细水长流。水池边依次排列着子、丑、寅、卯、辰、巳、午、未、申、酉、戌、亥十二星兽的人体兽头青铜像。每隔一个时辰，该一星兽就喷水，水柱达三四尺高。每到正午，十二星兽同时喷水，水柱晶光耀眼，十分绚丽。

圆明园另一特色是园中有林，林中有园，园与林高度和谐地统一在一起。从楼阁凭栏远望，举目所见皆是明山秀水；而山野佳累中又以楼阁点缀。园中四十景，多仿江南名景，如"平湖秋月""苏堤""三潭印月""雷峰夕照""曲院风荷"。园中书房，有"杏花春""武陵春""牡丹春""安澜春"，院落之间溪水婉转、复谷环抱，水面上落英缤纷，水边杨柳依依。鸟儿啼叫，繁花似锦，林木葱郁，好似一座仙山琼阁。

此外，圆明园还是一座罕世的文物馆。那儿有远古时期的甲骨、汉代的彩陶、唐代的字画、宋朝的织绣、明朝的刻本。还有来自西欧的大自鸣钟、天体运行仪。

圆明园堪称人间第一宝库。然而，英法联军这一群暴徒闯进了这里，抢的抢，夺的夺，纵情肆意、纷纭万状。

侵略者狰狞狂笑，圆明园几乎被抢劫一空，惨不忍睹！

一八六〇年十月十日，承德避暑山庄里的咸丰皇帝听到这个消息后，泪流满面。他悲愤交加，连发谕旨，发誓要惩治洋鬼子，夺回圆明园。他谕令乐斌、成凯、文煜、英桂各路统帅带精兵驰赴京师，星夜兼程，不得有误。第二天，他又调遣西安马队一千多人，由乌兰带领，驻扎古北口，堵截可能北上的联军。可惜为时已晚，联军已占据大半个京城。

英法公使照会恭亲王奕䜣，要求清政府赔款。

英国索赔白银三十万两，法国索赔白银二十万两。奕䜣深知，若答应他们这一无礼要求，无法向朝廷交代，也无法向国人交代，更无法向子孙后代交代。但他又无可奈何，只好上奏。

热河，忧郁的天子欲哭无泪，皇后低声抽泣，肃顺、端华、载垣等人低语着，懿贵妃也无良计。一时间，大家都沉默了。

咸丰皇帝见众人皆不开口，便不再指望别人给他出什么好点子，提起笔来，亲书朱谕："盖印画押，原定在城外，进城不过换约之一事。此时冒险进京，虽为顾惜大全，傥该夷不允复出，尚复成事体？"

咸丰皇帝要顾及国体，惹恼了疯狂掠夺的额尔金。

为了威逼清政府就范，也为了销赃灭迹，在英国首相帕麦斯顿的支持下，额尔金决定对圆明园进行焚烧。

十月十八日，圆明园遭到了英法联军的第二次抢劫，随后，冲天的大火烧毁了宫殿建筑及带不走的珍宝。

联军纷纷撤退，站在离圆明园约一英里的地方，观看浓烟与烈火。烟雾逐渐加大，并且越来越密，仿佛是一片黑云，罩住了京城。殷红的火焰映在联军士兵的脸上，他们狰狞地叫着、说着、笑着，像恶魔一样疯狂。

北京城里，老百姓惶惶不安，只看到西郊一片乌黑，圆明园已变成一片火海，不见天日！

垂帘听政：慈禧太后

116

千年国耻啊!

悲愤中的六王爷只能强打起精神,穿上官服,前往京城与外国人谈判。火炮口下的谈判,其结果只能是弱者屈服。恭亲王奕䜣与额尔金、葛罗分别签订了《中英北京条约》《中法北京条约》。

联军从京城撤兵后,北京又恢复了往日的景象。

奕䜣听说肃顺等人在承德大有"挟天子以令诸侯"之势,心中十分担忧,便对岳父桂良及大学士文祥二位老臣说:"两位大人可曾想到皇上久留承德的原因?"

桂良与文祥皆是前朝老臣,在奕䜣面前是长辈,所以说话不需要有什么遮掩。

桂良说:"想当初,联军入侵前他竭力怂恿皇上北行;如今京师早已平定,他还要阻拦皇上回銮。其用心险恶,路人皆知。"

文祥也附和说:"桂大人所言一点儿也不错,我也认为还是联名上奏皇上近日回銮为上策。"

两位老臣的意见是一致的,奕䜣放了心。他高兴地说:"对,联名上奏皇上,恭请皇上近日内回銮,免得肃顺操纵皇上。那样的话,对我等皆不利啊。"

桂良补充了一句:"明日我等便联名上奏皇上,预定回銮日期,此事不可一拖再拖。"

"好,就这么讲定了。"

第二天,留京的几个大臣,奕䜣、桂良、文祥、胜保等人聚集军机处,商议了一会儿,决定即刻联名上奏,奏请皇上回銮。内称:"伏思皇上驻跸木兰,原为招集援军之举,暂时权宜,而非为久安计也。臣等远隔天颜,迄今五旬,心中依恋,梦寐难忘。且查京师自八月以来,富室大僚、下逮商贾,率多迁避;近闻和议已成,迎銮有日,俱已纷纷搬还。臣等再三思维,尤冀及早迎銮。若乘舆早日还京,不但京内人心安定,即天下人心亦为之一定。"

热河避暑山庄的咸丰皇帝当时看到这份奏折后,龙颜大悦。他自言自语道:"老六啊,人都说你有谋反之心,朕也一度猜忌过你,今日看来冤枉你了。如果你真的有野心,今日定不迎銮回京。"

从这份奏折里,咸丰皇帝又改变了对奕䜣的态度,他认为奕䜣还是忠心耿耿的。于是,他决定回銮。

可是,过了一夜,一向优柔寡断的咸丰皇帝又改变了主意,因为肃顺为他安排的热河行宫生活实在太惬意了,他还想多留几日,再享受一番皇宫里享受不到的生活。

眼看冬天就要来临,如果再不回銮,一旦下起雪来,回銮更困难了。于是,奕䜣等人一再奏请皇上,请皇上速速回京。这些折子全落到了懿贵妃的手中,她劝皇上："皇上，臣妾以为老六说得很有道理，热河再好，终不是家。再者，京师早已平定，臣妾请皇上三思。"

咸丰皇帝感慨地说："爱妃，朕何尝不想回銮，只是……"

"只是什么？"

"只是肃爱卿也有道理。"

一听"肃爱卿"这三个字，懿贵妃就有些恼火。每次肃顺来向皇上请安时，只要看见懿贵妃坐在龙案边批阅奏折，他就阴声阳气地怪叫一句："娘娘吉祥！"

那酸溜溜的声音直叫懿贵妃恶心。

聪明的懿贵妃看得很清楚：如今在热河行宫，肃顺一手遮天，没有她叶赫那拉氏的天下。如果回到了京师，肃顺出入皇宫就不那么方便了，只要皇上放心自己去批阅奏折，在哪儿不是一样能参与朝政。

再者，懿贵妃与恭亲王奕䜣一向没什么矛盾，回到了京师，谅他也不会公然反对自己批阅折子。所以，热河行宫里，懿贵妃竭力劝皇上尽快回銮。

咸丰皇帝生于皇城，长于皇城，三十年来还没离开皇城这么久过，他当然也很想马上回銮。

一日用过晚膳，肃顺又来请安了。

"爱卿，朕又接到留京爱卿们的折子，他们奏请回銮，你以为如何？"

一听这话，肃顺心里"咯噔"了一下，他万万不能赞同皇上回銮。因为在承德，皇上倦政，虽然叶赫那拉氏批批折子，但她毕竟是女流之辈，她翻不出肃顺的手心，一切事务还是由肃顺处理。一旦回了京师，还有他肃顺的好日子吗？听皇上这口气，他好像有些动心了。

"皇上，回銮固然极好。可外国公使仍坚持亲递国书，皇上能容忍吗？"

"这个……"

咸丰没说下去，但他心里明白，他容忍不了这件事情。外国公使一再要求"亲递国书"，这件事本身并没有什么不妥，不过让咸丰皇帝难以接受的是大殿之上，外国公使见到中国的皇帝只行鞠躬礼，而不能下跪。

岂有此理！咸丰皇帝一向瞧不起夷人，而这些"夷丑"们却不愿意向大清的天子下跪。这一点，咸丰皇帝万万不能接受！

"皇上，再说外国人肯善罢甘休吗？这么多的能臣都未能退敌，臣不相信恭王爷有那么大的能耐，凭他几句话就把外国人给说服了？"

咸丰皇帝又流露出犹豫不决的神情了。

肃顺抓住机会，继续说："万一皇上回銮之后，外国人再打过来，如何是好？"

咸丰皇帝频频点头，觉得肃顺分析得合情合理，他不再犹豫，提起朱批，亲谕：“本年回銮之举，诸王大臣等不准再行奏请。”

咸丰皇帝已向留京大臣们下了死命令，任何人不准再提回銮之事，起码今年冬天不准再上奏。

京师里的恭亲王接到这份朱谕后，无可奈何地说："四阿哥，皇上，你太糊涂了。"

既然咸丰皇帝朱谕在此，其他大臣也不好再说什么。可是，几天后，奕訢又冒险上奏，恳请咸丰皇帝三思，近日内回銮才是上策。字里行间都流露了奕訢的急切心情。咸丰皇帝从懿贵妃手中接过这份奏折时，确实也受到了一些感动。奏折里说："若以前日情形而论，大局何堪设想。现在夷酋已退，夷兵撤回，人心尚未涣散，非始愿所能料及。为今日之计，惟有仰恳圣驾回銮，俾臣得早抒依銮之忧。将来如果示以诚信，该夷即明春来京，亦决不至别启争端。"

咸丰皇帝已谕令不准再奏，如果今日回銮，天子的金口玉言威严何在？哪怕奕訢说得再有理，哪怕皇上再想回京，他也不好意思即刻回銮。

懿贵妃看出了咸丰皇帝矛盾的心情，便折中其事，说："皇上，老六言之有理，早日回銮乃为上策。不过，天渐凉，路上诸多不便，要么明年开春再回去，怎么样？"

咸丰皇帝笑了，和颜悦色地说："爱妃甚知朕也。明春回銮。"

于是，他在奕訢的奏折上朱批："本年天气渐届严寒，朕拟暂缓回銮。俟明春再降谕旨。"

回銮之争总算平静了下来。

在承德避暑山庄，咸丰皇帝依然过着他自由自在的"幸福"生活。这可急坏了留京的大臣们，他们都认为皇上迟迟不回銮，是肃顺捣的鬼。尤其是一向沉不住气的胜保，他再也憋不住了，大叫道："皇上留在热河，一切政务全由肃顺、端华、载垣几个人包揽，皇上早已被挟制了。"

"大人，小心隔墙有耳！"

文祥急忙制止住了急性子的胜保，胜保无所谓地说：

"有耳我也不怕，肃顺的用心路人皆知，他不是利用路途遥远做些手脚吗？看他能猖狂到何时！"

大家正你一言我一语地高声议论着，忽报圣旨到，人们顿时鸦雀无声，只听得宣旨太监高声道：

"谕旨二月十三日启銮，十九日还宫。三月初二由京启銮，初六日抵东陆。礼成后十四日驻跸避暑山庄。钦此！"

圣旨宣读完了，无一人口呼"万岁"，大家都愕然了。

胜保憋不住，叫道："怎么，皇上回銮只是小住几日，他还要走？与其这样劳民伤财，还不如不回銮。"

奕䜣沉思了一会儿，说："只要皇上肯回銮，回来以后再说。我等马上拟奏，告皇上我等赴密云恭迎圣驾。"

桂良叹了一口气，望着大家说："事到如今，也只好如此了。希望这次皇上不要再改变主意！"

咸丰皇帝决定回京，不管是小住几日，还是长住不走，一切都要等他回来再说。"北京派"的几位大臣紧张地做着各种准备工作，但是，他们又是空欢喜一场。

这次，不是咸丰皇帝又改变了主意，而是他的确回不来了。咸丰皇帝病了，真的病了！

回銮日期只好一拖再拖，留京的大臣们不明真相，还以为又是肃老六在捣鬼，纷纷要求赴热河，当面诘问肃顺用心何在。恭亲王奕䜣尚比较冷静，他认为目前还不是与以肃顺为首的"热河派"撕破脸皮"开战"的时候，他劝大家再忍一忍。

北京皇宫里，"倒肃"情绪愈来愈烈。与此同时，承德避暑山庄里也不平静，"倒肃"之势正在掀起，因为懿贵妃与肃顺的矛盾已达不可调和的地步。

在热河这片小小的天地里，出现了以肃顺为首的"热河派"包揽大权的局势。肃顺、端华、载垣看得明明白白，只要皇上整日纵情声色，他们的日子就好过。而这位风流天子偏偏就逃脱不了酒色的羁绊，这正中肃顺的下怀。

咸丰皇帝不但好色，他还爱酒。特别是到了热河之后，酒色成了他生活的主旋律，养汉女、宠女伶、逛妓院，他觉得新鲜而又刺激，可也疲惫至极。渐渐地，便有些体力不支，整日迷迷糊糊，不知今宵是何宵！

皇上如此荒唐，早就引起皇后及嫔妃们的不满。皇后一向宽厚仁慈，但她听说了皇上的荒唐行为后，也不免生气。她认为咸丰皇帝不是在享受生活，简直在糟蹋自己，这样下去，要不了多久他的身体就会垮下去。小皇子尚年幼，万一皇上有个好歹，大清的江山谁来支撑！

皇后忧心忡忡，被懿贵妃看了出来。对于皇上的荒淫无度，懿贵妃也是看在眼里、气在心头。一方面她也担心皇上的身体吃不消，他的最后一滴"龙精"会被"妖精"们吸尽的；另一方面，女人的嫉妒心无时无刻不在折磨着她。

她是二十七八岁的少妇，需要情，需要爱。可是这些年来，她一直空守苦熬。

原来在京城皇宫时，咸丰皇帝也曾胡闹过，但圆明园里养的"四春"均是偷偷摸摸的勾当，回到紫禁城后，皇上还是很循规蹈矩的，偶尔召宠懿贵妃。可如今到了热河行宫，皇上沉湎于女色，一会儿养汉女，一会儿宠女伶，无暇顾及少妇那拉氏，她焉能不生气？

哀天子驾鹤西去，惜幼主大权旁落

一天下午，皇后来到了懿贵妃宫里。两人相见，话题自然离不开皇上。

皇后先开了口，她幽幽怨怨地说："妹妹，皇上御体近来欠安，我们姐妹总该规劝才是。"

"姐姐，这事儿的确让人很烦心，皇上欢愉无度，听说……"懿贵妃顿了一下，不再往下说。

皇后也是个细心人，她知道懿贵妃一定又听到了什么风声，只不过不便说出口罢了。

把周围人打发走，她便着急地追问："你听说了些什么，快说给我听听。"

"姐姐，这也不是什么好事儿，再说，我也是听说而已。"

皇后心里急死了，她平日里温文尔雅，很少发火，可今天她憋不住了，不耐烦地说："瞧你吞吞吐吐的，你到底听说了什么？快说呀！"

懿贵妃并不是不想说，她只不过是想激起皇后的愤怒而已，好让皇后出面干预皇上。她见皇后已急不可耐，才开口道："听说皇上曾上过妓院。"

"什么？皇上找过妓女？"皇后瞪大了眼睛，她真的不敢相信自己的耳朵，可懿贵妃点了点头。

"皇后，这事儿若是传了出去，皇上的尊严往哪儿放！"

皇后呆了，她不相信堂堂的大清天子竟荒唐到如此地步！他竟然去逛妓院，真是气死人！

皇后唉声叹气地说："皇上呀，皇上，你怎么会发展到这一地步，后宫佳丽哪一个不赛天仙，你还要去找'野味'。"

说到这里，她的心里更难过，不禁低声抽泣。

懿贵妃坐到皇后的身边，她轻轻地拉住皇后的手，说："姐姐，我还听说是肃老六把皇上带出山庄的。偷偷摸摸地带皇上逛市井、嫖妓女，全是他一个人干的。"

皇后恨得咬牙切齿，愤愤地说："好个肃老六，你自己游手好闲，胡作非为，如今还来引诱皇上，太可恶了！"

"姐姐，你不觉得肃老六越来越猖狂了吗？在这儿，他一手遮天，咱们娘儿们该想个法子才是。"

懿贵妃与皇后的出发点并不一样。皇后更多的是关心皇上的龙体安康，而懿贵妃想得更多的是朝廷前途、命运大事。两个女人，各有各的"心病"。在某种意义上说，懿贵妃比温和的皇后要站得高，看得远，她更有敏锐的头脑。皇后恨的是肃顺引导皇上走歧路，这样下去，皇上会堕落的。"对，妹妹你说得对。应该想什么法子才是，不过，怎么办呢？"

每遇大事，皇后总要听一听懿贵妃的意见，不知不觉间，她觉得自己有些依赖懿贵妃，因为叶赫那拉氏比自己更有主见。

头脑灵活、聪明能干的懿贵妃当然也当仁不让，她也总爱在皇后面前表演一番，以显示自己的才干。

"我觉得若要规劝皇上不再荒唐地胡闹下去，必须先'倒肃'。"

"倒肃？"

"对，打击肃顺的嚣张气焰，使皇上猛醒，不能再胡闹下去了。"

懿贵妃的态度很坚定，毫不含糊。因为她恨透了肃顺，她与肃顺已到了水火不相容的地步。早在京城时，目睹了肃顺等人的专横跋扈，懿贵妃心中就充满了愤怒；后来又耳闻奕䜣与肃顺势不两立，作为贵妃，必须贴近恭亲王奕䜣，才能稳住自己在皇宫的地位，所以她近奕䜣而反肃顺。几个月前，"巡幸木兰"的路上，肃顺就曾百般刁难她。现在回想起来，她还心头冒火。

种种理由足以使懿贵妃恨不得一口"吞"下肃老六。可是，肃顺是只恶狼，弄不好，懿贵妃会粉身碎骨。想来想去，最后她决定借助皇后的威望来除掉肃顺。

懿贵妃如此恨肃顺，一方面与肃顺太嚣张、太猖狂，一手遮天，"挟天子以令诸侯"有关；另一方面，便是肃老六眼里没有尊贵的皇贵妃叶赫那拉氏。

按礼讲，外臣与后妃是不可能发生冲突的，因为大清的祖制规定，后妃们住在后宫，而外臣们是不允许出入后宫的。可是，到了热河行宫，这种严格的礼节被打乱了。早在"巡幸木兰"的路上，就无所谓"后宫"，更无所谓"臣妃不得相见"了。

咸丰皇帝一行人仓皇逃离京城时，由于奕谟、文祥、桂良、宝鋆等坚决反对，所以这些人动也不动。肃顺费了好大的劲才找来一辆能坐的宫车，姑且当作龙銮。可是，随行的还有皇后、皇子、皇妃等人，算一算还需要二三十辆车子。

到哪儿去弄车子？皇城纷乱，实在无计可施，肃顺只好让载垣去雇一些民用马车来拉后妃们。这些民用的车子一般都很简陋，别说坐垫、靠背不齐全了，就是连木板也很差。有的马车只简单地钉上几块木板，车走起来，木板吱吱直响，人坐在上面有些扎屁股。

也真巧，懿贵妃坐的这辆马车特别差，刚上路不久，她便被颠簸得腰酸腿疼。那几天又赶上"身子不方便"，她觉得全身骨头架都要散了。

离京城越远，道路越崎岖，又下了一些小雨，马车在泥泞中前行得很慢。车内的懿贵妃怀里抱着小皇子载淳，心里很不是滋味。尽管她少时也曾贫寒过，她也不是什么名门闺秀；尽管她当年扶先父之柩回京，一路辛苦过，可自从进了宫，至今也十年了。这十年来，锦衣玉食地养着她，尊贵的皇妃已过不惯艰苦的日子了。小皇子载淳更是从来没受过这样的罪，他一落地就享受着人间最富贵的生活，他更未曾体验过艰苦，所以一直哭着吵着要坐咸丰皇帝的龙銮。

哭闹声一直传到了前面的龙銮里，咸丰皇帝听到儿子的哭声，眉头一皱，命人询问缘由。片刻，太监王公公回来了，他在车帘外低语："回万岁爷的话，阿哥不愿意坐贵妃娘娘的车，他嫌车颠得厉害。"

咸丰皇帝也享惯了福，他也不愿意抱个小孩子在怀里，于是下令把大阿哥送至皇后处。

此时，懿贵妃的心里很不是滋味，她觉得皇上口谕小皇子坐皇后的马车，简直是对自己的侮辱。自己是小皇子的生母，儿子却坐在皇后的怀里，实在太气人了。懿贵妃越想越生气，不知不觉间，两行泪水顺着眼角流到了腮边。就在这时，车子又上下颠荡了几下，差一点把她甩到了车外，她连忙抓住车板横木，努力镇定下来。

"什么破车子，简直是活受罪。"懿贵妃忍不住，在心里骂了一句。

车子在泥泞的小路上缓慢前进，不过，颠荡得不像刚才那么厉害了。懿贵妃又困又乏，她闭上眼睛，小憩一下。

"嗒、嗒、嗒……"

一阵急促的马蹄声传来，懿贵妃从蒙眬中醒来，也不知行至何处了。她掀开车帘往外一看，四处是荒野，满眼是泥泞。

只见肃顺骑着一匹宝马，从后面赶至前方，懿贵妃连忙掀开车帘，大叫："等一等。"

肃顺勒住了马头，急切地问："娘娘，何事？"

在皇宫时，肃顺就认得替皇上批阅奏折的懿贵妃。懿贵妃总觉得肃顺有些粗鲁，所以一向瞧不起他。两天前，肃顺竭力怂恿皇上北行，而懿贵妃站在恭亲王奕䜣一边，坚决反对"巡幸木兰"，曾与肃顺有些小摩擦。所以，如今她对肃顺更反感了。今日肃顺护驾北行，一切事务都是他安排的，也只好向他开口。

"能不能换一辆马车，这辆车太破旧，颠得太厉害。"

肃顺一听这话，眉头紧皱，粗声粗气地说："娘娘，这都什么时候了，能与皇宫相比吗？"

这话是事实，但在懿贵妃听来，刺耳极了，好像肃顺是在故意挖苦她。

尊贵的贵妃娘娘焉能受这种气，她愠怒了，厉声说："不比在皇宫，总不至于活受罪吧！"

此时，肃顺也不想得罪这位能干的娘娘，他的语调缓和了一些："娘娘，这荒郊野岭的，我到哪儿去弄好车子呀。这样吧，等到了集镇，我设法弄几辆好马车，你和皇后都换一换吧。"

这句话还算中听，懿贵妃不再说什么。她心里盘算着，估计天黑时方能到密云县。好不容易盼来了夜幕降临，懿贵妃掀开车帘往外看，只见灯火渐渐地连成了一片，她暗自高兴。到了密云县城，可以下车住店歇一歇，吃点东西，然后再让肃顺去找一辆好一点的马车，明日上路会舒服一些。

不到半个时辰，便已进了密云城，皇上、皇后、皇子、皇妃全都舒了一口气。可等他们进了县衙门大院，知县老爷早就逃走了，只剩下一个连瘸带拐的看门老头。

咸丰皇帝轻轻地叹了一口气，他此时又能说什么呢？一路上颠簸辛苦，他都有些麻木了，只要今天晚上能吃上一顿热乎饭，就是老天爷赐福了。

"肃顺，安排晚膳，朕真有些饿了。"

"皇上，臣已安排好了，只是一路上有些事情，臣欲上奏皇上。"

咸丰皇帝哭丧着脸，说："如今不必拘礼，爱卿有话即讲。"

肃顺刚想开口，只听得一个太监的声音："肃大人，懿贵妃让奴才来讲一声。"

肃顺一看，是懿贵妃身边的狗奴才安德海，他的气不打一处来。这个小安子媚态十足，专讨主子懿贵妃的欢心，他仗着主子的势力，从不把肃顺放在眼里。肃顺也早有耳闻，听说小安子不是个"善茬儿"，所以还没等小安子说话，肃顺就不耐烦地说："讲什么？现在什么也不要讲了！"

那语气生硬极了，让咸丰皇帝听了都有些吃惊。

肃顺也觉得自己有些过分，便补充道："天都已经黑下来了，皇上还没用膳，我哪儿有空去找马车，让你主子再忍一天吧，明天再说。"

小安子一脸的不高兴，转身离去了。

肃顺很快忘记了这件事儿，可小安子回到了懿贵妃的临时住处，却大加渲染了一番。

懿贵妃气得脸色铁青，她咬牙切齿地说："好你个肃六，你骑到娘娘我的头上了，也不看看我叶赫那拉氏是好惹的吗？"

"嗻。主子，小不忍则乱大谋，你不是常常教导奴才吗？"

懿贵妃被小安子说得心里好受了一些，说："好个猴精儿，就你会说。去吧，看看晚膳怎么安排的。"

"嗻。主子放心，皇后吃什么，主子你就吃什么，我小安子还能让娘娘受委屈？"

懿贵妃也真的乏极了，用了晚膳她便呼呼大睡。一觉醒来，天已蒙蒙亮，她披着一件夹衣走到了衙门院里。只见院里已有一个人，这个人正认真地打着太极拳，原来是肃顺。

懿贵妃干咳了一声，肃顺目不斜视，依然一招一式地坚持下去。尽管懿贵妃有些不高兴，但她还是耐心地等他收式。

"娘娘吉祥！"肃顺不好再装下去，收了式连忙向贵妃娘娘请安。

懿贵妃看天色尚早，除了他们俩，还没有第三个人起身，便说："肃大人，昨日我坐的马车实在太破旧了，一路颠得厉害，趁现在没事儿，你快去找一辆新车来吧。"

"娘娘，你让肃顺我怎么说呢。这个非常时期，到哪儿找新马车。若是在平常，别说一辆好车，就是一百辆也不难。可如今连知县都逃走了，这儿人生地不熟，向谁去要好车？！"

懿贵妃一脸的不高兴，但她还是尽量按捺自己，用商量的口气说："我这儿有银子，你到集市去买一辆吧。"

肃顺冷笑了一声说："娘娘，你是真不知，还是装糊涂？一大清早，到哪儿去买马车！哼！"

懿贵妃的泪水夺眶而出，她万万没想到肃顺对她一个贵妃娘娘居然如此不敬。她转身就走，只听得肃顺在她背后大声说："娘娘，莫怪我肃顺不帮忙。如今有辆旧车已经不错了。"

懿贵妃听得清清楚楚，她头也不回，一头扎进屋里，扑在床上就哭。

小安子听到主子的哭声，连忙爬了起来劝慰主子。

"主子，莫哭，莫哭，你都两三天没休息好了，再一哭，身子怎么吃得消。"

懿贵妃心头一热，含着眼泪说："小安子，也就只有你心疼我。"

又过了半个时辰，皇上、皇后、小皇子及众嫔妃都起身了。懿贵妃闹腾了一早上，她早觉得饿了。昨晚太乏，只吃了一小口馒头，现在腹中已咕咕作响。小安子走了进来，送上一碗薄粥，没有馒头，也没有鸡蛋。

"小安子，今天怎么回事儿？"

懿贵妃早上一般吃得也不多，在宫里时，一碗鲜牛奶、一个鸡蛋、一小块萨其马。今天特别饿，却只有一碗薄粥，她当然不高兴。

"主子，皇上只有两个鸡蛋，皇后一个，阿哥一个，主子和其他娘娘都没有。"

"什么？这个肃顺也太欺负人了！"

懿贵妃气得很厉害，猛地站起来，冲向肃顺。

肃顺当然明白她为何而来，不等她开口，便说道："从今日起，饮食减半，保障皇上和大阿哥的膳食，其他人，包括皇后都不得提出要求。"

懿贵妃咽下了这口气，转身就走，她在心里骂道："狗奴才肃老六，等哪一天你落到我那拉氏手里，我让你连薄粥都喝不上！"

就这样，肃顺得罪了不好惹的叶赫那拉氏，也种下了祸根。

肃顺不但得罪了懿贵妃，同时，他也引起了皇后的反感。

皇后钮祜禄氏一向宽宏大度，不与别人计较，但她深受传统礼教的教育，做人做事十分谨慎。她从不干涉朝政，但内宫事务由她主管，主摄六宫，教导小皇子是她的责任。自从到了热河行宫后，肃顺仗着皇上信任他，在避暑山庄里随便出入，让皇后很是反感。

皇后的心里很恨肃顺，可又觉得找不出足够的理由来惩罚他。虽然肃顺曾从外面偷偷弄来两个风骚女人来迷惑皇上，虽然他又选来乌七八糟的戏班子，还弄个女伶上龙床，虽然他也曾带过皇上逛妓院，但是这些都是小节，不好定罪。

在热河行宫，肃顺权臣当道，专横跋扈，不可一世。他也深知皇后、贵妃那拉氏都恨他，所以不惜重金，买通了宫里的不少太监和宫女。

不过，肃顺却买不通一个特殊的太监——安德海。

小安子是懿贵妃的心腹太监，肃六对狡猾的小安子一点儿办法也没有。

肃顺暗中收买人心，不久便被小安子知道了，很快，皇后与懿贵妃全知道了这件事情。皇后对身边的太监、宫女都有了提防，她觉得懿贵妃身边的人要可靠一些。于是，有什么事儿，她总是到懿贵妃那里去说一说。

平日里，肃顺清楚皇后和懿贵妃对自己很不喜欢，但万万没想到，她们竟对他恨之入骨，已到了水火不容的程度。于是，肃顺认为自己也应采取行动，不然只会坐以待毙的。

一日，咸丰皇帝在烟波致爽殿歇息，饮下一碗鹿血，觉得精神上爽快了一些，便躺在龙榻上小憩一会儿。

肃顺几乎每日都来，所以见到皇上只需请个安，无须那些烦琐的礼节。

咸丰皇帝一听到熟悉的脚步声，就知道是谁来了。

"爱卿，大热的天，你不待在府中，又跑来干什么？"

语调中含着无限的关怀与怜惜。

肃顺凑近天子，小声答道："臣一心挂念皇上，如何待得住。这几日，臣在反复琢磨一个问题，不知当讲不当讲？"

咸丰皇帝睁开眼，身子往上耸了耸，开口说："肃六，有话尽管讲，这么吞吞吞吐吐的，活像个女人。"

"如果臣有什么冒犯之处，还请皇上海涵。皇上，不知你可记得几个字？"

肃顺放慢了语速，讲到"几个字"时，他突然又卡壳了。

咸丰皇帝显得十分不耐烦，催促道："哪几个字，快说！"

肃顺四下看了看，眼前连个太监、宫女都没有，便压低声音说："灭建州者叶赫！"

咸丰皇帝不以为然地说："祖训怎么能忘！"

"皇上，你不觉得这祖训，今日更应该牢记吗？"

"朕一直也没忘。不过，无人欲灭我宗呀！"

咸丰皇帝被肃顺说糊涂了。

今日看来，爱新觉罗·奕詝还稳坐着大清的江山，只不过几个洋鬼子来捣乱，没有叶赫氏来夺皇权呀。

肃顺犹豫了一下，最后，他终于鼓足了勇气，说："懿贵妃，这个人不得不防！"

"为什么要防她？她不过是朕的一个妃子，又是大阿哥的生母，她不会有害朕之心。"

肃顺一想："反正是说了，一不做，二不休，干脆，全说出来吧。"

"皇上，正因为她生了大阿哥，目前只有大阿哥这么一个皇子，将来一统天下的必然是大阿哥，可他的生母不是平庸之辈，她早已熟知朝政，会不会……"

肃顺不再说下去，聪明的天子什么都明白了。

"母凭子贵，代子上朝！"

咸丰皇帝越想越可怕，自从入夏以来，他就咳嗽不止，有时痰中竟带血丝，这不是什么好兆头。尽管他真的希望能"万岁"，但自己心里比谁都明白，别说"万岁"，恐怕连寿终正寝都不可能。小载淳还太小，今年才六岁，万一自己撒手而去，这大清的江山托付给谁？

"贵妃那拉氏的确不是个简单的女子，她有才干、有魄力，会不会也有野心？"

咸丰皇帝真不敢把这句话说出口，但他与肃顺两个人心中都明白，懿贵妃有可能利用皇子生母的特殊身份，代替爱新觉罗氏坐天下！

肃顺见皇上脸色一变，便知自己的话见效了。于是，趁热打铁。

"皇上，那日春游的事儿，您还记得吗？"

咸丰皇帝来到热河之后，游玩的事太多了，他哪能每件事情全记在心上，便说："哪件事儿，你直说无妨。"

"那日，臣站在岸边，什么也逃不过臣的目光。皇上那天差一点儿落水。"

"哦，那有什么，是朕一不小心造成的，与她有何干？"咸丰皇帝早把那件事忘到九霄云外了。

肃顺见皇上不以为然，便加以渲染："皇上，你太仁慈了，别人欲加害于你，皇上却宽厚待人。"

咸丰皇帝倒吸了一口凉气，试探性地问："不会吧！她的心竟如此狠？"

"什么都可能发生，怎么不会？"

肃顺见皇上已半信半疑，便慢慢地说："难道皇上忘了，一开始并不是她划桨。两位公公划得好好的，为什么她要争过船桨？这分明是早有预谋！"

"啊！难道这是真的？"

咸丰皇帝不由得信以为真了，他痛苦万分。

一边是他的爱臣，另一边是他的爱妃。他们两个人，到底谁对他是忠心的？特别是今日肃顺如此一番言语，更让他心悸。

"灭建州者叶赫"，这是祖训呀！祖训不可丢，可儿子的生母又不忍心处置，怎么办呀？！

肃顺看出了咸丰皇帝的犹豫不决，于是他说："皇上，目前尚不会有什么动静。有皇上在，她绝不会轻举妄动，只是……"

"只是"什么，肃顺不敢往下说，咸丰皇帝替他在心里补充道："只是皇上一旦撒手而去，这个女人不会安分守己的。"

咸丰皇帝痛苦地低下了头，他一言不发，默默地走到龙案前，缓缓地研墨。见此情景，肃顺连忙过来，替他研墨。咸丰皇帝端坐在龙案前，一动也不动，连眼皮也不眨一下。肃顺立在旁边，也一言不发。

又过了一会儿，咸丰皇帝提起朱笔写下："朕死，必杀懿贵妃以殉，毋使覆我宗。"

看到这一行字，肃顺脸上流露出一丝不易察觉的笑容，心中的一块大石头落了地。在他看来，淫靡无度的咸丰皇帝活不了几天了。在热河，肃顺早已布置了天罗地网，一旦皇上宾天，他"热河派"的各大员便会粉墨登场。到那时，收拾她叶赫那拉氏易如反掌。

可是，他高兴得太早了，他低估了敌手的实力。他忽略了一个问题，这便是：自己虽然是宠臣，但比起亲情来，这种力量就显得太薄弱了。当咸丰皇帝朱谕死后以懿贵妃殉葬时，早有一个人盯住了。

这个人要弄清楚皇上到底写的是什么。

他便是安德海的拜把子兄弟——太监崔二毛。崔二毛是皇上的侍寝太监，皇上的许多行动都逃不过他的眼睛。

小安子又是懿贵妃的心腹太监，就是说，烟波致爽殿的一只苍蝇飞走了，不到半天的时间，懿贵妃便全知道了。

当咸丰皇帝脸色铁青，自研朱墨时，崔二毛便已经躲到了隐蔽处，咸丰皇帝与肃顺的一举一动，他全看在了眼里。

咸丰皇帝写了一行字，肃顺流露出一丝笑容，崔二毛心里更犯嘀咕："皇上究竟写的是什么？这老东西如此开心。"

皇上与肃顺走到了东暖阁，崔二毛冒死偷看了尚未干墨的那行字。当他看到"必杀懿贵妃以殉"几个字后，大吃一惊，二话没说就直奔懿贵妃的住处找到安德海。

"安公公，不好了，要出事儿了。"

崔二毛满脸的惊慌，小安子拍了拍他的肩膀说："能出什么大事儿，难道天塌下来不成？"

"对，你头顶上的天的确有塌下来的可能！"

"什么？你再说一遍。"小安子张大了嘴巴，追问起来。

崔二毛便如此这般讲述了刚才在烟波致爽殿所看到的一切。末了还说："安公公，你的主子在劫难逃。"

小安子陷入了沉思之中，他苦心经营了十年，眼看着那拉氏一天比一天强大，自己也快有出头之日了，今日看来，并非如此。不行，快到手的东西，万万不能失去它！

安德海在崔二毛的耳边说了些什么，只见崔二毛说："放心吧，我会见机行事的。"

崔二毛刚走，懿贵妃便知道了这些事情。她泪流满面，幽怨地诉泣道："皇上，我兰儿为你生了儿子，你却置我于死地，兰儿何罪之有！"

"主子，光哭可不行，总该想个法子。"

"小安子，我这一次恐怕是凶多吉少，你还是另择明主吧。"

小安子一把抓住了那拉氏的手，把她的纤纤玉手放在自己的心口："姐姐，您是主子，小安子是奴才，我的这颗心是为主子您跳的。"

懿贵妃激动地直拍打小安子，口中呢呢喃喃："安子，还是你好呀。"

"皇上也许是被肃顺所迷惑。不过，到底是主子生了大阿哥，皇上总该念些旧情吧。"

懿贵妃很茫然，一时间，她有些惊惶失措。

小安子凑近懿贵妃，低声说："主子，有两个人可以帮助你逃过这次灾难。"

"谁？快说。"

"醇王爷和福晋。"

懿贵妃拍了小安子的头一下，说："还算你机灵。"

是呀，关键时刻见亲情。叶赫那拉氏怎么把七王爷奕譞和妹妹蓉儿给忘了。醇王爷奕譞是皇上的七弟，而他的嫡福晋则是懿贵妃的妹妹叶赫那拉·蓉儿。几个月前离京时，七王爷携蓉儿也来到了热河，他们就住在山庄外。也许，他们可以说服皇上改变主意。

"小安子，事不宜迟，你赶快出山庄去请醇王爷。"

"主子，天这么晚了，我如何出得了山庄呀？"

"该死的奴才，你自己想法子去！"

"嗻。"

机灵的小安子深夜出了山庄，直奔醇亲王的临时府邸。醇亲王和他的福晋听完小安子的描述后，心中大惊，表示一定救助懿贵妃。

第二天上午，醇亲王带着身怀六甲的福晋进了山庄。咸丰皇帝一见七弟和弟媳到此，心中十分高兴。毕竟他们是一父所生，血缘亲情割不断。他看得清清楚楚，七弟媳已怀上孩子，他更高兴了。因为皇兄弟几人的孩子中，只有载淳一位阿哥，其他都是格格。咸丰皇帝望皇宗血脉更旺一些，这次蓉儿争口气，要是能为七弟生个儿子，他做皇兄的也高兴。

"皇上吉祥！"

夫妻二人双双跪拜，咸丰皇帝一看弟媳蓉儿挺个大肚子，跪下已十分困难，便说："福晋免礼！"

可是蓉儿就是不起身，她艰难地跪在地上，而且，两行泪水顺着两腮往下流。

"福晋，怎么了？"

对于这位弟媳，咸丰皇帝是有好感的。她虽与懿贵妃一母所生，但两个人的性情却迥然不同。姐姐兰儿有些刁钻，而妹妹蓉儿却温和大度，咸丰皇帝很喜欢这位具有"弟媳加小姨"双重身份的女人。

"皇上，我夫妻二人今日来为懿贵妃求情。昨天夜里，福晋做了一场噩梦，她从梦中哭醒了。"

"哦，朕干了什么？你们为什么来替懿贵妃求情？"

咸丰皇帝有些心虚，他的话已是不打自招。看来，小安子所报告的情况属实。

醇亲王奕譞接着说："福晋一向少梦，可昨夜竟做了一个怪梦，梦见皇上发了一道谕令，令懿贵妃自缢。"

明白人还用细说吗？蓉儿是懿贵妃的亲妹妹，她今天挺个大肚子来为姐姐求情，看来是逼着皇上开口了，否则，她不肯站起来。

咸丰皇帝装作什么也不知道似的说："哪儿会有这等事情发生，懿贵妃是阿哥的生母，是朕的爱妃，你们多虑了。"

一听这话，七福晋破涕为笑，她高兴极了，忙说："那是蓉儿多心了。"

"免礼平身！福晋真乃仁慈之人呀！"

奕譞带着他的福晋离开了烟波致爽殿，又到了懿贵妃那儿，悄悄地讲述了刚

垂帘听政：慈禧太后

才发生的一切。与此同时，咸丰皇帝偷偷撕碎了昨天写下的那张纸，懿贵妃化险为夷。

俗话说："天下没有不透风的墙。"醇亲王及福晋为懿贵妃求情的事，很快传到了肃顺的耳里，他心里恨得痒痒，不曾料到皇上竟那么容易动摇。形势所逼，肃顺必须加快步伐。毕竟他肃老六老奸巨猾，他早已在热河安置了自己的心腹，这几个人全听他的调遣。当时以奕䜣为首的"北京派"称"热河派"为"肃党"。肃党中的主要人物是：肃顺、载垣、端华、穆荫、匡源、杜翰、焦佑瀛等。

载垣是皇室世袭的怡亲王。当年，康熙皇帝封十三子允祥为怡贤亲王，到了雍正年间，改封为怡亲王。允祥忠于皇兄雍正皇帝，而且他秉公办事、无私无畏，被百姓称为"诚直王爷"。允祥晚年时，雍正皇帝谕王爵世袭。于是，载垣一生下来就是王爷命。道光年间，年轻的怡亲王也曾有所为，任御前大臣行走。咸丰皇帝登基后，非常赏识载垣的才干，先后谕令载垣为左宗令、宗令、领侍卫大臣。载垣成了满朝文武中最受器重的一个人。这位世袭王爷，文武双全、胆识过人，而且长相俊美。只可惜，他在咸丰末年找错了依杜，投靠了专横跋扈的肃顺，最后断送了自己一生的前程，还搭上了性命。

端华与肃顺是同父异母的兄弟，肃顺排行老六，人称"肃六"。按礼法，他无权继承王爵，而长兄端华却顺理成章当上了郑亲王。他们的祖上是努尔哈赤之弟舒尔哈济的第六子济尔哈朗。其王爵也是世袭的。端华与肃顺，早年兄弟关系并不融洽，肃顺少时不务正业，提笼架鸟，专与游手好闲之徒打架斗殴。作为长兄的端华，看不惯这个不成器的弟弟。可是，咸丰皇帝登基后，肃顺几乎一夜间成了重臣，端华再也不敢小瞧这位小弟了，兄弟关系逐渐好转。到后来，已不是兄长瞧不起小弟，而变成了兄长依靠、巴结小弟。

肃顺更加扬扬得意了。他要利用兄弟之间的亲情来扩大自己的势力，随时准备与奕䜣斗、与叶赫那拉氏斗。

另一个"肃党"中的重要人物是穆荫。他是满族正白旗人，文才很好，善诗文、通音乐，多年来一直从事文职。而且他还富有外交才能。一年前，他与载垣赴通州与洋人谈判，设计逮捕了英国领事巴夏礼，一时间引起了朝廷上下不小的反响，连英国首相都佩服他，说"穆荫是个有头脑的人"。可是，这个有头脑的人，到了热河之后却头脑发了昏，跟在肃顺的后面，拍马逢迎，希望能投机取巧，背靠肃顺这一棵大树好乘凉。

匡源，汉族，山东胶州人。匡源自幼熟读诗书，长大立志做官，希望自己能够为国效力、为民造福。他于咸丰八年（1858年）入军机处学习，因聪明好学，很受元老们的赞赏。随皇上到了热河后，迫于形势，也投靠了肃顺。

杜翰，书香名门之后，杜受田的儿子。此人虽有先父杜受田的学识，却无杜受田之德，咸丰若不是念在恩师分上，咸丰三年他就销声匿迹了。咸丰四年，杜翰接受了教训，再也不敢在年轻的皇上面前耍什么花招。他仿佛是脱胎换骨、重新做人，居然也曾干过一番事业。后来，咸丰皇帝不计前嫌，重新起用他，"巡幸木兰"时便带来了他。

焦佑瀛，天津人。在一年前抵御英国人的那场战斗中，他在天津静海诸县举办团练，起过不小的作用。不过，咸丰皇帝最赏识的不是他的武功，而是他的文才。焦佑瀛写得一手好字，而且文章功底也很深。闲来无事时，咸丰皇帝喜欢与他研讨诗文及其他艺术，与其说他是皇上的臣子，不如说是学友。令人痛心的是，热河那个小天地里，他也进入了"肃党"。

另外一个人，虽不是"肃党"，但他也不敢得罪肃顺。对于肃顺的专横跋扈的嚣张做法，他是睁一眼、闭一眼。这个人便是六额驸景寿，即小载淳的六姑父。这位皇家的乘龙快婿，为人忠诚老实，平日是个闷葫芦，关键时刻一开口，常让人刮目相看。在热河，景寿看不惯肃顺、载垣、端华等人排斥异己、结党营私的做法，但大智若愚的他采取的方针是明哲保身。后来，也曾有人评论景寿是政坛"高手"。

在热河行宫，矛盾对立的双方已剑拔弩张，差不多到了白热化的程度。在肃顺以重金加紧笼络人心的时候，懿贵妃也未放弃扩张自己的实力。她与皇后取得了一致，决定派人迅速与在京的恭亲王奕䜣取得联系，以争得"北京派"对她们的支持。很快，皇后、懿贵妃便与奕䜣联系上了，充当"联络员"的是肃顺手下的一员干将——曹毓英。

肃顺的重大失误之一是错用曹毓英。几年前，军机处大臣曹毓英对肃顺忠心耿耿，绝无异心。可是一大才子曹毓英却受到了肃门其他弟子的排挤，肃顺不但不出来主持公道，反而嘲笑他无能。

这一年多来，肃顺大有"挟天子以令诸侯"之势，曹毓英全看在了眼里，他心中十分反感。

一天，肃顺邀曹毓英到他府邸喝酒，酒过几盅，肃顺有些口无遮拦了，他拍着曹毓英的肩膀说："曹大人，跟着我干，保你前程似锦，享不尽的荣华富贵。"

曹毓英一仰脖子，喝干了一杯闷酒，忧心忡忡地说："皇上的御体一天不如一天，真让人发愁，可他仍纵情酒色，肃大人总该劝劝才是呀。"

"劝，能劝得好吗？"

"肃大人，听人说你带着皇上逛妓院，有这回事吗？"

"皇上是个风流种，你又不是不知道，他那龙体呀，精髓早被女人吸干了。"

"万一……"

"万一"什么？曹毓英不敢往下说，肃顺却接着说："万一皇上驾崩，只有六岁的大阿哥登基。不过，这也没什么不好，大阿哥年幼，皇上临终前必定要托孤。这朝廷上下，能托孤的人还不就是我肃顺。"

曹毓英心中不禁打了个寒噤，他悔恨自己跟错了人。他原来认为肃顺这个人忠于朝廷，又有魄力。不承想，肃六的野心居然如此之大。自此以后，曹毓英背地里开始反戈一击，在热河他暗中联系上了皇后及懿贵妃，出卖了肃顺。而这一切，肃顺并未察觉。

留守京城的恭亲王奕䜣，本来与皇嫂懿贵妃的关系并不十分融洽。可是如今天子被以肃顺为首的"热河派"所挟制，如果"北京派"再不与后妃们联合起来，他们共同的敌人肃顺就有可能趁机起来压倒一切。

大敌当前，一向不怎么和睦的奕䜣与叶赫那拉氏便开始联合起来，共同对敌。

曹毓英明里是"肃党"，所以他的行动不受肃顺手下的监视，出入避暑山庄十分便利。哪怕是他与皇后或懿贵妃说几句话，也不会有人怀疑他。正因为如此，皇后与懿贵妃才能通过他了解到了京城恭亲王的近况。

"姐姐，你能肯定六爷在京师势力很强大吗？"

对奕䜣的实力，懿贵妃有些怀疑。因为她们出逃时，奕䜣的心腹也只有那么几个人，其中还有一个是他的岳父。这才几个月，势力就暴长？这好像有些不可能。

皇后点了点头，说："这都是曹毓英告诉我的，他说老六留京这几个月，把留京的官员差不多都笼络到自己的身边。再者，大家都认为他退敌有功，很是敬重他。"

皇后的话十分有道理，不由得懿贵妃不信。她知道有几个军机大臣本来就坚定地站在奕䜣这一边，这几个人便是桂良、文祥、胜保、宝鋆。提起这几个人来，懿贵妃不能不承认他们是将才，对他们也略知一二。

桂良不必介绍，他是首席军机大臣，更重要的是他是奕䜣的岳父。这种翁婿关系，在关键时刻，团结得更像一个人。

文祥，字博川，瓜尔佳氏，正红旗人。此人天资聪颖，才华横溢，得到咸丰皇帝的赏识。咸丰八年，在军机处学习行走，咸丰九年成军机处大臣行走。天子逃亡后，他随恭亲王奕䜣出城与外国公使周旋，表现了卓越的才能，也成为奕䜣的助手与莫逆之交。

宝鋆，字佩蘅，索绰络氏，镶白旗人。此人比较圆滑，一般不在公众场合发表自己的见解。咸丰十年（1860年），任总管内务府大臣。作为皇家的"大管家"，他善于左右逢源，不得罪任何一方，的确也是本事。皇上出逃时，想携带二十万两白银一起走，可宝鋆为了稳定京城，安抚百姓，居然拒绝打开银库，气得咸丰皇帝直瞪眼。如果不是仓皇出逃的话，他宝鋆的人头早就搬家了。皇上走了，京城上下一片混乱，来不及或没有能力逃走的百姓心中惶惶，一时没人做买卖。百姓买不到米粮，宝鋆便决定打开皇宫粮库，赈济难民。一下子，他的官声上去了。

恭亲王奕䜣在京师笼络了这几位重要人物后，开始瞄向热河了。皇上远在承德，而肃顺、载垣、端华等人早已挟制了天子，虽然他也听说皇后、懿贵妃都与肃顺针锋相对，但她们毕竟是后妃。大清入关以来，后妃不得参与朝政，这是祖制，恐怕她们难以斗过"热河党"。

所以，以奕䜣为首的"北京派"多次奏请皇上尽快回銮。以往，得到的答复是"不归"；最近，皇上又朱谕马上回京。留京的大臣们无不高兴万分，可是，原定回京日期已过，仍迟迟不见皇上回来，到底热河出了什么事？

事实上是咸丰皇帝的确病了，这一病还不轻。

可是，留京的恭亲王并不知道是皇上病了。

这日，恭亲王与他的岳父桂良聚集恭王府，又在秘密商谈之时，突然有人送来了一封密札。两个人紧张了起来，急忙拆开密札一看，才知道是懿贵妃写来的。信中诉说了肃顺、载垣、端华等人的专横跋扈，以及皇后、懿贵妃的艰难。

密札是谁带出山庄，又是谁秘密送至恭王府的，奕䜣与桂良不知道。但是他们可以肯定，送信之人肯定是自己人。他们万万也想不到，送信者竟是"肃党"中的一名干将——曹毓英。

一看密札，奕䜣便对桂良说："看来要起暴风了。"

桂良手捻胡须，一字一句地说："来吧，看是东风力量强，还是西风力量强。"

第二天，"北京派"的几个人又在军机处聚集了起来，他们在商谈如何对付"挟天子以令诸侯"的肃顺。

由于桂良在一年前与洋人打交道中，出师不利，使得皇上对他很有成见；宝鋆更惹皇上生气，虽然他现在已官复原职，但咸丰皇帝不是个胸襟宽广的人，此时，他也不好出面。剩下的几个人中，能让皇上看着顺眼的也就是恭亲王奕䜣与军机大臣文祥了。这样一来，恭亲王奕䜣与军机大臣文祥分别呈一份奏折给咸丰，请求去热河探望他。

却说承德避暑山庄的咸丰皇帝近来龙体欠安，时常咳嗽。有时咳了一阵之后，痰中带有血丝，他不禁有些害怕，难道说……他实在不敢往下想，但又不能不想。

自从到了热河行宫，他自己也明白，堂堂的大清天子已堕落。他不但沉溺于女色，荒淫无度，而且还常常酗酒。酒色耗尽了他的心力，他似乎一时间忘却了令人心烦的朝政。可是，他是皇帝，焉能真正忘记肩上的重任？一想到身体一天比一天差，他便痛苦万分，甚至是惶恐不安。

大清的江山，他才统治了十年。这十年来，内忧外患始终未断，事事让他

垂帘听政：慈禧太后

心烦。唯一还能使他稍有慰藉的是叶赫那拉氏为他生了个小皇子载淳。这个小皇子天真无邪、聪明伶俐,可是载淳今年才六岁呀,冲龄小儿挑不起大清的江山。万一自己撒手而去,谁来辅佐小皇帝?这大清的江山托付给谁呀?

每每想到这些,咸丰皇帝就心痛如绞。今天,他勉强咽下几口薄粥,眼前还有几块点心,是再也吃不下了。前些日子纵情酒色把身体搞垮了,今日后悔已迟!

正在这时,太监报:"皇后驾到!贵妃娘娘到!"

一听皇后钮祜禄氏与贵妃那拉氏到此,咸丰皇帝并不是十分高兴,心情反而更沉重,他真不想让她们看到自己虚弱的样子。说着,皇后与懿贵妃已走进来了。

"皇上吉祥!"

刚进屋,懿贵妃便向皇上请安。咸丰皇帝勉强笑了笑,强打精神坐起,斜倚在龙榻上。

皇后一看皇上那无精打采的样子,便知皇上病得不轻。她鼻子一酸差一点儿落下泪来。可她不能哭,只能温存地紧挨着咸丰皇帝坐下。咸丰皇帝面庞消瘦,眼睛无神,面色蜡黄,看上去就像一个重病之人。皇后再也忍不住,落下泪来。懿贵妃也显出心疼的样子。一时间,三个人相对无语。

过了一会儿,咸丰皇帝打破沉默,他轻声问:"大阿哥学业有长进吗?"

人到了这种时刻,最惦念、最放心不下的便是他的孩子。咸丰皇帝一向很疼爱小皇子,足足有五六天没见到儿子了,一种淡淡的思念萦绕在他的心头。

皇后柔声地答道:"皇上放心吧,大阿哥是个懂事的乖孩子,师傅们直夸他聪明好学呢。"

咸丰皇帝又是一阵猛烈的咳嗽,咳得他眼泪、鼻涕直往下流。

一个宫女连忙跪在龙榻前,端着一只痰盂,另一个宫女拿上一条温毛巾,不住地为他揩去口角间的痰渍。

"啊!"

宫女惊叫了一声,皇后与懿贵妃顿时紧张了起来,她们知道一定发生了什么情况。皇后抢过毛巾一看,她再也忍不住,两行泪水夺眶而出。懿贵妃也连忙接过一看,原来皇上吐的是鲜血。她的心"咯噔"一下沉了下来,看来,皇上病得不轻。

"快请太医!"

"嗻。"

三名太医岂敢怠慢,他们一路小跑,不到一刻钟的工夫就来到了龙榻前。又是切脉,又是观气色,最后几个人商讨了一番,谁心里都明白,但谁也不敢说出那两个字——痨病。

最后,领班太医跪在皇上的面前,怯怯地说:"皇上无大碍,只需静心调养即可。从今日起,每日必须饮鹿血一次、燕窝粥两次、人参汤一小碗,还要服些汤药。"

"跪安吧！"

"嘛。"

三个太医不敢出大气，他们低着头退下。皇后与懿贵妃心里明白：皇上此病一定很重。不然，太医的脸色为何如此难看？此时，皇后只感到心疼，而懿贵妃却反复告诉自己："那拉氏，此时不是你难过的时候，也不能心慌意乱。看来，皇后已乱了方寸。现在，你必须保持清醒的头脑，努力使自己情绪稳定下来。这才是真正的关键时刻！"

叶赫那拉氏没有哭，现在不是她流泪的时候，她必须抓紧一切时机，争取斗过势力强大的"热河派"，因为皇上随时都可能撒手归西。

其实，咸丰皇帝虽然没有惊恐的神情，但他的心里比谁都明白，自己得了痨病。现在已咯血，看来，此去黄泉不远了。不知不觉间，两行热泪涌了出来。

皇后轻轻为他抹去泪水，懿贵妃轻声说："皇上、皇后请放宽心，皇上静心调养一阵子便会好的。"

为了不让两个女人为他担心，咸丰皇帝止住了泪水，问道："爱妃，这几天有重要奏折吗？"

荒唐的天子早已倦政，身体好的时候不愿看折子，如今身体如朽木，他倒想起了自己肩上的担子。

懿贵妃回答："今日接到了恭亲王与文祥的折子，他们远在京城，听说皇上龙体欠安，十分惦念，特请求前来热河探病。"

听罢，咸丰皇帝叹了一口气，说："罢了，相见徒伤悲。"

一听这话，懿贵妃急了，连忙说："目前京城很稳定，臣妾认为老六来热河看望皇上既在情，又在理。皇上何以拒绝他呢？"

咸丰皇帝紧闭双目。在重病期间，他不愿见恭亲王是自有他的理由的。

咸丰皇帝与恭亲王奕䜣是同父异母的兄弟，小时候两人感情很好，但随着年龄的增长，他们之间互相有了戒备之心。最终是兄长奕詝继承了皇位，弟弟奕䜣是亲王。可是，咸丰皇帝心里的结永远解不开，他生怕哪一天奕䜣羽翼丰满后与他抗衡。所以，咸丰皇帝登基后，奕䜣一直失意。

热河避难后，奕䜣与外国人周旋，虽然以屈辱作代价，但总算把洋鬼子赶出了京城。本来，咸丰皇帝想嘉奖于他，可是惇亲王奕誴到了热河，说了一番不利于奕䜣的话，使得咸丰皇帝认识到奕䜣留在京师守护皇宫是假，企图借助洋人的势力，另立朝廷是真。

尽管这几个月奕䜣没什么动静，但咸丰皇帝对他这位弟弟不能不防备着些。咸丰皇帝十分清醒，他知道自己此病不轻，他不能不想到多尔衮。他不能让恭亲王成为第二个多尔衮。他认为，如果此时恭亲王奕䜣来热河探病，兄弟相见，自然是一番悲悲切切，激动之余，他生怕自己会托孤于六弟恭亲王。

如果真的发生了那种事情，日后将于儿子载淳十分不利，他将难逃六皇叔奕䜣的挟制。干脆，不让奕䜣来热河，把他排斥在顾命大臣之外。

"皇上，毕竟老六是自己人，为什么不让他来？"

皇后为人宽厚和善，她没有懿贵妃那么敏锐的政治头脑。可是，她想到的是皇上已病得不轻，亲兄弟应当来探病。至于皇上为何不愿意见老六，她真是百思不得其解。

咸丰皇帝轻声说："爱妃，你代朕复折。"

懿贵妃点了点头，她令宫女将笔墨准备好，拿到龙榻旁的案几上，提起朱笔准备写。

咸丰皇帝一字一句地说："朕与恭亲王奕䜣，自去秋别后，倏经半载有余，时思握手而谈，稍慰廑念。惟朕近日身体违和，咳嗽未止，红痰尚有时而见。总宜静慑，庶期火不上炎。朕与汝棣萼情联，见面时回思往事，岂能无感于怀，实于病体未宜。况诸事妥协，尚无面谕之处。统俟今岁回銮后，再行详细面陈。着不必赴行在。文祥也不必前来。"

说罢，咸丰皇帝轻轻叹了口气，一摆手："都跪安吧。"

皇后还想再说什么，可是聪明的懿贵妃将手指往嘴前一放，"嘘"了一声，制止了皇后。皇后与懿贵妃都退了下去。懿贵妃还要将谕旨送到京城的恭亲王手里。

不久，热河小天地的上空笼罩着的乌云更厚了，这块乌云压得人喘不过气来，连一向只懂得说"嘘"的太监们都感到了这一点。

安德海焦虑不安地对主子懿贵妃说："主子，万岁爷恐怕……"

他不敢说下去，只要主子的心里明白就行。

懿贵妃无可奈何地摇了摇头。

自从谕旨发出后，算起来今天也有八天了，奕䜣总该接到了，可是为什么京城一点儿消息也没有。真是急死人！

"小安子，你学着机灵点儿，一旦肃六有什么动静，赶快来报告。"

"奴才一直是这么做的，只怕防不胜防呀。"

主奴两个人正说着，皇上身边的太监崔二毛慌慌张张地跑过来。他上气不接下气，断断续续地说："娘娘，六……六王爷来了。"

"什么？"

懿贵妃惊愕了，难道恭亲王奕䜣胆敢抗旨离京？！他不要命了吗？

她没有时间多想什么，连忙拉着皇后的手到了烟波致爽殿。她们刚走到门口，就听见了里面的声音，是奕䜣那又浑又重的男中音："四阿哥，我还给你带来了西洋参，据说这西洋参不比高丽参差，让御膳房精心熬了，喝下去大补的。"

接着便是一个微弱的声音："老六，这么远的路程赶来，朕本不应该让你马上走，可是你留在热河，他们不会放过你的，还是趁早走吧。"

皇后与懿贵妃对视了一下，她们心里都明白，皇上所指的"他们"，一定是肃顺之流。由此看来，皇上与奕䜣毕竟是至亲，亲情割不断。也许，咸丰皇帝对肃顺等人横行霸道的猖獗行为也早有觉察，只是不愿意讲出来罢了。

如今奕䜣突然来到热河，皇上不能不提醒六弟注意别人的明枪暗箭。

此时，病危中的咸丰皇帝真的陷入痛苦之中。一方面他处处提防奕䜣，生怕奕䜣成为第二个多尔衮；另一方面，对于外臣肃顺把持朝政，专横跋扈的做法他也十分不满。苦命的天子此时已无力左右形势，只能任"热河派"与"北京派"争斗。

不过，他对六弟奕䜣还有那么一份关心与疼爱，所以谕令奕䜣尽快离开是非之地。否则，奕䜣面临危险！

皇后与懿贵妃是皇嫂，恭亲王是小叔子。按礼节，叔嫂是不应该打照面的。可是如今是非常时期，顾不了这么许多了。

皇后进来后，急切地问："老六，你怎么突然来了？"

"不突然呀，臣早该来向皇上请安，只是事务太多，一直抽不出空来。这些天京城一片安宁，故速来请安。"

奕䜣对答如流，任何人都看不出一点儿破绽。

懿贵妃补充道："如此说来，你没接到圣旨？"

"圣旨？何时发的？"

奕䜣面不改色心不跳。

皇上与皇后都信以为真，他们真的以为奕䜣是未接到圣旨便起身来承德的。只有聪明的懿贵妃看出了一点儿门道，因为奕䜣刚才答话时像背书似的，这说明他早已预备好了该说什么。

果真是这么回事。四天前的晚上，奕䜣接到了圣旨，当时在场的只有他和岳父桂良。展开圣旨一看，圣旨里虽然情真意切，充满手足深厚情意，但是最后还是拒绝奕䜣赴热河探病。

"岳父，你意如何？"

没有其他人在场，女婿奕䜣恭恭敬敬称桂良为岳父。而桂良也不谦让，因为的确他的外孙是奕䜣的儿子，他们是翁婿关系。别说是亲王，就是皇上，也应该敬承"泰山"三分。

"王爷，干脆压下圣旨，你明天一早火速赶往承德，面见圣上，弄清楚热河到底发生了什么事情。"

"我也是这么想的。不过，万一事情败露，扣我个违抗圣旨之帽，可要杀头的。"

"王爷，这事儿天知地知、你知我知，你我不说，皇上怎么会知道。"

奕䜣仰天长叹："事到如今，也只能这样了。不入虎穴，焉得虎子。热河纵是肃顺布下的天罗地网，我奕䜣也要闯一闯。"

就这样，奕䜣隐瞒了实情，冒险赴热河。

到了烟波致爽殿，兄弟相见，所有的猜忌都消失了，是亲情缩短了他们之间的距离。咸丰皇帝好像突然认清了肃顺之流的丑恶嘴脸，他生怕肃顺暗地里加害于奕䜣，所以劝恭亲王快快回京城。

奕䜣当然明白皇兄用心良苦，他点了点头，说："臣明日就回京师，四阿哥，你多保重。"

这种称呼，远远比称"皇上"力量大得多。这表明他与皇上是千真万确的亲兄弟，让咸丰皇帝心里明白：肃顺只不过是外臣，他恭亲王奕䜣才是亲人，才可以委以重任。

奕䜣的突然到来，的确让皇上又高兴，又吃惊。天子是人，有正常的人的各种复杂的思想和情感。今天，他才清醒地认识到，原来老六奕䜣还能牵动他的心。毕竟，他们同出一源。

奕䜣也担心久留热河会发生变故，所以决定在热河住一夜便回京。而且既然来了，何不见见七弟奕譞，听说他快要做父亲了。干脆，今晚就在他府上用膳。

在护卫的护导下，奕䜣来到了奕譞家里。老七奕譞万万没想到六皇兄奕䜣突然到他家，所以是几分喜悦、几分猜忌。眼看天色不早了，已是黄昏时分，奕譞吩咐厨子添了几个菜，兄弟俩喝了几杯。之后，便到书房说话。

"老七，恭喜你，快要做阿玛了。"

奕譞听了，有些兴奋，因为他们皇兄弟这几个人中，只有老四咸丰皇帝生了载淳这么一个儿子，六皇兄奕䜣生了位格格。如果这次七福晋叶赫那拉·蓉儿争口气，为他奕譞生个男孩，皇上一定会很高兴的，说不定高兴之余还能赐他良田万顷。

"六阿哥，依我看，此地不宜久留，你还是今晚就动身吧。"

"老七，肃顺敢拿我铁帽子王爷怎么样！他敢吗？哼！"奕䜣觉得奕譞的话有些危言耸听，肃六再猖狂，还不至于公然冒犯亲王吧。

奕譞流露出无可奈何的神情，说："防患于未然嘛，你还是早一点走吧。"

两兄弟正说着，仆人报："怡亲王、郑亲王到！"

一听这话，奕䜣的脸色猛地一变，奕譞连忙说："快请！"

只见载垣、端华大模大样地直奔书房。

奕䜣是道光皇帝遗诏亲封的王爷，按礼节，载垣与端华应该向奕䜣施跪安礼。可是，他们装作没看见铁帽子王爷奕䜣，只与奕譞寒暄："醇王爷，好雅兴。怎么多日都不见你露面了？"

奕䜣再也忍不住了，厉声道："大胆奴才，见了本王爷也不请安！"

载垣、端华同时"嘘"了一声。

载垣怪声怪气地说："哎哟，是恭王爷驾到。失礼！失礼！"说着，他向恭亲王拱了拱手，算是见过礼了。

端华也皮笑肉不笑地说："王爷到此，也不事先告诉我们一声，这热河地处偏僻，只怕要委屈王爷了。"

俗语说"来者不善、善者不来"。载垣与端华到这里，一定没安什么好心。奕䜣想到刚才在山庄里听皇上说的一番话，再联想到目前处境，心里不禁有些发毛。这儿不比京城，在京城他恭王爷咳嗽一声，会有上百人来保护。可如今这承德，是肃顺的天下，还是小心一点儿为妙。于是，恭亲王转向载垣说：

"本王爷来之前，就听说热河有个喇嘛庙很有些名气，两位如果有雅兴，不妨陪本王爷一游。"

奕譞刚想开口制止兄长，他生怕出了这临时府邸，兄长奕䜣会有危险。可是，只见奕䜣使了个眼色，他只好闭口不言。

恭亲王继续说："京城诸多事务缠身，我不打算久留，明日即回京。这样吧，现在天色并不十分晚，两位可否陪我一游？"

端华高兴地说："来热河快一年了，我还从来没去过喇嘛庙，既然恭王爷提议，我看没什么不好。"

奕譞仍有些不放心，他拉着六皇兄奕䜣的手说："六阿哥早些回来呀，我等六阿哥一同入寝。"

月光下，奕䜣深情地凝视着七弟，他狠狠地捏了一把奕譞的手说："老七，吩咐厨子烧几个可口的小菜，等我回来再喝几杯。"

就这样，奕䜣、载垣、端华三个人出了奕譞住所，乘着轿子来到了庙前。

这喇嘛庙果然名不虚传，建筑宏伟，众多的喇嘛教徒出出入入，十分热闹。奕䜣下了轿子便询问："哪儿有茅屋，我肚子有些疼。"

一个护卫向远处指着："王爷，那儿有堵矮墙，应该是茅屋吧，请王爷过去方便。"

"两位在此稍等片刻，千万别先进庙，不然本王爷找不到你们。"奕䜣捂住肚子，十分着急地跑向茅房。

可是，好长时间过去了，仍不见奕䜣回来。载垣有些着急了，悄悄地对端华说："都多长时间了，也该拉完了。他别是逃跑了？"

垂帘听政：慈禧太后

端华似有所悟，急令护卫去寻找，茅房里果不见恭亲王。载垣与端华后悔已晚。

载垣跺着脚说："鬼子六，好你个鬼子六！"

载垣与端华自知失误，他们任肃顺大吼大叫。可是无论肃顺怎么暴跳如雷，奕䜣都看不见、听不到的。奕䜣免遭一劫，但也受了不小的惊吓。他不能坐以待毙。回到京城，他清醒地认识到：不久便会有血战。

"北京派"开始暗中布置兵力，以迎接更残酷的斗争。与此同时，以肃顺、载垣、端华为首的"热河派"也加紧了步伐。双方的争斗即将拉开大幕。

这些日子以来，咸丰皇帝整日咳嗽，每咳必见血痰，再糊涂的人也应该明白，这是得了绝症——痨病。太医每日来望诊，开些药方子，无非是延缓一下寿命，拖一天是一天。那一碗碗药，又苦又涩，咸丰皇帝一看宫女端上药碗，他就害怕。

几天前，他开始拒绝喝汤药。今天，宫女已跪在龙榻前许久，咸丰皇帝仍双目紧闭，一声不响。

"皇上，喝几口吧！"

宫女哭着说，咸丰皇帝摇了摇头。宫女依然跪在地上，劝他喝几口，哪怕是一小口也好啊。

他火了，怒斥："大胆奴婢，你敢逼朕喝药！"

那宫女将药碗放在案几上，一边磕头求饶，一边已泪流满面。一则是为自己的委屈；二来为皇上，皇上如此拒绝服药，病魔缠住了龙体，那可怕的后果人人皆知。

领班大宫女一见这情景，低声呵斥小宫女退下，她自己又跪在龙榻前，一言不发，希望以此打动咸丰皇帝。

咸丰皇帝虽然紧闭双目，但他能感觉到有人跪在他的面前流泪。他本来就是个温和之人，于是说："把药端下去吧，朕实在不想喝那种苦药，别哭了。"

宫女只好起身端走药，可还没跨出门槛，就迎上皇后和懿贵妃、丽贵妃三个人。

皇后见宫女的手中捧着满满一碗汤药，什么都明白了。她不禁皱了一下眉头，从宫女手中接过药碗，走至龙榻前，柔声细气地说："皇上，今天的药一点儿也不苦。"

皇上有气无力地睁开了眼。她们一看皇上那眼神，心里酸极了。那失神的目光哪里是英俊天子神采奕奕的目光。他目光呆滞、嘴唇干裂、面目蜡黄、头发干枯。丽妃忍不住，泪水顺着两腮直往下流。懿贵妃也一副黯然神伤的模样。皇后强忍悲痛，喝了一大口汤药。

"皇上，这药真的不苦，喝几口吧。"皇后哀求时几乎是带着哭声。

咸丰皇帝看着三位妇人，点了点头，他咬紧牙关，总算喝下去几口。一时间，谁也说不出一句话来，三位妇人不敢哭，生怕引皇上伤心，咸丰皇帝更是强忍着巨大的悲痛。

他痛苦万分，并不是为自己。作为一个男人，他拥有权力与美艳的女人，他是一国之君，这一生，他满足了。可是眼见着自己身体垮了下去，恐怕命不久矣，留下一个冲龄小儿，他怎么撑得起风雨飘摇的大清江山！还有这一群年轻而美艳的妇人，她们能保护自己吗？

当然，咸丰皇帝渴望生命，他希望能活百岁、千岁、万岁，但是"阎王爷"的生死簿上已为他勾上了一笔。看来这一关，他是闯不过去了。虽然刚届而立之年，算不上寿终正寝，但过去的三十年也算是轰轰烈烈的。十岁丧母，十九岁登基，他体验了人生不常有的境界——做皇帝。他还拥有天下的众多美女，更有数不清的财富。

这一生，他没白活。这一生，他更有许多遗憾。

这些美艳绝伦的少妇们将变成寡妇，她们之中最小的才二十二岁，最大的懿贵妃不过二十七八岁，太年轻了。眼看就要孤灯度寒夜，太可怕了。

更让他放心不下的是唯一的皇子爱新觉罗·载淳，他才六岁呀，聪明伶俐，可是不久就要失去父皇，他永远不能再享受父爱的温馨。在众多额娘的照料下长大，他一定会有缺憾。六岁的小儿做皇帝，谁能为他撑起那方天？！

想到这里，咸丰皇帝泪如雨下，他再也控制不住自己的感情，"呜呜"地哭了起来。

皇后、懿贵妃、丽贵妃一齐扑向龙榻，一时间，烟波致爽殿一片哭声，十分凄惨。在场的太监、宫女们无不掩面。

这时，王公公报："万岁爷，惠亲王到！"

众人收住了泪水，咸丰皇帝低声说："都跪安吧。"

皇后及懿贵妃、丽贵妃退了下去。

咸丰皇帝抬了一下眼皮，有气无力地说："宣惠亲王。"

惠亲王是咸丰皇帝的五叔，即道光皇帝的五弟。此人老成持重、和蔼慈善，不善于宫廷内部的钩心斗角，咸丰帝极为信任他。昨日下午，咸丰皇帝觉得自己恐怕不行了，便口谕五叔惠亲王今日面圣，他有话与五皇叔说。

"皇上吉祥！"

已显老态的惠亲王跪在龙榻旁，咸丰皇帝忙说："五叔免礼，快请起！"

惠亲王一看皇上形色憔悴、面庞消瘦，心中不禁一阵酸楚。毕竟是叔侄，亲情甚浓。惠亲王老泪纵横，哽咽着说不出话来。

咸丰皇帝陪着五皇叔流泪，半晌，他才发出微弱的声音："五叔，我怕是不行了。"

在五皇叔面前，咸丰皇帝不再称"朕"，而以"我"自称，可见他很尊重惠亲王。

一听皇上这话，惠亲王哭得更凶了。他断断续续地说："皇上安心养病，莫要胡思乱想，太医说过，再吃几服汤药便会好的。"

"五叔，我心里明白，这病好不了的。依五叔之见，立储之事何时定夺？"

咸丰皇帝提出了关系到江山社稷、荣辱兴衰的关键问题，惠亲王不能再回避了。老者沉思了一会儿，说："依老臣之见，立储之事早早定夺，以安民心。"

咸丰皇帝摆了摆手，示意他坐在自己身边。

惠亲王知道皇上有话要说，此时不是大殿之上，顾不了什么君臣之礼。走近几步，坐在咸丰皇帝的身边，拉着皇上的手，小声说："皇上，此时无他人，有话尽管说吧。"

咸丰皇帝低语了一阵子，只见惠亲王"扑通"一声跪下，哭泣着说："皇上，老臣将为辅助幼主鞠躬尽瘁，若有不敬，天将不恕！"

说罢，他又磕了三个响头。

叔侄二人抱头痛哭，那情景甚是感人。

咸丰十一年七月十六日，即一八六一年八月二十一日，早上天气特别闷热，空气中一丝风也没有，闷得人透不过气来。到了午时，空中突然打了几个大炸雷，"轰隆隆"的雷声不断传来，天边的乌云笼罩着大地，眼看一场暴雨即将来临。

可是，打了半天的雷，乌云一个劲儿地压过来，就是不下雨，人们感到更憋闷了。

咸丰皇帝昏昏沉沉地睡到午后，他被雷声惊醒，宫女们连忙送上汤药，可是他连连摆手，表现出十分烦躁的样子。到了黄昏时分，他突然感到浑身上下十分爽快，好像一切病痛在一瞬间全消失了。他眼前突然一亮，这种光彩已消逝了一个多月，今天却又重新出现。

几位太医连忙会诊，他们凑到外厅，谁也不敢说出自己的正确判断：这便是回光返照！

龙榻上的咸丰皇帝感到肚子有些饿，好久以来他什么都不想吃，今天下午竟吃下一大碗燕窝粥。他向上耸了耸身子，不咳也不喘，好像一切病痛都没了。不过，他的心底更沉了，聪明的天子恍然大悟：自己已到了死亡的大门口！

他让宫女为他梳理了一番，又换上一件新龙袍，说："传肃顺、载垣、端华、景寿、穆荫、匡源、杜翰、焦佑瀛八大臣。"

早已等候在外的八大臣，一个个低着头轻轻地走了进来。他们在肃顺的带领下，齐跪在龙榻前，口呼："皇上万岁，万岁，万万岁！"

咸丰皇帝抬了一下眼皮，应道："众爱卿平身！"

此时，房内鸦雀无声，包括太监、宫女在内的二十几个人，大家屏住呼吸，连根银针落在地上的声音，都能听得见。

八大臣心里明白，皇上该临终托孤了。所以，他们既难过又高兴。

咸丰皇帝环视了一下整齐地跪在面前的八大臣，开口道："朕再颁最后一道谕旨。"

"皇上。"肃顺欲言又止，几位大臣泪如雨下。咸丰皇帝勉强笑了笑，那笑容好凄惨。

"众爱卿都不要再哭了。"

他一说，景寿与匡源哭得更厉害了。

咸丰皇帝为了争取时间，一字一句地说："朕在位十一年，内忧外患竟十年，如今朕已再无力回銮，回不了京师了。"

几位大臣皆忍不住，恸哭起来。

咸丰皇帝苦笑了一下，接着说："皇长子载淳，着立为皇太子，着派载垣、端华、景寿、肃顺、穆荫、匡源、杜翰、焦佑瀛尽心辅弼，赞襄一切政务，特谕。"

八大臣听罢，心中大喜，但又不便流露出喜悦之情，便齐声说："臣等一定尽力辅助大阿哥，效忠朝廷。"

咸丰皇帝苦笑了一下说："朕这便安心了。传大阿哥，朕想再看一看他。"

御前太监们岂敢怠慢，连忙去接小皇子载淳，生怕来迟了，父子难以相见。

这时，诸王进殿，参见皇上。眼看着皇侄爱新觉罗·奕詝将长辞人世间，老态龙钟的惠亲王绵愉跪在龙榻前，老泪纵横。

咸丰皇帝低声说："五叔，皇侄将去矣。"

"皇上放宽心，调养几日便能好起来，别想这么多。"

老亲王泪如雨下，八大臣发出哭声，咸丰皇帝也落下了眼泪。

这时，门外传来小皇子那稚嫩的童音："阿玛、阿玛。"

大阿哥跑了进来。此时，殿内鸦雀无声，太监、宫女们没有一个敢出大气的，而且大殿外面围满了人，个个身着官服，脸上冷峻无比，自然没一个露出笑容的。小皇子抬头一看，把他吓了一大跳，这哪儿是皇阿玛？往日的阿玛精神饱满、英俊健美，而现在龙榻上的阿玛活像一个死人。小皇子有些惊呆了，迟迟不敢上前。

惠亲王拉住小载淳的手，说："阿哥，快去拉拉阿玛的手。"

小载淳这才胆怯地上前几步，咸丰皇帝十分艰难地微笑了一下，说："阿哥，来，坐到阿玛的面前。"

"阿玛。"小载淳扑到咸丰皇帝的怀里，咸丰皇帝再也控制不住自己，哽咽着，泪水落到了儿子稚嫩的小脸上。小皇子有些莫名其妙了，他呆呆地望着父皇，一声不响。

咸丰皇帝抚摸着儿子的头，说："阿哥，去，给他们作个揖，他们是阿玛所托的八大臣。"

八大臣纷纷摆手，不敢接受。可是咸丰皇帝坚持要这么做。

惠亲王牵着载淳的手，走到八大臣面前，八大臣并排站着。小皇子恭恭敬敬向他们作了揖，八大臣连忙下跪还礼。

咸丰皇帝的心里稍稍有了些安慰，他完成了一桩心愿：当面托孤。

"都跪安吧。"

"嗻。"

众人轻轻退下，咸丰皇帝感到一阵眩晕，他想睡一会儿。

当他蒙眬醒来的时候，发现皇后正坐在他的身边，虽无语却泪已千行。他伸出无力的手握住皇后的手指："皇后，你来了。"

皇后温情地凝视着咸丰皇帝，仍没有开口，只是泪如泉涌。咸丰皇帝想为她抹去泪水，可是，他总觉得胳臂像灌了铅一样，怎么也抬不起来。

"皇后，我不行了。留下你们孤儿寡母，全靠自己多保重。"

咸丰皇帝连说话都有些吃力，皇后轻轻点头，并不让皇上再说什么。

咸丰皇帝抬起手来指了指玉枕下面，皇后明白他想拿什么东西，于是，她起身动手掀开玉枕，是一枚印章，上写"御赏"，旁边还有一个小纸条。

皇后打开一看，上面有一行小字："某如恃子为帝，骄纵不法，卿可按祖宗家法治之，特谕。"

皇后有些惶恐，咸丰皇帝凝视着皇后，断断续续地说："我不在了，你那么善良、宽厚，只怕日后会有人欺负于你。到那时可持此谕保护你自己。还有，保护好丽贵妃等嫔妃，莫让某人太张狂。"

皇后心中当然明白皇上指的"某人"是懿贵妃，她含着眼泪说："谢皇上。"

"谢什么呢，你我夫妻一场，也没让你享几天福，你连个阿哥都没生，每每想到这些，我心里就觉得有愧于你。"

"皇上，快别说了。"皇后一把搂住咸丰皇帝，两个人的泪水打湿了锦被。

这时一个女人的低泣声传了进来，咸丰皇帝依然是有气无力地问："是谁在外面哭？"

"是懿贵妃。"

"兰儿？让她进来吧。"

叶赫那拉氏已经哭成了泪人儿，她跟在宫女的后面，掩面啜泣。

咸丰皇帝轻声说："兰儿，别哭了。朕即将辞世，真不忍心撇下你们孤儿寡母。"

懿贵妃一手拉着皇后，一手拉着咸丰皇帝，只哭不说话。

咸丰皇帝努力动了一下身子，从锦被下面掏出一枚印章，声音很微弱："这枚'同道堂'赐兰儿，日后下达谕旨时，皇后的'御赏'章为印起，兰儿的'同道堂'为印讫，切记。"

懿贵妃紧攥"同道堂"印，磕头谢恩，皇后连忙扶起她。

咸丰皇帝补充道："兰儿，日后你要尊重皇后，共哺阿哥，听见了吗？"

懿贵妃哭着说："皇上请放心，兰儿一定能做到的。"

"你们先下去吧，朕有些疲倦。"

咸丰皇帝的临终安排，并不是任意而为的。他觉得载淳太小，必须有人辅佐他。于是，顾命八大臣的集体智慧和政治经验足以使大清朝顺利地撑下去。而有可能成为第二个多尔衮的恭亲王奕䜣被排斥在辅政大臣之外，这就少了一个隐患。况且八大臣中并不全是肃顺的人，六额驸景寿就是一位颇有心计而又不愠不过的人。有他在，肃顺之流不敢太猖狂。

另外，咸丰皇帝将"御赏"与"同道堂"两枚印章交给皇后与懿贵妃，无形中又牵制了八大臣，保证了皇权牢牢地掌握在爱新觉罗家族的手中。

咸丰皇帝精心安排好一切，他可以放心地去了。迷迷糊糊中，他看见了天宇的光辉灿烂夺目，天庭里一片辉煌，万道霞光直射承德避暑山庄烟波致爽殿，大殿上空回荡着一个亲切的声音：

"奕詝，我的好儿子，时隔二十年，额娘终于找到你了。"

"阿哥，额娘走后，你一切都好吗？"

咸丰皇帝仔细一看，原来是生母孝全成皇后。额娘和二十年前离去时一样，还是那么漂亮。她一双明眸如皓月，弯弯玉黛似柳叶，玉手纤纤，笑容甜甜，似天女无人比。

"额娘，额娘。"

"儿呀，快来，额娘带你去一处天宇胜境，那儿没有痛苦，没有邪恶，没有猜疑，没有伤害。有的是幸福、快乐、和美。"说罢，孝全成皇后飘然而去。

咸丰皇帝急了，使出了全身的力气大叫："额娘，等等我。"

"皇上、皇上，醒一醒。"

咸丰皇帝依然昏昏沉沉，他好像感到母亲那温柔的玉手在抚摸着自己，他只想抓住那只手。

"啊，真是额娘的手，好柔、好柔。"

"皇上，好一点儿吗？"

咸丰皇帝在迷迷糊糊中又清醒了过来，他努力睁开眼一看，原来是皇后坐在他的身边。

垂帘听政：慈禧太后

"皇后，我在哪儿？几时了？"

"皇上，您在烟波致爽殿，已近凌晨，刚才你一直在昏睡中。"

"哦，我有些饿了，想吃点儿冰糖煨燕窝，一点点就够了。"

"皇上，稍等一会儿，刚才你睡着了，煨好的燕窝又端了下去。"

咸丰皇帝点了点头，他又昏昏沉沉地睡着了。

烛火映着他那消瘦的脸，他睡得好香、好甜，再也没有醒来。

一八六一年八月二十二日晨，咸丰皇帝宾天了。

咸丰皇帝宾天，承德热河行宫哭声震天。小皇子清晨还没起床，就被一阵哭声惊醒，他揉了揉蒙眬的睡眼，问张文亮："大家都在哭什么？"

张文亮也是满脸泪痕，悲痛地说："万岁爷已经宾天，群臣无不悲痛。"

小皇子根本不懂什么叫"宾天"，充满好奇地问："宾天？阿玛为什么要宾天？"

张文亮怎么给一个六岁小儿解释得通呢，他想了想，只好说："万岁爷永远、永远地睡着了，他永远不会再醒来。"

小皇子还是似懂非懂。

天已大亮，张文亮便把小皇子背到烟波致爽殿的大厅。皇后、懿贵妃一见儿子到此，她们哭得更凶了，吓得载淳也跟着两位额娘放声大哭。他被带到咸丰皇帝的遗体前，他见阿玛直挺挺地躺在龙榻上，脸上还盖着一块白绫子。小载淳急忙呼唤："阿玛、阿玛。"

他的同父异母的姐姐——大公主悄悄地告诉他："阿玛归天了。"

小皇子双眼瞪得圆圆的，他还是不明白，什么是"宾天"，什么又是"归天"。

大公主急了，趴在弟弟的耳边小声说："阿玛死了！"

"阿玛死了？"小皇子简直不敢相信，昨天阿玛还拉着他的手，替他擦眼泪，今天怎么就死了呢？对于"死"这个词儿，小皇子是懂得的。于是，他不禁悲从中来，号啕大哭。

"皇太子，请节哀顺变，保重身体。"

连称呼也变了，过去人们称他"大阿哥"，怎么阿玛一宾天，他成了"皇太子"了呢？小载淳定神一看，是六额驸景寿——他的满文老师。

景寿走到了小载淳的面前，劝他节哀顺变。六岁的小儿怎懂得什么是"节哀顺变"，他只感到阿玛要被埋到地下了，所以悲痛不已，哭了一阵又一阵，很是伤心。

哭累了，小载淳便依偎在张文亮的怀里睡一会儿，醒了以后，一想到慈祥的皇阿玛将被埋在冰冷的地下，他禁不住又放声哀号。

此时，皇后已乱了方寸，她只知道流眼泪，其余的事情无暇顾及。她吩咐大臣们，一切按大行皇帝殡殓礼数办，至于殡殓规模以及具体事宜，她一律不过问。在皇后看来，咸丰皇帝宾天，就像天塌下来一样。

虽然懿贵妃此时也很悲痛，但她更需要一份冷静。她清楚地认识到自己在群臣中的地位远远不及皇后。多少年来，皇后以仁慈之美德博得大家的好评，即使今后有什么政治上的掀天大浪，也不可能冲毁她那只"大舟"。可懿贵妃这只小船现在还经不起任何风浪，哪怕是小波浪也可能会把她打得粉身碎骨。

叶赫那拉氏必须冷静思考一下，如何才能为自己寻得一处避风的港湾。

热河行宫烟波致爽殿里哭声震天。太监、宫女们一身的孝衣，大臣们一脸严肃地奔来奔去，忙着殡殓之事务，竟无人说一句话。

懿贵妃感到压抑极了，窒息的空气将要把她压碎！

"皇太后请节哀顺变，懿贵太妃请节哀顺变。"

六额驸景寿走向两位皇嫂，欲劝二人节哀顺变。他一开口，懿贵妃便觉得他的称呼很不顺耳。她听得清清楚楚，八大臣之一的景寿对两位皇嫂的称呼已经改变，称皇后为"皇太后"，称自己为"懿贵太妃"，这表明她们的身份已由咸丰皇帝的宾天而改变。

咸丰皇帝驾崩，皇后被尊为"皇太后"，这便意味着新帝是她的儿子；而"懿贵太妃"不过是大行皇帝的遗孀，好像新帝——自己的亲儿子载淳，与她这个生母没什么关系似的。岂有此理！懿贵妃岂能咽下这口气，皇上刚刚驾崩，他们的眼里就没有懿贵妃了，今后还有叶赫那拉氏的活路吗？

想到这里，懿贵妃干脆改低声抽泣为号啕大哭。

"大行皇帝呀，等等臣妾，臣妾随皇上而去呀！"

懿贵妃呼天抢地地叫了几声，只见她双腿一蹬，昏过去了。这可吓坏了皇后、众嫔妃及大臣、太监、宫女们。

皇后抹了一把眼泪，焦急地喊："快把她抬下去，速传太医。"

太监、宫女们七手八脚地把懿贵妃抬了下去，太医火速赶来，为她诊脉。

"懿贵太妃乃伤心过度所致，需要静养片刻。"

太医为她开了一剂药方，乃人参、红枣、桂圆等，用老母鸡汁煎熬，利于大补。

太医匆匆告辞，皇太后仍不放心懿贵太妃的身体，亲自询问了太医。

太医如实相告："懿贵太妃身体虚弱，肝脾两虚，需静养调治。"

当初，懿贵太妃被太监、宫女们小心翼翼抬出灵堂，着实把安德海吓了一大跳。他可真怕主子有什么三长两短，这棵能乘凉的"大树"万万不能倒下。小安子急忙上前，太医正低头专心为懿贵太妃切脉，懿贵太妃迅速地瞄了一眼床头的金匣子，安德海全明白了。

这么多年，别说主子的一个眼神，就是她的一声咳嗽，小安子也能准确无误地领悟。

　　小安子立刻从金匣子里拿出一百两银子，揣在袖筒里，他又把其他太监、宫女都支开，乘太医伏案开药方之际，悄悄塞给太医一百两银子。

　　太医立刻明白了安公公的意思，太医见风使舵，在这儿，他可不敢得罪任何一个人。叶赫那拉氏的政治手腕，他也略知一二，谁敢断言这个女人不是中国第二个"武则天"？于是，太医便耍了个滑头，即顺水推舟，卖个人情给叶赫那拉氏，又不会得罪其他王公大臣。

　　所谓"肝脾两虚"，乃一普遍现象，常言道：十人九虚。

　　万一其他太医复诊，也会得出这个结论，自己不担任何责任，又能讨得叶赫那拉氏的欢心，两全其美。太医暗自笑了，既得了一百两白花花的银子，又讨好了懿贵太妃。叶赫那拉氏也笑了，咸丰皇帝的死，对于她来说，是人生的新起点，此时，她千万不能与其他女人一样，只知道悲伤，她必须给自己找一个安宁的环境，好好想一想今后的路应该如何去走！

　　懿贵太妃对太监、宫女说："都下去吧，我想静一静。"

　　太监、宫女们连忙退下，唯有小安子磨磨蹭蹭留在叶赫那拉氏的身边。一见四处无人，小安子壮着胆子说："主子，大行皇帝已去，奴才能为主子干些什么？"

　　懿贵太妃白了小安子一眼，淡淡地说："让我好好睡一觉，鸡汤炖好后，放在灶上别凉了，等我醒来后马上送来。"

　　"嗻。"

　　小安子知趣地退下。他知道主子的确累了，也的确饿了。自从皇上宾天，谁也没睡过一个安稳觉、吃一顿好饭。

　　每次御膳房传来问话："用膳否？"

　　皇太后总是冷冷地说："哀家不用，去问问她们用否。"

　　皇太后不吃也不喝，其他嫔妃怎能大吃大喝？就这样，懿贵太妃已经饿了好几顿了。

　　说到疲倦，更让懿贵太妃难以忍受。按宫廷礼节，皇太后可以坐在椅子上，而嫔妃们必须跪在灵前。她们不但是跪在地上，还要身着孝服，不停地号啕大哭。皇太后默默地一个劲儿地抹眼泪，但并不哭出声来，而懿贵太妃等人必须放声大哭，折腾了一天，可把懿贵太妃给累垮了。

　　此时不能垮！还有更重要的事情需要叶赫那拉氏去做。于是，她灵机一动，计上心来，便"上演"了刚才的那一幕。皇后乃宽容大度之人，她不会让身体虚弱、难以支撑的人跪在大行皇帝的灵前，这样，懿贵太妃得到了喘息的机会。不然的话，恐怕此时懿贵太妃还和其他嫔妃一样，傻呆呆地跪在大行皇帝的灵前呢。

　　懿贵太妃的确困极了，她一闭上眼便发出了轻轻的鼾声。小安子蹑手蹑脚地为她放下帐帘，又在卧房里燃了几根香。他想让主子好好地睡上一大觉，也做一场美梦。

懿贵太妃渐渐进入了梦乡。

她发觉自己到了一个奇异的天地里，四处五彩缤纷，悦耳的仙乐缕缕传来。她仿佛正坐在一艘大船上，载沉载浮。大船在水中颠簸着，好像水连天、天接水，并没有岸边。她的周围只有太监和宫女，找不到一个熟悉的人，哪怕是皇后、丽妃、大阿哥、大公主、七福晋，连一个人影也没有。

她坐在彩船上悠悠荡荡，好不快活。周围香气缭绕、白雾迷漫，船上也好像没有掌舵人，任水波推动大船。分不清东西南北、分不出天与地、分不出黑夜与白昼。

突然，从空中传来一声呵斥："兰儿，你这个负心女，当年我与你情深似海，可你进了宫，把我给忘了。"

她定神一看，是当年的情哥哥荣禄。只见荣大哥一手持一只大斧向她劈来，她正欲躲开身子，却又发现恭亲王奕䜣从天而降，一手夺下荣大哥手中的大斧头，一手将行凶者扭绑起来，押走他。

她终于舒了一口气："好险呀。对，小六子是可信赖之人。"

她正想倚在彩船上休息一会儿，咸丰皇帝从东南蓬莱仙阁那个方向直奔她而来："爱妃，朕在天宇里甚感寂寞，特来邀爱妃一同往天宇，共享天伦之乐。你与朕在天宫里恩恩爱爱，再生一个小皇子，朕让他当天皇，好吗？"

说罢，他一手将懿贵太妃轻轻抓起，捏在手心里，直奔天宫。

小安子在后面追来："主子、主子，小安子救你来了，莫信皇上之言，天宇是万万不可去的。你的阳寿尚未尽，还有更多的荣华富贵等着你哪，快随小安子回来！"

也不知小安子变了个什么戏法儿，吹了口气，她便从咸丰皇帝的手中掉了出来，仍然落在彩船上。

正在这时，只听得小载淳大声疾呼："额娘，快跑、快跑！"

睁眼一开，只见几个彪形大汉手里全拿着一根粗绳子，正向自己扑来，吓得小皇子大哭大叫。她左躲右闪，已经闪过两个彪形大汉的追逐，一纵身便往上飞，可不知怎么了，她又被抓了回来。

"哈哈哈……"那笑声让人觉得十分狰狞，直叫人打寒噤。

"哈哈哈，叶赫那拉氏，咸丰皇帝昏庸无能，不识你的真面目。可本王爷一眼就能将你看穿。祖训：'灭建州者叶赫。'本王爷不会忘记的，念你为爱新觉罗氏生过一男儿的分上，赐你全尸。白绫自尽，省得本王爷动手。"

她努力辨认自称"王爷"的那个人，怎么也认不出来。有点儿像载垣，又不

垂帘听政：慈禧太后

是；有点儿像惠亲王，也不是；有点儿像端华，还不是。怎么她一点儿都不认识这个大汉？那大汉一甩那根两丈长的白绫子，拂手而去。

她并没有自己动手打个结套在脖子上，可总觉得白绫子勒得她喘不过气来。

"救命啊，救命啊！"懿贵太妃奋力呼救。

"主子、主子，您醒醒，奴才在此！"

懿贵太妃终于被小安子推醒，她忽地坐了起来，出了一身虚汗。四处寻觅，根本没有什么彩船，更无彪形大汉。

哦，原来做了一场梦。

懿贵太妃深深舒了一口气。小安子安慰她说："主子，您是过度紧张、劳累所致，应该放松一下才是。鸡汤炖好了，想喝吗？"

懿贵太妃心有余悸，小安子一提起鸡汤，她的腹中直打雷。

"快端上来。"

"嗻。"

不一会儿，小安子端上了热腾腾的鸡汤："主子，多喝些吧，还有桂圆呢，补补身子。"

懿贵太妃点了点头，一口气将鸡汤喝完了，她还想再喝一碗："嗯，真饿了，再来一碗。"

"主子，你是'病人'呀，不可以吃这么多。"

狡猾的小安子提醒主子是"病人"，装就要装得像一点儿，不然会露马脚的。小安子向叶赫那拉氏挤眉弄眼的，两个人相视而笑。

懿贵太妃睡足喝饱，精神好多了，思维也清晰多了。她必须趁现在大乱之时站稳脚跟，以图今后有更大的发展。

但是目前她的力量太薄弱了，仅仅是个太妃，而且是个八大臣心中嫉恨与时时提防的太妃。因为这两年咸丰皇帝倦政，叶赫那拉氏学批奏折，早就引起大臣们的不满。

她的地位当然与皇后不能比，就是娇小的丽贵太妃，她也不能比。那几位后妃们不问朝政，想必八大臣不会用什么卑劣的手段去对付她们。

可自己就不同了，她也明白自己是八大臣心目中的"危险人物"，随时随地都可能被"肃党"吞掉。此时，叶赫那拉氏觉得老天爷在造人时太不公平了。那怯懦无比、无能无才的钮祜禄氏坐在皇太后的宝座上，而叶赫那拉氏有胆识、有才干，却无处施展，只不过是个太妃。

想到这里，叶赫那拉氏禁不住叹了口气，那善于察言观色的小安子早把主子的心思揣摩透了。他见时机已成熟，该是向主子"尽孝"的时候了，便说："主子，为何叹气？"

懿贵太妃望了望贴心的奴才小安子，并没有说什么。她觉得政治上的斗争，没有必要向一个奴才挑明，尽管小安子绝对效忠主子，也比别的奴才多一根政治神经，但她总不想把自己所有的秘密都告诉小安子。

正在这时，皇太后身边的一个宫女来了，她向懿贵太妃行了个双腿安：

"懿贵太妃吉祥！皇太后让奴婢来向懿贵太妃请安，不知主子可需要再传太医，皇太后正惦记着主子呢。"

那位宫女口口声声称"懿贵太妃"或"主子"，这个称呼对于她来说实在太刺耳了，但她不便向一个奴婢发火，只淡淡地回了句："回去告诉你们主子，我已经好多了，等一会儿吃了药便去守灵。"

宫女退了出去，懿贵太妃满脸的不高兴。刚才，那位宫女称她"太妃"，好像是故意想让她出丑，一点儿面子也不给她。叶赫那拉氏气急败坏，咆哮如雷：

"小安子，狗奴才，你还站着干吗！"

小安子被弄得不知所措，自己并没有做错什么事呀，主子拿他一个奴才出气罢了。

小安子是何等聪明之人，他一拍脑门子，想到："对呀，懿贵妃一夜之间变成了太妃，皇后一夜之间变成了皇太后，一定是主子不满这件事儿。"

想到这里，忠心的奴才"扑通"一声跪在主子的面前，抡起双手，左右开弓，掌自己几个嘴巴，口中还念念有词："奴才该死，奴才该死！"

一见安德海奴才十足的样子，叶赫那拉氏觉得很开心，只有在小安子面前，她可以露一副真面容。虽然她十分清楚小安子只不过是条"狗"，十分卑劣。但在这奴才面前，懿贵太妃是主子，她的心理上可以得到一种满足，即可以充分利用手中之权驱使、摆布别人：

"别打了，脸都打肿了，不觉得疼吗？"

"不疼。哦，很疼、很疼，主子不疼我，还有谁疼我小安子。"

小安子耍贫嘴，以博得主子的一笑。懿贵太妃勉强地笑了笑。此时的她怎可能开怀大笑，皇上刚宾天，再者她前程未卜，她笑得起来吗？

小安子一见主子怒气已消，胆子也大了起来：

"主子，刚才那个小奴婢也太大胆了，称什么皇后为皇太后，却称主子您为太妃，我真想一口吃了她。"

叶赫那拉氏四处看了看，见没有第三个人，便阴沉着脸说："那依小安子之见，该称呼什么呢？"

小安子见主子被说动了心，此时不奉承主子，更待何时。

小安子凑近一步，贴在懿贵太妃的耳边说："依奴才之见，皇后称皇太后，但阿哥是主子所生，也该称主子为皇太后。"

这句话真的说到她的心坎上了，顿时，她换了一张笑脸。她笑眯眯地注视着眼前的这个忠实的奴才，她多么希望小安子能继续说下去，可小安子不说了。

于是，她说："我朝开国以来，未曾有立两位皇太后的先例，这事儿恐怕不成吧！"

小安子可没这么多的历史常识，他只是竭力巴结叶赫那拉氏而已，至于先例不先例，他还真没想那么多。

懿贵太妃也明白小安子想不出什么高招来，便将手一挥："跪安吧。"

"嗻。"

小安子退下后，懿贵太妃陷入了沉思之中。虽然刚才小安子不过是为了献媚，说了句中听的话，但却撩拨得叶赫那拉氏心里"痒痒"。古人云"母凭子贵"，不是没有道理的。难道自己辛辛苦苦生下的小皇子载淳，眼看着他即位登基，自己就一点儿好处也捞不到？！

叶赫那拉氏不甘心！不去试一试，怎么知道不成功，她要大胆去闯一下，万一成功了，谁也不敢再小瞧她叶赫那拉氏，八大臣更奈何不了她，说不定八大臣对她会俯首帖耳呢。

想到这里，懿贵太妃再也坐不住了，她大步流星地走向烟波致爽殿——咸丰皇帝的灵前。六年前，她给了儿子一个生命，今天，她要向儿子索取回报了！

皇太后见懿贵太妃的气色比几个时辰前好多了，这才放宽了心。她向懿贵太妃苦涩地点了一下头，算是打个招呼。

小皇太子载淳身着重孝跪在阿玛的灵前。六岁小儿折腾了一整天，他实在太累了，索性往地上一坐，耍赖不肯起来。

皇太后一见，十分心疼小儿，便令懿贵太妃："你把阿哥抱回去吧，给他弄些好吃的，补补身子，再让他好好睡一觉。"

"遵命。"

这是叶赫那拉氏求之不得的大好机会。她抱起小皇太子便回了自己的寝宫。孩子一整天没得到休息，此时到了额娘的寝宫，他头一歪，在母亲的怀里睡着了。懿贵太妃看着怀中的小儿，一种温厚的母爱之情油然而生。毕竟是自己十月怀胎所生。平日里，她对小载淳的确有些严厉与冷漠，但此时儿子依偎在她的怀里，小脸蛋稚嫩可爱，做娘的如何不喜爱？

"懿贵太妃，让奴才陪皇太子吧。"小皇太子的谙达张文亮赶来了。

懿贵太妃坚决地摆了摆手，小声说："跪安吧。"

她焉能让可恶的张文亮此时插上"一脚"，好不容易才找个单独与儿子在一起的机会，机不可失，时不再来。这个良机可千万不能丢，因为她还要交给小载淳一个重要任务呢。

载淳在母亲的身边好好地睡了一大觉，当他揉揉眼皮醒来的时候，已是第二天上午。刚一睁眼，发现在额娘的软榻上，张文亮不在身边，便问："额娘，张文亮呢？"

"张文亮不在，阿哥有什么事儿，给额娘说好了。"

懿贵太妃满怀柔情地注视着儿子。

小载淳自从到了热河，与母亲的接触机会多了起来，他渐渐发现亲额娘与皇后额娘一样疼爱他，便也无拘无束。

用过早膳，懿贵太妃把所有的太监、宫女，包括贴心人小安子全支走，寝宫里只剩下她与儿子。其实，在皇族里，小载淳最亲的人也只有懿贵太妃一个人了，毕竟是母子连心。

也许是母亲的关爱打动了小儿，也许是血缘亲情割不断，只要叶赫那拉氏稍微温和一点，小载淳便和母亲亲近了起来。

"阿哥，我是你的亲额娘，你知道吗？"

小载淳点了点头，说："知道，张文亮告诉过我。"

懿贵太妃笑了，原来张文亮并不十分与她对着干。这奴才与小安子针锋相对，就让他们去"对"吧，只要与自己有利，管他安德海，还是张文亮，通通是奴才！

"那么，亲额娘疼爱你吗？"

小载淳依然点了点头，此时，他的确觉得眼前这位亲额娘很疼爱他。

"阿哥，额娘问你，那日皇阿玛让你进去，对你说了些什么？"

"阿玛让我给他们作个揖。"

咸丰皇帝一宾天，八位顾命大臣立刻宣读了大行皇帝的遗诏，人们都知道咸丰皇帝托孤之事，至于细节，懿贵太妃不在场，她并不十分清楚当时的情景。于是，又接着问："阿哥，你皇阿玛可曾提起过我？"

小载淳挠了挠头，很肯定地说："没提起额娘呀。"

一听这话，叶赫那拉氏既失望又高兴。失望的是咸丰皇帝托孤竟未提及皇太子的生母；高兴的是既然大行皇帝未做安排，自己便有了回旋的余地。

接着，叶赫那拉氏温和地对儿子说："阿哥，你皇阿玛已经宾天，过几天你就要继承皇位做皇帝了。"

小载淳哪能听懂这番道理，气得直摇头："我不做皇帝，那么多的大臣，让他们做好了。"

叶赫那拉氏连忙捂住儿子的嘴，说："这种话万万不能说！阿哥，再说这样的话，额娘就生气了！"

小载淳一看母亲一脸的严肃与冷峻，他连忙表示："额娘，我不再说这样的话了，额娘喜欢我说什么，我就说什么，好吗？"

懿贵太妃觉得这个儿子还是很听她的话的，她一激动，将儿子一把揽入怀里，说："好阿哥，你是个最听话的好孩子。"

被额娘一夸赞，小载淳有些飘飘然了。

叶赫那拉氏一见这情景，抓住时机急切地说："阿哥一定要做皇帝，这大清的江山是阿哥的。等阿哥登基之时，一定要说两句话，切记、切记。"

小载淳心里似乎还不明白母亲的话，他瞪着乌黑的大眼睛问："额娘，什么是登基？为什么要说两句话呀！"

"别插话，听额娘说完。"懿贵太妃不耐烦地厉声叫着，吓得小载淳不再出声。

懿贵太妃生怕吓着小儿，又怕自己太严厉，小儿不听她的话，于是，又换了一副面孔，柔声细气地说："登基就是大臣们，包括六额驸在内的人，还有你认识的载垣、端华、肃顺他们向你跪下，口呼'万岁'，称你为皇上。"

小载淳似乎明白了什么，他怯怯地问："额娘，我要说哪两句话呢？"

懿贵太妃俯在儿子的耳边低声说："第一句话是：封皇后额娘为母后皇太后；第二句话是：封亲皇额娘为圣母皇太后。阿哥，记清了吗？"

"记住了。"小载淳答应得很爽快，他最亲爱的两位额娘请他办这件事儿，他很乐意。

母亲生怕儿子记不住，便让小载淳又反复背诵了几遍。不就这简单的两句话吗？对于聪明伶俐的小儿来说不算什么难事儿。小儿沾沾自喜地说："额娘，这两句话太好记了，比庄子的《逍遥游》里的句子好记多了。"

叶赫那拉氏望着天真可爱的小儿，她心中暗想："小儿认为的简单的两句话，一点儿也不简单，载淳登基之时若很流利地说出这两句话，自己的命运将从此改变。"

懿贵太妃牵着儿子的手，一路叮咛，一同到了烟波致爽殿。

八大臣已商议好太子即位的问题，按清朝惯例，历朝皇帝都在北京紫禁城太和殿行即位大典。但现在热河离京城路途遥远，回京无期，国不可一日无君！

皇太子一日不即位，八位顾命大臣就一日不能以"上谕"的名义向全国发号施令。正在众人焦急万分的时候，还是精于典故的大学士杜翰想出了办法，决定效仿道光帝，让载淳即刻在大行皇帝的灵前行即位礼，回京后再举行登基大典。

八位顾命大臣中，只有六额驸景寿与小载淳相熟，他是皇太子的满文老师。于是派景寿去教小载淳"告祭即位"的礼节。尤其要让小载淳明白自己的身份，他不再是"阿哥"，而是万民之主——大清的皇帝。

无奈，景寿教了半天，小载淳也没听进去几句，他在心里一直默默背诵着刚才额娘教他说的那两句话。景寿急了，但又不便发火，便喊来张文亮，一起教小载淳。

自从载淳一落地，张文亮便侍奉他。作为特殊太监，张文亮在小载淳的面前不仅仅是奴才，更重要的是，他是小载淳的朋友。

经张文亮一说，小载淳真的豁然开朗："哦，你们说我是皇上，那么我的话就是圣旨了？"

"对对对，大阿哥真聪明。"

"太好了，我现在就颁一道圣旨：从今以后，大阿哥不用再读书了。"

童言无忌，景寿与张文亮被弄得哭笑不得。为什么小载淳要急于下这道"圣旨"呢？

原来，小载淳的师傅李鸿藻治学严谨，他对特殊的学生载淳要求特别严格。当载淳不用心背书时，他严厉地责备过载淳，甚至还处罚过载淳。载淳又敬他、又畏他。小载淳以为不去读书让张文亮陪着他玩，是最高兴的事儿，特别是去捉蝈蝈、挖花草，可有趣了。

景寿既是载淳的六姑父，又是他的师傅，他仍把小载淳当成内侄与学生看待，所以沉下脸来说："阿哥，不读书怎么行，不识字，将来怎么治理好国家。"

本来，载淳还想下第二道"圣旨"，即把额娘教给他的那两句话当成"圣旨"。此时，他一见六额驸不高兴，话到嘴边又咽了下去。

"六额驸，当了皇上有什么好处？"

景寿回答："皇上是九五之尊，万民都是皇上的臣民，都要吃皇上的。君叫臣死，臣不得不死，父叫子亡，子不得不亡。"

听到了这句话，六岁小儿高兴得拍手大叫："那我当皇上，当上了皇上就可以去杀人了。"

景寿与张文亮吃了一惊，他们想不到小小年纪的阿哥竟说出这句话。景寿沉下脸来，严肃地说："阿哥可不能说这种话，皇上要爱民如子，怎能随便杀人。"

一席话说得小载淳不再吭声。

景寿走后，张文亮凑近小载淳，低声问他："阿哥想杀谁？"

"肃顺，还有小安子。"

张文亮连忙捂住了载淳的嘴，声音压得更低了："阿哥，这些话今后可千万不能再说，不然，要出事的。"

小载淳认真地点了点头。

张文亮知道小载淳平时最讨厌安德海，但没曾想到他竟有杀小安子之意。至于肃顺，张文亮就不明白了。可载淳心里明白，两位皇额娘都说肃六不好，他一定是个大坏蛋。所以，小安子、肃六，全都要杀。

咸丰十一年七月十八日正午，承德避暑山庄烟波致爽殿的正厅里，早已摆放好明黄椅披的龙座。大臣们忙着给大行皇帝行"小殓"。小殓后，王公大臣们从东暖阁走出，按品级排好队，由肃顺和景寿引着载淳升座。然后是群臣行三拜九叩大礼，口呼："万岁、万岁、万万岁！"众人拜贺皇上即位。

爱新觉罗·载淳正式成为大清入关后的第八位皇帝。

大臣们拜贺之后，是钮祜禄氏及叶赫那拉氏等嫔妃们出来拜贺新帝即位。

载淳一见生母出来，不由得想起了今天早上额娘叮嘱他的那两句话。他刚想下圣旨，无奈哀乐响起，"大殓"仪式开始。大臣们忙乱了一阵子，才把大行皇帝的遗体装入棺椁。大殓仪式结束后，肃顺等人请新帝节哀顺变、入内休息。

这可急坏了叶赫那拉氏，她在心里骂着："该杀的肃六，你坏我的好事，等我一旦得了势，我要你人头落地。"

叶赫那拉氏焦急地看着儿子，小皇帝也急切地望着生母，不知如何是好，只一个劲儿地跺脚。

"皇上，哪儿不舒服？"

张文亮上前抱住小皇上，他还以为小皇上哪儿不舒服。问了半天，载淳也没说什么，还是一个劲地直跺脚，急得张文亮不知如何才好。这一切，叶赫那拉氏全看在了眼里，她明白儿子一定是想说出那两句重要的话。可是，大厅里乱糟糟的，无人顾及到小皇上想干什么。

叶赫那拉氏凑近皇太后的耳边："姐姐，皇上急得不得了，你瞧。"

皇太后一看，果然如此，她派一个太监喊来了肃顺：

"肃中堂，你瞧皇上似有圣旨要颁布。"

肃顺也认为皇太后所言极是。于是，他将手一挥，各大臣不再吵吵嚷嚷，大厅里立刻安静了下来。

小皇上见大家一齐转向他，便得意扬扬，发话了："朕有一谕旨，请各位爱卿接旨。"

这下子可急坏了六额驸景寿，他是小皇上的满文师傅，也是皇亲，小儿的顽皮任性，景寿了如指掌。万一小儿说出"不读书"或"想杀谁就杀谁"的话来，可怎么收场。

载淳已即位，他是皇上，他的话便是圣旨。不执行吧，是抗旨，罪不可赦；执行吧，六岁的小儿不读书，以后怎么治天下。再者，皇上应有仁爱之心，乱说"杀"字，于君不利呀。

情急之下，景寿"扑通"一声跪在了地上，他一字一句地说："臣请皇上三思！"

景寿又不便明说，他怎敢阻拦皇上发布圣旨。小载淳一看他的六姑父面如土色，心中就明白了是景寿不让自己说出什么"不读书"或"想杀谁就杀谁"的话。聪明伶俐又天真可爱的小皇帝，大叫："六额驸，朕并不是要说上午的那些话，朕另有话要说。"

一个"六额驸"叫得景寿魂不附体。在皇族里，皇上是至高无上的，所有的大臣，包括皇上的皇叔、姑父、舅舅之类的人物，都应以"臣"自称；而皇上称他们都应是"爱卿"，而不能直称"叔""舅""姑父"之类。小载淳学着先帝称"朕"，却没有人教他怎么称"额驸"。

一见六额驸双腿直发抖，一向温和的皇太后发了话："六额驸起来吧，以后教皇上怎么称呼便是。皇上，你有何谕旨？"

小皇上抬头看了看大臣们，又看了看众多的额娘，终于鼓足了勇气，冲出一句："朕封皇额娘为母后皇太后，封亲额娘为圣母皇太后。"

小皇上一言既出即圣旨，不可违抗。

爱新觉罗·载淳的第一道圣旨可把大臣们给震惊了，但又无人敢违逆圣旨。大臣们心中暗暗叫苦："皇上呀，皇上，你小小的年纪怎知道说这句话！"

叶赫那拉氏眉开眼笑。她摇身一变，由太妃变成了圣母皇太后，登上了皇太后的宝座。

后因母后皇太后住在东暖阁，圣母皇太后住在西暖阁，人们称钮祜禄氏为"东太后"，称叶赫那拉氏为"西太后"，合称"两宫太后"。

话说叶赫那拉氏一下子从太妃变成了太后，肃顺是又气又恨，气自己太轻蔑叶赫那拉氏了，恨那叶赫那拉氏竟然抢先了一步。他心中十分明白，小皇上即位后，将是以自己为首的"热河派"与西太后争夺实权的斗争。这场争斗势必十分激烈而残酷，甚至是你死我活的斗争。

老谋深算的肃顺，他深知六岁的小皇上一定十分贪玩，两宫太后势必代小皇上行事，而肃顺绝对不乐意颇有政治才干的西太后掌握朝政大权。至于东太后嘛，她为人一贯谦和、宽厚，让她代小皇子处理朝政，对肃顺的威胁并不大。

其实，东太后并不十分欣赏西太后的为人处世。她总觉得西太后叶赫那拉氏太奸猾，又刻薄、投机钻营。这次小皇上的第一道圣旨就是西太后一手"炮制"的。事先，东太后一点儿也不知情，从这件事上足以证明西太后是个"有心机"的女人。

当年，叶赫那拉氏还是默默无闻的秀女时，她竭力讨皇后钮祜禄氏的欢心。后来叶赫那拉氏得宠，特别是生了大阿哥载淳之后，她的眼里哪儿还有尊贵的皇后。为了拉拢大阿哥载淳，两个女人也曾明争暗斗过。不过，今日不比当初，那时咸丰皇帝健在，两个女人都没有生存的危机感。如今，大行皇帝抛下了两个年轻的寡妇，她们的新帝是六岁的小儿，孤儿寡母，无依无靠。

想来想去，东太后意识到此时与西太后叶赫那拉氏不能再计前嫌，她们应该携起手来一致对外。

对于西太后的政治敏锐性与政治手腕，东太后总是很佩服，暗叹不如。而且，西太后的政治热情也很高。每每想到这些，东太后总觉得有依赖的感觉。热河行宫的东、西太后不再哭泣，她们必须抹掉泪水，以迎接残酷的政治斗争。

西太后分析了八位顾命大臣与东、西太后的双方实力后，对东太后说："姐姐，肃顺与怡亲王载垣、郑亲王端华等人，以八大臣之名发布号令，什么事也不通知咱们。我看，早晚有一天，他们会'吃'掉咱们。皇上还小，祖宗的基业可不能断送在他们手上啊！"

东太后一听，觉得西太后讲得很有道理。她叹了一口气说："他们八位是大行皇帝托孤的顾命大臣，有先帝遗诏在，咱们奈何不了他们呀。"

西太后暗暗地瞪了一眼东太后，但她必须牢牢地抓住这位"政治迟钝"的东太后。

西太后开口道："姐姐，难道你忘了先帝赐给我们的那两枚印章？"

经西太后一点拨，东太后豁然开朗，她淡淡地一笑："对呀，若不是妹妹提起那两枚印章，哀家还真忘了这回事儿。"

西太后压低了声音，与东太后商谈了好长时间，然后说道："姐姐，事不宜迟，今天下午便向八大臣挑明，以防不测。"

东太后点了点头，此时她不由得更佩服西太后了。

为了共同的利益，两宫太后携起手来，使得肃顺等人不得不警觉起来。

"肃中堂，皇上还小，尚不能亲政，以后凡拟谕旨，须通知两宫太后，不得有违。"东太后先发了话。

肃顺当时为协办大学士、户部尚书。此人的确有些专横、狂妄自大，不甚得人心。东太后对他一直瞧不起。但是，肃顺对东太后倒是十分尊重。刚才，东太后的这句话，着实把他给震慑住了。

八位顾命大臣觉得东太后的话在情在理，不好反驳，只好硬着头皮答应。

谁知西太后阴沉着脸补充道："以后再拟谕旨，须经两宫太后钤印，方可生效。"

肃顺"哼"了一声，流露出明显的不满神情。他沉吟了片刻，并不发话。

东太后见局势僵持，便说："两宫太后只是钤印，以表示我们过目了，并不一定提什么意见。肃中堂，就这么决定了吧。"

东太后之言无可辩驳，肃顺再也不好说什么。

就这样，皇上即位实际上变成了"垂帘辅政，兼而有之"。

两宫太后提出在八位顾命大臣代拟的谕旨上钤印，一枚是咸丰皇帝赐给东太后的"御赏"，钤在谕旨的起头；另一枚便是咸丰皇帝临终前交给兰儿——西太后的"同道堂"印，钤印在末尾。只有同时盖上这两枚印章，谕旨才能发下去。

这实际上形成了八位顾命大臣与两宫太后互相牵制的局面。

却说一年前，咸丰皇帝一行人热河避难时，恭亲王奕䜣留守京城与外国人周旋。

对于恭亲王奕䜣，王公大臣们也是众说纷纭，莫衷一是。有人说六王爷退敌有功，也有的说"鬼子六"卖国求荣，还不知道他与洋人是怎样串通一气的。于是，朝廷大臣自然而然地形成了两个派别，即支持奕䜣的"北京派"与攻击奕䜣的"热河派"。

目前，有三股强大的势力，即"北京派""热河派"及两宫太后。三股强大的势力如何演变、发展，进行怎样的殊死搏斗，最后"鹿死谁手"，尚未有定论。

咸丰皇帝宾天后，八大臣先颁喜诏，再颁哀诏。立即引起了留京大臣们的不满，恭亲王奕䜣、大学士桂良、文祥、内务府大臣宝鋆等人议论纷纷，对热河状态进行种种猜测。

奕䜣一向以敏锐的政治头脑而著称，他一针见血地指出："先帝驾崩，我等未在面前；幼主登基，我等全然不晓。看来，肃顺与载垣、端华等人是想左右朝政。"

宝鋆也说："肃六搞得什么鬼名堂，先帝病危，也不告知我等。今日大行皇帝已去，幼主不过冲龄而已，看来肃六他们已独揽大权了。"

他们正在七嘴八舌议论之际，谕旨到，大臣们连忙接旨。他们打开圣旨一看，不禁有些诧异：原来谕旨上多了两枚"御赏"与"同道堂"的印章！

聪明的恭亲王立刻明白：两宫太后已初步参与朝政，夺取了一定的权力。

这对于犹如在热锅上的蚂蚁一般的奕䜣来说，无疑是一支"镇静剂"。他深深地舒了一口气。两位皇嫂让他刮目相看，他与两宫太后早有商议，两股力量联合起来，共同对付以肃顺为首的"热河派"。

奕䜣流露出一丝不易为人察觉的微笑，却全被他的岳父桂良看在眼里。桂良凑近奕䜣，低语道："王爷何不赴承德奔丧？"

这句话道出了奕䜣的心声，他正想与众知己商议，即刻承德奔丧。其实，"奔丧"不过是借口而已，奕䜣真正目的在于联络两宫太后，共同钳制八位顾命大臣。奕䜣等人很快拟好奏折，迅速发往热河，请求承德奔丧。

四天后，八百里加急到京，肃顺等人找了个很好的借口，阻拦"北京派"的人到热河干预朝政。谕旨里写的是："国丧期间，京师重地，留守要紧，切勿赴热河。"

肃顺老奸巨猾，他怎能让"鬼子六"此时来承德搅乱他的局面。

原来，这道谕旨颁布的时候，肃顺等人瞒天过海，骗取了两宫太后的钤印，强行颁布了这道谕旨。

回到寝宫，西太后越想越生气，她气东太后头脑太简单，行事太草率；恨肃六为人太狡猾，太奸诈，他不露声色地将恭亲王奕䜣死死地困在了京师。没有"铁帽子"王爷的支持，她西太后纵有天大的本事，也斗不过老奸巨猾的肃顺。

西太后一脸的愁云，她坐卧不宁。细心的安德海看出了主子一定有心事，为了讨好主子，他先端上一碗燕窝粥，又轻轻为主子捏了捏肩膀，才开口问："主子，是不是太累了？怎么主子的脸色这么苍白？"

"不，你跪安吧。"

"嗻。"

小安子很听话，转身离去。他刚转身，又回过头来说："小安子不走远，主子有什么吩咐，咳嗽一声便行。"

西太后越想之前那事，越觉得有很多可疑之处：留京大臣们又不是没长头脑，怎么可能一窝蜂似的来承德奔丧？他们比谁都清楚，京师乃国之重地，守卫京师是他们的天职，他们深知责任重大，怎么可能轻易离京。再者，恭亲王奕䜣更聪明，他也不会同意大伙儿这么干的。

"对，一定是肃六玩了什么鬼把戏。"

西太后再也坐不住了，她急忙喊："小安子。"

"奴才在！"小安子应声答。

西太后说："快去请六额驸。"

"嗻。"

小安子欲离去，西太后急说："不要声张，悄悄地。"

"主子，您放心好了。"

小安子做事一向得体，很得叶赫那拉氏的欢心。

为什么西太后忽然让小安子去请景寿呢？这还不是明摆着嘛：六额驸景寿是小皇上的六姑父，在八位顾命大臣之中，他是"自家人"。也许，他能透露些可靠的消息。

景寿这个人平日里少言寡语，又胆小怕事，素来不愿与人发生什么争执，包括对西太后这位皇嫂，他也是毕恭毕敬。

"太后吉祥！"

景寿一见西太后，连忙行跪安礼。

西太后看了一眼六妹夫，说："六额驸，都是自家人，以后无人处不要如此拘礼，快免礼平身！"

景寿心里一直忐忑不安，对于西太后的政治手腕，他是十分清楚的。依他的谨慎处世的人生哲学，他是不愿意轻易得罪任何一个人的，更何况眼前的这个人是小皇上的生母——聪明的女人西太后。他静静地坐在西太后的对面，等着西太

161

后发话，以便能以最快的速度，圆满地回答西太后的问题。

"先帝驾崩，幼主即位，你们八位顾命大臣日夜操劳，我们姐妹甚感过意不去。以后凡是能不劳累你们的，我们姐妹就代劳了。"

西太后说得冠冕堂皇，口口声声"我们姐妹"，景寿听得出来，她是拉东太后来撑腰，好一个强干的女人。

景寿虽然沉默寡语，但并不等于说他愚钝，相反，他是大智若愚。他的反应很快，一听西太后这话，他便明白西太后是嫌八大臣碍手碍脚，想削弱他们的势力。但顾命之责是大行皇帝的遗诏，景寿既不愿，也不敢违抗旨意，他处于进退维谷之中。

"六额驸，听说恭亲王上奏请求奔丧，你是知道的。"

一个"你是知道的"，逼得景寿无退路。

"这个，啊，这个……"

景寿支支吾吾起来，他怎么回答西太后呢？说实情吧，那几位大臣，尤其是肃顺、载垣、端华三个人饶不了他；隐瞒实情吧，万一以后西太后得了势，他六额驸的小命就保不住了。

景寿低着头，假装咳嗽，并不答话。

"圣母皇太后，臣忽然心口绞痛，容臣稍歇片刻。"

景寿憋得满脸通红，他慢慢站了起来，双手捂住心口，祈求西太后放他走。那可怜兮兮的样子，很让人同情。

西太后是何等聪明之人，她见景寿如此狼狈，心中也猜出了八九分。

"跪安吧，传个太医为你好好治治病。"

景寿也听出了西太后话中有话，他连忙退下。

西太后又陷入了沉思之中。看来，问题就出在肃顺等人身上，一定是他千方百计阻拦奕訢拜祭亡灵，这里面大有文章。西太后不敢多想，她必须争分夺秒，抢在肃顺等人之前，想一个万全之策，争取主动，牵制敌人。她大步流星去找东太后。

东太后虽然没有西太后这么敏锐的政治头脑，但自从咸丰宾天后，她也能感到肃顺之流太嚣张，太狂妄，他们根本不把两宫太后放在眼里。一想到自己年轻守寡，外臣欺负她们孤儿寡母，她就禁不住落泪。

"姐姐，别伤心了。"

西太后也揩了一下眼泪，似乎她也在怀念先帝。

东太后轻轻叹了一口气，说："我们孤儿寡母的，净受人欺负。"

西太后拉住她的手，小声说："如今我们姐妹正如刀俎上之鱼肉，眼见就要被人剁碎。"

西太后一出此言，把东太后更吓住了，她的泪水如断线的珠子直往下掉。这位温顺、善良的钮祜禄氏不善猜度别人的心思，她本着一颗宽大、善良的心，一心想把小皇上养大，培养成人，以便将来亲政之后能当一个贤明的君王。至于宫廷内部的争权夺利，互相倾轧，她不感兴趣，也不愿参与。

西太后这么一说，东太后紧张地问："妹妹是说'人为刀俎，我为鱼肉'，为什么这么说？"

"姐姐，你太善良了。乍一看起来，八大臣很尊重我们，拟旨时加钤印，但他们拟的旨不许我们更改，这不是明摆着'走过场'吗？姐姐，你好好想一想呀。"

东太后一想，也是这个理儿。每次八大臣拟旨以后，只是拿过来让两宫太后过目一下即可，他们从不听从两宫太后的意见。这样一来，加上钤印无非是摆摆样子，并没有按两宫太后的意思行事。

东太后沉吟了一会儿，说："依妹妹之见，应如何才能不被他们左右？"

"姐姐，这尚不是关键的问题。关键的是他们竟背着我们干了一些事，很让人生气。"

"什么事情？"

东太后有些吃惊，她还是第一次听说八大臣如此隐瞒真相，欺骗她们。

"这是小安子探到的。刚才我招见六额驸，他支支吾吾的，只推说心口痛，便急匆匆地走了。不过，我从他的表情上能看出，他们一定干过对不起咱们孤儿寡母的事儿。"

东太后倒吸了一口凉气，感慨万分："人心难测呀。"

西太后补充道："多亏小安子机灵，不然，我们到现在还蒙在鼓里呢。"

"这个忠实的奴才，以后应多赏他一些银两。"

东太后很佩服西太后的能耐，她居然能把一个奴才调教得忠心耿耿，这一点，东太后自叹不如。东太后身边竟没一个太监、宫女像小安子这般忠诚，尽管个个对她都很尊敬。

小安子可不是普通的奴才，他像主子西太后一样，多了一根政治神经。当他发现主子的势力一天天强大之后，便开始暗中介入政治斗争。凭着他安公公的能耐，他竟把肃顺之流的诡计打探了出来。原来，肃顺阻拦奕訢赴承德奔丧，为的是孤立两宫太后，好自己一手遮天。

于是，西太后在东太后的支持下，即刻用"苦肉计"让太监安德海出山庄，秘密急赴京城，赶在圣旨到达之前，让老六马上动身来热河。

小安子终于赶在肃顺派人送的圣旨尚未到达之前赶到了恭王府。他心中暗喜，长舒了一口气。由于有密札在身，他急于见恭亲王奕訢，便把毛驴拴在王府侧旁的石柱上，一抬腿便进王府。

"站住！哪儿来的野小子，大白天竟敢闯王府！"

王府的侍卫拦住了小安子，小安子不由得大怒。一路辛苦不必说，小命差一点儿丢掉了，好不容易来到了王府门前，却又被侍卫呵斥。眼看大功告成，小安子可以回去领赏，谁知小小的侍卫竟对他安公公不客气。王府的侍卫当然要粗声粗气拦住小安子了，他们并不知道来者何人。一见小安子一身的泥巴，骑着一头小毛驴，大模大样闯王府，能不拦吗？

"让开，若坏了我大事，我要你们人头落地！"

小安子也横了。

侍卫被惹恼。

"好小子，有什么来头，竟敢在王府门前大吼大叫，我看你小子是欠打。"说着，一个侍卫上前就是一拳，不偏不歪，正打在小安子的鼻子上，鼻孔顿时流出了鲜血。

小安子火了，大叫："浑蛋，看安公公以后怎么收拾你们。"

"你莫提安公公，贵妃娘娘身边的安公公怎么会是你这副熊样子。"

侍卫虽不认识安德海，但他们听说过懿贵妃身边有个宠监安德海。曾经有一次，小安子受懿贵妃之命来过王府，给王府的大格格送见面礼，正赶上这两位侍卫轮休，他们当然不认识安公公了。

"快闪开，我要立刻见恭亲王。"

"小子，王爷乃千岁，你要见他，不怕吓着你。"

小安子在王府门前又叫又喊，惊动了王府的大管家，他连忙跑过来看发生了什么事情。

"李侍卫，吵什么呀？"

"管家，有个野小子闯王府，他还自称是什么'安公公'。"

管家连忙上前，眼见的小安子蓬头垢面，一身的泥巴，他仔细辨认着。

小安子急了，忙说："上次我受主子之命来过王府，还给大格格送来了见面礼。"

管家大叫："哎呀，真是安公公，怎么你？"

管家惊诧了，往日白皙、漂亮的安公公怎么今日如此狼狈不堪。

"进去再说。"小安子狠狠瞪了两个侍卫一眼，大步流星跨进王府。

这几日，恭亲王奕䜣坐卧不宁，他在京城召集了"北京派"的几位大臣，几个人一致认为肃顺不会轻易让恭亲王承德奔丧。他们向来与肃顺、载垣、端华等人不和，先帝遗诏封肃顺等人为顾命大臣，实际上削弱了恭亲王的实力，的确让八大臣赞襄幼主，而肃顺等人坚持不回京，恭亲王是鞭长莫及。他在京城急得团团转。

虽然，恭亲王对咸丰皇帝的遗诏有意见，但毕竟是他的皇兄，手足之情胜过一切，他急于承德奔丧，拜祭皇兄的亡灵。也想见一见两位皇嫂，特别是颇有政治头脑的叶赫那拉氏，此时听听她的看法，团结起来共同对付"热河派"，乃为上策。

今天一大早，恭亲王便觉得有什么事情要发生，他穿上朝服，等接圣旨，圣旨一到便赶往承德奔丧。

这时，只见一位太监匆匆来报："王爷，安德海求见。"

六王爷深知热河行宫的小安子此时来京，一定有要事相告，他连忙说："快让他进来。"

小安子几乎是跑着进来的，他直奔六王爷走去。

"王爷吉祥，奴才给王爷请安了。"

其实平日里，恭亲王很讨厌这个媚态十足的狗奴才，不过今日他来王府一定有大事，恭亲王只好说："免礼平身！"

只见小安子向四处望了望，恭亲王明白了小安子的意思，马上让太监、仆人全退下，又把小安子领到大厅西侧的一个小书房里。

"王爷，事不宜迟，快快动身赴承德，肃顺的人一会儿便到了，圣旨一到，王爷可就走不成了。"

说着，他从袜底里拿出了密札。无奈他一路在雨中奔波，密札早已字迹模糊。

于是，他只能急着说："到了承德，两位太后会讲明一切的。"

恭亲王辨认着密札上的字，什么也看不清楚，他怎么肯轻信一个奴才的话？

小安子急了，说："王爷，你看这太后钤印不会假的吧？"

恭亲王还是努力辨认字迹，他隐隐约约看到了几行字：

"大行皇帝龙驭，肃顺等人独揽离宫，挟持幼主，蓄意谋反。御弟亲王速来承德，共商大事。"

"小安子，快仔细从头讲起，热河到底是怎么回事？"

"王爷，奴才斗胆，王爷必须立刻离开王府，对外只讲已赴承德奔丧。王爷暂避七王爷处，奴才再作讲述。"

恭亲王见小安子一副狼狈不堪的样子，但他仍小心谨慎，也猜到了事态一定很严重。于是堂堂的"铁帽子"王爷居然听从一个奴才的劝告，令福晋为他匆匆收拾些行装，准备马上离开恭王府。

恭亲王的轿子一下子抬进了醇王府的第三道院子，这里是内院，一般人进不来的。醇郡王奕譞令太监、仆人全退下，他亲自掀开轿帘，请六皇兄奕䜣下轿。一看小安子也坐在王爷的轿子里，他似乎明白了什么。

西太后的妹婿，七王爷奕譞此时只是个郡王，但他夫妇与西太后关系甚密。

本来七王爷与七福晋也在热河行宫生活，前些日子，七福晋临产，他们便回京了。

"醇王爷吉祥！奴才给王爷请安了。"

"免了，快说吧！"

恭亲王奕䜣急于听小安子讲述热河发生的事情，他讨厌小安子此时还这么多的礼节。

小安子喘了一口气，说："两宫太后派奴才来京，是因为行宫有变，请二位王爷速速赴承德。迟了，肃顺的圣旨一到，二位王爷就去不成了。"

然后，小安子便生动地描述了咸丰皇帝宾天前后发生的大事。本来事态就很严重，再加上小安子添油加醋，两位王爷一时间十分震惊，他们想不到"热河派"竟猖狂到这般地步。

恭亲王咬牙切齿地说："肃六呀，肃六，你胆大妄为，为非作歹，妄想谋夺我大清社稷，还把我'铁帽子'王爷放在眼里吗？"

恭亲王气得脸色铁青，一向温和的醇郡王此时也义愤填膺，怒不可遏。

两位王爷不敢多耽搁时间，生怕宣圣旨的人追到醇王府来，他们决定立刻动身赴承德奔丧。临走时只带了四五个太监、三个宫女，便轻装上阵了。他们不敢走大道，只好抄小路赴承德。

六天后，他们一行十几人终于在承德避暑山庄外立住了脚。一路上小安子都在考虑自己如何混入行宫。当初，他是东太后发话，以"押回京城内务府惩办"为由离开避暑山庄的，十天后又好端端地回来了，不是露馅了吗？怎么办？

恭亲王、醇郡王及小安子三个人一合计，最后决定让小安子男扮女装混入行宫。还好，小安子本来就长成一副女人相，加之他是个阉人，不长胡须，只要穿一身女装，稍加点缀便像个宫女。他们让小安子穿上宫女的衣裙，再弄来一束假发，不仔细的人还真看不出破绽来，两位王爷相视而笑。

一切准备就绪，恭亲王坐在八抬大轿里，醇亲王随后，小安子混在宫女、太监里，一起进了热河行宫。

进宫门时，侍卫一看是恭亲王来了，便远远地站在一边，检查随行人员时也只是走走过场。

当一个侍卫检查太监、宫女时，发现其中一位"宫女"很面熟，他刚想多看几眼，就听见醇郡王发话了："大胆的奴婢，磨磨蹭蹭干什么，小心你的皮。"

那"宫女"连忙跑向醇郡王，向七王爷磕头求饶，至于"她"说了些什么，侍卫一句也没听见。

于是，十天后，小安子又神不知、鬼不觉地回到了西太后的身边。当然，他这次回来后不敢公开露面，只有隐藏在西太后的寝宫里，而且也只有主子西太后和几个宫女知道小安子回来了。这几个宫女也是一点儿风声也不敢走漏，生怕自己的脑袋"搬家"。

　　小安子历尽艰辛才完成西太后交给他的重要任务。回到热河行宫后，两宫太后对机灵能干的他自然是好一番夸奖。东太后对他也有了新的看法。

　　当然，对于东太后，小安子是有所隐瞒的。他自己也知道东太后过去对他有成见，为了改变东太后对自己的印象，小安子专拣一路上的艰辛说。至于他路上连杀三个太监之类的事，他只字未提；而路遇土匪、农妇搭救等紧张情节，他大大渲染了一番，听得东太后直发感叹："小安子，你能捡回来一条命，全靠那位村妇，应谢谢人家。"

　　东太后后来果然派了两个宫女打听到搭救小安子的农妇，并重谢了农妇。可西太后感兴趣的并不是这些，因为小安子对西太后毫无隐瞒，他详细讲述了自己路上为脱身，如何带着累累伤痕连杀三人的经过，听得西太后直瞪眼。一来她领略了小安子的机智，二来她也在内心深处告诉自己："这小安子，心够狠的，日后更要善待于他。拢住他，他可以为主子卖命；拢不住他，他也敢杀主子。"

　　西太后低声说："连伤三命，你不怕吗？"

　　小安子拍了拍胸膛，自豪地说："为了主子的千秋大业，别说连伤三命，就是连伤十命、二十命，赔上奴才的脑袋，奴才也在所不惜。"

　　当时，小安子既出此言，他的心里也真是这么想的。

　　这几日，肃顺、端华、载垣等人心里也颇不踏实，他们总觉得好像会有什么事情发生。尤其是肃顺，更是坐立不安，因为从昨天上午到现在，他的右眼皮一个劲地跳个不停。

　　"恭亲王驾到！"

　　一太监来报。这报告声犹如晴天一声霹雳，在烟波致爽殿东暖阁房顶炸开了天。几位顾命大臣你看看我，我瞅瞅你，谁也没说一句话。

　　从他们的表情上看，他们有些惊慌失措。毕竟还是肃顺老练一些，经历的场面多，他连忙说："有请恭亲王。"

　　这才提醒了几位傻呆呆的大臣们，他们连忙正衣冠，施礼相迎恭亲王。

　　恭亲王奕䜣一身的素装，掩面抽泣，缓步踏进东暖阁。几个人互相寒暄了一阵后，怡亲王载垣问："六王爷何故到此？"

　　恭亲王低泣道："特来叩谒梓宫，并安慰太后。"

　　什么是梓宫？梓宫就是咸丰皇帝睡的棺材，因为皇帝、皇后死后睡梓木棺，所以称"梓宫"。

　　载垣又继续问："前已有旨，令六王爷留守京师，不必来祭拜梓宫，难道六王爷未见圣旨？"

　　"圣旨，哪一道圣旨？"恭亲王装糊涂，故作惊讶。

肃顺突然咄咄逼人："六王爷离京该有五六天了吧。"

"不，今天整整十一天。"

恭亲王这句话接得很紧，他生怕老奸巨猾的肃顺看出什么破绽来。

"哦，怎么王爷路上耽搁了这么久？"

恭亲王为了麻痹敌人，叹了一口气说："本王也想早一刻拜谒皇兄亡灵，无奈前几日滂沱大雨冲坏了道路、桥梁，离开京城时就被阻隔了两三天。本王爷望着冲毁的桥路，心急如焚，可没翅可飞呀。"

恭亲王对答如流，肃顺等人便不好再说什么。奕䜣是大行皇帝的亲弟弟，手足之情似海深，承德奔丧在情理之中。

恭亲王一到烟波致爽殿东暖阁，便提出拜祭亡兄，可肃顺却说："大行皇帝虽在此宾天，但梓宫久放此处不妥，今日下午派几个人将梓宫移至澹泊敬诚殿。王爷明日再拜谒吧。"

恭亲王一听，火了，问道："为什么？"

载垣连忙说："王爷莫误会，肃大人考虑的是这烟波致爽殿地点狭窄，只恐留京大臣不断来，容纳不下这么多的人。"

奕䜣一想："说得也对，就让他们有个错觉，留京大臣会源源不断地来。"

恭亲王一行人暂居醇郡王奕譞在承德的临时府邸，与两宫太后尚有一堵厚厚的宫墙阻隔。所以，恭亲王一到住处，便与奕譞商量如何才能见到两宫太后。一路颠簸，实在太累了，奕䜣与奕譞直打呵欠，奕䜣只好说："老七，该歇息了，明天再商议吧。"

第二天一大早，恭亲王在肃顺、载垣、端华等人的陪同下，身着孝服来到了热河行宫的澹泊敬诚殿来拜祭亡灵。这一日，八大臣请来了小皇上载淳，让他与六皇叔见面。小皇上也是一身的素白，孝服孝带，还有孝帽。恭亲王一见六岁的小皇侄这一身打扮，悲从中来，他急忙向小皇上行了君臣之礼，接着一把拉过小皇侄，抱在怀中放声大哭。

奕䜣看到小皇上，他的心更酸了。这可怜的六岁小儿，糊里糊涂地当上了皇帝，处处受到肃顺之流的挟制。奕䜣哭了一阵子，便呆呆地跪在梓宫前，他的脑海里闪现了一幕幕镜头："六弟，你来呀，阿哥给你捉了个蝈蝈。"

一个充满童稚的小圆脸从御花园的假山石后面露了出来，他就是二十多年前的四阿哥奕詝。

"给我，给我，四阿哥快把蝈蝈送给我。"

"别忙，阿哥用根小绳子把它拴住，这样，它便跑不了。"

……

"皇额娘，把这个香荷包给六弟吧，我有一个就行了。"

到了春天，宫女们都争着做香荷包。荷包里装满了各种香草，有奇香味，能提神，又能防虫蝇叮，宫里的人都很喜欢佩戴香荷包。静贵妃身边的宫女纷纷将自己绣的香荷包献给主子。静贵妃拿出一个绣工最精巧、香味最浓郁的荷包，把它系在四阿哥奕䜣的腰间，她又递过来一个。六皇子奕䜣眼巴巴地望着母亲，他也想得到一个最好的荷包。

奕䜣解下腰间的荷包，亲手递到六弟的手上。

……

"四阿哥，稳住！右腿再用力一些！"

月光如牛乳一般轻轻地泻在这一片叶子与花上，凉风习习，夏虫啾啾。皇宫里，两个英俊少年正切磋剑法。

"老六，你再练一遍，我仔细琢磨琢磨。"

只见刀光剑影、寒风凛冽，奕䜣身轻如燕，落地如钟。

"妙！妙！老六，阿哥佩服你。"

为了嘉奖四皇子与六皇子，道光皇帝赐"锐捷宝刀"与奕䜣，赐"白虹宝刀"与奕䜣。如今宝刀仍在，父皇叮嘱犹在耳边："宝刀不老，兄弟协力、共振国威。"

……

"皇上吉祥！"

"老六，瞧你，不是说过了吗？以后无人处，还是称四阿哥。你我手足兄弟，何必这么拘礼！"

……

"四阿哥，我给你带来了西洋参，据说这西洋参不比高丽参差，让御膳房精心熬了喝，大补的。"

接着是一个微弱的声音："老六，这么远的路程赶来，朕本不应该让你马上走，可是你留在热河，他们是不会放过你的，还是趁早走了吧。"

……

往事历历在目，皇兄亡灵就在眼前。七尺男儿的泪水就像断了线的珠子直往下落，叫谁能够不感动！

肃顺暗想："鬼子六如此悲恸，看来他来热河并无他意，拜祭亡灵，乃人之常情。"

肃顺等人陪着恭亲王、醇郡王哭了整整一个上午。到了中午时分，奕䜣与奕谭已筋疲力尽，他们拜谒了梓宫便回住处去了。

祭亡兄，奕䜣的确动了真情，也确实让肃顺等人深信他此来目的只是哭灵。哭是真的。只是为哭灵而来却是借口，老谋深算的肃顺这次又失算了。

昏天暗地哭了一个上午，奕訢觉得头脑有些昏沉沉的，加上路途劳累，他觉得四肢一点力气也没有。午膳时他勉强吃了一点东西，午膳后倒头便睡，足足睡了一个下午。

第二天一大早，他就准备去见两位皇嫂。宫中有个规定，皇太后、皇后及各嫔妃住在后宫，大臣们，包括皇族贵戚想拜见她们时，必须先向内务府提出申请，批准后方可入后宫。但热河行宫未设内务府，入后宫则更难。特别是国丧期间，咸丰皇帝的后妃们都成了新寡，她们一般不见客。整个行宫里除了太监这些畸形的男人们，就剩下一个小男孩了——载淳。

于是，恭亲王先到临时议事大厅——烟波致爽殿，向八位顾命大臣提出了要求。

他用极为平缓的语调说："本王打算后日回京，京师尚有要事在身，今日欲拜见两宫太后，稍尽臣子之心，这里的一切事务就全仰仗诸公了。"

他说得很有分寸，表明心迹：今日见了皇嫂，后日便回京。等他回京之后，就拜托诸位照顾皇嫂了。

奕訢的一席话说得肃顺等人很不高兴，杜翰有些沉不住气了。

"六王爷谒见梓宫，情真意切，可见至亲浓意。可是两宫太后虽然是王爷的皇嫂，但她们正在居丧期间，恐怕不方便见王爷。王爷还是先回京吧，以后我等奉梓宫回京，'百忌'以后再见也不迟。"

杜翰之言道出了肃顺等人的心声，他们竭力阻止恭亲王见两宫太后，其险恶用心路人皆知。可是，此时的奕訢势单力薄，他必须装糊涂。

"有何不便？"

老奸巨猾的肃顺手捻胡须，慢条斯理地开口道："杜大人之言有理呀。居丧期间，小叔子与嫂子理应回避。依老臣之见，恭王爷还是打消这个念头吧。"

肃顺话说得很强硬，没什么回旋的余地。

在热河，恭亲王一点儿"天地"也没有，他深感此时来硬的不行，不然会引起他们的疑心。于是，他叹了一口气道："不见也罢，免得见了又是一番伤心。"

恭亲王回到了住处，非常守规矩，没有离开住处片刻。

肃顺派一个心腹小太监来侍奉六王爷，小太监两天后便向肃顺报告："六王爷半步也没离开住处，他每天起居很正常，情绪稳定，行为规矩。"

肃顺终于松了一口气。

却说两宫太后这边，小安子一回来，她们就专心等待恭亲王的到来。

第二天下午，有一个心腹太监来说："圣母皇太后，肃大人等人不准六王爷来拜见太后。"

小太监匆匆地走了，西太后在心里狠狠地骂着："肃顺老贼，你妄想一手遮天。我西太后也不是好惹的，你招高，我比你的招更高，咱俩比一比，究竟谁能斗倒谁。"

肃顺等人阻止恭亲王见两宫太后，使得西太后更急于见恭亲王。在小安子的提议下，西太后便让恭亲王男扮女装混进宫内。

东太后见到了六弟，就像见到了救命恩人似的，一个劲儿地流眼泪，哭得六弟恭亲王心都酸了。

不在大殿之上，他们是叔嫂关系，没那么拘礼。恭亲王奕䜣一见两位皇嫂如此伤心，自己也不禁潸然泪下。西太后也哭得很凶，如一个泪人儿。

"老六，我们这孤儿寡母的，你可要给我们撑腰。"

西太后哽咽着说不下去。

见状，恭亲王连忙压低了声音说："两位皇嫂，为人弟、为人臣，老六甘为皇嫂效忠。皇嫂自当放心，老六不会让外人欺负你们孤儿寡母的。"

西太后生怕东太后一个劲儿地伤心，误了商议大事，便劝慰东太后："姐姐，现在不是流眼泪的时候，赶快抓紧时间和老六商议商议，如何才能保护皇上，保证咱们的大清江山不被奸人断送。"

一提起保护皇上，维护大清的利益，东太后似乎清醒了很多。她对奕䜣说："老六，肃顺、载垣、端华等人也太离谱了，竟不让咱亲人相见。平日里他们更是飞扬跋扈，不可一世。"

西太后知道东太后也十分痛恨肃顺之流，便瞅准时机，火上浇油："姐姐说得极是，肃顺眼中哪还有两宫太后，他独揽朝政、目无王法、轻视皇上、排挤王爷，罪不可恕。"

本来，奕䜣就非常痛恨肃顺，自己是咸丰皇帝的亲弟弟，顾命大臣中却没有他"铁帽子"王爷，他觉得全是肃顺捣得鬼。现在又听两宫太后痛骂肃顺，他心中更来了气，便抑制住愤怒低语道："两位皇嫂，老六有一计，不知当讲不当讲？"

西太后急了，眼见着火烧眉毛，奕䜣还是那么见外，吞吞吐吐的。她催促道："老六，都是自家人，别这么拘谨，有话快讲。"

"皇嫂，老六认为不能太心慈手软，既然肃顺如此猖狂，我们必须斩草除根，才能永无后患。同时要保存实力，以利斗争。"

东太后一惊愕，西太后连忙捏了捏她的手，低声说："他不仁，我不义，姐姐莫心软，现在不是心软的时候。"

东太后一言不发，西太后干脆不与她商议了，转向奕䜣，低语着。

西太后与奕䜣密谋完时，已是四更天。小安子急了，在门外催道："主子，快把王爷送出山庄吧。"

西太后凝视着奕䜣，说："六弟切切不可与桂良、文祥等人说起此事。"

奕䜣说："太后放心，老六知道该怎么做。"

当小安子带着男扮女装的奕䜣出山庄时，侍卫已很不耐烦，但还是放走了讨厌的"宫女"——恭亲王。

第二天一大早，肃顺便听说夜里山庄有两个宫女出出进进的，他顿生疑窦，但也没抓到什么把柄，只好作罢。

这一天，恭亲王准备着离开热河。可是，过了中午，恭亲王还没走，肃顺有些沉不住气了。下午，肃顺到了醇王府，想探出点什么来。

"六王爷，好闲逸呀。"

肃顺一进门便看见六王爷一个人在下棋，一副悠然自得的样子，根本看不出什么破绽。再一看，恭亲王容光焕发，精神抖擞，眉宇轩昂，不像有心事的样了。

"哦，是肃大人，快请！里面坐。"

恭亲王不冷不热地与肃顺打了个招呼。两个人都在揣测对方的心思，气氛十分紧张。

"六王爷这几日歇得好吗？"

"好极了，前几日日夜奔波，疲惫不堪，加上拜谒亡兄，万分悲痛，甚感心身憔悴。这两日养足了精神，正准备起程回京哩。"

肃顺仔细打量着恭亲王，他一点儿疲惫也没有。

"既然六王爷不放心京师，准备明日回京，那就早早歇着吧，明日肃顺与几位同僚一定要为王爷送行。"

"谢了，不劳你们大驾了，本王最怕分别时悲悲戚戚的场面。"

肃顺真是聪明一世、糊涂一时，他当时并未听出恭亲王的弦外音。其实，恭亲王明明白白地告诉肃顺：你我这一别，是永别了！

恭亲王离开承德后，东、西两宫太后并没有提出什么非分的要求，八大臣暗自庆幸，同时也嘲笑自己小题大做、虚惊一场。西太后似乎也收敛了许多，平日里，她足不出户，修身养性。肃顺等人甚感高兴。

"到底是女流之辈，不过是想争个名分，对于政权的渴望并不十分强烈，不如就给她个名分，以安这个女人的心。"

景寿这么一建议，八大臣商议了一下，也觉得这么做可以稳住西太后，省得她乱生是非。于是，八位顾命大臣为两宫太宫敬献新的徽号。

给东太后的徽号是"慈安"二字，给西太后的徽号是"慈禧"二字，以表示对两宫太后的崇敬。

都以"慈"开头，以表示对两宫太后同等对待。他们以为这么做，西太后会感激他们。他们万万没想到，慈禧太后得到徽号后，就利用了这一徽号。

她认为要使上次与恭亲王奕䜣密商的大事变成现实，就必须扩大自己的势力，笼络一些人为自己卖命，以便一步步走向政治舞台。不过现在还不是自己公

172

开登场亮相的时候，她要凭借自己得天独厚的优秀条件——小皇上的生母，来完成"宏伟大业"。

新帝登基后，要重新任命一批官员，以示皇上勤政。可小皇帝年仅六岁，他怎么会任人唯贤，恐怕连大臣他也不认识几个。于是，小皇上凭感觉抽签命官。这虽荒唐，但小载淳是天子，他的话便是圣旨，无人敢违逆。所以，他抽到谁的名字，谁的运气就来了；抽不到的，哪怕是新科状元，也是白搭。

肃顺等八位顾命大臣先把候选官员的名字写在竹签上，糊上封条，放入签筒，然后捧上御案，两宫太后在旁边坐着，陪着小皇上抽签。小皇上觉得好玩极了，好像是在做游戏，他挺高兴的。他一把抓出五六个签片，往桌上一掷，又去抓第二把。

两宫太后一看，傻了，这么个抽法，自己中意的不一定能中签。等一会儿，官位满了，万一中意的人没抽到，可怎么办呀？

于是，东太后求救似的暗中捏了一把西太后，西太后心中明白，她猛地咳了一声，用手捂着胸口，表现出十分痛苦的样子。小皇上一看生母不舒服，连忙跑过来问长问短。西太后趁势抱着儿子，在他耳边小声地说了一句什么。

小皇上立刻对众大臣说："额娘不舒服，朕今日不抽签了。"

这可气坏了八位顾命大臣，肃顺上前跪在地上："臣等请皇上任命官员，以安社稷，还请劳驾龙体，继续任官。"

"爱卿免礼！朕指派行吗？"小皇上俨然一副天子的派头，自称"朕"，称肃顺为"爱卿"。

八大臣无论如何也想不到小皇上会说出这句话来，他们真怕小皇上重演"封亲额娘为圣母皇太后"那出戏来。万一他指派个脓包或某个太监可怎么办？于是，肃顺长跪不起，婉言相劝："皇上，抽签定员，乃我等共议所定，皆以为这样做公平、合理，请皇上三思！"

皇上年龄再小，也听得出来肃顺这一群人不同意自己指派官员，他眼珠子一转，又生一计："那就请爱卿把签封扯下去，朕能读出名字的，就任命他为官员。"

虽然肃顺等人极不愿这样做，但也不好再推辞。毕竟小儿是天子，天子的意志便是群臣的意志。无奈之下，只好任小皇子胡闹一气了。

"匡源。"

"臣在！"顾命大臣之一的匡源被小皇上第一个点中，他心中大喜。因为小皇上认得"匡源"这两个字。

"端华。"

"臣在！"

又点中一个。小皇上沾沾自喜，他拿过竹签看了看，一连有四个签上的字不认识，他放到了一边，再拿几个来看。

"景——景寿，这不是六额驸吗？"

"臣在！"

景寿心中很高兴，内侄加学生的小皇上认得自己的名字。

接着小皇上一连读出几个人的名字：

"董元醇、左宗棠、丁宝桢……"

八位顾命大臣有些纳闷了，小皇上怎么一下子认得这么多人的名字。可是，天子之语乃圣旨，他们只好认了。这其中有八大臣预先商量好的人的名字，也有他们的死对头。

大概这也是天意吧，既然皇上有至高无上的权力，这些人命中注定成为载淳登基以来第一批任命的官员。八大臣只好根据他们平日的政绩委以具体官职。不久，这一批新官便各就各位，为朝廷卖命了。

小皇上怎么会一下子认得这么多的人名呢？这里面还有一些故事呢。

当八大臣商议由小皇上抽签命官后，两宫太后得到了这个消息。她们十分着急，一商量，一致认为应该牢牢抓住这个千载难逢的好机会，笼络一些人，将来这些人肯定能派上用场。记得奕䜣说过："有个董元醇，此人效忠朝廷，素与肃顺有隙。若有机会，扶他一把，他日必有大用。"

于是，两宫太后决定利用这次任命官员的好时机，无论如何也要扶董元醇一把。

几天前，她们喊来了小皇上，如何教他呢？又不能太露骨，六岁的小儿尚不懂事，万一他原原本本在大殿上说了出来，可就糟了。还是小安子脑子活，献上一计，让小皇帝记住了"董元醇"这三个字。

八大臣一商议，既然皇上给董元醇封了个官，又不好抗上，只好强忍心中不快，派董元醇去山东，做山东道监察御史。

这位董元醇一贯效忠朝廷，他对肃顺等人专横跋扈的行为早已不满，暗中他与恭亲王来往甚密，深得恭亲王的信任。当他接到新帝任命他为山东道监察御史的圣旨后，做的第一件事情是拜见恭亲王。

当时，恭亲王正想利用一个人把两宫太后推上政治舞台，以便自己日后逐渐利用两宫太后，甚至有一天挟制两宫太后，以达到王爷把持朝政的目的。

"董元醇拜见恭王爷！"

"免礼、免礼。董大人快快请起。"

"王爷，蒙皇上恩典，董某不才，被委以重任，实在是感激涕零。董某当为皇上效忠，肝脑涂地，在所不辞。"

恭亲王要的正是这句话，他必须抓住这个机会。于是，奕䜣和颜悦色地说：

"董大人，我大清二百多年来，国泰民安，可近年来内忧外患甚乱人心。大行皇帝早崩，如今皇上虽聪明过人，无奈皇上冲龄，尚不能治理国家。肃顺等人以赞襄幼主为名，把持朝政，我等望尘莫及，令人忧心忡忡啊。"

肃顺本来就与董元醇是死对头，如今一听恭亲王骂肃顺，董元醇也就放心了，他终于找到了知音。

临别时，董元醇一再表示，即刻赴山东任职，任职以后马上上疏皇上：恭请两宫太后权理朝政，恭亲王辅弼一切事务。

承德热河行宫的上空笼罩着一层乌云。本来，两宫太后与肃顺等人尚能平安相处，井水不犯河水。谁知，却有人在平静的水面上掷了一颗石子，一下子激起了千层波澜。

原来，肃顺等人遇到了一件十分棘手的事情，他们收到了两份异乎寻常的奏折，上奏折的人是手握重兵的兵部侍郎胜保和山东巡抚谭廷襄。

这两份奏折都用黄绫硬裱封套。一份写着："恭请皇太后圣躬懿安。"另一份则是给皇帝请安的折子。虽说两份都是请安的折子，但具折人却用黄绫硬裱封套，这已证明有拥戴皇太后之意。由此可见，一场争权夺利的恶战已经拉开了序幕。

此时的肃顺不再认为西太后只求名分了，他严肃地认识到西太后的最终目标是登上政治舞台。

一日，八大臣及小皇上、两宫太后正端坐在大殿里议事，肃顺突然说："母后皇太后、圣母皇太后，臣有一句话憋在心里很久了，今日欲畅为快。"

东太后说："讲。"

肃顺看了一眼西太后，他发现西太后一脸的冷峻，可是他不怕。

"太后，臣以为胜保及谭廷襄前些日子所具奏折不妥。"

西太后阴沉着脸问："有何不妥？"

肃顺直言："他们违反祖制，将请安折加封黄绫，有辱皇上。"

西太后反唇相讥："臣子写个请安折，还要经肃中堂过目，并横加指责，这太过分了吧？"

东太后看看西太后，她一脸的怒气，又看看肃顺，他一脸的严肃，双方各不相让，大有燃起"战火"之趋势，便连忙说："胜保、廷襄之做法，虽有不妥，但也没有必要再追究下去，无非是个请安折嘛，有什么可大惊小怪的。"

肃顺一向比较敬重东太后，但此事非同寻常，他仍不依不饶，坚持必须惩治具折人。其他七个顾命大臣也齐刷刷地跪在地上，请求让皇上按肃顺之意拟旨。西太后怒形于色，东太后生怕她势单力薄，斗不过肃顺等人，连忙暗中拉了拉西太后的衣角。

被东太后一提醒，西太后想起了恭亲王奕䜣临走前千叮万嘱的"保存实力，以利斗争"。她便不再说什么，只是猛地站起，拂袖而去。

西太后刚一离开，八大臣便逼着东太后钤印，下达谕旨，谴责胜保和谭廷襄。无奈之下，东太后委曲求全，以小皇上的口吻拟谕旨一份：

"向来臣工无具折请皇太后安之例，本日胜保、谭廷襄联衔并胜保单衔均具上请皇太后圣躬懿安，且与朕安同列一折，实属有违体制，并于缟素期内呈递黄折亦属不合，胜保、谭廷襄均交部议处，钦此。"

事后，东太后暗自垂泪："先帝呀，你尸骨未寒，就有人欺负我们孤儿寡母。肃顺之流咄咄逼人，就连请安折子加个黄绫封套，他们也大做文章。真是欲加之罪，何患无辞。今后，我们孤儿寡母的如何安身呀！"

西太后愤愤离开了议事大殿，回到自己的寝宫，沉默无语。

此时，她深深感到在热河行宫处境已十分危险了。东太后太弱，皇上年龄太小，在这里全是肃顺的人，她感到孤苦无依。一个女人家，禁不住暗自伤怀。

小安子见主子闷闷不乐，他甚感忧心。他担心过重的精神负担会把这个一向坚强的女人压垮。于是，他搭讪着走过来："主子，当务之急是保持稳定的情绪，你大事尚未成，可不能退缩。奴才真恨自己无用，不能帮主子排忧解愁。"

西太后落了几滴冷泪，望了望眼前这个忠实的奴才，甚有感激之意。多少年来，有这么一位特殊的奴才一步步保护自己，不管遇到什么艰难险阻，小安子为了叶赫那拉氏，从未退缩过。她不禁说了句："安子，你已经尽力了。这些年来，你的忠心，我心中十分明白。若你不是个公公，日后一定保你做大官，让你得到你想要的一切。只可惜，唉，算了。这也是老天爷的旨意，老天爷安排你在我面前当奴才，这也是你我的缘分。"

西太后因请安折一事抑郁寡欢了两日。三天后，她又兴奋了起来。

原来，董元醇到山东任职后，立即上了一道奏折，以"事贵从权，理宜守经"为依据，明确提出了"皇太后暂时权理朝政"的建议。西太后一见到这份奏折，心中为之一喜，但她又不便喜形于色。于是，她开始征求八位顾命大臣的意见。

谁知肃顺脸一沉："荒唐，一个小小的御史也能上这样的奏折，纯属不该！"

西太后当然是寸步不让，她壮了壮胆子反问："肃中堂之意，两宫太后该怎么办？"

一时，肃顺竟不知如何回答才好。他暂时也不愿意与西太后撕破脸皮对着干，只有沉默不语。

西太后转向其他几位大臣，说："所请垂帘暂理朝政，饬群臣会议。其请于亲王中简派一二人辅弼，开具空名谕旨，只候简派。并于大臣中择其所可充师傅者共同保举。"

载垣一听西太后公然允准了董元醇的奏请，立即暴跳如雷，提出抗议："启奏太后，这折子不该这么处理。"

西太后拖着阴沉的腔调问："那你说该怎么办？"

端华、景寿一看不能硬顶下去，便答应去拟旨。

大臣们退下去后，决定写一道明发上谕，痛驳董元醇之奏。先由军机处章京吴兆麟写一份初稿，交给肃顺过目。

肃顺看后，总觉得语气太平缓，便让杜翰重拟一份。杜翰果然不负众望，将董元醇的奏折批得体无完肤，然后交与西太后。

西太后只读了开头几句，便觉得血直往头上涌，她气得发昏。谕旨不但没按她的意思去写，而且还对董元醇奏折加以批驳。尤其是有这么几句话，就像钢针一样，直刺西太后的心窝："我朝圣圣相承，向无皇太后考大行皇帝付托之重，御极之初，何取更易祖宗旧制？该御史奏请皇太后暂权理朝政，甚属事非！"

这道谕旨分明是表明了八大臣的心迹，明明白白地告诉西太后：垂帘听政，祖制不允！

西太后哪里能咽得下这口气，她再也坐不住了，气哼哼地到了议事大厅。此时，八位顾命大臣早已做好了充分的思想准备，他们料到西太后一定会来找麻烦。所以，他们不露声色。

东太后与小皇上也在这儿。

一进门，西太后便大叫起来："杜翰，你是何意？竟敢冲着两宫太后开火了？"

杜翰听了，"扑通"一声跪到了地上："皇太后息怒！杜某不敢，为臣怎敢冒犯两宫太后。杜某不过是认为董元醇具折有不妥之处，并无欺负太后之意呀。"

西太后依然盛怒："大胆奴才，还敢狡辩！"

杜翰依然跪在地上，肃顺上前答话："圣母皇太后，杜大人所言并无差，你何故盛怒至此。臣请皇太后息怒，不然，无法商议事务。"

见肃顺的态度很生硬，西太后更火了，她居然被人踩到脚下，这叫她如何忍受。她越想越气恼，干脆，放声大哭："先帝啊，你尸骨未寒，就有人欺负我们孤儿寡母，这还有我们的活路吗？呜呜呜……"

西太后哭得好伤心，小皇上看亲额娘如此大哭，而且她口口声声提起父皇，小皇上不由得想起了慈爱的阿玛，也跟着"哇哇"大哭。一时间，议事大厅像个哭丧场，哭声震天。

东太后一见这情景，不由得十分生气，这也太不像话了。她既觉得八大臣逼人太甚，目无太后，也觉得西太后有些失态。一向贤淑、文静的东太后拍案大怒，大吼一声："都给我住嘴，滚下去。"

她的一声呵斥还真起了作用，八大臣再也无一人发言，西太后也止住了哭号。小皇上贴在东太后的胸前一个劲地发抖，他被吓呆了。

冷静下来后，肃顺等人也觉得刚才的确有些过分，连忙下跪："臣失礼了，望太后恕罪。"

东太后冷冷地说："全都跪安吧！"

又过了一个多月，天气渐冷，北风呼啸，寒气逼人，行宫里一片萧条。东太后整日不愿出卧房，因为"满地黄花堆积"的景象太让她伤感了。每每睹物思人，她都禁不住泪流满面。

西太后也不愿在热河行宫再住下去，一来也和东太后一样感物伤怀，怀念先帝；二来是在行宫她势单力薄，必须尽快回到京城，与奕䜣等人联合起来，她才可能壮大自己的势力，才可能稳坐太后之位。

这一日，叶赫那拉氏找到了肃顺，和颜悦色地说："肃中堂，先帝在日，早思回銮，只因京城不安，以致愤恨身亡。如今母后皇太后思念大行皇帝，每日以泪洗面，不安寝、难食饮，这样下去，拖垮了太后的身体，你们担当得起吗？"

每次西太后催促着回京，八大臣虽不说不回京，但是总这理由、那理由说上一大堆。反正，他们没有动身的意思。这次也是一样。

西太后虽心急如焚，但她又无可奈何。她时时刻刻牢记恭亲王的叮嘱："保存实力，以利斗争。"

聪明的女人忍气吞声，尽量不与肃顺等人起冲突。东太后思京心切，她希望早日回銮，可是肃顺等人百般阻拦，在这种情况下两宫太后又开始密谋了。

东太后望着窗外瑟瑟的秋风，那风中还夹着些小雨雪，她叹了口气，说："来热河都两年了，眼见着寒冬将至，恐怕又要在这儿过冬了，唉。"

西太后马上接着说："离开京城两年来，也不知那儿的情况如何，该回家了。再者先帝驾崩，幼主继位，终究没有举行登基大典。皇上乃一国之君，一日不检定，一日人心不安。眼看冬天来临，若再不起驾回銮，恐怕要等到明年春天了。"

西太后一句话说得东太后心里更着急，她便去找肃顺等人"摊牌"了。

"肃中堂，幼主继位，尚未举行登基大典。皇上乃一国之君，一日不检定，一日人心不安。哀家觉得应尽快回銮，完成幼主的登基大典。"

肃顺一听便知这是西太后授意东太后来说的。但他又不好反驳什么，只好说："臣知道了，请太后放心，臣等这便商议一下，很快答复太后。"

肃顺等人采取的是"软拖"政策，他们根本不打算回銮。

两宫太后整日忧愁不堪，尤其是西太后，生怕在热河行宫留滞太久，被肃顺等人"吞吃"了，终日愁眉不展。还是猴精似的安德海鬼点子多，他在关键时刻再向主子献上一计，最后逼得八大臣不得不匆匆护驾回京：

"主子，奴才有个想法，只怕主子不允，更怕主子责难奴才。"

平日里，西太后与小安子关系甚密，无人处，小安子总爱搭讪着凑近主子，献策献计以博得主子的欢心。对于小安子的忠心，西太后总是十分感激："说，别吞吞吐吐的，你又有什么良策？"

西太后轻轻地在小安子的脑门上点了一下，小安子顺势向后一仰，西太后认为自己用力过猛，把他推倒了，连忙拉住了小安子的衣领。

小安子紧紧握住西太后的纤纤玉指，喃喃地说："主子，你相信小安子的一片赤诚吗？"

小安子大胆地把纤纤玉手拉到了自己的胸前，虔诚地说："主子，你摸摸这颗心，这儿，小安子的这颗心是为主子而跳的。"

西太后挣脱开了小安子的大手，她的脸上泛起了一片红晕，十分俏美。

很长时间，没有如此有力、温暖的大手抚摸过自己了。她叶赫那拉氏热衷于政治斗争，似乎早已忘了男女温情。此时被小安子的大手一握，她回想起了咸丰皇帝，甚至还想起了当年的荣大哥。

当年，荣大哥虽近在咫尺，但他们从来没有这么贴近过。倒是这眼前的畸形男人唤醒了她似乎已沉睡的欲望。可她不能，她不能放纵自己，至少此时此刻，她必须全力以赴保全自己，巩固并发展来之不易的政治地位。

"小安子，你不是说有什么良策吗？说说看。"

很快，西太后便恢复了常态，她急于听听小安子的良策。

"奴才不敢讲。"

这是小安子的习惯用语。他知道说这句话时，能刺激西太后逼着他讲，达到的效果会更好一些。

果然，一个"不敢讲"见效了，西太后不耐烦地说："恕你无罪，但讲无妨。"

"主子，眼下肃顺等人拖着不回京，依奴才之见，主子必须逼他非回銮不可。"

"怎么逼法？"

小安子凑近西太后的耳边，密语了一阵子，他最后说："只怕主子不肯，舍不得委屈皇上。"

说罢，小安子还故意打了自己的嘴巴，已示献的是馊主意。

"小安子，算了，打得不疼吗？你讲得也有些道理。这法也许见效。"

说罢，两个人相视而笑。

第二天，西太后差宫女去东太后那儿接小皇上。小皇上到了亲额娘这里，仍男扮女装的"宫女"小安子陪他在院子里玩耍，两个人跑啊、跳啊，都出了一身的汗。小皇上感到浑身上下一阵燥热，他说："快给朕脱些衣服下去，热死朕了。"

刚才，小安子故意给他多穿了几件衣服，现在突然脱去，一阵凉风吹来，小皇上打了几个大喷嚏。小安子一看奏效了，连忙又给小皇上穿好了衣服。到了西太后的寝宫里，西太后拿出几个大梨子给儿子吃，小皇上刚刚出了一身的汗，此时口真渴，便大口大口地吃梨子。

小皇帝一连吃了两个大梨子，突然觉得肚子有点凉，又闹着喝热茶，西太后忙让他喝下一大杯热茶。到了中午，又把小皇帝送回了东太后处。

当天夜里，小皇上便病了，他上吐下泻发高烧，东太后令太监连夜请来太医。这太医是小安子事先买通了的。

太医仔细为小皇上诊脉，然后说："皇上肝脾两虚，阴火攻心，先开一剂药，止住阴火，日后再做诊治。"

太医有意用药不足，这也是小安子授意给他的。太医深知欺君之罪要杀头，但他同时更清楚，若此时不从西太后，也要杀头。左右权衡之后，他决定冒死听从西太后的，也许事成之后，会有自己的好处。

小皇上吃了一剂药，由于药力不足，仍不见好转。这可急坏了东太后，她以小载淳为"心头肉"，小皇上万万不能有一点儿闪失。万般无奈，善良的她只好求助于神灵。她暗中让西太后请了个算命先生，经算命先生一占卦，原来是大行皇帝发怒了，他在阴间责问为何迟迟不让他回京，不让他入土安眠？

大清皇宫，历来不允许算命占卦，东太后当然不敢说自己为小皇上请了算命先生。她只是借口小皇上思念京城皇宫，他睡不稳、吃不下，她几乎每天都要提及回銮之事，弄得肃顺等人无法再拖延了。他们只好坐下来商议回銮之事宜。

这日，八大臣初议九月二十三日动身，并决定分两路人马前行。一路是皇上、皇太后的玉銮，由载垣、端华、醇郡王奕譞等大臣护驾，抄小道回京；另一路是肃顺等人护送大行皇帝的梓宫，从大道回京。

小路比大道要早几天到京，可以减少皇上的旅途疲劳，东太后不知其意，还认为真的是肃顺等八大臣关心她们呢，便欣然同意了。

离动身只有四五天的时间了，热河行宫上上下下一片繁忙，宫女们已开始捆绑行装。离开京城久了，人们都有点儿想家了。

肃顺、载垣、端华等人却如热锅上的蚂蚁，急得团团转，成败一举就在这回銮的路上，双方都已剑拔弩张。

肃顺等人很清楚地认识到，到了京城，他们绝对不可能如此独揽大权了。恭亲王必然联合西太后共同对付他们，甚至是控制他们。虽然他们料想不到等待他们的是死亡，但局势险恶是他们所能预料到的。

一想到自己将栽在一个女人的手里，肃顺就感到一百个不能接受。于是，一个大胆的念头冒了出来："杀了她，在回銮的路上，神不知、鬼不觉地干掉她。这是最后的机会了。"

于是，肃顺对两个心腹说出了这句心里话。

怡亲王与郑亲王沉默不语，肃顺一不做，二不休，他干脆全盘托出了：

"叶赫那拉氏是祸根，我们不杀她，到了京城，她也放不过我们。干脆来个鱼死网破，撕开脸皮算了。

载垣虽也有杀西太后之心，但他始终没敢说出口，今日既然肃顺首先挑明了，他也不再隐瞒自己的观点。他低声说："这个计划必须谨慎又谨慎，切切不可有第四个人知道。"

载垣与端华都点了点头，他们又压低了声音密谋了良久才散去。

咸丰十一年九月二十三日，秋风阵阵、寒气逼人。昨夜里，太监、宫女几乎一夜没合眼，他们一半是兴奋、一半是难过。兴奋的是要回家了；难过的是来时咸丰皇帝健在，这离去之时，回去的竟是梓宫。特别是先帝身边的太监、宫女们更是触景生情，他们睹物思人，不禁潸然泪下。

小皇上一大早便被谙达张文亮叫醒了，张文亮知道上次小皇上生病乃是受凉所致，所以，今天他特意多给小皇上穿了一件厚衣服。刚刚用过早膳，敬事房总管便来请驾，众臣早已在殿中静候。小皇上在先帝的灵柩前奠酒举哀，大行皇帝那厚重的棺柩便放到了由百人所抬的"大杠"上。然后由醇郡王奕譞、六额驸景寿引领小皇上到热河行宫的正门前恭候，等梓宫一过，群臣跪送梓宫后，便即上路。

此时，正在寝宫里等待着起程的西太后，心里一阵阵酸楚。来的时候，虽然咸丰皇帝忧郁不堪，但毕竟他是个大活人，如今回京的是梓宫，"一日夫妻百日恩"，她焉能不伤心。同时，她还有些忐忑不安，这一路上远远不比在行宫里安全。此时，她必须各方面都想周全，肃顺在那边磨刀，她西太后就应该在这边备箭。

"小安子。"

"奴才在，主子有何吩咐？"

"让你办的事，可办妥了？他怎么说的，快说给我听听。"

"回主子，奴才不敢怠慢，全办妥了。荣大人说，他将誓死保卫主子，请主子尽管放心好了。"

西太后让小安子去办的什么事儿？

几天前，西太后告诉心腹太监安德海，去找内廷头等侍卫荣禄。

这荣禄又是谁？

他便是十几年前，叶赫那拉兰儿喜欢过的那个棒小伙子"荣大哥"。

这个荣禄也是满族人，祖上曾做过官，不过，到他爷爷那一辈，家道中落，举家离开京城，到了安徽营生。

荣禄少时家境贫困，他热烈地爱上了兰儿，谁知兰儿的父亲惠征病死池州，兰儿随母亲扶枢北上，一去不再有回音。荣禄也曾托人打听过叶赫那拉·兰儿，回音皆是不知下落。荣禄发誓，没有兰儿的消息，誓不娶亲。

一晃就是六年过去了。这六年来，荣禄无时无刻不在惦念着兰儿，他几乎陷入了一种半痴半迷的状态。他相信苍天不负有心人，早晚有一天，兰儿会出现在他的面前的。有一次，荣禄梦见兰儿一身贵族妇人的装束，正笑眯眯地向他款款走来。梦醒后，荣禄认为这是个好兆头，说明兰儿已经出人头地，并且尚没有忘记他。

事实的确如此，兰儿的心底深处，一生都珍藏着"荣大哥"。

还是叶赫那拉氏做懿贵妃的时候，夜深人静之际，她便隐隐约约地惦记着一个人——荣大哥。她知道荣禄学过武功，硬功、软功都不错。他体格健壮、威武高大，若是能把他弄进宫来，放在侍卫队里，既解了自己的相思之苦，又能扶荣禄一把，岂不美哉！

当然，懿贵妃不敢向咸丰皇帝坦白荣禄是她当年的情人，只推说是自己的一个远房亲戚。

于是，咸丰皇帝挑了一个合适的机会向军机处大臣提及了安徽池州的荣禄。皇上钦点，大臣们岂敢怠慢，三百里加急，快马加鞭赶到了池州。军机大臣找到了一身武功的荣禄，只讲："荣兄弟武功盖世，请随本官赴京，入紫禁城御林军侍卫队。"

荣禄一听，心中十分高兴，这真是天大的美事儿，反正自己正想上京城寻兰儿，到了皇宫先谋个职，解决吃住的问题，日后再慢慢打听兰儿的所在。他高高兴兴地进了京城，没过几天，便在紫禁城内宫干上了侍卫。

刚到侍卫队，他便当上了小头目，过不久又荣升为侍卫队队长。荣禄掂得出自己的分量，以自己的能力绝对不可能这般一帆风顺，一定是遇上了贵人，贵人暗中相助，才使他连升三级。

一天，荣禄换岗下来，内务府总管找到了他，对他说："荣侍卫，请随我来。"

荣禄心想：可能是上头认为我为人正直，豪爽大度，又想提拔我吧。

他小心翼翼地随内务府总管进入到后宫，以前从未到过后宫，三转两转，便转昏了，不知东南西北。他发觉自己走进一所别致、精巧的小庭院，内务府总管告诉他："这儿是储秀宫，懿贵妃就住在这儿。"

提起懿贵妃，荣禄是知道的。他听人说过：万岁爷有一个小皇子，而这懿贵妃便是小皇子的生母。懿贵妃虽然不是皇后，可她如今母凭子贵，后宫佳丽十几人中，咸丰皇帝最宠她。也听人说过：懿贵妃天生俏丽。不知这位尊贵的娘娘找自己有什么事儿。

大总管喊了声："安公公，荣侍卫带来了。"

只见一个白面太监走了出来，冲着荣禄请了个安。

"荣公子吉祥，快请进吧，懿贵妃正等着呢。"

荣禄随安公公走进了正厅，他头不敢抬，大气也不敢出，用眼睛偷偷地瞟了一下软榻上的贵妇人，只见她满身的珠光宝气，还没敢看清楚模样，他又低下了头。

"主子，奴才在外面候着。"

安公公走后，荣禄依然跪在地上，他不敢抬头去看软榻上的那个贵妇人。

"抬起头来。"

这声音好熟悉，荣禄猛地一抬头，两个人凝眸对视。

"啊，是你！兰儿。"

荣禄真想大叫一声，可他就是张不开嘴，这不是兰儿，这分明是尊贵的懿贵妃！

荣禄的双眼模糊了，透过泪水凝视着自己日思夜想的"兰儿"，他仿佛看见懿贵妃也在揩眼泪。

"荣——荣侍卫。"

懿贵妃一开口，荣禄便意识到他与"兰儿"已隔了一道厚厚的屏障。

这是命！是逃脱不了的命运的安排！

"懿贵妃吉祥！奴才荣禄给贵妃娘娘请安了。"

一时间，两个人都觉得很尴尬。最后，还是懿贵妃打破了这种僵持的局面：

"荣侍卫，以后我尽量帮你，你没事儿的时候，多练练功夫，争取做到御前头等侍卫。"

"嗻。"

荣禄心里很不是滋味，但总的来说他还是很感谢"兰儿"的。后来，懿贵妃又亲自给他提了个媒，将一个大臣的女儿许配给他。不久，荣禄便升为御前头等大侍卫，这一路"绿灯"是"兰儿"为他开的。虽然荣禄已娶妻生子，家庭和美，但他始终忘不了当年与兰儿的那一段情，只不过平时他不流露罢了。懿贵妃当然更如此，她从未向别人提起过与荣禄的特殊关系，哪怕是心腹太监小安子也不明白主子为何对一个侍卫那么好。

这些年来，叶赫那拉氏与荣禄早已形成了一种默契：一个死心塌地效忠，一个默默地提携。

此次回銮，西太后已感觉到途中会不太平。于是，她便让安德海与荣禄取得了联系，以应不测。

"小安子，荣侍卫带了多少兵力？"

"回主子，荣侍卫精选了两千多勇兵保驾回銮。不过，荣侍卫说，为了安全起见，还请主子小心为好。"

"嗯，荣侍卫想得很周到。你下去吧，马上就要起程了，等出了热河，你便可以恢复原样，除了肃顺那老家伙认得清你，其他人不必防，他们不认识你。"

"谢主子，不过，奴才怎么出宫门呢？"

"随我的轿子一起出，你混在宫女里面，依然打扮成宫女，千万记住不要抬头。等一会儿，宫女众多，肃顺那老贼是不会盯着看的。你放松一些，大大方方地走出去。"

"嗻。"

两个人商议好以后，小安子便让杏儿为他再装饰一番，以便混出宫门。果然，小安子混在众多的宫女中顺利地出了宫门，肃顺根本就没正眼看这一大群的宫女们。

也许是天意吧，小皇上及两宫太后刚一出承德城，还没走到喀拉河屯时，天上便飘飞起细细的雪花。渐渐地，细雪没了，又转成了小雨。

这一队人马浩浩荡荡，除了小皇上、两宫太后及七个顾命大臣以外，还有太监、宫女三百多人、荣禄带的兵勇两千多人。除了人多，车、马也多，有龙銮一座、龙轿两抬、大轿十抬、小轿二三十抬。

载垣与端华为了完成肃顺交给他们的任务——杀西太后，专拣人烟稀少的小道走。

天上下着雨，脚下的小道泥泞不堪，整整一天，才前行三四十里地。如此慢行，十天也到不了京城。西太后认识到，在路上多耽搁一天，她们的危险性就增加一分。可是，雨下个不停，道路实在泥泞，队伍跋涉艰难。西太后坐在大龙轿里，心里沉沉的。她的这种担心并不是多余的，每步行一段路程，她便令宫女杏儿呼唤走在轿子前面的小安子。

"小安子，留心周围地形。"

"主子，放心吧，奴才一刻也没有放松警惕，荣侍卫就在左右，他的耳朵很灵的。"

"这就好，若遇到险恶环境，立刻通报一声。"

西太后就像一只受惊了的野兔子，随时准备逃命。临行前，小安子曾建议主子准备一套宫女的衣服，万一出现危机情况，可以换上宫女的衣服混在宫女中。不过不到万不得已，她是不会这么做的。

再说载垣与端华两人各乘一抬大轿，一个在西太后的龙轿前，一个在龙轿后，西太后被夹在中间。荣禄骑着一匹纯黑色宝马，紧随在皇上的龙銮后面。他离两宫太后的龙轿仅百步之遥，随时可以对付突发事件。自从上路以来，他的神经高度紧张，一心只愿龙銮平安抵京。

荣禄对西太后的忠心与小安子对主子的忠心有本质意义的区别。如果说小安子效忠西太后，其最终目的是想借西太后"这棵大树"好乘凉的话，那荣禄对西太后则是除了忠君思想外，还有一份鲜为人知的特殊情感。从某种意义上讲，有荣禄一路保驾，西太后更放心。

肃顺一行人，主要任务是护送梓宫回京。他这队人马走大道，按正常情况推算，应该比抄小道回銮的人马晚到几天。这是肃顺精心安排的，他这里除了一个躺在梓宫里的大行皇帝外，再无皇族贵戚。相对来说，这一路的危险性小多了。

一路上老百姓听说大行皇帝的梓宫经过家门口，都纷纷跑出来，守在大路口看稀奇。沿途各州县地方官员皆身着孝服，跪在县城门外，恭迎大行皇帝的梓宫。老百姓一见地方官如此悲恸，有的人也跟着哭号了几声。

肃顺主动要求护送梓宫，是有一番深刻用意的。那日，他与载垣、端华密谈时，怡亲王载垣表示，途中行刺西太后一定要派自己的心腹侍卫动手，郑亲王端华也提供了一个可靠的杀手。

肃顺心想："若刺杀西太后成功，恭亲王不予追究，自己正好落个人情；若行刺失败，杀手被荣禄擒拿，即使杀手供出主子，也是载垣与端华兜着，自己可以推得一干二净。即使他们二位反咬一口，无凭无据，西太后又能对我肃顺怎么样？"

老奸巨猾的肃顺自认为这出"戏"安排得很巧妙，他一路护送梓宫走大道，迟几天到京城对他很有利。离开热河之时，他已在另一队人马中安插了自己的心腹侍卫，万一那边出了什么事儿，心腹侍卫会立刻报告于他，再根据局势定夺。实在无路可走时，肃顺便作逃跑的打算。这条大道通向蒙古国，他是蒙古人，完全可以先跑到蒙古国去，以后再设法去俄国。

早年，俄国与其他帝国派使臣与大清谈判时，肃顺曾参加过谈判。有一次，俄国使臣提出大清必须割地、赔款，以表示对俄国的歉意。"鬼子六"恭亲王奕拂袖而去，无人顾及俄国使臣，还是肃顺做了个人情，请俄国使臣吃了饭。

这次如果落难到俄国，不怕那位使臣不收留他。到时候，料大清也不敢去向俄国要人。

一番周密的计划后，肃顺便主动要求护送梓宫回京。肃顺打的如意算盘是，不管行刺西太后的结果如何，他肃顺都有保身的"避风港"。

载垣、端华等人护送小皇上、两宫太后从小道回京，一路千辛万苦。几天来一直在下雨，而且雨越下越大，道路早已泥泞不堪，每前行一步都十分困难。龙銮和龙轿是人抬的，轿夫们两腿陷到深泥里，举步维艰。那些满载货物的车子前行比人走还困难。马车轮子陷入深泥里，几匹大马都拉不出来，全靠太监的肩膀把沉重的马车抬出来。

这样慢慢地挪动，很令人心烦。这日，马车实在是寸步难行，两宫太后便决定在附近的镇子上住下来。地方官员连忙跪迎皇上及两宫太后，他们有的人做了几十年的官，也没见过皇上长成什么样子，如今皇上龙銮途经他们州县，这可是千载难逢的好机会，非大大表现一番不可。一行人刚到小镇就被安排在镇东头最好的客栈住下来。

一路颠簸，东太后全身酸痛，她谕令在镇上住两天，等雨停了再走。尽管西太后急于赶回京城，可她不便公然反对东太后，也只好点头称是。

西太后等人在小镇上住了下来，地方官员指挥老百姓抓紧时间修路，整整修了两天两夜也没能修好。这两天来，西太后心急如焚，生怕出什么差错。小皇上及皇太后的临时行宫虽条件简陋，但防守严密，里里外外整整布置了五道岗。

荣禄带领的两千精兵，三步一哨，五步一岗，把个小院围个水泄不通，别说是刺客，就是个小虫子也很难飞过去。载垣与端华及其他大臣未经允许不得入"内廷"见皇上及皇太后。看来，没有百分之百的把握，载垣与端华是不敢动手的。

"小安子。"

"奴才在，主子有何吩咐？"

小安子应声来到西太后的面前。他真不愧是一条忠实的"狗"，随唤随到。

"小安子，离开热河也有五六天了吧？"

"主子记性真好，今天正好是第六天。"

小安子媚态十足。西太后若有所思地说："我在想，像这样蜗牛般地爬行可不行，虽说荣侍卫尽心尽力，但精兵架不住如此空耗，再熬几天，他们的体力恐怕会支持不住的。"

"主子所言极是。奴才也这么想过，精兵难抵疲惫，这样就把他们拖垮了。虽说荣侍卫手下不乏高手，可听说郑亲王和怡亲王手下也招揽了几名高手，有一个还是少林俗家弟子，他的软功极高，飞檐走壁如履平川，他还擅长九节棍，他的九节棍，侍卫队中无人可挡，不得不防。"

听了小安子的一席话，西太后又禁不住寒而栗，她自言自语道："这该如何是好呀？"

每逢西太后到了非常时刻，特殊太监小安子总能绞尽脑汁献上一计，此时，又是他表忠心的时候了。

连西太后也弄不明白，这个小安子究竟是她的奴才，还是她的军师。反正，在西太后的心目中，安德海能给她带来安全的感觉，或者说，小安子总是能帮助她渡过险风恶浪，避免她在"茫茫大海"中触礁身亡。

小安子低头不语，沉思了一会儿，计上心来："主子，奴才认为此时危险性尚不大，荣侍卫的精兵正精神抖擞，誓死保卫皇上与太后。但是，如果再拖几天，可就不敢说了。听内务府总管说，承德带来的干粮、蔬菜等物资，是按正常行程天数准备的，最多还能吃四天。四五天后，物资渐尽，虽然沿途州县也不断供应物资，但这几年地方'吃紧'，连年歉收，百姓穷困不堪，总不及宫中物质丰富。

"为了保障皇上及太后的供应，荣侍卫的兵勇从昨日起已减少了饮食，每个侍卫每天只发五个馒头，一包咸菜。他们吃不饱，白天精力不足，夜里直打瞌睡，奴才正担心着这事儿呢。"

西太后还是第一次听说，由于两天道路泥泞，前进缓慢，物资供应已出现了短缺。她心中也明白，吃不饱肚子一定会影响士兵们的情绪，有的人甚至会产生抵触心理，这可不是小问题。于是，西太后说：

"从今日起，凡是地方上有的物资，一律从地方上取，以后可减免他们的税收。"

于是，两宫太后一合计，她们决定暂停使用从热河带来的物质，所有的人一律食用地方上供应的粮食、瓜果。

端华与载垣一听这消息，喜出望外。端华说："真乃天助我也，不是我等要灭那妇人，而是天意欲绝她。"载垣倒是有点儿担心，说："恐怕投毒不妥。一则肃中堂未曾说起过这件事，恐怕他不允；二来万一事情败露，追究原因，你我的人头可就要搬家的。"

端华诡秘地一笑："怡亲王这么聪明的人，这会儿怎么反倒糊涂起来了。食物中投毒的危险性固然很大，但此时荣禄那小子把后宫看守得严严的，你我手下的高手难以接近，眼看路就要修好了，加快行程到了京城，想动手也来不及了。此时不干，更待何时？"

被郑亲王端华一鼓动，怡亲王载垣的心也动了。他们又密谋了一会儿，便开始分头行动了。

御膳房里有个厨子，擅长做五味茄子。即将茄子去皮后，放在蒸笼里小火慢蒸，这蒸锅里用老母鸡汤做底汤，经过蒸笼的茄子渗透了鸡汁味儿，然后再把茄子捣碎，拌上各种佐料。西太后特别爱吃这道菜。

小时候，家境贫寒，兰儿的娘便把茄子放在热水上蒸，蒸过以后再用大蒜、大葱、盐及醋拌一下，兰儿永远忘不了额娘做的那道菜。如今御膳房里的厨子做的五味茄子比娘做的还好吃。所以，每逢新鲜茄子上市后，这位厨子总拿出"看家本事"，做几次蒸茄子，以博得西太后的夸奖。

其实，在皇宫里，为了防止有人在食物中投毒，每次皇上及皇后、皇太后、皇子用膳时，都要上许多菜肴。皇上每餐不少于三十道，皇后每餐不少于二十五道。皇子、皇太后和嫔妃们不少于二十道。这么多的菜肴全端到桌子上，他们想吃哪道菜，只要使使眼神，宫女们便小心翼翼地给他们夹来，放在他们面前的盘子里。有时，他们并不去吃夹来的菜，而是自己动手亲自夹菜。因此，宫女们也弄不清他们究竟吃哪一道菜。这几十道色香味俱全的菜肴端上来，只是做做样子，他们少吃几口便饱了。因为每日点心、水果、瓜子等物不断，他们饭后的活动量又极少，哪能吃下去多少东西。皇上及后宫嫔妃们用过的食物，不管剩多少，一律倒掉，不允许别人再吃一口。有的时候，御膳房的厨子们见自己精心烹饪的食品又原样不动地端了回来，心里虽然很不高兴，但嘴上却不敢说什么。他们也掌握不了皇上及后妃们的口味究竟怎么样，反正尽自己最大的努力做好就是了。

御膳房里姓王的厨子，就是做五味茄子最拿手的那一位。每逢做这道菜，端下来的时候，他总发现这道菜被吃下去很多。他知道后宫里肯定有个妃子爱吃这道菜。开始，他也不敢乱问，生怕闯祸。一次偶然的机会，他才弄清楚原来是懿贵妃最爱吃五味茄子。因为那天的五味茄子一动也没动，又被端了回来，他正纳闷儿，一位公公说："王师傅，懿贵妃有些不舒服，快煮碗鸡汤，我一会儿来取。"

这位太监便是安德海。他一时疏忽，便说漏了嘴。

姓王的厨子从此便知懿贵妃最爱吃五味茄子。王厨子深知这位贵妃娘娘在后宫中的特殊地位，为了奉迎她，王厨子做五味茄子时更加尽心尽力。

可是，这件事儿，王厨子不敢对别人说，他知道这是皇宫里的规矩，他可不愿被砍头。

恰巧，姓王的厨子是端华介绍进来的。于是，端华此时想起了他。当天上午，端华便派人叫来了王厨子。

端华拿了二百两银子塞给王厨子，又贴在他的耳边，嘀咕了一阵子。

王厨子听着听着，脸色大变。他几乎是哭着说："使不得，使不得！"

端华的脸一沉："你不敢干，那你活不过今天晚上！"

端华的语气很强硬，王厨子吓得直打哆嗦，他万万想不到，郑亲王居然欲加害于西太后。他跪在地上直叩头："王爷饶命，你此时就杀了奴才，奴才也不敢投毒。"

端华背对着他，半天没吭声，王厨子知道这一劫，他逃不过的。只听得端华"哼"了一声，过了一会儿，端华说："杀了你算便宜了你，只怕你的老母亲也陪着儿子入黄泉！"

一听这话，王厨子泪如雨下，他低声哭着说："王爷发发慈悲，我那老母亲一生辛劳，好不容易晚年过上了温饱日子，王爷饶过她吧，奴才给你叩头了。"

"哼，起来，好好想一想。要么母子留条活路，要么母子同上黄泉路！"

王厨子一下子瘫倒在地上，他有气无力地说："我干。"

又过了一会儿，王厨子怯怯地说："王爷，奴才又不知西太后爱吃什么，如何投毒，总不至于所有的菜肴都撒上毒药吧？"

半晌，端华才阴沉沉地说："你一定知道西太后最爱吃什么，本王爷相信你知道。现在，天机你已知道，何去何从，你自己选择！"

王厨子心中十分明白，既然端华已说出了口，他不干也得干。成功了也许还有条活路，现在违抗端华的命令，恐怕人头即刻就要落地。

想到这里，王厨子心一横，说："王爷，奴才为王爷豁出去了。不过，奴才只能保证把毒药放在太后最爱吃的五味茄子里，至于她吃不吃，奴才可就不敢保证了。还有，茄子是夏初的蔬菜，这深秋季节，到哪里去弄茄子？"

端华沉吟了片刻，只说："你努力去弄来。"然后，把一大包砒霜交给王厨子。

王厨子回到御膳房，脑子里一片空白。他喝了口水，定了定神，暗自感慨："争权夺利，太残酷了。当皇帝有什么好，还不如老百姓生活得快快活活。唉！"

此时，他已被"逼上梁山"了，不干也得干。他精心地做了这道菜，其实，他心里很明白，这可能是他一生中做的最后一道菜。

虽然端华答应了他事成以后，帮助他逃走，但他没抱那种希望，他觉得端华可能会杀人灭口。王厨子心里一阵阵凄凉，一个小小的厨子竟成了皇族争权夺利的牺牲品。

这一天，西太后的胃口特别好，她在房里闷了两天，心里还真有点儿急了，便邀请胞妹七福晋一起用午膳。自从怀孕以来，七福晋就厌食，她什么都不想吃，她只想喝口她额娘熬的小米粥。无奈宫中有规定，所有的人一律不允许点食谱，她只好作罢。

平日里，七福晋每餐只能用十道菜肴，今天到了姐姐西太后这里，一见一大桌子的美味佳肴，个个都油腻腻的，她忍不住反胃，"哇"的一声，吐了出来。

宫女们连忙打扫污物，西太后生怕胞妹有什么不舒服，便大叫了一声："小安子。"

"奴才在。"

"快去请太医，给七福晋诊脉。"

"不，不用，我是见了油腻的便反胃，不需要诊脉。"

小安子见两姐妹意见并不一致，他不知道该听谁的。西太后也没发话让他跪安，他只好傻呆呆地站在那儿。西太后只惦着妹妹的身体，便忘了身后还站着个小安子。小安子静静地站在主子的身后，眼巴巴地看着主子用膳。他一句话也没有。

"咦，五味茄子，可好吃了。妹妹，你还记得小时候吃过的茄子吗？"

西太后边说边夹了些茄子放在七福晋的面前，然后自己也夹了一些，正准备开口去吃。小安子猛地意识到什么，他大叫："主子，不能吃！"

西太后正想品尝自己最偏爱的五味茄子，被小安子大声一吼给吓着了，显然，她很不高兴。

"小安子，跪安吧。"

"嗻。"

小安子一边后退，一边用恳求的目光望着主子西太后，他的眼里还噙着泪花，西太后一看有些心软了，她的语调变得柔和起来："这茄子为什么不能吃？"

小安子看西太后已无责备之意，便壮了壮胆子，开口道："主子恕罪，小安子才敢讲。"

西太后最讨厌小安子这吞吞吐吐的样子，她不耐烦地说："大胆地讲，狗奴才！"

其实西太后"狗奴才"的骂声中，包含了只有小安子才能听得出来的宠爱之意。

小安子说："奴才觉得这盘茄子有问题。主子您想想看：这沿途不比宫里，一年四季能吃上新鲜蔬菜。老百姓是有什么菜就吃什么菜，茄子原是春末夏初的蔬菜，现在是秋末冬初，茄子不是新鲜蔬菜，想必是特意想法子搞来的茄子。这里面好像有问题，地方上供给的物资应该是新鲜的，这个季节萝卜、白菜不算稀罕，为什么偏偏供应罕见的茄子呢？"

西太后连连点头，她说："说下去，小安子，你究竟看出了什么问题？"

小安子眼珠子一骨碌，咽口唾沫说："奴才猜想，一定是有人走漏了风声，知道主子爱吃这道茄子菜。"

小安子竭力劝阻西太后不能食用茄子，可关键性的情节，他不敢说。他想起来了，他曾无意中透露过西太后爱吃茄子，这一层，他千万不能说，不然的话，主子一定惩罚他。

西太后见小安子说得十分有理，不由得放下了筷子，令宫女杏儿把自己最喜爱的波斯猫抱过来。这只波斯猫是一位外国使臣赠送的纯种优良小猫，它的嗅觉特别灵敏，嗅到好吃的东西，便咪咪地叫，以表示"此物甚香"；嗅到味道不佳的食物，它便直嗥叫，以示不可吃。

不一会儿，西太后的宠物——波斯猫便抱来了。西太后令小安子夹一小块茄子让小猫嗅一嗅，那茄子刚放在小猫的面前，小猫扭头便跑，跑到一个墙角上，大叫大嚷。

"给它吃一块，给它吃下去！"西太后指着地上的茄子，大叫大吼。

小安子将波斯猫抱回来，夹了一小块茄子，小猫硬是把头挺得高高的，根本就不打算吃茄子。小安子为了表明自己的忠心，便死死地按住小猫，硬掰开小猫紧闭的嘴，把那块茄子塞了进去。小猫吞下茄子，不一会儿，四只腿儿一蹬一蹬，很快咽气了。

在场的人无不惊骇万分，居然有这等事，反了！

望着地上的死猫，西太后先是暴跳如雷，继而号啕大哭："先帝呀，你去得太早了，留下我们孤儿寡母的，今日居然有人来害我们，臣妾随你去也。"哭着，她便往墙上撞，周围太监、宫女十几人，能让主子撞墙吗？大家七手八脚拉住了西太后。西太后一把鼻涕一把泪，哭得好悲痛。此时，她真有些害怕了，若不是忠心耿耿的小安子及时制止自己吃那道茄子菜，恐怕此时躺在墙角死亡的不是波斯猫，而是她自己。

西太后又恼又怕，她怒不可遏。

小安子见主子如此悲哀与愤怒，便抓住这个大好时机，阿谀奉承，以示孝心："主子，奴才这便去查一查，一定将投毒者挖出来，并将他碎尸万段。"

西太后一挥手，示意宫女与其他太监一律回避，屋里只剩下西太后、七福晋和小安子三个人。七福晋是西太后的亲妹妹，小安子是心腹太监，所以，西太后不必顾虑什么。

"小安子，督察投毒一案，重在人证。这事情出不了御膳房，你务必亲查，尤其是要弄清楚这盘五味茄子是谁做的、谁端来的，茄子是谁买的、从何处购的等等。一旦抓住他们，要留活口，逼他们供出幕后指使者。若他们不说，可用严刑。"

"嗻！"

七福晋此时也有些后怕，差一点儿，她、姐姐西太后以及腹中的胎儿，三条人命就没了。她嫁给醇郡王奕譞，一直不曾有过危机感。奕譞是王爷，他为人比较圆滑，不像其他人那样锋芒毕露。

小安子带着西太后的懿旨，怒气冲冲地找到了内务府总管。总管一听居然出现投毒事件，脸色一下子变作惨白。他明白这件事情非同小可，一向骄纵的西太后决不会善罢甘休的，弄不好，他内务府总管的人头都要落地。他岂敢怠慢，带了几个人，一路冲进了御膳房。

却说王厨子做好了菜，真怕听到一声声"传膳"的口令。他知道自己罪孽深重，定死无疑。再说，害死太后，他的良心也过不去，所以，当所有的碗盘都端走，其他几位厨子纷纷离去后，王厨子并没有走。

他根本就不打算走。走？往哪儿走？走到哪里，他都会被捉住，然后是碎尸万段。他知道只有两种情况，他有可能侥幸躲过这一劫。一种情况是：西太后根本就没有动那盘茄子菜，用膳后被原封不动地撤了下来倒掉，当然，端华还会逼着他再干一次的；第二种情况是，西太后吃了茄子，中毒身亡，皇宫里无人替她撑腰，装腔作势查一查罢了。

第二种情况只有万分之一的希望，等于说不可能有。即使无人替西太后撑腰，皇宫里也一定要查出投毒者，这在皇宫里是绝对不允许发生的事情。所以，左思右想，王厨子明白自己必死无疑。

他拿来一把剔骨刀，放在磨刀石上磨了又磨，又在一块牛肉上试了试，刀刃锋利无比。他坐在御膳房的墙角，双目一闭，聆听外面的动静。他打算一旦有人来查此事，他便举起剔骨刀，猛刺自己的喉咙。

内务府总管及小安子等人，一脚将御膳房虚掩的大门踹开，便冲了进去，眼前的景象使他们惊呆了。

只见地上鲜血横流，一具尸体躺在血泊中。显然，死者是自杀身亡。

内务府总管一眼就认了出来，自杀者是姓王的厨师。

由此可见，他便是投毒者，可幕后指挥是谁呢？人死线断，无从追踪。

宫中投毒案事件刚平息，地方官员便启奏，路已修好，可以起程了。

滞留四天，西太后既高兴又害怕。高兴的是，每走一程路，离京城就越近，到了京城，有恭亲王的帮助，不愁斗不过肃顺；害怕的是，暂住之时，荣禄两千精兵守卫森严，安全性大一些。今日一旦踏上行程，兵力分散，危险性大多了。为了防止再发生恶性事件，西太后不得不多长几个心眼儿，制定充分的安全措施，她又喊来了最忠心的小安子。

"小安子，从上次投毒案来看，他们是想要我的命。我在明处，人家在暗处，暗箭难防啊！依你之见，应该如何准备应变？"

"主子所虑极是，奴才也认为投毒的背后一定有大'文章'，幕后指挥来头不小。姓王的那奴才，宁愿自杀身亡，也要为他效力，可见幕后人权势很大。"

小安子差一点就说出一定是郑亲王或怡亲王联合干的。其实，西太后的心里比谁都明白，投毒案的总指挥一定是肃顺、端华、载垣这几个人，别人不敢，也不至于杀她西太后。

小安子小声说："他们上次投毒未成，心里一定更着急，生怕露出马脚，他们会尽快再行动的。主子，可一定要当心啊！"

西太后觉得小安子的话句句在理儿，便默不作声，仔细地听小安子分析下去。

"主子，他们虽然不可能善罢甘休，也不会再投毒，但有可能在路上采取行刺手段，置主子于死地。"

"为什么这样说？小安子。"

"因为连续多日的奔波，荣侍卫手下的兵勇皆已疲惫不堪，防守势必有疏漏，他们会抓住这个机会，派几个高手来行刺。"

小安子依据事实进行推测，说得西太后心里直打寒战。虽然荣禄誓死保卫西太后，可他的功夫毕竟不硬，他的手下，功夫过硬的并没有几个人。若是明打明地来，西太后并不怕，两千精兵怎么也能抵挡住几个行刺高手。只怕暗箭难防，怕端华、载垣他们来个趁人不备。

西太后与小安子的想法不谋而合。西太后沉吟了片刻，征询意见似的问安德海："你认为此时火速送信给恭亲王，让他派几个高手来护驾，有没有必要？"

"如果六王爷肯出面帮忙，那当然好极了。据奴才所知，这些年来六王爷养了不少武林高手，他们对六王爷忠心耿耿。这些人不但武艺高强，而且侠肝义胆，为了主子肯豁出命，很令人钦佩。"

西太后心里踏实了一些，虽然小安子不过是个太监，一个十足的奴才，但他多多少少有些男人的气魄与手腕，与他商量事情比东太后强多了。那个软弱的东太后，总是对肃顺等人一味地忍让，有时她气极了，也只是知道流泪，和她商量事情，还不如自己去苦思冥想。

"小安子，我马上拟写密旨一份，你火速去找荣侍卫，让他派一个可靠的人日夜兼程赶往京城，请六王爷尽快派功夫高强之人前来护驾，不得有误！"

"奴才一定努力办好这件事儿，请主子放心吧。"

不大一会儿，西太后便将密旨交与安德海，他便派一个十分机灵、可靠的太监，乘一匹宝马去找荣禄。荣禄也深知自己的功夫不过硬，万一发生突变，恐怕他难以抵挡刺客。所以，荣禄接了密旨，立刻又派了一名心腹兵勇，火速赶往京城，将密旨转送到恭亲王的手里。

却说载垣与端华，这几日也是心神不宁。上次投毒事件败露后，两位幕后策划者已做出了最坏的打算：若是王厨子供出原委，他们咬死不认账，西太后也奈何不了他们；若两宫太后不依不饶，小皇上坚决站在两宫太后的一边，或者其他大臣联名抗议，他们便自戕身亡，以求全尸。

可是，上苍帮了他们一把，王厨子畏罪自杀，此事无从追查。西太后虽然疑心重重，但她无凭无据，奈何不了他们。但上一次的失败，至少可以证明他们的对手，虽系女流，但绝对不可低估她，她在政治上的灵敏嗅觉仿佛是与生俱来的。

载垣与端华一致认为：无论如何，必须赶在进京之前干掉西太后。否则，将后患无穷。放虎归山，等于给自己铺了一条通往坟墓的路。

载垣与端华是聪明之人，他们绝对不会"放虎归山"的。他们两个人的大轿凑得很近，为了防止走漏风声，干脆端华偷偷地坐到了载垣的轿子里。轿夫暗中叫苦，多挤了一个大男人在里面，抬起来很沉。

两个人在轿子里低头密语，轿夫们在外面龇牙咧嘴，以表示不满。

后来，轿夫们一个个气喘吁吁，有的累得满头大汗，干脆脱去外衣。而抬另一个空轿的轿夫们则优哉游哉，步履轻快，有说有笑，煞是得意。

小安子远远地望见这一奇特的景观，不由得一阵狐疑。他从两顶大轿的轿夫的神情来判断，一顶轿子是空的，另一顶轿子里则载着两个人。这两个人不会是别人，因为大轿只有亲王才能坐。本来从出热河直至昨日，这两顶轿子一直是一个在龙銮前面，一个在后面，不知为什么现在凑到了一块儿。这里面一定有问题。小安子如野狼一样警觉，一下子就猜出了几分：载垣与端华正在商谋刺杀西太后之事。

果然，约莫两个时辰后，端华从载垣的轿子里钻了出来，两顶轿子又迅速拉开了距离。

小安子没敢耽搁，立刻将这一情况报告了西太后。西太后沉吟片刻，开口道："打听一下，前面是什么地方。"

比狗还忠实的小安子二话没说，立刻派了两个小太监向周围的老百姓打听这一带的地理环境。有位老者说："这一带叫古袋口，又称葫芦嘴。这里的山路越走越狭窄，犹如一个葫芦口，进去以后，退路一堵，如瓮中捉鳖。"

小安子给了老者几两碎银子，又把这一情况立刻报告了主子。

"主子，附近老百姓说这儿叫葫芦嘴，地势特别险要。"

西太后一听，顿时紧张了起来。她自言自语道："怡亲王、郑亲王，你们可真够歹毒的。上次投毒没抓住你们的把柄，白白死了个王厨子，这次你磨刀，我备矢，咱们看看究竟谁厉害！"

"主子，怎么办？"

西太后咬牙切齿地说："准备应战。"

小安子点了点头。

其实，此时的西太后比任何人的警惕性都高。为了应付突发事件，在龙轿里，她早已换上了事先准备好的宫女的衣服。一旦发生恶战，她便弃轿逃跑，混在众宫女中，一时纷乱，载垣与端华也难以分辨谁是谁。躲过白天的追杀，夜里由荣禄派几个强悍的兵勇护送赶往京城，先躲在远房亲戚家，然后静观时局，再作下一步打算。

当然，这一计划不到万不得已的时候，是不会实施的。这个计划的危险性很大，只是个下下策，绝不是上乘之策。

走在前面的侍卫已经进了葫芦嘴，眼看龙銮和两宫太后的大轿也已到了山口，小安子格外留神，他的眼睛一眨也不眨，竖起两耳听着动静。看来，怡亲王和郑亲王的确准备在这儿动手，他们两个人的轿子又凑到了一块儿。可以说，双方的箭皆已在弦，一触即发。

龙銮和大轿陆续进入了葫芦嘴，前面的道路非常狭窄，大队人马过不去，龙銮刚好勉强过去。西太后的心怦怦直跳，她觉得心几乎提到了嗓子眼儿。此时，她并不乐观，她知道眼下就要发生一场你死我活的搏斗。

只见端华与载垣的大轿突然停了下来，他们俩几乎是同时掀开轿帘，用眼色说话。

这一幕，又让狡猾的小安子看见了。

此时，载垣与端华正欲动手，小安子眼疾手快，他从怀中掏出一串鞭炮，往地上猛一摔，顿时，空中"啪啪"作响。两位王爷一点儿思想准备也没有，他们不知道发生什么事情，连连后退。只见荣禄带着五十个兵勇，一路扬鞭催马，飞驰而来。大道上尘土飞扬，旌旗飘飘。

载垣有些沉不住气了，大喝了一声："荣禄，你干什么？"

"报告王爷，荣禄发现侍卫队中有图谋不轨之人，他们企图发动兵变，已被荣禄拿下，并惩以斩首。"

"什么，你把他们给杀了？大胆狂徒！"

载垣怒不可遏，他费了好大的劲儿才笼络的几个侍卫，转眼间全被荣禄给杀了，他焉能不大喊大叫。

端华见他的同伙有些失态，连忙掩饰了一下："荣侍卫所做对极了，侍卫护驾乃天职。不承想你手下竟有图谋不轨之徒，荣侍卫这般大义灭亲，实在难能可贵。"

毕竟是端华老奸巨猾，他一方面拦住了载垣，不让他继续说下去，另一方面又先发制人，将了荣禄一军。兵变计划已彻底破产，但端华心里明白，大家彼此心里明白，不过不愿挑明罢了。

这时，载垣已平静了下来，他暗暗感激端华，若不是刚才端华沉着应变，恐怕自己早已说露了馅。

载垣很快恢复了常态，他淡淡地说了一句："荣侍卫，你护驾有功，本王回去以后一定为你请功，让皇上封赏你。"

荣禄露出了得意的一笑："多谢二位王爷，荣某告辞。"

他一扬手中马鞭，马儿一声长嘶，飞奔起来，很快消失在大路的尽头。

荣禄刚走，载垣就气急败坏地对端华说："这死小子，坏了咱们的大事，气死我了。可恶、可恨。"

端华也恨得咬牙切齿，恨不得一口吞了荣禄。

"和本王爷对着干，找死，活腻了！"

痛骂了一会儿，他们又猛地想起什么似的，顿时紧张起来。端华先开口："怡亲王，荣禄这小子怎么知道他的手下会在这葫芦口发动兵变，这事儿只有你我及几个侍卫头目知道。再说，那几个知情者也是吃着咱们的，拿了咱们的，铁了心跟定咱们的，他们不会泄露机密呀，究竟是谁走漏了风声？这事儿有些不对劲儿。"

他们两人百思不得其解，这次计划如此周密，眼看着就要成功了，可是半路上杀出个荣禄来，搅了全局，再一次挽救了西太后。

原来，荣禄根据小安子提供的线索，顺藤摸瓜，找到了企图发动兵变的人。为了防止他们有所警觉，还没进葫芦口时，荣禄便令人杀了那三四十个叛军。

所以，荣禄与小安子事先约好了，等载垣、端华一旦有动静，小安子便放一挂鞭炮为信号，荣禄听到鞭炮后，立刻赶到两位王爷的面前，向他们汇报"战绩"。

为什么荣禄必须先杀叛军，再做报告呢？这不明摆着嘛，叛军全是两位王爷买通的，如果先说这几十个人有反叛之心，两位王爷能不袒护他们吗？到时候，不但杀不了叛军，恐怕荣禄还要陪着心爱的"兰儿"上西天。

当然，荣禄不敢直言这几十个叛军的幕后指挥就是两位王爷。他深知此时正在途中，最好以静制动，少惹是非。他还留下了两个"活口"，并且早已将他们五花大绑，由十几个人押着，快马加鞭押送京城。到了京城，严刑逼供，不怕他们"咬"不出两位王爷。

"葫芦嘴事件"可真让两位王爷变成了"闷嘴葫芦"，他们一言不发，心中十分憋气。

大约又走了二三十里地，天色已晚，大队人马全都走出了"葫芦嘴"山口，来到了一个小镇子上。西太后懿旨："今晚行宫设在小镇上。"

载垣、端华两人虽然心中有气，但他们不能表露出来，很快便与其他几个大臣一起忙碌着安排行宫去了。一路斗争，两个回合下来，竟斗不过一个女人，他们不得不承认西太后的手腕与智慧了。

看来，西太后的实力并不弱于他们，甚至远远超过他们。至少，西太后的面前有一个忠实的奴才，还有一个赤胆忠心的卫士。而两位王爷收买的人，个个是脓包，是饭桶，是叛徒。两位王爷再也不敢轻举妄动了，他们必须谨慎再谨慎，做到万无一失。否则，刺杀不了西太后，恐怕连自己的人头也保不住。

载垣手下，还有一个人。这个人善于飞檐走壁、使用暗器，软功很好，是两位王爷的最后一张"王牌"。他们只许他成功，不许他失败，不然的话，等到了京城，局势将会发生根本性的变化，可能会由先前的肃顺等八大臣把持朝政、独揽大权的局面，转为恭亲王联合西太后一手遮天的局面。

这对于肃顺等人来说，等于说是日薄西山、大势已去，甚至是性命难保。

刚安排好行宫的琐事，载垣便请来了他的高手——单飞，给他下达了命令。

小皇上、两宫太后及嫔妃们在行宫里安顿下来后，荣禄连一口水也没顾得喝，便首先观察了行宫的周围环境以及西太后卧房的地形。他必须做到心中有数。他发现西太后的行宫正房有三大间，内务府安排西太后住在最东边，中间一间坐着两个侍寝宫女，西边是侍卫队的二十几个兵勇，个个身手不凡。

西太后的卧房周围安排了三十多个侍卫整夜站岗，三步一岗，五步一哨。荣禄要求侍卫们每两个时辰换一次岗，站岗的人不允许打瞌睡。这小院里，还有两间东厢房，两间西厢房。荣禄住在东厢房，小安子住在西厢房。小小的院子，前前后后、左左右右全布置了岗哨，非常安全。

西太后草草地用了晚膳，今夜，她难以入眠。自从离开了热河行宫，这一路是暗礁险浪，几乎毁桅翻船。若不是小安子与荣禄死心塌地地护驾，自己早已去见大行皇帝了。载垣与端华几次伸出魔爪，均未遂。如果能平安地度过这一夜，明天一早，便能上阳关大道，不消多时便可抵达京城，危险性就小多了。所以，西太后一丝睡意也没有，她也不敢睡。

小安子站在西厢房门口，见宫女们仍进进出出，端茶水、送毛巾，就知道西太后尚未入眠。他大着胆子，凑近西太后的门口，低声说："主子，还没就寝吗？"

"哦，小安子，进来吧。"

小安子低着头走进了西太后的卧房。他向主子行了个双腿安："主子，明个儿一早还要赶路，该歇息了。"

"小安子，载垣与端华欺人太甚，三番两次地加害于我，我不愿在路上与他们闹起来。可他们以为我好欺负，便得寸进尺，实在令人忍无可忍。"

"主子，您宽宏大度，但他们却认为主子您软弱无能，真的令人很气愤。"

"小安子，我猜想今夜他们一定会派武林高手来对付我。你觉得荣侍卫的兵勇能否抵挡住那些高手？"

"奴才认为，荣侍卫赤胆忠心，誓死保卫主子，可他的武艺并不精湛，纵是三步一岗、五步一哨，也难免有疏漏之处。为了防备不测，奴才认为主子还是躲一躲为好。"

西太后也正这么想着，被小安子一说，她更下定了决心。她马上换上了那套热河行宫带出来的宫女装。

"小安子，去，把红艳找来。"

红艳是西太后的贴身宫女，她长得与主子十分相像，今年二十五岁了。

"主子，奴婢在。"

西太后说："红艳，穿上这套衣服。"

"主子，您的衣服，打死奴婢，奴婢也不敢穿。"

红艳"扑通"一声跪在了地上。

西太后知道红艳什么都明白，她想借口不敢穿太后装而保全性命。西太后恶狠狠地说："不穿，便打死你。快穿上吧，不一定有事儿。"

红艳含着眼泪，哆哆嗦嗦地穿上了太后装。今晚，她要当一次"太后"，躺在东间的软榻上。而真正的太后，却端坐在中间房间的破椅子上。小安子悄悄地退回了西厢房，一切准备就绪，只求一夜平安无事。

小安子回到了西厢房，怎敢入眠？他竖起耳朵，聆听外面的动静。哪怕是一片枯树叶落到了地上，发出微弱的响声，他也仔细辨听，然后悄悄出门察看。

西太后行宫的里里外外，早已森严壁垒，没有荣禄的许可，任何人不得随便出入。今夜的口令是"齐心护驾"。

换岗时，由站岗的侍卫说一声："齐心。"前来换岗的人则答一句："护驾。"口令对上了，方可换岗。

秋风一阵阵袭来，寒气逼人，站岗的侍卫又困又冷，可是，他们一个个睁大了眼睛，谁也不敢打瞌睡。约到三更天，密云陡生，狂风大作，伸手不见五指。

端华与载垣当然也不会入眠，他们颇有些紧张，成败在今晚一举。他们在心里默默地祈祷着，两人几乎是同时地拍了一下单飞的肩膀，又似乎是异口同地声说："祝你马到成功！"

单飞一个龙跃，消失在漆黑的夜幕里。

整个上半夜，一点儿动静也没有，四处静悄悄的。西太后实在熬不住了，她坐在中间的屋子里，靠在墙角边打了个盹儿。荣禄更不会安寝，他下令换了两班岗。他生怕侍卫下半夜熬不住，便让侍卫轮流睡一会儿。侍卫们哪敢睡沉，他们迷迷糊糊地打个盹儿便又惊醒，生怕误了大事。荣禄已发出死命令：确保西太后的安全，万一出一点儿差错，砍他们的头；护驾有功者，每人赏银五十两。侍卫们不求有功，但求无过。

第三班的侍卫刚上岗，就听见西厢房屋顶有一声细微的响动，他们顿时紧张了起来，纷纷往西厢房顶望去。只见一只野猫"喵"的一声，蹿到了屋里，侍卫们舒了一口气。

他们万万没想到，就在刚才他们一齐注视西厢房顶的那一瞬间，有个黑影一闪，便飞到了正房东面一间的屋顶。

练功之人讲究的是手眼身法步，单飞离行宫几十步远时，就感觉到了行宫周围已布满了侍卫。他暗笑："西太后还真有点儿怯小爷，定知道小爷今夜来会她，早已加强了防范。嘿嘿，就凭你们几个，也想抵挡住小爷？痴心妄想！"

他突然发现有只野猫正趴在屋檐处，便飞出一只镖去吓唬那只小猫，果然野猫惊叫了一声。他趁侍卫精力分散之际，一闪身便轻轻地落到了东面一间的屋顶。

他慢慢地揭开一片瓦来，往屋里一看。

"哈哈，果然在此。太后，小爷来也，送你上西天。"

他看到"西太后"躺在软榻上熟睡，正欲下手，突然感到身后有风声，急忙回头一看，原来是端华手下的一个精兵，也正如自己一样，稳稳地飞到了屋顶。那人向单飞做了一个手势，示意他一定要沉住气。于是，单飞在心里又念叨出三个字："稳、准、狠。"

单飞有点儿紧张，一不留神，脚下踩滑了，"咔嚓"一声，踩碎了一片瓦。

"抓刺客，给我抓活的，赏银二百两。抓刺客呀！"

荣禄大声疾呼，侍卫们一拥而上，围得小院内外水泄不通。

单飞一见来者众多，心里更慌，飞出一支镖，直射软榻上的"西太后"。只见熟睡之人一下子腾起，躲过了飞镖。

原来西太后的这位贴身宫女红艳曾练过一阵子功夫，平时她不愿意外露，如今生死关头，不得不使出浑身解数救自己。当单飞动手掀开屋顶的瓦片时，她已惊醒，于是就敏捷地躲过这一劫。

单飞一看软榻上的"西太后"腾空而起，便明白了此人一定不是西太后，西太后早已金蝉脱壳。此地不宜久留，他正欲退身，只见荣侍卫的手下早已堵住了去路。而端华派来协助自己的那位"同人"也不知溜到何处去了。一时间，火把通明，人声鼎沸，单飞插翅也难飞出这小院。

"抓刺客！"

"抓活的！"

"快堵住，别让他跑了！"

声声震耳，单飞明白除非自己有上天入地之能，否则是逃不了荣禄的几百精兵围困的。落在荣侍卫的手中，只有死路一条，不管是西太后，还是两位王爷，双方都不可能放过他。不如现在心一横，自行了断。

他迅速地发出了十几支飞镖，"嗖嗖嗖"，飞镖打向荣禄等人。荣禄等人站在下面，看得分明，他们左闪右闪，躲过了一个个飞镖。那屋顶上的单飞只给自己留下了最后一支飞镖。这时，院子里外已挤满了侍卫，并且有几个不怕死的还爬上了屋顶，正向他围过来。单飞一生没失过手，这次也准确地刺进了自己的心窝。

"啊——"单飞倒栽了下来。

荣禄在下面急得大叫起来："抓活的，要活口！"

可是，已经迟了，单飞气绝身亡。

小安子气得直跺脚："荣侍卫的手下真没用，动作这么慢，连个活口都没抓到。"

"罢了，快让荣侍卫搜搜身，看一看有没有什么特征，是谁手下的人？"

"嗻！"

"抓刺客！"

"刺客又来了！"

一声大叫，一阵慌乱。吓得小安子抓住西太后的手便往桌子下面钻，两个人吓得直打哆嗦，大气不敢出。

"且慢，荣侍卫，不认得小弟了吗？"那蒙面大汉高叫一声。

荣禄呵退手下的人，定神一看："哎呀，是赵亮兄弟。兄弟，深更半夜，为何到此？"

"进屋再说。"

荣禄带着三个黑衣人，来到了东厢房。

小安子看得出来，三个黑衣人不是刺客。他连忙向西太后报告："主子，快出来吧，看来不是刺客。"

西太后狼狈不堪，从桌子下面钻了出来。她满面通红，有些气急败坏，刚才的确有些失态，堂堂的皇太后竟钻在桌子底下，太丢面子了。她冲着小安子大吼大叫："小安子，你好大的胆子，竟敢出我的洋相。"

安德海深知西太后的脾气，她经常翻脸不认人，立刻"扑通"一声跪下，左右开弓，给自己以惩罚："奴才该死，该死，奴才知罪，奴才罪该万死。"

西太后的怒气消了一点儿。听见荣禄在门外请安，连忙打个手势，让小安子帮她换上自己的太后服饰。此时，她还穿着宫女的衣服，太有失体统了。宫女将太后服饰捧来，迅速帮她换好了衣服，又帮她梳理了一下蓬乱的头发。

小安子这才发话："荣侍卫，何事求见？"

"安公公，有三个人说是从京城来的，欲拜见太后。"

一听说京城来人了，小安子明白一定是恭亲王奕䜣收到了西太后的求救密札，派人来援助他们了。

事实果然如此。恭亲王奕䜣一接到西太后拟写的密旨，便连夜派了三位武功极高的人前来护驾。

当三个护驾的高手飞奔至此时，正赶上荣侍卫带人抓刺客，他们三人见刺客自行了断，便没有出手。他们生怕天黑人多，分不清敌我，误伤自己人。于是，三个人远远地站在一边观察动静。其中荣禄手下的一个侍卫一转身发现了三个黑衣人，便发出了刚才的那声尖叫。

原来如此！小安子放下了心，他喊到："快请他们进来。"

只见荣禄带着三个黑衣人走了进来，四个人齐刷刷地跪在地上。其中一个黑衣人开了口："臣等护驾来迟，请太后恕罪，臣等罪该万死。"

说着，他和另外两个黑衣人又给西太后叩了三个响头，以示歉意。

西太后手一挥，淡淡地说："罢了，快起来吧。"

这时，已到了四更天，镇子上的公鸡已开始报晓。"喔喔喔"，天快亮了，西太后打了个呵欠，懒洋洋地说："都跪安吧。"

"嗻！"

"荣侍卫。"

"奴才在。"

"你稍等片刻。"

"嗻。"

小安子见荣侍卫未走，便也没有离开的意思。西太后不耐烦地说："小安子，还站着干什么？"

小安子连连后退，他一边退一边想："以前是我小安子一个人受宠，如今来了个荣侍卫，他不就是一路保驾有功吗？凭什么与我争宠！"

小安子气哼哼地走了，他哪里想到，荣禄很快便会踩在他的头上。因为，这位荣侍卫是当年兰儿的"荣大哥"。

众人退下后，西太后一使眼神，几个宫女全退下了。

荣禄心里一阵慌乱，他不敢抬头看西太后，只听见西太后说："加紧防范，不可松懈。"

说罢，她和衣而卧。

荣禄悄悄地坐在墙角的凳子上，告诫自己："荣禄，你是个奴才，心中理应无杂念，保驾是你的天职。"

西太后睡得香，荣禄坐得稳。一夜无事。

载垣、端华派单飞去刺杀西太后，两个人心中都没有多少底儿。究竟单飞的能耐如何，他能不能顺利完成任务，谁也说不清楚。单飞转身离去后，两位王爷谁也睡不着。

两位王爷的住处离西太后的行宫约二三里地。本来，他们并不住在一个院子里，这会儿，他们的心里就像十五只水桶打水——七上八下的。天寒夜长，端华便凑到了载垣这里。此时，怡亲王载垣正辗转反侧，难以入眠，一见端华至此，他干脆穿上夹衣下了床。

"郑亲王，好冷的天，我让厨子炒两个小菜，咱们边喝边聊吧。"载垣以主待客，两个人喝了起来。

几杯酒下肚，他们俩不感到那么冷了，胆子也大了起来。

载垣得意扬扬地说："郑亲王，今天要了那妖婆的命，明日我们便向母后皇太后请罪，并推说是荣禄护驾不利，马上让皇上降旨诛杀荣禄，尽快除掉那条狗。"

"怡亲王，等回到京城，'鬼子六'见木已成舟，想他也不会拿咱们开刀，哈哈哈！单飞，马到成功！"

两个人，你一杯，我一杯，酒足饭饱，好不快活。

已经是五更天了，还不见单飞回来报喜，二位王爷都有些着急。载垣说："郑亲王，你说那个单飞，他的功夫到底怎么样？"

"比起当代武林大侠霍天威，也许差一些，但对付小荣禄的手下，绰绰有余。他的软功特别好，他的飞镖可称天下第一，很少有人能抵挡得住。"

经端华一说，载垣的心里稍稍安定了一些，他往屋外一看，外面淅淅沥沥下起了小雨。又过了一会儿，仍不见单飞回来，两人更着急了，仿佛有一块大石头堵在心口，喝也喝不下去，吃也吃不下去。二位王爷如惊弓之鸟，竖起耳朵，仔细聆听着外面的动静。

雨越下越大，打得窗户纸啪啪直响，就好像打在他们的心上。

端华再也坐不住了，他说："怡亲王，趁现在天尚未亮，咱们赶快逃命吧，或许还能死里求生。"

"郑亲王之言固然有理，可咱们往哪儿逃呀，反正逃不到天边，逃不出大清国，就是跑到天边，也能把咱们抓回来。"

"怡王爷言之有理，我们又没有勘合，也运不走多少财物，逃出去也是饿死。"

什么是勘合？勘合就是清政府兵部发出的一种文书，凡是出京的官兵，凭着这张文书，到了每一驿站，一切需用都由地方供应，用过之后一走了之，不需要付银两。此时，这位郑亲王还没吓糊涂，他还知道没有勘合，寸步难行。

载垣又叹了一口气，说："纵使咱们逃了，带些金银细软出去，吃穿不愁，可一家老小怎么办？他们是犯官家属，还能有好下场？"

此时，载垣与端华如热锅上的蚂蚁，只有互相安慰。

第二天早上起来，西太后发现凌晨时分雨下得很大，便决定暂缓前进，在小镇上住下来，等雨停了再上路。荣禄一大早便对单飞的尸体进行了检查，结果任何有价值的线索也没发现。看来刺客临行时，是做了以死相拼的准备。因为，他身上连一支镖也不剩了。他用最后一支镖结束了自己的生命，可见他十分忠于主子。

既然没发现什么蛛丝马迹，也不好妄加推测，一口咬定就是怡亲王载垣和郑亲王端华干的。

荣禄正在一筹莫展之际，恭亲王派来的三个黑衣人也过来了，他们仔细询问了刺客行刺时的情况。荣禄只说，当时天黑人乱，看不清楚，后来觉得耳边有股凉风，他一闪身，躲过了一支镖，可有几个侍卫却中镖身亡。那三个黑衣人一听到这情况，马上警觉起来："镖？还能找到一支吗？"

荣禄从怀中掏出一支交与他们，并说："刺客就是用这支镖自行了断的。"

他们三个人仔细看了看镖，这镖与常人所用的并没有什么不同。他们看了半天，也没发现有什么异常，其中一个人说："走，验尸去。"

四个人一起到了柴房，他们撕开单飞的内衣一看，只见他心口有一大块肉变黑、坏死。

其中一个人十分有把握地说："他是用毒汁浸镖，中毒身亡。这种毒镖即使不打在人的要害处，只要刺入人的皮肤，毒汁便可在瞬间浸入体内，使人中毒身亡。"

荣禄连忙追问了一句："兄弟可知道是谁惯用这种毒镖？"

并没有人很快答话。荣禄虽不是江湖中人，但他也明白，对方在邀功。荣禄想了想，便开口道："兄弟自当放心，荣某一定禀明皇太后，为兄弟请功。"

那人得意地一笑："小人不敢肯定。我猜，用此毒镖者叫单飞，他是怡亲王手下的一个高手。"

荣禄点了点头，他要把这一情况立刻报告给西太后。

小安子昨晚折腾累了，早上他才放心迷糊了一会儿。不久，他便又候在西太后的寝宫外，等着西太后起身。西太后梳洗完毕，小安子便凑上前。他先给昨夜受惊的西太后请了个安："太后吉祥！"

"嗯，小安子，不多睡一会儿？"

"奴才不敢，奴才等着主子吩咐呢。"

西太后打了个呵欠，小安子连忙说："主子脸色欠佳，甚有疲倦之容，奴才这便吩咐御膳房，做几道可口的点心来，主子多吃一些，补补身子。"

西太后觉得这个小安子的确很孝顺，昨夜折腾了一夜，连贴身宫女杏儿都没有小安子心细。一个公公如此心细，也真难为他了。

"也好，不过，小安子，你一定要亲自看着他们做。哀家想吃一碗鸡汤豆腐花，再吃几个蟹黄小笼包子，你要亲自端来。千万不能再出事了。"

西太后口里的"出事"指的是王厨子的投毒事件。自从离开热河行宫，这一路上没少出风险，她怕了，真的好害怕，生怕一不留心死在载垣、端华的手里。她都有点儿草木皆兵了，生怕遭人暗算，所以叮嘱小安子一定要亲自到御膳房去督察。她只放心两个人——安德海与荣禄。

小安子深知主子的担心，他点了点头，说："奴才一定办好这件事，主子放心好了。"

西太后虽凌晨时睡了一会儿，但此时她仍是一个呵欠连一个呵欠，她真想马上吃点东西，再美美地睡上一大觉。约莫半个时辰后，小安子及宫女便端上了西太后爱吃的早膳。他们站在一旁，一动也不动地注视着西太后津津有味地用膳。

宫中有个规矩，叫"侍膳不劝膳"，即宫女、太监站在皇上、皇后、皇太后及嫔妃们身旁侍膳时，只能默默地侍膳，而不能劝他们吃这吃那。宫女可根据用膳者的眼神来会意，下一次该夹哪一道菜，哪一个点心。她们把该吃的东西先夹到主子面前的一个小盘子里，放在那儿，主子吃不吃就不是她们的事了。主子吃东西时，宫女们一句话也不能说。

此时，西太后折腾了一夜，现在化险为夷，她真觉得饿极了，她的眼只盯着蟹黄包子。宫女们一个又一个地夹来小笼包子放在西太后面前的盘子里，第二个还没夹来，第一个早已下肚了。

宫女们暗暗吃惊：一向斯文的西太后，今天怎么这么狼吞虎咽的。

小安子在一旁立着，这一"景观"，他全看在了眼里。他很担心主子吃得太急噎着，刚想劝一句，只见杏儿给他偷偷打了个手势。

小安子深知主子的脾气，话到嘴边，又咽了回去。

九个小笼包子全进了西太后的腹中，她发觉自己好像有点儿失态，连忙让宫女为她揩了揩嘴边的油，自嘲似的说："饿了吃什么都香。小安子，这包子是谁做的？嗯，很好吃。"

小安子连忙说："回主子，这笼小包子是张厨子做的，他蒸的小笼包不干不腻，不大不小，早些年，先帝最爱吃这包子。"

话刚出口，小安子便发觉自己说走了嘴，此时提起先帝，不是又让主子伤心吗？

自从咸丰皇帝驾崩后，在两宫太后面前，人们都不敢说"先帝"二字，生怕又引太后落泪。小安子一时失言，脱口而出，他又急忙"刹住车"，不禁引起了西太后的一阵感慨。

"小安子，你真是个细心人，生怕惹哀家伤感，难得你一片孝心。"

听到西太后在表扬自己，小安子心里自然十分愉悦。

这些年来，安德海小心翼翼地奉承这位有心计、有手腕的女人，不知掌过自己多少次大嘴巴，也不知在这个女人面前跪下过多少次，更不知自己在深夜之时，流过多少泪水。

如今，小安子总算得到了西太后的称赞，他几乎是受宠若惊。他一心奉承这个女人、巴结这个女人、保护这个女人，一方面是对这个女人情感上有些依恋，另一方面是为了他自己，背靠大树好乘凉，当上西太后的宠监，他便有扬眉吐气、出人头地的那一天。

西太后见小安子沉默不语，还以为他太疲劳了，便说："小安子，你马上到那边问一问，就说今日雨天路滑，休息一天成吗？如果那边说等雨停了再走，哀家便再歇一会儿，你们打点好一切，都可以跪安了。"

小安子应声离去，宫女们忙碌着，她们也希望休息一天再走。刚才西太后所说的"那边"，指的是东太后。

人人都知道，东太后从来不拿什么主意，只要西太后发了话，东太后是不会更改的。东太后永远是那么谦和、平静，与人无争，处处让着西太后。这一点，连做粗活的宫女都看得出来。让小安子去问问走不走，不过是谦词罢了，既然西太后不想走，东太后是绝对不会上路的。

小安子到了东太后那里，只见东太后正帮小皇上穿龙袍。她也刚用过早膳。

昨天晚上，她在睡梦中朦朦胧胧听见有人在喊抓刺客，当她清醒后，又听不到什么声音了，所以今天小安子一进门，东太后便急忙问他："小安子，哀家昨夜似乎听见有什么动静，可等哀家清醒后，一切又都安静了，难道是哀家做梦不成？"

小安子刚才忘了问一声主子，可告诉东太后昨夜之事。他不敢乱讲一气，所以只是淡淡地回了一句："太后昨夜歇得可好？奴才给太后请安了。"

东太后说："歇得还好。不过这几天，哀家总有点儿忐忑不安的。"

小安子不敢多说什么，他只是把西太后想滞留一天，等雨停了再上路的想法说了一遍。

东太后略思索了一下，说："由圣母皇太后决定，哀家同意她的意见，按你主子的意思办吧。"

　　就这样，这一行人在小镇上又滞留了一天。此时，西太后在受到惊吓之后，更多的是疲乏。这一天，她用过早膳便入眠，睡到中午，杏儿请她起来用些午膳，午膳后，她依然觉得困乏，刚躺到床上便睡着了。直到黄昏时分，她才觉得来了点精神。这一天，小安子与荣禄也大睡了一觉。

　　雨下个不停，东太后连房门也没出，她一个人闷在屋里，望着窗外的雨水，暗自伤怀。眼看就要到京城了，她不禁又想起丈夫咸丰皇帝，不知不觉间，泪水流到了腮边。

　　当时的咸丰皇帝虽有些抑郁寡欢，但偶尔也有笑脸。闲来无事时，他便把小载淳抱在膝头，听儿子背唐诗，那清脆的童音、那稚嫩可爱的小儿模样，以及咸丰皇帝怡然自得的神态，无不令她回味、遐思。

　　东太后追忆过去，不禁又落泪心酸。小皇上看到皇额娘独自落泪，乖巧地喊了声："皇额娘。"

　　东太后看了看小载淳，心中稍有安慰。这个儿子虽然不是她亲生的，却和她心连心，胜过亲生。虽然在热河行宫时，叶赫那拉氏对载淳比以前温柔多了，他也与亲额娘亲近了一些。但是，载淳还是更愿意接近钮祜禄氏。他觉得在东太后身边心情舒畅、无拘无束，有种安全感，而在亲额娘西太后身边仍有一种拘束感。他尤其害怕亲额娘沉下脸来训他，他更恨每当额娘训斥他时，那个讨厌的小安子在一旁狗仗人势，左一句、右一句地帮腔。很多次，小皇上都想下一道圣旨，杀了小安子。但无奈他不会拟旨，不然的话，小安子的人头早就落地了。

　　"额娘，我有点儿烦闷，这讨厌的雨什么时候才能停？"

　　小皇上在两宫太后面前，从来不称"朕"，而称"我"。这是六额驸景寿告诉他的，虽然他是皇上，但对两位额娘应尊重。

　　东太后看着小皇帝稚嫩的小脸，感慨万千。

　　"唉！人生呀，好无奈！先帝，自从你宾天后，我们孤儿寡母，无人可依，肃六等人专横跋扈，欺负我们。西太后虽性情刚烈，与肃六等人坚决斗争，但她暴戾有余，温和不够。回到京城以后，若她能打败肃六等人，实现了两宫太后垂帘听政的愿望，以她的为人，将来儿子长大以后，她绝不肯轻易让皇上亲政，那岂不更糟？"

　　虽然东太后平日里少言寡语，但她并不愚钝，也是聪明人。当年她就是以才貌双全赢得了咸丰皇帝的深爱的。如今这复杂的局势，她全看在眼里。此时，东太后感到左右为难。她既痛恨肃顺之流把持朝政，不把两宫太后放在眼里，目无皇上；同时也担心西太后取胜后太猖狂，她难以驾驭这个野心十足的女人。

东太后忘不了咸丰皇帝在世时的千叮万嘱："哺育阿哥，保护懿贵妃，依靠八大臣，使我大清千年万代永不衰。"

她冷静地分析今天的局势，怎能不感到悲凉。别说千年万代永不衰了，只是这短短的三四个月，宫廷里便钩心斗角、小人当道、驾空皇上、冷落太后。这如何叫她不伤心落泪？想到这，她又连忙掩面揩泪，生怕小皇上发现。

小皇上全看在了眼里："皇额娘，你哭什么？"

"不，是有一粒沙子钻进了皇额娘的眼里。"

"不对，这在屋里，连一点儿风也没有，怎么会有沙子迷住眼？"

小皇上想起上次，他正在御花园中捉小虫子玩，忽然刮起一阵风，一不小心，他的眼被风沙迷住了，皇额娘连忙撩起手帕，仔细地为他擦去沙子，并告诉他，风大时，不可在外面玩耍，以防风沙吹进眼睛里。

小皇上反应如此灵敏，这一点非常像他的亲额娘，但是他比西太后多几分仁慈与和蔼。六岁的小儿有一颗善良的心，这一点又十分像他的父皇咸丰皇帝。

刚才，东太后还在黯然神伤，这会儿又被小皇上的一番话逗乐了。她在悲伤之中尚抱有一丝希望。她把全部希望都寄托在小皇上身上，似乎看到了人生的曙光。

"启禀太后，怡亲王、郑亲王求见。"

"请二位王爷来吧。"

怡亲王载垣与郑亲王端华走进行宫，双双跪下："母后皇太后吉祥！"

"免礼平身！"

昨天，他们二人派单飞暗伤西太后，又未成功。这一整天，他们全无睡意，坐立不安。单飞一去没回头，看来是凶多吉少。两个人越想越害怕，担心西太后会对他们采取什么行动。

两位王爷在焦虑不安中等待，一直等到了下午，仍不见西太后有什么动静。他们哪里能坐得稳，两个人干脆先到东太后这里探探风儿。于是，他们来到了东太后的行宫。

载垣与端华向东太后请了安，一转身又见小皇上也在此，连忙"扑通"一声跪在了地上。

"皇上吉祥！"

小皇上一看两个亲王浑身都淋了个精透，像两只落汤鸡，小嘴儿一咧，笑了："两位爱卿免礼平身！"

"谢皇上！"

载垣、端华站立起来。载垣说："启禀太后，今日因雨天路滑，才滞留在此。明日若仍下雨，仍不前行吗？听内务府总管报告，粮草早已短缺。在路上多耽搁一天，困难就多一些。这秋雨连绵的，看来两三天内不会转晴。太后明鉴，何时上路？"

端华也连忙帮腔："为臣之见与怡亲王略同，行路不宜多耽搁，这儿不比皇宫。这儿穷山恶水、泼妇刁民，万一滋事，难以抵挡，恐惊圣驾。"

端华明是说护驾乃当今之重任，实际上他是想刺探一下东太后对昨夜之事的反应，企图从这里套出一点关于西太后对昨夜事件的反应。

谁知，东太后让他失望了。因为昨天夜里东太后睡得很沉，她什么事情也不知道。早上小安子来时，她随便问了一句，小安子也未作明确回答，东太后早把那事儿给忘了。她只是淡淡地说了一句："哀家等一会儿便派人去问一问那边的，问一问明日是否起程。二位王爷不必担心，粮草短缺，让地方上供给不就行了。有荣侍卫的兵勇护驾，地方上的泼妇刁民能掀起什么大浪呀。"

二位王爷一听，便明白东太后根本就不知道昨天夜里发生的惊天动地的大事情。他们在心底有些怜悯这位太后了，钮祜禄氏虽贵为太后，却从来无权过问重大事情，重大事件也无人向她禀报。这位善良的皇太后就像宫廷里的一个珍贵摆设。她天生就不会争权夺利，像她这样的人，只能得到别人的敬重，却得不到别人的看重。

载垣与端华在东太后这里也得不到什么有价值的消息，便跪安了。

回去以后，天已微暗，雨也停了，西太后那里仍没有任何动静。她到底唱的是哪出戏？

载垣与端华二人坐也坐不住，吃也吃不下，真叫活受罪！总不能这样等下去吧，他们决定去拜见西太后。

西太后美美地睡了一天，这会儿正懒洋洋地斜靠在床边，让宫女为她修指甲。她紧锁眉头，考虑下一步"棋"该怎么走。

"主子。"

小安子站在门口喊了一声，西太后明白，小安子一定有话要说。她的手轻轻一摆，两个宫女连忙退下。

西太后耷拉着眼说："小安子，哀家让你办的事儿，你办得怎么样了？"

"回主子，奴才早已把事情办妥了。"

"说，别吞吞吐吐的。"

"嗻。"

平日里，西太后早已把小安子看成是心腹，在这个宠监面前，西太后几乎没什么秘密。不过，她虽然很宠小安子，但经常喜怒无常。高兴时，称小安子是"弟弟"，不高兴时是"狗奴才"。更让小安子害怕的是西太后喜欢阴沉着脸说话，有时甚至是一言不发，每逢这种情况，小安子总是屏住呼吸，不敢出大气。此时，他见西太后和颜悦色的，胆子便大了一些。

"主子，荣侍卫已查明刺客名叫单飞，乃郑王爷手下的一个人。这刺客是有以死相拼的准备的。他身上除了一支自行了断的毒镖外，什么有价值的东西也没搜到。"

西太后咬牙切齿地说："果然是他们干的！"

小安子连忙说："主子息怒。主子此时若是追查此事，郑王爷会推得一干二净，一支毒镖说明不了什么问题，他可以矢口否认单飞是他手下的人。无凭无据，制伏不了他，反而打草惊蛇。"

"他矢口否认？他死到临头还敢嘴硬？我让他今夜便去见阎王！"

一听这话，小安子急了。他觉得荣侍卫说得有道理，回銮路上，保护圣驾乃当务之急，不宜发生流血事件，于是便婉言相劝："主子，何劳您大驾。依奴才之见，姑且忍一忍，等到了京城，自会有恭王爷出面来收拾他们。"

西太后刚才不过是发发狠，对于载垣与端华，她也不敢轻易动手，毕竟他们是顾命大臣，经小安子这么一说，她也泄了气。

西太后伸了个懒腰，她觉得有些懒散，便将腿一伸，伸到了小安子的面前，说："小安子，给我捏捏腿。"

安德海先是一愣，继而又是一喜。他岂敢怠慢，立刻用那温柔的大手在西太后的腿上轻轻地捏着。

好多年了，似乎从主子当年受宠以后，小安子便没这般侍候主子了，如今又——

西太后双目紧闭，似乎有一种登天宇的惬意，她的唇边流露出一丝微笑。这一切，全被细心的小安子看在了眼里，他轻轻地摇了摇头，也笑了。

"主子，怡亲王、郑亲王求见。"一位太监站在门帘外喊道。

西太后正在惬意之时，美梦忽然被打断，不由得皱了一下眉头。再者，这二位王爷昨夜已明摆着想要她的命，此时还有见面的必要吗？她脱口而出："不见。"

"嗻。"

"慢着。"西太后又改变了主意。因为，她感到小安子猛地捏了她一把，她知道小安子有话要说。果然，小安子贴在她的耳边，悄悄地说："主子，小不忍则乱大谋。依奴才之见，还是召见为好，先稳住他们，路上不宜起事端，平安抵达京城后，再收拾他们也不晚。请主子三思！"

小安子的一席话果然奏效，西太后点头，打了个手势，让小安子赶快退下，又说了句："有请二位王爷。"

接着是门帘外的太监高叫一声："太后有旨，郑王爷、怡王爷晋见。"

端华与载垣低着头，刚一跨进屋便下跪：

"圣母皇太后吉祥！"

西太后阴沉着脸，从鼻子里往外哼了一句："起来吧。"

"嗻。"

三个人一时无语，尴尬了好一会儿。端华干咳了一声，说道："太后，看来明日有转晴之征兆，若明日不雨，可否上路？"

西太后尽量稳住自己的情绪，尽可能保持常态。她淡淡地笑了一下："今天早上，哀家忽感身体不适，现在好多了，明日不论下雨还是不下雨，都起程，早早赶到京城。"

载垣见西太后根本未提及昨夜之事，他心里有些犯嘀咕："难道昨夜单飞没来行刺？不然的话，西太后断然不会那么镇定。她一副若无其事的样子。"

载垣正在沉思之际，西太后又发话了："回銮路上，你们护驾有功。这些日子，大家千辛万苦的，两位王爷也累得不轻，等回到了京城，奏明皇上，让皇上下旨重重赏赐你们。今晚天色已晚，跪安吧。"

如此说来，载垣与端华放心了。他们舒了一口气，连忙退下。

他们刚走，小安子便像只老鼠似的溜了进来："主子，你打算如何'赏赐'他们呀？"

西太后一笑："就你这狗奴才鬼精，你要不要'赏'啊？"

小安子连连说："不要、不要。"

西太后随手拿了些银子，说："既然你不要赏，拿二十两银子给荣侍卫好了！"

小安子连滚带爬地凑到西太后的脚下，像狗一样摇尾乞怜："主子，小安子要赏、要赏。"

"狗奴才。"

两个人调笑了一会儿，小安子悄悄关上了房门，这一夜，他侍候得主子舒舒服服。

第二天早上起来，西太后有些倦容，便让宫女杏儿给她精心地打扮了一番。这一打扮，显得西太后既凝重又端庄。她风韵犹在，但目含哀怨，活脱脱一个年轻的寡妇，让人一看顿生怜悯之心。

经过艰辛的长途跋涉，龙銮终于回到了京城。皇上、两宫太后在荣禄的护卫下，从京城的西北门经过，恭亲王奕䜣率众大臣早已在门外跪迎龙銮。

两宫太后口谕："免礼平身！"

恭亲王等人谢恩后，随同龙銮进了紫禁城。

载垣、端华环视了一下四周，见城外驻扎着军队，而且军容十分严整，士兵们皆跪伏迎銮，口呼："皇上万岁、万岁、万万岁。"

当然，人群中还不时传来悲恸的哭声，有的大臣也在抹眼泪。载垣、端华见此情景，不由得想起先帝来，他们的眼圈湿润了。

约莫一个时辰，皇上一行人才全部进了紫禁城，载垣、端华、景寿、杜翰、匡源、焦佑瀛等人也各自回到了自己的官邸，与家人团聚去了。

载垣亲眼看见恭亲王奕䜣并没有陪同皇上及两宫太后入皇宫，而是径直回到了恭王府，心底的一块石头总算落了地。

"鬼子六哟，本王爷料你也没那么大的能耐。你远在京城，虽然前些日子承德奔丧，但你也未能见到两宫太后，白哭了一场便回了京师。实际上，朝政已不在皇上手上，小皇上还是个毛孩子，他能治理好国家吗？日后还得我们八位顾命大臣'唱主角'。"

载垣得意扬扬地回到了亲王府，一家老小出门恭迎他。他一手抱起三岁的小儿子，一手拉着六岁的格格，与成群妻妾共享天伦之乐。

端华并没有直接回府，他多长了一个心眼儿，因为他发现进京时西太后与恭亲王没有打照面。好像是事先预定好了似的，他们配合得十分默契。

按常理讲，恭亲王与两宫太后是一家人，一家人一年多没见面了，而且，其间又死了亲哥哥，这会儿"鬼子六"见到新寡的皇嫂，应该悲悲戚戚，哭哭啼啼才对。可他们好像没什么大的反应，难道他们曾经见过面不成？

端华的疑心很重，他绕道而行，到了一个远房亲戚家，这位远房亲戚邻居的女儿在恭王府里做王爷福晋的丫鬟。当年，端华把那个女孩推荐到恭王府便有深刻的用意。

远房亲戚一看郑王爷亲临，便知一定有事，也没敢声张。好酒好菜招待后，端华便让远房亲戚把他的邻居请来。端华掏出一百两银子塞给邻居，让他马上谎称得了急病，把他的女儿唤回家来。

不消两个时辰，在恭王府做丫鬟的女孩便来了。

她一见父亲好端端的，而郑亲王躲在屋里，聪明的女孩便明白了八九分。平日里，六福晋待她不薄，她不愿离间恭亲王与郑亲王。于是，她便如实说来："恭王爷今个早上茶饭不思，他想到先帝一去不复返了，便泪如雨下，悲伤不已。福晋劝慰王爷，她说皇上及两宫太后一路颠簸，千辛万苦才到了京城，王爷可不能一见面就哭哭啼啼的，再大的悲伤也要强忍着。先让皇上和皇太后歇几天，以后有话慢慢讲。"

听了丫鬟的话，端华这才放心地回到了亲王府。他临行时又塞了些银子给她，让她守口如瓶，千万不可乱说一气。那女孩当然明白这其中有奥妙，打死她，她也不敢胡说一气。

皇上及两宫太后平安回到了皇宫，经过两天的调养与休息，西太后很快脱去了倦容，她的脸色又红润了起来。

此时的叶赫那拉氏不再为途中危险而惊恐万分，她已十拿九稳能战胜敌手，她将容光焕发地登上大清的政治舞台。虽然她尽量学着钮祜禄氏的样子，哭哭啼啼，哀悼先帝，可是总掩饰不住内心的喜悦。不知不觉间，她又把笑容挂在了脸上。

小安子毕竟是明眼人，他提醒西太后："主子，先帝驾崩未过百忌，主子应做出悲伤之态。"

西太后狠狠地瞪了"狗奴才"一眼，但她也觉得小安子的话有道理，是为自己好，便什么也没有说。

第二天早上起来，她唤来心腹宫女小杏儿。

"杏儿，给哀家画一画黑眼圈！"

杏儿不明白了，平日里主子总让她画粉色的眼圈，以衬托眼睛有神，为何今日要画黑眼圈？

"主子。"

西太后很不高兴，她不耐烦地说："少啰唆，快画吧。"

黑眼圈画好了，杏儿一看，主子正努力挤泪水，才恍然大悟。

而东太后与西太后截然不同，自从回到了皇宫，她的泪水一直就没断。回到寝宫，睹物思人，悲伤至极。

她想起了先帝在世之日，想起了早年的恩恩爱爱、甜甜蜜蜜。而今人已去，空留旧物在，长夜独衾，怎能不伤怀？

她又想到载淳冲龄即位，八位顾命大臣专横跋扈，欺负她们孤儿寡母，便感到孤苦无依。而那个西太后，也有些咄咄逼人，一旦她得势，小皇上的江山能坐长久吗？

钮祜禄氏以泪洗面，才二十几岁的少妇，几个月来的愁苦不堪，折磨得她倒像五十多岁的老太太。

这日，储秀宫的安德海来请安，见到消瘦不堪、无精打采的东太后，他不禁暗自吃惊："东太后——西太后，两宫太后处境不同，心境不同，一个地，一个天。"

回到了储秀宫，小安子把东太后憔悴不堪的样子形容了一番。西太后听后微微一笑："那边还真是有情有义之人，等我歇过乏来，便去安慰她。"

慈禧太后虽然嘴上这么说，但实际上并没有马上去看望慈安太后。她养足了精神，想好了主意后，才款款地来到了坤宁宫，以看望东太后为名，前来商议"垂帘听政"的大事。

"姐姐……"

西太后一语未了，便哽咽得说不出话来，泪水扑簌簌直往下落。

东太后掩面抽泣，悲恸万分。

西太后撩起帕子，亲自为东太后拭泪："姐姐，你还记得先帝的临终嘱咐吗？"

东太后一字一句地说："共哺阿哥，振我大清。"

西太后抓住机会，迫不及待地说："对，你我姐妹要共哺阿哥，振我大清。可肃六那老东西在热河之时，也太嚣张了。回到京城，他定会跑到军机处耀武扬威，以顾命大臣为'护身符'，他还把我们两宫太后放在眼里吗？"

东太后叹了一口气说："肃六的确张狂，也不知老六怎么想的。"

西太后打断她的话，抢着说："不管老六怎么想，我们两宫太后都应该有自己的主见。"

"姐姐，想我们在承德之时，因为董元醇上书'皇太后暂时权理朝政'一事，肃顺、载垣、端华等人便大做文章，欺负我们孤儿寡母。大殿之上，惊骇皇上，吓得皇上哇哇大哭。如今他们回到京城又迷惑众臣。如果他们再勾结外国人来共同对付咱们，可怎么办呀？"

本来，东太后就讨厌肃顺那个人，她总觉得肃顺粗莽不堪，目空一切，欺负弱小，有恃无恐。现在被西太后一撺掇，她也同意除掉肃顺及其余党，但具体事宜还应与恭亲王商议再定。

当夜，两宫太后便请恭亲王奕诉入宫秘谈。

恭亲王随小安子到了皇宫，在坤宁宫里见到了两宫太后。一见面，他便说：

"母后皇太后吉祥！圣母皇太后吉祥！"

东太后忙说："老六，免礼，都是一家人，不必如此拘礼。"

"谢太后。"

西太后示意奕诉坐下来，她有事相商。

恭亲王奕诉在两位皇嫂面前不再拘礼，也不再保留什么。他冷静地分析了一下"北京派"与"热河派"双方的形势。最后，他确认肃顺等八大臣以"赞襄一切事务"为理由，一定是独揽朝政，对两宫太后及皇上十分不利。目前，他竭力赞同"皇太后暂时权理朝政"的主张。

其实，未进宫之前，恭亲王已反反复复地把肃顺与西太后掂在手心里，掂来掂去了。对于肃顺等人目无恭亲王，专横跋扈之嚣张气焰，奕诉早就看着不顺眼了。而对于叶赫那拉氏，他也不是那么欣赏。他总觉得西太后有政治野心，不像东太后那么善良、温和。

可就目前局势来看，他恭亲王必须联合两宫太后共同对敌。比起狡猾、奸诈的肃顺来，西太后的政治资本少之又少，她毕竟是女流之辈，又没有什么背景和靠山，如果目前把叶赫那拉氏推上政治舞台，将来对自己势必有用。

他一直认为："女人总比男人好对付。"

奕诉此时下了一个错误的断语，他不知道，竭力怂恿两宫太后垂帘听政，却为自己酿了一杯苦酒。

此时，奕訢看得出来叶赫那拉氏急于登上大清的政治舞台，她那焦灼不安的神情告诉奕訢："我已经等得不耐烦了！"

奕訢更明确地认识到：所谓两宫太后"暂理朝政"，实际上是西太后代理朝政。

奕訢在心里反复问自己："把叶赫那拉氏推向前台，前景如何？"此时他的脑子乱极了。

这时，只听得西太后冷静地说："肃六那老东西，根本不把咱们一家人放在眼里，回銮的路上，他们三番五次地加害于我们。是可忍，孰不可忍？"

东太后揩了一把眼泪，也跟着说："是呀，六弟你有所不知，大行皇帝去后我们孤儿寡母有多么凄凉。一个月前，大殿之上，肃六大吵大闹，惊动圣驾，吓得皇上尿了我一身。不是我大声呵斥，他肃六说不定能动手。"

恭亲王越听越生气，他岂能容忍一个外人欺负两位皇嫂？他从牙缝里挤出三个字："杀肃顺。"

闻言，东太后惊骇万状，西太后得意扬扬。

这夜，大清皇宫里拉开了"辛酉政变"的序幕。

震惊全国的"辛酉政变"又称"祺祥政变"。

公元一八六一年，为辛酉年。这一年间有两个年号，即咸丰十一年和祺祥元年。"祺祥"是咸丰皇帝驾崩后，由匡源拟定的。这两个字出典于《宋史·乐志》中"不涸不童，诞降祺祥"一语。据说，水枯曰"涸"，河流塞住也叫"涸"；而"童"指山秃，草木不生叫"童山"。"不涸不童"就是说河流畅通，山川茂盛，地尽其利，物阜民生，故而"诞降祺祥"。

按大清祖制，一般是新帝行登基大典后再颁定年号。但咸丰皇帝宾天后，肃顺等人把六岁的小皇上扶上了龙座，就忙于拟定年号，一则出于政治上的需要，二来出于经济上的原因。

肃顺等八大臣是受先帝遗诏，赞襄一切事务的。他们扶起了一个小皇帝，颁发新年号，以示咸丰年代已经结束，进入了一个全新的年代。在这个全新的年代里，八位顾命大臣有着举足轻重的地位。从经济上说，当时咸丰皇帝逃往热河时，官票迅速贬值，银价上涨，物价昂贵，民不聊生。他们在新的年号里必铸新钱取代旧银票，可整顿银市、稳定市场经济。

当时，在热河行宫，两宫太后钦定这个新年号后，即向全国下诏书，咸丰十一年改为祺祥元年。"祺祥"二字本是吉祥如意之意，却没有给八大臣带来任何好运。

恭亲王奕訢与两宫太后密谈后，当夜又回到了恭王府。奕訢回到王府，哪儿能睡得着。他披了一件大氅，独坐在书房里，静静地思索着。恭王府里还有一个人难以入眠，她便是六福晋。上半夜，小安子匆匆忙忙请走了奕訢，她就一直提心吊胆。这位福晋是大学士桂良的女儿，她从小受过良好的教育，聪明贤淑、知书达理，深得丈夫恭亲王的爱恋。夫妻感情一直很好。平日里，六福晋并不热衷于朝政，她只是尽心尽力地做一个贤妻良母。此时，她虽不清楚朝中究竟发生了什么大事，但从深夜之时两宫太后召见恭王爷来看，一定发生了什么大事。她深知，朝廷上下为了争权夺利，残杀、吞并之事不足为怪。她替丈夫奕訢捏一把汗。她只求平平安安地生活，并不像她的皇嫂西太后那样利欲熏心。

六福晋端上一碗热鸡汤，轻轻地放在奕訢的面前，说："王爷，夜深天寒，喝几口鸡汤暖暖身子吧。"

"福晋，你怎么还没睡？"

奕訢拉着妻子的手，充满感激地望着妻子。

福晋小声问："事情很严重吗？"

奕訢点了点头，他真不愿意把你死我活的残杀告诉妻子，但他又怕福晋乱猜一气，于是，他尽量平淡地叙述这件事：

"福晋，朝中将发生一件大事，明日我和你阿玛必须办这件事。有一定的危险，不过，我们会小心再小心，以保全自己。万一我们失手，或者情况有变，你立刻带着女儿暂住娘家，千万不要参与政事。如果我有不测，你一定要尽心把咱们女儿养大，好好活下去。"

听丈夫这么一说，六福晋禁不住泪如雨下。在她的心目中，丈夫是一座山、一方天，在丈夫的臂弯里，她可以尽享荣华富贵、天伦之乐。可是，这方天会塌下来吗？

六福晋迷惑地看着奕訢，奕訢轻轻地为妻子揩去泪水。

"福晋，别哭了，我不会有事的。"

奕訢说这句话的时候，连他自己心底也没有谱儿，成败就在明天。

恭亲王奕訢走后，东太后觉得有些倦了，便闭灯就寝，而西太后这边则灯光未灭。她哪里能睡得着。十几年了，叶赫那拉氏由一个秀女到贵人、妃、贵妃、太后，一路艰辛，耗尽了心力，才终于换来了今天。可明天将会出现怎样的局势呢？她当然会往好处想，她希望奕訢马到成功，生擒载垣与端华。但她也不能不往坏处考虑，万一奕訢失手或载垣与端华反戈一击，岂不糟糕？

今天的西太后早已不是当年的秀女兰儿，她梦寐以求的权力眼看就要到手，她不能退缩，宁死也不。

西太后彻夜未眠，眼见东方泛出了鱼肚白，便披了一件大氅站在窗前。一阵冷风透过窗子缝隙，直吹过来，她不禁打了一个寒噤："哦，初冬了，不再是桃红柳绿的艳阳天。不过，冬天已经来临，春天不会远了。"

一个时辰后，宫女们纷纷起身，忙忙碌碌，侍候主子梳洗完毕，西太后勉强用了一点早膳，便急切地问："小安子来了没有？"

"主子，奴才一直在外面候着呢。"

"小安子，进来吧。"

"主子吉祥！"

小安子给主子来了个双腿安，这是他每天早上必修的"功课"。他不厌其烦地重复着，西太后不厌其烦地接受着。西太后是一个非常迷信的人，她希望一大早有人向她请安，这表明这一天她将平安吉祥。尤其是今天，她要干一件惊天动地的大事，虽然成功与否并不系在一句"吉祥"上，但她希望今日特别吉祥。

西太后看了看忠实的奴才安德海，悄悄地贴在他耳边说了几句话。只见小安子脸色一变，急切地想说什么，西太后手一摆，示意他什么都不要说。

"去吧，小心一点儿。"

"嗻。"

小安子退了下去，西太后在心里祈祷着上苍能保佑恭亲王马到成功！

却说那日怡亲王载垣与郑亲王端华分别回到了家中，与亲人团聚。离京一年多，妻儿们一见到王爷回来，十分高兴。尤其是众妾们，她们一个个打扮得花枝招展，希望王爷能在意自己。她们一个劲儿地在王爷面前晃来晃去，总想找个机会跟他说几句话，叙叙别后相思情。

但两位王爷的表现让他们的女人们失望。怡亲王载垣回到王府，一个人在书房里独自沉思，一言不发，所有的妻妾一律不准前来上茶。而郑亲王端华在打探虚实回来后，干脆一个人在自己的卧房里蒙头大睡，谁也不理会。他让家丁把女人们轰得远远的，甚至连她们的说话声也不愿听到。

载垣与端华一觉醒来，发现天色已不早，就匆匆穿上朝服，早早地到了军机处。他俩像商量好似的，最早来到了军机处，其他大臣都还没到。载垣见四处无人，便凑近端华，小声密语："郑王爷，今天的气候好像不对劲儿，天色已不早了，怎么还不见太阳出来？"

载垣的话中有话，端华当然听得出来。他故作镇定，其实，他的内心深处并不比载垣好多少。他答道："没有什么不对劲儿，是你多疑了吧。我看得分明，昨天皇上、两宫太后入宫后，'鬼子六'转身回王府了。"

"那'鬼子六'诡计多端，他回了王府不假，我也看到了。但谁敢说他夜里不偷偷入宫？"

端华见载垣疑心那么重，便安慰他。其实也是在安慰自己。

两个人正说着，大学士桂良、睿亲王仁寿、醇郡王奕譞等陆续到了。怡亲王、郑亲王便起身给他们打了个千，桂良、仁寿、奕譞也都还了礼。载垣与端华仔细研究了别人的表情，并未看出有什么异常。

又过了一会儿，恭亲王奕䜣也来了。奕䜣阴沉着脸，并没有理睬载垣与端华。

几位军机大臣议了一会儿当天的大事便散去，谁也没有提皇上回銮的事情。

临走时，恭亲王奕䜣狠狠地瞪了载垣一眼，端华想和他寒暄两句，他却仰头而去。

三天很快过去了，大清皇宫平静得如一潭清水，无风无浪，载垣与端华终于舒了一口气。算起来，肃顺等奉梓宫回京的人也快抵京了。载垣放宽了心，可端华并没有放松警惕，这三天来，每天早上聚集军机处议事，总有一个人让他感到不对劲，那便是桂良。

端华与桂良是旧交，原来两个人很能谈得来，可这次回京以后，每次见到桂良，端华总觉得他有些怪怪的。好像桂良对郑亲王的成见很深，别说老朋友叙叙别后情了，就是寒暄几句也没有，这极不正常。还有其他大臣们，他们也只是表面上的应付而已，缺乏以往的融洽气氛。

难道说一年多不见，人都生疏了？这似乎有悖常理！

第四天早上起来，端华心一个劲儿地乱跳，他坐卧不安，预感到要发生什么事情，因为昨天夜里，他辗转反侧，怎么也睡不着。难道说……端华不敢多想，他好害怕。

"闪开，延误公务，格杀勿论！"

端华正想起身往外看时，只见恭亲王奕䜣、大学士桂良以及军机大臣周祖培带着一大群侍卫，从外面冲进了郑王府。

端华一见这般情景便知大事不妙，他飞快递了一个眼色给身边的书童，书童转身便走。众人的目光全落到郑亲王端华的身上，无人注意溜掉了一个书童。

端华强作镇定，起身相迎："恭亲王，请坐！请坐！"他的声音有些发抖。

恭亲王奕䜣一个箭步上前，拦住了端华的去路，高声宣旨："奉两宫太后懿旨，着郑亲王端华解任，押至宗人府听候议罪！"

端华大吼一声："我是先帝所托顾命大臣，上谕必须我等来拟，此诏何处得来？"

"罪臣，还敢口出狂言！此乃大行皇帝弥留之际赐两宫太后之玺，你还不赶快来接旨！"

端华急不可待，他一把抢过谕旨一看，不由得叫苦连天。

这都是他自己的失误，酿成今日的大错。

早在热河行宫之时，咸丰皇帝驾崩，托孤于八位顾命大臣，谕令由八大臣共同拟谕旨。谁知不几天西太后提出谕旨必须让她们过目，当时，肃顺就坚决反对。端华说服了肃顺，让八大臣做一些让步，后来西太后又提出谕旨必须有两宫太后的钤印，方可发布全国。

肃顺觉得西太后得寸进尺，难以接受这个要求，还是端华出面调解，结果八大臣同意让两宫太后钤印。当时，端华想，谕旨由八大臣拟定，两宫太后无非是钤印、过目而已，又不准她们更改一字，无妨大碍，谁知一向狡猾的端华失算了。

　　回到京城，西太后来个先下手为强，今日居然解任端华。

　　端华不由得怒火冲天，拼命叫喊："皇上冲龄，我等乃赞襄之重臣，两宫太后无权解任我。"

　　恭亲王奕䜣冷笑了一声："郑亲王，识时务者为俊杰，还是接旨吧，免得我等不客气！"

　　端华见奕䜣不听他的辩解，孤注一掷，大叫："侍卫，保护本王，必受重赏。"

　　郑王爷一声令下，郑亲王府的侍卫一下子将奕䜣等人围得水泄不通。奕䜣只带了十几个侍卫来，他原想既然有圣旨在，料他端华不敢抗旨，只能乖乖地就擒。端华如此强硬的态度实乃意料之外，奕䜣有些发憷。

　　恭亲王带来的侍卫虽武艺精湛，但郑亲王手下的侍卫也不是吃干饭的，而且他们熟悉郑王府的环境，易隐蔽、躲藏，他们可以躲在暗处放冷箭。奕䜣带来的侍卫暴露在明处，处处受制于人，不易发动攻势。

　　为了避免一场殊死血战，奕䜣并不急于开战，他想通过说服郑亲王端华，达到擒拿他的目的。恭亲王奕䜣手一摆，让自己的侍卫向后退。

　　端华看得分明，奕䜣并无迎战之意，便也暂时按住了王府侍卫，不让他们轻举妄动。

　　从兵力上讲，端华占有绝对优势，不怕敌不过奕䜣，但是端华也不愿发生流血事件。他希望巧言以辩，以自己赞襄八大臣之一的身份，保全自己。

　　正在双方对峙之际，只见安德海从门外冲了进来。

　　自从热河行宫小安子施演"苦肉计"以后，他还是第一次在端华面前出现。端华早把西太后责打小安子的事儿给忘了。今日小安子一出现，端华恍然大悟，原来西太后与恭亲王早有联手预谋。

　　端华大声骂了一句："狗奴才！"

　　小安子并没有顶嘴，他一脸的兴奋，对恭亲王高声报："奴才启禀恭王爷，怡亲王已被拿下，这会儿正押往宗人府呢。"

　　一听这话，端华只觉得眼前一黑，他向前一趔趄，差一点儿栽倒。载垣已束手就擒，自己还是乖乖地就擒吧，或许还能得到宽大处理，至少，可以保住一家老小不被牵连，自己保个全尸。

　　端华一言不发，他双腿一跪，接过圣旨，泪如雨下。

　　其实，端华就擒时，怡亲王载垣并没有被拿下，小安子闯进郑王府大叫"怡亲王已被拿下"，是为了从心理上击垮端华。刚才，当小安子跨进王府大门时，他看得分明：恭亲王带来的十几个侍卫远远敌不过郑王府的几十个侍卫，若端华下令反抗，奕䜣定败无疑。血战的结果只能是西太后、恭亲王这边以彻底失败而告终。小安子豁出去了，关键时刻，他假传消息，大叫一声，震住了端华。

奕䜣一行人押着端华到了宗人府，将他扣押在一间小房子里。他正想问载垣押在什么地方，只见小安子"扑通"一声跪在奕䜣的面前，左右开弓，打自己几个耳光："王爷恕罪、王爷恕罪。"

奕䜣被小安子弄糊涂了，他忙问："起来说话，小安子，你何罪之有？"

安德海依然长跪不起，他想通过重责自己以求得恭亲王的宽恕：

"王爷，奴才不敢起来，刚才奴才对王爷撒了个弥天大谎。奴才该死。"

"狗奴才，你竟敢欺骗本王爷！"

见奕䜣面带愠色，小安子连忙辩解："刚才，怡亲王并未被扣押，奴才在郑王府见情势紧急，奴才斗胆大叫了一声，为了是让郑亲王就范，不承想奴才也欺骗了王爷，奴才罪该万死。"

一听小安子这话，恭亲王奕䜣很不高兴。他恭王爷乃大行皇帝的皇弟，当今皇上的亲叔叔，他乃九千岁爷。以前，还没有哪个奴才敢如此胆大妄为。

小安子一见恭亲王阴沉着脸，便知大事不妙，他跪在地下，低着头等待发落。恭亲王一见小安子如此可怜兮兮的样子，心里不禁软了下来。他一转念，又觉得小安子欺骗他也是为了擒拿端华，将功补过，且饶小安子这一回。

恭亲王变得和颜悦色了，他手一挥，让小安子站起来说话。小安子连忙磕头谢恩："谢王爷隆恩，日后小安子定当报答王爷。"

正在这时，宗人府门前一阵吵闹声。众人听得分明，是怡亲王载垣的声音："胆大妄为的狂徒，竟敢扣押赞襄王，还有王法吗？"

刚才，载垣正在怡王府书房看书，只见郑亲王的书童气喘吁吁地闯了进来。书童见到载垣，连哭带叫："不好了，郑王爷被人拿了！"

载垣一听，头皮直发麻，热血直往脑门子上冲，他立刻意识到一定出事了。二话没说，带了二十多个侍卫直奔郑王府。他到时，端华已被押走，郑亲王福晋及一群小妾们正哭哭啼啼地乱作一团。载垣喊来郑亲王福晋，简单地问了几句，便直闯宗人府，兴师问罪来了。

恭亲王一看载垣自己送上门来了，便一抖王爷的威风，大声说道："罪臣载垣，还不快下跪接旨！"

载垣哪里肯接什么旨，他大喝一声，手下的侍卫马上摆好了阵势来围攻奕䜣。奕䜣手下的人立刻反击。双方侍卫一时抱打在一起，难分胜负。

就在双方势均力敌之时，小安子一看情形，趁人不注意，溜跑了。他一口气跑到了荣禄住处，约莫半个时辰后，荣禄带了百十侍卫赶来。载垣一看自己的势力太单薄，一定拼打不过恭亲王，便欲拔剑自刎。奕䜣拦下了，载垣束手就擒。

载垣被五花大绑，也押进了宗人府。他与端华只有一墙之隔。

擒拿了怡亲王载垣与郑亲王端华，下一个"钉子"便是肃顺了。

肃顺目前还在回京的路上。

西太后与奕䜣等人仔细推算了肃顺等人的行程，估计他们该到密云县境内了。奕䜣说："太后，臣担心擒拿载垣与端华会走漏消息。万一肃顺听到风吹草动，他一定会采取行动的。以他的狡猾，不会硬拼，他可能会逃跑。过去，他与俄使打过交道，只怕会经蒙古逃到俄国，后患无穷啊。"

西太后听恭亲王分析得十分精辟，不由得暗自钦佩，说道："老六，你说得对。千万不能让肃顺跑到俄国，大清的内政不能让'老毛子'插一腿，我最讨厌那些夷人了。"

东太后着急了，急切地问："这可怎么办呀？"

奕䜣答道："杀肃顺。"

西太后赞同："对，立刻杀肃顺。"

奕䜣沉着地说："太后应立刻拟旨，让老七奕譞就地杀肃顺。"

东太后惊愕，西太后面露笑容。奕䜣压低了声音，与两宫太后密谋了半个时辰，决定派睿亲王仁寿立刻赶往密云，将密旨送到醇郡王奕譞的手里，立斩肃顺。

睿亲王仁寿临行前，西太后又叮嘱了一番，仁寿句句牢记在心中。他与荣禄带了三百侍卫、十几个高手匆匆上路，快马加鞭直奔密云县。

这天下午，天色昏暗，风沙弥漫，睿亲王一行人在通往密云县的大路上迎上了肃顺、醇郡王等一行人。肃顺老奸巨猾，他一路奉梓宫回京，心里不断盘算载垣、端华他们那边情况如何，还每天派心腹去打听虚实。

昨晚探子来报，两宫太后及皇上平安抵京，他心中不禁倒吸了一口凉气，心想：载垣与端华一定碰到了什么麻烦，才未能杀了那拉氏。原计划未能实施。不过，探子说怡亲王与郑亲王已各自回府，安然无恙。看来，他们的密谋并未被西太后察觉。

今天，睿亲王仁寿突然迎了上来，肃顺不由得提高了警惕。

只见仁寿勒紧马头，拱手相拜："肃中堂，一路辛苦了。两宫太后特谕本王前来相迎，奉梓宫回京。"

肃顺仔细观察着仁寿，他发现仁寿态度和蔼，并无汹汹之势，他的心里踏实了一些。

见天色也不早了，肃顺便向队伍喊道："找块空地休息，支起帐篷，明日再赶路。"

肃顺令厨子多烧几道菜，他要与仁寿喝几杯，想办法套出仁寿前来的真正目的。

肃顺的酒量很大，喝上八九两不成问题，他知道仁寿的酒量远远不比自己，几杯下肚，仁寿便醉，醉后必定会吐出真言。

肃顺时刻不离仁寿左右，以防仁寿与醇郡王奕譞串通什么。肃顺急得想去厕所，但又怕他们密谋，只好作罢。

三个人饮了几杯，仁寿有些支持不住了，就伏在饭桌上打盹儿。肃顺一看，连忙捂着肚子往厕所跑。肃顺失策了，睿亲王仁寿根本没喝几口酒，端起酒杯一饮而干时，他巧妙地将酒全吐回了茶杯里。肃顺刚走，仁寿便急切地告诉了醇郡王奕譞京城里发生的惊天动地的大事情。奕譞一听，心里怦怦直跳，虽然他与奕䜣是同父异母的兄弟，但奕譞生性怯懦，不如奕䜣果断、沉着。

仁寿见奕譞犹豫不决，十分生气："醇王爷，事已至此，容不得你多思量。西太后已坐稳了江山，难道王爷你还有什么顾虑不成？"

仁寿在关键时刻抬出了西太后果然是高招。叶赫那拉氏既是奕譞的皇嫂，又是嫡福晋的姐姐，西太后的话对奕譞来说就是圣旨，他不敢不从。

平日里，奕譞滴酒不沾，今日他竟一饮而尽，辣得他直咳嗽。

干，逼到了这份上，不干也得干！

肃顺出了茅房，正欲进帐篷，一个人拉住了他："肃中堂且慢。"

肃顺定神一看，是他前两天派出去的密探，这会儿刚刚回来。他见密探神色慌张，便拉着密探走到僻静处。密探贴在他耳边嘀咕了一会儿，只听得肃顺直咬牙："仁寿呀，仁寿，你捧着脑袋来找死！"

随后，肃顺带着几个侍卫，直闯帐篷。他刚一踏进帐篷，双手就被两个汉子死死地按住，动弹不得。原来，仁寿与奕譞商议好后，清清楚楚听得肃顺的脚步由远而近，他们慌了神，连忙闪开。可是，脚步声又由近及远，不用问，北京传来了消息，肃顺有所警惕了。

仁寿趁机掀开帐篷门帘手一摆，两位高手一闪而进，专等肃顺一来便拿下。

双方侍卫格斗时，睿亲王仁寿大声叫喊："众侍卫且住手，本王奉圣上谕旨，前来捉拿罪臣肃顺。"

他边喊边将谕旨亮了出来，奉梓宫回京的侍卫们也不是肃顺的亲信，他们一见黄绫圣旨，便纷纷退下，肃顺束手就擒。

仁寿与奕譞一路押回了肃顺。肃顺见事已至此，悲愤不已，他对天长啸："先帝呀，你忘了祖训'灭建州者叶赫'。今日，吕后、武后再世，那拉氏即将掌握大清国政，大清的气数尽矣！"

人们任凭肃顺哭叫、厮打，对他不予理会。

政治斗争就是这样，不是你死，就是我亡！

这一天是一八六一年十一月二日，即咸丰十一年九月三十日。

议政王指点江山，两太后垂帘听政

两宫太后在奕䜣集团的紧密配合下，一举击败了肃顺集团，取得了决定性的胜利，掌握了国家的最高统治权力。大清历史上的八位顾命大臣结束了他们的政治生涯，叶赫那拉氏从此正式登上了政治舞台。在晚清的统治中，她三度垂帘听政，虽然始终未坐到皇帝的宝座上，但她的确是纱帘后的"女皇"，统治大清竟长达四十八年之久。

一八六一年的这场政变被称为"辛酉政变"，也叫"祺祥政变"，使得朝廷文武百官惊惶失措，朝廷上下一时混乱不堪。"肃党"分子不用说，肃顺、载垣、端华被擒拿，他们如惊弓之鸟，终日惶恐不安。

即使是一些中立分子，也提心吊胆，生怕牵连到自己的头上。于是，许多大臣称病不上朝，甚至有的人开始偷偷地转移家产，送走家眷，只等着"鬼子六"来擒他。

虽说爱新觉罗·载淳在热河行宫大行皇帝的梓宫前已做了皇帝，但登基大典必须在紫禁城举行，此时人心混乱，皇帝如何登基？再者，政治经验并不丰富的西太后那拉氏面对咸丰帝留下的烂摊子，也甚感头疼。如何治理朝政，她的经验并不丰富。

"鬼子六"奕䜣虽帮助西太后消灭了"肃党"，但此时并不敢公开篡夺皇位，只能躲在背后"指点江山"。在这个特殊时期里，西太后与恭亲王奕䜣必须紧密团结，以迅速控制大局、稳定人心。

西太后又开始焦虑不堪了，这次不是为生命安全而焦虑，而是为江山社稷的混乱状态而担忧。奴才安德海见主子一脸的愁云，他看在眼里，急在心里。这几天来，西太后终日不说一句话，一个人闷在寝宫里，坐立不安。一会儿凝思，一会儿来回踱步。

小安子看不下去了，径直来到了坤宁宫，找到了东太后慈安。

"母后皇太后吉祥！"

东太后慈安正闭目养神，忽见储秀宫的安德海来请安。她知道储秀宫那边一定又发生了什么事儿，不然，小安子不会来。

"免礼！小安子，什么事啊？"

小安子见东太后也是个明白人，他也没必要拐弯抹角了，便回答："母后皇太后，小安子急呀，我们主子整日愁眉不展，这样下去会损伤玉体的。"

东太后叹了一口气，说："也难怪她整日忧愁，朝廷上下一片混乱，她能不愁吗？"

东太后虽然不像西太后那般坐立不安，可她也是整日为混乱的朝廷担忧。此时，一向软弱的东太后也拿不出什么好主意。她沉思了一会儿说："回去告诉你们主子，等会儿哀家去和她聊一聊。"

如今的西太后不再是当年的兰贵人，有什么事情总是兰贵人来请教皇后钮祜禄氏；如今是东太后去请教西太后。

小安子一听，窃喜，他高兴地答了一句："嗻。奴才这便回去告诉主子，说母后皇太后即刻便到。"

不到一个时辰，东太后果真到了储秀宫，两宫太后一合计，最后决定召七王爷奕𫍯进宫相见。

奕𫍯一向不锋芒毕露，为人比较圆滑，性情也比老六奕䜣温和一些。再者，他是西太后的小叔加妹婿，亲上加亲，与西太后之间的关系更融洽一些。

两宫太后生怕奕𫍯入后宫，引起人们的非议，于是决定以召七福晋为名，让奕𫍯陪伴福晋入后宫。

七福晋到后，不久便离开了储秀宫的正厅，去和宫女聊天。正厅里只有两宫太后及奕𫍯。小安子令太监、宫女全退下，自己则站在门外，随时听主子召唤。

西太后轻轻地叹气，问："老七，朝廷上下仍混乱不堪吗？军机处的几个大臣反应如何？"

奕𫍯如实相告："太后，目前人们仍人心惶惶。我不在军机处，那边的情景六阿哥知道。"

东太后插上一句："老六，他人呢？怎么两天没来请安了。"

奕𫍯张开嘴，欲言又止。

一向谨小慎微的他总是吞吞吐吐的。

西太后忙说："老七，这儿又没有外人，一家人有什么不可说的。"

东太后也催促道："老七，但说无妨，别顾虑这么多。"

奕𫍯犹豫了一下，最后说："两位皇嫂是新寡，恐怕皇兄个人不便入宫过密。"

一听这话，西太后急了，目前这个混乱的局面，非出来一个人稳住不可。她自己是个女人，不可能站在大殿之上指手画脚；再者，以她的政治经验，要单枪匹马整顿好朝政，那简直是不可能的事。

西太后忙说："原来老六还有这等顾忌，怪不得两天不见他人影了。"

东太后一时无语，奕譞怯怯地说："扫除'肃党'，六阿哥功劳最大，如果他能得到嘉奖，又任重职，他便可以放开手脚去干。"

"对，老七言之有理！"

西太后兴奋地站了起来，她热切地望着东太后，坚定地说："该给老六以嘉奖，让他大干一场！"

西太后历来有雷厉风行的作风，不喜欢拖拖拉拉。奕譞尚未离开储秀宫，她便亲自拟旨：一是授恭亲王奕䜣为议政王兼军机大臣，一是补授宗人府宗令。

爱新觉罗·奕䜣手中有了实权。细心的东太后发现老七奕譞稍有不快。同是大行皇帝的弟弟，当今皇上的叔叔，一个高高在上，一个平庸无比。

东太后一向对奕譞很爱护，她便没有和西太后商量，自己做了一次主，开口道："妹妹，老七这次也立了大功，哀家认为他该晋升为亲王了。"

奕譞本来是郡王，他早已想升为亲王。可咸丰皇帝在世的时候，一件又一件的烦心事儿搅得他心神不宁，七皇弟晋升亲王一事一拖再拖，至今奕譞还是个郡王。

西太后愕然了。这两年来，只要有什么事情，钮祜禄氏总先和她商量，只有她叶赫那拉氏同意了，才可实施。如今东太后事先没商量，一下便脱口而出，西太后焉能高兴？她的脸猛地一沉，奕譞见了，尴尬万分，提出告辞。

西太后猛地一喊："老七，慢着。恭喜你，醇亲王！"

一个"醇亲王"，叫得奕譞心花怒放，他连忙下跪谢恩。东太后也舒了一口气。西太后笑眯眯地说："你们夫妻二人就在这儿用晚膳吧。"

"谢圣母皇太后！"

东太后的脸上掠过一丝不快，但她没有说什么。她这个人就是这样，不愿把内心世界暴露给别人，凡事能忍则忍。

却说恭亲王奕䜣得到了两宫太后的重用，他万分高兴。这个"铁帽子"王爷终于有了出头之日。

奕䜣准备行使手中的权力，干一番事业，让众人刮目相看。议政王这个头衔，使他凌驾于诸王之上，成为两宫太后及幼帝之下的第一人，而宗人府位居内阁、六部之上，宗令是宗人府的最高官职，是管理皇族内部事务的要职。宗令有权奖惩皇族成员，这就赋予了恭亲王奕䜣处分肃顺、载垣、端华等人的特权。

当肃顺、载垣、端华等人被擒后，朝廷上下一片混乱。面对这种情况，恭亲王奕䜣向两宫太后大胆地提出了建议："母后皇太后、圣母皇太后，臣有一言相告，不知两位太后意下如何？"

东太后温和地说："老六，目前混乱的状况必须整治，你有何高见只管直言，无须遮掩。"

西太后也点头，表示让奕䜣大胆地讲。

奕䜣向两宫太后道出了自己的心声："太后，控制大局、稳定人心乃当务之急，要做到这一点，臣认为必须奖惩分明。只有分别对待，才能狠狠地打击'肃党'，调动人才，以振大清国威。"

东太后认真地听着，不住地点头。

西太后急着问："具体如何实施呢？"

奕䜣见两宫太后都非常信赖自己，便放心大胆地提出了自己的见解："对于肃顺，他是首犯，必须从严惩治，载垣与端华也是死心塌地地追随肃顺，不可姑息。可是，几百年来，我大清宗人府自王以下至宗室，非叛逆重罪，不拟死刑。只怕这回重惩他们，引起宗室的不安。"

奕䜣提出的这个问题，的确让西太后头疼。一想到肃顺等人在热河时对她的欺压，便感到心有余悸。若如奕䜣所言，不是叛国、叛君的重罪，是不能砍头的。留下肃顺老贼一条命，难保他日后不东山再起。

西太后脱口而出："肃六老贼，非杀不可！"

奕䜣说："太后，若杀肃顺，臣可以联合几位大臣，共同呈一奏折，名正言顺地杀了他。"

西太后立刻说："老六，这件事要办得稳妥一些，少让别人非议。"

"嗻。"

奕䜣离开了两宫太后，径直来到了刑部，找到了谙熟大清刑律的刑部尚书赵光，与赵光耳语良久，最后商定：定肃顺、载垣、端华叛君之罪，对他们三个人处以极刑。并立刻着手联合大臣共同上奏朝廷：杀叛臣！

咸丰十一年十月六日，由奕䜣、桂良、宝鋆、文祥、奕譞、赵光、沈兆霖、曹毓瑛等联名上奏的折子到了两宫太后的手里。

西太后展开奏折一看，心中暗喜："老六果然能干，这折子来得及时，为惩治'肃党'提供了有力的理论根据。"

两宫太后商议之后，以小皇上的名义向全国发布了一道谕旨："咸丰十一年十月初六日，内阁奉上谕。宗人府会同大学士、六部、九卿、翰、詹、科、道等定拟载垣等罪名，请将载垣、端华、肃顺照大逆律凌迟处死等因一折。……载垣等人朋比为奸，专擅跋扈。诸事以赞襄为名，并不请旨，擅自主持……当面咆哮，目无君上。肃顺擅坐御座，于进内廷当差时，出入自由，目无法纪；擅用行宫内御用器物，于传取应用物件，抗违不遵。

"至景寿身为国戚，缄默不言，穆荫、匡源、杜翰、焦佑瀛与载垣等窃夺政柄，不能力争，均属辜恩溺职。穆荫在军机大臣行走最久，班次在前，情节尤重。兵部尚书穆荫，着即革职，加恩改为发往军台效力赎罪；御前大臣景寿，着即革职，加恩仍留公爵并额驸品级，免其发遣；吏部左侍郎匡源、署礼部右侍郎杜翰、太仆寺卿焦佑瀛，均着即行革职，加恩免其发遣。

"载垣、端华赐自缢，免其肆市；肃顺着加恩改为斩立决……"

对于八位顾命大臣的处理，奕䜣与西太后是区别对待的。

对于肃顺，他们决定从严从重治之，不但砍其头，而且要让他临死前出一次丑，让京城的老百姓去唾骂他；对于载垣与端华，考虑到他们是亲王，所以令他们自尽，以保全尸；对于匡源、杜翰、焦佑瀛，认定他们是从犯，只革职，不发遣；而穆荫是"肃党"中的"军师"，对于他必须从严惩之，革职并发遣。

肃顺七个人的惩处没什么争议，只有一个特殊人物——六额驸景寿，奕䜣与西太后的意见有所不同。

景寿是奕䜣的六妹夫，奕䜣与这个六公主一向兄妹感情甚笃。当肃顺、载垣、端华等人被擒后，六公主便来到了恭王府，痛哭流涕，希望哥哥看在兄妹的分上，为丈夫景寿减免罪行。奕䜣一时心软，答应了妹妹。

如今西太后阴沉着脸不依不饶，她说："虽说景寿是六妹的额驸，但自古以来王子犯法，与庶民同罪，更何况他一个额驸！"

奕䜣说："六额驸景寿平日里对太后也是毕恭毕敬，虽说他在热河行宫被先帝任命为顾命大臣，但并没有加害于您。如今置他于死地，恐怕会招致众人的唾骂。"

东太后也出面斡旋："哀家认为六额驸是皇上的满文老师，不宜从重处置。他教导皇上尽心尽力，没有什么失职之处，日后还望他将功赎罪，悉心教导皇上。妹妹，你意如何？"

都说到这份上了，西太后还能反驳什么，她冷冷地说："依姐姐所言，从轻发落吧。"

谕旨下达当天，载垣、端华便自缢身亡，肃顺是"斩立决"，他活不到十月初七。

那天，睿亲王仁寿、刑部右侍郎载龄，押着重犯肃顺到了京城西市。

前来观看的老百姓人山人海，老人孩子一拥而上。

只见肃顺披散着头发，死到临头，他还为大行皇帝穿着素白孝袍，他的双手被反绑在牛车上。因肃顺多年来专横跋扈，作恶多端，所以他的劣迹，百姓皆知。今日被砍头，一些人欢呼雀跃，高喊：

"打肃顺、打肃顺！"

"杀肃六、杀肃六！"

肃顺万万没想到自己在老百姓的眼中这么不值钱，他恼羞成怒，破口大骂。

仁寿命刽子手把肃顺从牛车上拉了下来。刽子手举起了亮闪闪的大刀，一颗人头即刻落地。

肃顺结束了他的生命，更结束了"肃党"的政治生涯。西太后欣慰地笑了。

此外，又处分了一批与肃顺关系密切的大臣。吏部尚书陈孚恩、吏部右侍郎黄宗汉、侍郎刘昆、侍郎成琦、太仆寺少卿德克津太、候补京堂富绩等人皆未能幸免。甚至是与肃顺关系比较密切的太监杜双奎、袁添喜、王喜庆等人也被驱出宫外。

一时间，朝廷上下许多人有危机之感。

咸丰十一年（1861年）十月初十，西太后召见了七王爷奕譞。奕譞坐立不安，他生怕皇嫂拿他做文章，因为奕譞与载垣的私交甚密。

西太后见奕譞忐忑不安的神情，她淡淡地一笑："老七，你怎么了，缄口不言？"

奕譞怯怯地说："为臣身体有些不适，前日偶感风寒，流涕不止，望太后见谅。"

"不是吧，气候就这么冷吗？"

西太后一语双关，聪明的醇亲王焉能听不出来，他勉强地一笑："气候不冷，但臣抵抗不住风寒。"

西太后心想：老七，你多虑了。虽然你与载垣私交甚密，但你对我还是忠心耿耿的，无论是在热河行宫，还是在这皇宫里，你都没背叛过我，反而帮过我很多次。我能亏待你吗？不念你是大行皇帝的亲弟弟分上，也念及你是我那拉氏的妹婿，别说没错，就是有错，我也会暗中保护你。

想到这里，西太后换了一副温和的面孔，柔声细气地说："老七，不要缩在王府里养病了，外面的空气很清新，出来呼吸呼吸新鲜空气吧，这样对你有利。"

奕譞一听，"扑通"一下跪在西太后的面前，感激涕零："谢太后恩典！奕譞当终生效力太后，刀山火海，在所不辞！"

"起来吧，没刀山，也没火海，但哀家要你的一片忠心。"

奕譞放宽了心，他凑近西太后，献计献策："太后，肃六等人是惩处了，余党也基本上肃清。该奖的……"

西太后曾在奕䜣、奕譞面前表示过，这次政变之后应奖罚分明。如今该罚的罚了，该奖的也应该奖。此时，老七奕譞提出了这个问题，西太后也早已考虑成熟了。她开口道："我与你六哥早已议过，奖罚分明，不设大狱，才能振奋人心，以利朝廷。"

奕譞心中暗喜，西太后不但没有责备他的意思，反而说"奖罚分明"，也许自己还能得到什么奖励。他刚想开口，西太后似乎看穿了他的心思，说道：

"老六升为议政王及宗人府宗令，你升为亲王，只怕外臣会说闲话。我与母后皇太后商议了一下，决定安抚外臣，以稳定朝廷。"

奕譞一听就明白，他有些失望了，却也不敢说什么，只静静地听着西太后发话："明日皇上谕令天下，任命一批大臣，到时候，你别忘了向他们祝贺呀！"

奕譞面无表情，机械地答道："嗻。"

咸丰十一年十月十一日，奕䜣及西太后以小皇上的名义又发上谕，任命大学士桂良、户部尚书沈兆霖、户部右侍郎宝鋆，均在军机处大臣上行走。文祥仍在军机处大臣上行走。原来肃顺的亲信、后来背叛肃顺的曹毓瑛，因为在政变中立了大功，也在军机处学习行走。这样一来，受奖的一批大臣死心塌地地效忠朝廷，为西太后及奕䜣集团出谋划策。

西太后有了坚实的基础，下一步，她要垂帘听政了。

早在热河行宫的时候，小载淳刚登基不久，在恭亲王奕䜣的操纵下，董元醇便上了一份奏折，恭请两宫太后"垂帘辅政"。当时遭到了肃顺等人的反对，在西太后的强烈要求下，八位顾命大臣终于同意两宫太后在谕旨上钤印。不过，她们只能看折子及阅读谕旨，而不能增添、更改谕旨的内容。所谓"两宫辅政"，不过只是一句空话而已。

当时，西太后深知身单力薄，她不敢与肃顺等人争斗，太后垂帘听政一事便不再提起。如今不同了，肃顺被斩首，端华、载垣自缢身亡，其他几位顾命大臣遣送的遣送，解职的解职，西太后面前的"绊脚石"没了，她要达到最终目的——掌握大清的实权。

可是，作为女流之辈的叶赫那拉氏，她深知大清的祖制：皇帝必须是男人做，女人只能遮掩在帘子后面。她没有武则天的勇气，但有武则天的野心。要想一步步登上"女皇"的宝座，她必须借助许多男人的力量，她要让这些男人们把她捧到"天上"。

除掉了肃顺，恭亲王奕䜣随时可以入宫与西太后密谈，无人敢谈论什么小叔子与新寡皇嫂来往过密。虽然他们每次密谈时间很长，但东太后从不干涉，因为她知道离开奕䜣的帮助，西太后撑不起混乱的朝政。

一向沉不住气的西太后显然有些急躁，她怎好自己开口提出两宫太后垂帘听政一事，不知"鬼子六"玩得什么鬼把戏，他迟迟不提及此事，西太后迫不及待地找来了奕䜣商谈。

就在西太后与奕䜣密谈后的第三天，统带重兵的胜保和大学士贾桢等人便纷纷呈上奏折，西太后展开折子一看，耀眼的大字在眼前跳跃：

"奏请皇太后亲理大政。"

"奏请两宫太后垂帘听政。"

"奏请两宫太后亲理朝政。"

叶赫那拉氏一口气读完了几份奏折，她在心底发出了笑声："老六，你很能干！"

紧接着，又是一份奏折"飞"到了西太后的手里，大学士周祖培、户部尚书沈兆霖、刑部尚书赵光等人，趋炎附势，纷纷投靠恭亲王奕訢，加入了奕訢的行列。他们的呼声一天比一天高了。

　　"奏请皇太后亲操政权以振纲纪折。"

　　"为今计上，正宜皇太后敷中宫之德化，操出治之威权……不居垂帘之虚名，而收听政之实效。"

　　奏折如雪花般纷纷飘来，西太后喜形于色。她急忙与东太后商议，向内阁明发一上谕，谕令王公大臣商议如何垂帘听政，让他们速速拿出具体方案。

　　大学士周祖培首先提出了年号问题，他认为热河行宫时，由八大臣商议的"祺祥"年号不能再用。经军机处几位大臣商议后，一致认为"同治"年号更佳，他们的本意是"君臣同治"天下。

　　西太后一听"同治"这个年号，喜出望外，笑眯眯地对东太后说："同治，这个年号好。两宫同治，天下太平。姐姐，你意如何？"

　　东太后淡淡地一笑，说："不错，就定'同治'年号吧。"

　　年号定了下来，下一步便是商谈两宫太后垂帘听政的具体事宜。军机处的几位大臣们绞尽脑汁，商议再三，试拟垂帘听政之章程，西太后总是不满意。她觉得这些大臣们不知是有意，还是无意，在章程里总是对两宫太后进行限制，这很让西太后恼火。两宫太后不钤印，试拟章程迟迟通不过，军机处几位大臣揣摩不透西太后的心思，他们又不敢乱猜一气。一时间，无所适从。

　　东太后对政治缺乏敏锐性，她看了几遍试拟的章程，说："妹妹，我看没有什么不妥之处，为何你如此不满意？"

　　西太后瞟了一眼钮祜禄氏，什么也没说。她一个人苦思冥想，希望想到一个万全之策，以"集大权于一身"。

　　两天后，西太后兴冲冲地找到了东太后，请她过目自己亲拟的上谕。东太后一看，她不得不再一次深深地佩服叶赫那拉氏的才干。上谕中有一句："一切政务仰蒙两宫皇太后躬亲裁制。"

　　东太后皱了皱眉头，问："他们能同意吗？"

　　西太后狠狠地说："只要姐姐你钤印，他们不同意也得同意。哼，看谁手腕强硬！"

　　东太后不再说什么，她拿出了"御赏"印，西太后令御前太监即刻加印，自己的"同道堂"盖在谕讫。

　　圣旨下达后，恭亲王奕訢悄悄地对他的岳父桂良说："西太后亲拟谕旨，强调'皇太后躬亲裁制'，铁女人啊！"

　　桂良安慰女婿奕訢："王爷，虽然她集大权于一身，但你是议政王，一人之下，万人之上。罢了，不要和她争高低，先稳住局势，她一个女人家成不了什么气候。有朝一日，王爷会扬眉吐气的。"

岳父的一席话，化解了奕䜣心中的不快。

此时的恭亲王必须借助两宫太后的影响力，以实现自己议政王的真正价值。

咸丰十一年十月，阳光灿烂，初冬的风并不带有多少寒意，京城皇宫里喜气洋洋，文武百官脱去一百多天的孝服，换上崭新的官服。他们准备举行小皇帝载淳的登基大典，颁诏天下，以新年，即公元一八六二年为"同治元年"。

经过大臣们多日的筹备，小皇上的登基大典，场面宏大而隆重。人人笑逐颜开，庆祝新的朝代的开始。

恭亲王奕䜣并没有像想象中那么高兴，虽然他比几个月前权力大多了，但他更明白，皇侄载淳正式登上皇帝的宝座，无非是从暗地里的傀儡变成了公开的傀儡。他的生母叶赫那拉氏名正言顺地代替小皇上行使职权，一旦西太后巩固了政权，恐怕很难再左右她。所以，载淳登基大典之际，恭亲王奕䜣显得忧心忡忡。

当小皇上登基大典在紫禁城太和殿举行之时，有两个人倍感兴奋，一个是载淳本人，一个是他的生母西太后。

小载淳头戴小皇冠，身穿小龙袍在亮闪闪的朱红漆镀金御座上即位。鞭炮齐鸣，颁行传位遗诏，王公大臣向六岁的小皇上行三跪九叩礼，礼部官奉诏到天安门宣读，布告天下——大清进入了同治时代。

小皇上看看坐在他身后的两宫太后，又看看跪在下面的群臣，高兴极了。当恭亲王奕䜣率领群臣向幼帝行大礼之时，小皇上见他的六皇叔、七皇叔及其他大臣向自己又是跪，又是叩，他觉得十分好玩。他坐在龙椅上摇头晃脑，一会儿向六皇叔挤挤眼，一会儿向七皇叔伸伸舌头。

东太后见状，连忙小声说："皇上规矩些。"

小皇上果然很听话，他回头向东太后也小声说："皇额娘，今天不用去上书房读书了吗？"

说完，他一抬头，看见亲额娘正用严厉的目光瞅着他，吓得他连忙坐好。

与此同时，他的生母西太后也是兴奋无比。她望着丹墀下跪着的群臣，心想："我叶赫那拉氏有今天，不知是多少屈辱与辛酸换来的。不过，这一切的一切都已成为历史。从今天起，我要风得风，要雨得雨。儿子是皇帝，我还有什么得不到！啊！人生好滋味！"

小皇上登基大典刚结束，便谕令大赦天下，并发了一道谕旨，谕旨云："朕奉母后皇太后、圣母皇太后懿旨，现在一切政务均蒙两宫皇太后躬亲裁决，谕令议政王军机大臣遵行。唯缮拟谕旨，仍应作为朕意，宣示中外。自宜钦遵慈训。

嗣后议政王军机大臣缮拟谕旨，著仍书朕字，将此通谕中外知之。"

　　由此可见，政变后小皇帝的地位明显下降了。原来是八位顾命大臣谕旨，完全以小皇上的名义，而从此以后，所有谕令都要加上"朕奉母后皇太后、圣母皇太后懿旨"的字样。其实，两宫太后已经由原来的幕后，走到了前台。

　　谕旨初颁，群臣愕然。可是，片刻间，人声鼎沸，群臣口呼："皇上圣明。皇上万岁、万岁、万万岁！"

　　"众爱卿免礼平身！"

　　六岁的小皇上俨然一个天子。群臣又愕然，转而又口呼："皇上圣明。皇上万岁，万岁，万万岁！"

　　完成了幼帝的登基大典，下一步便是两宫太后举行垂帘听政大典。日子定在咸丰十一年十一月初一。

　　这日天气格外晴朗，冬日的阳光温暖而柔和，西太后用过早膳，让心腹宫女杏儿为她精心梳理打扮。今日，她要在群臣面前正式登场、亮相，心里不免有些紧张。

　　小安子早早地来到了储秀宫，他要温习每日的"功课"——一大早向主子西太后道一声"吉祥"。

　　"太后吉祥！"

　　小安子的声音格外柔美，西太后高兴地说："狗奴才，今天小心着些，别让皇上大殿之上令你学狗爬。"

　　"主子，只要皇上高兴，只要主子您高兴，别说在大殿之上学狗爬，就是天安门前学狗爬，奴才也干。"

　　被小安子这一逗乐，西太后的心里不那么紧张了。她穿好宫服，准备上殿。

　　小安子奉承了一句："主子今天真漂亮。"

　　西太后见宫女不在左右，便点了一下小安子的额头，笑着说："今日要的是庄重，不要漂亮。"

　　小安子连忙说："该打，奴才连主子凝重、端庄的美貌都看不出来，该打、该打。"

　　"好了，好了，别耍贫嘴了，好好待着。告诉御膳房，午膳准备丰盛一些，哀家要喝两杯。"

　　"喳"。

　　西太后一脸的笑容，她乘大轿到了太和殿，参加垂帘听政大典。今天的场面虽然不及小皇帝登基大典宏伟，但更具有实际意义。百官云集，朝珠补褂、容光焕发，一派喜气洋洋的景象。

　　两宫太后端坐在黄纱屏风之后，奕䜣率领文武百官向她们朝贺。东太后露出了慈祥的笑容，西太后露出了得意的笑容。坐在她们前面的小皇帝载淳，不由自主地回转头来看看他的两位皇额娘，他发现两位皇额娘的眼里都噙着泪花，他刚想开口问为什么，只见东太后一瞟他，他立刻回过头去，端坐在龙椅上。

小小的他怎能明白两宫太后此时此境的心情呢？东太后是含着眼泪告慰先帝；而西太后更多的是激动，她禁不住热泪盈眶，往日的凄惶，今日的欢快，全写到了她的脸上。

听政要垂帘，是讲究男女有别。以往逢元日、万寿节、千秋节等节日，文武百官拜贺天子时，皇后便端坐在黄纱屏风后，接受大臣们的三跪九叩之礼。如今两宫太后临朝，不可避免与大臣们见面，也只好"垂帘"，宣谕、奏事都必须隔着帘子进行。

两宫太后"垂帘"听政，是大清历史上未曾有过的新鲜事儿。在这幕剧中，西太后与恭亲王奕䜣各得其所。为了共同的利益，他们在同治初年走到了一起。

两宫太后垂帘听政后，恭亲王奕䜣紧密配合西太后，开始行使他的职权，重组军机处，使新组的军机处直接为两宫太后服务。

以恭亲王奕䜣为首的新组军机处，由六个人组成，这几个人的情况，西太后了如指掌。她让奕䜣放开胆子，大刀阔斧地干，扭转咸丰末年混乱的朝政。

军机处的首要大臣是奕䜣的岳父——大学士桂良，其次是沈兆霖、宝鋆、曹毓瑛、文祥和李棠阶。

作为军机处首席军机大臣的奕䜣，他既是两宫太后之下的第一人——议政王，又是宗人府宗令、总管内务府大臣，可以说，他几乎包揽了一切大权。

自从咸丰皇帝登基以来，奕䜣一直未得到重用，他空有才干，无处施展。终于，咸丰皇帝归天了，六岁的皇侄载淳即位，两宫太后重用恭亲王。果然，奕䜣不负众望，他主持军机处日常事务，每件事情都办得非常得体，以至于两宫太后深感离不开恭亲王。

咸丰年间，太平军在江宁建立了天朝，洪秀全被起义军尊为"天王"，大清朝廷便惶恐不安。多少年来，朝廷倾注全力肃剿起义军，到了同治初年，起义军仍占据江宁一带。连年战乱，加之旱涝灾害不断，大清国库早已空虚，户部、内务府难以支撑。对此，西太后甚感头疼。

恭亲王奕䜣为了扭转这个局面，果断地做出决定，在全国范围内荡涤贪官污吏，逼迫贪官污吏将私吞的银子"吐"出来，以充实国库。此举果然见效，不到半年的时间，查处贪官三百多人，他们退缴的财物足足是全国半年的财政收入。这样一来，老百姓拍手称快，朝廷财政吃紧状况得到了缓解。

西太后高兴地对东太后说："姐姐，老六果然能干，应该嘉奖他才是。没有老六这一举措，恐怕难以挪出银两赈济山西灾民。"

东太后对西太后的意见当然不会反对，她附和着说："妹妹所言极是。不过老六官至议政王，王府财物极丰盛，怎么奖他呢？"

"姐姐，老六求的不是官与财，这两个方面，他早已满足。"

东太后不明白了，她不解地问："他不求官与财，还求什么？"

叶赫那拉氏看了看东太后，她真不明白东太后是真糊涂，还是装糊涂，恭亲王奕䜣想得到什么，难道钮祜禄氏真的不明白？

西太后干脆直说了："姐姐，我觉得老六既不缺银子，也不想再求高官，因为他的官职已经到了臣子中的最高职。他要的是精神上的满足。"

"精神上的满足？难道他不愉快吗？"

"不，不，他当然很愉快。可是他有一块心病，姐姐，你忘了吗？老六的亲额娘至今没个尊号，也没有入太庙。"

东太后恍然大悟。

于是两宫太后决定命大学士会同六部九卿重议具寿康慈皇太后应如何加谥号。

恭亲王万分高兴，"扑通"一声下跪，连呼：

"谢圣母皇太后！"

"谢母后皇太后！"

盼了多年，今日终于盼来了。咸丰皇帝在世时，他不敢想，也想不到手。如今，两宫太后成全了他，他可以告慰死去的母亲。不知不觉间，奕䜣热泪盈眶，堂堂的男子汉在两位皇嫂面前竟落了泪。

东太后鼻子一酸，一颗晶莹的泪珠掉了下来。西太后见他们如此激动，笑着说："瞧你们这高兴劲儿。"

说得东太后和奕䜣破涕为笑。

六部、九卿的大臣们领旨后，不敢怠慢，马上聚在一块儿，重议康慈皇太后谥号问题。这些大臣深知恭亲王奕䜣如今的显赫地位，他们平日里巴结奕䜣、奉迎奕䜣，只愁找不到路子，如今机会终于来了，谁愿意错过好时机？

文祥一向与恭亲王奕䜣要好，他首先提议："康慈皇太后原是静贵妃，我认为应在谥号上加上一个'静'字。"

桂良是奕䜣的岳父，他理应为女婿争光彩，他也极力赞同文祥之语。不过，桂良又补充了一句话："康慈皇太后当年抚养先帝成人，美德传万世，我认为还应该加上几个字，即'懿昭端惠弼天抚圣成皇后'。"

"好，桂大人说得太好了！"

人们一看，连连叫好的是内务府大臣宝鋆。宝鋆一向少言寡语，今日连声叫好，大家不禁有点儿惊讶。

就这样，康慈皇太后的谥号尊为：孝静康慈懿昭端惠弼天抚成皇后。

一共十四个字，表达了大清朝廷对康慈皇太后的敬意，更表现了恭亲王奕䜣的殊荣。当年奕䜣的生母宾天后未入太庙，如今举行了皇太后灵位入太庙仪式。朝廷大臣忙了半个多月，才完成这件大事。

恭亲王奕䜣由衷地笑了。

不但这件事情让奕䜣兴奋不已，还有一件事令他对两宫太后感激不已，那便是他的大女儿也得到了殊荣。

自从两宫太后垂帘后，恭亲王作为议政王，经常在宫中出出入入，有时也到后宫坐一坐，陪两位皇嫂叙叙家常。一来二往，这一家人显得亲近多了。

恭亲王的长女大格格，这几年已出落成亭亭玉立的姑娘。虽然她只比小皇上载淳大五岁，今年十一二岁，但显得比小皇上成熟多了。这位格格天生丽质、性情温和、举止大方，深得东太后的喜爱，西太后也不讨厌这位侄女。

大格格常随父亲奕䜣进宫向两宫太后请安，虽然丽太妃有一个乖巧的女儿大公主，今年七八岁了，但比起奕䜣的女儿，却显得逊色多了。

大公主不仅长相不及奕䜣的女儿，而且品性也不及奕䜣的女儿，这对于从未生育过的东太后来说，是一个极好的机会，她有意收奕䜣的女儿为干女儿，封大格格为公主。

东太后找了个合适的机会，向西太后提起了这件事情。

"妹妹，老六的大格格，乖巧又懂事，端庄而优雅，干脆，咱们将她接进宫来，收为干女儿，你看怎么样？"

西太后心想：只要你钮祜禄氏不与我叶赫那拉氏争夺政权，后宫的事情由着你，爱干什么，就干什么。再者，把老六的女儿接进宫来，老六更受宠若惊，他会死心塌地地为我卖命的。

于是，西太后直点头，说："姐姐，我也正有此意。大格格乖巧又灵巧，十一二岁的小姑娘倒比十五六岁的大姑娘还懂事，我也很喜欢她。过两天给老六说说，还不知他舍不舍得，人家福晋养大了女儿，一朝给了我们，一定不舍得。"

东太后一听，也觉得西太后的话很有道理，便连忙说："也罢，和六福晋抢女儿，我于心不忍。让大格格住在恭王府算了，想她的时候，让她进宫，两全其美。"

西太后连连说："虽说六福晋一定不舍得女儿，但她一定会乐意把女儿送进宫的，当个公主总比当个格格好。"

为什么西太后坚决主张大格格进宫抚养呢？那当然是有原因的。如今是两宫垂帘听政，可是西太后极不愿意东太后与她争权夺利，如果大格格进宫，东太后眼前有个可爱的女儿晃来晃去，她一定把全部精力都放在女儿身上，大殿上的一切事务全由西太后一人做主，岂不美哉！所以，西太后极力赞同封恭亲王奕䜣的大女儿为公主，这也迎合了皇太后钮祜禄氏的心意。

大格格进宫，所有服色体制，均按清廷固伦公主之例办理，这可乐坏了恭亲王奕䜣。女儿摇身一变，由格格变成了公主，他焉能不高兴。

大格格的"固伦公主"这个封号，是两宫太后共同商议定下来的。清制中宫中嫡出女曰"固伦公主"，妃嫔所出曰"和硕公主"，宫外亲王的女儿或曰"荣寿公主"或曰"荣祥公主"。

公主的封号等级森严。当年，丽贵妃生下了咸丰皇帝的大女儿，咸丰皇帝一高兴，封女儿为"固伦公主"，而不是"和硕公主"，就已经引起一些人的议论，如今再封奕䜣的女儿为"固伦公主"，恐怕招致一些人不满。

对于封号这个问题，东太后自有主张，她振振有词："大格格为两宫太后的女儿，虽不是我们姐妹其中一人亲生的，但收养在我们宫里，理应算嫡出，所以应该是'固伦公主'。"

西太后的心里却另有打算，她认为东太后虽言之有理，但一定会引起皇宗的一些人的不满。为了笼络人心，她说："姐姐，'固伦公主'这个封号有些太凝重了，妹妹认为还是'荣寿'公主好一些。"

东太后一听，脸沉了下来，声音有些生硬地反驳道："妹妹太多虑了，既然是我们姐妹收养的女儿，当然不能叫'荣寿'公主，那将降低两宫太后的地位，不怕人耻笑吗？"

西太后不愿因小事与东太后发生争执，她见风使舵，马上说："行！既然姐姐言之有理，大格格就封为'固伦公主'吧。"

就这样，恭亲王奕䜣的大女儿进了宫，当上了固伦公主。她的母亲六福晋虽然有些舍不得，但她考虑到女儿的前程以及恭亲王在朝廷上的显赫地位，也只好含泪惜别，做一次牺牲了。

恭亲王奕䜣连逢两件美事，有些飘飘然了。他清楚地认识到自己是两宫太后不可缺少的得力助手。

同治元年，两宫太后在恭亲王奕䜣的建议下，重用了汉臣曾国藩，以图彻底歼灭太平军。

提起太平军，最让西太后头疼。

早在咸丰年间，广东花县的山沟里腾起了一条"龙"，他便是洪秀全——大清朝的一个秀才。他与天子爱新觉罗·奕詝同读圣贤书，一个反天下，一个坐天下。洪秀全以传道为名，联合起受苦受难的人，于咸丰三年，即一八五三年三月二十三日宣告"太平天国"成立，洪秀全做了天王。

京师紫禁城里的咸丰皇帝震惊了，他谕令清军围剿方兴未艾的太平起义军，可是，经历十年，太平军仍未被剿尽，咸丰皇帝宾天时对太平之患还耿耿于怀。

小皇上载淳即位后，六岁的小儿怎知江南还有个"天王"洪秀全时刻动摇着他的皇位？可是，小皇上的两位皇额娘并不会放松警惕，她们要组织兵力，围剿驻扎在天京一带的太平军，好让载淳安安稳稳坐江山。

一日，奕訢与六福晋又来到了坤宁宫。他们的女儿一见父母到此，十分高兴，连忙向父母问安："阿玛吉祥！额娘吉祥！"

如今女儿是公主，恭亲王连忙说："公主吉祥！"

毕竟是亲生女儿，虽然固伦公主身价倍增，但挡不住亲情。固伦公主依偎在六福晋的怀里，那亲昵劲儿真叫人羡慕。东太后看在眼里，又高兴又若有所失。高兴的是这个公主乖巧懂事，遗憾的是自己从未生育过，她体验不到做母亲的欢欣。

"公主乖巧吗？"六福晋问道。

女儿甜甜地一笑，眼睛瞟向东太后，"皇额娘，我乖巧吗？"

东太后明白公主的意思，温和地说："大公主乖巧极了，这全是福晋调养得好，也是福晋的福气。"

六福晋连连说："不，不，是太后教导有方。福晋多谢太后恩赏，把大公主教导得如此懂事。"

两人正说着，西太后到此。西太后与福晋寒暄了几句，便转向恭亲王，问："前几日曾国藩上奏一折，说太平之患甚重，你意如何？"

东太后与六福晋知道西太后与奕訢有要事相谈，便牵着大公主的手到了东暖阁，西暖阁里只剩下西太后与奕訢二人。

"太后，这几年内忧外患，特别是前年洋人进犯，使我大清满蒙军队损失惨重。依臣之见，平剿太平军须借汉人的力量，方可取胜。"奕訢针对围剿太平军一事，提出了自己的见解。

西太后问："借汉人的力量，可靠吗？"

奕訢沉吟了一会儿说："朝廷命官中，汉人多忠于朝廷，但也不排除心怀鬼胎者，但有一个人可以信任他。"

"谁？"

"曾国藩。"

提起曾国藩，西太后不会忘记这个湖南人，咸丰年代，他曾获得理学家、文学家的桂冠。可是他并不是一心只读圣贤书，他善于把握时机、看准政治风向。咸丰皇帝登基不久，他便崭露头角，活跃在清廷的政治舞台上。

咸丰帝下令让曾国藩筹办湘军，以剿太平军。果然，曾国藩不负众望，很快组建起了一支湘军，并且在镇压太平军的几年中也屡建功勋。可是，一向优柔寡断的咸丰皇帝害怕了，他生怕曾国藩的湘军镇压了太平军，接着来捣毁他的朝廷。于是，咸丰皇帝开始怀疑曾国藩，以致处处防备他。湘人曾国藩这些年来一直得不到重用。

尽管如此，曾国藩一心效忠朝廷。这一点，恭亲王奕䜣全看在了眼里。如今他建议西太后重用汉臣曾国藩，对于清廷来说，的确是一个良策。

西太后采纳了恭亲王的建议，她任命曾国藩为两江总督兼协办大学士。

曾国藩一心效忠大清，尽管前几年皇上不信任他，但他从未有过异心。如今两宫太后重新起用于他，他怎能不感激涕零？

此时的理学家曾国藩少了几分早年的热情，多了一些中年人的深沉。他接到圣旨的当天便上奏一折，称："金陵未克之前，不再加恩于臣家。"

六百里加急，折子到了西太后的手里。

慈禧太后仔细看了几遍曾国藩的折子，心中暗喜。

果然不出所料，曾国藩的湘军很快传来了佳音，挽救了风雨飘摇中的清廷。

这次，曾国藩接受了以前的教训，他一再上奏两宫太后表明自己的心迹，声称自己淡泊名利。同时，他默默地为朝廷卖命，以实际行动取得两宫太后的信任。

同治二年春，他坐镇安庆，以安庆为指挥中心，然后任命胞弟曾国荃攻天京，左宗棠攻杭州，李鸿章攻苏州，彭玉麟攻长江下游。大江以北，由多隆河攻卢州、李续宜攻颍州；大江以南，鲍超攻宁国，运兰防徽州。

一切布置好以后，曾国藩下令对太平天国发动猛烈进攻。

一时间，洪秀全在天京危在旦夕。天王洪秀全征战南北，声名赫赫，十年前，他曾让大清的皇帝惶恐不安，可如今天朝前后受敌，天朝内部人心涣散，再也没有初建天朝时的气势了。每每想到这里，洪秀全不禁感慨万分。

如今他面对重重围困，心情十分沉郁。他清楚地认识到天朝与大清抗衡，力量的悬殊太大了。

为了消灭太平军，清廷不惜重金收买人心，瓦解天朝将领。如今曾国藩的部下已将天京包围，天京粮食已绝，眼看着撑不下去了。

天京城内一片混乱，一些太平军士兵暗中投靠清廷，做了天朝的叛徒。那些誓死保卫天京的人因饥饿而恐慌不安，太平军的战斗力大大削弱。

忠王李秀成大败后逃进了天京，无颜见天王。

洪秀全知道后，安慰李秀成，说："我洪秀全奉上帝的旨意，下界拯救百姓，我们的天朝坚固如铁，即使士兵不保卫天京，也有上天来保护。"

李秀成深知这是天王洪秀全宽慰自己的话，如今太平军大势已去，天王无回天之力了。年轻的忠王再也忍不住，伏在案几上恸哭了起来。

洪秀全默默地离开了众人，当人们想起寻找天王时，他已服毒自杀。

忠王李秀成伏在天王洪秀全的尸身上，大哭不已。随后，他命人找来洪秀全的儿子，拥戴幼儿登基，并且决定秘不发丧，生怕人心涣散。

这时，天京的局势十分危急，李秀成决定调苏州、杭州的太平军前来援助天京。骁勇善战的忠王不知不觉间钻进了曾国藩精心设计的圈套。苏杭空虚，李鸿章乘机攻破了苏州，左宗棠拿下了杭州，天京四周受敌，终因孤立无援，被曾国荃攻下。

太平天国都城天京沦陷，起义失败。

消息传到北京城，皇宫里的小皇上天真地问："皇额娘，伪王死了，天京攻下了，那他的儿子会不会来这里和我抢皇位？"

八岁的小皇上虽然不懂得皇权的至高无上，但至少他明白做皇帝很好玩。大殿之上，那么多大臣一齐向他下跪，口呼万岁，太有意思了。所以，他不愿意让洪秀全的儿子来抢他的皇位。

东太后抚摸着小皇上载淳的头，说："皇上请放心，曾国藩已下令斩草除根，只要是妖孽眷属，格杀勿论。"

小皇上吃惊了。西太后看出了小皇上的惊讶，生怕儿子说出什么不得体的话，连忙说："对于乱贼流寇，必须迎头痛击，免生后患。"

小皇上似乎明白了两宫太后的意思，他点了点头。

西太后连忙夸奖小载淳："皇上英明之至，此乃我大清之幸啊！"

小皇上一向惧怕生母叶赫那拉氏，今日听到母亲如此夸赞自己，他有些飘飘然了，便学着大人们的样子，问："曾爱卿有新的奏折吗？"

站在一旁的恭亲王奕䜣连忙答道："回皇上，曾国藩今日又呈一折子。"

西太后一听，忙追问："说了些什么？"

奕䜣沉稳地说："曾国藩奏发现伪王洪秀全逆尸，兵勇将其尸从地下掘出，其弟曾国荃亲验尸体，验毕戮尸，举烈火而焚之。"

西太后深深地舒了一口气。

太平天国被剿灭后，西太后决定召见汉臣曾国藩，以示嘉奖。无奈，曾国藩这时患了腿疾，他的双腿生疮，疼痛难忍，站立行走很困难，不能入宫朝拜皇上及两宫太后。为此，曾国藩深感遗憾，他呈一奏折，表示了自己的愧疚。

西太后接到奏折后，淡淡地对恭亲王说："曾国藩这腿病生得好。"

恭亲王附和道："曾国藩是何等聪明之人，他借生病免入大殿，省得遭他人妒忌。"

西太后沉思了一会儿，开口道："赏他宝马一匹，古玩数件，以示朝廷对他的关心吧。"

"嗻"。

就这样，曾国藩既让朝廷刮目相看，又不得罪于其他同僚，而且名利双收。同僚李鸿章、左宗棠不禁暗自佩服他。

"曾国藩聪明之至啊！"

"李兄所言极是，我等不及曾国藩。不过花无百日红，人无千日好。这下子，他要应付的局面更多了。"

李鸿章与左宗棠对曾国藩是又敬又妒，不过，此时他们三人还要合作，共同为清廷卖命。

大清皇宫纱帘后的"女皇"——西太后，对曾国藩另眼相看，她决定派曾国藩去剿杀捻军。

提起捻军，也让叶赫那拉氏心悸。

当年，咸丰皇帝登基不久，南起太平军，北有捻子。捻子遍布江苏、安徽、河南、山东四省的交界处，他们起初没什么宗教信仰，也没有明确的纲领，只懂得接济贫困的百姓、打击贪官污吏及地方恶霸。

捻子行侠仗义，劫富济贫，在百姓的心中威信很高。

当洪秀全领导太平军攻占南京的消息传来后，散乱多年的捻子终于推出了盟主张乐行，正式建立了捻军。捻军一成立，便得到了洪秀全天朝的封赏。天王洪秀全封张乐行为征北主将，鼎天福，后又封为沃王。

咸丰皇帝以前就听说过鲁、豫、皖三省交界处有什么"捻子"，聚而为捻，散而为民。但他一直没在意，散乱的乡民成不了什么气候，可后来就不能等闲视之了。他们居然也学着太平军，推戴领袖、建立五旗军、拿起了大刀、长枪配合太平军打清兵。咸丰皇帝决定让僧格林沁派小部队去剿捻。可是捻军是由地方上民众组成的，他们神出鬼没、变化多端，半个时辰以前还是捻子，这会儿又成了老实巴交的老百姓。弄得清兵也不敢乱抓人，生怕引起民愤。僧格林沁只好如实上奏，气得咸丰皇帝直骂他是饭桶。

就这样，到了同治年间，北方的捻军仍未被剿灭。

当曾国藩剿杀太平军的同时，僧格林沁带领蒙古兵横扫捻军。面对黑压压的清军，捻军决定采取游击战术，各个击破清军。捻军取得了暂时的胜利。当僧格林沁轻骑追捻的时候，落入了捻军设置的埋伏，死于曹州。接着，西太后决定派曾国藩去继续剿捻。

两宫太后以小皇上载淳的名义，颁一懿旨。

曾国藩岂敢怠慢，他经过深思熟虑后决定采取与僧格林沁不同的战术。十天后，曾国藩上一奏折，言明："臣身泽皇恩，唯恐不才。……臣以为歼捻以围攻为上策，扼住临海关、周家口、济宁、徐州四镇，一处有急，三处往援。如今贼捻已成流寇，若贼流而我与之俱流，必致疲于奔波。故臣坚持初议，以有定之兵，制无定之寇，重迎剿，不重追。"

奏折以六百里加急到了西太后手里，她仔细琢磨了曾国藩的每一句话，欣慰地对恭亲王奕䜣说："老六，这个曾国藩虽是汉臣，比蒙满子弟还忠心，实在难得。"

奕䜣附和道："太后，臣也有同感，若曾国藩果如折中所言，捻匪很快就能平定。我大清得此大员，实属幸事。"

曾国藩这次还要露一手，很快便得到了清廷的恩准。他采取筑长城、开战壕的战法，围剿捻军。

捻军——这支曾活跃在河北、河南、皖北、山东一带的农民起义军，终因缺乏领导、缺少战争经验，于同治六年被曾国藩剿灭了。

大清的小皇帝载淳，虽把朝政交给了他的两位皇额娘，但随着年龄的增长，少年天子十分明白曾动摇大清江山的洪秀全及捻军，已被曾国藩消灭。在他看来，曾国藩是一位难得的忠臣。

十二岁的小皇上龙颜大悦，他拉着皇额娘西太后的手，说："额娘，曾爱卿终于平定了乱贼，应重赏他才是。"

西太后凝视着儿子，她忽然间发现载淳长大了，笑眯眯地对他说："皇上，额娘早已考虑过，这些年曾爱卿为大清社稷出生入死，建立功勋，如今是该重赏他。"

于是，同治六年六月，曾国藩授大学士，仍任两江总督；七月，授体仁阁大学士；几天后，授武英殿大学士，调任直隶总督。

同治六年十二月，皇城北风呼呼，人们感到格外寒冷。但是，新任直隶总督的曾国藩却感到寒冷的冬天似春天一样温暖，因为他又得到一个殊荣。由于他剿杀捻军有功，被赐宝马一匹，并可在紫禁城内骑马。

此时的曾国藩已顾不得许多，他十分明白两宫太后如此嘉奖他，一定会招来同僚们的嫉妒。可是，人生能有几度春？该得意时便得意。同僚们羡慕也好，嫉妒也好，风风光光的是他曾国藩。他已不再年轻，为清廷卖命几十年，如今的风光是他一生中最大的荣耀，他要尽情地享乐。

此时，西太后也明白，若要巩固政权，离开奕䜣是不行的，但恭亲王奕䜣明里辅佐小皇上，暗里总揽大权，在内政外交方面大展宏图。他希望两宫太后垂帘不听政，自己议政要实权。但西太后不会把实权交到奕䜣的手中的。

一日，西太后突然在奕䜣面前提起了一件事，使奕䜣措手不及，他暗自惊叹眼前的这个女人实在不可等闲视之。

"老六，何桂清一案该了结了吧？"

"何桂清？"

"对，还是先帝钦定的要犯，都拖这么长时间了，总该对群臣有个交代呀。"

西太后语调并不高，但她沉稳中有几分威严，使奕䜣不得不说："太后，臣也认为此事不宜再拖，臣着军机处大臣商议后，再禀奏太后。"

奕䜣退了下去。望着他远去的背影，西太后自言自语道："老六，尽管你不愿提起何桂清一案，但你也不敢和我那拉氏对着干。你暗中独揽朝中大权，要想削弱你的势力，先剪除你的羽翼再说。"

为什么惩处何桂清能打击恭亲王奕䜣的气焰呢？这还要从头说起。

何桂清，云南昆明人，道光年间的进士。历任编修、太仆寺少卿、太常寺卿、户部右侍郎、浙江巡抚、两江总督等官职。

还是在太平天国运动风起云涌之时，何桂清驻守常州，他虽不拥有重兵，但却掌握财权，也算是朝廷重臣。常州是军饷供应地，清军江南大营的军需物资主要由何桂清筹办。

一八六〇年，清廷苦心经营的江南大营被太平军攻下，钦差大臣和春、帮办军务张国梁被太平军所杀，消息传到常州两江总督何桂清的耳里，他震惊了！他意识到事态的严重。

"出兵救援？不行，自己不是武臣，带兵打仗一定吃败仗。逃！对，逃为上策！"

何桂清唯一的念头是逃往苏州。因为，苏州离常州很近，再者江苏巡抚徐有壬是自己的同僚兼部下，他会于危难之中拉自己一把的。可是，临阵脱逃，罪不可赦。作为朝臣的何桂清比谁都明白。脱逃前，他要为自己找个借口。这时，他想起了江苏布政使薛焕与江南盐巡道英禄、江安粮道王朝纶，这三个人均系自己的亲信，当年提携他们，如今该是薛焕等人回报的时候了。

何桂清不再犹豫，他差人给薛焕、英禄、王朝纶分别送去密札，委婉地表达了自己的意图。

第二天，薛焕等人便联名上奏朝廷，请求何桂清退保苏州。何桂清为自己找了一块"遮羞布"，便急匆匆回到常州的临时府邸，派了十二个家丁护送老父亲回通州何府。他的父亲执意带上孙子一同回通州，何桂清为难了，因为长子是三姨太所生，如果长子也回通州，三姨太势必也走。可是，他实在不愿让温柔的三姨太离开自己，他乱作一团。就在这时，他出逃的消息被一个小丫头不小心传开了。他走不了了。咸丰皇帝得知此事后大怒，谕旨将何桂清革职拿问，解京严审。何桂清被押至刑部，可是，始终没有对他进行审问，其原因是何桂清押到刑部不久，咸丰皇帝便"巡幸热河"，此事一拖再拖，到了同治年间，西太后才又提起这件事。

当西太后突然提及何桂清一案时，恭亲王奕䜣的心里没了谱儿。

按理讲，何桂清的案子不能再拖了。何桂清弃城逃匿，开枪打死十九人，罪不可赦，但是，奕䜣从心底深处不愿严惩于他。因为，何桂清与奕䜣的岳父桂良私交甚深，岳父的旧交不能不网开一面呀！

西太后不动声色，她静静地观察着奕䜣的态度。整整两天过去了，奕䜣闭口不提何桂清一案。

西太后心想："何桂清关在刑部已两年多，也不在乎多关几个月，我有耐心等你恭亲王开口。奕䜣呀奕䜣，你早晚都免不了处理这件事。"

果然不出西太后所料，半个月后，奕䜣开口了："太后，臣已初查当年何桂清一事，臣认为何桂清当时算不上弃城逃匿。"

"哦，先帝钦定的要犯，如今老六有不同看法？"

西太后音调低沉，一字一句全打在恭亲王的心上，奕䜣不寒而栗。他"扑通"一声跪在了地下，连连说："臣不是那个意思。"

"那你是哪个意思？"西太后依然是阴沉着脸。

奕䜣半晌没敢吭声，过了一会儿，他才说："当年何桂清离开常州，也许是借师剿匪，这与弃城逃遁有所区别。"

"老六，哀家知道何桂清与你岳父桂良是密友，哀家也不愿让你难做人。这样吧，你不用查了，交给刑部直隶司郎中余光绰查办此事吧。究竟他是弃城逃遁，还是借师助剿，会查个水落石出的。"

"嗻。"

恭亲王奕䜣退出了养心殿，他紧攥拳头，心中有气不敢说。

其实，当年何桂清的所作所为，奕䜣也恨之入骨。但此时似乎西太后是拿何桂清做文章，她明知自己的岳父与何桂清交往甚深，还不顾一点儿情面，非置何桂清于死地。这不明摆着"杀鸡给猴看"吗？既然西太后不准他再过问此事，再大的气，他也只好咽了。

经过几个月的调查，何桂清一案基本定了下来："弃城逃匿"，不可翻案。这下子，清廷上下可热闹了，不外乎是两种意见：严惩与宽恕。

曾国藩、李鸿章、左宗棠、余光绰等人，义正词严，希望严惩何桂清以正朝纲。尤其是正春风得意的曾国藩，往日何桂清与他在江浙一带争夺地盘，两个人早有明争暗斗。如今何桂清是阶下囚，曾国藩恨不得置何桂清于死地。两宫太后正欣赏曾国藩的胆识与才干，曾国藩利用了这一点。

同治元年十月二十一日，西太后谕令刑部处斩何桂清，斩立决。

杀了何桂清，第二个杀的是胜保。提起胜保，西太后不得不承认他在英法联军入北京时的顽强抗敌，也不得不承认他在"辛酉政变"中的拥戴之功。但是，同治初年，胜保恃功自傲、日益骄淫。更让西太后不能容忍的是，他越来越远离叶赫那拉氏，几乎形成诸侯割据的局面，他的头焉能保得住？

一想起胜保，西太后便感到头疼，他这位前朝老臣，越来越不把两宫太后放在眼里，这样下去，朝廷很难控制他。

西太后在感叹之余，更多的是心悸，她决定杀胜保，以保爱新觉罗氏的皇位和自己今日来之不易的"垂帘"政体。

同治元年（1862年）十二月初四，天上下着鹅毛大雪，四处白茫茫的。西安巡抚衙门内，陕西军务督办胜保满面愁云，他望着窗外飞扬的大雪，心中十分凄凉。

"想我胜保几十年来，效忠朝廷，为大清朝出生入死，特别是先帝在时，他都对我胜保高看一眼。可如今两宫太后谕令查办我。唉，一朝天子一朝臣，伴君如伴虎呀！"

他今日既没邀知己，也没有红颜相伴，而是一个人自斟自饮。酒到嘴里好苦，酒入愁肠愁更愁。回想这几年的所作所为，他颇有些后悔，一些事情上，让人抓了把柄，如今百口莫辩，任凭老天爷的安排吧。

同治二年（1863年）三月，西太后谕令恭亲王奕訢同军机大臣、大学士会同刑部审讯在押囚犯胜保。才一个多月，囚犯胜保苍老多了，他满面乌黑、头发蓬乱，当年的帅气一点儿也看不出来了。

恭亲王奕訢不敢正视胜保。说起来，他与胜保的私交不错，如今一个是审讯官，一个是阶下囚。

奕訢见胜保如此这般，于是找到西太后。他壮了壮胆子，说："太后，胜保毕竟是两朝重臣。请太后三思！"

西太后的脸忽地一下阴沉得很难看："老六，你太糊涂了。胜保就是倚仗自己功高盖世才胡作非为，若不杀杀这种人的威风，任他们骄纵淫靡，大清的江山还能保得住吗？"

奕訢听得出来，西太后明里骂胜保，暗里训自己，他奕訢可不想引火烧身。于是，连连说："臣知错，臣知错。"

"跪安吧！"

"嗻。"

奕訢知道，胜保的人头保不住了。西太后视胜保为心腹之患，这几年胜保的势力一天天壮大，引导他一天天走进坟墓。刚刚掌握朝政大权的西太后，绝对不允许有人来动摇她的"位子"。凡是有可能撼动她的，一律格杀勿论。而且，她还会振振有词地宣称："杀逆臣以正朝纲。"

同治二年七月十八日，两宫太后谕令胜保自尽。

这几年，两宫太后垂帘听政，恭亲王奕訢竭尽全力当好议政王。西太后重用汉臣曾国藩、左宗棠、李鸿章等人，剿灭了太平天国运动，又灭了捻军，连杀二臣，威震朝廷。

叶赫那拉氏好累。她的心太累了，一个三十来岁的年轻寡妇，平日里大殿听朝，夜晚无人共入梦乡，她也经常流露出孤寂的心境。忠实的太监小安子看到眼里，疼在心里。可是，他再忠心耿耿，也只能尽心做好分内的事儿，主子的苦恼，他真的爱莫能助。

西太后难挨深夜的孤寂，希望后宫生活能从小皇上载淳的身上看到一线曙光。载淳是自己的亲生子，无论如何，他都应该与自己关系更密切一点儿，所以，西太后投入更大的精力去教导载淳。她深深地懂得：母以子贵。现在儿子尚年幼，正因为她生了载淳，如今才与东太后平起平坐。几年后，载淳一定要亲政的，到那时，自己便是没有政治实权的皇太后了。只有现在精心训导儿子，让载淳按自己的意愿去发展，将来才可能听命于自己。

于是，同治二年秋，叶赫那拉氏着手为小皇上重新挑选师傅，并指定伴读，希望小皇上循规蹈矩，一心只读圣贤书。翰林编修李鸿藻是咸丰皇帝钦定的太傅，李师傅一直尽心尽职地辅导载淳，并没有什么失德之处，西太后决定留任他。此外，她又让恭亲王保举二三人，共同辅导小皇上。

不久，礼部尚书前大学士祁寯藻、管理工部事务前大学士翁心存、工部尚书倭仁与李鸿藻四个人开始在弘德宫教授小皇上汉文。他们岂敢怠慢，他们的学生是一个特殊的人——天子。

大清的皇上必须品学兼优，不仅要让他通晓中国的历史、政治、文化、伦理、道德等方面知识，更重要的是培养他良好的性格，将来才可能成为一个仁君。

除了学习汉文，小皇上载淳还必须学好满文、练好武功，以求文武双才。西太后为八岁的小儿制定的目标太高了，七八岁的男孩子天性顽皮，他哪里坐得住"冷板凳"。往往是身在上书房，心在后花园。师傅们费了不少力气，但成效不大。每当两宫太后询问小皇上的学业时，几位师傅总是吞吞吐吐的，气得西太后说不出话来。小皇上对她这个亲额娘越来越疏远，反而更亲近东太后了。

日子过得好快，一转眼，到了同治四年（1865年）。这四年来，两宫太后垂帘听政，议政王奕䜣尽力辅佐朝政。一次次的政治斗争中，都表现出慈禧西太后的强硬与凶狠的一面，这不能不使恭亲王奕䜣对她戒备几分。因为在他们的历次合作中，奕䜣都看得清清楚楚：叶赫那拉氏极端维护自己的利益，"顺我者昌，逆我者亡"是她的原则。

尽管恭亲王是"铁帽子"王爷，尽管他目前是众人之上的议政王，但他还是小心翼翼地做人，尽量避免与西太后发生冲突。可是，合作伙伴的关系越密切，他们之间产生矛盾的可能性就更大。同治初年，朝廷上下刚刚稳定，西太后便对恭亲王奕䜣亮出了"红牌"，使得奕䜣措手不及。

平日里，"铁帽子"王爷只注意到处理朝政与两宫太后尽量保持一致意见，生活小节却被忽略了。而正是这些生活小节加深了西太后对他的反感，也加快了西太后打击他的步伐。

大殿之上，奕䜣与两宫太后、皇上是君臣关系，每次上殿，奕䜣必须向太后、皇上行大礼；大殿之下，他们是至亲，是一家人，尤其是奕䜣与两宫太后是叔嫂关系，所以内廷相见时不必行大礼。这几年来，几乎每天奕䜣都见两宫太后，所以他们之间的关系比较密切。特别是一些机密，必须在内廷商议好才能在大殿向群臣昭明，于是，奕䜣出入内廷十分方便。

　　每当奕䜣在内廷见两宫太后时，东太后总是十分客气，西太后也不把他当外人，一家人边谈政事，边喝茶，那情景十分融洽。

　　太监安德海是西太后的心腹，当他们谈论朝廷大事时，别的太监、宫女有时要退下，但小安子可以一旁站着，随时准备伺候主子。

　　西太后最爱喝安徽黄山的毛峰茶，恰巧恭亲王奕䜣也爱喝这种茶，所以每当小安子上茶时，总是先送上一杯碧螺春茶给东太后，然后再送上一杯毛峰茶给西太后。

　　西太后接过茶碗后，总忘不了说上一句："小安子，给六爷上茶。"

　　"嗻。"

　　小安子连忙给六王爷奕䜣上茶，而奕䜣也会立即道一句："谢太后！"

　　日子久了，每当奕䜣在内廷见两宫太后时，小安子不用主子差遣，他也知道给恭亲王准备一壶好茶。

　　这一天，奕䜣依然是内廷相见两宫太后，可是，每天必见到的太监小安子，今日不见了。原来，安德海病了，西太后让他休息两天。

　　"太后吉祥！"奕䜣虽不需要行大礼，但一句问安仍少不了。

　　东太后笑眯眯地说："老六，怎么你额上冒出了汗？"

　　奕䜣抹了一下额头，说："天太热了。"

　　因为天热，两宫太后只穿了件薄纱衫，而奕䜣进宫必须穿朝服，所以他觉得天格外地热。宫女杏儿令两个小宫女端上冰茶，送给两宫太后。小宫女并不知安公公每日也给六王爷端上一茶杯，所以，她不敢贸然行动。

　　西太后接过冰茶，呷了一口，开口道："老六，前一阵子谕令李鸿章兴办洋务，他办得怎么样了？"

　　一提起兴办洋务，奕䜣来了精神，他滔滔不绝地讲了起来。两宫太后津津有味地听着，不知不觉间，一个多时辰过去了。奕䜣觉得太热，他解开了朝服衣领上的纽扣，不行，还热。口也很渴，他站了起来，顺手端起案几上的冰茶，一饮而尽。

　　东太后催促道："老六，说下去。"

　　西太后的眉毛一皱，恰巧被奕䜣看见了，他猛然想起什么似的，连忙放下茶杯，心想：不好，我怎么把西太后的冰茶给喝了，她一脸的不高兴。

　　奕䜣自知失态，可是喝下去的茶吐不出来，即使能吐出来，也挽回不了西太后的反感。奕䜣只好装作什么也没发生，继续往下讲："李鸿章这些年来兴办洋务，的确为朝廷立了一大功，他是个难得的儒臣。"

　　东太后感慨地说："朝廷就需要这种人才。妹妹、老六，咱们还应该嘉奖他才是。"

西太后冷冷地说："李鸿章这个人为朝廷立了大功，但他并不居功自傲，该奖。如果他自认为了不起，目空一切，不但不奖他，还要罚他。"

一听这话，奕䜣心里打了个冷战。西太后的弦外之音，他焉能听不出来。

在西太后看来，刚才奕䜣饮了她的冰茶，看似小事，实则不小，这说明奕䜣根本不把她放在眼里。

东太后对他们两个人的神态变化没放在心里，依然温和地说："老六，说下去，我想听一听洋务运动的具体情形。"

"嗻。"

话刚落音，西太后站了起来："你们聊吧，我先走了。"说罢，头也不回地离去。

东太后莫名其妙，奕䜣心中不悦。

回到储秀宫，西太后越想越生气，她觉得奕䜣在暗中向她示威。由刚才的事情，她又想起了几天前发生的一件事，两件事情一联系起来，她便认定奕䜣用心险恶，不由得气得直落泪。

几天前，西太后正躺在储秀宫西暖阁的软榻上闭目养神，只听得小安子那轻轻的脚步声，西太后懒洋洋地说："小安子。"

"奴才在。主子，奴才吵醒您了吧？"

"狗奴才，知道会吵醒我，你还来。"

"嘿嘿……"

小安子嬉皮笑脸的，西太后向上耸了耸身子，说："什么事啊？"

西太后知道小安子有话要说。

小安子回答："主子，这储秀宫所用的御膳器皿已有四五年了，依奴才之见，早该换一套新的了，王府里都是不足一年更换一次新器皿，而宫里却节俭多了。"

西太后见安德海如此细心，心中不禁一动，多么忠心的奴才，这宫里许多人，也就小安子一人最体贴自己。

"小安子，这宫中上上下下几千人，也就只有你最关心我，日后我不会亏待你的。"

"主子，奴才对您不忠心，还能对谁忠心呢？"

"别耍贫嘴了，换一套新碗碟也好，快到内务府取吧。"

小安子立即去了内务府，他要为西太后挑选一套最精美的器皿。此时，奕䜣是军机处首席军机大臣兼内务府大臣，他对安德海逢迎西太后、狐假虎威的做法早已十分反感。所以，他一听说小安子到内务府索要昂贵的物品就十分反感。奕䜣将头转向一边，假装看账目，并不理睬安德海。

小安子虽然仗着西太后宠他，对奕䜣也是阳奉阴违，但他毕竟是奴才，面对堂堂的议政王，他不得不恭恭敬敬。

"王爷吉祥，奴才给王爷请安了。"

小安子虽然来了个单腿安，但他阴声怪气的，很让恭亲王生气。奕䜣皱了皱眉头，应付了一句："起来吧。你来内务府干什么？"

从恭亲王的语调中，小安子听出了奕䜣对自己的反感。但为了让主子欢喜，小安子还是赔出了笑脸："奴才是来取新的器皿的。我们主子那边的碗碟都已用了好几年了，已旧得不成样子，奴才这便来取上等的碗碟的。"

"哦。"

恭亲王沉思了一下，他想：给？还是不给？按礼讲，两宫太后及丽太妃等宫里的器皿早该换新的了。可是，今日小安子为了讨西太后的欢心，居然跑来索要，这岂不是让狗奴才牵着鼻子走！

想到这里，恭亲王没好气地说："国家正值多事之秋，国库空虚、银根短缺，后宫本应从俭行事，但各宫器具确实已该更换。你先回去吧，等本王爷统筹安排以后，自然少不了储秀宫的。"

安德海兴致勃勃地来，原想马上从内务府取了器具回去讨主子的欢心，谁知让"鬼子六"给挡了回去，而且还冠冕堂皇地说了自己一通，小安子心中直冒火。

回到储秀宫，安德海吩咐一个小太监去宫外买十几个粗瓷碗。

那小太监不知安公公意图，多嘴多舌地问："安公公，买了粗瓷大碗往哪儿放呀？"

这些年来，安德海虽说是个奴才，但他是高人一等的奴才，只要他吩咐的，小太监们没有谁敢多问什么。这个小太监不知深浅，多言多语，加上刚才受了恭亲王的气，小安子不禁心头有火，他一伸手，左右开弓，打得小太监直求饶。

"滚，快去照办！否则，小心你的脑袋。"

那小太监吓得连忙跑掉，他到宫外买了十几个老百姓使用的粗瓷大碗，放在菜筐里带进了宫，又转到了储秀宫。小安子又拧着他的耳朵，威吓了他一通，吓得他指天发誓，保证不把这事说出去，小安子这才放了心。

到了晚上，西太后来用晚膳，她一见桌子上的摆设，心中便来气："小安子，怎么全换上了粗瓷大碗？"

西太后阴沉着脸，小安子暗自高兴："奏效了，这回小六子可要倒霉了。"

小安子上前一步，"扑通"一声跪在地上，痛哭流涕，仿佛有一肚子的委屈："主子，还有咱储秀宫的活路吗？今天奴才去内务府想为主子换几件新器具，正巧恭王爷也在那儿。开始，他根本就不搭理奴才，奴才恭恭敬敬地向他请了个安，他才爱理不理的从鼻子里哼了几句。当六王爷听说奴才是为主子取器具时，他竟阴沉着脸，骂奴才是条狗，并让人拿了这些粗瓷大碗来。为了主子，奴才受点气没什么，只是主子受委屈了。主子身为皇太后，却使用这等粗劣的碗具，实在让奴才心酸。"

说着，小安子抽泣了起来，弄得西太后连一点儿食欲也没有了。她"啪"的一声，将碗摔在地上，大叫："撤下去，统统给我摔了！老六欺人太甚，连太后用碗都要限制。岂有此理！"

西太后正在气头上，小安子耷拉着脑袋，一句话也不敢说。他恐怕再加"一把火"，把西太后"烧"怒了，去质问恭亲王，自己就露馅了。于是，见机行事，说："主子请息怒，这等小事不要与六王爷计较。主子是太后，他六王爷不敢太猖狂。小不忍则乱大谋，这是主子一贯教导小安子的。主子，您大人大量，才见您的胸襟。"

西太后稍稍平息了愤怒。今天，聪明的西太后被气糊涂了。她竟忘了想深一些，他恭亲王再不把两宫太后放在眼里，也不会拿区区小事来做文章。再者，宫里根本就没有这等劣质的粗瓷大碗。这分明是小安子做了小动作，可是，西太后没想到这一些。

几天之内，接连发生了两件让西太后不高兴的事儿，这使得西太后对恭亲王奕䜣大为不满。

当西太后气呼呼地回到储秀宫时，宠监小安子再次进谗："主子，有一句话，奴才憋在心里很久了，一直不敢说。"

西太后望了小安子一眼，生气地说："你总是那么吞吞吐吐、婆婆妈妈的，快说！"

小安子一听，连忙辩白："奴才怕说出来，惹主子生气。"

西太后冷冷地说："你不说出来，我更生气。快，有话快说。"

西太后有些不耐烦了。小安子见"火候"已到，便低声说："主子还记得肃六吧？"

"他早已被砍了头，还提他干什么？"

小安子眼珠子一翻，又压低了一些声音："肃六死了，但小六儿活着，主子不怕坐不稳江山吗？"

"大胆！该死的奴才！"

西太后脸色突然大变，她万万没想到这个狗奴才称恭亲王为"小六儿"，她更没想到小安子竟拿肃顺比恭亲王。

小安子一看主子脸色不对劲儿，自知失言了，他没敢多想，"扑通"一声跪在了地上，一个劲儿地扇自己耳光，直到嘴角流出了鲜血，他也没敢住手。

"奴才该死！奴才该死！"

小安子向前跪行，口呼："主子饶命呀，主子饶命。"

西太后冷冷地说："滚下去吧。"

小安子连滚带爬，离开了。

小安子刚走，西太后便息怒了。从心底讲，小安子道出了她的心声，只不过这奴才太大胆了，不该他过问的事情，他也想插手。可是，他说得没错，如今的奕訢大有凌驾于两宫太后之上的趋势，再任其发展下去，后果将不堪设想。

西太后下定决心来整治一下议政王。不久，她利用一份奏折，大做文章，在奕訢头上"动了刀"。

呈奏折的人叫蔡寿祺。蔡寿祺，江西德化人。道光二十年二甲进士，入翰林院任编修，同治四年二月署日讲官。这是一个投机分子，他自从做了日讲官，便开始注意把握政治风向，观察清廷内部斗争。善于察言观色、见风使舵的蔡寿祺发现西太后对议政王奕訢十分不满，于是，他于同治四年二月二十四日，呈上一份奏折。折子中指责汉臣曾国藩等人谎报战功、巧取避罪，并影射恭亲王奕訢利用议政王之名，重用曾国藩等人，掌握军机大权，以图挟制朝廷。

这份奏折到了西太后手里，她立刻为之兴奋，她正想挑奕訢的毛病，只是没人参劾他。如今，蔡寿祺参了他一本，西太后必须紧紧抓住"这根绳"，打击一下奕訢的气焰。

西太后独自召见了蔡寿祺，蔡寿祺受宠若惊，他低头跪在太后的面前，心怦怦直跳。

"蔡爱卿，抬起头来。说一说你为何参劾议政王。"

"喏。"

蔡寿祺的声音有些颤抖，他心里是"十五只水桶打水——七上八下"的。对于西太后这个女人的精明与狠毒，蔡寿祺是听说过的，几年前杀何桂清与胜保，便是一个明证。如今他参劾议政王，究竟西太后做何反应，他不是十分明了。

蔡寿祺小心地站了起来，怯怯地说："回太后，臣以为曾国藩等人虽镇压太平军有功，但其中也有不少谎报战功的事。"

"你有真凭实据吗？"

"有！"

蔡寿祺的声音很微弱，不过西太后还是听见了。她追问道："曾国藩身为朝廷大臣，他何以敢如此妄为？"

蔡寿祺觉得西太后在有意引他说下去，便壮了壮胆，放大了声音，说："是议政王暗中支持他，才使得那些汉臣有恃无恐。"

"议政王？"

"对。太后，臣参劾议政王，是振纪纲、尊朝廷。"

垂帘听政：慈禧太后

西太后沉默不语，蔡寿祺暗自高兴。

十天后，又一份参劾奕䜣的折子到了西太后手里。她仔细地读着，不知不觉间读出了声："近来竟有贪庸误事因挟重赀而膺重任者，有聚敛殃民因善夤而外任封疆者……臣民疑虑，则以为议政王之贪墨……臣民疑虑，则以为议政王之骄盈……臣僚疑惧，则以为议政王之揽权……总理通商衙门保奏更优，并有各衙不得援以例之语，臣僚疑惑，则以为议政王之徇私。愚臣以为议政王若于此时引为己过，归政朝廷，退居藩邸，请别择懿亲议政，多任老成，参赞密勿，方保全各位，永葆天庥。"

东太后一字不漏、认真地听着，她的脸色骤然紧张了起来。她万万没想到自己一直信任有余的奕䜣竟会贪墨、骄盈、揽权、徇私，居然让人参了一本。

西太后偷偷地瞄了东太后一眼，她知道奏折的内容让东太后震惊了。

"姐姐，我们万万也想不到老六竟背着咱们贪墨、骄盈、揽权、徇私，还让人参劾了。"

东太后严肃地说："这事儿暂且不要张扬出去，还是先召见一次老六再说吧。"

"也好，咱们问一问他，看他怎么解释。"

聪明的西太后早已心中盘算好了，她要一步一步深入，让东太后不知不觉间站在自己这一面，好好整治奕䜣一下。而温和的东太后此时还蒙在鼓里，她只觉得事情来得太突然。缺乏政治经验的东太后被动地被卷入这场残酷的政治斗争中。

两宫太后在内廷召见了奕䜣，奕䜣此时也蒙在鼓里，对于别人暗中做的文章，他一点儿也不知道。以"鬼子六"而著称的奕䜣，这次没"鬼"过西太后。

"母后皇太后吉祥！圣母皇太后吉祥！"

奕䜣依然是向两宫太后行君臣之礼。可是，今天听不到东太后那亲切的声音："老六，一家人，何必这么客气。"

奕䜣站在那儿，有点纳闷儿。两宫太后没发话，他怎好擅自坐下。

这时，只见西太后扬起一份奏折，冷冷地说："老六，有人参劾你了！"

本来，某个臣子受到了参劾，当他知道后应立即下跪磕头谢罪。可是，奕䜣表现出无所谓的样子，他既没跪，也没谢罪，甚至泰若镇定，一脸满不在乎的神情。

东太后有些不高兴。西太后勃然大怒，厉声道："恭亲王，哀家的话，你到底听见没有？"

奕䜣一愣，好长时间了，他没见过西太后如此冷峻，立刻回答："臣听见了。"

依然是没下跪请罪。西太后按捺住心中之火，她又扬了扬手中的奏折。奕䜣问了一句："是谁参劾我？"

西太后呼地一下站了起来，她将奏折掷在奕䜣的脚下，冷冷地说："蔡寿祺。"

一听"蔡寿祺"这三个字，奕䜣不假思索，脱口而出："蔡寿祺不是什么好人，他是个投机钻营的小人。"

两宫太后沉默不语，奕䜣以为自己的话打动了她们，他接着说："这个小人挑拨离间，臣立刻将他革职拿问。"

"放肆。"

西太后猛击案几，茶杯差一点被击翻，吓得太监、宫女们直发抖。奕䜣见状，也不知所措。

东太后阴沉着脸，低声说："老六，你要反省一下自己，为什么会有人参劾你。"

"嗻。"

一见东太后也一脸的严肃，奕䜣意识到事态的严重性。

多少年来，东太后对自己总是和颜悦色的，甚至她连一句高声语也没有。今天，她的脸上一点笑容都没有，可见她的心里也有气。

西太后更是阴沉沉的，她厉声说："老六，你先回去反省一下自己。近日你不用上朝了，等候裁决吧。"

这句话就像一支冷箭，直射奕䜣的心。

奕䜣机械地回答："嗻。"

恭亲王奕䜣退了下去，他满腹狐疑，不知道两宫太后为何突然责备于他。这些年来，虽然自己以议政王的身份，位居众臣之上，但他始终不敢造次。即使"辛酉政变"前后，他曾幻想过扮演当年的多尔衮，但后来的事实告诉他，西太后不是个能让别人凌驾于她之上的女人，她独揽朝政大权，排斥异己。所以，这些年来，尽管他与西太后之间有过一些矛盾，但始终都是奕䜣退一步，他深信自己没有冒犯两宫太后之举。

今天，到底是为什么？

奕䜣没有充分的心理准备，当他想去找周祖培、文祥、瑞常等同僚密商时，周祖培等人已被西太后召见了。当天下午，西太后没有通过军机处，她直接召见了大学士周祖培、瑞常、吏部尚书朱凤标、户部侍郎吴廷栋、刑部侍郎王发桂、内阁学士桑春荣、殷兆镛等人。

这几个人之中，周祖培、瑞常二人德高望重，平日里与奕䜣私交很好，其他几个人平时也攀附恭亲王。今日里，西太后匆匆召见他们，只是不见首席军机大臣奕䜣，他们就觉得有些不对劲儿。

瑞常低声对周祖培说："太后如此匆忙召见我等，定有重大事件，只是为什么不见议政王到此？"

周祖培年龄大一些，他的政治经验当然要丰富许多，他低声说："少多言，等一会儿不就全明白了。"

当他们到齐之时，西太后环顾了几位大臣一眼，低头不语。东太后也是一脸的冷峻。大家全都屏住呼吸，仿佛知道一件大事要发生了。只听得朱凤标一阵猛烈地咳嗽，吴廷栋也跟着咳了几声。片刻，两个人停止了咳嗽，大殿里又鸦雀无声了。突然，西太后抽泣了起来，大臣们十分惊讶，但谁也不敢发出声音来。

西太后抽泣了几声，开口道："议政王植党擅权，他目无两宫太后，皇上想重治他的罪。"

一语既出，众人大惊失色，你看看我，我看看你，谁也没料到太后要治议政王的罪。半晌，连一声咳嗽声都没有。

西太后急了，抹了一把眼泪，继续说道："众爱卿应当念在先帝的分上，辅助幼帝。大家不要怕议政王，王子犯法尚与庶民同罪。"

依然是鸦雀无声，大殿里静得可怕。

东太后清了清嗓子，也说："有人参劾议政王，哀家觉得应当查清这事儿。"

平日里，东太后很少开口谈朝政，今日里，她表明自己的态度，坚持查一查议政王是否有问题。看来，势在必行了。

大家把目光一齐聚在老臣周祖培的身上。周祖培自知不能如此僵持下去，他上前一步，说："这件事必须由两宫太后明断，臣等不敢妄下断语。"

一听这话，西太后心中十分恼火，冷冷地说："如果你们这样推脱责任的话，两宫太后还召见你们干什么？你们现在不辅助幼帝，等皇上长大以后，不怕他治你们的罪吗？"

话已说到了明处，几位大臣想了想，他们也觉得必须赶快抉择了，不然会得罪西太后的。于是，瑞常表示："两宫太后息怒，臣以为既然有人参劾议政王，就必须查一查。"

吴廷栋也随声附和道："瑞大人说得对。太后放心吧，等臣退殿后，立刻着手查办这件事情，然后再禀报两宫太后。"

西太后的脸上有了一丝笑容，她高声说："哀家相信众爱卿一定会秉公依法查办此事，着大学士倭仁会同你等共同查办这件事情吧。"

"嘛。"

大学士周祖培代表几位大臣答应了西太后的要求。几个人见两宫太后低头不语，连忙退出大殿。两宫太后起轿回宫，大殿门外几位大臣已是汗流浃背了，虽然此时是早春二月。

同治四年三月初六，这一天春风吹拂着大地，大地暖洋洋的。可是，紫禁城里却透出一股寒气来，周祖培、倭仁、朱凤标、吴廷栋等大臣把参劾议政王奕䜣的蔡寿祺召到了内阁，对他进行询问。

周祖培首先开口道："蔡寿祺，你的折子两宫太后已看过，我等受两宫太后所遣，今日对你进行询问，你必须老老实实供出真凭实据，以确凿的事实证明你的奏折无虚假之词。"

蔡寿祺有些神情慌张，他一个小小的日讲官，很少面对如此多的朝廷重臣。况且，他所呈的奏折，有些罪名他自己也弄不清楚是真是假，就连道听途说的都写了进去。

"嗻。"

蔡寿祺的"嗻"，有气无力。

倭仁似乎看出了一些什么，他令人拿出纸笔，送到蔡寿祺的面前，说："你先说一遍，然后把供词全写出来。"

蔡寿祺额头上沁出了汗，吴廷栋咄咄逼人，严肃地说："蔡寿祺，你所提供的证据必须属实，否则，将治你诬告之罪。"

"蔡某知道。"

几位大臣坐了下来，大家耐心地等待着蔡寿祺的供词，可是，一个多时辰过去了，蔡寿祺一言未发。周祖培耐着性子说："你不要有什么顾虑，有一说一，有二说二，只要是事实，但说无妨。"

半晌，蔡寿祺才开口说："我只是听说过，为何桂清一事，薛焕、刘蓉二人曾贿赂过恭亲王。至于其他方面，在下不十分清楚。"

倭仁勃然大怒，他拍击案几，大吼大叫："那为什么你在参劾议政王时，说他贪墨、骄盈、揽权、徇私呢？"

蔡寿祺低头不语，吴廷栋愤愤地说："诬告议政王，你要被治罪的。"

听到这，蔡寿祺脸色大变，大叫起来："议政王的确收受过他人的贿赂，这是事实，我并没有诬陷他。"

周祖培眉头一皱，不耐烦地说："今天就到此为止吧！"

蔡寿祺面色蜡黄，他退了出去。

周祖培、倭仁、吴廷栋等人互相对视了一下，深深地舒了一口气。三个人不敢延误，马上请求见两宫太后。

当周祖培等人跪在大殿时，两宫太后已端坐在纱屏后了，透过纱帘，人们看到西太后手里拿着一张纸，那是皇帝下谕令时用的纸张。

周祖培上前一步，说："太后，臣等已将蔡寿祺的供词带来，请两宫太后过目。"

东太后连忙问："你们查得结果如何？"

周祖培回答："蔡寿祺所奏有不实之处。"

"有何不实？"

西太后猛地打断周祖培的话，她的语调中似有责备之意，大殿里的每个人都听得出来。

周祖培刚想开口，西太后猛地说："这里是哀家拟的谕令，其中一些字句需

垂帘听政：慈禧太后

要你们润色一下，拿去吧，抓紧时间办了。对于议政王，你们不要惧怕。"

几位大臣面面相觑，谁也没料到西太后会来这一手，一时间，大家又沉默不语了。

周祖培默默接过西太后草拟的"裁决书"，什么也没说。

此时，他能说什么呢？

从内阁退出，周祖培、倭仁等几位大臣展开谕令一看，西太后的朱谕错字连篇，但中心却十分明了：罢议政王。

谕令指出：

谕在廷王、大臣等同看。朕奉两宫皇太后懿旨：本月初五日据蔡寿祺奏，恭亲王办事徇情、贪墨、骄盈、揽权，多招物议，种种情形等弊……恭亲王自议政以来，忘（妄）自尊大，诸多狂敖（傲），以（依）仗爵高权重，目无君上。看（视）朕冲龄，诸多夹（挟）制，往往谙（暗）始（使）离间，不可细问……朕归政之时，何以能用人行正（政）？嗣（似）此种种重大情形，姑免深究，方知朕宽大之恩。恭亲王着毋庸在军机处议政，革去一切差使，不准干预公事，方是朕保全之至意。特谕。

一句话，西太后以小皇上的名义，免去了奕䜣的一切职务。

众人读罢，个个面色惶然，不知所措。还是大学士周祖培老练一些，经过深思熟虑后，他说："既然两宫太后朱谕已拟，我等也没什么可说的了。不过，谕令可加上'议政之初，尚属勤慎'几个字。"

其他几个人深知西太后的厉害，她是个翻脸不认人的女人。当初，她能杀何桂清与胜保，今天，她还可以杀其他逆她的人。

人心惶惶，无人敢言。

西太后再次召见周祖培等人。

这一次，她不让大臣们开口了，她拖着长腔说："你们议得怎么样了？"

周祖培没有说话，他将加上"议政之初，尚属谨慎"八个字的朱谕呈了上来。西太后看到这八个字，眉头微微皱了一下，然后说："不要经过军机处了，立刻将谕旨下达内阁，你们几位爱卿速速办理这件事。"

"嗻。"

周祖培几乎是从牙缝里挤出的一个"嗻"。他们明白西太后不让谕旨下达军机处，是因为军机处是奕䜣亲手营建起来的"巢穴"，这足以说明西太后铁的手腕以及她对奕䜣的惧怕与憎恨。

作为外臣，他们目睹了爱新觉罗氏皇族的残酷斗争。不论是西太后罢免议政王，还是议政王"欺凌"西太后，周祖培等人只能冷眼旁观。因为，他们必须站在强盛的那一边，以保全自己。

军机处的首席军机大臣奕䜣被罢免了，日后谁来主持军机处的工作？对于这个问题，西太后早有考虑，她谕令军机处其他几个大臣，如桂良、沈兆霖、宝鋆、曹毓瑛、文祥、李棠阶等人共同筹办事务。

她深知这几个人都是奕䜣的亲信，尤其是三朝老臣桂良，他是奕䜣的岳父，他一定会坚决支持女婿奕䜣的。

可是，他们谁也不敢站出来，公然与两宫太后对着干。因为罢免了奕䜣，已经做到了"杀鸡儆猴"，料他们也受到了震慑。

果然不出西太后所料，军机处几位大臣如死水一潭，奕䜣被罢免后的几天里，竟无一人为恭亲王争辩一句。西太后心中暗自欢喜，从这件事情中，她感觉到了自己强大的威慑作用。

以前，每日大臣上朝晋见时，总是奕䜣做领班，现在奕䜣被罢免了，谁来领班呢？

文祥？醇亲王奕譞？惇亲王奕誴？

西太后将这几个人在心里衡量来，衡量去，总觉得没有一个人合适。再者，她接受了恭亲王奕䜣的教训，决定不再确定某一人为领班大臣。

当她把这个想法告诉东太后时，东太后顾虑重重，她思索了片刻，说："妹妹，这样恐怕不妥吧。大清朝二百多年，七代君王，没有哪一朝不设领班大臣。如果到了我们手里，废了领班制，恐怕要遭群臣的非议。"

西太后不满地瞅了东太后一眼，说："姐姐，你没听明白，我不是说不设领班大臣，而是说不再确定某一个人为领班大臣，由惇亲王、醇亲王、钟郡王、孚郡王等人轮流领班。"

东太后不明白了，追问一句："这是为什么？"

西太后流露不满的神情，没说什么。

东太后见她沉默不语，只好点头答应。

两宫太后将上述举措一明谕，立刻招致许多人的反对。

第一个站出来讲话的是惇亲王奕誴。

这个奕誴是道光皇帝的第五个儿子，即咸丰皇帝的五弟，小皇上载淳的五皇叔。奕誴从小天性粗莽，长相丑陋，道光皇帝不喜欢这个儿子，便把他送到了惇王府做继子。所以，奕誴一直抑郁不得志。咸丰皇帝在世时，对他的五皇弟还算照顾，亲封他为亲王。

小皇上载淳登基后，奕䜣很尊重他的五皇兄，对奕誴十分照顾。不过，奕誴一直不热衷于朝廷上的权力斗争。平日里，他像个闲云野鹤，别人在那里争权夺利，他总是冷眼旁观。

这一次，他不再冷眼旁观。因为他意识到西太后与六弟奕䜣的斗争，实质上是皇权之争，是爱新觉罗氏与叶赫那拉氏的斗争。作为爱新觉罗氏皇族的重要一员，他奕誴必须站出来，质问两宫太后。

"两位皇嫂吉祥！皇上吉祥！"

奕誴在内廷见到了两宫太后，他不称她们为"太后"，而口呼"皇嫂"，是让两宫太后明白，爱新觉罗氏才是正宗，她们只不过是嫁进宫里的女人而已。

东太后没有多想，她一听奕誴如此亲切地称呼她们，心中不禁十分欢喜，连忙说："老五，快免礼平身。多日不见，你又发福了。福晋好吗？阿哥、格格们好吗？"

"皇嫂，他们都好。福晋常念叨两位皇嫂，等夏日来临时，让他们进宫向皇嫂、皇上请安。"

西太后也微笑着说："老五，你们弟兄几个人中，也就是你惇王府人丁兴旺，你生了六个儿子，是个有福之人啊。"

奕誴为奕䜣之事，心中有气，他没好气地冲着西太后说："要说人丁兴旺，老六不如我，至今他才生两个儿子；要说官运，他更不如我，虽然我老五只是个无权无势的亲王，但也不用担心哪一天会被罢免。"

一听这话，西太后恼了，她敛收笑容，也冲着奕誴大声说："你这是什么意思？"

奕誴不卑不亢，把早已想好的话，一下子全吐了出来："我是什么意思，难道皇嫂心里不明白？自从两宫太后垂帘听政，老六做了议政王，他尽心尽力辅助幼主，哪一点做得不好？如今一个什么蔡寿祺诬陷他，两宫太后派人也查了，查来查去，也没查出贪墨、骄盈、揽权、徇私的真凭实据。不明不白，两宫太后罢免了老六。这能让人心服口服吗？"

西太后勃然大怒，大吼："放肆！"

奕誴从小就天不怕、地不怕。当年，父皇道光皇帝在世时，他都敢顶撞；皇兄咸丰皇帝，他也没少顶撞。如今面对两宫太后，他更没什么可顾及的，他又不求什么高官厚禄，发几句牢骚，为爱新觉罗氏争回点面子，料她西太后也不敢治他的罪。

"我说的句句是实话，还请皇嫂三思！"说罢，他扬长而去。

西太后望着奕誴那高大的背影，气得直流眼泪。

"姐姐，你瞧，先帝在世时，谁敢这样大声吼叫，谁敢欺侮我们。"

东太后叹了一口气，平静地说："老五的话也有一些道理，我们如此对待老六，是不是有些太过分了。老六辅政有功，众人皆知。如今罢免了他的一切职务，只怕会遭到众人的非议。妹妹，你好好想想看，我们做得的确有些不妥。"

西太后刚才被奕誴责问了一通，现在又遭东太后的批评，她心里更恼火。但她深知东太后总是不懂得什么叫政治，现在，没必要和东太后理论。

西太后认为明谕早已发布天下，罢免奕䜣之事，天下人皆知。军机处没什么大的反应，内阁没什么大的反应，总理衙门也没什么大的反应，一个奕誴发几句牢骚也掀不起什么大浪。可是，她低估了爱新觉罗氏的力量。在皇室中，还有一个人，他举足轻重，他便是醇亲王奕譞。奕䜣的七弟奕譞既是皇室的重要成员，也是叶赫那拉氏的至亲，他是西太后的妹婿。

奕譞是个聪明人，平日里，对于皇嫂加大姨子的西太后，他总是又敬又畏。同治初年，他默默地为西太后卖命，深得西太后的喜爱。

当六哥奕䜣被罢免时，奕譞为之震惊。他深知西太后的厉害，他不想像五哥奕誴那样顶撞西太后。他知道若是直言指责西太后，西太后一定也会勃然大怒，不但达不到目的，反而更害了奕䜣。作为爱新觉罗家族的一员，奕譞当然不希望奕䜣遭此贬低，奕誴、奕䜣、奕譞同为一家，皇权是他们家的，对于叶赫那拉氏的霸权，他们早已恨之入骨。只是兄弟几个人表现的方式不同罢了。

奕䜣是揽权、争权；奕誴是弃权；奕譞是暗中保全自己，以图牵制西太后的霸权。奕譞深思过，六哥被罢免一事表明叶赫那拉氏势力的强盛，若是这次奕䜣被一棍子"打死"，爱新觉罗氏很难再翻身。于是，奕譞采取了委婉的方式，在为奕䜣说句公道话的同时，又让西太后能接受。

"太后，臣深知太后垂帘听政，知人善任，措置得当，天下臣民无不诚服。"

西太后露出了笑容，温和地说："老七，也就是你能体会我的苦衷。先帝早逝，幼主冲龄，我们不为他撑江山，谁为他撑江山？可是老六揽权骄纵、目中无人，本来就是一家人，大家齐心协力共辅幼主，岂不美哉？可是他被人弹劾了，如果我不做出决策，怎么面对天下臣民？"

奕譞表现出十分钦佩的样子，说："太后所言极是，臣也认为太后应该有所举措。六阿哥的确小节失检，他必须改过自新。只是……"

奕譞不敢说下去了，"只是"什么，西太后心里当然明白。于是，她和颜悦色地说："说呀，不要顾虑太多，这就你我两个人，有什么不敢说的。"

奕譞也深知西太后对他总是网开一面，于是，他大胆地说："六阿哥议政之初，尚属勤慎，这是众所周知的。至于后来的贪墨与揽权、骄盈与徇私，也的确是他的过错。可是，太后，你想到没有，大清朝臣几百人，哪一个不贪墨、揽权、骄盈、徇私？有的比恭亲王猖狂多了。太后没有罢免他们，如今这样对待六阿哥，只怕人心不服，更只怕日后个个疏远太后。"

一席话说得西太后不能不深思。奕譞的话很有道理，是不是自己真的太过分了？西太后冷静了下来，开始重新思考这件事了。

就在这时，通政使王拯上奏朝廷，为奕䜣请命，规劝两宫太后重新起用恭亲王。接着，御史孙翼谋又上一折，他说："如今尚未彻底平叛，外国人尚未停止对中国的占领，如果此时朝廷上掀起大浪，势必导致人心涣散，新的内忧外患谁来对付？"

西太后平心静气地看完了奏折，她便令文祥、周祖培、吴廷栋、倭仁等人重新议此事。看来，情况有了新的转机。

在倭仁的努力争取下，王公、宗室、大臣等七十多人联名上奏两宫太后，军机处大臣列名于倭仁的奏折，一致呼吁两宫太后加恩于恭亲王，希望给恭亲王复职。

此外，都察院、宗人府也上了奏折；内阁大学士殷北镛、潘祖荫等也纷纷上奏；御史王维珍、谭钟麟等人上奏朝廷，表示两宫太后应重新起用恭亲王，给奕䜣以立功赎罪的机会。

一时间，朝廷上下呼声一片。看来，恭亲王奕䜣是个举足轻重的人物。

事情发展到这个地步，西太后该摆出虚心纳谏的姿态了。

其实，西太后打击奕䜣的目的早已达到，此时，她没有必要再固执下去。如果现在她能虚心接受群臣的意见，则能大大提高她在群臣心目中的威信，何乐而不为呢？

于是，同治四年三月十六日，两宫太后以同治皇帝的名义明发上谕：

日前将恭亲王过失，严旨宣示，原冀其经此次惩儆之后，自必痛自敛抑，不致再蹈愆尤。此正小惩大诫，曲为保全之意。如果稍有猜嫌，则惇亲王等折均可留中，又何必交廷臣会议？兹览王公、大学士等所奏，佥认恭亲王咎虽自取，尚可录用。……恭亲王着加恩仍在内廷行走，并仍管总理各国事务衙门事务。此后惟当益矢慎勤，力图报称，用副训诲成全至意。特谕。

这就是说，恭亲王奕䜣恢复了内廷行走及管理总理衙门事务之职，但他的议政王和首席军机大臣的头衔被剥夺了。"铁帽子"王爷奕䜣在与西太后的较量中，得到了惨痛的教训。

恭王府内，奕䜣伏案沉思，温顺的六福晋心疼地望着丈夫，欲言又止。恭亲王的女儿固伦公主乖巧地凝视着父亲，她才十三四岁，可是宫廷血腥的政治斗争使她显得有些早熟。三年前，两宫太后封她为公主，一切待遇均按公主规格享受。她时常出入宫廷，两宫太后也十分喜爱她，尤其是东太后，视她为掌上明珠。如今，自己的阿玛受到了两宫太后的严惩，固伦公主心里很难受，她想为阿玛做些什么

固伦公主怯怯地说："阿玛、额娘，宫里的两位皇额娘很喜欢我，我想进宫，为阿玛疏通、疏通。"

恭亲王疑惑地望着女儿，说："你一个小孩子家懂得什么。以前，宫里的两位皇额娘宠你，是因为阿玛为她们卖命。如今，阿玛倒了霉，恐怕你也会失宠。"

固伦公主直摇头，执拗地说："两位皇额娘不是那么绝情的人。阿玛，就让女儿进宫试一试，也许她们看在女儿的面子上，加恩于阿玛。"

六福晋觉得已到了山穷水尽的地步，她便站在女儿的一旁，帮女儿几句："王爷，女儿说得也有些道理。如今两宫太后已明谕天下，恢复你内廷行走职务，这说明她们对你已有所开恩。就让女儿进宫小住几天吧，让她传个话儿给圣母皇太后，让你们叔嫂见个面，都是一家人，有什么误会，当面讲清，不全好了？"

恭亲王紧锁眉头，低头不语。半晌，他才默默地点了点头，并嘱咐女儿："格格，你进了宫，千万不要先提起阿玛，要让她们先提起。还有，你一定要见机行事，别惹恼了太后。"

"阿玛请放心，我已不是小孩子了。"

十三四岁的固伦公主像个大人似的，恭亲王从她的身上看到了曙光。

就这样，固伦公主进了宫。她首先向东太后请了安，东太后连忙拉住公主的小手，笑眯眯地说："又长高了。好孩子，额娘现在就带你去给那边的皇额娘请安。"

"谢额娘。"

固伦公主从心底感谢东太后。东太后当然也明白固伦公主进宫的意图，前一阵子，对于奕䜣的惩罚，东太后一直觉得有些过分。今天，她也希望奕䜣的女儿能打动西太后的心，为奕䜣做点什么。

当亭亭玉立的固伦公主来到储秀宫时，西太后着实吃了一惊，她欣喜地发现这小姑娘越长越水灵。从公主的身上，她仿佛见到了自己当年的影子。

"皇额娘吉祥！"

"哎呀，是大格格，你越发漂亮了。"

固伦公主羞涩地一笑，温顺地坐在西太后的身边。西太后的心怦然一动，好久没有人这般依偎在她的身边了。自己的亲生儿子载淳越来越疏远她，丽太妃的女儿更是从不亲近她。

她是女人，当然也渴望亲情。可是，自从垂帘听政，她整日忙于朝政，几乎每日都是在烦恼与忙碌中度过的，亲人间的温情，早已淡忘了。今天，固伦公主这么一亲近她，她很有些感动。

西太后抚摸着公主的秀发，温和地说："格格今年十四岁了吧？"

固伦公主点了点头。

西太后猛地想起什么似的，问："你阿玛、额娘提起过你的婚事吗？"

公主的脸猛地涨红了，她羞得直往西太后怀里钻。

东太后连忙解围："妹妹，女儿才十四岁呀。"

西太后笑着说："姐姐，别忘了你就是十四岁进宫的。"

东太后若有所思，自言自语道："哦，十几年，日子过得真快呀。"

西太后拉着公主的手，说："等额娘有空时，给你选一个好夫婿。"

固伦公主连忙说："这事儿皇额娘要不要先给我阿玛说一下？"

西太后一听这话，脸上顿时敛起了笑容，固伦公主吓得大气不敢出。

西太后觉得小姑娘好像有点儿在发抖，她不禁怜惜了起来："格格，你还这么小，就懂得为你阿玛分忧了，真难为你。你阿玛这次应该接受教训了，让他吃一堑，才能长一智。"

固伦公主小心翼翼地说："阿玛自己也这么说，他说皇额娘格外开恩于他，不然，他会更糟的。"

西太后看着聪明的小姑娘，轻声说："他知道自己的过错，说明他已省悟了。"

小姑娘见西太后并不是十分恼怒父亲，便大胆地说："皇额娘，我阿玛想进宫谢罪，额娘答应他吗？"

西太后想了一下，说："过些日子再说吧。"

西太后之所以拒绝恭亲王马上进宫拜见两宫太后，是有其深刻用意的。她认为该罚的也罚了，该加恩的也加恩了，如果此时允许他进宫谢罪，他会认为西太后太容易软化，以后有可能重蹈覆辙。到那时，再次抑制恭亲王可就难了。

直到大公主进宫后的第二十三天，奕䜣才被允许进宫谢罪。这时的恭亲王已深深领教了西太后的厉害，他诚惶诚恐，不知所措，深感愧疚，伏地痛哭。

面前的这个铁女人手中握着一张"王牌"——小皇上载淳。她可以以小皇上的名义明谕天下，而且这几年来，一连串的事件发生足以说明她的手腕强硬。哪怕是他恭亲王奕䜣也不敢碰她一下，只要谁惹恼了她，谁就要遭殃，甚至是招致杀身之祸。

这一回合的斗争，以奕䜣失败而告终。

经过罢免议政王事件，叶赫那拉氏更增强了自信心，她深信自己已经坐稳了江山。眼下，朝廷上下无人敢与她抗衡。

西太后笑了，满足地闭上了眼睛，心里想：这些年忙于朝政，我叶赫那拉氏太累了，既然朝政已稳定，以后，我也要享受享受了！

罢免了议政王，朝廷上下无不震慑，众臣深知西太后的厉害，以后谁也不敢轻举妄动了。此时的西太后放松了原先紧绷的弦，她要尽情地享受荣华富贵了。三十出头的年轻寡妇，除了权欲灼烧着她的心，还有其他各种欲望同样灼烧着她的心。

西太后刚过而立之年，却开始有发福的趋势，人比以前丰满多了。脸色也煞是好看，白里透红。有时，退朝回来，她常常对着梳妆镜顾影自怜，好一个娇美的憨态，如今却无人欣赏。

垂帘听政

慈禧太后

下册

中国历代风云人物

苏 跃◎著

中国铁道出版社有限公司
CHINA RAILWAY PUBLISHING HOUSE CO., LTD.

图书在版编目（CIP）数据

垂帘听政：慈禧太后：全2册 / 苏跃著. — 北京：中国
铁道出版社，2017.3（2021.9重印）
（中国历代风云人物）
ISBN 978-7-113-22840-8

Ⅰ.①垂… Ⅱ.①苏… Ⅲ.①西太后(1835-1908) – 传记
Ⅳ.①K827＝52

中国版本图书馆CIP数据核字(2017)第025816号

书　　名：垂帘听政：慈禧太后
作　　者：苏　跃

责任编辑：付巧丽　　　　　　　电　　话：（010）51873038
封面设计：MXK DESIGN STUDIO
　　　　　　　　　　　　　　　电子邮箱：tiedaolt@163.com
责任印制：赵星辰

出版发行：中国铁道出版社有限公司（北京市西城区右安门西街 8 号，100054）
印　　刷：三河市燕春印务有限公司
版　　次：2017年3月第1版　　2021年9月第2次印刷
开　　本：787mm×1092mm　1/16　印张：33　字数：629千字
书　　号：ISBN 978-7-113-22840-8
定　　价：83.00元（全二册）

【第七回】

宠内监德海僭越，惊太后东宫斥责

这一日，安德海站在西太后的身后，目不转睛地凝视着西太后。西太后身着一件旗袍，十分合体。旗袍为淡黄色，上面撒满粉红色的牡丹花，衬托着她那张光彩流溢、娇美无比的脸蛋儿。在小安子看来，眼前的美俏娘简直就是仙女下凡、杨妃再生。

西太后猛一回头，她发现小安子目不转睛地看着她。风韵百媚的西太后被小安子看着，竟羞涩地低下了头。

小安子见四处无人，他凑近一步贴在西太后的耳边，说："主子真美，就像是仙女下凡，美极了。主子一肌一容，尽态极妍；一举一动，飘若仙子。人人都说西施美、杨妃媚，奴才以为这是没见过主子的缘故。若是见到了主子您，西施、杨妃就不觉得美了。"

小安子把西太后捧到了天上。西太后沉醉其中。小安子渐渐靠近了西太后，用他那双宽厚的男性的大手温暖着西太后。

"主子，您让小安子醉了。"

西太后幸福地闭上了眼睛，喃喃地问："小安子，你嗅什么？"

"小安子入了醉境，小安子在天宇里，闻到了仙女身上散发出的香气。"

"好一个小安子，就你嘴巴会说。"

西太后失去了自我控制能力，竟鬼使神差般地紧贴着安德海。

突然，一个小宫女走了进来，发出惊叫声，直往后退。可是已经来不及了。西太后猛地站了起来，她怒目圆睁，吓得小宫女连忙磕头求饶："太后饶命！太后饶命！"

西太后向小安子使了个眼色，小安子当然明白西太后的意思。他一下子蹿到了小宫女的面前，眼里闪出凶狠的光：

"说，你看到什么了？你这么惧怕，身子还直发抖，你到底看到什么了？"

那宫女跪在地上，身子抖个不停，哭着说："奴婢什么也没看见，什么也没看见。"

小安子手一挥，那可怜的小宫女退了下去。

小安子凑近西太后嘀咕了几句，西太后点了点头，小声说："要快一点，干得利索些。"

"嗻。"安德海像鬼影一样消失了。

当天夜里，那个小宫女落水身亡。第二天早上，人们在御花园的水池中看见了一个宫女的浮尸，有人说这位宫女原来有夜游症，也许昨晚她犯病了，落水而死。

大清皇宫规矩极多，凡是皇太后、皇后、嫔妃等女眷的寝宫，夜间由侍寝宫女轮流值班，一般不准太监入寝宫侍寝。过去，西太后也曾遵守过这个规定。但是，这几年来，她破坏了这一祖制，她说宫女睡觉太沉，夜间有什么事情也唤不醒她们，所以她特准一位太监入寝宫侍寝，这个人便是安德海。

每隔一晚，小安子就要值一个夜班。春夏两季，他靠在竹帘外面听候召唤。秋冬天冷，他便坐在棉帘子里面守夜。他与另外一个心细胆大的宫女轮流值班，一个上半夜，一个下半夜。有时，西太后也允许他们在门外打个盹儿，甚至还能美美地睡上一大觉。就这样，春夏秋冬，暑去寒来，一晃几年过去了。

西太后毕竟才三十多岁，年轻的妇人焉能不做春梦？每当她难挨长夜时，便辗转反侧，发出轻轻的叹息声。安德海在帘子外听得清清楚楚，他的心里十分难受，但又不好劝解。主子年轻守寡，日子不好过，可自己是太监、阉人，干着急也帮不上忙。平日里，西太后那火辣辣的眼神里，小安子能读懂她的渴望。小安子总是尽量回避主子的目光，不是自己不想让西太后满足，而是自己实在没有那种能力。今天夜里，又轮到了小安子守夜。

这几日，天气特别冷，小安子缩在棉帘子旁边打瞌睡。突然，他听到西太后猛一阵咳嗽，他连忙端上痰盂走到西太后的床边。

"主子，哪儿不舒服？"

小安子的声音很轻柔，西太后仿佛感到一股暖流渗透全身。她又一阵咳嗽，吐了几口痰。小安子轻轻地在她背后捶了几下。

西太后漱了漱口，喘着粗气，说："小安子，别走远，我还想咳。"

安德海侧立在西太后的床边，垂着头等候吩咐，他忽然看见西太后的眼里噙着泪水。

安德海走上前去，轻轻地为她揩去泪水。

谁知西太后突然哭了起来，她将脸贴在小安子的手上，哭得好伤心。

"主子，不要哭坏了身子。"

西太后泪眼蒙眬，她握紧小安子那双大手，似乎感觉到了男性的雄浑。

过了一会儿，西太后幽幽地问："站在下面冷吗？"

"嗯。"

小安子不知说什么好。

西太后身子向上挪了挪，半倚在软榻上，显得十分柔媚。

"小安子，给我捶捶背、捏捏腿。"

"嗻。"

小安子的声音很低、很低，几乎听不到，但西太后能感觉到。

安德海慢慢地为西太后按摩，当他那极有力的大手落在西太后的腰间时，西太后颤抖了一下。她柔声细气地说："上床来吧，站在下边不冷吗？"

小安子没多想，连忙爬到了床上。西太后的软榻好舒服，小安子从未坐过这样柔软的床。他不敢坐进主子的锦被里，只是双手伸进锦被为主子继续捏腿。

西太后娇嗔地推了他一下，小安子身子向下一缩，滚进了西太后的被窝里。他闭着眼睛紧紧地搂住冰肌玉体，不敢出大气。

西太后在他的脑门上轻轻一点："猴精小安子，你不是个真正的阉人。"

小安子连忙指天发誓："主子，小安子真的是阉人。只不过当初十岁的时候是自阉的，后来京城的小刀刘师傅又来了一刀，真的割净了。"

西太后惊讶地问："阉了以后，还想那事吗？"

"想。当然会想的，只不过不能罢了。"

小安子将头伏在西太后的胸中，喃喃低语。西太后贴在小安子耳边又说了些什么，小安子开始胆儿大了……

就这样，西太后与小安子的这种特殊关系维持了一个冬天。毕竟西太后是年轻的妇人，她的欲望越来越大，小安子远远不能满足她的渴望。有时，气得西太后暗自流泪，却也无可奈何。

小安子深知自己的无能，他壮了壮胆子，献上一计："主子，小安子实在不行。不过，眼前有一个人可以解主子的燃眉之急。"

西太后已是饥不择食，催促着小安子快快献上良策："快说，你怎么总爱吞吞吐吐的。"

安德海见西太后那欲火中烧的样子，又心疼又好笑，他终于憋出了一句话来："荣侍卫，他怎么样？"

一听到小安子这句话，西太后全身猛然一颤，暗想：你这个狗奴才，竟看透了我的心。

其实，当年的叶赫那拉·兰儿与荣禄的一段恋情，小安子并不知晓。不过，凭他那个聪明劲儿，他能猜得出来，西太后与荣禄一定曾经有过什么关系。因为皇宫上上下下，除了安德海，就只有荣禄一人对西太后言听计从、百依百顺。每当荣禄见到西太后时，小安子总感到荣禄凝视西太后时的眼神很特别。荣侍卫的眼里总喷出一股热情来，那是情人才会有的热望。

西太后心中十分伤感，当年与荣大哥的一段初恋，是她亲手扼杀的。如今她贵为皇太后，荣禄再爱她，他也不敢表露呀。西太后永远忘不了当年江南的一段美好时光，荣大哥宽宽的臂膀，坚实、有力的大手多么温柔，还有那耳边的呢喃，都让那拉氏回味无穷。

如今荣禄已届中年，妻妾成群了。可是，他们两个人，一个在天上，一个在地下，君臣相见，匆匆而别，甚至连碰一下手的可能性都没有。今天，小安子这么一提，西太后也顾不得什么羞耻了，她连忙点了点头，小安子喜上眉梢。

第二天上午，安德海便找到了荣禄。荣禄此时已是皇宫里的头等侍卫，他的身边除了一位貌若天仙的妻子外，还有三位美妾，最小的那一个才十七岁。但他总觉得生活中少了点什么。当年与兰儿相识时，两人感情甚浓。娶妻后，他从妻妾的身上找不到那种令人心醉的感觉。他深知那是一段终生难忘的初恋情怀，是一个人一生中只能享有一次的。

可是，往事如烟，如今那段情早已飘零，他到天涯海角也找不回来了。

虽然在皇宫里经常见到西太后，可是每当面对初恋的情人时，那端坐在黄纱缦后的圣母皇太后分明不是心中的兰儿。荣禄必须向圣母皇太后行屈膝大礼，目睹芳容，心底涌出的却是酸楚。

"荣大人吉祥！"

"安公公吉祥！是什么风把安公公给吹来了？"

两个人寒暄了几句，荣禄连忙令仆人上茶，西太后身边的宠监，他荣禄不敢怠慢。安德海今日亲临荣府，一定有事情。至于小安子想说什么，荣禄一点儿也猜不出来。

"荣大人，今日下午到内廷等候安某，到时候，我在内廷门前迎接大人。"

原来，安德海是来约自己进宫的，不过，荣禄可没敢多想什么。一来他觉得自己与西太后之间的关系是很纯洁的，他不忍心玷污纯洁的感情；二来他也不知道西太后目前正渴望异性的安慰。他只是猜想西太后一定有什么事情，也许是除掉哪一个不顺心的人吧。所以，除此之外荣禄并没有其他方面的心理准备。

到了午后，荣禄及时赶到，安德海早已站在内廷大门口等他了。荣禄坐的是四人小轿，小安子走在前面，一路引着轿夫走进了内廷。到了离储秀宫不远的地方，安德海手一挥，让轿夫们在此耐心地等候。轿夫哪里敢多嘴多舌，他们低下头，不敢正视荣禄。小安子领着荣禄到了储秀宫。

荣禄这是第一次进西太后的寝宫，他的心里多多少少有一点忐忑不安。只觉得眼花缭乱，香气四溢，熏得他软酥酥的。到了地方，荣禄规规矩矩地站在台阶下，听候命令。

不消一刻钟，他看见宫女一个个全走了出来，最后，有一个年龄稍大一些的宫女把持宫门，其中有一模样俊美，从骨子里往外透着灵气的小宫女还回过头来，轻轻地说了一句："杏儿姐姐，多累你了。"

那个年龄大一点的宫女叫杏儿，是西太后最贴心的侍女。平日里，小安子与她关系最好，西太后的一些隐私瞒不过她与安德海。不过，杏儿的嘴巴就像贴上了封条一样，谁也甭想从她口中得到一丝儿关于西太后的消息。

小安子从寝宫里走了出来，他双手一揖，请荣禄入内。荣禄只顾入内，竟不知何时小安子已退下。

荣禄"扑通"一声跪在地上，口呼："臣荣禄恭请圣母皇太后金安！"

西太后微微一笑，与大殿纱帘后的"女皇"判若两人。她柔声细气地说了句："又没有外人，何必这么拘礼呢？"

荣禄依然是很紧张，他不由自主地向四处一张望，发现只有他与西太后两个人。今天，西太后穿的是便装，比穿朝服俊俏多了。一件粉红色的湘绣小袄，袄上还盘着蝴蝶花扣，下身穿着一条米黄色的长裙，把她那杨柳细腰衬托得十分动人。她并没有梳旗头，而是披散着头发，乌黑的长发像瀑布一般飘逸。

荣禄看罢暗自吃惊，眼前之人分明不是端坐在大殿纱帘后的皇太后，而是千娇百媚、让人陶醉的小美妇。荣禄更不敢正视西太后了，他怕自己按捺不住内心的激动，更怕一时冲动酿成大祸。

可是，越是想回避，越回避不了，西太后那流溢着热情的双眸已深深吸住了他的目光，他不能自拔，干脆，壮着胆子，上上下下、仔仔细细看个够。

一瞬间，四目凝视，仿佛周围的空气都凝固了。

西太后展现了最温柔的那一面，只见她款款地走向荣禄。荣禄清晰地嗅到了西太后身上那诱人的香气，他产生了一种如坠云雾的幻觉，仿佛他正在向天上飞，飞入仙境。

西太后忽然立住了脚步，她欲前又止，似一朵带露的玫瑰，娇媚可爱。

"荣，荣侍卫快平身！"

"嗻。谢圣母皇太后圣恩！"

荣禄又低下了头，他局促不安地站在西太后的面前，不知此时该做什么、该说什么。但是，凭主观感觉，今天西太后在储秀宫寝宫里召见他，一定不是什么军机大事，也不是让他去杀哪一个人。

是谁呢……

荣禄不敢奢望。但是，此时此景，他当然也十分渴望得到如仙子一般的

265

她……她不但很美、很诱人，更重要的是，她是尊贵的皇太后！

对那拉氏的渴望，十几年前在江南时，他就有过。曾经有一度，他失去了兰儿，一点儿消息也没有，为此，他痛苦万分。但在荣禄的内心深处仍有着某种祈求，冥冥之中，他感到兰儿是属于他的，所以，他对兰儿的热情一直未减。

眼前的西太后又点燃了他内心深处的欲火。虽然她曾经属于另外一个男人——大清的皇帝，但如今她不属于任何人。平日里，他远远地仰望高高在上的皇太后，可眼前，尊贵的皇太后不再是天上月、水中花，她可望也可即，她就在面前。脉脉含情的少妇正欲向他投怀送抱，荣禄一下子激动了起来。他刚想张开双臂将少妇搂在怀中，可是，他又犹豫了。

如果眼前的这个女人不是大清朝的皇太后，哪怕是尊贵的福晋，荣禄都不会感到从内心发出的恐惧。可是，她不是一般的美妇，她每日端坐在皇帝的身后，隔着薄薄的纱帘，向群臣发号施令。大臣的命运全握在她的手里，何桂清死了、胜保死了、恭亲王被罢免……

万一荣禄冲撞了眼前的这个女人，恐怕小命也难保。荣禄左思右想，进退维谷，堂堂的七尺男儿竟落了两行热泪。

西太后十分清楚荣禄为何而泣，她更能体谅荣禄的难处。她轻轻地走进一步，用香罗帕为荣禄揩去泪水。不知是感慨，还是感动，西太后竟也控制不了自己，几滴泪水滴到了荣禄的脸上。忽然间，荣禄鼓足了勇气，他大胆地凝视着西太后的玉容，早年的情人目光相对，立刻迸发出心灵的火花。

不用说，不用问，一切尽在不言中！

荣禄再也不顾忌什么，他一把搂住心爱的兰儿，任凭泪水流淌："兰儿、兰儿。"

西太后仿佛也穿过了时空隧道，回到了十几年前。她羞涩地接受了荣大哥的亲吻。

"荣大哥，这些年，你想念我吗？"

"想，当然想。每一天，每一时，时时刻刻想念你。"

情人的痴语一半是真心话，一半是夸张。可是，西太后听了以后很高兴。好久没人这样对她诉衷情了，今天，她要让自己享受个够。

约莫半个时辰以后，西太后温柔地躺在了荣禄的怀里。她从床头的一个小金匣子里掏出一个红软缎荷包，她歪着头，故意考一考荣禄似的说："你猜这荷包里装的是何物？"

荣禄不解，摇了摇头。

西太后用她那纤纤玉指点了一下情人的额头，半娇半嗔地说："忘性倒挺好，你可记得那天晚上的事了？"

经西太后一点拨，荣禄的脑海里闪现出一幅终生难忘的图画：安徽、池州、小树林、他与兰儿……

"兰儿妹妹，你看这是什么？"

兰儿看见那物品在黑夜中一闪一闪的，非常好看，便好奇地问道："这一闪一闪的是何宝物？"

荣大哥轻声说："这就是夜明珠，是我小的时候从奶奶梳妆奁里拿的。后来奶奶发现她心爱的宝贝丢了，大吵大闹，吵得我躲在门后不敢出来。奶奶死后，我时常把它拿出来看一看，你要是喜欢它，我就送给你。"

兰儿点了点头，荣大哥一把抓住兰儿的手，激动地说："等你做新娘子的时候，我要看你戴上它。"

……

往事一幕一幕浮现在眼前，荣禄辨不明自己是喜，还是忧。现在，心爱的人儿的的确确躺在自己的怀里，但她并不是自己的新娘，而是九五之尊的当今皇上的亲娘！

"主子，是时候了！"

小安子在门外轻轻地催促，吓得荣禄出了一身的冷汗。他猛地从床上跳了起来，局促不安地望着西太后，而西太后则一副镇定、安详的神态，不慌不忙地说："你什么时候再来？"

荣禄当然渴望日夜陪伴心爱的女人，可事实上不允许他这么做。他只是个臣子，若是让别人知道他与皇太后有私情，这颗脑袋可就要搬家了。

一时间，荣禄不知道该说什么。西太后见他这般，心里很不高兴。眼前之人分明是缩头缩脚的臣子，这哪儿是当年的那个荣大哥。这些年来，西太后独守空房，夜深人静之际，寂寞孤单、难以入眠。有时，她竟恨起咸丰皇帝来，恨他死得太早，留下年轻的妇人无人来安慰；有时，她也很后悔，悔不该当年入皇宫做秀女，紫禁城里的皇妃享受不到丈夫的专情，哪个皇帝不风流，他们是博爱，怀里搂的他全爱。若是当年嫁了荣禄，她一定能被丈夫捧到天上，与心爱的人儿白头偕老，做一对恩爱夫妻。

可是，一切都太晚了。虽然西太后与荣禄风流过，但她永远不可能属于荣禄，荣禄也永远不可能日夜陪伴西太后。

一想到这里，西太后黯然神伤，加上荣禄一言不发，她很有些恼火，冷冷地说："跪安吧。"

听到这冰冷的三个字，荣禄猛醒：他与西太后之间已经隔了一道厚厚的屏障。这可怕的屏障切断了他与当年兰儿的挚爱。他的心在颤抖，一声不响地穿上衣服，走了出去。

267

荣禄刚出宫门，西太后便蒙着头，大哭了起来，哭得十分伤心。好大一会儿，她又转为低声抽泣，守在门外的小安子听得清清楚楚，但他不敢进来劝主子。他深知西太后那喜怒无常的脾气，他生怕主子心情不好迁怒于他。因为，安德海心里比谁都明白：小安子只不过是西太后身边的一条狗，主子可以宠他，更可以任意驱打他。

　　"进来，小安子。狗奴才，在门外探头探脑的，找死啊！"

　　西太后一开口，就把安德海吓了一大跳。他蹑手蹑脚地走了进来，低着头，等待着主子发号施令。可是，西太后什么也不说，他站在那儿十分尴尬。突然，他眼前一亮，发现床头的茶几上放着一块闪闪发光的金饰物，金饰物呈圆形，好像上面还有花纹图案。

　　"主子，你瞧那是什么？"

　　小安子手指金饰物，西太后顺着小安子手指的方向望去，这分明不是宫中的物品，一定是刚才荣禄临走时留下的。她让小安子把物品拿过来。

　　安德海小心翼翼地拿起它，讨好主子："主子，它多好看呀，肯定是荣大人送给您的吧？"

　　西太后往上耸了耸身子，她竟忘了自己躺在锦被里的是赤裸裸的胴体。当她露出白皙的肩膀时，小安子的目光被拉直了。他那贼溜溜的眼睛，此时竟一眨也不眨。忽然间，西太后意识到了什么：自己的胴体一定很诱人。干脆，她不做任何掩饰，说："还愣着干什么？快帮我穿上衣服。"

　　"嘛。"

　　小安子的声音很欢快，他岂能错过这种美差？他一件一件地帮主子穿上了衣服，又殷勤地帮主子梳头。

　　西太后真惊讶小安子还有这一手绝活，他梳理头发，不轻不重，连一根头发丝也没被拉掉。

　　西太后满意地笑了："小安子，你以后常帮我梳梳头，好舒服。比她们的手艺好多了。"

　　"主子过奖了，奴才受宠若惊。"

　　"该死的狗奴才，莫和我耍贫嘴。"

　　两个人说说笑笑，西太后又变得开心起来了。

　　三天后，小安子再次把荣禄带到了西太后这里。荣禄这次来比第一次放松多了，心安理得多了，他放纵着自己的情欲，他的灵与肉都得到了极大的满足。

　　当他把西太后搂在怀里的时候，他不断地告诉自己："荣禄，管她是不是皇太后，只要她是美艳的妇人就行。"

　　合欢帐里，西太后如鱼得水，风流至极。

垂帘听政：慈禧太后

荣禄告辞时，她忽然想起上次荣禄留下的金饰物，便问："那金灿灿的东西，是什么玩意儿？"

荣禄老实回答："那是金牌，是一位英国牧师把英国女皇奖给他的金牌送给了我。我觉得那是洋玩意儿，便放在了这里。"

"那你为什么不明说？还是小安子发现了它，不然，我也不会在意的。"

"我，我怕太后不喜欢。"

西太后嫣然一笑，说："瞧你，还那么拘礼。我可不愿让你在我面前像其他人那样束手束脚的。你永远是我的'荣大哥'，我永远是你的'兰妹妹'，好吗？"

一番柔声细语说得荣禄心花怒放，他猛地又搂住了西太后，两个人再次倒入软被之中。这可急坏了门外的小安子，他深知西太后这样偷情是大逆不道，万一走漏了一点儿风声，皇宫中闹出风流丑事来，不但西太后难坐江山，荣禄的头保不住，他小安子的头恐怕也要搬家的。

刚才，坤宁宫来了一位宫女，说是来请圣母皇太后去品味新鲜的杏子。小安子连忙把她挡在宫门外，说西太后正休息。

那宫女听后流露出吃惊的神情，这不晌不夜的，睡什么觉啊？可也不敢多问，只好候在门外，耐心地等待西太后醒来。

小安子一看她没有走的意思，连忙说："姑娘还是先回去吧，等我们主子一旦醒来，我立刻告诉她。"

谁知，那宫女没完成东太后交给她的任务，就是不肯走。她哪里知道西太后的寝室里还藏着一个男人。

这下子，小安子可犯愁了，万一寝宫里的动静太大，被宫女听了出来，岂不坏事？于是，安德海干咳了两声，意思是给西太后和荣禄报个信儿。

谁知西太后正在酣畅之际，她并没留意小安子的暗号，他们仍时时发出低语声。

小安子再也沉不住气了，他亮开了嗓门，高呼："主子，母后皇太后着个姑娘来请你去吃杏子呢。"

这一声喊叫可把荣禄的胆给吓破了，他并不知道内宫的诸多规矩，不由分说，连滚带爬地钻到了西太后的软榻下，严严实实地躲了起来。

西太后一见荣禄这等狼狈样子，十分气恼。她冲着安德海大叫了一声："小安子，该死的奴才，哀家正在休息，乱叫什么，掌嘴二十下！"

小安子一听西太后发火了，他不敢违背主子的意志，连忙狠狠地打了自己几个大耳光，吓得坤宁宫的宫女连连后退："安公公，我走了。你可别忘了请圣母皇太后过去吃杏子。"

姑娘一溜烟跑了,小安子深深地舒了一口气。为了保全主子,他可没少受窝囊气。小安子落了几滴眼泪,他好委屈。主子在里面风流快活,他小安子像一条狗一样站岗放哨,主子稍不顺心,还要惩罚"这条狗"。

其实,刚才主子发话后,打轻打重全凭自己掌握。为什么小安子没心软呢?把自己的脸都快打肿了。他这是打给宫女看的,为了主子,他不惜自己受苦。

西太后从床下拖出了荣禄,她非常生气,冲着荣禄厉声说:"没用的东西,看把你吓成什么样子。我这寝宫谁敢闯?别说她一个小小的宫女,就是她东太后也不敢径直入内。以后你把胆子放大一点,不然影响了我的情绪,我可不愿看到你这副熊样子。"

荣禄惊魂初定,他急于离开这可怕的皇宫。

西太后一把拉住了他的手,急切地问:"下次几时再来?"

荣禄贴在她的耳边,低声地说了一句什么,乐得西太后眉开眼笑,她半羞半怒地推开了荣禄:"好一个小馋猫。"

荣禄走了。小安子低着头走了进来,他哭丧着脸,立在西太后的面前。

"怎么了?小安子。"

西太后早已把刚才的事给忘了,她一抬头发现小安子的脸又红又肿,十分诧异。小安子把刚才的事儿细细地描述了一番。

西太后听后,哈哈大笑:"呆子,让你打,就打得这么重。傻瓜一个。"

不过,西太后还真有点感动了,她抚摸着小安子那张微肿的脸,说:"难得你有这份孝心,我不会亏待你的。"

安德海见西太后如此心疼自己,干脆,他倒在了西太后的怀里,又抽泣了起来。西太后毫不犹豫地为这奴才揩去泪水。这一主一奴、一男一女的关系越来越融洽了。从这以后,每隔三五天,小安子便悄悄地把荣禄带到西太后的身边,乐得西太后眉开眼笑。

如今的叶赫那拉氏好高兴,她不仅手握皇权、独揽朝政,而且还有一个爱她的男人时常陪伴她。她的权欲、情欲都得到了最大的满足。惬意时,哼着小曲儿,显得十分快活。

小安子见主子怡然自得,便奉承西太后,说:"主子也喜欢唱戏吗?"

"喜欢。小的时候,我最爱听戏,什么昆曲、黄梅调、落地唱书(越剧前身),我都爱听,还能唱上几句呢。"

西太后说罢,轻轻地叹了一口气。

小安子不失时机地讨主子的欢心:"既然主子如此爱听戏,不如让京城里的戏班子进宫,唱上几天。"

西太后点头称是,小安子来了劲儿了,又大胆地说:"先把宫里的戏台子搭好，得空的时候宫里的娘娘们也可以客串几场。"

"这恐怕不妥吧，后妃客串，祖制上未曾有过。"

"咦，有什么不好。祖制还没有两宫太后垂帘听政的先例，主子不也做了吗？而且这几年四海平静，百姓安居乐业，外面人都称这几年为'同治中兴'，这不是主子您的开创吗？主子想听戏，找几个戏班子进宫；主子想唱戏，找几位娘娘陪着唱，这有什么不好。"

被小安子一吹捧，西太后仿佛飘飘荡荡到了天宫里，不知东南西北了。她当即决定：

"好，依你之见，就这么办了。这几天就着手干，先搭好戏台子，你再四处打听打听，选几个名戏班，让他们统统换上新的行头。至于银子嘛，这个不用担心，让内务府支出就是了。"

"嗻。主子请放心，奴才一定把这事儿办妥了。"

小安子领了"圣旨"，他可真忙乎了好几天。先找到内务府总管，向他们交了个底儿，要求他们选派最好的工匠筑搭新戏台。戏台要求宽敞、明亮，比先前圆明园的戏台还大。而且还要精心装饰一番，让西太后坐在这儿听戏，就是一种最大的享受。

果然，不出一个月，豪华气派的戏台子便搭好了，下一步的工作是选戏班。几天后，经过精心挑选的两个昆剧班进了皇宫，为了讨西太后的欢心，安德海令戏班子在一个小院落里加紧排戏，以争取排演出最精彩的曲目。戏班子老板岂敢怠慢，他要求伶人们的每一个动作、每一个神态都要反复练习、认真揣摩，做到精益求精。

准备得差不多了，安德海便挑个风和日丽的日子，请两宫太后和其他后妃们去看戏。小安子令人特意为两宫太后准备了舒适的座椅，案几上摆满了点心、水果、瓜子，以供两宫太后享用。

在一群宫女的簇拥下，两宫太后款款落座。西太后满意地回头望了小安子一眼，关切地说："小安子，你也找个座位坐下吧。"

"谢主子。"

小安子搬了个凳子坐在西太后的身边。他将西瓜子用手一个一个地剥开，然后递到西太后的手里。西太后边吃瓜子边看戏。过了一会儿，小安子又为她剥开一根香蕉，西太后看戏入了迷，不去接香蕉。小安子见香蕉一剥开了皮，马上颜色就发暗，便把香蕉随手扔了，再剥一支等着，西太后还是顾不上来接。就这样，小安子扔了十几只香蕉，直到西太后伸手来接为止。

这天晚上，戏班子唱的是《贵妃醉酒》。只见舞台上的伶人把"杨贵妃"表演得惟妙惟肖，十分动人。伶人把贵妃那半醉半醒、摇摇晃晃之态把握得很到位，只见"杨贵妃"杏眼含娇、桃唇带露，好一个"天生丽质难自弃"，娇媚无比。

西太后两眼眨也不眨，面带微笑，轻轻地点头合拍。小安子知道今天主子的心情格外好，他一定能得到奖赏，说不定还能得到二十两白银呢。小安子心里也美滋滋的。

看完戏，回到了储秀宫，西太后仍沉浸在其中。刚才那个旦角的扮相太好了，她不但体态优美，把杨贵妃酒后的美姿与醉态表现得出神入化，而且举止得体、唱腔优美，好一副金嗓子。

西太后笑盈盈地说："真是个妙人儿。"

"主子，您看伶人是否似天仙？"

"当然。"

"奴才认为她只是天宫里的小丫鬟，她和主子您一比，您才是天仙，她不过是您脚下的一个奴婢。"

小安子不失时机地奉承西太后，逗得西太后直拍打小安子的脑袋："狗奴才，就会耍贫嘴。"

"奴才不敢，主子不信，您问一问杏儿姑娘。"

小安子向西太后的贴身宫女杏儿递了一个眼神，杏儿立刻笑着说："奴婢也觉得安公公说的是大实话。"

西太后眉开脸笑，她追问一句："真的吗？不，还是她美。应该说，伶人把杨贵妃演'活'了。当年杨妃受宠于唐明皇，李隆基是'从此君王不早朝'，她的娇媚把皇上的魂都勾去了。白居易赞她'回眸一笑百媚生，六宫粉黛无颜色'。杨贵妃才是真真正正的天下难觅的大美人，无怪乎唐明皇那么宠她。"

小安子反驳道："我说杨贵妃不是最美的，人人都说杨妃很丰腴，什么是丰腴，分明她的腰像个大水桶。也许她很迷人，但比起主子您来，不知要逊色多少。主子，您身如杨柳、面似桃花、纤纤玉手、绿云扰扰。以后呀，不仅有人赞颂主子的功德，也有人惊赞主子的美貌。"

一席话说得西太后如坠云雾，飘飘然。

西太后故作嗔怒，拍了小安子几下，开心地笑了。

小安子趁势抓住西太后的玉手，轻轻地拍击自己的脸，口中念念有词："主子狠狠地打吧，奴才这张脸早该让主子打了。"

两个人见四处无人，便又调笑了一会儿。小安子突然想起什么似的说："对了，奴才去小院瞧一瞧，看看他们又排什么新段子了。"

"嗯，还是小安子心细。去，让他们多排几出有味儿的戏。"

安德海当然明白西太后所说的"有味儿"是什么意思。

领了西太后的口谕，安德海乐颠颠地去了戏班子。

在西太后的授意下，安德海指点戏班子排了几出"有味儿"的戏，如《盘丝洞》《翠屏山》《双摇会》《海潮珠》等。这几出戏里，把那些男女之情表现得非常露骨，淫词艳曲不堪入耳，打情骂俏不能入目。有时候，安德海在梨园里一泡就是大半天，他偶尔也穿上戏装，客串几段，惹得伶人们捧腹大笑。

自从皇宫里有了气派的戏台子，每隔三五天，西太后便硬拉着东太后慈安一起去听戏。尤其是那几出淫戏，西太后看得津津有味，她随戏曲的情节时而捧腹大笑，时而按捺心口，躁动不安。西太后那思春之情全写在了脸上，她一点儿也不去掩饰。东太后在一旁看了，心中十分不快。东太后钮祜禄氏乃名门闺秀，是为端庄、娴静之人，受到过良好的伦理道德教育，过去她从未接触过这些下三烂的玩意儿。如今，西太后公然在宫中允许这些淫戏上演，而且还百看不厌，东太后心里十分反感。她每次来陪西太后看戏，心里都很不快活，所以只能呆呆地坐着，一言不发，一丝笑容也没有。

回到储秀宫，西太后大发雷霆，宫女们当然不明白西太后为什么发火，她们一个个都尽量躲得远远的，以免自己成为西太后的"出气筒"。唯独安德海不怕，他要借此机会添油加醋，把火煽得更旺一些。

"主子，都是你为人太忠厚，一向宽容大度才助长了她的气焰。主子还记得上一次坤宁宫的姑娘来请主子吃杏子的事吗？"

本来这事她早忘了，可今天被小安子这一提起，西太后倒记起来了。今天，小安子突然冒出这么一句话来，她不由得掂量起来。

"小安子，为什么提起这件小事？"

"主子，吃杏子事小，但小事并不小。主子想想看：新鲜的杏子乃江南之物，地方上进贡而来，由内务府收下，为什么那么多的杏子全送到了那边，我们宫里连一个杏核都没见到？这不是明摆着吗？"

西太后正在生气，此时，想着小安子说的话更是气上加气："内务府也太欺负我叶赫那拉氏了，把杏子全送到了坤宁宫，这分明是没把储秀宫放在眼里，岂有此理！"

小安子见"火候"差不多了，他连忙又来"熄火"："主子，小不忍则乱大谋。如今那边虽然有些过分，但她从来不过问朝政，更不干涉主子您的措施、主张。依奴才之见，还是暂且忍一忍吧。这忍让，大家都看得清清楚楚，大家一定会交口称赞主子您的美德。主子定能以仁博人心。"

西太后被小安子之言说动了心，息怒了。一时间，两宫太后相安无事，她们表面上亲亲热热。实际上，西太后时时刻刻都在注视着东太后，而东太后则蒙在鼓里，浑然不知，她对西太后连一点儿提防之心也没有。

自两年前，恭亲王奕䜣触怒了西太后，被罢免了议政王后，他在西太后面前，收敛了很多。其女儿大公主也领教了西太后的厉害，所以这两年来，固伦公主一直小心翼翼地讨西太后的欢心。她时常进宫小住几日，表现出对两宫太后的依恋之情。尤其对于西太后，她能做到察言观色，以博得西太后的好感。

当固伦公主进宫时，西太后当然不会让干女儿常住储秀宫，她怕万一公主撞见了荣禄，自己不好解释。所以，固伦公主每次进宫多住在坤宁宫。再加上小皇上载淳也爱去坤宁宫玩，大公主就更少去储秀宫了。

这一天，风和日丽、万里无云，东太后见小皇上从上书房下学归来，便带着两个孩子去储秀宫找西太后叙话儿。半路上，载淳硬闹着让大公主陪他去御花园玩一会儿，东太后无奈只好答应他。

却说储秀宫里的西太后，这几天，她心情好极了，大殿上朝政平稳，文武百官无不臣服于她。退朝回来，小安子告诉她，荣禄明天才能进宫。此时，秋风送爽、秋色宜人，何不出去走一走。于是，她带了几个宫女也去了御花园。临行时，小安子说有些头疼，想休息一下。

西太后一听小安子身体不适，她也不勉强，随口说了句："不舒服，那就不要伴驾了。"

西太后走后，安德海沉不住气了，他哪里是什么"头疼"，而是急于穿上一件衣服试一试。原来，前一阵子小安子登台串戏，逗得西太后十分开心。前天，戏班子又排了一出新戏，其中让小安子客串一个皇帝角色，戏已排演了好几次，戏文及舞台动作都练熟了，只是少了套行头。本来，戏班子打算给安德海定做一套戏装的，无奈小安子整日陪伴着西太后，无暇出宫量尺寸。

西太后爱看戏，对于小安子的客串角色，她也很关心。于是把咸丰皇帝的遗物龙袍随意送给了他，变成了戏装。午膳后，小安子刚把龙袍拿到手，还没穿上试一试，他的心里痒痒的。他想趁西太后不在的时候换上龙袍，坐在西太后的软榻上，领略一下"咸丰皇帝"的感受。于是，西太后到御花园散步去了，小安子借故留在了储秀宫。

西太后带着几位宫女离开后，小安子急急忙忙换上了龙袍。他穿戴完毕，便端坐在大铜镜前，从镜子里望见自己，他好得意。

"咦，好，真妙。这哪儿是奴才安德海，这分明是咸丰皇帝。"

小安子的心理得到了最大的满足。他再一次注视着镜子里的"皇上"，脸上露出了甜蜜的笑容。就这样，不男不女的太监，穿上龙袍，煞有介事地当了一回"皇上"。西太后的寝宫里此时安静极了。宫中规定下层宫女不得随便出入寝宫，夜里侍寝的宫女全睡觉去了，几个有头有脸的大宫女全伴驾去了。小安子一个人在西太后的软榻上躺着，好快活！仿佛他已到了天宫里。

啊！穿龙袍原来是这种感觉！

这时，东太后带着几个宫女来到了储秀宫，她的凤銮在储秀宫门前停了下来。

平日里，东太后一到，总有一位太监高声报："母后皇太后驾到！"

而且小安子会很快出来迎驾，有时候，西太后也会笑吟吟地迎出来。可是，今天这里四处静悄悄的。东太后以为西太后又在休息。但是，既然来了就不能白来，干脆先到东暖阁坐一会儿，等西太后醒来时再叙叙话儿。她让几位随身宫女先回坤宁宫，她一个人独坐在储秀宫的东暖阁里。

突然，她的眼前一晃，猛地一惊："天啦，难道我撞见鬼了？分明是先帝一闪走进了西暖阁！"

东太后钮祜禄氏深深地思念丈夫咸丰皇帝，数年来从未停止过这种思念。此时，清清楚楚地看见了咸丰皇帝一晃的身影，她竟顾不上什么害怕，一心追着那身影到了西暖阁。

那位"咸丰皇帝"一听到身后有动静，猛地一回头，没料到身后站着的是东太后。他自知理亏，一慌神，龙冠掉了下来。

小安子"扑通"一声跪在了地上，磕头求饶："主子饶命！"

东太后顿时火冒三丈，眼前跪着的的确是个奴才，而这个奴才竟敢偷穿先帝的遗物！东太后怒斥了一声："大胆的奴才，快把龙袍脱下来！"

小安子从未见到东太后如此盛怒过。他吓得直发抖。

就在这时，西太后及宫女们回来了，东太后气得声音都有些发颤："狗奴才，竟敢玷污先帝的龙袍。绑了，交内务府处斩！"

一听到"处斩"二字，小安子吓得面色顿时变得蜡黄，他一个劲儿地磕头求饶。但东太后盛怒未消，她气得直落泪。在场的宫女，哪怕是杏儿，也不敢为安公公求饶。

"胆大妄为，目无王法。"

东太后怒视小安子，看样子，她非斩了安德海不可。

安德海就像条落水狗，眼巴巴地看着岸边能救他的人。他希望主子西太后能为他求情，西太后也知道自己把先帝的龙袍送给小安子做戏装不妥。此时，她只能装糊涂，却也不敢与盛怒之中的东太后公然顶撞。万一顶撞起来，东太后不依不饶，西太后自己也会被牵连进去的。于是，她拖长了声音，喊："小……安……子……"

"奴才在。"

"哀家问你，你身上这件龙袍是哪儿来的？一定要老实交代。"

一听主子这话，小安子先是一愣，但瞬间他就明白过来了。

"回主子，奴才最近客串一个角色，奴才饰演戏中的皇上。这件龙袍乃戏班子给奴才做的戏装，今天奴才刚拿到手，想试一试合体不。"

"放肆！戏装不比龙袍做工精巧，你看这针脚缝制精细无比，这分明是先帝的遗物。"

东太后死死咬住，说这件龙袍不是戏装，乃先帝的遗物。

西太后却提高了嗓门，说："姐姐是思念先帝着了魔，小安子怎敢做出这种事情。再说，先帝一共有三件龙袍放在我这儿，不信，咱们现在就看一看，龙袍还在不在。"

不容东太后开口，西太后强拉着东太后去了衣柜前清点龙袍。就在东太后一转身的瞬间，西太后向心腹宫女杏儿使了个眼神，杏儿立刻转身离去。

"姐姐，你看一看，三件龙袍好端端地挂在这儿，一件也没有少呀。"

东太后也不清楚西太后这儿究竟有几件先帝的龙袍，她转身问宫女杏儿："杏儿，先帝只有三件龙袍摆在这儿吗？"

杏儿吓得浑身直发抖，她哪里敢说实话。这两宫太后，尤其是西太后，杏儿万万得罪不起。

西太后见杏儿并不言语，她来个恶人先告状："姐姐这是什么意思？难道我还骗你不成，还用得着问杏儿吗？"

西太后那语调又冷又尖，直刺东太后的心里。东太后也知问不出什么名堂来，她似乎是冲着小安子，也像是对着西太后，冷冷地说："不要太猖狂了，多行不义必自毙！"说罢，她扬长而去。

东太后一走，西太后大发雷霆，若不是念在小安子十几年忠心耿耿的分上，这一回，小安子的脑袋非搬家不可！

"跪下！"

安德海自知闯了大祸，他哭丧着脸，跪在地下，一个劲儿地磕头求饶。

西太后恨得直咬牙："大胆奴才，给我打。往死里打，决不轻饶。"

储秀宫里，就几个宫女在眼前。杏儿拿来一个粗木棒，西太后令她狠狠地棒打小安子。杏儿可真为难了：不打吧，主子的气不能消；打吧，安公公非同一般的太监，今天打了安公公，以后还有杏儿的活路吗？

杏儿正在左右为难之际，突然间，小安子夺过她手中的大木棒往自己头上一击，昏死过去了。

西太后被他这突如其来的举动弄愣了，直到小安子躺在地上一动也不动，她才明白过来是怎么一回事。她歇斯底里地大叫："都愣着干什么，死人吗？还不快端一盆冷水来！"

宫女们慌慌乱乱，七手八脚端上几盆冷水，往小安子的头上、身上猛浇。安德海被冷水激醒了。西太后这才舒了一口气。她气急败坏地吼道："把狗奴才抬下去。"

到了晚上，西太后才想起来问杏儿："杏儿，那边的派人去问戏班子没有？"

"问过。不过，我早已告诉班主，让他咬死口说安公公的确做了一件龙袍戏装，谅他不敢胡言。"

西太后长长叹了一口气说："还是杏儿你懂事又乖巧，那个狗奴才差一点儿没把我气死。他今天闯了大祸，若不是我护着，他的人头早落地了。"

杏儿想说什么，但她又把话咽了下去。

西太后十分满意地看着心眼灵活、少言寡语的心腹宫女，低声说："去看一看小安子怎么样了，今天一棒没击死他，是他的造化。唉！"

杏儿深知西太后又气小安子，又心疼。有时，杏儿觉得西太后对小安子比对小皇上还要好，这真不公平。

到了第二天午膳后，小安子总算来见西太后了。他耷拉着脑袋，挤出几滴眼泪来，一句话也不说，只是直挺挺地跪在地上，等待着西太后的处罚。此时，西太后的怒气早已消了一大半，剩下的余怒不是冲着小安子来的，而是迁怒于东太后。她觉得东太后是有意来找碴儿的，故意要和她叶赫那拉氏过不去。昨日钮祜禄氏斥责小安子，不过是"打狗给主人看"。

想到这里，西太后说道："小安子，狗奴才，起来吧。"

"谢主子隆恩。"

"小安子，你也太心急了。给你龙袍，等上了戏台再穿不就没事了。昨天恰巧被她看见，惹出许多是非来。"

西太后忍不住数落小安子几句，谁知安德海竟反咬东太后一口："主子，奴才斗胆。奴才有一言，不知当讲不当讲？"

"吞吞吐吐的，快讲！"

"嗻。"

小安子见四处无人，他凑近了一些，说："主子，您不觉得昨天的事很蹊跷吗？"

"为何这么说？"

"那边的每次来这儿都着公公先通知一声，为何昨天一声也不吭就来了呢？依奴才之见，她是故意来刺探主子这边情况的。正巧遇上奴才不检点，她便借此大做文章，欲掀起大浪，借处罚奴才，给主子一些颜色看。"

小安子一席话，说得西太后直打冷战。

小安子见此话已初步奏效，他的胆子更大了，接着说了下去："别看平日里她言语不多，其实她的骨子里尽藏着坑人的鬼点子，主子您可要多加提防着些。我小安子，奴才一个，命贱，是死是活都无所谓。主子您可是大富大贵之人，命贵，可不能大意，被她一个凡人给害了。"

小安子的一番谗言还真见效，西太后不禁仔细品了品东太后这个人。她越想越觉得东太后这个人的城府太深，甚至还有些狡猾。平日里，每次上朝，大殿之上她少言寡语，一般不作结论。无论大事、小事，全是西太后决定。先前，西太后还有些感激她，觉得她不和自己争权夺利。如今看来，钮祜禄氏在拿西太后做挡箭牌，将来万一有人指责两宫太后决策有失误，她东太后可以推得一干二净。而且平日里还给众臣们留下个极好的印象：东太后温和、少语，甚宽容。

在小安子的挑唆下，西太后对东太后的戒备与猜疑越来越大。深宫多闲暇，每日上午退朝回来，西太后便觉得很无聊。小皇上忙于上书房读书，每次来给母亲请安，他都是匆匆地来，匆匆地走，西太后觉得儿子和她越来越疏远了。荣禄进宫次数也越来越少，他生怕走漏了风声，每次私会西太后都神色恍惚，惹得西太后很不高兴。

小安子是条狗，他只懂得摇尾乞怜，时间一长，西太后也觉得他出不了什么新鲜花样，需要他时便喊一声，不需要他时，懒得理他。可是，叶赫那拉氏是个喜欢热闹的人，她更喜欢摆布他人的命运，以满足自己的权欲。

闲暇时，她想起了一件事可以让宫中热闹一阵子——她要亲手操办两桩婚事。一桩是丽太妃所生的女儿该出嫁了，另一桩是恭亲王的女儿也该出嫁了。

这两位公主都已过了十四岁，按祖制，公主一过十四岁就可以为她们指婚了。所谓指婚，就是由皇上或皇太后为她们挑选女婿，等过几年真正长大成人便可以婚配。给公主指婚，一旦定了下来，皇宫里要大摆筵席庆贺一番，那场面很像民间的订婚。西太后很喜欢这种热闹的场面，借此机会可以看几场戏，还可以在皇族里出出风头。不甘寂寞的她主动找到了东太后，商量两位公主的婚事。

这些年来，西太后渐渐地不把东太后放在眼里，大至朝廷大事，小到家庭琐事，西太后几乎是一手包揽了。去征求钮祜禄氏的意见无非是做做样子、走走过场罢了。东太后成了"聋子的耳朵——摆设"，大事小事全由西太后一个人说了算。东太后反正也习惯了，她早已不愿意和叶赫那拉氏争高低。

东太后一听说为两位公主择婿，她也表示赞同。男大当婚，女大当嫁。女儿再乖巧，总不能一辈子不嫁人吧。于是，两宫太后谕令内务府尽快送上合乎条件的"额驸"人选。

而在就"额驸"的人选上，两宫太后发生了分歧，双方各持己见，互不退让。

平日里不止一次受过东太后的冷眼，加上上一次被东太后责骂的小安子对东太后早已怀恨在心，他巴不得两宫太后反目成仇。于是，借此机会，他极尽挑拨之能事，贬低东太后。

为恭亲王女儿固伦公主择婿的事情总算定了下来，不管东太后持何种反对意见，西太后都不予理睬。在小安子的挑唆下，西太后坚持选六额驸景寿的儿子志端为"额驸"，把这个女婿强迫给了恭亲王。这件事不但引起了东太后的反感，也引起了恭亲王奕䜣及六福晋的反感。他们对西太后很不满，同时对她身边的那个狗奴才更是恨之入骨。

可是，仗着主子的势力，小安子谁也不怕，变得更加肆无忌惮，为所欲为。他变本加厉，发展到后来竟目无圣上，欺负小皇上，还激怒了王爷奕䜣。

安德海极尽挑拨之能事，他先是离间两宫太后，使东、西太后之间存有戒备之心，继而又借西太后的势力踩了恭亲王一脚。他这么做无非只有一个目的：他，一个奴才，要和东太后和恭亲王较量一下，到底他小安子只是个狗奴才，还是个不可低估的人物。

小皇上载淳渐渐长大了，他目睹了小安子为了讨好西太后而阿谀献媚、令人作呕的丑态，也听说过小安子离间两宫、挑拨母亲与六皇叔的关系的传闻。所以，小皇上对安德海十分反感。尤其是有一次小皇上无意撞见母亲那白嫩嫩的大脚丫搭在小安子的手上，小安子揉来揉去，令人生厌。从此以后，载淳恨死了这小安子。他在暗地里，不止一次表示过要"杀小安子"，他也曾设想过，几年后自己就要亲政了，他亲政后的第一件事便是除掉这个狗奴才，因此，小皇上对小安子总是爱搭不理的。

安德海根本就没把年幼的同治皇帝放在眼里，他心里十分清楚：西太后的权欲永远不能满足，即使小皇上长大成人后，西太后也不会轻易让他亲政的。只要西太后把持朝政一天，他小安子就不必去逢迎第二个人，哪怕是同治皇帝，小安子也没必要去看他的脸色行事。

有一天，小皇上从上书房回来，走进御花园举起铜鼓练臂力，一不小心，压伤了一个指头，太医院的骨科大夫连忙赶来，为他敷上伤药，很快便止住了疼痛。载淳生怕两宫太后为自己担心，就装成没事儿的样子，躲在寝宫里养了几天。这事儿后来还是让两宫太后知道了，她们纷纷赶来看望同治皇帝。

东太后带着贴身宫女玉儿与桂莲来的，西太后带着心腹宫女杏儿与宠监小安子来的。小皇上的贴身太监张文亮和李明玉一见两宫太后都来了，连忙齐刷刷地站在宫门口恭迎两宫太后。

西太后的脸拉得老长，那双凤眼含着一股怒气，吓得张文亮和李明玉不敢出声。两宫太后落座后，西太后把手一挥，让其他太监、宫女们全退下，屋里只留下玉儿、桂莲、杏儿、小安子、李明玉这几个人。

"怎么回事呀？"

西太后阴沉着脸，责问李明玉，吓得李明玉面如土色。他哪里敢辩解，跪在地上一言不发。

东太后看了看载淳的伤势，心疼地说："以后可要小心一点啊！"

她又转过头来，对李明玉说："以后要紧跟皇上，可不能再有什么闪失，记住了吗？"

很显然，东太后对李明玉只是轻轻地责备了几句，她并不打算重责李明玉。但西太后却不依不饶：

"皇上的手是怎么压伤的？"

"万岁爷从上书房回来到御花园……"

"到御花园干什么？你们没跟着去吗？"

"没去。奴才当时不在，听万岁爷说，他想举铜鼓，手臂一软，铜鼓落了下来，缩手不及，压伤了手指。"

西太后听到这里，咆哮如雷："大胆奴才，还敢狡辩，给我重打五十大板。"

小皇上一听说母亲要责打李明玉，他连忙出面阻拦："皇额娘，这事儿与小李子无关，是孩儿一时不小心压伤了手指。"

"住嘴！就单凭他不尽心尽力跟随主子左右这一点，今天就非打不可。"

李明玉眼巴巴地望着安德海，他多么希望西太后身边的这个大红人安公公能为他说几句话。

小安子当然也十分明白李明玉的意思，他开口道："主子，小李子是万岁爷最喜欢的人，就饶过他这一回吧。"

他这哪里是求情，分明是火上加油，激起西太后对李明玉的加重处罚。

小皇上气得直跺脚，他在心里咒骂着小安子："小安子，朕非杀了你不可。"

果然，西太后一听见"万岁爷最喜欢的人"这句话，她的怒火更大了：

"怎么？皇上最喜欢的人，哀家就不能处罚了？不，我偏要打，再加二十大板。小安子，去，帮着数够七十大板。"

"嗻。"

小安子幸灾乐祸，他吆喝着，差人把李明玉拉了出去。

那些小太监都慑于安德海的淫威，不敢手下留情。他们想尽量少用一点力量以减轻李明玉的疼痛。

可是，小安子不慌不忙地故意拖着长长的腔调喊着："二十五、二十六、二十七……怎么，你们几个狗奴才都没吃饱饭，有气无力的。"

外面的李明玉时时发出凄惨的哀号，小皇上沉不住气了："皇额娘，皇额娘，您消消气，就饶了小李子吧！"

东太后也赞同小皇上的话，她向西太后投以征询的目光："妹妹，你消消气，我看就算了吧。打也打了，罚也罚了，难道非要把一个奴才打死不成？"

东太后那商量的话语中带有责备的意思，西太后也觉得有些过火，只好作罢。

小皇上见此情景，高兴地笑了，他拉住东太后的贴身宫女桂莲的手，大叫："好桂莲，快去让他们停下来，把小李子扶进房。"

小皇上这一无意间的举动，却让细心的两宫太后全看在眼里了。她们不由得想起当年康熙皇帝亲政之前曾和几个宫女有过"雨露之恩"的事来，后来为此还闹过一些事端。康熙皇帝登基以后，绝不肯放那位宫女出宫，非要给她加个封号不可，闹得皇太后很不开心。

如今同治皇帝也十四五岁了，虽说还是个孩子，但情窦已开，可不能让他重蹈康熙爷的覆辙。万一他与某个宫女有了私情，一来影响他的学业，二来影响他的身体健康。

两宫太后对视了一下，表示颇有同感。她们暂时默不作声，打算回去后再细作询问。

西太后带着杏儿、小安子随同东太后一起去了坤宁宫。她们喝退其他的太监、宫女，只留下玉儿、杏儿、小安子三个人。

慈安东太后急切地问自己的心腹宫女小玉儿："玉儿，你必须说实话，桂莲在皇上面前有没有轻佻的举止？"

桂莲比玉儿要小几岁，玉儿跟东太后已经七八年了，她对主子忠心耿耿，很得东太后的欢心。而桂莲是三年前才进宫的，今年十四岁，生得娇小、俏丽，天真可爱又聪慧，东太后也很喜欢她。所以，出宫时常常带着她，而小皇上也每日必来坤宁宫请安，一来二去，小皇上与桂莲当然很熟悉。

西太后一见东太后直截了当地问起了这事儿，便也随着附和了一句："玉儿，你一定要讲实话，若要隐瞒什么，非撕你的皮不可。"

东太后为人敦厚，玉儿一向很敬重自己的主子，而西太后是出了名的凶残，玉儿虽然不是西太后跟前的人，但她相信西太后的魔爪一定能伸进坤宁宫来。她深知万一自己措辞不当，不是伤着自己，就是伤着可爱的桂莲。所以，玉儿跪在两宫太后的面前，慢慢地说：

"玉儿给母后皇太后、圣母皇太后回话：桂莲长得很俊俏，万岁爷也确实与桂莲很熟悉，可每次桂莲伺候万岁爷时都很恭敬。当然，万岁爷也挺喜欢她那孝敬劲儿，至于过头的事儿，奴婢从未见到过。"

西太后没从玉儿的话中听到什么蛛丝马迹，便接着问道："那么，又是怎么个伺候法呢？"

"无论是捧点心，或是给万岁爷送上一条热毛巾，桂莲总是小心翼翼，从来不敢马马虎虎。"

"哦，原来如此，他们之间并没什么。"

西太后终于舒了一口气，她真怕儿子与桂莲有什么私情。这种事情，她不能不担心，小皇上才十四五岁，万一闹出个什么丑事来，可不好听。西太后确认桂莲并不是什么"狐媚子"后，便放心地带着杏儿、小安子回自己的寝宫了。

用过晚膳后，小安子瞥见四处无人，便溜到了西太后的身边，有声有色地说了起来："主子，您真是聪明一世、糊涂一时，那玉儿分明是东太后的人，她能说实话吗？主子，您想一想，桂莲是东边的人，东边的主子巴不得桂莲搭上万岁爷，好让桂莲紧紧地拴住万岁爷。万岁爷常常去了东边，不就和主子您更疏远了吗？"

多少年来，西太后的心里总有个阴影，那就是亲生儿子载淳从小到大都与东太后更亲近，他在有意、无意地疏远亲生母亲。此时，被小安子一提，她的心头便又隐隐作痛。现在，她不仅仅担心儿子十四岁就闹出丑事来，影响学业、影响身体，她更担心的是小安子所说的问题。

西太后的脸又阴沉得可怕了，连宠监小安子都有些发憷。只听得西太后狠狠地挤出了几个字："小安子，那你说该怎么办？"

小安子沉思了一会儿，坏主意便涌上心头，他低声道："奴才认为嘛，必须防患于未然，干脆干掉她。"

小安子做了个砍头的姿势，西太后沉思了一下，有些为难："桂莲又没犯什么大错，怎么给她定罪呢？再说，东边的也一定会护着她。"

安德海诡秘地一笑："主子只要赞同奴才的主意，剩下的事情让奴才去办好了。"

第二天，安德海便到了内务府，他向内务府提出要坤宁宫的桂莲，他说："圣母皇太后非常喜欢桂莲姑娘，太后点名要的。"

内务府回话道："只要母后皇太后肯放人，你们领过去好了。"

小安子马上蹿到了坤宁宫。东太后听说西太后点名要桂莲，虽然有几分舍不得，但她也不能为一个小小的宫女而使两宫太后的关系进一步恶化。于是，她勉强答应了小安子，语重心长地说："小安子，桂莲还小，有不懂规矩的地方，你多教导她，可不能动不动就责打她。"

"太后，我小安子是那样的人吗？"

东太后很不情愿把小桂莲给西太后，但事到如今又无可奈何。

小安子明白东太后的心思，他也十分清楚，小桂莲刚到储秀宫时，暂时还不能向她下手，等等再说吧。

　　桂莲到了储秀宫，果然，小皇上比以前来得勤多了。他借口向母亲请安，没事儿便到母亲的寝宫来，实际上，他只是想和可爱的小桂莲说说话儿。

　　可怜的小宫女，她才十四岁，但她心里什么都明白，玉儿姐姐不止一次提醒过她：皇上是龙，自己是虫，不该想的事情就不能去想。桂莲也明白自己只是个奴婢，她绝对没有半点非分的念头。

　　其实，小皇上载淳也没有什么邪念。他生在深宫、长在深宫，只有一个皇姐姐和一个干姐姐，而她们都把自己当成小弟弟，她们也不能时常陪伴自己。十几岁的孩子一天到晚泡在大人堆里，他感到十分孤独。孤独、寂寞中，他偶然间发现坤宁宫多了一个小宫女，她的年龄和自己相仿，自然很欢喜。

　　桂莲长着一张莲花似的漂亮脸蛋儿，她一笑起来两个浅浅的笑靥特别好看，尤其是她心灵手巧，剪的窗花，那小鸟儿活灵活现，小花小草栩栩如生，小皇上百看不厌。载淳曾经悄悄地收藏过几张，没事的时候，他就把窗花拿出来琢磨，几次想开口让桂莲亲自剪给他看，都没有机会。

　　小桂莲到了储秀宫，载淳得知后去责问东太后，为什么把桂莲赶走，东太后只是淡淡地说了一句："你亲额娘喜欢她，小安子便要走了。"

　　又是讨厌的小安子！小皇上一听是可恶的小安子把桂莲带走的，他心中就有气。他一口气奔到了储秀宫。

　　载淳刚进宫门便遇上了桂莲，他急急忙忙地拉住桂莲的手，问："桂莲，你过得好吗？"

　　桂莲点了点头，小皇上松了一口气，央求着："今天有空吗？朕要亲自看你剪窗花。"

　　小安子站在阴暗处看得清清楚楚：皇上在拉桂莲的手！小安子只觉得一股热血直往脑门子上涌。

　　小安子自从入宫后，就不再奢求自己还有什么男女之欢。这几年，西太后独守空房，寂寞难耐时，便让他来安慰她那孤独的灵魂。每次，西太后又喜又恼，他则惶恐不安，生怕伺候不好主子。

　　小安子是个畸形的男人，他最怕见到男女亲热的场面，那会伤害他。每当荣禄偷偷摸摸进宫私会西太后时，小安子总是心如刀绞。

　　今天，偏偏让小安子撞上了小皇上拉住桂莲的手这一幕。小安子不敢多看，他连忙跑到西太后的面前，添油加醋、绘声绘色地描述了一番：

　　"主子，奴才看得真真切切，桂莲先是拉住万岁爷的手，当万岁爷也钩住她的手时，桂莲便顺势倒在万岁爷的怀里。"

西太后一听，火冒三丈，她不由分说，大声叫喊："皇上，给我过来！"

小皇上听到母亲大声吼叫，他吓了一大跳，也不敢磨蹭，赶紧走了进来："皇额娘吉祥！"

由于跑得急，脸上红扑扑的，而西太后则据此认定儿子刚才没干好事儿。她的脸一沉，厉声问："你是刚来吗？"

"是的，刚来不久。"

"那你都干什么来着？"

"没干什么。"

"还敢嘴硬，刚才一进宫门，你在干什么？"

"什么也没干呀。"

"还敢嘴硬，刚才一进宫门，你在干什么？"

"什么也没干呀，额娘，你这话是什么意思？"

小皇上不明白西太后今天为何咄咄逼人，所以，他觉得实在没有什么可说的。

"小安子，帮皇上回忆回忆。"

好啊！又是可恶的小安子使的坏点子，一定是他又捣什么鬼了，使得西太后盛怒。

小皇上瞪了小安子一眼，而安德海却若无其事地对小皇上说："奴才刚才分明看见皇上有失检点。"

哦，原来指刚进宫门时，自己拉住桂莲的手这件事情。

小皇上振振有词地说："朕并无不检点之举，小安子你太小题大做了吧？"

"奴才怎敢诽谤万岁爷，奴才不过是实话实说罢了。"

小安子根本就没有把同治皇帝放在眼里，他倒反唇相讥起来了，气得载淳一扭头便要走。

"咦，哪里去！说你几句就要走。"

西太后厉声呵住了儿子，小皇上只好停了下来。

从此以后，同治皇帝更恨安德海，而小安子并不在乎，他有西太后这棵好乘凉的"大树"，至于其他的人，他一律不放在眼里。

没过几天，天真、活泼的宫女小桂莲突然暴病身亡。同治皇帝和东太后都觉得很不对劲儿，但他们也没抓住什么真凭实据，只好作罢。

同治皇帝恨小安子，人所共知。张文亮和李明玉总是耐心地劝导小皇上要忍着点儿，十四岁的小皇上已学会了冷静分析形势，他也觉得现在动小安子还不是时候。

小安子当然更明白同治皇帝对他恨之入骨，不过，他不在意这些，他死心塌地地效忠西太后就行了。最近，西太后发现载淳的功课进步很小，她怀疑小皇上读书不用功，所以，非常恼火。她派小安子去盯梢，以掌握儿子的情况。

这一天，小皇上觉得头昏脑胀、四肢无力。他翻了几本书，一个字也读不下去，想站起来呼吸一下新鲜空气，便随手推开了窗子。窗外阳光明媚、鸟语盈耳，好一派大好春光。同治皇帝经不起大自然的诱惑，他信步来到了御花园。园子里彩蝶飞舞、百花争妍、姹紫嫣红，十分迷人。小皇上边赏花，边背诵刚才读过的一段文字。突然间，他觉得后面有个人影在晃动，只有李明玉伴驾，可李明玉此时正在自己的身边，那后面的人影是谁呢？小皇上递了个眼色给李明玉，主奴二人倏地一闪，闪到了一块假山石后面。他们从石隙里向外张望。

只见安德海鬼鬼祟祟地探出头来，东张西望、神情十分紧张。

这会儿，小安子正纳闷儿，明明小皇上走进了花园，可怎么一眨眼的工夫，人就不见了呢？

小安子正在犯愁之际，同治皇帝猛地一下子站到了小安子的面前，说："小安子，你鬼鬼祟祟站到这里干什么？"

"万岁爷吉祥！"

小安子连忙下跪请安，一时间他无言以对。

小安子毕竟比同治皇帝狡猾得多，他眼珠子一转，为自己找了个"台阶"："奴才是来请万岁爷过去的，主子正等着万岁爷呢。"

小安子这句的确是实话，西太后吩咐小安子先静静观察一下小皇上的动静，如果皇上认真读书，就不要惊动他；如果皇上不在读书，就请皇上到储秀宫去一趟。

"小安子，你是怎么知道朕在这里的？"

"这，这个。"

小安子瞠目结舌，无言以对。

小皇上干脆戳穿了他："一定是你盯着朕老半天了。小安子，朕警告你这个奴才：以后再让朕看到你鬼鬼祟祟的，朕绝不轻饶你。滚！滚得远远的，免得朕按捺不住火气杀了你！"

小安子并不十分震惊，固执地说："主子让奴才来请万岁爷，万岁爷若不随奴才走一趟，奴才如何向主子交代呢？"

小安子又抬出了西太后，压得同治皇帝不得不随他而行。

西太后一见小安子引来了小皇上，她就知道儿子不在认真读书。

"皇额娘吉祥！"

西太后上上下下打量着同治皇帝，她冷笑了一声，说："哼！该读书的时候，不认真读书，干什么去了？"

同治皇帝低着头，不敢说什么。

谁知小安子却开了口："主子，奴才是在后花园见到万岁爷的。"

"成什么样子！还有一点儿威仪吗？我说过多少遍了，你是一国之君，要用功读书，将来亲政以后才能治理好国家。你就是听不进去，成天像个没教养的野孩子似的东奔西跑，成何体统！"

小皇上当然明白母亲骂他"东奔西跑"，指的是他每日必去东太后寝宫。一定是可恶的小安子又在母亲面前煽风点火了，不然，母亲不会又责骂自己。

小皇上用眼睛瞪了一下小安子，正巧被西太后瞧见，她越发生气了："你瞧瞧你，我正在跟你说话呢，摇头晃脑的，不成样子。你不要以为有人祖护着你，就爬到额娘的头上来，你给我记住：我才是你的亲额娘！"

小安子见西太后越说气越大，便献媚似的说："主子何必跟万岁爷生这么大的气呢？"

他又转向小皇上，拉着小皇上的衣角说："好了，好了，万岁爷给太后赔个罪吧。"说着，他推了同治皇帝一把，示意载淳磕头谢罪。

同治皇帝恼了，他一甩手，挣脱开小安子的手："放手！拉拉扯扯的干什么？！"

西太后一看这情景，生怕小皇上把怒气出在小安子身上。万一小皇上动了怒，口谕斩小安子，天子之言，谁敢更改？西太后连忙喝退安德海："退下去，这里没你的事！"

小安子没想到自己两边不讨好，皇上奚落他，太后呵斥他，他感到十分委屈，默不作声地退了下去。

小安子没敢远离，他躲在一边偷偷地听主子训斥小皇上。

过了一会儿，西太后厉声喊："小安子。"

"奴才在。"

"去，把张文亮、李明玉统统喊来。"

安德海明白，西太后要找这两个太监的碴儿了。小安子没敢耽搁，他一路小跑，找到了张文亮和李明玉。

张、李两个人一路上忐忑不安，谁也不敢出大气。进了储秀宫，他俩硬着头皮去见西太后。

"小李子，皇上下了书房，你们都到哪儿去了呀？"

"回太后：奴才决不敢带皇上乱走，皇上吩咐去哪儿，奴才小心伺候便是，奴才从不多问一句。"

"哦，这些哀家全知晓，以后你们应更加小心伺候才是。"

"嗻。"

两个太监连忙退出了是非之地，小皇上见母亲怒气已消，他也趁机离开。

他们一行人回到了养心殿，小皇上愤愤地说："一定是那个狗奴才小安子又在太后那儿告了朕一状。这个该死的小安子，朕非杀了这王八蛋不可！"

"万岁爷息怒，打草惊蛇犯不着。"

张文亮和李明玉不约而同地说。

"也好，让他再多活两三年，早晚有一天，朕要亲自收拾他。"同治皇帝在心底说。

安德海仗着西太后的势力专横跋扈，不知不觉间，他早已破坏了清室的祖宗家法。

清朝早年对宦官的防范甚严，还是顺治帝入关时，鉴于明代宦官专政干预朝政的历史教训，清朝曾有过明确规定：

宦官级不过四品，非奉差遣，不许擅自出皇城，违者斩首。

又规定：

太监犯法干政，窃权纳贿，交结满汉官员，越分擅奏外事，上言官吏贤否者，凌迟处死。

小安子不服气，他想违背祖宗家法。现在，他已官至四品，可是，他不满足，他嫌自己头上的那个四品蓝顶戴官帽的颜色太刺眼，他很想换一顶红顶戴。但是，西太后再宠他，这官位的晋升也不能由西太后一个人说了算数。过去，皇上年纪小，两宫太后垂帘听政，小皇上从不过问朝政。如今不同了，同治皇帝慢慢长大，他快十五岁了，对朝政越来越感兴趣。

载淳是九五之尊，他的话便是金口玉言，不可违抗。西太后也想过，给宠监小安子晋升官位，万一儿子坚决反对，那可连一点儿的回旋余地也没有了。所以，西太后总是劝小安子耐心等待，等哪一天龙颜大悦再提及这事儿吧。

安德海也是个聪明人，他知道要想破老例，太监官至二品，就必须讨同治皇帝的欢心，让小皇上心甘情愿地为"安公公"换上个红顶戴。可是，小皇上一向很讨厌自己。于是，他决定改变作风，让小皇上迅速改变对他的看法。

再过十来天，就是同治皇帝十五岁的生日了。在宫中，皇帝的生日叫"万寿节"。小安子想借万寿节之机，好好地显露一下自己的本领，以讨个红顶戴官帽。

这几天以来，安德海忙里忙外，他吩咐御膳房准备好皇上最爱吃的点心，又

第七回　宠内监德海僭越，惊太后东宫斥责

287

亲自指挥戏班子加紧排演皇上最爱看的武戏。为了逗大家笑一笑，特别是为了博得小皇上的欢心，小安子特意客串了一段戏，他扮演一个小丑。

小安子忙得不亦乐乎，小皇上感到不理解，狗奴才以前总是和自己作对，他从来没这么殷勤过。

小皇上猜不透安德海的心思，便好奇地问："小安子，太阳从西边升起了吗？你怎么这么卖力气？"

小安子眯眯一笑，说："万岁爷，奴才过去有失妥之处，还请万岁爷海涵。小安子能有今天，全仗万岁爷的恩泽。"

"朕并没对你有过什么恩泽呀？"

"怎么没有，奴才这官帽上的顶戴，不是皇上赏的吗？"

同治皇帝一看小安子头顶上的四品官帽，那顶戴是蓝色的，倒也挺好看，便说："小安子，你以后不要再胡作非为了，保住你的蓝顶戴。"

小安子壮了壮胆子，趁势说："万岁爷，您瞧这蓝顶戴多暗淡呀，奴才求万岁爷赏一个颜色鲜艳的顶戴。"

小安子虽然没有直接提出想要个红顶戴，但聪明的小皇上已听出了小安子的弦外之音，他调皮地挤了挤眼说："小安子，你好好地干，等万寿节那天，朕赏你一个鲜艳的顶戴。"

"谢主隆恩！"

小安子下跪磕头。小皇上的话让他万分惊喜，他的愿望就要实现了，他好高兴。

同治皇帝诡秘地一笑，说："现在谢早了，等过几天再谢吧。"

"嘛。"

到了万寿节那天，小皇上先给太监、宫女们一一赏赐，最后，只剩下小安子一个人了。只见小安子脸上荡漾着春风，他掩饰不住内心的激动。再过一会儿，皇上就要给他加官，他小安子终于打破了祖制，一个太监居然官至二品，真是安家祖坟上冒了股烟。

太监、宫女们都纷纷把目光投到安德海的身上，他们并不知晓几天前皇上对安公公的许诺。只见小皇上命一个太监捧着一个精致的盒子，小安子知道那盒子里装的一定是皇上赏给他的新官帽。

"小安子，领赏！"

小皇上清脆的声音传来，小安子乐得合不上嘴，有些飘飘然了："奴才在，谢万岁爷恩赐！"

小安子"扑通"一声跪在地上便磕头，磕完了头，他并不急于站起来，他在等待新官帽戴在头上。

只见小皇上潇洒地走到小安子面前，亲自为小安子戴上了一顶新官帽。小安子急切地等待着人们发出啧啧的赞叹声。可是，人群里爆发出一阵哄堂大笑。

小安子连忙把新官帽摘下一看，他惊呆了！

原来，皇上赏了他一顶绿顶戴的帽子！一颗鲜艳的绿翡翠嵌在帽顶，那绿顶子闪着鲜艳的绿光，确实绿得可爱。

男人戴绿帽子，是要被人耻笑的，意谓老婆和别的男人有染。虽然安德海是个阉人，但毕竟他也是个男人，戴上绿顶戴，他顿感受辱。一股热血直冲脑门子，他气急败坏地拿着那顶绿帽子，流着眼泪，冲出人群，直奔储秀宫。小安子已经跑开老远了，还仿佛听见小皇上那开心、爽朗的笑声。

小安子一口气跑到西太后面前，失声痛哭。

西太后再三追问才明白刚才发生了什么事情。显然，她对儿子的恶作剧十分不满，但她也没把这件事情看得太重，淡淡地一笑，说："小安子，别哭了。起来吧，谁叫你平日总和他过不去呢。"

小安子更委屈了，他本想让西太后狠狠地责骂小皇上一顿。不承想，西太后倒袒护起小皇上来了。

突然间，他明白了一个道理：西太后再宠小安子，也没有对同治皇帝爱得深。这棵大树并不见得能乘凉！

那以后，安德海便学会了隐退。他苦苦哀求西太后准他出宫买处宅子，娶个媳妇，在宫外安家。

一开始，西太后不舍得小安子离开他，无奈小安子死缠活缠，他表示虽然宫外有宅子，但并不会每天住在家里，他依然每天陪伴着主子。西太后勉强答应后，还暗中资助他五百两银子以营建宅子。

太监的媳妇有一个特殊的称号，叫"伴食"。安德海买了宅子，娶了媳妇安了家后的大多数时间，他还是在宫中度过的。小安子是储秀宫的总管太监，西太后的饮食起居全由他来安排，他一刻也闲不下来。他必须尽心尽力地伺候好主子，以巩固自己在宫中的地位，进一步扩大势力，等待时机，争取个红顶戴。

已过而立之年的安德海，有一种强烈的愿望，即收个徒弟。他想收徒弟，一来是为了显示自己在宫中的显赫地位，因为宫中只有大太监才有资格收徒弟；二来是给自己找个伺候茶水的人，因为凡是做徒弟的，都必须在行拜师礼之后，一有空便要伺候师傅。

平日里，安德海在储秀宫里只不过操操心、使唤使唤小太监，他自己并不需要动手做什么，他的主要职责是奉迎主子西太后，逗得主子开开心心的就行了。对于西太后这个人，小安子看得比谁都透彻，她生活极端奢侈又风流，而且权欲很大，说是垂帘听政，实际上皇位上的小皇帝一点儿权力也没有，真正掌握朝廷大权的是叶赫那拉氏。

　　尽管同治皇帝已接近成年，眼看就要亲政了，然而，西太后没有一点儿放权的意思，她反而将朝政把握得更牢了。西太后每日一定要上大殿处理朝政，小安子却不再像前几年那样每日伴驾上朝。不上朝的时候，整整一个上午，一点事儿都没有。他睡累了便起来走动走动，到处闲逛，很觉得无聊。在这种情况下，安德海有足够的时间来监视小太监们的活动，他要仔细观察每一个小太监，以便从中挑一个可心可意的人收为徒弟。

　　这天上午，阳光明媚、春风拂面，空中飘飞着柳絮、风里带着花香。小安子心旷神怡，十分惬意，他正站在院子里享受大自然的赏赐。

　　不久，只见两个小太监抬着什么，摇摇晃晃地从宫外走来。只听得其中一个小太监说："安公公的话，李公公敢不听吗？瞧李公公那机灵劲儿，安公公把他带回家，是他的福气。"

　　安德海明白小太监所指的"李公公"便是李莲英。上次小安子丧母，西太后恩准小安子回家奔丧，临走前，小安子把李莲英带回了老家汤庄子，让小李子帮忙操办丧事。果然，李莲英表现得十分出色，把安母的丧礼操办得很不错。为此，小安子认定储秀宫里的李莲英是个人物。

　　李莲英，原名李英泰。"李莲英"这个名字是内务府给他起的。这个小李子从小家境贫寒，兄弟五人，他排行老二。他爹是个鞋匠，咸丰四年，家里穷得实在揭不开锅了，他的爹狠了狠心，把六岁的二儿子李英泰送到京城有名的"小刀刘"那里净了身，后又托人说情，把他送进了皇宫当童监。

　　李莲英从小就十分机灵，人也长得水灵，就像个小姑娘。由于他眉清目秀，第一眼就被安德海看中，留在了储秀宫。

　　一开始，安德海并不十分注意这个漂亮的小太监，给他派了一个苦差事：给懿贵妃倒马桶。小李子十分勤快，伺候得懿贵妃十分满意。

　　一个偶然的机会，小李子摇身一变，由无名小太监变成了西太后的梳头太监，得到了主子西太后的赏识，也奠定了他日后在储秀宫飞黄腾达的基础。

　　还是西太后刚刚垂帘听政的日子里，小安子整天泡在西太后的寝宫里插科打诨，逗得主子十分开心。年轻的寡妇并没有忘记追求俏丽，没事儿的时候，她便令小安子给她在宫外偷偷定做一些时髦的衣服，在寝宫里偷着穿。无奈，西太后的衣服太多了，而且她的每一件衣服都很好看，小安子看得有些眼花缭乱。

　　一天，西太后站在大铜镜前问小安子："你看我穿哪一件衣服更好看？"

　　安德海一半是逢迎，一半是真心话："奴才以为主子穿哪一件都好看，主子身材苗条，婀娜多姿，就像天上的仙女。"

　　两人嬉闹了一阵子，西太后又对着镜子感叹起来："这旗头梳起来倒十分好看，不过已经在宫中盛行五十多年了，听人家说，道光爷的母亲就爱梳这种发式，也不知宫外现在都流行什么样的发式。"

小安子一听这话便明白了，西太后是嫌她的发式太陈旧了，想换一种新的发式。为了逢迎西太后，小安子找来了给西太后梳头的两个老太监，让他们仔细琢磨了一番，希望能给西太后以惊喜。

第二天，梳头的太监给西太后变换了一种发式，他把她的刘海梳得高高的，宛如一只欲飞的蜻蜓，高高地翘立在头上。谁知西太后一照镜子，她并不喜欢这种样式，梳头太监只好重新揣摩，又换了两种发式，西太后依然不喜欢。

这一日，西太后上朝去了，几个太监闲来无事，聊起了这件事。说者无心、听者有意，正巧，李莲英听见了。当时，他一言不发，只是心里默默地想：从明天起，没事儿的时候，我便出宫，满大街小巷地看女人的发式，看一看现在正流行什么。

果然，第二天小李子便四处溜达，他发现宫外的旗头比宫中的漂亮多了，既新颖美观，又高雅脱俗。特别是西太后那张瓜子脸，若配上这发式，一定十分好看。他花了些银子，向一位年轻妇女学会了梳这种发式，又喊来妹妹，在妹妹头上做试验。不出一个月，他便梳得很好了。

李莲英不禁沾沾自喜，他认为千载难逢的好机会到了，如果能梳个好发式，一定会讨得西太后的欢心，今后的路也就好走多了。但是，小李子仅是个倒马桶的小太监，他平日在主子面前连头都不敢抬。多少年了，西太后从没跟他说过一句话，自己断然不可贸然自荐，万一惹恼了西太后，别说储秀宫待不住了，恐怕脑袋也保不住。

想来想去，李莲英决定打通太监总管安德海这一关，让安公公出面引荐他。主意已定，小李子便开始奉迎安德海。他留意安德海的行踪，瞅住安公公情绪好的时候，再向他提出自己的想法。

"安公公吉祥！"

"哦，是小李子，干什么去呢？"

安德海在李莲英的面前俨然一个"长辈"。

小李子连忙说："小的正没事做，不知安公公可需要小的效劳？"

"好个小子，你倒挺会说话。去，把我房间里打扫一下，再提桶水来。"

李莲英俯首帖耳，答应了一声便给安德海打扫房间去了。

过了一会儿，小安子回到了自己的小偏院。他刚跨进门，顿时惊呆了："呀，好个小李子，还真勤快，被叠了，地扫了，门窗也擦得干干净净。"

炕上的被单也不见了，安德海向水井旁一望，李莲英正在洗被单。

"小李子，你好勤快。嗯，不错、不错。"

李莲英笑了笑，说："小的孝敬安公公，还不是应该的吗？只不过平日里小的找不到机会孝敬公公。"

安德海见小李子做事认真、仔细，像个大姑娘，便说："看来你干活还挺麻利的。"

"回安公公的话，小的自幼家境贫寒，兄弟姐妹又多，才三四岁，我便帮娘干活。就是现在有时回到家中，妹妹还缠着我给她梳头，现在宫外流行羽翼式发髻，梳好可漂亮了，大妹妹总爱让我给她梳这种头。"

小李子故意把话题扯到梳头上，安德海果然也十分感兴趣，他追问道："你果真会梳头吗？新的发式也会？"

小李子见安公公上钩了，便得意洋洋起来："小的敢吹牛吗？小的句句是实话。"

安德海正想逗西太后开心，便立刻说道："好，明天下午你来一下，给太后试一试。不过，我先提个醒儿，咱们主子可不是好伺候的，你一定要尽心尽力，逗主子开心。"

"安公公放心吧，小的知道该怎么做。"

李莲英高高兴兴地走了。他不敢马虎，又偷偷地溜出宫找到了妹妹，反复在她头上试了几试，这才放心地又溜回了宫里。

到了下午，李莲英早早地来等安德海。西太后午膳后听小安子说专司"官房"（马桶）的小太监会梳头，似乎不太相信。无奈她禁不住小安子的撺掇，勉强答应了："让小李子试试吧，不过，只能试这一次，不好的话，以后再也不让任何人试了。"

李莲英低着头，拿着一套发梳走了进来。他使出浑身的解数，仔细地、慢慢地给西太后编梳着新的发式。

约莫半个时辰的工夫，李莲英小声地说："头梳好了，不知主子可喜欢？"然后，李莲英便退到了一边。

西太后端坐在铜镜前，看了老半天，吓得李莲英不敢出大气，他的心仿佛都提到嗓子眼儿了。他不知主子是喜还是怒，这将决定着他李莲英今后的命运！

只见西太后拢了拢新梳的头发，笑了一下，说："小安子，你有眼力，这个小李子梳得果然不错。从今天起，小李子就留在这儿给哀家梳头吧。"

西太后的这句话差一点儿没让李莲英跳起来，他终于在储秀宫上了一个大台阶。

安德海也十分开心，小李子没辜负他的希望，只要西太后高兴，小安子便万分地高兴。

从此以后，李莲英便每天早晚为西太后梳头。他不仅尽心尽力地伺候西太后，闲时还去孝敬安公公，所以，西太后和小安子都认为李莲英是个难得的人才。

上次安德海丧母，西太后恩准小安子回老家奔丧，李莲英随行。在汤庄子，小安子与小李子唱了一出双簧戏，他们配合得十分默契。在李莲英的暗中帮助下，安德海逼着南皮县的知县作假，使其他知府、知县，乃至巡抚、总督等官员忍痛割爱，从腰包里出了不少钱财。安德海觉得李莲英对他还算忠心。他万万想不到，有一天李莲英会借反安势力，在安德海走向死亡的路上，狠狠地推了他一把。

此时，安德海急于收徒，考虑再三，他决定收李莲英做徒弟，以后自己不在宫里的时候，让小李子代自己伺候西太后。主意已定，安德海便把这个念头告诉了主子。

西太后一听也表示赞同："嗯，小李子挺机灵的，你也三十多岁了，按宫中的老例儿应该收个徒弟。这样也好，你慢慢地把他带出来，等小李子上了路，你就可以减轻些负担，常回你府里住几天。"

既然西太后没什么意见，小安子更没什么可顾忌了。至于李莲英那边，是不需要问的，他一定很乐意。

一步步走上坡路的李莲英做梦也想不到安德海居然会收他为徒。安公公是西太后身边的大红人，而西太后目前是独揽朝政，拜了安公公为师傅，他小李子还愁没好日子吗？

安德海与李莲英各怀鬼胎，一拍即合。很快，这两个人就成了师徒关系。

在安德海的调教下，李莲英进步很快。西太后不时地夸奖小李子："小安子，你的徒弟可真不错，瞧他那机灵劲儿，都赶上当年的你了。"

西太后说这句话的时候，并没有别的意思，无非是夸奖安德海教徒有方，可在小安子听来，心里不禁一惊。

从此以后，安德海对李莲英有了戒备之心。表面上，他疼爱小李子，与过去并没有什么两样；而实际上，他却处处提防着李莲英。不过，小安子也暗自庆幸，自己尚未教给小李子让西太后最开心的"绝活"——用手抚摸西太后。这样一来，尽管西太后也十分喜爱小李子，但她始终都不能离开小安子，安德海在西太后心目中的地位暂时还没有被动摇。

自从安德海冷落李莲英，李莲英便怀恨在心，他暗下决心：进一步讨主子西太后的欢心，一旦时机成熟，在小安子危难的时候，再推他一把，使得自己顺理成章地取代安德海。

在宫中，嚣张的小安子已树敌太多，他得罪了东太后、同治皇帝、恭亲王等人，也得罪了李莲英等小太监。这正是安德海的悲剧，他自以为在宫中有西太后撑腰，便飞扬跋扈、无所顾忌，他完全错了。众人对他的仇恨最后拧成一条绳，共同促成了"杀小安子"的这一局势。一张无形的网正悄悄地向红极一时的小安子撒开，而小安子却浑然不知、毫无防备。

安德海依仗西太后的势力，在宫中要风得风、要雨得雨，好不自在。他日益扩大自己的势力，一个官至四品的太监却享有更大的权力，甚至一些王公大臣都望尘莫及。他常常与一些趋炎附势的王公大臣们聚餐，每次聚餐耗资数目巨大，有时奢靡的程度甚是惊人。

为了摆阔绰，每次聚餐都是小安子请客，他每个月从内务府领的"工资"，恐怕连一桌酒席都不够。开始，他向西太后伸手，时间一长，西太后也有些不高兴，她并不十分清楚小安子在宫外都干了些什么，她认为小安子贪得无厌。

小安子跟了主子这么多年，深知主子的脾气，这个女人翻脸不认人，万一惹恼了她，没小安子的好下场。小安子立刻唯唯诺诺地说："主子息怒！奴才知错了，以后不再乱花银子。"

西太后瞪了小安子一眼，心里想："都是我把你这个狗奴才宠坏了，你仗着我的势力，在宫中得罪了不少人，有朝一日你会吃亏的。到那时，只怕我也保不了你。唉，总给我找麻烦，不省心的东西。"

西太后不再给他银子，小安子的面子又要撑下去，怎么办？小安子在宫中混了这么多年，他会有办法的，他那灵活的脑瓜儿一转，计上心来。现成的生财之道等着他去闯，怎么以前他没想到这一点呢？什么路？还不是偷偷地变卖宫中的古玩字画、珍奇异宝！刚开始，他还小心翼翼，到了后来他的胆子是越来越大了，"生意"越做越红火。他从中获得了几千两银子，一时扬扬得意。甚至大公主的生母丽太妃也忍痛割爱，把咸丰皇帝送给她的古玩交给了小安子。一大批宫宝源源不断地传到了小安子的手里。起初，数量小，很好出手，渐渐地宫宝多了，小安子不敢在京城销赃。他生怕哪一天走漏风声，他小安子的头就保不住了。

于是，安德海想到了一个销赃的途径：到江南去卖。走得远远的，他"鬼子六"反正不能跟他到天边！

再者，小安子的老婆马小玉天天闹着丈夫带她到江南一游，小安子也想讨好漂亮的老婆。于是，他答应了。事也凑巧，使得小安子非出京不可。

那一天，小安子本想讨好同治皇帝，便硬缠着同治皇帝赐给他几个字。

小皇上恨透了安德海，他二话没说，随手展开宣纸，写了一个大大的"女"字，说："朕赐一个字给你，拿去吧，好好想一想。"

小安子一看，是一个刺眼的"女"字，大为不解。不过，小安子明白这不是件好事，他一口气跑到西太后面前，把整个过程，详详细细描述给主子听。

西太后拿过纸条，反反复复地看了几遍，声音有些低沉，说："不妙，皇上想杀你。你看，'安'字少了个宝盖头，不是'女'吗？这分明是皇上想要你没头。"

一句话说得小安子毛骨悚然，他哆哆嗦嗦地说："主子，这可怎么办呀？"

西太后沉思了片刻，缓缓地说："你还是出去躲一躲吧。再说，皇上已经十六岁了，眼见着要大婚，你不如借采办龙袍之机，出宫避避风头。我再试着慢慢说服皇上，让皇上消除对你的仇恨。"

小安子正想下江南销赃物、逛山水，如今主子又让他出宫躲一躲，几件事情不谋而合，他何乐而不为！

可是，一转念，西太后又为难了，清宫有规定：太监不准出京，擅自出京要杀头的。她可不愿意让心腹太监白白地去送死，所以，她叹了口气说："不行，哀家不放心你走。你擅自离京，万一被六王爷抓住了把柄，他会大做文章的。"

小安子不愿意错过这千载难逢的好机会，他着急地说："主子，你不用担心，咱们不张扬便是，悄悄地走、悄悄地回，奴才办完事便回京。最多不过两三个月的时间，不会有人发觉的。奴才一定在苏杭一带为皇上购来上等的丝绸做龙袍，保管主子您喜欢。"

西太后一想，小安子说的也有道理，便勉强点头同意："好吧，路上一定不要太张扬，还是收敛一点为好，快去快回，谨慎行事。"

"嗻。"

这几天，小安子的心里颇不宁静，他盘算着是走旱路还是走水路，带多少家丁走，路上经过哪些州府，这些地方官员哪些是巴结他安公公的，哪些又是不理睬他的，以便有选择地会见他们。

小安子听从了主子西太后的劝说，不打算太张扬，以免宫中把安公公下江南的消息传得沸沸扬扬。不过，内务府有个专司记录后宫事情的陈公公知道了这件事儿。这位陈公公憨厚又善良，他自知得罪不起安德海，便装聋作哑，不问也不说。他明明知道安公公没有得到什么谕旨，是私自出宫，有违祖制，但又总觉得安公公私自出京似乎也没什么不妥。万般无奈之下，陈公公决定向内务府大臣、自己的顶头上司明善报告这件事。

陈公公在内务府找到了明善。明善这个人比较圆滑，平日里他既与恭亲王交好，又不得罪西太后，对于小安子，他更是睁一眼、闭一眼，是个中立人物。

明善一见陈公公满面愁云，便知道后宫一定发生了什么大事，不然，陈公公是不会踏入内务府的大门的。

明善得知太后让安德海下江南采办龙袍一事后，心里十分不快活。按理说，皇上大婚采办龙袍应该是他明善操办的，谁不知道大婚所用的一切物品，理应由内务府准备。而筹备婚礼所用物品，其中的"油水"极大，谁参与的多，谁捞的银子就多。自从他任内务府大臣以来，宫中几乎没有过什么隆重的庆典活动。眼看着皇上已届十六岁，该完婚了，他正想借此机会大捞银子，谁知"半路上杀出个程咬金"。小安子捷足先登，抢了他的"饭碗子"，他焉能不生气。

但明善是个聪明人，他不会明目张胆地阻拦小安子的，他要借同治皇帝的力量来为自己出口恶气。于是，他对陈公公说："好了，我知道了。你若见到李明玉，告诉他，我有事找他。"

陈公公走了，明善沉思着，终于，他想到了一个稳妥的点子。说来也巧，陈公公路上正遇见同治皇帝的御前太监李明玉。李明玉听说内务府大臣明善找自己有事儿，他岂敢怠慢，连忙来到了内务府。

李明玉从内务府出来，一刻也没敢耽搁，径直回到了小皇上的寝宫，他把刚才听到的消息如实禀告给了小皇上。同治皇帝没想到母亲如此放纵小安子，更没想到小安子如此狂妄大胆，竟敢私自出京！

"该死的奴才，竟如此猖狂，不把祖宗家法放在眼里，私自出京，杀！"

李明玉清楚了主子的态度，便没有什么顾忌了。他生怕主子过于急躁，不但杀不了小安子，反而会引起西太后的反感。于是，他劝告同治皇帝先观察一下安公公的动静，然后再作对策。

却说小安子，他一方面是兴奋，一方面是担心。兴奋的是，多年来都想江南一游。人人都说江南人杰地灵、物产丰富、景色宜人，他小安子马上就要"上天堂"了。当然，让他兴奋不已的还有一层：手中这么多古玩字画、奇珍异宝也眼见要换成白花花的银子了。

同时，小安子还有点儿忐忑不安，虽然是主子西太后恩准他下江南采办龙袍的，但毕竟没有皇上的谕旨，一路上都没有"勘合"——朝廷官员出京时，随身携带的"身份证"，凭勘合可以让地方官员负责一切吃、住、行用度。万一路上遇到麻烦怎么办？但他顾不上这么多了，江南之行已近在眼前。

最终小安子决定带上大老婆马小玉、小妾翠花、家丁三十五人，先走旱路，再乘船只走水路，偷偷摸摸先出京，路上铺张一点儿没关系。

这几天，李明玉一直观察着小安子的动静。只要安德海一上路，他便立刻报告万岁爷。在安宅附近埋伏了三四天，这一天，"蛇"终于出洞了。只见安府大门打开了，一队人马从大院里走出，马车上放着许多大木箱子。

李明玉目不转睛地数着："一、二、三、……十八、十九、二十、……三十一、三十二、三十三。"

李明玉深深地舒了一口气，好家伙，整整三十三口大木箱。虽然没有打开木箱去看一看，但他断定里面一定满装着宝贝。因为，此时是盛夏季节，不像秋冬时分，需要随身带许多换洗衣服。另外，从家丁护卫木箱子的姿势看也一定装的是值钱货——每辆马车两旁都有手执长戟的护卫跟着，普通的衣物用不着这么壁垒森严的。

马车后面是一顶八抬大轿，想必小安子坐在里面。这轿子大红顶子，四周悬挂着红、黄相间的穗子，轿帘也十分考究。八人大轿后面是两顶颜色鲜艳的小轿子，一红一绿，十分引人注目。红轿子六个人抬着，绿轿子四个人抬着。也不用问，红的里面坐着小安子的大老婆马小玉，绿的里面一定是小妾翠花。

安宅附近的邻居们纷纷跑出来看热闹。人们唧唧喳喳、吵吵闹闹，面对安德海一行人评头论足，李明玉全听见、看见了。他立刻回宫向同治皇帝如实禀告了这件事。同治皇帝真的长大了，对于小安子私自出京这件事，他自有主张。他知道要杀小安子，非避开母亲西太后的干涉不可，也就是说，他——大清的皇帝，手中必须有实权。

之前，在同治皇帝的再三央求下，东太后同意他跟圣母皇太后学习看奏折了。事也凑巧，小安子刚离京两天，西太后便染上了风寒，高烧两天两夜，无法临朝。为了表示关心，东太后到储秀宫探望病中的西太后。两宫太后一见面，东太后便问长问短，安慰西太后，让她好好养病。

见西太后面目憔悴，看着积压几天的奏折，焦虑万分。东太后安慰似的说："妹妹一定要静心养病，朝政固然重要，但妹妹的身体更重要。万一妹妹操劳过度累坏了身子，这大清的天谁撑啊！"

一席话给西太后吃了颗"定心丸"，东太后的意思很明显：她钮祜禄氏已承认了叶赫那拉氏在朝廷上的重要性，清廷的大权应由西太后来掌握，她东太后丝毫没有夺权的意思。

西太后叹了口气，说："大清的天下，撑得好累呀！"

"妹妹，每当我看到你时，心里都不是滋味。这些年来，你肩上的担子实在太重了。"

"唉，有什么法子。皇上太小，我们姐妹不为他撑，谁能为他撑？"

听到叶赫那拉氏这句话，东太后趁势说："皇上今年十六岁，也不算小了，而且皇上天资聪慧，是不是该让他学着看奏折了？一来再过两年，他就要亲政；二来这几日妹妹身体欠佳，他学着看折子，多少能减轻妹妹的负担。"

东太后的态度很和蔼，而且她的话在情在理，就是西太后心里再不乐意，亲生儿子要学着看折子，叶赫那拉氏也不好说些什么。

就这样，同治皇帝每日在西太后身边学着看折子。这可乐坏了同治皇帝。

小安子刚离京，同治皇帝便亲书一密诏，派人火速送给山东巡抚丁宝桢，谕旨丁宝桢密切观察小安子在山东境内的活动，一有机会便抓住小安子的把柄，并立刻上奏朝廷参奏安德海。

密札发出十八天后，一直没有回音，同治皇帝焦急了。

不过，在母亲身边看折子，同治皇帝必须装出十分沉稳的样子，以免母亲生疑心。同治皇帝一份一份地看着，不是水灾，就是旱灾，所奏之事没有一件是他关心的。虽然才十六岁，但他已颇有城府了。他装作漫不经心的样子，不慌不忙地一份份看下去。

一张张奏折翻过去了，还是些报灾的折子，同治皇帝不禁想："怎么丁宝桢的折子还没到？难道小安子未到山东境内？或者他已出了山东？也许丁宝桢慑于太后的威严，不敢参奏小安子？"

同治皇帝心事重重，旁边的李明玉生怕万岁爷沉不住气，万一被西太后看出什么破绽来，杀小安子的计划就付诸东流了。李明玉干咳了几声，同治皇帝立刻会意，他连忙掩饰了自己的情绪，低下头来，继续看折子。

离开储秀宫的路上，同治皇帝说："李明玉，你说怪不怪，正常的话，丁巡抚参奏小安子的折子早该到京了，会不会出什么事？"

恨透小安子的李明玉也很心急，但此时他必须稳住万岁爷的情绪，切切不可火上浇油。于是，他便说："万岁爷，丁巡抚恨小安子，人所共知，他接到万岁爷的密诏后不会放过小安子的。也许只是时机尚未成熟，或者事情有些棘手。依奴才之见，万岁爷还是再耐心等几天，看看明天折子是否能到。"

却说山东境内也不太平，山东巡抚丁宝桢几天前便接到了同治皇帝的密诏。丁巡抚好兴奋，终于，他得到了大清皇帝的许可，可以名正言顺地杀安德海了。据推算，安德海此时正在山东境内，可能这一两天内就要到德州。德州知府赵新是个胆小如鼠之徒，五年前，赵新打通"关节"，花了上万两银子买了个官职，如今小安子招摇过市，他敢碰西太后的宠监吗？

果然不出丁巡抚所料，胆小怕事的赵新慑于"安公公"的淫威，当安德海途经德州时，他放走了安德海。事后，赵新深知丁宝桢会大怒，立刻上报。丁宝桢一面派心腹追踪安德海，一面以六百里加急把赵新的密札送往京城。

七月二十五日，即安德海离开京城的第十九天，同治皇帝终于看到了盼望已久的丁宝桢呈的奏折。

同治皇帝高兴得差一点儿叫出了声，他连忙将奏折放在看完了的那一边，同时用眼瞟了一下半倚在软榻上闭目养神的母亲。谢天谢地！西太后正偏着头休息，她根本没在意这一边。同治皇帝以最快的速度将丁巡抚的折子塞进袖筒里，然后又装模作样地继续看下去。

"皇上，今天有没有什么大事呀？"

西太后突然睁开了眼，吓得同治皇帝一身的冷汗。他下意识地看了看自己的袖筒，生怕母后看出什么破绽来。此时，没有什么政治经验的同治皇帝只觉得心跳加快、脸上发烫，汗珠子沁了出来。

一看儿子这模样，西太后关切地说："天太热了。皇上，看完以后就休息吧，皇上应注意龙体安康。"

"谢额娘。"

同治皇帝匆匆看完了剩下的几份奏折，见西太后懒散的样子，便向母亲告辞。他急于回到自己的小天地里，好好想一想下一步该怎么办。

刚回到寝宫，同治皇帝便忍不住那份兴奋与喜悦，他拍着太监李明玉的肩膀说："李明玉，天助朕也！"

李明玉会心一笑，他也为主子取得了第一步胜利而高兴。

"万岁爷，您看清楚了吗？肯定是丁巡抚在奏安公公的折子吗？"

同治皇帝笑眯眯地说："错不了。朕一看到'有安姓太监者'几个字，心里呀，就一个劲地直跳，再往下看，确实是参奏小安子的。不过，朕还没有看清楚是不是丁宝桢参奏的。不管是谁呈的折子，只要朕手中有了奏折，便可以下旨逮捕那个狗奴才。"

此时，同治皇帝心里一点儿谱儿也没有，下一步究竟应该怎么办，他不清楚。同治皇帝长这么大还从来没干过一件大事，没处理过一次朝政，今天，他有些不知所措。

"李明玉。"

"奴才在。"

李明玉能体会到主子此时的心情，所以他没敢走远，一直站在一旁听候吩咐。

"你马上去恭王府一趟，把恭王爷请来。"

"嗻。"

关键时刻，同治皇帝只能求助于六皇叔，因为在载淳的心目中，六皇叔奕䜣足智多谋，而七皇叔奕𫍽却有点滑头。

李明玉刚转身，同治皇帝又补充道："还有，让六王爷召集几位军机大臣，让他们在军机处等候。你再去明善府一趟，让明善火速进宫见朕。"

"奴才遵命。奴才斗胆，请问是否告知两宫太后？"

同治皇帝明白这最后一句话，是李明玉故意问的。机灵的李明玉曾多次提醒过同治皇帝，对于小安子的事情切切不可让西太后插手。此时，他巧妙地又提醒了一下皇上：注意保密！

同治皇帝与李明玉从小玩到大，从礼制上说，他们是皇上与奴才的关系，但实际上，他们有时就像朋友。

李明玉快速出了宫，很快到了恭王府。

这几日，恭亲王感到气短胸闷，所以除了每日上午大殿之上见见军机处的几位大臣，他哪儿也不去。这些年来，特别是几年前遭西太后的打击后，他学"乖"了，这是严峻的政治形势逼出来的。他不但没有削弱西太后的势力，反而让自己被推下了水。西太后以铁的政治手腕罢免了议政王，奕䜣领教了西太后的厉害。从此以后，在安德海的挑唆下，恭亲王与西太后的矛盾越来越深，但手中无权的恭亲王敢怒不敢言，他便把这一腔怒火全转移到了小安子身上。奕䜣对小安子是恨之入骨，恨不得小安子早一天下地狱。

虽然恭亲王心灰意冷，加上身体欠佳，但他坚持每日上朝面圣。十九天了，西太后都没有临朝，据说也是身体不适。以前，她也有些类似情况，每逢西太后不临朝，总是安德海向群臣们宣布退朝。可这次有些例外，十九天来没看见小安子的影子，每次都是李莲英向大臣们转达西太后的口谕：退朝！军机处候旨。

这奇怪的现象，不得不让恭亲王深思：只听说圣母皇太后身体不适，可没听说小安子有什么病。这狗奴才这些年来就像西太后的影子，几乎每天都能见着他，可近些日子怎么了？难道他躲到乌龟壳里去了？

想到这里，太监李明玉来报，皇上宣恭王爷觐见。李明玉走后，恭亲王连忙换上了朝服，立刻赶到养心殿。

李明玉又赶到明善府上，他想起了同治皇帝的叮嘱，对明善可不同于对恭亲王。恭亲王是皇叔，是自己人，而明善毕竟只是个普通的大臣，应该把握好这个分寸。所以，李明玉只好说："至于什么事儿，奴才也不清楚。不过，好像与明大人无关。"

明善这才舒了一口气，跟着李明玉急匆匆进了宫。

却说恭亲王奕䜣换上了朝服，他不敢怠慢，立刻派一个心腹太监去通知文祥、宝鋆、李鸿藻等人军机处等候，自己则到了养心殿。

同治皇帝一见六皇叔来了，便急切地说："六皇叔，该死的小安子这下撞到咱们的手上了，我非杀了他不可！"

此时，恭亲王并不知晓事情的来龙去脉，便问："皇上，我还没弄清楚是怎么回事呢？"

同治皇帝笑着说："是呀，我太心急了。是这么回事……"

同治皇帝坐了下来，从头到尾慢慢道来。

恭亲王望着同治皇帝，满意地点了点头，说："皇上虽然年少，但处事果断、沉着，真乃大清朝之幸啊！"

听到皇叔的称赞，同治皇帝开心地说："六皇叔过奖了，侄儿这正犯愁呢，下一步真不知该怎么办。"

叔侄二人正你一言、我一语地讲着，明善到了。他低着头，向皇上、恭亲王请了安。

同治皇帝示意李明玉给明善端个凳子，让他坐下好说话。

"明爱卿，朕问你，小安子私自出京，你知道吗？"

同治皇帝径直切入正题。

一听这话，明善又高兴又为难。高兴的是今日之事不是冲着他明善来的，自从前一阵子西太后责令奕䜣等人查处内务府几位大臣，明善如惊弓之鸟，生怕哪一天又把他揪出来；为难的是，这个问题并不好回答，说知道呢，为什么知道此事不及时禀报？说不知道吧，内务府的首席军机大臣怎么会不知道！

"这个……"

"到底是知道，还是不知道？"同治皇帝显然有些不耐烦了。

明善吞吞吐吐地说："臣是听说过。"

恭亲王也沉不住气了，厉声道："什么叫'听说过'？这话从何讲起？"

明善也很惧怕六王爷，虽然平日里奕䜣被西太后压着，但他在大臣中的威信很高，就连醇亲王奕譞、惇亲王奕誴都有点儿怕他，明善当然也不敢得罪他。

"回王爷的话，二十几天前，小安子告诉我，说他奉了圣母皇太后的懿旨，准备出京南下采办龙袍，两三个月便回来。"

恭亲王阴沉着脸，责怪明善没上报，明善吓得浑身直哆嗦。同治皇帝看看六皇叔，又看看明善，开口了："小安子分明是假传懿旨，难道你不长脑子吗？两宫太后那么圣明，事事都依家法处之，哪会做出有违祖制的事情来？"

恭亲王再次向皇上投来赞赏的目光，他觉得皇上的确长大了，一开口就这么得体，真有明君之威仪。

"这等胆大妄为之徒，杀了他。"同治皇帝继续说。

恭亲王与明善对视了一下，他们没想到皇上主意已定，而且是那么肯定的语气。

此时，恭亲王的心里还是有些顾忌的。这些年来，他被"铁女人"西太后制伏了，他深知小安子在西太后心目中的分量。果真顺利杀了小安子还好，万一杀不了他，日后小安子一定会像疯狗一样来反扑恭亲王。

"皇上，还是再三考虑考虑吧，免得留下后患。"

小皇上显然有些不满了，在载淳看来，他的六皇叔有才干，有魅力，有胆识，而且又精明强干。小的时候，他还曾崇拜过六皇叔，怎么今天他这么优柔寡断，这不是恭亲王的风格！

"还犹豫什么，杀就杀了！"

恭亲王生怕皇上太年轻，血气方刚，做事缺少冷静，他连忙说："不如禀告两宫太后，让她们定夺。"

小皇上终于明白了，六皇叔是慑于西太后的淫威。小皇上体贴恭亲王的苦衷，他说："也好，我们现在就去找母后皇太后。明善，你先回去吧，在军机处等候。"

同治皇帝已经将话挑明，他只能让东太后知道小安子的事情，绝对不肯让生母西太后知道这件事。恭亲王与明善不禁暗自佩服同治皇帝的英明，不禁对他们的皇帝肃然起敬。

这几日，已经移居钟粹宫的东太后也是坐卧不宁。十几天前，她说服了西太后，让同治皇帝学着看奏折，她总觉得要发生什么事情，而且这件事非同小可。

从礼制上说，咸丰皇帝在世时，东太后是皇后，西太后是贵妃，她们一正一庶，东太后的地位要远远高于西太后。但这位钮祜禄氏生性温和、谦虚贤惠，两宫太后垂帘听政后，西太后立刻表现出极大的权欲，她咄咄逼人、锋芒毕露。东太后不愿意和她争高低，以致造成了西太后的错觉：东太后怕她。

在这种错觉的驱使下，西太后一天比一天不把东太后放在眼里。名义上是两宫太后垂帘听政，实际上是西太后一个人说了算数。即使是相当重要的军机大事，西太后也往往不和她商量，一个人做主起拟谕旨，然后也不解释，只是让东太后钤上印，那枚"御赏"印不过是一个形式而已。

久而久之，东太后也不愿再过问政事了。她一天到晚躲在寝宫里过着一种清教徒似的生活，吃的简简单单，穿的、用的也不奢侈，唯一能让她感到一丝安慰的是载淳渐渐长大，他健康、聪明、活泼、善良，虽然不是自己所生，但胜过亲生儿子。

咸丰皇帝早年与皇后钮祜禄氏感情笃厚，特别是叶赫那拉氏受宠以前，咸丰皇帝对他的皇后既爱又敬，夫妻携手游园，吟诗作赋，十分和美。自从咸丰皇帝宾天后，东太后便处于一种凄凉、孤独的境界之中。她望着华丽的宫殿，总有一种"物是人非事事休"的凄苦感觉。

正在这时，只听得太监高声报："皇上驾到！"

东太后忙揩去眼角的泪水，这个皇帝是她从小疼大的，一听说儿子来了，东太后顿感欣慰。

"皇额娘吉祥！"

东太后轻轻地拉住小皇上的手，再一看恭亲王站在皇上的身后，正欲施礼，东太后笑了笑，说："老六，都是一家人，又不是在朝上，何必如此拘礼。"

恭亲王道了谢，三个人便坐了下来。三四天前，同治皇帝曾偷偷地告诉东太后小安子离京一事，包括皇上写给丁宝桢的密诏，东太后也略知一二。但是，丁宝桢参奏小安子的折子已到了皇上手中，东太后并不知道。她见恭亲王一脸的严肃，虽然心里也猜出个七八分，但同治皇帝没有提及此事，东太后还是不说的好。

同治皇帝从衣袖筒里拿出丁宝桢的折子，东太后接过折子，连忙问："那边的知道了吗？"

恭亲王与同治皇帝都直摇头。

同治皇帝说："杀小安子前，不能让那边的额娘知道，否则，事情难以顺利进行。"

东太后默默地点了点头。不过，她也十分担心，说："小安子作恶多端，实在令人发指。不过，杀小安子谈何容易，万一你额娘知道了，她肯定会极力阻拦，杀不成，反而我们都会处于被动的境地。"

东太后的担心其实也是恭亲王与同治皇帝的担心。依目前情况看，西太后正宠小安子，一旦西太后发现她的宠监处于危险之中，她一定会加以保护的。一旦她发怒，下令放了小安子，谁也阻拦不了。

恭亲王见东太后有些犹豫不定，此时，他的决心突然大增。杀小安子，是他多年来的愿望，再者，此时的他必须强硬起来，坚决支持皇侄载淳生平第一次要干的大事，以增强同治皇帝的自信心。

"臣启奏太后，小安子私自出京有违祖制，罪在不赦。理应准丁宝桢之奏折，立刻逮捕小安子，就地正法，以正朝纲。"

东太后也很想支持儿子顺利地完成这件大事，同时，她也认为恭亲王的话很有道理。只是她担心西太后事后和她闹起来，为了一个太监伤了两宫太后的和气，不值得。于是，她想了一下，说："小安子私自出京已闯下大祸，杀了他不过分。只是他是那边的大红人，如果由我下旨，日后她必定跟我闹个不休，所以，我不敢专主。"

恭亲王回答："尽管西太后十分宠信小安子，但论起祖制来，小安子也是犯了杀头之罪的。即使她再有心祖护小安子，也不能违背祖制。至于西太后如有非议，臣可力持正论。"

有了奕䜣这句话，东太后不好再说什么。她见皇上和恭亲王都下决心杀小安子，虽担心西太后撒起泼来，和他们闹个没完；但她又觉得很高兴，孤独之中的东太后忽然觉得身后有了力量，起码，小皇上和恭亲王与她站在一起。再者，杀了小安子，再没有人专门离间两宫太后了，也许两宫太后的关系会慢慢好起来。

军机处里，空气像凝固了的一样，几位军机大臣接到皇上的口谕后立刻聚集到了这儿，文祥、宝鋆、李鸿藻这几个人，平日里与恭亲王关系甚密，今日由奕䜣派人传皇上的口谕，让他们军机处等候。他们知道又有大事要发生了。

一个多时辰过去了，大家你看看我、我瞧瞧你，谁也没有说话，他们在心中猜测着今天将要处置的大事。天色已晚，还不见同治皇帝及恭亲王的身影，他们又禁不住踮起脚向外张望。

初秋的夜晚，凉风习习，虫儿在草丛中低吟，星星在空中眨眼，偶尔有几颗流星划过天空，一瞬即逝。

正在大家议论纷纷之时，同治皇帝及恭亲王的轿子到了。看着他们二人严肃的表情，几位军机大臣心里明白了几分。同治皇帝把丁宝桢参奏小安子的折子拿了出来，在空中摇了摇。

李鸿藻立刻明白了，他接过奏折，轻轻地读了起来："有安姓太监者，自称奉旨差遣……或系假冒差使，或系捏词私出，真伪不辨……"

几位军机大臣深深地舒了一口气。

读罢，恭亲王首先开口道："小安子有违祖制，私自出京，其罪不可恕，你们都谈谈看法。"

奕䜣说了这句话，大家心里都有了数，看来奕䜣主张严惩小安子。可是，半晌，依然是无人发话，奕䜣急了，点名让他们发表意见。最后几位大臣一致同意杀小安子。

就这样，宫闱密计——"杀小安子"便出台了。

奕䜣令李鸿藻即刻拟旨，同治皇帝目不转睛地盯着师傅看，他相信李师傅会斟酌字句，以求稳妥的。密诏大意是："军机大臣寄直隶、山东、河南、江苏各省督抚暨漕运总督：钦奉密谕，据丁宝桢奏，'为太监自称奉旨差遣，招摇煽惑，真伪不辨'。据称本年七月初六以来运河通路有太平船二只，小船数只，驶入直隶、山东、河南、江苏境内，仪卫煊赫，自称钦差，实无勘合，形迹可疑。据查系安姓太监，私自出京，罪不可赦，着丁宝桢迅速派干员，于所属地方，将该太监查拿，毋庸审视，即行就地正法，不准任其狡辩。如该太监闻风折回直隶或潜往河南、江苏等地，即着曾国藩等饬属一体严拿正法，毋庸再请旨。钦此！"

谕旨上说得十分清楚——"就地正法，毋庸审讯"，可见同治皇帝杀小安子的决心。同治皇帝决定让小安子死在京外，不得押送回京，否则，后果将不堪设想！

同治皇帝从头到尾看了一遍，郑重其事地钤上御印，然后说："朕以为还要加上一句——倘有疏忽，惟该督抚是问。"

大家都掂得出这句话的分量，同治皇帝已明确指示：非杀安德海不可！

同治皇帝显得有些兴奋，也有点儿紧张，毕竟这是他当皇帝以来第一次独立作出的重大决策。他急切地问恭亲王："六皇叔，圣旨何时能到丁巡抚手中？"

奕䜣估算了一下说："六百里加急廷寄，最早明天夜里子时可到济南。"

载淳兴奋地搓着手："好，不过三四天，小安子的人头就要落地了。"

几位军机大臣注视着他们的皇上，都不约而同地笑了。

花开两朵，各表一枝。这会儿再回头说说丁宝桢。

那日，丁宝桢接到了德州知府赵新的"夹单密禀"，便立刻拟了份奏折以六百里加急送往京城。

他早就料到赵新定会放走安德海，因为赵新这个人平日的为人他太清楚了。赵新胆小怕事，不愿意得罪任何人，所以，他只会密切监视小安子的行踪，而不会抓小安子的。

送走了奏折，丁宝桢的心里并不轻松，更艰巨的任务还在后头。抓小安子——杀小安子，这并不是什么美差，弄不好会赔上自己的性命。眼看着小安子就要出山东的地界了，可不能让他溜到江苏，到了江苏，丁宝桢就是再想抓他，也抓不着。想来想去，丁宝桢决定立刻拟份密札送往聊城，给东昌府署理知府程绳武，令他务必抓住安德海并火速押往济南府。

程绳武，常州人，两榜进士出身，此人深得丁宝桢的重用。他不像赵新那样畏首畏尾，他办事既有魄力，又十分谨慎，不但得到丁巡抚的赏识，而且也得到东昌府老百姓的爱戴，人称"程青天"。

程绳武很快接到了丁宝桢的密札，他连夜赶到东昌府总兵王心安处，请求王心安帮个忙，共同捕获安德海。对于小安子以往在宫里的所作所为以及安德海的权势，王心安也略知一二。他愿意同心协力，共同完成使命。

两人计谋了半天，一定要在山东境内捉拿小安子。他们一致认为安德海在泰安县可能会逗留几天，因为泰安县内有座名山——泰山，泰山上有座泰庙，小安子有可能去逛逛泰庙，烧炷高香求菩萨保佑他一路顺风。

为了保证万无一失，他们决定派重兵火速赶往泰安县，并与泰安知县何毓福取得联系，争取在泰安境内抓住小安子。泰安知县何毓福也有兴奋与紧张之感，他一个七品芝麻官竟抓获圣母皇太后身边的第一大红人——四品顶戴安德海，他焉能不兴奋。不过，何毓福深知不能硬抓安德海，小安子也带了不少家丁，万一打起来，小安子趁乱溜走怎么办。只能智取，来个"鸿门宴"，在不知不觉中捕获小安子。

却说小安子出京以来十几天，他先取旱路至天津，风风光光三四天，捞了不少财物，还有那一叠叠让人疯狂的银票。可自从进入山东境内，他改了水路，沿途尽量不靠岸，他生怕山东巡抚丁宝桢来找麻烦。到了泰安最后一站，再往南行便进了江苏境内，相对来说安全一些。

到了泰山脚下不登泰山，太让他遗憾了，所以他决定在泰安小住两天。山东境内已度过了八九天，也没发生什么事儿，想必这一两天也不会有什么事情。安德海准备今晚早早休息，明日一早登泰山。

正在这时，一位官差模样的人来到了小安子下榻的客栈，原来是泰安知县派人来请"安钦差"，为他接风洗尘。

小安子这一去便受到了软禁，何知县令人把安德海先用酒灌醉，然后把他放在一辆马车里，连夜赶往济南府。

当安德海昏昏沉沉入睡之际，押送他的人生怕他醒来后逃跑，便用一根粗绳子紧紧地捆住了他的双脚。

安德海一觉醒来，已到了济南府，他想动弹一下，但浑身软弱无力、四肢发麻，再一看，自己被绑住了。他不禁一惊，大叫："你们干什么？太过分了，快快给本官松绑。"

只听得一个人说："安钦差，你再叫也没有用，还是省些力气吧。"

安德海大吼："你们弄错了吧，我是奉旨钦差安德海。"

那人依然很冷漠地说："错不了，丁大人要捉拿的人正是你。"

济南巡抚衙门大院，灯火辉煌，人来人往。丁宝桢彻夜未眠，此时，他正坐在正厅一口接一口地吸着旱烟。丁宝桢身居二品，此外还兼任兵部侍郎及太子少保等职务。他为人正直、疾恶如仇、勤政爱民，所以深得朝廷的赏识与山东老百姓的爱戴。

自从参奏安德海后，他就没睡过一个安稳觉。一旦杀不了小安子，恐怕日后死的就是他丁宝桢。丁宝桢出生入死几十年，他早已把生死置之度外。他并不怕死，但怕死得不明不白，稀里糊涂就当了小安子的"刀下鬼"。

此时，丁巡抚一刻也不敢放松，他派了几个心腹站在济南城边向北方张望，希望能早一点接到皇上的谕旨，以名正言顺地杀小安子。

整整三天过去了，仍不见京师来人，丁宝桢心里直犯嘀咕："是西太后扣留了折子，还是军机处大臣们的意见不一致？主张杀小安子？还是不主张杀？究竟哪一种势力更强大？"

丁宝桢越想越担心，他深知此事万一被西太后知道了，她一定会出面干预此事，毕竟安德海是她一手扶植起来的，她舍得杀吗？万一圣旨一到不准杀，如何处置小安子呢？常言道：请神容易送神难。

他越想越犯难。思来想去，他决定杀小安子，并且要赶在圣旨到达之前就杀了他。圣上若恩准杀小安子，自不必说；若圣上不准杀，反正人头已经落地了，要追究责任的话，他一人承担，绝不牵连属下。

正在丁巡抚下决心杀小安子之际，只听见一阵清脆的马蹄声由远而近。

"嗒嗒嗒……"

一阵急促的脚步声打破了黑夜的寂静，丁巡抚霍地一下站了起来。

果然不出所料，总兵王心安三步并两步，疾入正厅。正欲拜见丁宝桢，一把便被他扶起："辛苦你了，办得怎么样？"

　　"心安给丁大人交差。人已押至济南。"

　　"好！人呢？"

　　王心安喘了口气，说："一共押来了五个人，除了安德海之外，还有他的老婆、二叔、管家、太监陈玉祥。"

　　丁宝桢用赞许的目光注视着他一手提拔起来的王心安。王心安是武举出身，他显得很兴奋，也有些沉不住气，便催促着："丁大人，现在就提审吧！"

　　丁宝桢指了指肚子，他俩都笑了。

　　王心安一拍脑门子，笑着说："呀，不是丁大人提醒，在下已经忘了整整一天都没吃东西了。"

　　安德海被蒙上了眼睛，由一个人押着到了济南衙门花厅里。刚进花厅，他就被松了绑，只见两个卫士模样的人给他端上一杯茶，送上一条毛巾。

　　小安子心里直纳闷儿："丁宝桢的'葫芦'里究竟装的什么药？说是抓我吧，为何还要以礼相待；说是请来的吧，为何一路要五花大绑，还被蒙上了眼睛？"

　　安德海忍不住，问了一句："这是什么地方？"

　　两个卫士一言不发，转身离去。他见四下无人，便欲逃走，谁知他刚一迈步，就见十几个卫兵"呼啦"地一下子全围了上来。

　　安德海只好说："我要方便一下。"

　　两个卫兵跟着他到了茅房。小安子是个阉人，他当然怕羞，可两个卫兵一左一右地站在他的身边，气得他直翻白眼。回到了花厅，卫兵又全退了出来，任凭小安子如何急躁，所有的卫兵就是一言不发。

　　小安子索性端起那杯茶，慢慢地品起茶来。过了一会儿，小安子倚在椅子上迷迷糊糊地睡着了，一觉醒来已是上午。突然，一个声音传来：

　　"提审安德海！"

　　小安子先是一惊，但立刻又稳住了情绪。自从昨天晚上赴"鸿门宴"至现在，小安子什么都想透了。他想："怕什么，反正我奉了圣母皇太后的口谕才出京的，如今也算个钦差大臣，谅他丁宝桢也不敢拿我开刀！"

　　为了表现自己"钦差大臣"的风度，安德海故意放慢了脚步，脸上似笑非笑，一副毫不在乎的神情。他一晃三摇地登上了大堂的台阶。有两个差人为他打起帘子，刚踏进大堂，只听得一声大吼。那声音像山崩、像地裂、像海啸，直震大堂。

　　"把安德海押上来！"

小安子踱进大堂，抬头一看：呀！正面悬着"光明正大"金匾，正座上坐着丁宝桢。一年前在京城天福酒楼里，小安子与丁大人打过交道。丁大人为二品，小安子为四品，此时见到丁大人，小安子当然应该施礼，但小安子动也不动。

丁宝桢的一左一右各有一个持刀卫兵，从大门至正座，两边站得也全是卫兵，小安子不禁心里有些紧张。

此时，又是一声大吼："大胆太监，见了丁大人也不施礼！"

小安子自知礼亏，他只好略向前跪了一下，单手下垂："丁大人在上，安某有礼了。"

丁宝桢上上下下、仔仔细细打量着小安子，用极其冷峻的声音说："下面站着的是安德海吗？"

"丁宝桢，一年不见，难道你不认识安某了？"

小安子满不在乎地回答。

丁宝桢继续问："哪里人？"

"京城宫里的。"

小安子故意答非所问，总兵王心安狠狠地瞪了他一眼，他只好马上改口道："直隶南皮人。"

"今年多大了？"

"三十三岁。"

丁宝桢沉吟了片刻，说："哦，才三十三岁，不过，丁某看你的派头可不小啊！"

小安子眼珠子一滚摆起架子来："过奖了。安某倒没有什么派头，不过是当年，也就是当今圣上登基的时候，安某为两宫太后办过些事儿。"

丁宝桢知道小安子此时提"辛酉政变"意味深长，但他不吃这一套，说："安德海，你在宫中是干什么的？"

小安子气得直瞪眼，但他还是说了句："圣母皇太后身边的太监总管。"

"哦，只是个太监总管，那你怎么不在宫里当差呢？跑出京城干什么？"

丁宝桢步步紧逼，逼得小安子没有退路，他只好亮出"王牌"："奉旨钦差，采办龙袍。"

小安子故意提高了嗓门，并且说得很慢，好让众人听清楚"奉旨"二字。

丁宝桢又问："既然是采办龙袍，那奉的是谁的旨呢？"

小安子不慌不忙，把头一扬，显示出不屑一顾的样子："当然是圣母皇太后的懿旨了。"

丁宝桢早料到他会来这一套，便追问道："既然奉了懿旨，为什么没有明发上谕？"

小安子并不示弱，满不在乎地说："那得去问一问军机处，我只知道奉了西太后的口谕采办龙袍，其余的一概不知。"

小安子振振有词，丁宝桢不禁心中冒火。不过，此时丁宝桢必须强压心头的怒火，向小安子索要勘合。

小安子想不到丁宝桢会来这一手，他哪儿有什么勘合呀！他知道丁宝桢这个人吃软不吃硬，你越戗他，他越犯硬。于是，小安子马上换了一副嘴脸："丁大人，你是外官，恐怕不知官里的一些事情。宫里的公公，有的在内廷当差，有的在外廷当差，有的是御前行走。我呀，便是御前行走。"

丁宝桢明白，小安子亮出了自己的身份，暗示丁大人最好不要招惹他。

丁宝桢冷笑了一下："哼！我是外官，宫中的一些规矩的确不太清楚。不过，你是太监，地方上的一些规矩，恐怕你也不太清楚。你一没有上谕、二没有勘合，你就是私自出京，有违祖制！"

"有违祖制"这四个字，丁宝桢特别加重了语气，吓得小安子直打哆嗦。在宫中生活了十几年，"有违祖制"的分量，他掂得出来。万一丁宝桢抓住这一要害不松手，那可就真要他小安子的命了！

小安子只好低下头，继续软下来："丁大人，您老听奴才说，我确实是奉了圣母皇太后的懿旨的。您想一想，我平日在宫中太后面前当差，一天不伺候主子也不行呀。可我今天已出宫二十来天了，我再大胆也不敢拿性命开玩笑呀。不信，您去问问太后，我有没有奉她的懿旨？"

丁宝桢猛地站了一下，怒击几案："哼！还敢狡辩，奉了懿旨，怎么拿不出凭据。空口说一说，就等于是懿旨吗？大胆奴才，还不从实招来！"

小安子说："丁大人，如果我没奉太后懿旨，沿途州县能放过我吗？天津、沧州等知府，哪一个不把我当成钦差大臣招待，可偏偏到了山东这里出麻烦。"

言语中，小安子已显得有些不耐烦了。

站在丁宝桢身边的王心安开口道："安德海，你说对了。今天，你碰上了奉公守法、刚正不阿的丁大人了！"小安子心中有气，脱口而出："碰上丁巡抚怎么了，难道还把我宰了不成？"

王心安冷笑了一声："大胆奴才，抬起你的狗头来，看清楚了，那是什么？"

小安子连忙抬头一看，他不禁倒抽了一口凉气，心里连连叫苦。他看到了"王命旗牌"。

所谓"王命旗牌"就是印有"令"的兵部文书。凭这个文书，在山东境内，只要是比丁宝桢低一等的官员，他丁宝桢都可以先斩后奏。

小安子"扑通"一下跪到了地上，声声求饶："丁大人，您老高抬贵手，安某将感激不尽，对于大人的大恩大德我没齿难忘！"

此时，审讯小安子已取得了初步胜利。丁宝桢必须彻底打垮他，于是，继续问："大胆奴才，自从七月初七出了京城，这二十来天，你都干了些什么？"

"规规矩矩，没干什么呀！"

王心安冲口一句："不见棺材不掉泪！快招，否则叫你皮肉吃苦。"

小安子仍沉默不语，丁宝桢问："在天津、沧州，你干了些什么？到了德州，你又干了什么？还有，改水路后，你船上的'三足乌'旗是什么意思？"

小安子一听，心中甚吃惊："好个丁宝桢，原来你早已暗中监视我了！"

丁宝桢咄咄逼人，一步也不放松，问道："出京时，你带了那么多大木箱子干什么？一路走过来，又多了十几口箱子，怎么回事？"

"那都是他们的一点点心意。丁大人，你也有三朋四友的，朋友送点小礼物给你，你会拒绝吗？"

"你素来与天津、沧州知府不认识，怎么称得上'朋友'？这分明是你一路搜刮民财！"

丁宝桢一席话说得小安子哑口无言。

丁宝桢又说："在德州时，你做过寿，做寿时为何将龙袍挂在船桅上？"

"丁大人有所不知，龙袍乃圣母皇太后所赐，我又没穿上它，有什么过错？"

"放肆！龙袍乃御用之物，岂能容你玷污！单凭你挂上龙袍这一点，我就能治你死罪！"

小安子的脸色一下子变了。他真想不到，曾经给他带来荣誉的龙袍，也给他带来了厄运。

丁宝桢乃翰林出身，怎会不知"三足乌"的典故，他分明是明知故问："安德海，你解释解释，你悬挂的那面小旗子，画着三足乌鸦是什么意思？"

小安子像泄了气的皮球，已经没有力气了，他企图为自己遮掩，便说："那是我对圣母皇太后的一片心意。"

"心意？哼！分明是打着太后的旗号，出来搜刮民财、招摇惑众，已有污太后的圣明。安德海，你一路假冒钦差大臣，我手上已掌握了你的罪证，押下去。"

小安子被押到了济南附近的历城监狱，为了安全起见，丁宝桢下令不准任何人探视。专等圣旨一到，小安子的人头就要落地。

把安德海送到历城监狱，为了是防止安德海的人集结济南劫狱。万一"安党"劫狱成功，放虎归山，一定会有一大批人遭殃。奕䜣、文祥、李鸿藻等军机大臣不必说，程绳武、王心安也不必说，就是同治皇帝也会面临危险。历城县地处偏僻，人口稀少，安德海的死党无论如何也想不到他会关在那里。

小安子被押到了历城监狱，他心里还存有一丝幻想："丁宝桢，只怕你请的容易，送的难。你一定是头脑中少根弦，竟敢老虎头上拔毛。你的胆子也太大了，抓了我安钦差，等太后谕旨下来，你吃不了兜着走。"

经过审视，丁宝桢和几位同僚分析了一下，一致认为安德海既无谕旨，又无勘合，实属私自出京，罪不可赦。但从小安子的老婆及管家口中得知小安子的确是奉了西太后的口谕，不然，他的气焰不会那么嚣张。

丁宝桢担心的是万一西太后看到自己参奏小安子的奏折后，一口咬定是她派安德海南下采办龙袍的，马上补一份明谕要求放了小安子，事情可就难办了。

丁宝桢沉默不语，四周的人都注视着他，周围一点声音也没有。突然，丁宝桢紧攥着拳头猛地敲了一下几案："杀，明天便杀安德海。"

一语惊四座，在场的所有人都敛住了笑容。本来，杀小安子在人们的预料之中，但圣旨尚未到，明日就杀，似乎有点儿太仓促了。程绳武、王心安以及历城知县潘伟、济南文案赵老夫子等人对视了许久，一时不知该说什么才好。

沉默了一会儿，济南府文案赵老夫子干咳了两声，想说些什么。这个赵老夫子为人厚道、老成持重，平日里他少言寡语，可一旦说出话来分量就不轻。

"丁大人，安德海私自出京，罪不可赦。但若圣旨一到，要求即刻押送安德海等人回京审讯，我们交不出人来，怎么办？"

丁宝桢也陷入了左右为难的境地之中：杀？不杀？何时杀？先关押？

怎么办？怎么办？

一刻钟的工夫，丁宝桢从牙缝里挤出一句话来："我丁宝桢就是不交人，先斩后奏，太后再怒也奈何不得！"

一直没说话的王心安开口了："丁大人，在下记得奏折上写着'请旨办理'的字样，既然如此，圣旨未到，如何能杀小安子？"

众人纷纷向武举出身的王心安投去赞许的目光。这位王总兵平日里做事显得有些莽撞，但此时这句话说到关键处了。

丁大人一听王心安也这么说，他不得不再三思量了！

经过一番商议，在何毓敏的提议下，丁宝桢决定明正典刑，将安德海绑赴法场，以正国法。这样不仅可以伸张正义，让万民皆知，而且能显示国法的威严，让老百姓心服口服。

圣旨还没有到，丁宝桢等人处在一种焦虑的状态之中。他们觉得时间过得太慢、太慢。

正当人们神思倦怠之际，一阵清脆的马蹄声由远而近。此时，正是深夜，马蹄声传得特别远，丁宝桢等人不禁为之一动。

莫非圣旨到了？

这天夜里，抚标中军绪承没敢合眼，他一听见马蹄声，不由自主地跑了出来。果然不出所料，是朝廷派出的传旨公公。

绪承兴奋地大喊一声："丁大人，圣旨到！"

却说北京大清皇宫里，同治皇帝密召恭亲王等军机大臣，拟了一份密旨，以六百里加急谕令山东巡抚丁宝桢，小安子的人头保不住了。

密旨发出后，同治皇帝心里并不轻松。纸是包不住火的，早晚有一天，西太后会知道这件事，她会做出怎样的反应呢？同治皇帝很惧怕他的生母西太后，万一母亲责问此事，小皇上真不知如何回答才好。

同治皇帝的满脸愁云瞒不过他的恩师李鸿藻，李师傅关切地说："皇上，放心吧。小安子一贯专横跋扈，贪赃枉法，只要朝廷掌握他的罪证，圣母皇太后就是想袒护他，也袒护不成。"

"师傅，请继续说。"

在载淳面前，李鸿藻不单单是臣子，他更是师傅、是父兄、是朋友。李师傅无论在什么时候，总是和载淳站在一起，悉心地引导学生、真心地对待皇上，这不能不说是同治皇帝的人生之幸。

"皇上，臣听说小安子这几年在宫外建了处豪华府邸，依老臣之见，既然已责令丁大人稽查小安子并就地正法，就应该立刻查抄小安子的府邸，查到有力证据公布于众，以正国法。"

"说得好！朕即刻着人承办此事。"

同治皇帝谕令军机大臣文祥等人去查抄安宅，搜出二十多万两白银的银票，还有大金元宝一堆。这些钱财恐怕到他老死都花不完。

西太后病了十几天，经过太医的诊治和李莲英的悉心照料，总算痊愈了。

今天，秋风习习，天气晴朗，西太后的心情很不错。她忽然想听戏，李莲英连忙把宫中的戏班子找来，锣鼓家伙一响，戏就开场了。西太后一边看着戏，突然又想起了小安子。

"小李子，你师傅该到江苏了吧？"

"回主子的话，奴才估计他此时应在山东境内。"

西太后一听这话，不禁微微皱了一下眉头，她深知山东巡抚丁宝桢素来与小安子不和。

"小李子，你算一算，你师傅几时才能入苏杭？"

"嘛。"

此时，西太后与李莲英都料想不到，安德海此生此世永远到不了苏杭了。

一段戏唱完了，西太后还没过戏瘾，于是口谕李莲英："小李子，快去养心殿看一看，皇上有空吗？有的话，请皇上也来听戏。"

李莲英连忙赶往养心殿去请同治皇帝，他不敢耽搁，一路小跑到了养心殿。他急切地请皇上去听戏，便没有像往常那样先通报一声。他一脚门外、一脚门里，刚想开口，只听见里面有两个人在低声细语：

"李公公，快说说呀，这究竟是怎么回事呢？"

一位太监死缠住李明玉，执意让李明玉告诉他什么事情的来龙去脉。李明玉守口如瓶，只是说："你不要再打听什么了，我也不会给你讲的。不过，这件事情，你是从哪里听说的？"

"李公公，怪不得万岁爷宠你，原来你还真是半点风声也不露呀。你不说，我也知道一些，今天我出宫办事儿，一到街上就听人们议论纷纷，说昨天夜里文大人等抄了安公公的家，抄查的财物全放到了内务府。"

李明玉装作什么也不知道，淡淡地说："胡扯什么，小心万岁爷撕了你的狗嘴。"

李莲英蹑手蹑脚地退了出去，不禁倒吸一口凉气："这么大的事情，主子竟全蒙在鼓里了。"

李莲英一口气跑到了西太后的面前，他凑近主子低语着，只见西太后脸色"唰"地一变，急促地对小李子说："快，你去内务府打探一下消息。"

李莲英刚走近内务府，就见两个侍卫拦住了他的去路。

李莲英嬉皮笑脸，拱手问安："两位差哥好！请行个方便，小弟要进去找明善大人说句话。"

"这位公公，不是咱们二人硬和你过不去，千真万确是大人刚刚吩咐过，什么人都不能进去。他正在承办重要公务，公公还是请回吧！"

其实，李莲英并不是真的想见明善，他只是想来探探虚实。

回到西太后身边，小李子急切地对主子说："主子，看来安公公凶多吉少，既然已经抄了他的家，那么他人也在劫难逃。主子，快想个法子救救他吧。"

西太后不由自主地按了按胸口，她想努力使自己平静下来。她深知一定发生了什么事情，现在最重要的是打探情况，以想出个万全之策来应付突如其来的事件。她开口道："小李子，你快到恭王府去一趟，找六王爷传个口谕给他，令他即刻进宫。"

"嗻。"

李莲英直奔什刹海旁的恭王府。此时，恭亲王正坐立不安，密旨是发出去了，小安子的家也抄了，可西太后那边怎么去解释呢？西太后的脾气，他是知道的。一旦翻起脸来不认人，小安子是他的宠监，杀小安子就等于打西太后一巴掌，一向专横无礼的她肯善罢甘休吗？

恭亲王越想越犯愁！

"王爷，宫中的李公公求见。"

"哪个李公公？"

"李莲英。"

恭亲王的心里"咯噔"了一下：不好，一定是西太后派小李子来兴师问罪的。此时她正在气头上，我老六可不能去撞这个枪口，还是缓一缓再说吧。

恭亲王连忙往床上一躺，又让六福晋用一条毛巾把他的头扎上，装作有病的样子，说："召。"

李莲英刚踏进六王爷的卧房，便双腿下跪行了个大礼："王爷吉祥！奴才小李子给王爷请安了。"

李莲英没听见六王爷发话，他哪里敢站起来，只好继续跪着。

只听见六福晋温和地说："李谙达免礼平身！"

"谢福晋。"

李莲英抬头一看，哟，六王爷病了，福晋坐在床边，不时地送水送药。

恭亲王费了好大的力气才撑起身子，抬头问："小李子，有事儿吗？"

李莲英低声回答："圣母皇太后听说安公公出事了，特遣奴才来请王爷进宫商议此事。"

李莲英的目光始终盯着恭亲王，他想从王爷的面部表情上看出什么破绽来。可六王爷是何等精明之人，他过的桥比小李子走的路还多，风风雨雨近四十年，岂能让一个初出茅庐的奴才看出什么名堂来？

只见六王爷紧锁双眉，显得十分不适："本王昨日染了风寒，现在实感不适，没法进宫。不过，关于小安子的事情，本王知道一点点。安德海私自出京，有违祖制，他一路招摇惑众、搜刮民财，山东巡抚丁宝桢已将他参奏了。看来，龙颜大怒，谁都难保他的人头！"

六王爷这段话说得很有分量，这是明确告诉李莲英，即使你主子西太后再心疼，恐怕也没有回天之力了。

此时，李莲英的羽翼尚未丰满，他既要牢牢抓住西太后"这根粗绳"，同时又不愿像安德海那样得罪王公大臣，特别是六王爷这等有政治实力的人物，他也必须紧紧巴结着。他深信，今后还有用得着他们的地方。

李莲英了解了事情的大致情况，便点头哈腰地说："王爷，太后的脾气你也是知道的，拖过了今天、明天，拖不过后天。王爷总不可能一辈子不进宫吧？依奴才之见，不如王爷快快想出个万全之策，由奴才向太后婉言转告，或许情况会有所转机。"

恭亲王没料到平日里并不显眼的李莲英处理事情如此得体，他那精明能干的劲儿不亚于当年的小安子，不可小看这位"李公公"呢。

垂帘听政：慈禧太后

既然李莲英什么都明白，此时也不用再隐瞒什么了。于是，恭亲王说："密旨已发出去了，估计快到丁宝桢手里了，恐怕现在小安子的人头早已落地了。"

"啊！人头早已落地了？"

李莲英张大了嘴巴，做出惊骇的样子。

过了一会儿，他紧张地说："王爷，这可怎么办？太后肯定会大怒的。现在必须先想个法子大事化小、小事化了，先稳住太后再说。"

恭亲王一见李莲英有从中调解之意，便放松了警惕，坐起来追问："依李谙达看来，怎么做才能大事化小、小事化了呢？"

平日里，李莲英正想逢迎恭亲王，只愁找不到机会，今日天赐良机，他不会轻易放过的。

他凑近王爷，低声说："王爷的大格格深得太后的喜爱，可以让她进宫为王爷求个情，奴才见机行事，替格格'敲敲边鼓'。两个人一唱一和，定能平息太后心中的怒火。"

恭亲王有些感动了，眼前这个奴才，他奕䜣从未正眼看过几眼，但在非常时刻，李莲英却能献计献策，实属不易。于是，他便把密旨的底稿交给了李莲英。恭亲王还是不放心，再三叮嘱，让李莲英尽量把事情办得圆满一些，以减轻西太后对自己的不满情绪。

李莲英似乎很有信心，他说："王爷请放心吧，奴才一定会见机行事，努力办好这件事情的。"

李莲英走在回去的路上，扬扬得意。他从心底深笑，笑安德海的蠢，更笑自己的时运来了，李将代安，他欣喜若狂。

回到了储秀宫，李莲英立刻哭丧着脸，一副无精打采的样子。西太后一见他这副神情，心里便明白了七八分。

"小李子，你快说说看，你都打听到了什么？王爷呢？"

"回主子的话，昨日王爷偶染风寒，此时正躺在床上不能来。不过，奴才也得到一些确切的消息。"

李莲英尚未叙说，眼泪已夺眶而出，那泪水还真像泉水一样直往外涌，如同死了亲娘老子，哭得西太后心烦意乱。

"好了，别哭了。有什么事情，快说！"

李莲英抹了把鼻涕，收敛了眼泪，从袖筒里掏出了密旨的底稿，双手捧到西太后的面前，抖抖地展开了纸张："主子，您请看！"

西太后一把夺过底稿，她吃惊了，白纸黑字写得清清楚楚：

……本年七月初六以来运河通路有太平船二只，小船数只，驶入直隶、山东、河南、江苏境内，仪卫煊赫，自称钦差，实无勘合……据查系安姓太监，私自出京，罪不可赦。着丁宝桢速派干员，于所属地方，将该太监查拿，毋庸审讯，即行就地正法，不准任其狡辩。如该太监闻风折回直隶或潜往河南、江苏等地，即着曾国藩等饬属一体严拿正法，毋庸再请旨。倘有疏忽，惟该督抚是问。钦此！

读完密旨，西太后已是脸色铁青，她气得把底稿撕得粉碎并砸到了李莲英的身上，歇斯底里地大叫："什么就地正法，毋庸请旨！什么倘有疏忽，唯该督抚是问！这分明是置小安子于死地。他们个个都知道我最疼爱小安子，为什么偏偏要杀他？这不是摆明了要和我过不去。可恶！可恨！"

西太后气得几乎掉出眼泪来，她咬牙切齿，拳头紧攥，身体微颤。

李莲英生怕西太后一气之下做出什么不理智的事情，无论是对恭亲王等人，还是对他李莲英都不利。

他连忙劝慰西太后："主子，师傅的事，小李子也很痛心。只是主子您为安公公如此大动肝火，奴才看在眼里更心疼。主子您想一想，皇上尚未亲政，万一主子您气伤了玉体，谁来支撑这大清的江山？岂不是因小失大了？！"

李莲英又是捶背，又是为她抚胸口，劝解了好半天，才把西太后给稳住了。西太后这才发现原来李莲英并不逊色于安德海，甚至他比小安子还机灵，她的心里稍稍有了安慰。

一瞬间，她突然冒出了一个念头：扶李代安！可是，一转念，她又愤怒了。毕竟小安子跟了她十几年，这些年来这个奴才对她称得上忠心耿耿，尽职尽责。再者，即使小安子犯了什么大错，也该由她那拉氏来责罚，她容忍不了别人来惩治自己最宠信的太监。这不等于打她西太后的脸吗？

这口气，叫她如何咽下去！

"小李子，这不明摆着冲着哀家来的吗？他们的胆子也太大了！"

李莲英直摇头，说："不，不，主子，您千万不要这么想。主子，您是何等的英明，他们尊敬您、崇拜您还来不及呢，怎么可能冲着您呢？"

西太后的脸色稍微好看了一些，她觉得李莲英的话很顺耳，刚才的盛怒已变成了愠怒。

李莲英见状，又连忙接着说："奴才有一言憋在心里，总是不敢说。"

西太后虽然没有心平气和，但比刚才温和多了。她开口道："但说无碍，这里又没有第三个人。"

"嚛。奴才以为——奴才，奴才总认为安公公有今日，也是他自己不检点的结果。"

垂帘听政：慈禧太后

“怎么说？”

“主子您想一想：他走之前，主子您千叮嘱、万叮嘱，让他不要太张扬。可是，他做到了吗？听说他一路忘乎所以，带着女眷、家丁、乐班，一行几十人风风光光、招招摇摇，实在闹得满城风雨，这难道不是他的过错吗？”

西太后边听边不断地点着头，李莲英心里明白西太后被他说动了心。

西太后听了小李子一段中肯的分析后，她的气已消了一大半，甚至有些暗恨小安子。刚才，她生那么大的气，一半是心疼小安子，一半是气皇上及恭亲王等人竟敢背着她干了这么大的事，简直没把圣母皇太后放在眼里，岂有此理！

“小李子，密旨出京几天了？”

“昨天夜里才发出，不过，是六百里加急，追不回来的。看来，安公公难逃这一劫。”

西太后还是想救小安子，对于安德海，她恨归恨、爱归爱，那种复杂的情感，只有她自己才能体会得出。西太后似自言自语，又似对小李子说：“不一定逃不了这一劫，这就看他的造化了。”

李莲英听得清清楚楚，他真怕安德海这次人头不落地，头顶上有个“师傅”，他李莲英何日才能翻身？李莲英试探性地问：“主子有什么法儿可以救安公公？”

“哀家马上拟旨，也以六百里加急赶赴山东。哀家的谕令，他丁宝桢敢违抗吗？”

李莲英从心底盼望小安子的人头马上落地，虽然安德海曾收李莲英为徒，但是，他们的师徒关系只是个虚名，两个人的关系并不融洽。小安子处处压制李莲英，压得李莲英几乎喘不过气来。有安德海一天，就没有他李莲英的出头之日，所以，李莲英巴不得小安子的人头快快落地。

小李子可不愿西太后再追发什么谕旨，于是，他连忙说：“奴才斗胆，请太后三思！”

西太后一怔，语调有些阴沉：“为什么？”

李莲英怎能觉察不到西太后情绪上的变化？不过，千万不可失去良机，此时不阻拦西太后，更待何时？

小李子豁出去了，大胆地说：“主子，既然六王爷等人一致同意发密旨查办安公公，这就说明安公公已激起了众愤，而且六王爷他们口口声声说安公公有违祖制。若主子硬和他们对着干，岂不是造成了孤立的局势，到那时……”

李莲英没有说下去，但后果如何，西太后焉能推测不出来，她一时无话。

小李子的这几句话果然奏效，使得西太后打消了一时间萌发的念头。虽然西太后专宠小安子，但小安子毕竟只是个奴才，是一条狗，主子不会为了他而使自已陷入难堪的境界。她宁愿舍弃一个小安子，也不愿意去做"孤家寡人"，她深知失去众人的拥戴与信任，大清的江山难以坐稳。

西太后沉默不语，李莲英暗自高兴。

正在这时，一位太监高声报："固伦公主到！"

这位大公主，她从小就善解人意，聪明又漂亮，一向冷峻的西太后对她也偏爱几分，每次公主来向西太后请安，西太后总是和颜悦色。

一听说恭亲王的女儿到此，西太后便明白她是为父亲求情来的。看在这懂事的女儿分上，西太后也不好发泄不快。等公主走后，西太后定了定心，她打算好好睡上一大觉，养足精神再作思考。

李莲英知趣地退下，储秀宫里一片寂静，西太后不愿再苦思冥想，她现在必须好好休息。

一觉醒来，天色已晚。西太后懒洋洋地靠在软榻上，习惯性地喊了声："小安子。"

无人答应，她苦笑了一下，又喊："小李子。"

"奴才在！"

西太后叹了口气，看了看李莲英，她又有些想念小安子了。她的声音好低沉："小李子，也不知小安子还在不在人世上。唉，他是个短命鬼。"

说到这里，她又是心疼，又是恨。忽地，她迸出了一句话："好个慈安皇太后，你表面上温文尔雅、宽宏大度，其实骨子里坏透了。没有你平日里在皇上面前指责小安子，皇上也不会恨小安子入骨。"

说着，她也不用宫女伺候了，干脆自己穿戴整齐，大有出宫找东太后算账之势。

李莲英在一旁看得一清二楚，他连忙凑过来说："奴才多嘴，奴才以为主子还是不去钟粹宫的好。"

"此话怎讲？"

小李子焉能失去良机，他壮着胆子说："主子已经放过了六王爷，何必再去得罪母后皇太后呢？母后皇太后虽然也参与了这件事，但最终不是她做的主。这件事的关键是皇上，主子您忘了吗？皇上每天都来看奏折，丁宝桢参奏安公公的折子，是皇上批阅的呀。若是万岁爷不故意隐瞒实情的话，主子早知道了，不就什么事也没有了吗？"

同治帝撒手尘寰，两太后再度垂帘

　　因为小安子之死，慈禧太后心中对恭亲王和东太后心生怨恨。于是，小李子李莲英对她进行了劝解。李莲英话说完，西太后一听，心想：是呀，关键是在儿子同治皇帝这里。这个亲生儿子呀，他从小就与我疏远，我宠小安子，他却恨小安子。前一阵子，他赐给小安子一个"女"字，便已暗含着杀机，看来，文章的确是载淳做的。唉！君叫臣死，臣不得不死，何况一个奴才呢？小安子呀，小安子，是你的命不好，莫怨哀家不救你！

　　想到这里，西太后还是迁怒于东太后，她只好说："不过，这么大的事情，她也应该及时通告一下。"

　　"主子，让您知道了，密旨还能发出去吗？事已至此，奴才劝主子也别为安公公的事儿伤了玉体。"

　　西太后被又一次劝动了心，杀小安子，她的确心疼，但是，她绝对不会因为一个小安子而与众人分庭抗礼。少了一个小安子，自有后来人，小李子、小张子、小赵子……只要不缺少忠心的奴才就行。眼前这个小李子，他精明能干，绝不亚于小安子。扶李代安也许是件好事，狗奴才安德海也曾给她带来过不少的麻烦。

　　此刻，西太后更恼火的是人们没有把她放在眼里，这是争权夺利的大问题。

　　过了两天，西太后仍觉得心中有股怒火，无论如何，她觉得憋得慌，她必须把这股怒火发泄出来。

　　自从密旨发出后，算起来已经三天了，可能小安子的人头早已落地。这三天来，钟粹宫里的东太后慈安也是吃不下，睡不安，她生怕一向专横无礼的西太后慈禧会突然闯来兴师问罪。东太后早已做好了充分的思想准备，任凭西太后闹翻天，自己忍让便是了。

　　用过午膳，睡足了觉，养好了精神，西太后决定去钟粹宫找东太后泄愤。

此时，东太后正拿起一本诗集在读，这本诗集还是十几年前初入宫时，与咸丰皇帝吟诗作赋时留下的。里面有不少是先帝的遗稿，如今读来更思先帝，不知不觉间，东太后潸然泪下。

"圣母皇太后驾到！"

东太后连忙揩去了泪水，她不愿意让西太后看到自己在流泪。

一位心腹宫女连忙给主子施了一点粉，东太后强打精神，起身相迎："妹妹觉得身子爽利些了吗？怎么大老远的来了，有什么事儿，让小李子来讲一声，我过去不就成了。"

东太后深知西太后是来找碴儿的，她尽量使气氛宽松一些。西太后沉着脸，一语不发。

东太后走近她，关切地问："近日用膳如何？还是没有胃口吗？"

西太后瞅了一眼东太后，气哼哼地说："暂时还死不了。姐姐，你干什么呢？"

"闲来无聊，翻开诗集读几首。"

西太后依然是斜眼瞄着东太后，不冷不热地说："哦，我竟忘了你是个大才女，素有女状元之称。姐姐学识渊博、知书明理，我有一事正要请教你。"

东太后怎能听不出来西太后话中带刺儿？她立刻说："谈什么'请教'，只要我知道的，一定相告。"

西太后从鼻子里冷冷地哼了一句："你一定知道小安子犯了事儿。这个小安子跟了我们十几年，没有功劳，也有苦劳。再者，当年肃顺猖狂之际，没有小安子从中帮忙，能有你我的今天吗？他不检点，做事有些出格，罚他一下不就成了，何必要赶尽杀绝呢？"

西太后连珠炮似的全发了出来，东太后只有暂时保持沉默，此时万万不可针锋相对，万一两宫翻脸，一定会引起朝廷上的混乱。所以，她尽量平静地说："事情发生得太突然，我也是才知道不久。几位大臣都认为小安子有违祖制，胆大妄为，更何况皇上恨死了小安子，非要杀他不可，这一点，妹妹也是知道的。当时，我也没去细想，惩处一个奴才也不是什么大事，便同意拟了懿旨，因为妹妹身体欠安，所以没给妹妹增加负担。"

一席话，说得西太后哑口无言。

东太后见状，又接着说了下去："妹妹，你想一想，小安子一路打着妹妹的旗号搜刮民财，招摇惑众，这不是给你脸上抹黑吗？若不重惩安德海，恐世人传开，于我大清江山不利，于两宫太后不利。妹妹如此抬爱于他，他非但不知福，反而借妹妹的'东风'在京外为所欲为，惹是生非，这岂不是枉费了妹妹的一片苦心？"

东太后处处以维护西太后利益为由指责小安子，西太后还有什么话好说呢？

西太后干咳了两声，岔开了话题："皇上近来学业进步甚小，还请姐姐多督促他。"

"当然了，我们姐妹如此艰难地撑着大清的江山，不就是为了皇上嘛。"

东太后的弦外之音，西太后听得出来。她今日无心与东太后再争辩下去，又坐了一会儿便告辞了。

为了保全自己，东太后抬出了小皇上作掩护，西太后心里也明白。西太后知道密旨发出，儿子同治皇帝起决定性的作用。回到了寝宫，她决定派李莲英去请小皇上，她要亲自问个清楚。

不一会儿，同治皇帝便到了。他规规矩矩地请了个安："额娘吉祥！"

毕竟年纪太轻，他神情慌张地搭讪着说："额娘，儿子读书太忙，早想来请安了。"

西太后阴沉着脸，拉着长腔说："是不敢来吧。皇上，你长大了，长本事了，你眼中还有亲额娘吗？"

西太后的语调阴沉极了，吓得载淳不敢出大气。

此时，西太后的心里确实很难过，当年咸丰皇帝宾天时，儿子才六岁，肃顺、载垣、端华等人为所欲为，欺负她们孤儿寡母。西太后生怕儿子的皇权落入他人之手，拼死发动了"辛酉事变"，两宫太后垂帘听政，总算稳定了政局、坐稳了江山。

往事历历在目，儿子一天天长大，西太后除了气儿子疏远自己外，她还有一种恐慌感，一头是亲子，一头是皇权，她都想绝对拥有。按大清祖制，小皇上长到了十七岁，而十八虚岁时便要亲政，今年儿子已十六虚岁了，最后一两年的权瘾，她要好好地过。她不允许儿子提前夺权。

现在，皇上尚未亲政便如此大胆，背着母亲干了有悖于母亲的事情，等将来亲政后，他还会把母亲放在眼里吗？其实，杀小安子更多的是引起母亲心理上的恐慌。

"皇上，小安子犯了错，到了不可饶恕、非杀不可的程度吗？"

对此，同治皇帝早有心理准备。昨天，师傅李鸿藻给他讲了一个典故，此时，这个典故正派上用场。

只见同治皇帝站了起来，一副九五之尊的派头。他学着师傅的模样摇头晃脑地说："额娘，可能您还不知道小安子一路上打的是什么旗帜。"

"什么旗帜？"

"三足乌旗，即火红的太阳里画着一只三条腿的乌鸦。"

西太后小时候读了几天书，但称不上学识渊博。至于什么"三足乌"的典故，她显然不知道。

今天，儿子道出了小安子打了"三足乌"旗帜，她不禁问了一句："三足乌是什么意思？"

同治皇帝暗自高兴，母亲不知道"日形三足乌"的典故，这更有利于他的解释。

小皇上说："额娘，儿子对三足乌的典故略有所知。昔《春秋》有记：'日中有三足乌。'后《史记·司马相如》篇解释：'幸有三足乌，青鸟也，为西王母取食，在昆墟之北也。'"

西太后还是听得稀里糊涂，她问道："皇上再说明白一些。"

同治皇帝有些扬扬得意了，他过去总是十分惧怕母亲，还从来没见过母亲像今天这样虚心请教过他。

小皇上头一摇，又讲了起来："额娘，这不就是说狗奴才小安子把您比作西王母，他下江南是'为王母取食也'，就是明确告诉人们他是出京为额娘办事的。可是，他一路搜刮民财、招摇惑众，不是给额娘脸上抹黑吗？可恶至极！"

经儿子这么一解释，西太后突然有些恨小安子："好个狗奴才，你在京城搜刮得还不够吗？竟打着哀家的旗号四处发财。"

但是，西太后不愿在儿子面前认输，她还是揪住"为什么不及时禀报"而迁怒于同治皇帝。

同治皇帝发现母亲的气已消了一大半，便使出别人不曾有的特殊"武器"来——母子亲情。他亲昵地说："儿子是心疼额娘。那几日额娘身体欠安，吃不下，睡不好，儿子心里好难过，儿子还忍心再给额娘添心事吗？儿子可不愿做不孝之子呀。"

同治皇帝的这几句甜言蜜语说得西太后十分开心。小安子再可心，也比不上儿子可亲，天下哪个母亲不能原谅儿子的过错呢？儿子是自己怀胎十月亲生的，犯不着为了一个奴才而伤了儿子的心。权衡利弊，西太后最后还是咽下了这口气。

"杀小安子"对于西太后来说的确是一个打击。十几年来如同影子一般的小安子一下子没有了，西太后难免有些接受不了。更重要的是这件事是两宫太后垂帘听政后，西太后吃的第一次"哑巴亏"，此时，她心中仍有气。可是，这口气她不得不咽，毕竟杀一个奴才事小，笼络人心、坐稳江山事大。

局势已定，无可扭转，西太后苦思冥想了整整一夜，见已无力扭转，便决定来个顺水推舟，为自己争回一点点面子。

病了二十多天的西太后终于临朝了，她临朝的第一件大事便是向群臣颁布一道谕旨：

我朝家法相承，整饬宦官，有犯必惩，纲纪至严。如遇在外招摇生事者，立治其罪。太监安德海，胆大妄为，私自出京，有违祖制，罪不应赦。日后如有再敢外出滋事者，一律从严治罪，毋稍宽纵！钦此！

大殿之上，文武百官你看看我，我望望你，然后他们突然爆发出一个声音：

"圣上英明！"

"母后皇太后、圣母皇太后英明！"

"万岁、万岁、万万岁！"

安德海死定了，谁也救不了他。西太后再心疼，她也只能顺应大众。

两宫太后的谕旨发出后，恭亲王才敢来见西太后。

"太后吉祥！老六给太后请安了。"

恭亲王来了个单腿安，西太后瞅了他一眼，阴沉着脸说："老六呀，怎么今天有空进宫了？"

恭亲王小心翼翼地说："臣前几日忽感风寒，未能进宫请安，特差大公主代父向太后问安。太后好些了吗？"

西太后狠狠地白了他一眼："还好，还没被气死。"

恭亲王心里明白，西太后还在为小安子的事情生气。此时，他只能装聋作哑、默不作声，以免引起不必要的冲突。

"老六，你们瞒得我好苦。人人都以为我偏袒小安子，其实，他违反了祖制，我怎会护着他呢？"

既然西太后这么说了，恭亲王便暗自高兴，心想："你纯粹是给自己找个台阶下。也好，我奕䜣不会去点破你的，只要你不追究这件事情，不责备我，任你怎么说都行。"

"圣旨几时发出的，该到济南府了吧？"

"回太后，按正常情况，昨天就该到济南府了。"

西太后轻轻地叹了口气，这一叹息既包含了对小安子的惋惜，也包含着她已深感孤立的心境。

最后，西太后无可奈何地说了一句："唉，小安子的头可能已经落地了。"

杀了小安子，同治皇帝为之兴奋了好几个月。他毕竟年少，不会掩饰内心的喜悦。西太后见状，不禁眉头紧锁，心想：皇上尚未亲政便如此目无太后，若是他亲了政，还有母亲的容身之处吗？

叶赫那拉氏好害怕！

同治皇帝渐渐长大，他是天子，具有天下人所没有的特权。从小他就明白自己是九五之尊，并且两宫太后也时常教育他：你是皇帝，一定要有皇帝的威仪。

但是，他又是人，是一个有血有肉、敢爱敢恨的人。十五六岁的少年正是多梦的时候，他像所有和他差不多大的男孩子一样，爱动、爱说，顽皮而聪明。而作为咸丰皇帝的唯一皇子，载淳从来没想过长大以后去做自己喜欢做的事情，他只知道自己必须做皇帝。

为了造就一个明君，两宫太后从来也没放松过对载淳的教育，大清皇宫里的弘德殿便是皇家的私立学校，即"上书房"。

载淳六岁入上书房学习，由咸丰皇帝亲自为他钦定了老师李鸿藻。从此以后，李师傅伴随着他度过了十个春秋。李师傅不但学识渊博、教导有方，而且为人忠诚老实，性格温和，心胸宽广。

同治皇帝既畏他又敬他，师生情谊笃厚。

两宫太后也十分器重李鸿藻，特别是西太后，她对其他的臣子总是不露笑脸，一副严肃的面孔，但对于李师傅，她却另眼相待。一方面，李师傅的才学确实令她钦佩，更重要的是，他是儿子的老师，皇上的品行德智全靠他来塑造、引导、开发。尽管西太后生怕儿子一天天长大，有一天来夺权，但她也明白：儿子在长大，归政势在必行。

作为母亲，她的这种复杂心理驱使她望子成龙心切。在儿子尚未亲政之前，她要好好过过权瘾。一旦儿子亲了政，她便可以安心地享受皇宫的富贵生活，也不枉此生。

按照大清的祖制，幼帝满十四周岁便可亲政，当年的顺治帝与康熙帝皆是如此。可是，如今载淳已满十六周岁，西太后还是不肯让他亲政。理由是：皇上太顽皮，无法撑起大清的江山！

西太后说的也不是没有一点道理。这个同治皇帝，他是"千顷地里一根苗"，被众人捧月似的捧坏了，几乎忘记了自己的责任，只知道自己是至高无上的皇帝。除了生母西太后之外，他再也不怕谁了，连温和、慈祥的东太后有时也管束不了他。

李鸿藻明白，要想让载淳当圣君，必须先修身。可是，弘德殿里的小皇帝天性顽皮，常让他失望。上课的时候，同治皇帝的精力总是集中不起来。一打开书本，他就如坐针毡，一刻也不得安宁。他的身边除了伴读载澂——恭亲王之子，还有伴读奕谟。按辈分说惠亲王之子奕谟是皇叔，但他和载淳年纪相仿，所以并没有皇叔的风范。

载淳、载澂、奕谟三个十六七岁的大男孩聚在一起，焉能老老实实地刻苦读书？端坐在他们前方的李师傅看到他们心不在焉，连简单的语句都读不通，很生气。他叹了一口气，黯然神伤，他最担心的是同治皇帝的厌学会导致将来他撑不起大清的江山社稷。

同治皇帝读书越来越不用心，两宫太后十分焦虑。眼看着他渐渐长大成人，慈安东太后孤寂的心里稍有安慰。她希望载淳早一天亲政，迫使西太后把朝廷大权交出来。慈禧西太后当然也希望儿子学业有成，如果自己手中出了一代明君，她叶赫那拉氏也将名垂青史。

可是，小皇上并没有向众人给他规定的方向发展，他那颗少年的心总是飞出书房。他觉得天天如此，一点儿人生乐趣也没有。他向往的是大自然，是充满无限生机的书房以外的生活。

平日里，载澂与奕谟住在宫外。他们本是贵族少年，多多少少沾染了一些富豪人家纨绔子弟的习气，入宫伴读，言语举止间焉能不影响同治皇帝？一有机会，载澂便向载淳描述皇宫以外的生活。载澂不像他的父亲恭亲王那么循规蹈矩，他有些油滑。

一日，同治皇帝在载澂的教唆下，乔装打扮后混出了宫。一行四人，坐在小吃街一家狗肉店里大饱口福，狼吞虎咽地吃肉、喝汤。不一会儿，便吃饱了，同治皇帝还一个劲儿地打着饱嗝。皇宫里每膳几十道美味佳肴，除了鲜美的鹿肉，其他的他全吃腻了。今日逛市井小吃街，他有着全新的感受，这种感觉是以前从未有过的。

吃足喝饱，载澂与奕谟连忙送皇上悄悄地回宫。一路上，同治皇帝坐在轿子里还喋喋不休，非要明天还来不可。

奕谟生怕此事被太后知晓，便低声哀求。

载澂虽然放荡一些，但大清皇宫的规矩，他也是知道的。平日里父亲奕䜣总是千叮咛、万嘱咐，生怕载澂坏了皇宫的规矩。

长期以来的教导，多多少少会起些作用，载澂也生怕同治皇帝任着性子胡闹，万一被两宫太后察觉什么，他载澂一定会受处罚的。所以，此时载澂附和着奕谟，也说："主子，这种事儿不可经常发生，以后真的有机会时，臣会帮您出宫开心的。不过，近日里不可再出宫。"

同治皇帝一听这话，心里很不高兴，嘟嘟囔囔了一句："你们的胆子也太小了，左一个太后，右一个太后，难道两宫太后就那么可怕吗？"

同治皇帝不高兴地悄悄溜回了皇宫。

这一晚的行动神不知、鬼不觉，让同治皇帝既开心，又兴奋。第一次游逛街市，他感到格外新鲜，远比在弘德殿苦读书有趣多了。

大清皇宫弘德殿的顽皮少年长大了，而这一切，储秀宫的圣母西太后并没有十分敏锐地觉察到。

转眼间，到了同治十一年（1873年），大清的皇帝载淳已满十七岁。

十七岁的少年，风华正茂、热情奔放，森严的皇宫关住少年天子的身，却关不住他的心。尤其是上一次随载澂、奕谟偷偷溜出宫以后，载淳那颗不安的心更加躁动。在他再三央求下，载澂与奕谟又冒险把他带出去几次。

时间一长，皇上偷出皇宫的消息不胫而走，很快便传到了两宫太后那里，两宫太后为此十分恼火。她们一致认为同治皇帝厌学在意料之中，一个人十几年被关在上书房读书，总有生厌的时候，但如今又出现了新问题，爱逛市井可不是什么好习惯，这叫两宫太后如何不心急。尤其是东太后更是忧心忡忡，她生怕儿子在市井沾染上不良习气，将来如何坐稳大清的江山？对于同治皇帝的行为，西太后当然也很不满。她十分明白，再过一年，儿子必须亲政，一个爱游荡的天子不可能是明君。于是，西太后主动到了钟粹宫来找东太后商量如何规劝同治皇帝一事。

自从东太后移居钟粹宫，她生活得更寂寞了。前些年，载淳年龄尚幼，他每天必来看望最慈祥的皇额娘，而且奕䜣的女儿固伦公主和丽太妃的女儿大公主也常去看望她。如今，儿女们都已长大成人，他们不再像以前那样打打闹闹。宫中少了孩子的欢声笑语，太监、宫女们大气不敢出，整个后宫就像冰窖一样冷清。

东太后早已习惯了这种冷清，今天，西太后带着太监、宫女们突然至此，反让东太后有些措手不及。她刚刚午睡醒来，衣衫不整、头发蓬乱、睡眼蒙眬。她连忙说："庆儿，快请圣母皇太后东暖阁上座，哀家穿戴整齐、稍作梳妆后便过去。"

大宫女庆儿急忙出去恭迎西太后。西太后微笑了一下，问："你主子呢？"

"圣母皇太后吉祥！"

"免礼，起来吧！"

"谢圣母皇太后。回太后的话，我们主子稍后便来，请太后东暖阁用茶。"

西太后手一摆，显出很随意的样子，说："她刚起身吧，又不是外人，不用梳妆打扮了。"

说着，西太后直奔东太后的卧房，边走边高声说："姐姐，用不着精心装扮了，说完几句话，我还得回去看折子。"

不容分说，西太后跨进了东太后的卧房。

东太后睡眼惺忪，很是尴尬。既然西太后已闯了进来，她只好笑了笑："妹妹快请坐。庆儿，给圣母皇太后沏杯龙井茶。"

东太后拢了拢松散的头发，不好意思地说："妹妹，你看我这副模样。"

西太后不曾想到东太后还这么注意自己的形象，她感到很可笑。都近四十岁的人了，又没男人欣赏，还谈什么"模样"。

西太后虽然很少到钟粹宫来，但她到了这里，并不感到拘谨。她很自然地坐了下来，接过宫女庆儿捧上的茶杯，说："姐姐，我有一事相谈，让他们全退下。"

东太后以为发生了什么惊天动地的大事情，脸色一变，有些神情慌张，连忙说："庆儿，你们全退下。"

太监、宫女们应声退下。东太后急切地问道："出什么事儿了？"

西太后莫名其妙，说："没出什么事呀！"

"那你为什么……"

"什么大事儿也没有，我来此只是想和姐姐说一说皇上的近况。"

"哦……"东太后深深地舒了一口气。

同治皇帝越来越厌学，而且时常溜出宫闲逛，东太后也正为此担心。不过，她不会先开口的，既然西太后主动来找她，西太后一定有话可说。

果然不出东太后所料，西太后说开了："姐姐，皇上越来越不像话，真是令人担忧啊！起初，他只是厌学，读书艰涩，李师傅对此十分不满。现在，他又不断地溜出宫去，在市井闲逛，真是气死人了。"

西太后一脸的愤怒，东太后也显出不安的神情来，她附和道："妹妹所担心的，我也正担心着。皇上年少，时常出宫闲逛，只怕日久天长会沾染市井的不良习气。"

"姐姐说得对，难保他现在没沾染上。载澂与奕谟勾引着皇上出宫，皇上的心都野了。"

东太后沉思了一会儿说："皇上已十七岁了，正是情窦初开的年龄，外面的坏女人那么多，只怕他抵挡不住。"

一听到宫外的坏女人，两宫太后都有些心悸。当年咸丰皇帝一直不断地从宫外摘些"野花"，差一点没把她们气死。如今同治皇帝若像他父皇似的，岂不是真要把两宫太后气死了？！于是，西太后说："姐姐，为了防患于未然，依我看，该给皇上册立皇后、纳嫔妃了。"

"妹妹正说出了我的心里话，干脆，下个月就让内务府着手选秀女，早早立后纳妃也好。"

就这样，同治皇帝的大婚之事提到了议事日程上来。

首先，内务府着手从蒙满贵族中初选秀女，然后将几位优秀者推荐至两宫太后这里，再由两宫太后最后敲定谁当皇后，谁做嫔妃，或谁是秀女。经过两个多月的初选，最后终于有四位女子有幸被推荐到两宫太后这里。她们分别是翰林院侍讲崇绮之女阿鲁特氏、员外郎凤秀之女富察氏、知府崇龄之女赫舍里氏与前任副都统赛尚阿之女阿鲁特氏。

这四位女子个个容颜姣好、仪态万方。内务府大臣宝鋆把她们的情况一一禀报给两宫太后，两宫太后让宝鋆把她们全带上来，对她们进行目测与询问。

当四个姑娘亭亭玉立在两宫太后面前时，东太后自言自语道："个个俏丽可爱，但不知她们性情如何。"

西太后黯然神伤，也感慨道："平日我们深居皇宫，每日对镜孤影自怜，对自己的容颜还很有信心。如今几个女孩儿一出现，她们个个貌若天仙，相比之下，我与母后皇太后便黯淡无光。唉，岁月不饶人呀！"

两宫太后为同治皇帝选皇后，其感觉与百姓家为儿子挑媳妇没什么两样。她们当然希望未来的皇后不但容貌姣好，而且品性也好。一国之母，母仪天下，当然要精挑细选。四位候选人，相比之下，有两位各方面条件更好一些，一位是崇绮之女阿鲁特氏，一位是凤秀之女富察氏。

慈安东太后一眼就相中了崇绮的女儿阿鲁特氏。阿鲁特氏举止端庄，东太后认定她一定修养极高，将来定有一国之母的风范。崇绮虽是蒙满贵族，但他为人忠实，头脑聪明，大清朝二三百年间，蒙满人试汉文中状元的，就他一个人。这个人多才多艺，琴棋书画、吟诗作赋，无所不精。东太后从阿鲁特氏的端庄举止上便认定她深受父亲的影响，想必也是个"女状元"。

慈禧西太后则看中了凤秀的女儿富察氏。其实，在四位姑娘中，富察氏并不是最漂亮的一个，西太后之所以认定了这个女孩子，是因为她今年只有十四岁，还只是个孩子。

西太后当然有自己的想法，同治皇帝今年十七岁，一旦他立了皇后，就标志着他已长大成人，亲政势在必行。如果立一位年纪稍大一些的皇后，她势必暗中帮助同治皇帝处理朝政，甚至有可能帮助皇上摆脱西太后的摆布。

想到这些，西太后便觉得心悸。况且阿鲁特氏出身名门，自幼聪慧、博学，西太后早有风闻，万一她坐上了皇后的宝座，还有她叶赫那拉氏发号施令的地方吗？若立富察氏为皇后，这位刚满十四岁的小姑娘就容易对付了。富察氏娇小玲珑，除了会撒娇，其他的恐怕什么也不懂。一旦她当了皇后，一定会把同治皇帝的魂勾去，小小夫妻躺在合欢帐里度春宵，他便会淡忘朝政的。这样一来，她西太后依然可以掌握朝政大权。

两宫太后各有各的打算，选后一事势必出现争执。

本来，这些年来，在处理朝政及后宫事务上，两宫太后就有许多分歧，尤其突出的几件事一直让西太后耿耿于怀。几个月前的诛小安子一事很让西太后震惊，可是，她有气撒不出来。今日为儿子选皇后，两宫太后又存在着不同意见，西太后已打定主意：寸步不让！

当东太后提出欲立阿鲁特氏为皇后时，西太后直言反驳。她瞪了一眼东太后，声音有些阴沉："姐姐，虽说崇绮的女儿端庄谨默，动必以礼，但她显得太死板。再者，今年她都十九岁了，比皇上大两岁多，她人长得也不显年少，与皇上站在一起，哪儿有夫妻相？"

西太后的话不留商议的余地，让东太后听了很难接受。以前，在许多事情上，东太后都让着西太后，自从诛小安子一事发生后，东太后似乎认识到：只要她钮祜禄氏强硬起来，叶赫那拉氏也奈何不了她。所以，今日选后一事，钮祜禄氏也暗自下定了决心要坚持不退让！

东太后一听西太后的话很强硬，她也强硬了起来，直言道："的确崇绮的女儿大一些，但阿鲁特氏出身名门，她从小深受其父的影响，不仅淑静端慧，而且容德俱佳，如果她立为皇后，全朝文武官员无不折服。听说凤秀的女儿富察氏虽然天性敏慧，容貌婉丽，但有些轻佻，我认为她不宜当皇后。"

东太后一个"出身名门"深深地刺痛了西太后，这不是明里说出身寒门的西太后不如出身名门的东太后吗？十几年来，叶赫那拉氏最怕别人提及什么"出身"，今日东太后说者无心，而西太后听者有意。

此时，西太后的脸色十分难看，她抢白了一句："出身名门的人就一定知书达理吗？那位阿鲁特氏又没和我们相处过，谁敢说她不是一个'绣花枕头'？富察氏年少单纯，进宫以后多教导她，相信她会母仪天下的。"

东太后觉得西太后的话中带刺，她有些生气，也冲了一句："富察氏才十四岁，还是个孩子，立她为后，十分不妥。"

一时间，两宫太后谁也不愿意让步，但皇后总要立，怎么办？最后，还是恭亲王奕䜣出面调解，从心底讲，他倾向东太后；但表面上，他又不敢得罪西太后。于是，他沉思了一下，说："两宫太后的意见都有些道理，臣以为既然是为皇上选皇后，还是征求一下皇上的意见为好。"

西太后白了一眼恭亲王，从鼻子里哼出了一句："皇上懂得什么！他只是个大孩子，贪玩至极，无心读书，没那个必要吧！"

恭亲王一听这话，连忙应声："也是，民间儿子娶媳妇也是父母之命，媒妁之言。有两宫太后做主，皇上一定会满意的。"

东太后生怕西太后强硬起来，非立凤秀之女为后不可，连声说："宫中不比民间，皇上是一国之君，选后一事当然应该征求他的意见。既然我们各持己见，不如让皇上自己定夺吧！"

东太后之语在情在理，说得西太后不好反驳什么。西太后明白东太后在这件事情上不准备退步，于是，就暂且作了让步，和颜悦色地说："既然姐姐坚持让皇上亲自挑选，那明日请皇上过来吧，他自己选定的皇后一定可心。"

西太后此时有十之八九的把握，她相信儿子与她的意见会一致，倒不是因为儿子乖巧、听话，而是因为儿子是男人，她深信天下的男人爱娇小。

同治十一年二月三日，紫禁城钟粹宫里一片凝重。西太后满脸怒气，她怎么也想不通为什么自己的亲生儿子事事与自己作对，就连选皇后，载淳也与钮祜禄氏不谋而合，他竟一口咬定非立崇绮之女阿鲁特氏为皇后不可。

同治皇帝金口玉言，既然他选定了阿鲁特氏，西太后只好认了。就这样，当日以两宫太后的名义向全国发布懿旨，选翰林院侍讲崇绮之女阿鲁特氏为皇后，员外郎凤秀之女富察氏为慧妃，知府崇龄之女赫舍里氏为瑜嫔，赛尚阿之女阿鲁特氏为珣嫔。

十二天后，即二月十五日，两宫太后又发懿旨，大婚典礼定于同治十一年九月十五日举行。

自从同治皇帝大婚典礼的日子定下后，不但皇宫里忙，就是民间也很忙。很多年了，自从载淳出生后，十七年来人们没这么高兴过。当年载淳的出生及过百禄等活动热闹非凡，宫里宫外忙乎了一阵子。后来，八国联军烧了圆明园，咸丰皇帝仓皇"巡幸木兰"。他在承德避暑山庄宾天后，同治皇帝冲龄登基，回京后虽然也举行了登基大典，但当时正值多事之秋，两宫太后决定从俭行事，新帝登基冷冷清清。

如今不同了，十九年来，虽然国内灾害不断、外国洋人并未打消"吃掉"大清的念头，但毕竟不像咸丰末年似的，这几年曾出现过"中兴"的局势，小皇帝坐在龙椅上还算安稳。所以，两宫太后决定趁载淳大婚之机，全国上下热热闹闹地庆祝一番。

在西太后看来，儿子一天天长大，眼见着成家立业，她虽然难免有恐慌感，但恐慌感中还掺杂着自豪感。十一年独揽朝政大权，虽不是女皇，但早已牢牢地把握了朝政大权。权欲虽叫她变得失去了女性的温柔，但毕竟作为一位母亲，她的身上尚有一丝母爱。

同治皇帝立后纳妃了，就意味着亲政就在眼前。西太后早已习惯了发号施令，一旦载淳亲政，她该如何接受寂寞的后宫生活呢？

同治皇帝一表人才、气度非凡，作为生母，西太后也有一份自豪感。如果儿子是位明君，也不枉她十九年的苦心教导。儿子若能博得满朝文武的称赞与拥戴，她做母亲的当然很高兴。

就在这种矛盾心理的驱使下，西太后一天天数着离九月十五日还有几天。

储秀宫里的太监总管李莲英早已猜度出主子的心理，他虽不像安德海那般会献媚，甚至有些男宠的意味，但他也会不失时机地讨主子的欢心。他深知西太后权欲很大，又讲究名分。于是，他壮了壮胆子，悄声对西太后说："主子，皇上大婚将普天同庆，皇上能有今天的风光，全是主子您一手栽培的。"

西太后失去宠监小安子后，发觉李莲英比小安子还机灵，还乖巧，所以，她开始格外宠爱小李子。刚才小李子一番话说到了西太后的心坎上，她心里很高兴，轻声说："小李子，你说的是心里话吗？"

李莲英"扑通"一声跪了下来，指天发誓："若有一句假话，小李子让天雷劈死！"

"好了，好了，哀家又不是怀疑你的忠心，发什么毒誓呀。快起来说话。"

小李子温顺地站了起来：

"主子，皇上大婚纳采等事务均由内务府承办，如今已七月间，离大婚还有五十多天，皇上该谢恩了吧。"

一句话提醒了西太后，按惯例，皇上大婚时应给皇太后加徽号，以表示感谢母亲的养育之恩。尤其是同治皇帝更应该如此，他六岁登基，两宫太后垂帘听政，长大成人后，他当然应该感谢两宫太后的扶植。

现在，李莲英一提起这事儿，西太后心里有些酸楚。连一个奴才都能想到为皇太后加徽号，可为什么朝廷上下竟无一人想到这事儿？即使别人想不到，亲生儿子载淳也应该想到呀，可是他除了关心自己的大婚典礼之外，好像根本没把母亲放在心上。

想到这些，西太后黯然神伤。

李莲英见了，慌忙跪下，怯怯地说："主子，是奴才不好，惹主子生气了。"

"唉，不关你的事。小李子，你说得对，皇上是该谢恩的。不过，皇上年少，也许考虑事情没那么周全，比他六皇叔少些经验。"

一句话提醒了李莲英，他一拍脑门子，想到了恭王爷，他何不做个顺水人情呢？

两天后，李莲英找到了恭亲王奕䜣，他要为西太后争取荣耀。

恭亲王一见小李子来找他，心里便有了七八分谱儿。李莲英这个人不像安德海那样狗仗人势，小李子懂得巴结"铁帽子"王爷，所以恭亲王对小李子暂时还算喜欢。

"王爷吉祥！"李莲英见到恭亲王总是恭恭敬敬的，是个十足的奴才。

恭亲王微笑了一下，说："免礼平身。小李子，你找本王爷有什么事儿吗？"

李莲英一听恭亲王和颜悦色的，他胆子也大了起来，笑眯眯地说："恭喜王爷，奴才给王爷道喜来了。"

"喜？何喜之有？"

王爷被弄糊涂了，王爷不婚不娶，不升官不发财，何喜之有？

小李子依然是笑眯眯的："皇上大婚，不是天下最大的喜事吗？"

"哦。对，对，是喜事，是喜事。"

恭亲王也笑了。他是何等聪明之人，他听得出李莲英话中有话，不过作为奴才的李莲英不能明说罢了。恭亲王的确可以把皇上大婚看作一桩天大的喜事。

自从十一年前两宫太后垂帘听政，恭亲王奕䜣并不得意。尤其是同治初年到被西太后罢免至今，他就没舒心过几天，总觉得头上有块大石头，一不小心，"石头"便会掉下来。

眼见着同治皇帝大婚后亲政，作为爱新觉罗氏的恭亲王能不高兴吗？龙椅上坐着皇侄总比帘后坐着西太后要好得多。同治帝还算亲近他这个皇叔，他不会被怠慢的。

李莲英恰时来贺喜，想必他有事相求。于是，恭亲王问："小李子，这儿又没外人，有什么事儿直言吧。"

"不，不。小李子是奴才，只是听主子的吩咐，奴才没什么事儿求王爷。"

李莲英接受了安德海的教训，他对恭亲王不敢有一丝不恭。

此时，恭亲王知道小李子一定有话想说，不过，硬问是问不出来的。

"小李子，皇上大婚，普天同庆，只要你悉心尽力，王爷会有赏的。"

"小李子不敢祈求什么赏，只求我们主子开开心心。"

"你们主子不开心吗？"

"开心，为什么不开心？眼见着皇上大婚，主子能不高兴吗？她养育皇上不容易，如今皇上已长大成人，她比谁都高兴。"

恭亲王沉思了一会儿，开口道："是呀，两宫太后抚养皇上、教导皇上的确不容易，皇上大婚后亲政，她们也该享享清福了。"

说到这里，恭亲王恍然大悟，他突然意识到小李子的来意，于是说："回去告诉你们主子，本王爷明日请奏一折，请两宫太后应允。"

李莲英喜滋滋地回到了储秀宫。西太后追问："老六真的明白你的意思吗？"

李莲英拍了拍胸膛，十分有把握地说："当然明白！"

第二天，恭亲王在大殿之上呈上一份折子：请求皇上为两宫太后加徽号！

西太后微笑着点头，心想：老六，你还算明白人。

时光荏苒，转眼间到了同治十一年九月中旬，十七岁的少年天子一天到晚脸上挂着笑容，因为他听六皇叔奕䜣说未来的皇后阿鲁特氏不仅长相俊美，而且她还是个大才女。眼见着就要大婚了，同治皇帝能不高兴吗？

同治皇帝已于半个月前为两宫太后加封了徽号，东太后为慈安端裕康庆皇太后，西太后为慈禧端佑康颐皇太后。两宫太后自然是一番欢喜。

儿子就要立皇后了，作为母亲，西太后当然是百感交集。虽然阿鲁特氏不是她中意的人选，但听说阿鲁特氏性情温和、淑静敏慧，西太后也有几分高兴。

同治皇帝似乎已等得不耐烦了，他这几日坐立不安，有事儿没事儿总往钟粹宫及储秀宫去一下。两宫太后心里明白，同治皇帝正焦急地等待着皇后快快进宫。

看到儿子这般着急的模样，西太后笑着说："皇上，这种事情都让你坐立不安，若你一旦亲政后，比这重要的事情多得很，到时你如何应付？"

同治皇帝被母亲说红了脸，他低头一个劲儿地搓着手，故意掩饰，说："儿没坐立不安呀，只是总想来看看额娘。"

"想看看额娘，怎么以前没这样，这几天，你一天几次来额娘这儿。皇上瞒不过额娘，有什么话儿，快说吧。"

同治皇帝看见西太后和颜悦色，便大胆地问："额娘，再过三天皇后就进宫了，一切事务都准备好了吗？"

西太后点了点头，说："额娘早已安排内务府筹备大婚事宜，他们岂敢怠慢？现在一切准备就绪。"

"谢额娘。"

同治皇帝显得很激动，西太后淡淡地一笑，轻声说："母子俩谈什么'谢'字。不过，皇上心中有感激之情，也算额娘没白疼你十几年。唉，这些年来，额娘过得很辛苦，皇上全都看在了眼里，日后皇上亲政后，总不会忘记额娘的辛苦吧？！"

同治皇帝被母后说得有些感动了，毕竟是母子俩，血肉相连，西太后一番真情表白深深地打动了同治皇帝的心，他动情地说："额娘，这十几年的辛劳，儿全看在眼里、记在心里，儿不会辜负额娘的。"

西太后温柔地拉着儿子的手，轻声细语："这几天，皇上更应保重龙体，后天皇后一进宫，还有很多礼仪要进行，只恐皇上会很辛苦。"

同治皇帝开心地一笑，刚毅的脸上掠过一丝温情，很像他的父皇咸丰皇帝。西太后见了，猛然间一阵酸楚，脸上立刻笼罩了一层乌云。

同治皇帝认为自己又惹恼了母亲，很有些惶恐，连忙问："额娘，您怎么了？"

西太后拍打着儿子的手，低声道："没什么，额娘只是想起了你父皇。你就要成婚了，先帝在天之灵一定会很安慰的。"

一提起咸丰皇帝，同治皇帝也有些难过。在他的记忆中，父皇是那样慈祥、温和，父皇躺在冰冷的墓穴中已十一年。这十一年来，两宫太后不但抚养大一代君王载淳，而且还苦苦地撑着大清的江山，他对两宫太后是心存感激的。于是，同治皇帝郑重地说："额娘，儿子不会让你失望的。一旦儿子亲政后，一定会送给额娘一份厚礼，以尽人子的孝心。"

西太后惊奇地问："皇上准备送什么厚礼？"

"保密！"

母子俩会心而笑，储秀宫里春光融融，母子间似乎已冰释前嫌。

这一刻，西太后感到十分幸福，几个月前立后之争带来的烦恼，此刻已被母子亲情化解。西太后心想："不管立谁为皇后，一旦进宫后，我都要尽心调教，使她成为顺乎我心的好儿媳。"

同治十一年九月十五日，同治皇帝一大早便催促着太监为他穿戴整齐，他激动的连早膳都没用好，匆匆吃了一小块萨其马，便推说肚子饱了。老太监张文亮看在眼里，心中直笑。五十多岁的他乐颠颠地望着自己亲手抱大的皇上，竟也激动得热泪盈眶。

这时，钟粹宫的太监来报："皇上，母后皇太后请皇上快入太和殿，皇后一会儿就到了。"

同治皇帝立刻应声道："朕这就去太和殿，回去告诉太后，请她放心吧！"

"嗻！"

皇宫里早已到处张灯结彩，太监、宫女全换上了新装，宫里各处干净明亮，人人脸上挂着笑容。同治皇帝悄声对御前太监说："瞧，皇后进宫，人人欢喜，朕更高兴。这是好兆头，预示着朕将大展宏图，预示着大清将一片辉煌。"

御前太监乐得合不拢嘴。

同治皇帝太和殿落座，他哪里坐得稳，两眼直往门外望，一心想早一刻见到人们称颂的阿鲁特氏。

崇绮府邸热闹非凡，新皇后阿鲁特氏已穿戴整齐，凤冠霞帔拥戴在身，笑容可掬喜在心。她觉得有些飘飘然，几天前，同治皇帝加恩封父亲崇绮为三等承恩公，封母亲瓜尔佳氏为一品夫人。今天，皇上又遣惇亲王奕誴为正使、贝勒奕劻为副使，两人特奉皇后册宝，册封她阿鲁特氏为皇后。

这位十九岁的满族贵族姑娘，一旦踏进皇宫正门，便是众人膜拜的皇后娘娘。她早已听说同治皇帝性情温和，只是有些顽皮，便暗下决心，以温柔与贤淑善待比她小两岁的丈夫。将来皇上亲政后，帮助丈夫坐稳江山、奉养两宫太后，一年后若能为皇上生位小龙子，那则是天遂人愿，喜上加喜。

"皇后凤舆起轿！"

一声令下，皇宫里前来迎娶的仪仗队顿时乐鼓齐奏，香气四溢，花团锦簇、珠围翠绕的皇后娘娘被宫女彩娥拥着入了凤舆，太监紧跟四周，启行至皇宫。一路上，仙乐瑟瑟、人声鼎沸，热闹非凡。

惇亲王奕誴坐在八抬大轿里，前面引路，皇后的凤舆缓缓前行。人们只能远远地注视金饰玉绕的凤舆，谁也目睹不了皇后的芳容，都不免有些遗憾。可是，人们依然是兴高采烈的，以自己能看到雄伟、壮观的皇家仪仗队而自豪。

不多时，皇后的凤舆便进了宫，至玉阶降舆。文武百官早已恭候多时，他们虽不敢抬头正视一下皇后，但免不了偷偷地瞅一眼皇后的身姿。只见皇后由坤宁宫的宫妇搀扶着，款款地走过玉阶，然后奔至坤宁宫。

一路上，鼓乐齐鸣、礼炮声声，大婚盛装的皇后阿鲁特氏满怀欢欣地候于坤宁宫，因为，同治皇帝马上就要驾临坤宁宫，他们夫妻将在这里相见，行礼，然后再去拜见两宫太后。

不多时，同治皇帝满面春风地驾临坤宁宫。这位富贵风流、蕴藉秀逸的少年天子急不可待地揭去皇后的红盖头，他定睛一看，笑容立刻堆在脸上。只见新娘子阿鲁特氏面如满月，眉似春山，凤眼含情，樱唇带露，珠光映鬓，娉婷脱俗，举止大方，形态袅袅，好一个俏人儿！

同治皇帝急切地说："快行合卺礼！"

太监、宫女们拍手齐笑，他们为皇后的芳容而拍手，为皇上的心急而笑。嬷嬷和喜娘们连忙端上酒菜。皇后恭敬地端起酒杯，正想为皇上斟酒，只见同治皇帝一把夺过酒壶，竟亲自为新娘斟上一杯，自己又斟上一杯。皇后红着脸与皇上喝了交杯酒，坤宁宫里再次奏起了音乐。

人们纷纷退下，坤宁宫的皇后卧房里只剩下一对幸福中的新人。

同治皇帝轻轻地托起皇后的下巴，柔声细语："皇后，你好美！"

皇后羞红了脸，一言不发。

同治皇帝毕竟年少，他急于证明自己的猜测：皇后是位大才女。于是，他轻吟："妾发初覆额，折花门前戏。郎骑竹马来，绕床弄青梅。"

皇后抿嘴一笑，接着吟诵道："同居长千里，两小无嫌猜。十四为君妇，羞颜未尝开。"

同治皇帝大喜："李青莲感悟甚深。"

皇后应和："诗仙语句感人。"

同治皇帝望着天仙般的美艳妇，感慨道："天生丽质难自弃，一朝选在君王侧。"

皇后忙答："臣妾绝不步杨妃后尘，臣妾不愿君王不早朝。"

同治皇帝龙颜大悦，情不自禁地拍着皇后的手说："果然名不虚传，状元之女的确出口成章。皇后，朕能拥有你，人生一大幸事啊！"

"皇上，臣妾能伺候皇上，更是三生有幸。"

同治皇帝激动地把皇后紧紧拥在怀里，皇后半推半就，一对新婚夫妇便初涉了人生的仙境。

约一个时辰后，坤宁宫的大宫女站在门外说："皇上，该去向两宫太后请安了！"

同治皇帝结结巴巴地说："好……好，朕这便起身。"

一语既出，他好后悔。身为天子，竟在一个宫女面前露如此窘态。皇后阿鲁特氏更是羞涩难耐，慌乱中竟穿不上衣衫。

同治皇帝很快镇定下来，温和地说："不用慌张，她是奴婢，怕什么。"

皇后的脸羞得像一块大红布，她几乎要落下泪来。

同治皇帝抚摸着她那飞霞的脸庞，幸福地说："皇后，你美艳无比、举止大方、高雅脱俗，又娴静敏慧，两宫太后一定会喜欢你的。"

同治皇帝带着新妇阿鲁特氏去拜见两宫太后，果然不出同治皇帝所料，慈安东太后一见阿鲁特氏便喜上眉梢。她笑容满面，牵过阿鲁特氏的手，温和地说："嗯，状元之女，名不虚传，仪态万方、龙准圆润。"

慈禧太后一见儿媳妇脱俗雅致，心中也十分高兴，温和地说："不错！日后你应尽心伺候皇上，与慧妃、瑜嫔、珣嫔和睦相处，以母仪天下的风范威慑后宫。"

作为皇后的阿鲁特氏当然听得出西太后的弦外之音。进宫以前，阿鲁特氏就听说，最初西太后反对立她为皇后，只是皇上坚决反对立富察氏为后，西太后才勉强同意纳富察氏为妃。而且，就在今天，富察氏也进了宫，她被加封为慧妃。此外，还有崇龄之女赫舍里氏为瑜嫔，自己的亲姑妈赛尚阿之女阿鲁特氏为珣嫔。

皇后阿鲁特氏沉默了一会儿，小心谨慎地说："请圣母皇太后放心，臣妾不会让太后失望的。"

西太后笑着说："这就好。你们几个人，以你年长，凡事多让着她们。"

两宫太后都递给阿鲁特氏一个红包，皇后收下了见面礼。

西太后还特意从手腕上脱下一只金镯子送给儿媳妇，阿鲁特氏惶恐不安，连忙推却："臣妾不敢接纳这精美的镯子。"

同治皇帝一见新娘有些慌张，便笑着说："婆婆送给儿媳妇的礼物，有什么不敢接纳？快收下吧，谢过额娘便是。"

一句话提醒了慌乱中的皇后，阿鲁特氏忙说："谢额娘恩典。"

西太后笑着说："好，歇着去吧。"

同治皇帝携新婚妻子刚转身，只听得西太后叮嘱了一句："皇上，别冷落了慧妃等人。"

同治皇帝应付了一声，阿鲁特氏脸上掠过一丝不快。她明白，西太后这话是说给她听的，太后明明白白地告诉她：不可独霸皇上，皇上也不可能专宠一个女人。

完成大婚，同治皇帝便该亲政了。

同治十二年（1874年），爱新觉罗·载淳已满十八周岁。他亲政的日子初定同治十二年正月二十六日。一切都在紧张地准备。西太后的情感比较复杂，虽然她每日也带着笑容，但一想到就要结束垂帘听政的政治生涯，她难免有些失落。可是，以她的能力难以抵挡大势之趋，皇上年满十八岁，她已没有任何理由来阻挠同治皇帝亲政。不过，失落中还有一丝安慰，毕竟亲政的是自己的亲生儿子，她又有些骄傲。

一想到儿子要亲政，西太后便滋生出一个念头："他行吗？把大清的江山完全地交给他，从来没有独立处理过朝政的少年能挑得动大清的江山吗？"

对于同治皇帝的能力，西太后是有些怀疑的，她当然会忧心忡忡。

细心的东太后一眼就看破了西太后的心思，她耐心地劝导道："妹妹，皇上已长大成人，归政势在必行。眼下皇上亲政呼声很高，我们就别再犹豫了。"

西太后对东太后的这句话很反感，立刻反驳道："我说过不愿归政吗？姐姐，你多虑了。"

东太后一时无语，西太后继续为自己辩解道："皇上亲政顺天意、合民心，我从心底为此高兴。不过，我担心的是皇上有些年少轻狂，只怕他经验不足，难担重任。"

东太后轻声为自己辩白："这么说，是我误会了妹妹。妹妹的一番深意固然在理儿，不过皇上虽然年少，却不轻狂，他已长大成人，亲政后，我们姐妹俩正可安居后宫，不再日夜为国事操心。"

西太后沉吟了一下，说："但愿皇上如姐姐所言，能勤政爱民，做一个好皇帝。"

"妹妹，你所担心的也不是没有道理。皇上近年来读书不用心，我也曾担心过他的能力。我想过，恭亲王究竟是至亲，皇上亲政后，他会尽心辅佐皇上的。还有，李鸿藻尽心教导皇上已十几年，他也比别人靠得住一些，日后应继续礼遇李师傅。凭他们的能力，会帮助皇上治理好国家的。"

西太后点头称是，她赞同东太后的这几句话，又补充道："姐姐，我认为皇上亲政后仍应让师傅们照常入值。皇上每日退朝后即入上书房继续学习。"

"很好，妹妹这个建议很有必要。我们今日就拟一道懿旨，要求皇帝亲政后应按日恭阅本朝圣训，对国语、汉文更加勤于练习，想必皇上也会接受的。"

正说着，同治皇帝来到了两宫太后面前。再过几天就要亲政了，同治皇帝掩饰不住内心的喜悦，一见两宫太后全在这儿，他便欢快地叫了声："两位皇额娘吉祥！"

"皇上吉祥！皇上，我们正说着你，正巧你就来了，有些话还是明说了好。"

东太后温和地注视着风度翩翩的少年天子，首先开口了。同治皇帝从小就亲近钮祜禄氏，此刻，这位温和敦厚的皇额娘有话要说，同治皇帝当然是洗耳恭听："额娘，有什么话儿尽管说，儿一定照办。"

第八回 同治帝撒手尘寰，两太后再度垂帘

西太后生怕东太后先讨好儿子，便抢过话头，说："皇上冲龄登基，至今已有十二年了，皇上还记得当年的情景吗？"

同治皇帝明白西太后指的是当年承德八大臣专横跋扈，欺负他们孤儿寡母之事。他点了点头，说："若不是两位额娘力挽狂澜，恐怕肃顺早就窃取了江山。"

西太后欣慰地说："皇上明白就好。这十二年来，我们两个垂帘听政，吃的苦、受的气，你全看在眼里。不过，一切都已过去，如今国家太平，皇上典学有成，我们倍感欣慰。我们只求你能做一个勤政爱民的君王，克勤克俭，励精图治，也不枉我们这十几年来的辛苦教导。"

一番话说得同治皇帝感激涕零。他沉默无语以示牢记在心。

东太后默默地注视着西太后，她发现西太后的脸颊微红，温和中有一丝失意的神情。于是，应和着西太后，也说了一句："皇上，你额娘的话应牢记在心。亲政后，皇上一定要励精图治，勤政爱民，永葆我大清江山繁荣昌盛。"

同治皇帝坚定地说："两位额娘请放心，儿一定不会让你们失望的！"

两宫太后对视了一下，微笑着点了点头。

同治十二年正月二十六日，温暖的阳光普照大地，地上的积雪正在融化。这日，天气格外晴朗，一大早，西太后便起身，让李莲英为她梳个漂亮的发式。她换上一身崭新的朝服，准备登太和殿接受群臣的朝贺。从她的手上缔造出一代君王，叶赫那拉氏觉得很荣耀。

李莲英猜度出了主子的心思，他不失时机地逢迎主子："主子，您今天精神格外饱满，这一梳洗打扮，主子看起来更像女菩萨了。等一会儿，王公大臣们朝贺主子时，他们一定会惊慕主子的芳容。"

西太后点了一下李莲英的额头，笑着说："小李子，瞧你这张嘴巴多甜，我老了，都快四十岁的人了，还谈什么芳容。"

"不，不，主子漂亮得很。主子您容光焕发、楚楚动人，不但一点儿也不老，反而显得很年轻，就连皇后娘娘都比不上主子的容姿。"

西太后催促道："别耍贫嘴了，快准备起轿上殿吧。今天是个大喜的日子，你放规矩点儿，回头说不定皇上还有赏钱。"

李莲英油腔滑调地应了声："嗻。"

当两宫太后落座后，同治皇帝便颁发圣训："谕内阁，朕受皇考文宗显皇帝付托之重，冲龄践祚，时事多艰。仰赖慈安端裕皇太后、慈禧端佑皇太后垂帘听政，简任亲贤，励精图治。十余年来，盛德丰功，超迈年古。朕仰蒙慈荫，得以及时典学，日就月将，兹复渥被圣慈。命朕躬亲大政，孳孳以敬天法祖、勤政爱民为念。仔肩至重，深惧弗克负荷。唯有恪遵训谕，兢兢业业，上懔祖宗缔造之艰，下慰中外臣民之望，用以祇承家法，仰答慈恩。……"

垂帘听政：慈禧太后

群臣恭听圣训，太和殿里一片欢呼。

"皇上万岁！万岁！万万岁！"

"母后皇太后圣明！圣母皇太后圣明！"

恐怕呼声最高的要数恭亲王奕䜣了，他一大早便带领王公皇族及大学士、六部、九卿官员恭候于大殿。今天，他好兴奋，十二年了，大清的皇权被叶赫那拉氏独揽朝政的局面终于结束了。

今天，他终于可以喘口大气了。大清的龙椅上坐的是自己的皇侄，龙椅旁边不再有道纱屏，纱屏后不再有威严的西太后，西太后不再发号施令。他此刻简直欣喜若狂。所以，恭亲王长跪不起，一个劲儿地高呼："万岁！万岁！万万岁！"

一言不发的西太后面带愠怒，她悄悄地对东太后说："姐姐，你瞧，老六今天有些不正常，怕是他的神经有些问题吧。"

东太后温和地说："皇上亲政，老六心里万分高兴也是情理之中的事儿。他这么拥戴皇上，想必日后定会尽心地辅佐皇上，这也是我朝一幸。"

西太后不满地轻轻"哼"了一下，面带不悦，她早已料到同治皇帝大婚之后便会来要权。只是这一天真正到来后，她难以接受。

同治皇帝亲政后，他要做的第一件大事便是重修圆明园。

其实，重修圆明园，最初是西太后想到的。早在同治七年，西太后便萌发了这个念头，只是当时国库空虚，太傅李鸿藻竭力劝阻才打消了西太后的这个想法。如今，同治皇帝亲政了，这个想法便被重新提了起来。作为人子，同治皇帝对两宫皇太后，特别是对生母西太后是存有感激之心的。虽然西太后过于严厉，不像东太后那么温和可亲，但毕竟她是他的生母，母子连心，这是真理。同治皇帝选皇后时，并没有按照西太后的意思行事，西太后为此一直耿耿于怀。对此，同治皇帝总有些内疚，为了弥补对母亲的愧疚，同治皇帝时常到储秀宫看望母亲。

归政后的西太后一点儿也不愉快。一是她对政治经验十分缺乏的同治皇帝很不放心，而儿子又不让她过问朝政。二是储秀宫的生活也让她心烦，自从二十年前她受宠以后，她就一直居住在储秀宫。一个地方再好，住久了，人也会生厌的，更何况小安子以前每日出出入入，如今小安子的人头早已落地。不知为什么，西太后总有一种错觉，常常把其他太监看成是死鬼小安子。有时夜里，她害怕小安子的阴魂会来这儿，所以，她早想换一处住处了。

三个月前，西太后向同治皇帝提出，她想移居乾清宫，当时，同治皇帝一口答应了。谁知第三天，儿子同治皇帝又反悔了。西太后很生气，心想：一定是有人暗中进言了。因为一些元老大臣都明白乾清宫是历代皇帝所居之处，也是平日里听政、受贺及召见大臣、引见庶僚之处。一定有人极力阻挠她移居乾清宫，生怕她干涉朝政。

西太后想移居乾清宫当然有其深意，只是她的心思一下子被人看穿了，她能高兴吗？虽然长春宫的确环境幽雅，利于颐养，但她还是一口拒绝了。

三个多月过去了，为移居一事，西太后一直闷闷不乐。今天，细心的同治皇帝发现了母亲抑郁的神情，他连忙说："额娘，儿记得几年前，您曾想过重修圆明园，为何一直没有行动？"

一提"圆明园"，西太后的眸子里立刻放射出异彩，她兴奋地问："皇上也有此意吗？"

"但不知额娘怎么认为。"

"太好了，如果皇上真的有孝心，就重修圆明园吧。额娘都快四十岁的人了，辛苦了十几年，也该享享清福了。"

得到了西太后的赞同，同治皇帝万分欣喜，心想：一旦修治好了圆明园，不仅可以摆脱额娘对朝政的干预，还可以尽尽孝道。于是，同治帝微笑着对西太后说："额娘，在您四十大寿之际，儿献给您一份厚礼。"

西太后温柔地注视着同治皇帝，笑了。

西太后母子达成了共识，他们决心在近日内重修圆明园。可是，却遭到了东太后慈安的反对。她一听到这个消息，立刻皱起了眉头，对西太后说："妹妹，如今皇上亲政不久，国库空虚、全国上下灾情不断，户部每年拨给内务府的银两仅够后宫开支，如果眼下大兴土木，哪儿来的银子？"

西太后眼睛一瞥，不高兴地抢白了一句："修了园子，姐姐也住进去，皇上也可临幸驻跸听政，有什么不好？国库空虚也不是一年两年的事了，从道光爷时就国库空虚，难道我们省吃俭用，国库就不空虚了吗？"

东太后不愿与她相争，低声说："那你看着办吧。"

重修圆明园的消息不胫而走，很快，朝廷上下沸沸扬扬，人们都私下议论着此事。有赞同的，当然也有反对的。其中反响最强烈的一个人是户部侍郎桂清，他一听到同治皇帝想重修圆明园便力陈不可。桂清掌管内务府，连年来内务府银两短缺，他比谁都清楚。前一年，同治皇帝大婚所耗银两两千万两，至今还有一些亏空，如果现在大兴土木，恐怕连后宫的日常经费都不能保障了。每年户部拨给内务府的正常经费是六十万两，而重修圆明园，至少需要四五十万两，这么一大笔经费到哪里弄呢！

但同治皇帝已经决定的事，谁反对都没用。就这样，重修圆明园一事被西太后母子两人定了下来。

同治十二年九月二十七日，同治皇帝派人到四代承办园林工程设计的雷思起家，向雷思起要来了三园全图。经过西太后的反复掂量，她决定先建殿宇三分之二，估计分为六项大工程，耗资约五十万两。

这么一大笔经费，内务府真的拿不出来。于是，西太后想起了当年咸丰皇帝在世时的一次赈灾筹资——捐款。于是，她建议同治皇帝发布上谕，以观群臣的反应。第二天，即九月二十八日，同治皇帝在母亲西太后的授意下，发布了一道朱谕。圣谕大概意思是：重修圆明园一是告慰列祖列宗，被洋鬼子烧了的圆明园又建起来了；二是两宫皇太后垂帘十一年有功，今日应当享享清福了；三是同治皇帝临幸驻跸也有了去处。

大殿之上，众臣面面相觑，一时间，谁也没说一句话。几十位朝臣不约而同地转向恭亲王奕䜣，大家只等他表态了。恭亲王虽然一直不得志，但他毕竟是一个特殊的人物。他是当今皇上的亲叔叔，大家跟着他走没错儿。

恭亲王奕䜣这时候想的是：虽然西太后撤帘归政了，但这个女人时时刻刻盯着朝政，她想干的事情没有干不成的。如今硬是反对重修圆明园恐怕行不通。再者，若真的修好了园子，两宫太后住了进去，不再干预朝政，不正是件好事吗？

想到这里，恭亲王奕䜣清了清嗓子，开口道："圣上英明，臣愿捐资两万两白银以建圆明园。"

一语既出，众人哗然。大家都没想到恭亲王这么慷慨大方。两万两白银呀，是他整整两年的俸禄。这可是个不小的数目，他的眼皮眨都不眨一下，可见恭亲王的立场与决心。

同治皇帝欣慰地笑着说："六皇叔带了个好头，五皇叔、七皇叔、六额驸，你们怎么办？"

毕竟同治皇帝年少，缺乏政治经验。大殿之上，直称臣子奕䜣、奕谖、景寿等人为"叔"或"额驸"，吓得他们几个人连忙磕头谢罪。

"臣一定不枉圣上厚爱，容臣思考一下就作答复。"皇叔加姨夫的奕谖战战兢兢地说完，便低头不语了。

六额驸景寿在十二年前的"辛酉政变"中是八大臣之一，当年两宫太后念他是咸丰皇帝亲妹夫的分上，免他流放。在八大罪臣之中，景寿受的处罚最轻。十二年来，他谨小慎微地行事、小心翼翼地做人，从来不敢喘口大气。今日皇上欲为两宫太后重建园子，他敢说不支持吗？只是奕谖、奕誴尚未发话，现在没他说话的份儿。

奕谖一直算是春风得意，虽然他不是道光皇帝亲封的王爷，咸丰皇帝在世时，他也并不显赫，但是自从同治皇帝登基后，慈禧西太后就格外照顾这位"妹夫加小叔子"。今天，西太后想建豪华住宅，他醇亲王怎好无动于衷？恭亲王奕出口便是白银两万两，他该捐多少呢？

想来想去，奕譞最后决定捐资也是两万两，这是他十年的薪俸呀！

醇亲王出手如此大方，是在场的所有的人都没想到的。就连同治皇帝也张大了嘴巴，他脱口而出："七皇叔，太多了吧？"

奕譞表现出十分虔诚的样子，伏地而言："臣实在是能力有限，不然，还愿为皇太后效力！"

恭亲王瞪了一眼奕譞，嘀咕了一句："老七，就你逞强。"

奕譞装作什么也没听见，他用眼睛瞟了一下五皇兄奕誴。一向粗莽的奕誴毫不在乎别人对他如何评价，他开口道："圣上，臣俸禄微薄，只能捐资五千两！"

同治皇帝早料到他的五皇叔会来这么一手，于是，微笑着说："多少也是爱卿的心意。"

六额驸景寿一见皇上如此态度，便怯怯地说："臣捐五千两白银。"

其他大臣不能保持沉默了，也纷纷报数。

内务府的宝鋆负责登记捐款数目，一个上午，共捐款白银二十三万两，还差十几万两。

堂堂的大清天子居然也报："朕捐五万两！"

宝鋆一听，傻了，心里直叫苦："皇上呀皇上，您哪儿来的银子呀？您脱口而出五万两，还不是内务府替您筹措。唉，皇上，您真会给我宝鋆出难题！"

既然皇上都捐了银子，两宫太后及皇后岂能装聋作哑？于是，东太后捐资五千两，西太后捐资五千两，皇后阿鲁特氏捐资三千两，其他太妃、皇妃、嫔等人共捐资一万两。

内务府大臣共同商量决定节俭后宫开支，再挤出白银十万两。

这样一来，仅十天的工夫，四十五万两白银便筹措起来了。

同治十三年正月十九日，重建圆明园的浩大工程正式破土动工。

这一天，慈禧西太后与同治皇帝亲临圆明园视察工地。

看着杂草丛生、荒芜杂乱的圆明园，西太后感慨万千，她对儿子同治皇帝说："这儿就是万春园，昔日这儿殿宇豪华、庭院幽雅，你阿玛最爱坐在这儿观赏鲤鱼。那时候，皇上总爱牵着你阿玛的手，让张文亮捉几条红鲤鱼上来。"

从西太后的表情上看，她的确很怀念当年的美好时光。她一提起先帝，同治皇帝更有些感动。那时候，他五岁左右，许多往事仿佛还记得。同治皇帝温和地对母亲说：

"额娘，您往日住在长春园，为何如今想移居万春园？"

西太后的双眼有些湿润了，她低声道："物是人非事事休！唉，住在长春园难免勾起对往事的回忆，还是移居万春园吧。"

"只要额娘高兴，愿意修建哪儿就修建哪儿。"

"皇上，额娘心里好感动。皇上如此孝敬额娘，一定也会爱民如子，做一个好皇帝的。"

同治皇帝得到西太后的赞赏，他也有些飘飘然了。他为了进一步讨西太后欢心，便脱口而出："虽然建园子资金有些不足，但总会有办法的，只要额娘喜欢，额娘想怎么建，就怎么建。"

西太后欣慰地笑了，说："前些日子，额娘闲暇之际，找到了原来三园的图样，又让一些老太妃帮助回忆了一下。皇上，你看，额娘亲手绘了一些庭院图样，不知皇上喜欢吗？"

同治皇帝奉承道："只要额娘满意就好。"

为了尽快安顿好西太后，同治皇帝一心扑在工程上了。他的举动不能不引起朝臣的担忧，每日都有许多折子等着皇上去批阅，而同治皇帝对建园以外的折子一律不感兴趣，这怎叫大臣们安心！

醇亲王奕𫍽联合御前大臣伯彦讷谟祜及皇族重臣景寿等人，联名上奏朝廷，规劝皇上应以江山社稷为重，不要被狭隘的个人利益所累。

可是，年轻的天子置之一笑。

同治皇帝陷进去了，他不能自拔。而西太后却沾沾自喜，儿子如此孝敬她，她焉能不高兴！

正在西太后母子俩为修建圆明园而高兴时，突然暴露了一桩要案，使得陶醉其中的同治皇帝瞠目结舌，他有些震惊了。折子上奏："广东奸商李光昭，贿托内务府大臣贵宝、文锡，勾结太监，声称从四川采运木材至京，只五万两白银，却谎报十万两白银……"

同治皇帝为工程中官员大捞油水而大发雷霆。亲政一年多以来，他深深地体会到西太后的那句话："大清的龙椅不好坐！"

可是，再不好坐，他也不会把龙椅让给别人坐。

一个人在迷惑的时候，最容易想起值得他信赖的人，于是，同治皇帝到了钟粹宫。

正巧，西太后也在钟粹宫东太后这里。两位皇太后正在闲聊儿，忽见皇上满面愁云，匆匆而至。不用问，同治皇帝一定遇到了什么不顺心的事儿。

一见两位皇太后，同治皇帝便向她们问安："皇额娘吉祥！额娘吉祥！"

"皇上，天这么热，有什么事儿让奴才传个话过来就行了。瞧，皇上额上都是汗珠。"东太后心疼地说。西太后看见儿子龙颜不悦，也心疼地说："你皇额娘说得是，大热的天，一丝风儿也没有，有什么大事儿还让皇上亲自来。皇上，快坐下来喝口水。珠儿，快过来给皇上擦擦汗，再端些冰茶来。"

同治皇帝坐在两宫太后身边，边喝着冰茶边愤愤地说："那些狗奴才，气死朕了。"

西太后急切地问："发生了什么事情？"

同治皇帝接过宫女珠儿递上的帕子，自己动手擦了一下额上的汗珠，又喘了一口气，说："今日四川总督吴棠上奏说，广东奸商李光昭趁修园子之机骗取巨款，以洋木充楠木与梓木，实在令人生气。"

西太后不解地问："修园子的木材不全是从湖南、四川、广西、广东、浙江等省运来的吗？怎么又成了洋木呢？"

"朕原来也以为木材是南方几省运来的。可是，吴棠上奏说，他已查实，李光昭谎称从各省购得楠木、梓木，价值十万两白银。三个月前，朕念他报效朝廷，便给了他候补知府之衔。但是，他在四川、湖南等地并没有购得木材，而是从香港购得洋木以塞责。"

西太后有些惊讶："原来还有这等事情！"

同治皇帝继续讲述："额娘，还有更气人的事哩：李光昭从内务处领了十万白银，可是，他并没有给香港商人，其实洋木也只值四万两银子。他把十万白银私吞了，现在洋商跟着要钱，李光昭便拖延再三，激怒了洋商，洋商控告，一时间纠缠不清。"

西太后猛地站了起来，咬牙切齿地说："岂有此理！这等败类，不可轻饶。"

东太后也很生气，她开口道："皇上亲政不久便出了这等事情，必须对此严惩，否则，何以体现皇上的天威？"

"姐姐，依我看，这个李光昭非杀不可，朝廷上下像这等小人仍有不少。我也听老七说起过此类事情，那些奴才趁修园子之机大捞油水，当时捐的几个银子，现在又全捞回去了。李光昭的木材案既然已经暴露了，就必须着刑部查办此事，一经查实，严惩不贷！"

东太后点了点头，同治皇帝心里有数了。他要拿出点威风来，给贪官污吏一些颜色看看，杀一儆百，以正朝纲。

就这样，奸商李光昭被砍了头。可是，杀一并没有儆百，参加修建圆明园的各大臣仍暗地里大捞油水。恭亲王奕䜣、醇亲王奕譞目睹了一切，他们实在看不下去了，便上奏朝廷，希望皇侄同治皇帝能听劝告，立刻停工，否则，将危害朝廷、烦扰百姓、有损圣名。

恭亲王在大殿之上，仗着自己是皇叔便大胆直谏，同治皇帝拂袖而去。

第二天，同治皇帝颁发了一道谕旨，革除了恭亲王世袭罔替的王爵，降为不入八分辅国公，撤去军机一切差使，交宗人府严议。

圣旨刚刚宣完，醇亲王奕譞便为哥哥求情。惇亲王奕誴一向不关心朝政，如今他也沉不住气了，大殿之上直陈其看法。

同治皇帝见两位皇叔都为恭亲王求情，他不得不改变主意。

回到养心殿，同治皇帝亲笔御书：

> 传谕在廷诸王大臣等，朕自去岁正月二十六日亲政以来，每逢召对恭亲王时，语言之间，诸多失礼。着加恩改为革去亲王世袭罔替，降为郡王，仍在军机大臣上行走，并其子载澂革去贝勒郡王衔，以示惩儆。

谕旨一经颁发，仍引起了朝廷上下几百人的震惊，消息很快传到了两宫太后耳里。东太后急忙到了储秀宫，她决定与西太后达成一致意见：不能任皇上再胡闹下去。

这次，东太后的态度很强硬，她觉得同治帝为了讨好西太后而重修圆明园，不仅耗资巨大，而且已引起了众人的不满，尤其是因恭亲王直谏圣上以致招来横祸。如果再不制止年轻无知的皇上，恐怕会导致更大的骚乱。这对于亲政不久的同治皇帝来说并不是个良好的开端。

当东太后有些激动时，西太后竟出乎意料的平静。当然，同治皇帝罢免恭亲王一事，她早已知道，对此，她也有些吃惊，觉得儿子真的有些任性。不过，她并没有像东太后那样反应强烈。她轻描淡写地说："既然众臣有些议论，圆明园不修也罢，有什么值得大惊小怪的。再者，老六被皇上指责也不是没有一点道理。老六这个人一向仗着他是道光爷御封的亲王，难免有些飞扬跋扈，皇上给他点颜色看看，没什么值得惊奇的。"

东太后对这话很是反感，她反驳道："这次老六向皇上劝谏的也不止修园子一件事情。妹妹，该咱们出面说说皇上了。"

西太后对同治皇帝常出宫闲逛也有风闻，今天经东太后一提，她只好说："好吧，让个奴才把皇上请来吧。"

西太后的话音未落，只见同治皇帝的御前太监李明玉神情慌张地闯了进来。

西太后忙说："李明玉，不用多礼，有什么话儿，快说吧。"

"嗻。"

李明玉张开嘴巴，说话就像开"机关枪"："母后皇太后、圣母皇太后，皇上刚才又颁谕革了十位王大臣的职。"

东太后脸色唰地一变，她双手捂着胸口，表现出十分难过的样子。

西太后猛地站了起来，追问："哪十个王公大臣？"

"他们是恭王爷、惇王爷、醇王爷、六额驸、奕劻王爷、文祥大人、宝鋆大人、沈桂芬大人和李鸿藻师傅等。"

第八回　同治帝撒手尘寰，两太后再度垂帘

"为什么？"

　　"皇上说他们是什么'朋比谋为不轨'。"

　　两宫太后一听，哪里还能坐视不问？她们急匆匆地商量几句，便来到了上书房弘德殿，因为刚才李明玉告诉她们李师傅与恭亲王正在弘德殿等候两宫太后御临。

　　东太后面带愧色，对李师傅说："师傅多年辛苦教导皇上，不承想皇上今日如此失礼，降罪于师傅。"

　　李鸿藻老泪纵横，一时无语。

　　恭亲王奕䜣"扑通"一声跪了下来，伏地痛哭。

　　西太后皱了皱眉头，说："老六，皇上年轻气盛，等过两天，我们姐妹劝劝他，我们会为你说句公道话的。"

　　同治十三年八月一日，两宫太后懿旨：赏还恭亲王及其子载澂爵秩。

　　第二天，同治皇帝迫于两宫太后的压力，为他的六皇叔恢复了名誉。

　　第三天，十几名朝臣联名上奏朝廷：立刻停止修建圆明园。

　　后宫里养尊处优的西太后震惊了，原来有这么多的人反对修园子。他们的理由很简单：世道艰难，小人从中获利，有损圣上英名。

　　西太后一夜没有合眼，她反复思索，权衡利弊，最后，她不得不规劝同治皇帝放弃重修圆明园。

　　圆明园工程"夭折"了，同治皇帝颇有些沮丧，他又开始了枯燥乏味的宫廷生活。

　　同治皇帝知道近年内母亲不可能离开皇宫生活，本来打算在西太后四十大寿之际将新建的圆明园献给她，如今一切都成了泡影。而西太后又不愿意继续在储秀宫住下去，想来想去，同治皇帝说服母亲住进了长春宫。

　　于是，没事儿的时候，同治皇帝便去钟粹宫看望东太后慈安，去长春宫看望西太后慈禧。儿子看望母亲，本来应该是一件愉快的事情，可在同治皇帝看来却是难以忍受的。西太后母子几乎每天见面都要起纷争，他们争论的焦点是：皇上不应该冷落慧妃富察氏。

　　同治皇帝大婚半个月以后，十四岁的慧妃才第一次被召幸。富察氏还是个孩子，被少年天子搂在怀里亲吻抚摸，她觉得十分不好意思，所以总显得局促、别扭。比起十九岁的牡丹花一样的皇后来，慧妃就像一朵小喇叭花，虽然也美丽，但毫无情趣，散发不了诱人的馨香。

　　正处于激情高昂之中的少年天子从慧妃这里既得不到情爱的满足，又得不到爱情的甜言蜜语，才召幸慧妃两次，他就厌倦了。至于瑜嫔与珣嫔，他更是不感兴趣。瑜嫔年轻轻的，人却长得肥胖不堪，腰粗得像个大水桶，一身的肥肉，躺在皇上怀里撒娇，弄得同治皇帝直恶心。一次过后，他发誓永远不再召幸她。

珣嫔的身材倒也不错，只是她满身的狐臭熏得同治皇帝几乎要昏倒。同治皇帝不禁暗自叫苦。

半年过去了，瑜嫔与珣嫔终日以泪洗面。她们自己也明白无论哪个方面都比不上皇后，所以，她们对皇后专宠于皇上十分不满，以致发展到中伤皇后。虽然珣嫔是皇后的亲姑妈之女，但为了争宠，一切的亲情都化为仇恨。

她们怂恿年幼无知的慧妃去西太后那儿告状，企图拉回同治皇帝。

小慧妃入宫前就听说本来西太后是选她为皇后的，若不是东太后强硬，做妃子的应该是阿鲁特氏。所以，慧妃对皇后阿鲁特氏早有成见，如今又受两位妃嫔的撺掇，便跑到了西太后这儿哭诉。

"额娘，呜……"小慧妃伤心至极，她像孩子一样哭得好伤心。

西太后温柔地抚摸着慧妃的黑发，安慰道："别哭了，若有谁敢欺负你，额娘为你做主。"

慧妃泪如雨下，哽咽着说："皇上天天都留住坤宁宫。"

西太后"扑哧"一声笑了。

若是没有前嫌，西太后不会干涉皇上的私生活的。可是，皇后不是她中意选来的，如今她中意的慧妃遭了冷遇，她岂能坐视不问！

西太后一边安慰慧妃，一边喊："小李子。"

李莲英应声出来："主子，奴才在。"

"去，把皇后请来。"

李莲英刚走，西太后便打发走了慧妃，她要向皇后阿鲁特氏问个明白。

却说坤宁宫的阿鲁特氏皇后今日微感不适，她一见长春宫的李莲英进来，便皱了一下眉头，说："李公公，回去告诉太后，哀家今天不舒服，不能陪太后听戏了。"

皇后以为西太后又要硬拉自己去看那些下九流的淫戏，每当伶人们在戏台上扭捏作态、打情骂俏时，西太后总是沉醉其中，怡然自乐，而阿鲁特氏总感到一阵阵恶心。陪西太后听戏简直叫活受罪。

李莲英狡诈地一笑，回："皇后娘娘，恐怕今日不是去听戏，主子有事要谈，请娘娘快动身吧！"

皇后并没预感到要发生什么事情，她想到要去见尊贵的皇太后，便不敢马虎，让宫女为她精心地梳妆打扮一番才去长春宫。长春宫里的西太后左等不见皇后，右等不见皇后，不由得怒火中烧。当皇后姗姗到来时，她已是满脸的不高兴。

"皇太后吉祥！"

"起来吧！"语调冷若冰霜。

皇后战战兢兢，不敢多言多语。

西太后瞥了一眼阿鲁特氏，冷峻地说："皇后，忙什么呢？哀家着小李子去请你，怎么这么长时间才来呢？"

"回太后，臣妾稍作梳妆，只恐蓬头垢面有辱太后。"

"我说呢，皇上刚走吧！"

"不，不，皇上今天一大早就上朝去了，皇上说今晚留宿乾清宫，不到坤宁宫了。"

西太后直盯着阿鲁特氏，直把皇后看羞了。西太后依然是语调阴沉："皇上不去坤宁宫，你不寂寞吗？"

"不，不。皇上以国事为重，臣妾深知什么是大事，什么是儿女私情，臣妾不敢羁绊皇上。"

西太后露出了一丝不易察觉的笑容，说："你能明理就好，省得我这个做额娘的操心。跪安吧！"

皇后惶恐不安地离开了长春宫，她细想一下没有得罪西太后的地方。如果说西太后对自己不满，只能归罪于自己不是西太后中意的皇后，或者是皇上冷落慧妃等人所致。当同治皇帝再次宠幸善良的阿鲁特氏时，阿鲁特氏忍不住将头埋在皇上的臂弯里，落下泪来。

西太后不止一次提醒儿子要多宠幸慧妃和另外两个嫔妃，早已引起同治皇帝的反感。今日爱妻又躺在自己怀里哭诉，同治皇帝不禁对生母西太后更反感了。

他抚摸着委屈的皇后，深情地说："从今日起，朕长住坤宁宫不走了。"

"皇上，使不得，额娘会更生气的。"

"怕什么，有朕宠你，你就是最幸福的女人。皇后，来，朕需要你的爱。"

一对恩爱的小夫妻忘记了身外的世界，二人世界太美、太诱人了。

十天后，皇后阿鲁特氏再次遭到了西太后的指责与辱骂。这次，西太后不单单是为慧妃等人出气，她气的是皇后竟不听她的话。表面上答应她不再专宠于皇上，而实际上却阳奉阴违，这叫高高在上、一向喜欢左右别人的西太后如何受得了。

当阿鲁特氏再次被召到西太后面前时，西太后撕去了"母亲"的温柔面纱，厉声责骂："皇后，你究竟安的什么心？额娘好心劝导你，你表面答应了，实际上却我行我素，好大的胆子！"

"太后，额娘。"

皇后结结巴巴，一时间不知道说什么好。

西太后的脸上就像笼罩了一层乌云，她低沉的声音直叫阿鲁特氏发抖。

"自皇后进宫以来，皇上倦怠朝政，朝廷上下已议论纷纷。皇后，可别叫人说你是狐媚子！"

阿鲁特氏闻言，忍不住伏地痛哭："皇太后，臣妾知错了，臣妾一定疏远皇上，使皇上专于朝政。"

西太后厉声道："谅你年轻无知，饶你一次。不过若是不思过的话，额娘可就不客气了。"

"谢额娘。"

皇后哭肿了双眼，她还敢再情牵皇上吗？

这样一来，堂堂的皇上与皇后偶尔相会一次，像在偷情。不久，同治皇帝便厌倦了这种偷偷摸摸的情爱。当然，他深知是生母从中作梗，棒打鸳鸯。可是，生母那张严峻的脸往往使他不寒而栗，他不愿意去理论。东太后非常同情这对恩爱的小夫妻，也曾为他们求过情。可是，西太后用冠冕堂皇的理由顶了回去。

就这样，西太后硬横在皇上与皇后之间，气得同治皇帝独居寝宫，谁也不愿意召幸。后宫佳丽个个独守空房，以泪洗面。可怜善良的阿鲁特氏皇后更是悲哀，她怨恨西太后不近人情，渐渐地，对西太后滋生了仇恨。每当西太后令李莲英来请她过去叙话儿或听戏时，皇后总是想方设法推三拖四，不肯去见西太后。几个月下来，皇后与西太后的关系更疏远了，她的敌对情绪日益表现了出来，气得西太后在背后直咒骂她。加上西太后身边的新宠李莲英常常见机进一步挑拨她们婆媳关系，使得西太后对阿鲁特氏更是反感。

西太后让李莲英去内务府要来"承幸簿"，她要亲自查一查同治皇帝近几个月的情爱生活。她要从中发现蛛丝马迹，她不能让阿鲁特氏太快活。

令西太后高兴的是，一连两个月，承幸簿上没出现阿鲁特氏的名字。看来，皇后不敢再违抗自己了。再一看，西太后傻了，这两个月来，皇上没有召幸皇后，更没有召幸任何一个嫔妃。

"不对劲呀！皇上年轻轻的，正是贪欢的时候，为什么一个女人都不宠幸？"

西太后心里猛地一缩："难道皇上有病？他不行？"

又一想，西太后稍稍放宽了心，她深信儿子是个正常的男人，不会突然出什么问题的。几个月前，他与皇后如胶似漆，没出现过任何有毛病的征兆。

"可是，一个大男人守着几位天仙般的嫔妃，应该有情有欲呀！"

想到这里，西太后说："小李子，你暗中查一查皇上近来的生活。"

李莲英不是个正常的男人，在这方面，他或许迟钝一些，他脱口而出："皇上每日上朝听政，下午读书，有时练练剑，有时去巡视圆明园的工程。皇上的生活，主子您全知道呀。"

"狗奴才，就是少根弦。"

西太后一骂，小李子才恍然大悟，他一拍脑门子，应道："嗻。"

能干的小李子不出三天就查出点眉目来。事实摆在眼前，西太后吃了一惊：好端端的后宫佳丽不要，大清的皇帝竟出宫逛青楼！

同治皇帝如此荒诞的行为不仅让西太后震惊，就连他自己也不敢相信。每次欢愉归来，他都自责，恨自己陷得太深，不能自拔。之所以沦落到这一地步，起因应该归结为西太后，若不是西太后横加干涉他的情爱生活，他不会独宿寝宫，以致心理变态，而后果应该由他自己承担。另外，青楼女子的放荡与风骚使他尝到了人生的一种新体验：外面的世界真精彩。

同治皇帝越陷越深，他在那些妓女身上找到了皇后等嫔妃难以给他的无限乐趣。一想到第一次逛青楼，同治皇帝便感到一阵阵心动，那个第一次很诱人。

那天，秋风习习，凉意已尽，同治皇帝独居寝室，感到十分无聊。大概已有二十余天了，年轻的天子没召幸过一位嫔妃。正是渴望男欢女爱的年龄，身边无人陪伴，他感到寂寞难耐。

养心殿的侍寝太监文宝是个机灵鬼，他从万岁爷的神情上已看出万岁爷现在需要什么。于是，文宝低声问："万岁爷，今晚召不召皇后？"

"好吧。"

"嗻。"

文宝刚想转身离去，同治皇帝猛地大叫："罢了，免得皇后又要挨圣母皇太后的辱骂。"

"那召慧妃吧？"

同治皇帝什么也没有说。

平心而论，年轻幼稚的慧妃也挺可爱。如果不是西太后强迫把小慧妃硬塞给他，也许他不会对慧妃很反感。年仅十四五岁的皇妃实际上成了同治皇帝与母亲西太后暗中争斗的牺牲品。

"万岁爷，召她吗？"

"算了吧，慧妃一到朕这里，朕便感到她似乎是圣母皇太后派来监视朕的探子。"

太监文宝直为可怜的小慧妃叫苦。文宝深知万岁爷从心底讨厌瑜嫔与嫔，所以，对于这两位嫔妃，他根本不去提及。同治皇帝秋夜孤寂痛苦，他是一点儿困意也没有。

"文宝，明日去把载澂找来，让他陪朕下盘棋。"

年轻的天子几乎是痛苦万分了，文宝不忍心见主子如此受煎熬，便说："奴才现在就去恭王府请贝勒爷。"

"也好。只是天色已晚，载澂进得了宫吗？"

"万岁爷不用发愁，奴才自有法子。"

有什么法子？原来文宝是皇上身边的宠监，他出入宫门都带御前太监的腰牌。时间一长，守宫门的几个侍卫都认识了他，那些侍卫巴结他还来不及呢，谁愿得罪皇上身边的大红人？所以这些日子以来，文宝犹如优等奴才一样，每次出入宫门竟无人盘查他。

说来也巧，文宝刚出宫门便遇到恭亲王奕䜣的儿子——贝勒爷载澂。载澂也正想进宫陪他的堂兄同治皇帝解解闷儿，他站在宫门外正愁着怎么才能混进宫。

夜幕刚刚降临，皇宫东门便上了闩，载澂正费尽口舌与侍卫周旋。

"快让本爷进宫，皇上正等着我呢。"

侍卫拱手相告："贝勒爷，奴才实在不能放您进宫。宫中有规定呀，天一黑便不得随便出入，除非有急事。"

载澂正想发火，只见文宝到了宫门口，载澂大喊："文宝，皇上令你来接我进宫的吗？"

文宝大喜，欢呼道："正是，正是。贝勒爷，万岁爷正等着您呢。"

载澂狠狠地瞪了一眼侍卫，吓得侍卫直往后退。载澂大摇大摆地进了宫。

他们俩匆匆赶到养心殿，同治皇帝龙颜大悦，急切地说："载澂，朕正孤寂之际，你就来了，陪朕下盘棋吧。"

载澂使了一个眼色，文宝令其他太监、宫女全退下。同治皇帝微笑着说："什么事儿，怎么这么神秘？"

载澂凑近同治皇帝，低声耳语几句。只见同治皇帝的脸"腾"地一下红了起来，他连连说："这不好吧，这不好吧！"

载澂不以为然地说："皇上，有什么不好？人都说家花没有野花香，那些野玫瑰哟，可挑人心了！"

"这个……"同治皇帝沉吟着。

载澂煽动着："皇上，您是个有情有欲的男人呀，皇太后不许您宠幸皇后，您不寂寞吗？"

同治皇帝有些动心了，载澂一看，诡秘地低声说："那些女人们可懂得床第之欢了，保证让您去这次，想下次，嘿嘿……"

"万一皇太后知道了怎么办？"

"怕什么！您是皇上，一国之君，难道说皇上的私生活还要皇太后来过问吗？"

同治皇帝依然犹豫不决。

载澂催促着："别犹豫了，天色已晚，正是出宫'觅食'的大好机会。再说了，当年康熙爷、乾隆爷，还有先帝咸丰爷，他们哪一个不是多情种？皇上，乾隆爷四处留情、广播龙种，难道您没听说过？"

男人很少有不好色的、不贪心的，同治皇帝是男人，他当然既好色又贪心。

微服出宫的同治皇帝第一次逛青楼，他觉得既新奇，又有些忐忑不安。毕竟是初次放纵自己，同治皇帝感到羞耻与不安，他的脚步放得很慢。

走在一旁的贝勒爷载澂生怕皇上再次改变主意，他催促道："少爷，快走呀，耽误了时间回不了宫。"

载淳几乎是机械地走着，他低声问："这儿怎么这般幽静？"

"这一带的青楼女子比较高雅，她们琴棋书画皆通，开价比较高，多是达官贵人来这里。"

"算了，我不去了，万一遇上熟悉的人，怎么办？"

"少爷放心，我带你去一处，保管遇不到王公大臣。"

"为什么？"

载澂诡秘地一笑："少爷别多问了，等会儿放开胆子尽情地享受吧。"

两个人边说边到了一处优雅的院落门前，同治皇帝抬头一看，大门口挑着六只红灯笼，上面写着"怡红院"几个字。载淳立着不动，载澂一伸手把他拉进了院子，走过长长的小石板路，便进入正堂。果然不出载澂所言，这儿环境幽雅，庭院深深，四处溢香，琴声依依。

只见一位三十多岁的老鸨迎了出来，她早已花谢妆残，但那一付浅浅的笑靥似乎告诉来客：这位女人当年一定很美。

老鸨笑脸相迎，和载澂你一言我一语地搭上了。一看就知道载澂是这儿的常客。

老鸨命人上茶、递烟，然后喊道："杏儿、小桃红、柳凤、莺媚、冬梅、海棠，你们出来见客，今天来了贵人了！"

"妈妈，哪位贵大爷呀？"

一声娇莺般的脆叫，一群女子蜂拥而至，个个杨柳细腰、乌发粉面，风情万种，俏丽妖艳。

同治皇帝看来看去，这些女子虽不比宫中嫔妃华丽、高贵，但却十分妖丽，的确很迷人。

载澂用眼神询问："别愣着呀，你喜欢哪一个？"

载淳初次来到烟花楼，他一点儿经验也没有，都看花了眼，好像哪个女子都不错。一时间，竟不知如何是好。

载澂很理解堂兄皇上，便对老鸨说："让姐姐们都下去吧。"

一群女子退了下去。载澂问："快说呀，你喜欢哪一个？"

载淳十分不好意思地吐出了几个字："大方一些的。"

言下之意，他喜欢风骚的。老鸨会意一笑，说："莺媚最懂大爷们的心，让她陪大爷吧。"

载淳心中"扑通、扑通"直跳，他几乎是停止了思维，任凭经验丰富的莺媚摆来弄去。他尝到了"野味"诱人的香气。

这次经历令他兴奋不已，他在心底直叫苦："朕有一位皇后、三位嫔妃，可她们一个个呆若木鸡，没有一个比得上莺媚的。唉，早该来这儿，这里才叫男人的天堂！"

当载澂催促皇上回去时，同治皇帝尚意犹未尽，极不愿意起身，急得载澂在门外直跺脚，说："再不回去，老太太发现我们失踪后，她会发火的。"

一提"老太太"，载淳骨碌一下爬了起来。莺媚娇滴滴地问："大爷还来吗？"

"来，明天、后天都来，莺媚姐姐，你一定要等着朕的！"

"真？真的什么？"

同治皇帝自觉失言，连忙说："等着真的，真的等着我呀！"

门外的载澂总算松了一口气。

他们回去的一路，载澂一个劲儿地问："少爷，感觉怎么样？"

"嗯，不错，不错！早该来这儿，你为什么到今天才带朕来这里？"

载澂笑了，说："明天不敢带少爷来了，老太太若知道了，不撕了我的皮才怪呢！"

载淳一听这话，他立刻抓起堂弟的手臂，一个劲儿地央求着："朕不说，谁知道？狗奴才文宝更不敢说。明天、后天还来，好吗？"

载澂一笑，点了点头。

载淳感激万分，他脱口而出："明天上朝赏你红顶官帽。"

"谢皇上。"

就这样，载淳、载澂两个少年一发不可收，几乎每日逛妓院，以致陷入青楼的泥潭不能自拔。

就在西太后获悉同治皇帝经常出宫逛妓院的同时，同治皇帝不幸地发现，由于自己的放纵，他染上了一种奇怪的病。

大清的皇帝陷入一种深深的不安之中。

同治十三年初秋，紫禁城沉浸在一片欢乐之中，因为十月十日是西太后慈禧的四十寿辰，人们准备好好地庆贺一番。

特别是圆明园中途停工，同治皇帝与东太后慈安、恭亲王奕䜣、醇亲王奕譞等人总觉得很对不起西太后，所以，趁西太后大寿之机好好热闹一下，也算是对西太后的一种安慰与补偿吧。

本来，西太后一听说皇上近几个月常微服出宫逛烟花柳巷，就想严肃地警告皇上，以后不能让他任着性子胡闹。可是，这半个月来，为庆贺她的四十大寿，同治皇帝的确表现得很出色。作为母亲，西太后的心软了下来，她对心腹太监李莲英说："皇上这些日子操劳庆典之礼，人都憔悴了许多，哀家实在不忍心指责他了，等以后再规劝他吧。"

小李子满脸堆上笑来："主子，皇上有您这样慈祥的母亲真幸福。奴才从小离开亲娘，从来没享受过这般疼爱。"

"就你嘴巴甜，只要你好好孝敬我，我会像你亲娘一样疼你。"

小李子受宠若惊，"扑通"一声跪在了西太后的面前，恭恭敬敬地磕了三个响头，口呼："太后犹如小李子的再生父母，奴才一定尽心尽力孝敬太后。"

"起来吧，快去内务府问一问，寿辰喜宴准备得怎么样了。再过三天，庆典活动就要举行，皇上赏赐王公大臣、蒙满贵族入宫共进喜宴。粗略算一下，估计有二百八十多人，这喜宴可要准备得丰盛一些。"

小李子欢快地叫了一声："嗻。"

三天很快过去了，西太后迎来了自己的四十寿辰，皇宫里到处张灯结彩，人人喜气洋洋，就好像是过大年。十月初十上午，同治皇帝身穿崭新的龙袍，驾临长春宫向生母西太后致贺。

西太后满面春风，双手挽着儿子，乐滋滋地说："皇上，额娘今日好高兴。如今国泰民安，四海升平，皇上圣明，这都是列祖列宗积的阴德。"

"额娘，孩儿能有今日，全靠额娘的辅助与教导。"

"只要皇上稳坐大清的江山，全国上下无灾无害、黎民百姓安居乐业，额娘也就放心了。只是有一件事总让额娘惦念。"

"什么事儿？"

西太后笑逐颜开，拍着儿子的手说："额娘急着抱皇孙呀！"

同治皇帝一听，白皙的面庞微微红了一下，贴在母亲的耳边悄悄地说："皇后已经有喜了。"

西太后脸上掠过一些不快，但她立刻掩饰住不快，故作惊喜地说："太好了，皇后喜事有几个月了？"

"才三个月，明年春天才能生。不过，朕好高兴，朕也要做阿玛了。"

西太后又问了一句："那慧妃等人呢？皇上总该常宠幸她们，尤其是小慧妃，她娇小玲珑，多么可人呀！"

同治皇帝眉头一皱，西太后一看，连忙岔开了话题，她不会让一个慧妃扰得他们母子不安。西太后企图抬高慧妃在宫中的地位，只不过是想借此打击一下她不喜欢的皇后阿鲁特氏，如果达不到这个目的，西太后绝对不会因慧妃影响母子感情的。

"皇上，王公大臣早该进宫了吧？"

一句话提醒了同治皇帝，他点了点头，说："额娘，今日是您的寿辰，儿子谕令内务府安排好喜宴，今日儿要亲自为额娘斟酒，以尽孝心。"

西太后乐得合不拢嘴，她将要在众皇亲及文武重臣面前抖威风了。大清的天子亲自为她奉上酒杯，这是多么荣耀的一件事啊！

长春宫里，西太后慈禧端坐在正座，同治皇帝率恭亲王、醇亲王、惇亲王、惠亲王等人向寿星西太后三叩头。然后，同治皇帝亲手为母亲奉上酒杯，口呼："祝慈禧端佑康颐皇太后福如东海、寿比南山！"

众王公大臣附和道："太后吉祥！太后千岁、千岁、千千岁！"

西太后笑眯眯地说："谢皇上隆恩！"又转向众王公大臣，说："众位爱卿免礼平身吧！"

长春宫里欢声笑语不断，歌声缭绕动听，同治皇帝谕令二品以下朝臣于午门外行贺礼，二品以上皆在宫里共享喜宴。到了下午，同治皇帝亲率王公大臣至钟粹宫，奉迎东太后慈安，两宫太后将在漱芳斋共进晚膳。晚膳后，点燃焰火、礼炮，庆贺活动将达到高潮。

东太后慈安比西太后慈禧小三岁，今年，她才三十七岁，但由于她是咸丰皇帝的皇后，位居西太后之上，所以，她一向备受朝臣的尊敬。同治皇帝虽不是她的亲生儿子，但她也格外疼爱，以至于同治皇帝非常愿意亲近她。今天，虽不是她的寿辰，但同治皇帝不肯冷落这位慈祥、善良的额娘。他早打算好了，两宫太后同等对待，所以，他必须亲驾钟粹宫来奉迎东太后。

东太后在漱芳斋向西太后道贺，西太后拉住东太后的手，表现出非凡的气度："姐姐，同喜，同喜。妹妹的寿辰不值一提，皇上不过是想借机热闹热闹。皇上亲政已近两年，国泰民安，百姓富足，这才是最值得庆贺的事情。"

东太后问："妹妹最爱听戏，戏班子进宫了没？"

一直立在一旁插不上嘴的李莲英后退了一步，向两宫太后来了个单腿安，回答道："戏班子昨日就进宫了，皇上口谕，明日午后开演。"

东太后一向喜欢一个人静静地读书吟诗，不喜欢戏台上热闹的场面，所以，一般不陪西太后听戏。可是，今天是西太后的吉日，东太后便说："妹妹，明日我陪你听戏，如何？"

西太后笑着点了点头。她今天好幸福，她就像天上皎洁的月亮，被众人众星捧月！

十月十一日，两宫太后在宁寿宫用了午膳。她们打算午膳后去听戏，当时在座的还有同治皇帝、阿鲁特氏皇后、慧妃等人。

午膳时，同治皇帝几乎没吃什么东西。西太后以为儿子早膳用得太多，现在吃不下了，便稍劝了一下："皇上，多吃一些！"

"额娘，朕一点儿也不饿。"

说话间，同治皇帝显得有些不安，西太后不想追问什么，只是用眼睛瞟了一下皇后阿鲁特氏。皇后羞红了脸，低下了头。

西太后掩饰了不快的神情，开口道："等会儿都去听戏吧！皇上，朝政繁忙，这两天你应该轻松一下，陪额娘去听戏，好吗？"

同治皇帝无法拒绝母亲的要求，他默默地陪同西太后去听戏。

今日戏班子抬出了"拿手戏"——《贵妃醉酒》。锣鼓家伙一响，伶人们出神入化的表演立刻吸引了爱听戏的西太后。只见她随着曲调轻声吟唱，不时地还比画比画，她沉醉其中。当"杨贵妃"一步三晃，醉态蒙眬、娇慵欲倒之际，西太后脱口而出："好！妙！"

东太后轻声拍了几下，以示嘉奖。

西太后转向左侧，说："皇上，你瞧那'贵妃'多俊呀！"

同治皇帝支支吾吾了几声，西太后看得清清楚楚，只见他坐在那儿一个劲儿地磨蹭着屁股，西太后有些不解地问："皇上，怎么了？"

"没，没什么。"

同治皇帝马上坐端正了。西太后见没事，就没在意了，她继续赏戏。

当宫女杏儿捧上一大串新鲜的荔枝时，西太后随口说："皇上，你吃吗？"

无人应。

"皇上，新鲜的荔枝。秋天了，能吃上这种荔枝不容易，吃几颗吧！"

还是无人应。

西太后一转身，只见同治皇帝已离开。再一看，他正匆匆地往回走，一边走，一边不停地挠着下身，很失体统。西太后有些愠怒，不过，她什么也没有说。

庆典活动持续了五六天，每天，同治皇帝都到长春宫向西太后请安。

每当西太后挽留他共进御膳时，他都推三推四不肯留下，西太后心里有些纳闷儿："皇上究竟怎么了，他面色苍白、精神恍惚，好像是龙体欠安。"

作为母亲，她不能不关心儿子："皇上，哪儿不舒服？"

同治皇帝令太监、宫女全退下，他低声对母亲说："朕感腰疼难忍，下身有些痒。"

"传御医了吗？"

"没传。"

"皇上，额娘要责备你了。你龙体安康是大清国的福、是黎民百姓的福，怎么能不保重龙体呢！"

不由分说，西太后唤进李莲英，谕令："快传御医李德立至养心殿。"

"嗻。"

她又转身对同治皇帝和蔼地说："皇上，不用陪额娘了，快回养心殿休息吧。"

同治皇帝没说什么。他心里明白：前几个月的放纵已埋下了难咽的苦果，他可能是得了隐疾，即民间所传的花柳病。

一个男人在纵欲之后，往往并不是欢欣与喜悦，冷静之后更多的是懊悔与自责。同治皇帝此时正陷入这种境地之中。他有苦说不出，他希望是自己太多虑了，也许只是偶感风寒或染上风疹什么的，而不是可怕的性病。

十月二十一日，同治皇帝一觉醒来，只觉得腰疼难忍，下身奇痒。他试图下床，可是，动弹不了。九天前，御医李德立来为他诊了脉，开了几剂药方，说是偶感风寒，无大碍。

可是，九天来，药也喝了，还是一天比一天痒得厉害，一点儿也不见好转，今日尤其严重。同治皇帝披了件上衣，他轻轻地解开内裤一看，他吓了一大跳：下身已红肿不堪，到处都是红斑，一抓，痒得更难受。

他不敢多想！他不能不多想！他令文宝传师傅李鸿藻觐见。

李鸿藻师傅对亲政后的天子十分不满，这两年来，载淳读书几乎没有什么长进。近日来，又听人传皇上常常深夜微服出宫。今日皇上口谕，让李鸿藻面圣，所以，李师傅有些不高兴。

待他到了养心殿，一见到同治皇帝，不禁大吃一惊，只见同治皇帝半倚在龙榻上，眉头紧锁、目光暗淡。

"师傅，朕感到很不适，恐怕近几日不能临朝了，朕请师傅代朕批阅奏折，烦劳师傅了。"

同治皇帝说得很诚恳，李师傅明白他不是装病偷懒，便"扑通"一声跪在龙榻前，说："皇上请保重龙体，臣才疏学浅，只恐有辱圣恩！"

"师傅快快请起，大清朝臣众多，朕最信任的莫过于师傅。"

李师傅默默地听着，他真心希望皇上即刻龙体康复，因为他李鸿藻不敢造次，代皇上批阅奏折可不是闹着玩的，弄不好会得罪两宫太后，引起诸王的不满，甚至是满朝文武的反对。李师傅深知自己的处境，同治皇帝这个决定对于他来说是沉重的。

这几日西太后心里总是忐忑不安，她吃也吃不下，睡也睡不安，总觉得要发生什么事。按理说，她刚届四十，正是安心享乐的时候，可她的心总是安不下来。虽然归政已两年，可她对朝政的浓厚兴趣依然不减当年，儿子同治皇帝比起当年的咸丰皇帝来，总显得有些毛躁。他都十九岁的人了，但说话办事难免流露出一些幼稚，这对于一国之君来说，不能不说是一种缺陷。

自从庆典活动以后，同治皇帝一直龙体欠佳，这更令西太后担心。今天早上醒来以后，她的右眼皮一个劲儿地跳个不停。她揉了揉眼皮，猛地想起了儿子的病来，她坐不住了，喊道："小李子。"

"主子，奴才一直在外候着呢。"

"去养心殿问候一下皇上的病情，前几天，皇上偶感风寒，不知今天龙体康复了没有。"

不一会儿，李莲英慌慌张张地回来了，他哭丧着脸说："主子，皇上仍然感到不适，而且……"

小李子不敢直言，西太后焦急万分，催促道："怎么和小安子一样吞吞吐吐的，快点儿说！"

李莲英吓得一哆嗦，走近一步，说："而且病情有所加重。"

"什么？病情加重？！"

西太后霍地一下站了起来，她急忙口谕："请母后皇太后去，哀家这便去养心殿。"

西太后坐着小轿赶到了养心殿，正巧和李鸿藻相遇。

"李师傅，皇上怎么样？"

李鸿藻来了个跪安礼，怯怯地说："皇上龙体欠安，皇上口谕臣代批奏章。"

"既然如此，李师傅忙去吧！"

西太后脸上闪现一丝不快，她气儿子太草率，竟把批折子的大权委托给一个臣子。她大步跨入同治皇帝的卧房，关切地问："皇上，哪儿不舒服？传太医了吗？"

同治皇帝欠了欠身子，说："额娘，您来了。儿实感腰疼难忍，而且身上奇痒。"

这时，御医李德立匆匆赶来，他叫所有的人都回避。

西太后不放心，坚持说："哀家要亲自看一看皇上的身体，皇上总说奇痒，让哀家看一看。"

李德立跪在龙榻前，小心翼翼地揭开龙衾，又轻轻解开同治皇帝的内衣，他仔细一看，禁不住"啊"了一声。西太后凑近一看，吃惊不小，原来同治皇帝腰部以下全长满了疱疹，一粒、一粒小米般的红疹煞是难看。西太后追问："怎么了？"

同治皇帝面带愧色，李德立依然跪着，他沉吟片刻，然后才说："皇上乃遇天花之喜。"

西太后惊奇地问："哀家年少在宫外时，见过别人出天花，好像不是这个样子！"

李德立垂下了头，声音很微弱："奴才无知，奴才认为皇上是在出天花。"

西太后半信半疑，她示意太医出去说话。李德立随西太后到了东暖阁。

这时，东太后闻讯赶来，她急忙问："皇上怎么了？"

西太后抢先答话："皇上遇天花之喜！"

东太后惊愕万分，她几乎哭了起来："这可怎么办呀？"

西太后故作镇定地说："姐姐不用惊慌，只要皇上精心调养，不出十天半个月就能痊愈。李太医，你说呢？"

李德立垂头而答："太后所言极是。不过，皇上半月之内不能出房，必须要精心养病。"

"跪安吧！"

西太后令太医退下，因为她有话对东太后说。西太后令养心殿的太监、宫女全退下，然后对东太后说："姐姐，皇上不像是出天花。刚才，太医在场，我不便说什么。"

东太后惊讶地睁大了眼睛，半晌说不出话来。西太后沉思了一下，低声说："我以前见过人出天花，我大弟照祥就曾出过天花，真的不是这个样子。"

东太后忙问："那是什么病呢？"

"姐姐，你忘了吗？皇上前几个月曾逛过青楼，会不会是得了花柳病？"

东太后浑身直发抖，西太后坚定地说："这事儿只能你我知道，对外就说皇上遇天花之喜。"

"那太医知不知道如何诊治这个病？"

西太后神秘地一笑，答："李德立是个聪明人，他一定会按花柳病开方子的。只不过你我不说，他砍了头都不会说出来。除了我们三个人以外，谁也不会知道。"

东太后抚着胸口，埋怨道："皇上也太不爱惜自己的身体了。"

西太后冷峻地说："等他治好病，我们应规劝他才是。皇上放纵自己，万一传了出去，成何体统！"

两宫太后商议了好一阵子，决定向外界发布同治皇帝"遇天花之喜"的消息。为了"贺天花之喜"，她们要求从即日起至皇上痊愈，朝臣上奏的折子一律用黄面红里，朝臣上殿时必须穿花衣补褂，全国各地州府衙门供奉痘疹娘娘，人人传递玉如意，大小官员一律胸前悬挂红，以示"贺喜"。

同治皇帝的病情并没因为人们"贺喜"而减轻，反而，他的状况一天不如一天。十一月初五，同治皇帝已不能下龙榻，他勉强咽了几口小米粥，再也不愿意张嘴吃东西。两宫太后几乎是每日探视病中的皇上，她们忧心忡忡，生怕同治皇帝的病情继续加重。

为了给同治帝"冲喜"，西太后决定给同治皇帝再纳一个贵人。就这样，西林觉罗氏进了宫。然而，西林觉罗氏进宫后，同治皇帝没有丝毫好转的迹象，二十多服汤药下肚，腰间疱疹不但不减少，反而有些地方已开始溃烂，流出的脓水发出令人作呕的恶臭。

西太后又决定，以同治皇帝的名义颁发上谕：

第一，慧妃升为贵妃，瑜嫔、珣嫔升为妃，西林觉罗氏升为嫔。

第二，恭亲王奕䜣食亲王双俸，再赏加亲王俸一分。惇亲王奕誴食亲王双俸。醇亲王奕譞食亲王双俸。孚郡王奕譓、惠郡王奕详均赏食亲王俸。贝勒、载治、载澂赏食郡王俸。贝子奕谟赏食贝勒俸。

第三，道光皇帝的妃子彤妃晋升为彤太贵妃、咸丰皇帝的妃子丽太妃晋升为丽皇太妃。

第四，大赦天下轻刑犯人，减轻重刑犯人刑罚。

这一切决定皆是为了给病中的同治皇帝冲喜。可是，诸多喜事也没把灾冲掉。到了十一月十九日，同治皇帝已病痛难忍，好端端的少年天子早已失去往日风流倜傥的神采，他形如枯木，面犹死灰，怎叫两宫太后不落泪？

自从十一月初一以来，同治皇帝谕令汉文奏折由李鸿藻批阅，满文奏折由恭亲王批阅。年轻的皇上病中并没有糊涂，他没有让归政后的西太后插手朝政。本来，西太后并没有介意这件事，但随着皇上的病情加重，她越来越觉得不对劲，万一、万一、万一皇上有什么不测，皇权岂不是落入恭亲王之手！

十一月二十日，两宫太后亲驾养心殿，她们唤醒了迷迷糊糊的同治皇帝。东太后偷偷地揩去泪水，西太后拉着儿子的手，冷静地说："皇上，好些了吗？"

同治皇帝有气无力地摇了摇头，西太后又说："今日军机大臣及御前大臣皆来问安，皇上有什么话要说吗？"

同治皇帝微微睁开了眼，他凄惨地一笑，想安慰两宫太后。可是，他笑不起来，喘了喘粗气，说："额娘，朕想见见皇后。"

西太后愠怒，冷冷地说："皇上安心养病吧，现在是召宠皇后的时候吗？"

"不，朕很想、很想见见她，她妊娠反应过去了没有？"

西太后"哼"的一声放开了同治皇帝的手，同治皇帝又转向东太后，恳求她："皇额娘，今晚就让皇后来陪陪儿吧。"说着，他泪如雨下。

东太后心疼如绞，她点头答应了皇上。西太后不想与他们多争辩什么，依然问："诸位大臣将要至此，皇上没什么话可说吗？"

同治皇帝虽然被病痛折磨得不成样子，但他脑子还是清醒的，不知是出于亲情，还是出于感恩，他对西太后说："朕准备让额娘立刻参与批阅奏折，待朕痊

垂帘听政：慈禧太后

愈后再亲理政务。"

西太后的目光立刻柔和了许多，她温和地对皇上说："皇后来探病尚可，只是皇上绝对不能贪欢。"

半个时辰后，恭亲王、醇亲王、惇亲王、李鸿藻、翁同龢、文祥、宝鋆等人来到了养心殿东暖阁。他们先向佛牌三叩首，又轻轻踏进皇上的卧房，向病中的天子三叩首。

同治皇帝已病入膏肓，但人们依然口呼：

"皇上万岁，万岁，万万岁！"

同治皇帝低声问："都来了吗？"

恭亲王奕䜣一见皇侄目光呆滞、形如朽木，早已失去往日的光彩，他禁不住落下泪来，带着哭腔答话："臣等皆伏于皇上面前。皇上，龙体为重，有什么需要谕令的，尽管说吧！"

同治皇帝艰难地转向两宫太后，轻声说："朕病得不轻，只怕短期内不能临朝。六皇叔代朕批阅奏折，辛苦你了。"

跪在龙榻前的几位大臣都忍不住啜泣起来。西太后上前劝慰大家："众爱卿不要难过，李太医今日又开出了新方子，想必皇上会很快好起来的。"

她急切地盼望儿子说出重大决策来，生怕人们一哭冲淡了主题。

同治皇帝明白母亲的意思，他稍微往上耸了耸身子，众人停止了啜泣声，侧耳聆听圣谕："数日来，朕焦虑不堪，六皇叔批阅奏折辛苦至极。为了减轻六皇叔的负担，从今日起两宫太后参与朝政，待朕痊愈后再亲理政务。"

众臣愕然。

恭亲王无语。

西太后暗喜。

说完，同治皇帝轻轻摆了摆手，众臣告退。西太后正欲离去，东太后拉住她的手，轻声说："妹妹，你看老六的脸色多难看。"

"管他去！皇上如此安排无非是怕皇权落入他人之手。你我垂帘听政，合天理、顺民意，我们还在乎一个恭亲王吗？"

这天晚上，皇后阿鲁特氏经两宫太后同意，到养心殿探视病中的丈夫。

自从同治皇帝生病以来，西太后便不准皇后及其他嫔妃来见皇上，她生怕年轻人一见面便克制不住自己，那样会加重载淳的病情。可怜的西林觉罗氏虽入宫做了皇嫔，至今她还未见过皇上。

皇后得到太后恩准后，欣喜若狂，马上就要见到日思夜想的丈夫了，她按捺不住内心的激动。腹中的小生命越来越活跃，胎动一天比一天强烈，他似乎在告诉母亲："额娘，我要出来见见大千世界，我真想快快长大，冲出额娘温暖的宫殿，外面的世界一定很精彩。"

皇后大步跨入养心殿侧室，她抚摸着胎儿，幸福地说："孩子，咱们要见到你阿玛了。"

皇后跨进同治皇帝的卧房，映入眼帘的一幕直叫她心碎——躺在龙榻上的同治皇帝骨瘦如柴，面目蜡黄，嘴唇干燥，双目无神。

同治皇帝艰难地笑了一下："皇后，来，坐到朕的身边来。"

皇后的眼泪就像断了线的珠子，直落下来。

"皇上。"她哽咽不能语。

皇后欲伸手拉住皇上，同治皇帝直摇头："不可，不可，会传染的。"

"我不怕。"

皇后还要拉住丈夫的手，同治皇帝用尽全身力气，叫道："会传染给皇儿的。"

皇后只好作罢。

同治皇帝谕令其他人全退下，他断断续续地说："朕已病入膏肓，也许先帝在召唤朕了。皇后，你不要哭，听朕把话说完。"

皇后低声抽泣，同治皇帝努力克制住泪水，冷静地说："万一朕撒手归西，皇后一定要保重自己的身体，顺利生下皇儿，悉心养育他，耐心教导他，辅佐他坐江山。如果是位格格，长大后为她挑一位好夫婿，朕在天之灵保佑你们母子或母女平安。"

"呜……"

皇后终于忍不住，她放声痛哭。

同治皇帝凝视着悲痛万分的皇后，总感到千言万语不知从何说起。

"别哭了！好了，别哭了，朕想看你笑一笑，你笑起来美极了。"

皇后努力地咧了一下嘴，她笑得出来吗？

"朕最不放心的就是你，平日里圣母皇太后百般挑剔你，日后没有人能保护你了，你一定要自强起来。还有，对于母亲，你最好不要与她正面起冲突，你斗不过她的。"

同治皇帝语重心长，阿鲁特氏皇后泪水涟涟，一对恩爱小夫妻临终诀别，那场面好凄惨！

却说西太后回到了长春宫，她哪里能坐得稳。今日在养心殿那一幕，直叫她生气，当同治皇帝口谕两宫太后批阅奏折时，恭亲王那阳奉阴违的样子以及诸王公大臣惊愕的表情，明明白白告诉她：人们不乐意那拉氏再登上政治舞台。

可是，反感归反感，当时没有一个人敢提出质疑。载淳是皇帝，他的金口玉言谁敢违抗？西太后准备明日就上朝，把那珠帘子再挂起来。归政两年了，她时时惦记朝政，但碍于情面，她总是幕后指挥皇上。如今皇上大病，她可以再次过过权瘾，也算桩美事吧！

今晚，还有一事让她放心不下，那就是东太后允许皇后去探视皇上。西太后生怕他们贪欢伤身，她想一想，决定去养心殿一趟，好阻止皇上干傻事。西太后刚跨进养心殿东暖阁，便听得皇后嘤嘤的哭声，她不禁眉头一皱，脸色好沉、好沉。

"额娘吉祥！"

皇后连忙施礼，西太后并不理睬她，阿鲁特氏很尴尬。

西太后径直走向同治皇帝，关切地问："皇上气色好一些了吗？皇上想吃点什么东西，快让御膳房送来。"

也许是精神作用吧，皇后的到来竟让同治皇帝有了些胃口，他说："喝碗老米粥吧，加些桂圆、莲子，少放点糖，再来几颗红枣。"

太监总管张德喜听说万岁爷想吃东西了，喜出望外，马上带个小太监奔往御膳房。

西太后安慰儿子："皇上，能多吃点东西就好，看来龙体在康复。"

同治皇帝自知疾病不可能好转，但为了安慰母亲和妻子，他努力笑了一下。

西太后转身向皇后，冷冷地说："我们该走了，让皇上静养一下吧。"

皇后不敢反驳，她深情地望了丈夫一眼，眼泪又掉了下来，她似乎意识到这便是永别！

西太后带着皇后出了养心殿，一路上，皇后轻声啜泣，西太后很不悦，开口大骂她是"丧门星"。

皇后不敢再哭出声，任凭泪水打湿衣衫。

同治十三年冬，紫禁城阴霾压顶。

十一月二十三日，同治皇帝已不能起身了，他的腰间大面积溃烂，脖子流着脓血。二十七日脉象滑缓无力，全身流脓不止。

两宫太后束手无策。

御医李德立满脸愧疚，低声说："臣无能，请太后降罪于臣。"

东太后温和地说："哀家知道你已经尽力了。"

西太后怒视李德立，责问："你用的方子对不对？"

李德立低声回答："应该是对的。皇上所患并不是天花，而是……"

"别说了，你斟酌着开药方吧！"

西太后打断了他的话，吓得太医面如死灰。西太后征询似的问东太后："姐姐，可否让民间名医进宫试一试？"

"这好吗？"

两宫太后正在犹豫之际，御医李德立开口说："京城有名老中医，名叫祁仲，此人已八十九岁高龄，是诊治皇上这种病的妙手。"

西太后边点头边说："荣禄昨日也推荐过这个人，看来，他的确有些名气。"

东太后无可奈何之际，也是病重乱投医，只好答应让祁仲进宫，期望奇迹出现。

十一月二十九日，八十九岁的老中医祁仲仔细观看了同治皇帝身上的疱疹，给他挤了约半碗脓水，太监、宫女被腥臭熏得直作呕，只是没有一个人敢呕出来。

西太后凑近一看，她的心好疼，儿子浑身上下肿起来，竟没有一块好肉，看起来非常可怕。她忍不住落下泪来。

祁仲示意她不要哭，西太后转身离去。祁仲为同治皇帝包扎好溃烂处，也起身离开。

祁仲是民间名医，经他的妙手起死回生的不止一个两个，可是，这次他无力回春。

西太后令人把祁老先生请到养心殿西暖阁，她开口道："老先生不必拘礼，也不必隐瞒实情。哀家想知道，皇上还有几天日子？"

祁老先生还是伏在了地下，哭泣着说："万岁爷不行了，恐怕还有三五天吧！"

西太后潸然泪下。

同治十三年（1874年）十二月初五下午五时许，清代入关后第八代君王爱新觉罗·载淳归天。

他只有十九岁，太年轻了，火苗一样旺盛的生命就这样熄灭了！他走得很匆忙、很痛苦、很遗憾。

东太后哭得死去活来，她万万想不到自己唯一的精神支柱突然没了。这些年来，西太后为所欲为，专横跋扈，她都是睁一眼、闭一眼。她一心盼望着儿子亲政后大干一番，也不枉先帝的重托。如今，同治皇帝宾天了，她钮祜禄氏还有生活的寄托吗？

作为母亲，西太后当然也很悲痛。二十年前，她为怀上一个小生命而欣喜若狂，几乎是一夜间，她从秀女到嫔，到妃、贵妃，她所有的荣耀都是儿子给的。载淳出生后，她视儿子为宝贝，载淳六岁登基，她把持朝政十一年，这十一年的辛酸与苦涩、幸福与骄傲，连她自己也难以用语言描述。两年前归政，本来打算享乐一番，大清的龙椅是儿子坐的，她不敢有武则天的那种野心，也没有武则天的胆量与魄力，至少，她不想把儿子从皇位上拉下来。

可是，上苍却把儿子给带走了，西太后越想越伤心，竟在众臣面前号啕大哭："皇上呀皇上，你撇下额娘不管了。"

哭声很凄惨，在场的人无一不悲伤恸哭。

垂帘听政：慈禧太后

西太后一屁股坐在冰冷的地上，呼天抢地。一群嫔妃扑了上来，边哭边喊着"额娘、额娘"。

西太后抹了一把泪水，问道："皇后呢？"

太监文宝答："皇后昏厥过去了。"

"哼！都是她哭死了皇上，这个丧门星，整天不见她的笑脸，一副克夫相！"

西太后被李莲英搀扶着回到了长春宫，她还在痛哭。小李子跪在面前，哭着说："主子，您要保重身体呀！万一您哭伤了身子，大清的江山谁来撑呀。"

一句话提醒了悲伤中的西太后，她转而一想："小李子说得对，光哭有什么用，现在不是恣情悲痛的时候。国不可一日无君，载淳没有子嗣，该立谁为新君呢？"

一想到子嗣问题，西太后又恨起皇后阿鲁特氏来。虽然她已怀有身孕，但谁敢保证她一定生儿子，万一生个女孩呢？再者，皇位不可空着，皇后明年春天才能生。还有，皇后万一生了儿子，她的儿子若是新君，那么阿鲁特氏则为皇太后，而西太后为太皇太后。皇上年幼时，垂帘听政也轮不到太皇太后呀。

西太后咬牙切齿，把巨大的悲痛一下子转到对阿鲁特氏的愤怒上。阿鲁特氏无力辩白，同治皇帝给她留下的"遗诏"也被烧了。

阿鲁特氏抚摸着腹中的胎儿，她已没有泪水，只是轻声说："孩子，随额娘去陪你阿玛，好吗？"

两个月后，皇后阿鲁特氏吞金身亡。

同治皇帝的嘉顺皇后就这么无声无息地香消玉殒了。

大清宫里，除了西太后，无人不为她落泪。可是，谁也挽救不了一个年轻的生命，谁也不敢保护一个尚未出世的孩子。

从此以后，紫禁城断了龙种，再也没有哪一个皇后或嫔妃怀过身孕。

第九代君王光绪皇帝无子。

第十代君王宣统皇帝也无子。

这是西太后当年所未曾料到的，她逼死了孤独无助的儿媳妇，也亲手杀死了最亲的人——她那未出世的皇孙。

当阿鲁特氏皇后吞金后，死胎掉了下来———个已成形的男胎。

西太后自知理亏，她以两宫太后的名义颁布上谕："追封嘉顺皇后为孝哲毅皇后，入宗庙、厚葬之，全国举哀百日。"

同治皇帝宾天后，国不可一日无君，立储便成为当务之急。

其实，西太后对新君的人选早已有了谱儿，她自有一番考虑。咸丰皇帝只有载淳一个皇子，如今载淳死了，只能从宫外宗亲中定一个最恰当的人选。

选定年龄大一些的，进宫后立刻亲政，西太后不情愿，又不是自己的儿子，她不甘心把皇权交到别人的手中；选定年龄小一点的，依然可以效仿前朝，两宫太后继续垂帘听政，岂不正合她心意？不过，年龄小的必须是"载"字辈，她仍是皇太后，还有权力垂帘听政，若是"溥"字辈，她则是太皇太后，只能去享清福。

目前，摆在人们面前的人选已十分明显，一个是恭亲王之子载澂，一个是道光皇帝的长孙溥伦，两个人都有一定优势。恭亲王是道光皇帝御赐的亲王，他的地位在诸王之上，他的长子载澂当然地位要高于其他贝勒。再者，恭亲王是同治皇帝的亲叔叔，载澂是大行皇帝的堂兄，血缘十分近。

溥伦是道光皇帝的长孙，即咸丰皇帝大皇兄奕纬的儿子，按照封建社会立长不立幼的传统，溥伦也有可能入选。

聚焦点落在了载澂与溥伦身上。

当奕譞提出立已成人的载澂为新君时，西太后愤愤地说："不是载澂常常带大行皇帝私自出宫，也不会有今天的惨痛。载澂这个人游手好闲、不务正业，大清的江山能交给他吗？"

西太后所指责的是真的，载澂的确不是块"好料子"。此外，西太后坚决不同意他入选，还有一个重要的原因：那就是载澂若做了皇帝，他要立刻亲政，到那时，还有她西太后说话的份儿吗？西太后与恭亲王一向面和心不和，万一他的儿子做了皇上，他们父子联手反对西太后是易如反掌的事情。

东太后也很讨厌载澂，她站在西太后这一边，说："载澂不是做帝王的料子，他太轻狂！"

大家更有同感，载澂哪能还有希望？

文祥沉吟了一会儿，他试探性地问："溥伦怎么样？他是道光爷的长孙。"

奕譞、翁同龢二人齐声反对："不行。"

翁同龢的反对声尤其强烈，他说："溥伦不是嫡亲，他是过继到奕纬亲王家的，他不是皇室正宗。"

几个人选全被否定了，大家你看看我，我望望你，谁也不肯再提出一个新人选。

看来，新君只能由西太后一个人选定了。大家从她那泰然自若的表情上已经明白，西太后早已胸有成竹。只要她不把娘家人拉进宫就行，料想她还不敢跳出爱新罗觉氏去选新君！

西太后环顾了丹墀下的王公大臣，突然，她的目光落在醇亲王奕譞的身上，眼神一动也不动。大家猛然醒悟："对呀，有一个人最合适，怎么我们大家都忘了呢？"

大家一齐转向奕譞，奕譞不知所措，他不敢抬头正视皇嫂西太后。

只见西太后站了起来，她提高了嗓门，说："醇亲王之子载湉，系道光爷的嫡皇孙，为皇室正宗，他是咸丰爷的亲皇侄，又是我妹妹的儿子，长相酷似大行皇帝。再者，载湉今年才四岁，幼儿天真，正好教育，不会像载澂那样走歪道。"

话刚落音，只听醇亲王只叫了一声："谢太后恩典！"

他浑身上下都在发抖，已语无伦次："好、好，英明，英明！臣英明，不、太后英明。"

西太后皱了一下眉头，口谕："醇亲王，快回家吧，与七福晋通告一声，今晚新帝就进宫。"

大家听得出来，西太后的话没有任何商量的余地，她的话就是圣旨，不可更改。刚才那一幕幕全是闹剧，只有这最后一幕才叫作真真正正的"戏"！

李鸿藻暗自伤怀：虽然那拉氏没敢坐上大清的龙椅，但她再一次垂帘听政，大清的江山又落入她之手。再过十几年，新帝才能长大，这十几年，谁也不知道她会玩出什么新花样！唉！

西太后洞察出李鸿藻等人的不满情绪，她先发制人："众爱卿是不是觉得这样决定不妥呀？老天爷有眼，让新帝与大行皇帝兄弟俩长相十分相像。新帝入宫是上苍的旨意，哀家顺应了天意，有什么不好？"

东太后微微点了点头，她提不出更合适的人选，只能顺应西太后。

西太后沉默了一会儿说："同治时代已为历史，众爱卿议一议新帝的年号，要图个吉利，又有意义。"

至于新帝年号，西太后不会去多争议，这是小事，让大臣们充分发表意见吧，只要她能独揽朝政，使用什么年号都无所谓。西太后也明白：做人必须大事清醒，小事糊涂。如果什么事情都揽住不放，势必招致众人的反对。让他们去议一议年号，他们会觉得自己仍被朝廷重用，这样，他们才能死心塌地地为朝廷卖命。于是，大家又活跃了起来，你一言、我一语，最后终于取得了一致意见，新年号为"光绪"，即取延续道光皇帝血脉之意。

"光绪？嗯，不错！这个年号有意义，听起来又顺耳，就这样定了吧。"

两宫太后拍了板，同治十三年即刻成了光绪元年，时值公元一八七五年。

皇城宣武门太平湖东沿的醇王府内，一个四岁的小儿正躺在母亲温暖的怀里酣睡着。也许，他正做着甜美的梦，梦见阿玛带自己去捉蝈蝈，梦见慈祥的额娘亲吻他的小脸颊。熟睡中的小儿露出了甜美的微笑。他便是爱新觉罗·载湉，即刚刚由慈禧太后选定的光绪皇帝。

下午，乾清宫内发生的一幕幕，醇亲王奕譞已经记不清了，他只记得威严的西太后说："载湉今年才四岁，幼儿天真，正好教育……"

当时，醇亲王如五雷轰顶，他不敢相信自己的耳朵，可是众人望着他的神情明明告诉他：恭喜！恭喜！你的儿子做了皇帝！

"儿子做皇帝，自己是皇上的亲生父亲，那么自己便是太上皇，这是美事啊，为什么要惊恐万分呢？"

奕譞反复问自己，他心里的话只能回去对福晋说。

奕譞坐上轿子回王府，一路上，他思绪纷繁，竟掉下一串泪来。他急于见到亲爱的夫人——七福晋，她是西太后的亲妹妹，或许她能去求姐姐网开一面，放过可爱的幼子，不要把一个天真无邪的小儿放在别人渴望、却让奕譞不寒而栗的皇位上。

奕譞刚进府，便令丫鬟请福晋去书房议事。

七福晋即叶赫那拉·蓉儿，她虽与西太后是一母所生的亲姐妹，但无论从长相，还是到性格，两个人都有很大的差异。

此刻，她已哄着小儿载湉入睡，忽听王爷有事相商，连忙起身。小儿载湉睡梦中还拉着母亲温暖的手，母亲一动，他便醒了。

小儿乖巧地喊了声："额娘，您别走。"

福晋无奈，只好抱起小儿去了书房。

一见妻儿进来，奕譞忍不住泪如雨下。

福晋急切地问："王爷，发生了什么事情？"

她深知丈夫为人谦和，在宫中不敢多走一步路，不敢多说一句话，而且姐姐西太后总看在自己的面子上，对丈夫有些特殊照顾。他不会得罪姐姐的。此刻见王爷哭得更凶了，福晋不禁心中一颤，追问道："莫非皇上……"

七王爷点了点头。

七福晋听到外甥归天了，她岂能不心疼？载淳小的时候常纠缠"姑姑"给他讲故事。同治皇帝亲政之时，她进宫赴宴，同治皇帝还亲切地喊她一声"姑姑"。如今阴阳两隔断，世上再没有外甥和皇侄了，她放声痛哭。

七王爷抚摸着七福晋的秀发，轻声说："还有更糟的呢！"

"太后白发人送黑发人，她悲痛欲绝，承受不了了吗？"

七王爷摇了摇头，七福晋松了一口气。只要姐姐不出事，她就放心了。七王爷从妻子手中抱过小儿，轻轻地在儿子脸上亲吻着，突然，两滴泪珠落到了儿子稚嫩的小脸上。

七福晋不解："王爷，怎么了？"

七王爷再也控制不了自己的情感，他一把将妻儿全搂在怀里，哭泣道："咱们要失去儿子了！"

"什么？儿子不是好端端的吗？"

"太后懿旨，今晚必须送载湉入宫，他是新立的君王。"

"啊！天哪！"

七福晋大叫一声，伏案痛哭，那场面叫人好心酸！

无论如何，奕譞夫妻做梦也想不到他们的爱子载湉顷刻间成了大清的君王。载湉是他们唯一的儿子，他的两个哥哥夭折了。载湉出生时，夫妻倍加爱护。可爱的小儿，一转眼，便度过了四个春秋，他已经虚岁四岁了。实际上是三周半。

天真可爱的小载湉一年前进了一次宫，西太后一见他那可爱的小模样，立刻喜欢了起来。因为载湉长得太像皇兄载淳了，西太后竟把小儿抱在怀里，爱不释手。

七福晋教儿子喊："太后吉祥！"

载湉奶声奶气地喊了声："阿玛。"

这逗得众人发笑。西太后拍着小儿的手，温和地说："我不是你阿玛，我是你皇姨妈。"

小载湉从未喊过"姨妈"这个称呼，小小年纪的他费了好大的劲儿，才喊出："皇爸爸。"

众人更是笑得前仰后合，逗得西太后搂着小儿就亲吻，她高兴地说："好、好！皇爸爸，嗯，以后就喊皇爸爸！"

西太后一直很遗憾自己是个女人，不然的话，她可以顺理成章地做皇帝。只因自己是女人，她不敢坐上皇帝的龙椅上去。今天，小儿清脆地喊了声"皇爸爸"，这一定是个好兆头！西太后一高兴，赏载湉金项圈一只、银锁一只、银五百两，绢、绸、缎共三十匹。西太后决定让载湉入承大统，也是出于对他的偏爱吧。

出于种种原因，载湉变成了光绪皇帝，他的生身父母不是喜，而是悲。

七福晋悲的是儿子马上就要离开亲娘的怀抱，他将在一个陌生的环境里长大，自己想念儿子必须请求两宫太后恩准才能进宫。她深知姐姐西太后的为人，既然西太后把载湉当做继子抚养，她就不可能让七福晋常常进宫，以免影响她与继子的感情。

而七王爷悲的是儿子的前程，伴君如伴虎，西太后那喜怒无常的脾气让人很难对付，她对亲生儿子载淳都严肃有余，温柔不足，何况对外甥呢？而且，活泼可爱的儿子抱在怀里，作为父亲，怎舍得一下子送人。醇王府内又响起了悲凉的哭声，七福晋哽咽不能语，七王爷问："你求一求太后，行吗？让她另择人选，就说载湉不乖巧，很难教育。"

七福晋告诉丈夫："我姐姐从小就特别有主见，她决定了的事情，谁也别想改变。"

就在这时，长春宫的李莲英到了醇王府，他来了个跪安礼，说是奉旨来接万岁爷进宫。

七王爷夫妻二人紧紧搂住载湉，生怕有人抢了他们的宝贝似的。

小载湉已被嘈杂的人声吵醒，他睁开眼，睡眼蒙眬地问："阿玛、额娘，你们怎么不睡觉？"

七福晋的泪水打湿了孩子的衣衫，她附在儿子的耳边说："阿哥，你今晚随李公公进宫去住些日子，过两天额娘会去看你的。"

"不，我不去，我不要离开额娘。"

"听话，好孩子。"

小载湉紧紧地钩住母亲的脖子，李莲英"扑通"一声跪了下来："万岁爷，起驾吧，奴才背着您走！"

载湉并不认识眼前这个人，他哪里肯让李莲英背着他。小儿有些任性，他又哭又叫，很不好对付。

只听得李莲英说："王爷，太后的脾气，您也是知道的，今晚可别让太后等得不耐烦呀。依奴才之见，王爷必须把万岁爷送进宫了。"

七王爷点头同意，他俯在载湉的耳边说了几句什么，载湉就乖乖地爬在了父亲的背上。奕譞背起儿子，对七福晋说："等明天，我们就请太后开恩，恩准你进宫住两天。放心吧，孩子一会儿就睡着了。"

就这样，年仅四岁的载湉与父母生生离别了。高高的宫墙阻隔了亲人，却隔不断亲情。大清国的新君光绪皇帝被送进了宫，他将成为两宫太后的继子，为西太后把持朝政又平添了一个最合理的借口。

载湉趴在阿玛的背上并没有熟睡，幼小的孩子似乎意识到一定发生了什么大事情，因为一路上父亲都在低声抽泣。

过了好长时间，父亲对他说："阿玛想小解，你先趴在李公公的背上进宫，等会儿阿玛就回来。"

载湉不叫也不闹，他不知不觉间到了一座院落里。那院落比自己的家豪华多了，只见院子里灯火辉煌，人们进进出出，热闹非凡。李莲英将小载湉背进了一间宽敞的大厅，载湉一眼就认出坐在正厅里的这个雍容华贵的中年妇人就是他的"皇爸爸"。

西太后伸出双手，温和地说："过来，让皇爸爸看一看。"

载湉不敢上前，李莲英硬拉住他的小手，走上前去。

西太后一把搂住载湉，把他放在自己的膝头，说："长高了，可是有点瘦。"

李莲英在一旁催促道："叫皇爸爸呀！"

载湉张了张小嘴，但没有发出声，西太后抚摸着他的头发，语调依然很温柔："以后就叫'亲爸爸'吧。"

载湉问："亲爸爸，我阿玛呢？"

西太后一愣，李莲英连忙解释刚才的事情。载湉似乎已听懂了大人们的话，他"哇"的一声哭了起来："我要回家，我要回家！"

西太后令宫女拿出同治皇帝儿时玩过的玩具哄小儿，小儿又踢又叫，一个劲儿闹着回家。

闹得西太后耐不住性子，大叫一声："安静点！这儿就是你的家！"

一声呵斥果然有效，载湉吓得一声也不吭，趴在宫女的怀里睡着了。

一觉醒来，天已大亮，只听得一位宫女柔声细气地说："万岁爷，快起身吧。今日是万岁爷登基大典，恭喜万岁爷。"

载湉揉了揉双眼，问："登基？登了基就可以回家了吗？我阿玛呢？"

宫女什么也没有说，她默默地给载湉穿上昨天夜里赶制出的小龙袍。载湉穿戴整齐以后被带到西太后面前，西太后端详着酷似同治皇帝儿时的载湉，不禁心头一酸。一旁的李莲英低声劝慰："主子，今日群臣朝贺，请主子节哀顺变。"

西太后忍住了泪水，她弯下腰来，询问小载湉："皇上，等会儿亲爸爸抱着你坐轿去太和殿，好吗？"

载湉仔细瞅了瞅这位"亲爸爸"，他觉得"亲爸爸"的嘴巴、鼻子长的很像自己的母亲，于是，他少了许多戒备心，点了点头。

"亲爸爸"又发话了："上了太和殿，你坐在前面，亲爸爸和另一位额娘坐在你的后面。你什么也不要说，什么也不要做，只要端端正正地坐好就行了。群臣朝贺后，亲爸爸就带你回来。"

"我阿玛呢？"

"你阿玛也在下面向你磕头，只是你千万不能喊叫他。还有，从今天起，你叫阿玛为'爱卿'或'王爷'，千万不要再喊他'阿玛'了。"

载湉虽然听不懂西太后话语的意义，但他至少明白只有听亲爸爸的话，他才能快快回家，所以，小载湉一口答应了。

光绪皇帝登基，自然是一番喜庆。东太后揩干了眼泪，把对同治皇帝的深情埋藏在心中，她必须接受一个事实：同治时代已结束，光绪时代即将开始。

恭亲王奕訢、醇亲王奕譞率文武百官向新帝朝贺。为了不让光绪皇帝看到自己而大呼小叫，奕譞今日把官帽压得低低的，他一直没敢抬头看载湉。

群臣下跪，高呼："万岁、万岁、万万岁！"

这时，载湉还真争了口气，他一动也不动地端坐在龙椅上，目光凝视前方。

两宫太后颁发垂帘诏书：

垂帘之举，本属一时权宜。唯念嗣皇帝此时尚在冲龄，且时事多艰，王、大臣等不能无所禀承，不得已姑如所请，一俟嗣皇帝典学有成，即行归政。钦此！

西太后的第二次垂帘听政就这么轻而易举地实现了！

朝贺结束之后，小载湉依然坐在西太后的怀里回到了长春宫。西太后问他："皇上，开心吗？"

"开心。终于完了，我可以回家了吧！"

一个"完了"，十分刺耳。西太后本来笑眯眯的脸一下子阴沉了起来，李莲英忙说："童言无忌，主子，别往心里去，以后多教导皇上便是。"

西太后叹了口气："唉，皇上年龄太小，日后的哺养、教育不知要操多少心。"

"主子恩泽皇上，皇上长大后一定会知恩图报的。"

"哀家不图回报，只求培养一代明君。"

爱新觉罗·载湉作为两宫太后的继子进宫嗣承大统，这对于醇王府来说并不是一件好事，他的父亲醇亲王奕��一下子陷入了痛苦之中。

醇亲王深知自己在宫中的政治地位必须改变，不然的话，他将是西太后矛头直指的对象。尽管他的政治野心并不大，但也逃脱不了被猜忌的危险。

经过深思熟虑，醇亲王决定退隐，以求稳稳当当过一生。

就在儿子进宫当皇帝的第五天，宫中传来西太后的口谕，恩准醇亲王夫妇即刻进宫探望载湉。一听这消息，醇亲王夫妇乐开了花。虽然作为大臣，奕��每天上朝时都能见到儿子，但那是特殊的场合，醇亲王和其他大臣没什么区别，儿子坐在龙椅上，父亲跪在丹墀下，父亲必须向儿子叩头施礼。

醇亲王一直不敢正视载湉，他生怕儿子在大殿之上直呼"阿玛"，更怕小儿不顾礼仪，从龙椅上冲下来扑在父亲的怀抱里。亲生父子，子为圣上、父为臣子，传统的伦理道德在这里改变了他们的关系。

今天，西太后恩准奕��夫妇入宫看望儿子，不是在大殿，而是在后宫，怎叫他们不欢欣！激动之余，七福晋流出了眼泪，她急切地问丈夫："载湉瘦了没有？他可习惯宫中的生活？"

醇亲王连忙更正妻子的话，他反复强调说："福晋，你必须改口了，不能称载湉，而应称'皇上'或'万岁爷'。"

"'皇上'，'万岁爷'，多不顺口！"

七福晋苦涩地一笑，七王爷拉着妻子的手，温和地说："等会儿见到皇上，可不准再哭了，太后会不高兴的。"

"嗯。"

"这就好。快让奴婢们给你打扮打扮，穿得漂亮些，太后不喜欢人哭丧着脸。"

"我的姐姐什么脾气，我比王爷更清楚。放心吧，我不会惹姐姐不高兴的。"

夫妇二人急匆匆赶往皇宫。

一路上，七福晋按捺不住内心的激动，一个劲儿地掉眼泪，七王爷一直安慰着妻子。其实，他的心情与福晋一样，心里头也是一阵阵酸楚，只不过他是男人，男儿有泪不轻弹。

一进宫，七王爷便催轿夫："快点呀，别磨蹭，径直去长春宫，等会儿再去钟粹宫。"

按礼讲，奕譞夫妇到了后宫，应该先去钟粹宫向东太后请安，然后再去长春宫向西太后请安。但是，他们此时急于见到心爱的儿子，顾不得宫中礼节了。再说，东太后乃是宽厚、温和之人，她一定会原谅奕譞夫妇的悖理行为的。

到了长春宫，正巧载湉在午睡。太监李莲英悄悄地说："王爷吉祥！福晋吉祥！王爷、福晋且坐下用茶，奴才去请太后。皇上正午睡呢，请不要吵醒皇上。"

奕譞夫妇静静地坐在东暖阁正厅，他们相视而笑。儿子在午睡，说明儿子已习惯了宫中的生活，因为往日每到午后，载湉总要甜甜地睡上一觉。

七福晋手足无措，显得有些紧张；七王爷则坦然得多，他就在后宫长大，这儿本来是他的家，他今天有一种回家的感觉。

西太后由李莲英搀着，款款地走了进来，她笑着说："老七，你们来了。"

七王爷上前一步，行个大礼："太后吉祥！"

西太后手一摆，说："都是自家人，又不是大殿之上，不必多礼。"

七福晋有一年多没见过西太后，她发现姐姐虽然失去爱子，但好像人并没有憔悴多少，反而显得有些白胖了。

福晋不是朝臣，不必向西太后行大礼，她以妹妹的身份出现，所以，她略略弯了一下腰，说："姐姐，你好吗？"

一个"姐姐"唤醒了西太后沉睡多年的亲情，她上前拉住妹妹的手，亲切地说："蓉儿，你有些倦容，身体不好吗？"

"不，她是又有喜了。"七王爷替妻子解释。

西太后望着妹妹微微突凸的腹部，流露出羡慕的神情："老七，瞧你们多幸福，多子多福，将来儿孙满堂，人生足也。"

一提到"多子多福"，西太后立刻想起了自己刚刚失去的那唯一的儿子，不禁潸然泪下："大行皇帝走得太早了，我是白发人送黑发人啊！"

"姐姐，呜……"

七福晋想起了可爱的外甥，也跟着哭了起来。那一瞬间，西太后感到了亲人的真情。

李莲英蹑手蹑脚地走了上来，劝慰道："主子，可别哭坏了身子，大清的天是主子撑着的。"

西太后抹了一把泪水，吼道："放肆，大胆的奴才，大清的天是皇上撑着的，岂能胡言乱语！"

李莲英自知失言，"扑通"一声跪在地上，狠狠地打自己耳光，边打边口中念念有词："奴才该死，奴才该死！"

"起来吧，滚下去！"

李莲英连滚带爬地退了下去。七福晋劝解说："姐姐不要再生气了，这个小李子平日里还不错，饶他这一回吧！"

这时，另外一个太监前来禀报皇上已醒来。

一听说儿子醒了，七福晋坐不住了，她"腾"地一下站了起来。西太后看得清清楚楚，七福晋的身子在发抖。

"妹妹，皇上在这儿一切都很好，我会像对待亲儿子一样疼爱他。姐姐当他的额娘，你还不放心吗？"

"放心，放心！"

七福晋机械地回答。她的眼一直盯着门外，希望早一秒钟见到日思夜想的儿子。

西太后知道七福晋心不在焉，她又重复了一遍："姐姐会当好这个额娘的！"

七福晋仍没反应，七王爷急了，干咳了两声，应和道："我们放心，怎能不放心呢！"

他拉住妻子的手，提高了嗓门："福晋，你说对吗？皇上能有太后这位善良的额娘照顾他，是皇上的福分！"

七王爷特别加重了"额娘"这两个字的语气，失态中的七福晋恍然大悟："哦，我不是载湉的额娘了，她才是他额娘。"

七福晋黯然神伤，西太后这才舒了一口气。

这时，太监王商抱着刚刚醒来的载湉走过来。

一见到儿子，七福晋伸手就想去抱。小皇上睡眼蒙眬，好像他并没有看见亲娘正站在他的面前，他小嘴动了两下，说："亲爸爸吉祥！"

西太后点头微笑，张开双臂搂住了小皇上说："来，让亲爸爸抱一抱。"

小载湉顺从地偎在西太后的怀里，七福晋的眼泪一下子掉了下来。

西太后见状，一手揽住小儿，一手指着七福晋说："皇上，快向七福晋问安。"

小皇上定神一看，他的小脸立刻绽开了花，口呼："额娘，额娘。"

母子俩正欲相拥，西太后干咳了两声，厉声说："皇上，你是一国之君，难道你忘了吗？亲爸爸是怎么教你的？"

小皇上记起来了，"亲爸爸"曾对他说过的，见到原来的"阿玛"喊"爱卿"或"王爷"；见到原来的"额娘"喊"福晋"。

此刻，幼小的载湉还不懂西太后的威严，他大呼小叫："阿玛、额娘，我要回家！"

七王爷连忙下跪，捂住儿子的嘴说："皇上，皇宫就是您的家。"

"不，我们的家是王府，我要回王府！"

七福晋也劝慰儿子，可小儿就是一句也不听，他干脆搂住额娘的脖子，哭了起来。

西太后见状，焉能不生气。她冲着王商吼道："该死的奴才，皇上还没睡醒，快抱皇上继续睡一会儿。"

"不，我不睡，我不睡。呜……我要现在就回家。"

"抱下去！"

那口气十分严厉，没有商量的余地，吓得太监王商抱起载湉就走。小儿又打，又撕，又抓，又踢，但他还是硬被抱下去了。

七王爷跪在地下为儿子开脱："太后请息怒！皇上年纪太小，还不懂事。"

七福晋已泪如雨下，她无言以对。

西太后叹了一口气，说："儿女连心肉，哪个爹娘不疼儿呀！可是，皇上乃九五之尊，不能由着他的性子胡闹呀。必须从现在起就给他立规矩，你们说呢？"

七王爷连声应："当然，当然，太后教子有方，臣佩服至极。"

西太后叹了一口气，说："教子无方啊！若不是我太娇宠载淳，他也不至于早逝。我已下定决心，严加管教载湉。树不理不直，人不教不行，你们夫妇可别心疼呀。"

七王爷不敢多说一句话，他拉着妻子的后襟，说："咱们别再打扰太后了，走吧！"

七福晋还想再看一眼儿子，可是，她从西太后那严肃的神情上判断出，今天她看不到儿子了，七福晋只好随丈夫离开皇宫。

回去的路上，七福晋再次涌出泪水。她靠在丈夫的肩头，难过地说："以我姐姐那蛮横的态度，她不可能常常恩准我们进宫看望载湉，儿子是她的了，我们永远失去了儿子。"

七王爷长叹一声，说："不单是失去儿子，恐怕我还会失去政治地位。"

"此话怎讲？"

"回府再讲给你听。"

七福晋满腹狐疑，她一时弄不清丈夫话语的深刻含义。回到王府，她急于刨根问底，便急切地问："儿子进宫当皇帝，王爷怎么失去多年来一直稳定的政治地位？"

七王爷深情地望着妻子，低声道："你姐姐那个人不像你这么善良、温和，她是个'铁女人'，政治手腕厉害得很。福晋，你还记得同治初年六阿哥被罢免的事情吗？"

七福晋默默地点了点头，不解地问："你又不是她的威胁，她为什么对你也要铲除？"

"以前不是，以后便是了！"

"不，王爷，你永远不要崭露头角，咱们本本分分地做人，姐姐不会加害于你的。"

七王爷将妻子揽在怀里，轻声地说："你不懂，政治斗争是极其残酷的。以前，我只是个王爷，对太后构不成威胁，而以后我是王爷加皇上的父亲。按礼讲，皇上的父亲就是太上皇，比皇太后还要高一筹，她能容忍吗？"

七福晋明白了，她忧心忡忡，轻声问丈夫："有什么法子可以化解我姐姐对你的敌意呢？"

"有，只是……"

七王爷停止不说了，他知道：自己的决定一旦说出口，一定会遭到妻子的反对。

七福晋催促道："王爷，我们夫妻同甘共苦十二年，有什么话不好说呢？"

"福晋，什么是幸福？"七王爷托起妻子漂亮的脸庞，认真地问妻子。

七福晋脱口而出："荣华富贵是幸福！"

七王爷摇了摇头，反问："这么说，老百姓家就没有幸福了？"

"不，他们也幸福。他们觉得一家人无病无灾、平平安安就是福。"

七福晋想起了娘家，少女时代的她只求平平安安，那时，她觉得很幸福。

"对，一家人无病无灾、平平安安才是福。我呀，我今后只求这个平安福。"

"什么意思？"

"辞去一切官职，退出朝政、退出纷争、归隐家中，求它个平安福！"

七福晋愕然，猛地推开丈夫的拥抱，大叫："王爷，你疯了？"

七王爷想再次拉住妻子的手，却被七福晋甩开了，她气得说不出话来。

"福晋，我一点也不疯，相反，这是我最清醒、最理智的表现。"

"不，得来今天不容易，你不能退隐！"

西太后陷东太后，清流派倒恭亲王

七王爷奕譞说出要引退的想法，七福晋立刻反对。面对妻子，七王爷痛苦地垂下头来，说："我堂堂一个王爷，当然也不想退隐呀。可是，你姐姐疑心极重、手腕毒辣，她逼得我不退不行。你没看见吗，刚才在皇宫里，她专横无礼，一把抢过我们的儿子，不许载湉叫我们'阿玛''额娘'。这不过是生活小事，她尚如此在意，日后载湉长大后，他早晚会亲政的，太后能甘心归政吗？她一定会争权，到那时，我夹在中间难做人呀！还有，她也不能容忍除了皇太后，还有一个太上皇。即使我不争权，她也会怀疑我借双重身份威逼皇上，到那时，我跳进黄河也洗不清的。"

一席话，语重心长，说得七福晋低下了头。她泪流满面，愧疚似的说："王爷，这全怪我姐姐生性多疑，我觉得很对不起你。"

七王爷钩住妻子的手，凄惨地一笑："这与你有什么关系？不要这么内疚。不过，这样也好，辞去一切官职，求个平平稳稳，我也能在府中多陪陪你，咱们的又一个小宝贝就要来到人世间。两年后，再生一个，再两年，还生。咱们多子多福，你姐姐永远得不到这种天伦之乐。"

一句话，又把七福晋逗乐了，她紧紧地搂住丈夫，细语呢喃："我可不愿意生那么多孩子，你不是还有两房侧福晋吗？她们年轻又漂亮，让她们生好了。"

"不，我只想让你为我生孩子。"

夫妻俩总算从阴霾中摆脱出来。

第二天，醇亲王奕譞上奏一折，声称自己身虚多病、无才无识，不能再待在朝廷里空占位子了。他字里行间，处处流露出对两宫太后的感恩之情，并无一丝一毫的怨言。

西太后拿起折子，仔仔细细、反反复复地推敲了好几遍，才舒了一口气，心想：好样的，老七，你一点儿也不笨，是个聪明人。该进时你进了，该退时，你也退了，嗯，这才叫大智若愚。"

西太后把折子递给东太后，并说："老七身体欠佳，加上大行皇帝龙驭上宾，他有些悲伤过度，现在乞求退隐。姐姐，你意下如何？"

东太后看了一遍折子，她皱了一下眉头，说："老六与老七一直是我们的左膀右臂，他们毕竟是自己人，他们不干，我们去靠谁呀？"

西太后不屑一顾，轻蔑地耸了一下肩，表现出无所谓的样子："大清人才济济，少一两个亲王，天塌不下来。"

"妹妹，你总有些固执，大清的天下是爱新觉罗的天下，皇上尚在冲龄，老六、老七也算顶梁柱吧。"

西太后一听这话，她总觉得东太后话中带刺儿，反驳道："谁也没有说大清的天下不是爱新觉罗的天下，听你这意思，好像是我叶赫那拉氏篡了皇权，有些像武则天。"

"妹妹，你误会了，我可没有这个意思。我只想说老七为人宽厚，不该让他退出朝廷。"

"谁让他退隐了！明明是他自己乞求退隐！"

西太后咄咄逼人，东太后缄默不语。

当大臣们奏议朝政时，西太后把醇亲王的奏折扔给了大家，冷冷地说："这是醇亲王的折子，他乞求退隐，你们几位军机大臣会同六部、九卿议议吧。大家各抒己见，不要有什么顾虑。"

醇亲王乞求退隐，有几位大臣早已料到他会这么做，换上别人，别人也会这么做。这叫无可奈何，只能如此。但是，大殿之上也有一些人反响强烈，他们没想到正春风得意的"太上皇"会突然厌倦朝政、悄然离去。

为了扮演一个和善、宽厚的形象，以博得人们的敬佩，慈禧太后按捺住心头之火，稳住情绪，语调缓和了许多："众爱卿一定是明理之人，哀家垂帘听政全仰仗各位共同辅政，哀家一个人都不愿失去，更何况是皇上的亲生父亲呢？可是，醇亲王在奏折中已陈述了自己归隐的理由，哀家念他多年来为大清朝忠心耿耿奉献一切的分上，这次就恩准了他的请求。日后待他身体康复，再委以重任，你们认为怎么样？"

这哪儿是征询众人的意见，这分明是把个人意志强加给别人！

恭亲王奕䜣念在与奕譞亲兄弟的分上，他冒被再次罢免之危险，开口道："太后，臣有一个请求，不知太后应允否？"

西太后翻了一下眼，心想：老六，你又出什么花招，难道十几年前的教训还不够深刻吗？

西太后不语，东太后温和地说："恭亲王，有话请讲。"

"臣想为醇亲王请求一事，能否继续给他亲王俸禄？"

西太后反问一句："哀家说过不给吗？哀家不但谕令他继续享有双份亲王俸禄，还恩准他亲王世袭罔替，他的子孙世世代代为亲王。"

一直沉默不语的醇亲王猛地高呼："谢太后！"

说罢，他泪如雨下。不知是激动的泪水，还是悲哀的泪水。

大殿之上，鸦雀无声，只能听见小皇上用腿踢龙案时发出的声音，"哒、哒、哒……"小皇上不知发生了什么事情，他催问道："完了吗？朕要撒尿。"

几个大臣忍住笑声。西太后厉声道："不准说'完了'，上次教导过皇上，皇上都忘了吗？"

"对，不能说'完了'。朕以后不说'完了'，朕以后说'毕了'好吗？"

西太后的脸色更难看了，她真想一个巴掌打过去，可是，大殿之上，她只能默不作声。

散朝后，大臣宝鋆悄悄地对文祥说："皇上今天说的'完了''毕了'，多不吉利呀，难道大清朝真的要……"

他不敢说出口，文祥捻着银须，感慨万分："老臣记得一句话——女人当家，墙倒屋塌。"

宝鋆一挤眼，说："这可不是一般的女人，她是王母娘娘下凡，西王母——西太后，嗯，是仙人下凡。"

文祥摇了摇头，他的话只有自己能听见："咸丰爷呀，你忘了祖训'灭建州者叶赫'吗？难道这句话真的要应验了？"

醇亲王如愿以偿，他退出了纷争的旋涡，只担当一些无关紧要的闲职。可是，大清的皇上才四岁，总要有人辅政吧，更多的人凭着一颗忠心继续效忠两宫太后。他们坚信小皇上会长大的，等他长大以后，西太后势必要归政，到那时，大清的天下仍然是爱新觉罗的天下。

经过醇亲王退隐风波，西太后越来越感觉到势单力孤。东太后与她越来越不投机，自从同治皇帝宾天后，几乎没见到过钮祜禄氏的笑脸，她对于刚抱进宫的小皇上载湉，远远比不上对待载淳那么好。除此之外，西太后还感到有一股无形的力量在压抑着她，那就是每日上殿时看到的那一张张脸，她从人们的神情上可以断言他们并不真心拥护她。

这是一个危险的信号，一旦失去了众臣的拥戴，她将失去一切。

不过，令她欣慰的是军机处的几位军机大臣颇顺心。也许他们心里对两宫太后再度垂帘听政也有些不满，但至少表面上是坚决拥戴两宫太后的。目前，西太后不想深究，她必须维系暂时稳定的局面，以开辟光绪初年的新天地。

虽然立载湉为嗣皇帝，无形中又一次打击了恭亲王的气焰，但恭亲王奕訢并没有表现出愤懑与不满，相反的，他更加卖力效忠新帝，这一点，让西太后很感动。感动之余，她决定继续让奕䜣担任首席军机大臣。

一向聪明的奕䜣为什么要表现出忠心耿耿的样子呢？当然，他自有目的！军机处是大清朝的重要政权机构，几乎一切大事都要先经军机处讨论、裁决，其权力仅在皇帝之下。奕䜣早在二十四年前就认命了：他只能当亲王，而不能当皇上。当亲王也要当一等亲王，一人之下、众人之上，那种人生境界也很美。

所以，奕䜣只求这个"一等亲王"，他多年来表现出对西太后的最大容忍，其主要目的也是让西太后把军机处放心地交给他。经过这些年来的苦心经营，军机处几乎成了奕䜣的"私人办公室"，军机处成员全是他的心腹。这样一来，有些事情不需要西太后亲自裁决的，便由奕䜣及其密友处理，他们从中既满足了权欲，又得到了物质上的实惠。

光绪元年，军机处由五人组成，他们是奕䜣、文祥、宝鋆、沈桂芬、李鸿藻。

这几个人中，犹以奕䜣、文祥、宝鋆关系最密切。文祥与奕䜣的岳父桂良是密友，在奕䜣面前，文祥应该算做前辈。而且，文祥又是道光、咸丰、同治三朝老臣，他的资历比所有的人都深，所以，奕䜣一向尊重这位老臣。而文祥深知自己不是皇族，不管资历多么深，都不应该以此为资本而轻视恭亲王。文祥对恭亲王是毕恭毕敬，不敢有半点造次。常言道："姜还是老的辣。"文祥经过的风雨多，遇事冷静，沉着，而恭亲王少时在皇宫长大，身上多多少少带有皇子的那种霸道，他遇事有些沉不住气。有几次，大殿之上，恭亲王按捺不住性子而顶撞西太后时，总是老臣文祥出面从中调解。所以，恭亲王对文祥存有感激之情。

对于宝鋆，恭亲王则把他看成至交，他们之间的友情笃厚，以至于常常拿对方开玩笑。

除以上三个人之外，另外两个人都是恭亲王一手栽培起来的。

沈桂芬，道光二十七年进士，后改翰林院庶吉士，同治三年任山西巡抚，政绩显著，同治七年任军机处行走，为户部左侍郎，同治九年，升兵部尚书。

沈桂芬这个人才华横溢、个性很强，也算是一个难得的人才。他的思想比较激进，能迅速接受新生事物，他为军机处带来了一股清风，这一点颇得奕䜣的赏识。奕䜣是亲王，又是首席军机大臣，沈桂芬对恭亲王当然也是毕恭毕敬了。

李鸿藻因教导同治皇帝呕心沥血，深得两宫太后的垂青。李鸿藻的知识博大精深，可称当朝一大儒。但是他的思想有些保守，凡事皆循规蹈矩，这一点，与激进人物沈桂芬格格不入，以致沈桂芬与李鸿藻常常发生摩擦，两人的关系很有些紧张。但是，这并不妨碍他们对恭亲王奕䜣的尊重与拥护。恭亲王一手拖起沈桂芬，一手拉住李鸿藻，让他们从共同利益出发，为恭亲王的"军机处"出谋划策，让蛮横的西太后几乎挑不出什么毛病来。

却说载湉进宫当皇帝，起初，他很不习惯。以前在王府时，每天晚上都是躺在母亲温暖的怀里入睡，一觉醒来也总能见到额娘那亲切的笑脸。可是，一入宫，虽然"亲爸爸"的眉目与脸形很像自己的母亲，但"亲爸爸"总是一脸的严肃，她几乎不露笑脸。

时间久了，载湉开始习惯宫中生活，幼小的他渐渐淡忘了王府，甚至有时连母亲的样子也记不起来。载湉进宫近一年了，他一共只见过母亲三次，第一次是刚进宫才几天后，那一次他睡眼蒙眬，没看清母亲的脸。第二次是载湉过四周岁万寿节时，母亲进宫用了一次午膳，午膳后，她即离去。第三次是"亲爸爸"四十一岁寿诞，宫中又热热闹闹庆贺了几天，那时七福晋怀中抱个婴儿，她让婴儿给小载湉行大礼，几个月大的婴儿很爱笑。

载湉凑近母亲的怀里，刚想喊一声"额娘"，只见西太后直瞪着自己，吓得载湉连忙改口："福晋吉祥！"

母亲竟向亲生儿子施礼，问一声："皇上好吗？"

载湉已学会了称自己为"朕"，他一手拉住母亲的手，一手小心翼翼地抚摸小弟弟的脸颊说："朕很好，请福晋放心吧。"

婴儿冲着皇兄直发笑，笑得很好看，载湉忍不住要抱一抱小弟弟。七福晋见西太后没在意他们母子几人，便弯下腰来，贴在载湉的小脸上迅速地吻了一下。

简单的一个动作、简单的一句话，却让载湉久久难忘。母亲出宫后，载湉每当想起母亲时，都情不自禁摸一摸被母亲亲吻过的脸庞，回忆着母亲的一举一动、一颦一笑。又有几个月了，不见母亲的身影，载湉玩耍时常常发呆。

载湉思念母亲的模样很令人怜惜，这一切，西太后全看在眼里。作为姨母，她也很疼爱载湉。在宫女及嬷嬷、太监等人的精心照料下，小皇帝一天比一天强壮，到了光绪四年，八岁的载湉已高出同龄人半头有余。

西太后看在眼里，喜在心里，在光绪皇帝初入宫的那几年里，她的确付出了母爱，当然也换来了载湉对她的亲近与敬爱。载湉自幼虽身体瘦弱，但脑子却非常灵活，若不是被禁锢在大清皇宫深院里，说不定他也能考中状元。

年仅八岁的小皇帝，大殿之上竟威震众臣，众臣不得不由衷地仰视他们的"万岁爷"。

有一次，光绪皇帝坐在龙銮里紧跟西太后上大殿。这些年来，他已习惯了这种生活，每日早膳后即去长春宫向亲爸爸请安，然后随之上殿处理朝政。一般情况下，上午十点左右退朝，即入毓庆宫学习，下午可以休息、玩耍一会儿，晚上早早入寝。

上大殿，既让小皇帝感到乏味无聊，又让他感到无可奈何。因为，朝臣们一个个面无表情，无休止地陈述着这儿的水灾、那儿的旱灾，总是西太后搭腔并向群臣颁布谕令。

今天，依然如故，龙座上的小皇帝有些听厌了，他希望快快退朝回到那让他神往的毓庆宫。因为师傅翁同龢与监读醇亲王都是他最愿意亲近的人，从他们那里，他能听到比大殿上听到的事更新鲜的事情，他们还能耐心地向他讲解，使他很快理解其中的深刻含义。大殿丹墀下跪着的大臣们，目光呆滞、面无表情，一开口就左一个"圣明"，右一个"万岁"，很让他反感。

自小皇上六岁那年，西太后便谕令大学士翁同龢与夏同善为帝师，醇亲王奕譞总管毓庆宫一切事宜。毓庆宫里，载湉开始了"典学授读"生涯。

在毓庆宫里，载湉从身体上到精神上，都得到了最大的放松。这儿没有西太后威严的面孔，也看不到丹墀下群臣肃然起敬的呆滞目光。这儿有自由自在的天空，师傅翁同龢不仅学识渊博，而且他为人和蔼，夏同善更是一天到晚挂着笑容，两位师傅都让载湉倍感亲切。监读醇亲王是载湉的父亲，虽然小皇上已习惯了称父亲为"王爷"，但在他幼小的心灵里，王爷依然是父亲，而不是臣子。小载湉很听父亲的话，而醇亲王也付出了最宽厚的父爱。

父与子不是臣与君的关系，而是融洽的朋友关系。所以，在上书房，载湉感到无比幸福。

毓庆宫里唯一的学生载湉，聪明、灵活，悟性极高，老师授课又讲究方法，因此，他的学业完成得很好。

翁同龢也曾是同治皇帝的师傅，同治皇帝十四岁以后厌学、贪玩，以致常常出宫游逛，他是一清二楚的。为了避免载湉走同治皇帝的老路，翁师傅建议不要从宫外找伴读，因为宫外的阿哥往往沾染一些不良习气，潜移默化中会影响皇上。

西太后当然也有同感，为了防微杜渐，她采纳了翁师傅的意见。可是，醇亲王提出了一个问题："太后及翁师傅考虑得固然周全，但皇上身边若没有同龄小儿相伴，他在一大群成年人包围下长大，他会很寂寞的。"

西太后点头说："七王爷说得也对，孩子就应该有孩子的天地。这样吧，从其他宫里选几个童监来，只准他们陪皇上玩耍，不准他们与皇上多交谈。而且个个要模样端正、性情温和、心地善良，以免带坏皇上。"

醇亲王很感动，说："谢太后想得这么周全！"

西太后翻了翻眼，冲着醇亲王说："这是我做额娘的责任，也是为了大清的江山社稷。"

聪明的七王爷一下子就领会了西太后的意思，他搭讪着说："是啊！太后如此疼爱皇上，皇上日后定当报恩。"

"我不求皇上报什么恩，只求皇上是位明君。"

翁同龢示意七王爷不要再讲话，在专横的西太后面前，没有必要再理论什么。

载湉每日下午分三个阶段学习，首先是汉文，由翁同龢授课，夏同善辅之；二是学满文；三是学骑射技勇。如果载湉这一天学业完成得很好，他还有些时间去玩耍。最让他感兴趣的是学习汉文与玩耍。翁师傅很有耐心，他教授的知识深入浅出，载湉很快就能理解，特别是《诗经》《左传》《二十四孝》中的每一篇，载湉都有极大的兴趣，所以，他的汉文成绩特别优秀。

翁师傅不但知识渊博、为人和蔼可亲，而且还注意引导小皇上向更高的思想境界发展。每当载湉完成一段汉文后，他便向小皇上灌输一些治国之道，讲述历史事件，分析昏君亡国的教训，讲解明君治国的策略，载湉的确受益匪浅。

夏同善师傅也想努力为培养一代明君贡献点什么，无奈他是江浙人，方言音很重，小皇上听不懂他的话，他只好为小皇上默默地批阅作业。

两位师傅真可谓尽职尽责。每当西太后询问载湉的学业时，两位师傅总是赞不绝口，西太后有时也赏他们一些银子，以示嘉奖。

翁师傅出身于一个富豪的书香门第之家，是大学士翁心存的长子。年少时，他在老家常熟生活过，深受江南一带民风民俗的影响，酷爱清洁，以至于教授载湉时每日都是仪表整洁，没有邋里邋遢的样子，看起来令人赏心悦目。

每当完成一段汉文之后，小皇上总缠着翁师傅为他讲上一段江南往事，而翁师傅也很乐意讲述。

"师傅，江南的山水真的很美吗？"

"是的，江南风光旖旎、人杰地灵，那儿有青青的山、清清的水、弯曲的石板小路、柔和的春风细雨。"

"哦，怪不得白居易的《忆江南》如此美妙。"

翁师傅轻轻吟诵，载湉随声应和："江南好，风景旧曾谙。日出江花红似火，春来江水绿如蓝。能不忆江南？"

"皇上，江南不仅风景美，而且还是富庶之地，那儿有大米、鱼虾、蚕丝，还有很多作坊。"

"什么是作坊？"

"作坊就是从事手工业劳动的地方，一般是家庭式生产。不过，近些年来，洋人在江南一带办起了一些新式工厂，这些工厂生产出来的东西质量要好一些。"

天真的载湉问道："为什么京城不开办这些工厂？"

翁同龢若有所思，轻声低语："大清的国门是紧关着的。虽然十几年前，八国联军的枪炮轰开了国门，但朝廷又把他们赶了回去，赔款、割地以求平安。外国的枪炮侵略我们的国家，我们当然要坚决反抗，祖国山河不能相让。但外国的一些先进生产技术不妨学习学习，他们的西医治病与中医有不同之处；他们的冶金、纺织等生产技术也有独到之处。"

小皇帝听呆了，他以前从未听说过这些，今日听师傅一言感到茅塞顿开。他问："外国人的穿着、住行、语言和我们一样吗？"

"不一样。外国人穿洋装、说洋话、住洋楼，和我们大清国有很大的区别。我们大清国地大物博，有着五千年的文明史。我们曾辉煌过，唐代，国力强盛，政治、经济、文化等方面远远超过世界其他国家，所以外国人习惯上称我们为大唐。"

"大唐？它与大清是一回事吗？"

翁师傅自知失言，他连忙转变话题："皇上，该练练书法了。"

小皇帝很听话，他摊开宣纸，拿起毛笔，认真地写起来。可是，他还想着刚才的话题，忍不住说："师傅，还有最后一个问题，你回答了，朕就练大字，好吗？"

看着载湉那天真可爱的样子，翁同龢点了点头，小皇上好奇地问："师傅，你会讲洋语吗？"

翁同龢摇了摇头，不过，他说："同文馆有两个人会讲洋语，等臣去打听一下。"

"谢师傅。"

小皇上心里一直惦念着"洋语"一事，他央求亲爸爸派同文馆会讲"洋语"的人进宫，他想学"洋语"。起初，西太后一口拒绝，后来在他的再三央求下，再加上接受了教育同治皇帝失败的教训，她想改用和善与严厉相结合的教育态度，既让光绪皇帝乐于亲近她，又让他惧怕，她最终还是同意了同文馆会说"洋语"的人接近载湉。

当留着大辫子，会说"洋语"的人跪见皇上时，小皇上兴奋至极，他急切地问：" '中国人'怎么说？"

"Chinese，这是英语的说法。"

小皇帝学了几遍，就是吐不出这个音，他羞红了脸。

那个人问："皇上，想学英语吗？"

"嗯。"

"好，奴才教皇上一句：Good morning."

"什么，狗逮猫咪？狗喜欢逮住猫咪吗？"

"哈哈哈……"

在场的人笑得前仰后合，那人笑过一阵子之后，说："Good morning，就是说'早上好'。"

"狗逮猫咪、狗逮猫咪……嗯，这句好记，朕记住了。对了，问'万岁爷吉祥！'怎么说？"

"Hello！"

"准奏了？"

"OK！"

"退朝时怎么说？"

"Goodbye！"

"狗头摆！狗头摆！这句太有意思了。"

小皇帝兴趣很大，回到寝宫，他还一个劲儿地说："早上好：Good morning；太后或皇上吉祥：Hello；准奏：OK；退朝：Goodbye！"

经过反复练习，他掌握了这几个基本词汇，当他用过早膳去长春宫请安时，他要露一手。西太后正坐在梳妆镜前，让宫女为她梳妆打扮，从镜子里，她看见载湉一蹦三跳地过来，她很在意皇上每天早上的问安，似乎一句"亲爸爸吉祥！"真能给她带来一天的吉祥。

"Hello！Good morning！"

西太后一时不明白皇上说的什么，惊讶地问："皇上，你叽里呱啦什么？"

小皇上又重复了一遍，末了才说："亲爸爸吉祥！"

西太后愠怒，斥责道："不许说洋话，大清的皇帝如此放肆，成何体统。"

小皇上吐了吐舌头，本来他想露一手，不曾想反遭责骂。天真的孩子见西太后的脸上很难看，连忙说："OK，不再说了！"

话刚一出口，他马上捂住了自己的嘴巴，惊惶失措地站在那儿。

西太后一看皇上可爱的小模样，她变得和颜悦色多了："以后不要再说了，行吗？"

"OK！"

小皇上来了个单腿安，不伦不类，煞是逗人。

西太后哭笑不得，她点着载湉的额头，轻声说："以后要学规矩些，你是皇上，要有皇上的风范。今日亲爸爸有些不舒服，不去上朝了，皇上快去上书房专心读书吧。"

小皇上一听不去令他讨厌的大殿，他几乎要欢呼雀跃了，连呼："亲爸爸圣明！"

西太后望着载湉远去的背影，对太监李莲英说："皇上稚气可爱，他很单纯、善良，有些像七福晋。"

李莲英却说："太后，皇上不太听您的教导，您却如此喜爱他，可见主子您的宽宏大度。"

"这话怎讲？"

西太后皱了皱眉头，李莲英低头不语，西太后来了气，问："他怎么不听哀家的教导了？"

"主子您不让皇上说洋语，他偏说；主子不让他骑马，生怕摔伤身子，他偏骑。听说，昨天下午皇上骑上小马就是不肯下来。"

"有这事儿？"

一提起载湉骑马，西太后就生气。虽然满清皇族一贯注重皇子们的骑射技能，但西太后总不是太赞成。当年咸丰皇帝南苑校猎时，摔伤了腿，成了一个跛脚天子。同治皇帝小的时候，西太后就反对儿子学骑马，到了载湉，她仍是坚持己见，不主张载湉学骑马。每天下午的骑射课程无非是摆摆样子。

可是，载湉有匹小黑马，很驯良，载湉极爱骑上它围着场地跑几圈。有一次，一不小心，载湉摔了下来，周围太监忙上前扶起皇上，事后被西太后知道了，她大惊小怪地怒斥太监，从此不许载湉再骑马了。可她万万想不到才八九岁的孩子竟如此大胆，公然违抗她的命令。若不是李莲英今日说起这事儿，她还蒙在鼓里呢。

西太后很生气，她让小李子去把皇上请来。

"跪下！"

载湉很纳闷，刚刚请安时，亲爸爸还和颜悦色的，可一转脸，就阴云密布。载湉立刻下跪。

西太后气愤地问："皇上，你干了一件亲爸爸坚决反对的事情！"

"哪件事？"

"怎么？你还干过不止一件坏事！连哪件事都不知道。"

接着又气呼呼地说："皇上怎么又去骑马了？亲爸爸的话，你敢不听了！打，自己掌嘴！"

载湉委屈的泪水一下子流了出来，他欲辩解，抬头一看，西太后一脸的冷峻，他只好服从，在自己稚嫩的小脸上扇了几巴掌。

李莲英"扑通"一声跪了下来："太后息怒，奴才愿为皇上受罚！"

西太后冷冷地说："都滚下去吧！皇上，以后不要再惹亲爸爸生气了。"

"嗯。"

光绪初年，两宫太后再度垂帘听政，虽然遭到了一些朝臣的反对，但反对势力十分弱小，形成不了气候。西太后沿用同治年代军机处的一班子人马，总算稳定了政局。光绪皇帝尚年幼，他每日临朝不过是做做样子罢了，真正独揽大权的仍然是西太后。

经过一两年的调整，政权总算稳定了下来。自从咸丰末年八国联军火烧圆明园后，清政府与各国没起什么大的冲突，小打小敲不断，大的战争没有，这些年

垂帘听政：慈禧太后

的休养生息稍稍增强了国力。

西征大捷以及《伊犁条约》的修改，使大清政府充分尝到了国力强盛的甜头。尤其是政治经验已十分丰富的西太后更深刻地领悟到什么叫"弱肉强食"！

可是，多年以来英、法一直没放弃过对中国的蚕食，他们以各种理由为借口不断地滋事。

英、法军舰号称天下无敌，在中国东南沿海海域一直布兵，这很让清廷头疼，一旦燃起战火，清朝将难以抵御。在这种情况下，前些年忙于洋务的李鸿章上奏朝廷，建议清廷加强海防。

西太后读完直隶总督李鸿章的折子，陷入了深思："李鸿章这个人，虽然是个汉臣，但对朝廷忠心耿耿，其政绩不亚于曾国藩与左宗棠。曾国藩平叛太平军及捻军有功，左宗棠威震西疆。这个李鸿章有些活跃思想，一会儿搞洋务，一会儿又要办海防，也是朝廷难得的忠臣。"

对于建海防，西太后考虑过不止一次。她深知清兵陆战能力还行，海战势力太弱，一旦与英、法等国打起来，吃亏的一定是海战。

西太后细细地品味李鸿章在奏折里的那句话："彼之军械强于我，技艺精于我，一旦海战，我定损伤惨重。"

西太后低声叹了一口气，说："李鸿章言之有理，他也有热情，可是，要筹建海军谈何容易。银子、银子、银子，现在大清国缺的就是银子！"

虽然西太后一直压抑恭亲王奕䜣，生怕他势力强大反对自己，但是一遇军机大事，她首先想到的是与奕䜣商量。如今，筹建海军缺少银两，她又想到了恭亲王。

西太后说："李鸿章呈的折子言之有理，大清海防建设的确薄弱，筹建海军已迫在眉睫。"

恭亲王比西太后认识更深刻，咸丰末年的国耻就是从海防疏漏开始的，一提起建海防，他一百个赞同："太后，朝廷上下呼声很高，筹建海防，刻不容缓。李鸿章多年来搞洋务，现在他又任直隶总督，派他督办海防最合适不过了。"

西太后叹了一口气，说："筹办海军需要用银子，这些年来，国库空虚，户部已拨不出多少银子了。"

恭亲王提供了一个线索："前些年，李鸿章积极兴办民用企业，恐怕赚了不少银子。"

"话虽如此，只怕他不肯拿出来。该交的税，他全交了，其余的全是自己赚的，他舍得拿出来吗？"

"不一定，李鸿章积极办海军，他图的是手握重兵，也图个虚名。这个人功利心很强，建起了海军，他可以居功自傲，日后落个名垂千古，他不能不考虑。"

"可是，朝廷总要拨一些银子吧，户部现在最多只能拨出三十万两银子。"

"臣以为可以边建边筹银子，若李鸿章肯出点银子，一两年内，海军可以初具规模。"

果然不出西太后所料，当西太后提出让李鸿章自筹一些银子时，他竟伏地大哭，说无私银。

西太后语气平缓地问李鸿章："建海军，爱卿打算怎么办呢？福州船政学堂培养的人才可以用吗？"

"可以用。但是，由于我们海战经验不足，学生所学知识一定有限，要想制夷取胜，必须向夷人学习先进的技术。以其人之道还治其人之身。"

"嗯，这个想法不错！哀家同意派几个留学生出洋，到英国、法国、德国转一转，学成后立即回来报效朝廷。"

李鸿章发现西太后对筹办海军很感兴趣，心中大喜："有太后的支持，海防好建多了。只是，太小气了，才拨三十万两银子。"

到手的三十万两银子也不能失去，为了再多要一些经费，李鸿章向西太后陈述着他的初步打算："大清国自己造的船，其钢质不够，浸在水底久了，破损严重。而且，炮位也少，火力不够，难以抵挡外国军舰。"

"如此说来，爱卿是打算买洋人的了？"

"悉听太后谕令。"

"买就买吧，只不过一定要和洋人讨价还价，那些洋人可恶至极，可不能让他们白白赚了大清国的钱。"

就这样，直隶总督李鸿章雄心勃勃，开始组建海军。

在此之前，朝廷已决定设立海军衙门，任命醇亲王奕譞总理海军事务，庆郡王奕劻与李鸿章会同办理。醇亲王任职后，他也非常高兴。以前，为了避嫌，他向西太后辞去朝廷上一切职务，潜心于教导儿子光绪皇帝。如今，西太后又谕令他筹备海军，海军衙门总理虽不是什么重要职务，但足以说明西太后并未遗弃他。一方面牵制他的权力，一方面又拉拢他，奕譞心里多多少少有些安慰。

醇亲王落个名分，李鸿章掌握实权，这不能不说西太后政治经验已十分丰富。

对于建海防，西太后是放心地交给李鸿章去办理的，她深信李鸿章能办好这件事。

这时，李鸿章已任北洋海军大臣，他上奏朝廷说，海军应设提督一员，统领全军，提督衙门设在威海刘公岛上。总兵两员，分左右两翼统带铁甲舰。

西太后准奏了。不久，朝廷谕令丁汝昌为北洋海军提督，林泰曾为左翼总兵，刘步蟾为右翼总兵。北洋舰队成立了。

下一步便是买军舰。英国军火商人赫德听说北洋舰队想从国外买军舰，他可不能错过这个发财机会。赫德带着几瓶洋酒到了李鸿章官邸。经过李鸿章的讨价还价，终于订购了英国制造的"蚊子船"，一共四艘。当"蚊子船"抵达北洋时，李鸿章上奏朝廷可否投入训练。

西太后既没看到实物，又不懂军事，她认为一旦购了洋枪、洋炮、洋舰，就可以抵御外国人入侵。她兴奋至极，谕令李鸿章：立刻投入水师训练，所剩银两可再购数只军舰。

有了西太后的明谕，李鸿章放心大胆地干开了。半年后，他又为南洋海军购了四艘英国产的"蚊子船"，命名为：镇东、镇南、镇西、镇北。

可是，三年后，北洋大臣李鸿章陷入了深深的自责之中。原来，赫德鼓吹的"蚊子船"并不怎么精良敏捷，也并不如他说的那样威力强大。经过两三年的使用，"蚊子船"的不足充分暴露了出来。"蚊子船"所用钢全是薄钢，经水一浸，全锈了。而且这种军舰炮位不足、行驶迟缓，根本就应付不了大规模的海战。

李鸿章自知失误，他生怕朝廷追究责任，所以，当醇亲王奕谭要巡视水师时，李鸿章推三阻四，迟迟不肯答应。这怎能不引起醇亲王的怀疑？奕谭借出入宫廷之便，向西太后报告了这件事。

无奈之下，李鸿章拿出最后一部分银子从德国买了两艘铁甲船。

这一次，李鸿章多了个心眼儿，他派了几名曾留过洋的海军军官到了德国。他们住在德国伏尔铿船厂，监视造船时的每一个环节，生怕再次上当受骗。

这两艘铁甲船船体大、用料好、炮位多、马力大、航速快、装备齐全。共有大小炮位二十多门，鱼雷发射台三个、舰载鱼雷艇两艘。可称军舰中的上品。

李鸿章喜出望外，他为两艘军舰命名为"镇远"与"定远"。后来又奏请西太后批准，从福州船政局定做了几艘巡洋舰，取名"平远""广甲""康济""威远"等。这些国内制造的巡洋舰用料精良、性能良好，李鸿章颇为满意。

就在大量购舰的同时，李鸿章也着手建设水师基地。军港不仅有配套的修理厂，还有配合海战的炮台、陆军部队、军事学堂等。一切建设基本完成后，北洋大臣李鸿章上奏朝廷，请求醇亲王巡视水师。这时，西太后也很关心北洋水师的进展情况，于是，她谕令醇亲王奕谭为钦差大臣赴北洋巡视水师。

自从两宫太后再次垂帘听政，西太后便觉得一下子老了许多，此时正是多事之秋，她紧紧揽住了朝政大权，也好像"揽"住了烦恼。一会儿是西征，一会儿是筹办海军，一会儿又是对付英法。每天上午去听朝，最使她头疼的便是洋鬼子扬言要继续开通商口岸，大臣们奏明各地水、旱灾害不断。西太后忙得不可开交。

除了紧急情况，一般下午她不临朝。上午看不完的折子，她就让李莲英带回来，等她午睡后再看。这些折子一般已经军机处大臣看过，有的还附有他们的意见，所以次要一些的折子，西太后批示一下即可，遇有重要的折子，她便谕令军机大臣们共同商议。当然，军机大臣商议的结果如果不合她的心意，她可以任意修改。

西太后忙碌之余，还令小李子找来伶人，把伶人养在深宫以供玩乐。太监、宫女们虽惧怕她，但他们岂能不暗中传言，将西太后风花雪月的故事编得更加精彩？一时间，绯闻满宫飞扬。

西太后是位酷爱清洁的人，不管春夏秋冬，每隔两日，她必定要沐浴。沐浴室设在长春宫后殿东厢房里，这间屋陈设简单，但有一件物品却考究、豪华，那便是浴盆。西太后沐浴时要使用两个浴盆，一个洗上身，一个洗下身。这两个大浴盆皆是上等木料所制，外面包着银外壳。据说，这种结构的浴盆对身体有疗养作用，有利于健康。

西太后端坐在木盆里，任凭四个宫女用绣着团龙的丝巾为她揉搓擦净。以往，她毫不掩饰身体的任何一个部位，一位宫女洗后背，一位宫女洗前身，另两位洗腿、洗胳膊。她们用力均匀，手法轻柔，沐浴就是一种享受。

可是，这一个月，西太后不愿多沐浴了，因为她发现自己小腹部已微微隆起，这是她荒唐的后果。腹中的小生命一天天长大，她不知该如何对待这个孽种。要想人不知，除非己莫为，就在西太后发现自己怀上孩子之时，她的几位贴身宫女和伺浴宫女也发现了这件事情。可是，她们的嘴巴就像贴上封条一样，谁也不敢走漏一点儿风声。

西太后把这件事告诉了心腹太监李莲英，并让他帮助解决这件事情。

小李子一听这消息，脸色大变，连声音也有些走调："太后，这可不得了，万一消息传了出去，怎么收场呀！"

西太后瞪了小李子一眼，气急败坏地说："后果的严重性还用你这个狗奴才来说吗？我比谁都清楚。现在的问题是如何解决这个小东西。"

李莲英一脸的惊慌，他说："主子，您总不至于要生下孩子吧？！"

西太后两行热泪涌了出来："唉，这孩子的命不好，他的父亲不是咸丰皇帝，他无权来到人世间。"

小李子舒了一口气，说："太后，奴才认识一位大夫，他专为人堕胎，是不是……"

西太后轻轻地抚摸着腹中的胎儿，默默地点了点头说："要尽快办，再过些日子，只怕打不下来了。"

小李子仗着权势，把宫外大夫带进了宫。皇宫侍卫一来全是荣禄的人，二来惧怕李公公，所以，他们睁一只眼、闭一只眼，谁愿意得罪西太后呢？！

大夫进了宫，他给西太后服下一服药，才一天半的工夫，胎儿便掉了下来。

垂帘听政：慈禧太后

小李子仔细看了看，对西太后说："主子，还是位阿哥呢！"

西太后有气无力地说："包好扔了吧，千万不能走漏风声。"

"嗻。主子，别再伤心了，您一定要保重玉体。"

西太后泪流满面。

小李子迅速收拾利索，他装作出宫买东西，把死胎包得严严实实，塞进竹篮里欲出宫门。小李子有出入宫门的腰牌，一般情况下，侍卫不搜他的身。

"李公公，出宫呀？"

侍卫既是打招呼，又是例行检查。小李子眼珠子一翻，他没说什么。

侍卫纳闷儿："平日里，李莲英空手出宫、满载而归，可今日为什么满篮出宫？"

"李公公，篮子里装的什么好东西呀？"

李莲英脸一沉，怒声道："我还能偷宫中宝贝不成？这是给太后家人送的东西，还用检查吗？"

"不，不，公公多心了。李公公走好，走好。"

李莲英拎着死胎，心想：这还真是"宝贝"，你们这些狗奴才得罪不起我李公公，若是换了其他宫里的人，这"宝贝"就露馅了。

却说长春宫里的西太后小产后，虚弱无比，她不能上朝了，但又不能实情告诉东太后，她只好谎称偶感风寒，一连七天没临朝。

几位军机大臣请求前来探病，但西太后一口回绝了他们，声称："哀家小痛，不值一提，几日后便可上朝，众爱卿不必探视。"

既然西太后这样说了，奕訢等人怎好硬来探病？可是，东太后不能不来。东太后早有耳闻，听说西太后养了个伶人小白脸，她当然十分气愤，但无奈一直抓不到真凭实据。前日又听长春宫的一位宫女说她们主子丢了一件宝贝，这不能不引起慈安东太后的怀疑，她自言自语道："难道她出事了？风流成性的那拉氏，一刻也闲不住，前些年与小安子纠缠不清，后来又养小安子的弟弟安德洋，还招荣禄进宫厮混。如今，荣禄老了，安德洋死了，她又出什么新花招，养起伶人来。唉，丢门败户的东西！"

东太后何以得知西太后私养伶人的呢？本来，长春宫的太监、宫女皆慑于西太后的淫威，他们谁敢说三道四呀？可是，有个伺浴宫女说漏了嘴。

东太后决定去长春宫"探病"，作为正宫的她不能保持沉默了。任西太后这样闹腾下去，说不定哪一天西太后会在爱新觉罗的大清宫里生下哪个野男人的孩子，若出现了此类丑事，西太后无地自容不说，就连东太后也会觉得羞愧无比。万万不能让这种事情滋蔓下去，该她钮祜禄氏出面干涉西太后的私生活了！

于是，东太后到了长春宫。一进西太后的卧房，东太后便明白了一大半：大热的天，西太后的卧房四处堵塞严密，生怕有一丝风儿吹进来。再看西太后，她面目蜡黄，甚至有些浮肿，额上尽是虚汗，这分明是产妇的模样。

一见东太后至此，西太后显得有些神情慌张，她连忙欠了欠身子，欲起身，可是，虚弱的她无力站起来："姐姐请坐。"

西太后脸上有些愧色。

东太后坐在软榻边，声音还算温和："听说妹妹身子不舒服，我很担心，不知妹妹怎么呢？"

"前几日着了凉，有些发烧，太医说是感了风寒。"

"是吗？大热的天，妹妹还捂个大被子，来，揭开一点透透气吧！"

说着，东太后以关心的姿态，动手为西太后揭下锦被。

西太后慌了神，连连说："不行，不行，我正一身虚汗，会着凉的。"

西太后本来就是蜡黄的脸，这会儿更难看了。

东太后故意问："你病得不轻啊？"

西太后无语，东太后坐在她的床前，声音不像以往那么温和了。她说："这些年来，你我两宫垂帘听政，实在不容易，特别是妹妹你支撑着大清的江山，我从心里感激你，先帝在天之灵也会感激你。不过，不过……"

东太后顿了一下，她一直观察着西太后的情绪上的变化，她发现一向咄咄逼人的西太后，今日好像变成了哑巴。她放心地说下去："不过，我听说妹妹近来有些不检点。"

西太后突然坐了起来，大吼道："谁说的？你血口喷人！"

东太后也霍地一下站了起来，厉声道："那日我来这儿，你出去了，我正巧遇上一个二十多岁的男人，他是谁？"

"是……是……是我侄儿。"

"这是后宫，别说是你娘家侄儿了，就是老六、老七的儿子们，未经允许，也不能随便出入！哼！那男人是戏班子里的人，我认识他，好像叫什么宝。"

西太后被人揭了密，她很恼火，正欲发作，东太后抢先一步，喋喋不休："妹妹，我们都是女人，年轻时就守寡，这日子难过，你我比谁都苦。哪个女人不渴望温情？可是，我们是尊贵的太后呀，是先帝的母亲，是当今皇上的额娘。我们不能太自私了，不能为了一时欢愉而辱了大清皇室、辱了当今圣上、辱了一生英明。妹妹，你好好想一想吧，你是聪明人，凡事比我想得周全。何去何从，你自己掂量着吧！"说罢，扬长而去。

西太后低头无语。半晌，她才缓过气来，她被钮祜禄氏一番教训气得脸色更难看了。

西太后欲把私愤发泄到心腹太监身上，她气呼呼地说："小李子，滚进来！

垂帘听政：慈禧太后

谁走漏了风声？一定是你，那天是你送出宫的！"西太后当然指的是死胎。

小李子吓得脸色煞白，"扑通"一声跪了下来，连哭带叫为自己辩解："主子，奴才再大的胆子，也不敢走漏半丝风声呀。那日，奴才出宫时根本无人检查。出宫后，奴才多了个心眼儿，绕了好大的弯子才拐到护城河，把包儿扔进河里，看见它被大水冲走后，奴才才离开的。不会出什么问题呀！主子，请息怒，千万别伤了身子，主子还在月子里啊！"

"放肆，掌嘴！"

一提"月子"，西太后勃然大怒。

李莲英自知说漏了嘴，他狠狠地扇自己耳光，打得口角直流鲜血。

西太后依然气恼无比，气哼哼地说："别打了，打歪了脸也没用。狗奴才，你给我好好想一想，是谁最有可能把这事儿说出去，一经查实，我叫他（她）定死无疑。"

"主子，刚才奴才在帘外听得清楚，那边的只冷冷说几句，她并没说起什么小产之类的话，也许，她在蒙哄主子吧。"

"小李子，看来那边的开始注意我了。"

"主子言之有理，她是主子的绊脚石，不除掉这块石头，主子以后还要被'绊倒'。"

"大胆奴才，放肆！以后不准再说这种混账话了，她是正宫太后，你不得无礼！"

"太后，奴才以为您不宜退却，不然的话，她会得寸进尺，踩倒主子的。"

"不怕，她踩不倒我，只怕她要先被踩倒了。"

西太后阴森森地笑着，小李子心领神会，他也露出了阴森的神情："主子，您的玉体快些康复吧，别让东风压倒了西风。"

西太后刚满月，她真的病了。这次，她患了肝病，高烧不退，一连半个多月抬不起头来。

太医李德立为西太后诊治，他仔细为西太后把了脉，然后心惊胆战地说："禀太后，太后所患乃肝疾，恐怕一时半会儿好不了，太后需要静心调养。"

一听这话，西太后有些着急，她已经一个多月没临朝了。正值多事之秋，不是四川水患，就是河南干旱，安徽还发生了大地震，军机大臣们每天都送来报灾的折子，再不临朝，朝廷就会乱作一团。她急切地问："李太医，你不能尽快医治好哀家的病吗？朝政实在不能再耽搁了。"

李德立连忙跪下来，低头不语。前几年，因他没能医好同治皇帝的病，西太后曾重重谴责过他，今日若再医不好西太后的病，恐怕他的人头就要搬家了。

"太后，臣无能。臣已年迈，老眼昏花，无力胜任太医之责，臣请太后开恩，恩准老朽告老还乡，颐养天年。"

西太后当然明白李德立的心理，她换了一副宽宏大度的面孔，说："起来吧，你不必担心什么，哀家也没有怪罪你，只是想让你尽快治好这肝疾，哀家在后宫躺不住！"

太医李德立被西太后的精神所打动，感动地说："太后请放心，臣一定尽心尽力医治太后的肝疾，让太后尽快临朝。"

听说西太后真的病了，东太后也万分焦急。皇上载湉才十岁，他还是个孩子，万一西太后一病不起或有个什么三长两短，东太后不知依靠谁是好。又听说西太后心急如焚，想尽快临朝，东太后也真的有些感动了。她平心而论，这些年来大清朝的天是西太后撑着的，西太后的政治才能与魄力，她东太后自愧不如。这一次，西太后患了肝病，东太后又急又心疼，她每隔两日便要到长春宫探病，她希望西太后早一天康复起来。

这时是光绪六年（1880年）九月，东太后慈安四十三岁，虽然两宫太后垂帘听政已多年，但她的政治经验十分贫乏，与当年没什么两样。她生怕西太后把朝政重担撂给她一个人，那样，她将无法处理好朝政。

"妹妹，你要尽快好起来，听老六说折子都积了一大堆，多急人呀！"

西太后小产后尚未恢复元气，这会儿又患了肝病，身子非常虚弱。脸上一丝红润也没有，就像茶水一样黄。她轻轻叹了口气，"姐姐，我心里比谁都急呀，大清朝正值多事之秋，皇上年幼，朝臣钩心斗角，洋鬼子时刻窥伺我大清河山。我恨不得快快好起来，我也不忍心把这个烂摊子推给姐姐呀！"

说到这里，西太后竟落下几滴眼泪。东太后见状连忙安慰她："妹妹的心事我比谁都清楚，妹妹你对大清朝的确尽了力，也尽了心，大清的列祖列宗会感激你的。"

"唉，姐姐说得我很惭愧，我一个女人家要与洋鬼子斗、与奸党小人斗、与民贼乱党斗，还要与天斗、与地斗，我实在撑得好累啊！"

说到这里，西太后也许是真的太累了，她竟"呜呜"哭了起来。

东太后上前一步，温和地拉住西太后的手，安慰她似的说："你的这些苦，我全看在眼里的。前些日子，我对妹妹苛责了些，请妹妹千万不要记恨我，我也是为妹妹好呀！"

东太后指的是谴责西太后风花雪月一事。

西太后的脸唰地红了一下，但是，她马上遮掩住了。她靠在东太后的肩头，羞愧地说："妹妹我一时糊涂，让姐姐担心了，我心里真感到过意不去，还请姐姐原谅我。"

东太后见西太后说得很诚恳，她还能追究什么呢！

394

东太后贴在西太后的耳边小声说了什么，只见西太后又垂下了头，东太后温和地拉住西太后的手，安慰似的说："都过去了，以后谁也不去提它了。我们都已四十多岁，若先帝在世的话，我们的皇孙早该喊皇奶奶了，只可惜……"

东太后哽咽着，她说不下去了。一想到早逝的同治皇帝，西太后也两眼泪涟涟，她用锦帕捂住脸，抽泣起来。

李莲英见状，带着哭腔劝慰道："母后皇太后，圣母皇太后，请节哀，保重玉体。"

西太后揩了把眼泪，说："姐姐，我们的命太苦了！二十年前，咸丰爷撒手归西，当时，我们才二十多岁呀，接了一副烂摊子，肃顺那老鬼嚣张至极欲吞掉幼帝，多亏你我联手灭了肃顺之流。先帝亲政不久，便随他父皇而去。当年，皇上载淳才四岁，这些年来，我实感太累，真想好好休息一下。令人烦心的朝政，我处理够了。"

东太后听罢，她未多加思索便轻信了西太后的话，感慨万分地说："妹妹，你为大清鞠躬尽瘁，天知、地知、先帝知、咸丰爷知、我也知。我们大家感激不尽，大清臣民感激不尽。"

西太后见自己已套住了善良的东太后，便心中暗喜，她表现出少有的温和，幽幽怨怨地说："我为大清所付出的一切，谁能理解呢？"

"我理解，妹妹的苦与愁，我最了解。"

"可惜，咸丰爷看不到今天了。当年，他对我兰儿还提防三分。"

一提及"提防"之事，东太后不由得想起二十年前的事来。当年，咸丰皇帝临终之时曾交给她一个小纸条，上面写着一行小字："某如恃子为帝，骄纵不法，卿可按祖宗家法治之，特谕。"

二十年来，纸条保存完好，只不过东太后从未想过对西太后"家法治之"。

今日，西太后提到咸丰皇帝对她戒备三分，东太后真为西太后叫屈。二十年的事实告诉钮祜禄氏，西太后虽然骄纵、揽权、专横、淫靡，但那拉氏最终没有做女皇，她撑着的是爱新觉罗的大清江山。

一生善良、终生糊涂的钮祜禄氏此时犯下了她一生中最不应该犯的错误，她脱口而出："咸丰爷若能看到今天，他也会感激你的。当年，皇上的确怀疑过你，他宾天之前还交给我一个纸条，二十年来，我从未想过使用它。明天，我把它找出来，当着你的面烧了它，我们姐妹再没有猜忌了。"

西太后大喜，她二十年来的一块心病终于没有了，压在她头上的那块大石头就要搬走，她几乎要欢呼雀跃。

"姐姐，什么纸条？"

西太后故作惊讶，东太后淡淡一笑，说："一切都已成为历史，这一页，明天就翻过去了。"

第二天，东太后果然拿出一个纸条来，西太后展开一看，气得脸色铁青。这分明是咸丰皇帝的亲笔御书，足以证明当时咸丰皇帝对她叶赫那拉氏"爱"到怎样的程度。

西太后泪水涌出，哭泣道："咸丰爷呀，我兰儿就这么让你不放心吗？你竟如此提防我！"

东太后安慰着她："妹妹别哭了，咸丰爷当年偏信肃顺，才做出这等糊涂事来。今天，我把它烧了，足以证明我对妹妹的坦诚吧！"说罢，钮祜禄氏亲自动手烧了那纸条。

火舌从东太后手中飞去，灰烬落到青砖地上，西太后"呼"地一下站了起来，灰烬被吹散一地，她的脸上掠过一丝阴险的奸笑，心里暗暗诅咒："钮祜禄氏，你这个浅薄俗妇，你的阳寿将尽……"

西太后铲除东太后的决心已定，但她要干得利索些，巧妙一些。因为，大清朝文武官员众目睽睽地盯着两宫太后，尤其是他们对东太后崇敬无比，万一露出什么马脚来，他们会群起而攻的。

想来想去，她决定毒害东太后。阴谋在后宫里进行，众大臣无法觉察，更无法查问，只要东太后上了她的当，这个心头之患便可以除掉。谁让钮祜禄氏成了她的绊脚石！

自从东太后亲手烧了咸丰皇帝的遗诏，西太后便肆无忌惮，她表面上对东太后恭恭敬敬，可暗中却时刻打着歪主意，希望早一天实施自己的计划。

一转眼，到了光绪七年（1881年）三月初，寒冷的冬天早已过去，但紫禁城上空却凝聚着一股寒气。这股寒气从长春宫直逼钟粹宫，魔爪正一步步伸向善良的东太后，但她却浑然不知。

西太后的肝疾在太医李德立及江苏名医薛宝田的共同诊治下很快痊愈了，光绪七年二月，她便可以临朝，看起来一切又步入了正轨。一向对政治冷淡的东太后干脆不上朝听政，她相信自己端坐在纱屏后无非是做做样子，当西太后看折子或做决策时，她插不进一句话。后宫生活颇为无聊，宫中又没有可供追玩的小孩子，咸丰、同治的遗妃们相安无事，东太后真不知该如何打发时光。

闲来无聊，东太后便到长春宫找西太后叙话儿，她们谈话的内容无非是关于小皇上载湉的成长、教育问题。载湉已经十一岁了，比起当年的载淳来显得懂事得多，两宫太后对他颇满意。

这一日，两宫太后又谈起了小皇上的教育问题。

东太后说："皇上聪明伶俐，翁师傅赞不绝口，可喜可贺。"

西太后也颇感自己是有功之人，自豪地说："皇上的确很听话，这些年，我的心血没白费。听翁同龢说，皇上不但汉文、满文学得好，就是洋文也学得不错。以前，我也担心皇上学了洋文会亵渎祖宗，现在看来没那么严重。我打算过些日子派些人出洋，学点洋人的东西，也许对我大清朝有帮助。"

东太后脸上愕然，她有些担心："这成吗？我大清国是泱泱大国。一旦向洋鬼子学习，岂不落洋鬼子耻笑！"

"姐姐，洋人一直向我们学习，学习我们的天文、印刷术、医学、纺织等知识，也没落我们耻笑呀！"

"妹妹，也许你说得有些道理，不过，我还是不赞成。"

"那以后再提这事儿吧，我们和老六等大臣谈谈看，特别是李鸿章，这个人很激进，他从洋人手里买来的军舰，老七巡视过，说很不错。"

谈起朝政来，东太后感到索然寡味，她忽然觉得有些饿了，便起身告辞。

西太后问："姐姐怎么不多坐一会儿，等会儿在这儿用晚膳吧。"

"不了，我现在就回宫，午膳时不觉饿，现在反觉饿了，我回去吃些点心。"

"姐姐，都是一家人，不必客套，我这儿有几样小点心，先吃点吧。"

说着，西太后令李莲英端上几盘点心。东太后一看，她皱了皱眉头，这几种点心全是宫中御膳房师傅做的，她早吃够了。

这时，李莲英说："主子，舅老爷前日着人送来的奶饼很不错，何不请母后皇太后品尝品尝呢？"

西太后犹豫似的说："那是宫外食物，合适吗？"

东太后正想换换口味，她连连说："是什么奶饼，我尝尝看。"

李莲英读懂了主子西太后的眼神，他立刻端上一盘新鲜的奶饼，那是类似年糕一样的奶制品。东太后也不见外，她掐了一小块放在嘴里："嗯，好吃，真好吃。"

"既然如此，姐姐多吃一点儿，这是我大弟媳妇亲手做的，的确很好吃。今天就这两小块了，姐姐带回去吃吧。等过些日子，如果她再送些进宫，便让小李子给你送过去。"

西太后说得很自然，东太后一点儿疑心也没起。

没出两天，李莲英便到了钟粹宫："太后，我们主子遣奴才送些奶饼来，主子说了，这是新鲜的，比上一次的还好吃。"

东太后笑着说："放下吧，回去谢谢你们主子。"

李莲英刚走，东太后便动手捏了一块点心，正欲放进嘴里，宫女玲儿突然说："太后，宫外的东西能吃吗？"

"玲儿，哀家明白你的忠心。可是，没必要那么小心谨慎，这种奶饼很好吃，只可惜太少了，没法分给你们尝一尝。"说罢，她吃下一小块。

此时，已是午后，东太后觉得有些乏困，她便躺在软榻上睡一会儿。刚躺下，便觉得有口痰塞住喉咙，很难受，她想咳，又咳不出来。于是，坐了起来，喊道："玲儿。"

"太后，奴婢在。"

"哀家觉得口中有些苦，拿些水来。"

东太后喝下两口，又躺下了。

又一会儿，她仍觉似有痰，而且胸中有些憋闷，似有什么东西堵住似的，有些喘不过气来。她立即吩咐玲儿宣太医。

少时，太医庄守和与周之桢匆匆至此。庄守和为她把了脉，又看了看舌苔，问："太后，不适多久了？"

"刚刚感到不适。"

"前两日呢？"

"昨日偶感喉咙痛，喝了一杯茶，今早不觉疼了，便没有宣太医。"

庄守和说："太后有些感风寒，臣开一剂药，马上吃下去，再睡一觉就好了。"

两位太医开了药便离去。宫女玲儿为东太后掖好锦被，说："太后，奴婢就候在帘外，太医说睡一觉便好了。"

东太后觉得十分乏困，无精打采地说："下去吧，哀家好困。"说罢，蒙头大睡。

宫女玲儿守在帘外，夜幕渐渐降临，东太后还没睡醒，御膳房来问何时传晚膳。玲儿蹑手蹑脚地走进卧房，轻轻问："太后，太后，用不用晚膳？"

东太后未作反应。玲儿又问："太后，好些了吗？"

还是没有反应。玲儿心中一惊，她动手轻轻推了一下东太后。

"啊……"玲儿惊叫！

几位宫女应声跑进来，玲儿大叫："太后，太后，太后！"

一位太监惊呼："快传太医！"

玲儿瘫坐在地上，哭叫："快禀圣母皇太后！"

不一会儿，太医至此！西太后至此！

人们屏住呼吸，只听得太医庄守和哭着说："六脉已脱，母后皇太后仙驾了。"

"姐姐呀，你怎么突然走了！姐姐呀！你怎么了！"

西太后号啕大哭。李莲英劝慰："主子，请节哀顺变。"

钟粹宫里的太监、宫女无不痛哭，可是，玲儿却比别人多了一份悲哀，她的泪水如断线的珠子一样直往下落。玲儿默默地离开了人群，当人们发现她的时候，她早已气绝归天。

西太后哭着说："这个奴婢忠心耿耿，抚银五十两，以慰她的家人。"

西太后哭了一阵子，问："现在是何时？"

李莲英答："三月初十日午夜。"

"传恭亲王、惠亲王、醇亲王、惇亲王等人进殿。"

"太后，这么晚了？"

"传！"西太后语气很坚定。

太监们不敢耽搁时间，凌晨时分，众王公站在钟粹宫东暖阁门外放声痛哭。

只见西太后头发散乱、目光呆滞，向众王臣说："你们都进去瞻仰遗容吧！"

惇亲王奕誴突然问："母后皇太后得了什么病？"

西太后不语，太医庄守和跪在地上，哭着说："太后昨日午膳后忽感胸闷，臣把过脉，好像是感了风寒。但是，太后的遗容有些青紫、牙关紧闭，又类似癫痫。臣实无能，断不了太后的病症。"

"饭桶！滚下去！"奕誴向庄守和猛地踢了一脚。

奕䜣也责问太医："你好大的胆子，为何不守在太后身边！"

庄守和抽泣无语，西太后又大哭起来，众王臣低头垂泪。

一位温和、善良的女性走完了她的人生之路。

高高在上的皇太后并不幸福，她成为叶赫那拉氏手下的又一个牺牲品！

铲除了东太后，载湉尚不能亲政，西太后实现了真正的独揽朝政。

转眼间到了光绪十年（1884年）。

这几年来，内忧外患仍不断，先是日本侵占了琉球，后又法国侵略越南，这些都给大清朝造成了巨大的威胁。而国内更是连年灾害，这儿赈了水灾，那儿又有旱灾，本来国库早已空虚，灾害频繁发生，户部再也拨不出银子去赈灾。可是，贪官贪吏屡禁不止，这些烦心事儿桩桩叫西太后头疼。

可是，更让她头疼的是有一股强大的势力随时可能突起与她争权，那便是以恭亲王奕为首的军机处。此时的军机处，可以说是奕䜣的"私人办公室"，军机处里的几位军机大臣虽然也有矛盾，但总的来说奕䜣的势力占绝对优势。

对于足智多谋的"鬼子六"奕䜣，西太后始终不能放心。看起来，奕䜣恭恭敬敬听命于西太后，但她比谁都明白：奕䜣的野心很大，他从来就没真正臣服过她，一旦奕䜣的羽翼丰满，他极有可能反叛她。同治初年，西太后狠狠地打击过奕䜣，奕䜣从此也好像老实了很多，但他内心深处的积愤一天比一天强烈。这种仇恨一旦爆发将成为"火山口"，岩浆迸射时会把大清宫烧为灰烬。

政治经验已相当丰富的西太后不能不提防着这股强大的敌对势力，她要抢先一步挫败奕䜣，使自己的政治地位更加稳定。可是，她不能重演十几年前那幕剧，她必须变换"花样"，以求朝廷众臣的支持。

这些年来，西太后逐渐发现有一股势力正迎合她的需要，那便是光绪年间兴起的"清流党"。清流党中的一部分成员对恭亲王有些看法，西太后决定来个借刀杀人，剪除奕訢势力！

清流党的成员多是不掌握实权、但对时政敢于针砭的文人，他们多是御史或翰林出身，两袖清风、一身正气。对于这一类文人，西太后暂时需要培植他们，因为他们敢于揭露官场黑暗、敢于与邪恶势力作斗争。当然，清流党的成员也并非个个刚正不阿，其中不乏借打击别人、抬高自己的无耻小人，这些人，西太后更需要他们。西太后要的是舆论工具，以借其铲除自己的敌对势力。在西太后的怂恿下，清流党发展了起来。那时，与西太后暗中争斗几十年的恭亲王也看中了清流党。他认为清流党中的张之洞、宝廷、陈宝琛、张佩纶等人向来与自己交好，而西太后又不扼制他们，让他们的势力发展起来，可以牵制西太后，因为他们敢说敢讲，一旦西太后违背祖制、过于嚣张，奕訢可以利用这些讲官和言官来指责西太后。

这时，同治皇帝的师傅李鸿藻充当了清流党的领袖。李鸿藻仗着西太后对他的信任，在军机处里并不奉承恭亲王，他与恭亲王已形成分庭抗礼的局面，而他的学生张之洞却是恭亲王的至交密友。

为了各自的利益，西太后、奕訢、李鸿藻都"钟情"于清流党，以至于到了光绪十年，清流党成了大清朝的政治喉舌，他们的奏疏往往占有举足轻重的地位。政治娴熟的西太后利用中法战争失利，恭亲王、宝鋆监督不力这一借口，没费多少劲儿就撤换了军机处全班人马，狠狠地打击了恭亲王奕訢，再次把奕訢赶出军机处。这是许多朝臣始料不及的。

西太后新组的军机处当然要按她的意志办事。谕令颁发后，朝廷上下无不震惊，一些人为自己庆幸，这场朝变并未殃及自己，他们明哲保身；一些人暗自高兴，终于除掉了奕訢，他们可以更放心大胆地为虎作伥；一些人心惊肉跳，这次朝变差点儿触及他们。总之，该滚出军机处的滚了，该进的也进来了。

三天后，西太后又颁一谕令："着礼亲王世铎在军机大臣上行走，毋庸学习御前大臣，并毋庸带领豹尾枪。户部尚书额勒和布、阎敬铭，刑部尚书张之万均在军机处大臣上行走。工部侍郎孙毓汶着在军机大臣上学习行走。"

谕令颁发，令朝臣啼笑皆非。帝师翁同龢感慨万分："一群庸人怎担此任！"

西太后何尝不知几位新任军机处大臣是庸人。她就是要用庸人！这样，她才能牢牢掌握真正的皇权。这一年是农历甲申年，因此这次历史上重大的人事变动，被人们称为"甲申朝变"。甲申朝变标志着西太后在政治上已完全成熟，她竟玩弄皇亲贵族、王公大臣于股掌之上。这是她的又一次胜利！被西太后所利用的清流党盛昱此时后悔不迭，上折为奕訢等人说话。可是，为时已晚，西太后并不理睬，她不顾众臣直谏，开始起用醇亲王奕譞。

【第十回】
居颐和佯放政权，庆大寿战火纷起

被西太后重新起用后，奕譞诚惶诚恐，生怕走六皇兄的老路。对于西太后，他是言听计从，以致有人讽刺他是西太后的"跟屁虫"。

新组建的军机处完全成了西太后的政治摆设品，甲申朝变使西太后获得了至高无上、无拘无束的皇权，她演变成了一位真正的独裁者。

利用清流党，她打击了奕䜣势力，一旦清流党失去特定的价值，她又要来打击清流党！

清流党首领之一张佩纶，本是个地地道道的书生，可是，西太后派他带兵打仗，中法马尾一战，张佩纶狼狈不堪；西太后当然要革他的职。宝廷原是好色之徒，五十多岁的人又纳小妾又买姬，有人弹劾他不务正业，淫靡无度，西太后借机罢了他的官。陈宝琛因保荐过罪臣唐炯而被降职。

就这样，清流党也被西太后瓦解了。罢免奕䜣、瓦解清流党是叶赫那拉氏在甲申年间最大的成就。她踢开一块块"绊脚石"，雄心勃勃地迈向新的人生。

此时的西太后已经五十岁！

光绪十一年（1885年），西太后望着十五岁的少年天子载湉，她不得不为自己今后的生活做些打算了。光绪皇帝一天天长大成人，亲政势在必行，不管那拉氏乐意不乐意，皇权早晚要交给大清的皇帝。西太后即使再热爱手中大权，却也不敢明目张胆地登上皇位做女皇，这一点，她比武则天胆小多了。

五十一岁的西太后虽然极注意保养，但她逆转不了衰老的趋势，她的脸上早已刻下一道道皱纹。她来自民间，当然也有民间安度晚年、儿孙绕膝的人生理念。眼见着光绪皇帝要亲政，她该为自己找个安乐窝养老了。

这些年来，李莲英跟随西太后左右，尽心尽力地伺候主子，西太后也没有薄待他，西太后打算自己养老时也带着小李子，让他跟着享享清福。

自从西太后过了五十大寿，她最喜爱别人称她为"老佛爷"。

西太后很信佛，她坚信自己能有今日，全是无所不能的佛给她的。

不止一次，她想自己为何生做女儿身。如果是个男人，她会毫不犹豫地登上皇位做皇帝。她希望自己来世为男人，所以她让光绪皇帝称她为"亲爸爸"。既然渴望做男人，所以也喜欢"佛爷"这个称呼。同时，大清皇宫数她年龄最长，"佛爷"前加上个"老"字，当之无愧。

最初，"老佛爷"这个称呼是由李莲英喊开的。其实，她是地地道道的"老佛爷"，她的懿旨无人敢违抗，她的意志无人敢违背。大清朝文武百官无不慑服于这个老佛爷。

一日，西太后用完膳，觉得有些困乏，于是让小李子为她捶捶肩，她躺在软榻上迷迷糊糊进入了梦乡。

"老佛爷，老佛爷。"

一个清脆的声音从远处传来。

西太后向四处望去，怎么这儿这么陌生：清澈的湖水、青青的山、曲折的廊檐、弯弯的桥，殿阁相连、楼台相邀、夕阳斜照、湖水泛金。好美呀，似仙境、如幻景，身置其中赛神仙！

西太后只听见清脆的童音，却不见童子出来，她大声说："哀家在哪儿？你是谁？为何躲躲藏藏不出来？"

"老佛爷，我是玉皇大帝的书童，下界来邀老佛爷，人间自有仙境处，只怕佛爷不肯去。"

"哪儿？仙境在哪儿？"

"仙境就在皇城边，佛爷快修颐和园！"

说罢，仙子不见了。

西太后追问："颐和园在哪儿呀？"

可是，久久没有应声。西太后急得胸口直发闷。

"老佛爷，醒一醒！"

西太后被小李子唤醒，一脸的不高兴。刚才正置身仙界，突然被小李子唤醒，她冲着小李子吼了一声道："该死的奴才，把哀家从仙界里拉了回来，我真是恨不得剐了你。"

说归说，西太后怎舍得剐了小李子。

小李子嬉皮笑脸地说："老佛爷，您在游什么仙界？"

西太后努力回忆着梦境，说："那儿有山、有水、有树、有楼，宁静恬淡、美景如画。"

"还有呢？"

"还有？哦，仙童说那儿叫……叫什么园，对了，叫颐和园！"

小李子拍着脑袋，搜索着京城的每一个角落，没有"颐和园"这个园子呀！可是，据西太后所言，园子里有山、有水、有树，倒有点儿像清漪园。他小声嘀咕了一句："清漪园，是那儿吗？"

一句话提醒了西太后，她兴奋地大叫："是，一定是清漪园！当年乾隆爷为他的生母钮祜禄皇太后建的园子，其美景如刚才梦境一样美。"

西太后兴奋地坐了起来，问李莲英："莫非天神指点哀家去享受的人间仙境就是清漪园？可是，为什么神童说那儿叫颐和园？"

小李子大字不识一个，他当然解释不通西太后的疑问，为了讨好西太后，便说："老佛爷不要费神去想了，等会儿，奴才去一趟毓庆宫，向翁同龢请教一下不就行了。"

西太后点点头，她交代说："等会儿你去问翁师傅，千万不要说是哀家让你问的，你只装作闲聊好了。"

"老佛爷就放心吧，这点小事，奴才能办好。"

第二天，李莲英便向西太后解释："奴才昨日问过翁同龢，那老头子说：'颐和'即'颐养冲和'之意。"

西太后笑着点着小李子的额头，说："不许称他为'老头子'，他是帝师，一定要尊重他。"

"主子教导，奴才不敢忘。"小李子油嘴滑舌。

西太后自言自语道："颐养冲和，这就是说那是我养老的好去处。清漪园——颐和园，人间仙境，我想去那里。"

西太后历来是为所欲为之人，她梦中的仙境立刻要变成现实。自己也老了，一旦皇上亲政，她总要找一处好去处颐养天年吧。于是，光绪十一年秋，西太后开始动手建造颐和园。

提起修建颐和园，西太后不禁想起了十二年前修圆明园的事来，她的心头猛地一缩："当年修建圆明园，老六、老七等人串通众王臣反对，理由是国库空虚、不易大兴木土。如今老六被赶出了军机处，没他说话的地方了，可是，老七进了军机处，他会反对吗？不，他不会反对，他一定会支持的！因为，当今的天子是他的儿子，他当然希望他儿子亲政后，不再有我干预朝政。建个园子让我休养，他何乐而不为！"

西太后召见了醇亲王奕譞。她不需要拐弯抹角，在醇亲王面前，她没有必要吞吞吐吐："老七，皇上今年十五岁了，过两年就要亲政，你考虑过这事儿吗？"

奕譞早已慑于西太后的淫威，他生怕自己或儿子受惩处，连连说："不，不，皇上还年幼，现在谈什么亲政问题。"

西太后故作和蔼地一笑，说："我的意思是过几年，我要有个好去处，找一处风光旖旎的住处，也该养老了。"

"太后不老，太后一点儿也不老！"

"总归要老的，哀家不想在皇宫里养老，住了一辈子了，想换个环境。"

奕譞猜不透西太后的心思，试探性地问："太后的意思是，再建圆明园？"

西太后霍地一下站了起来，她显得有些激动："不，永远不要提圆明园。一提起这三个字，哀家就想起先帝来。"

西太后的眼角有些湿润了，吓得奕譞不敢出大气。

西太后很快又平静了下来，说："老七，你还记得清漪园吗？"

"当然，那儿是乾隆爷当年为皇太后六十大寿修的园子。不过，年久失修，里面凌乱不堪。"

"哀家记得清漪园中有个昆明湖，哀家进宫前曾去过那儿，湖光山色很美。"

"对，臣也曾游玩过昆明湖，湖水荡漾、波光粼粼，好一处人间胜景。"

"既然你也有同感，就选定那儿建园子吧。不过，清漪园要改为颐和园。"

"颐和园？"

"对，颐养冲和！"

西太后欲建颐和园，醇亲王求之不得。正如西太后猜度的一样，奕譞日夜都在为儿子亲政捏一把汗。

自从载湉进宫当皇帝，做父亲的醇亲王就没有一刻安宁过。对于西太后的毒辣与凶狠，奕譞比谁都清楚。眼看着小皇上一天天长大了，奕譞忧心忡忡，生怕儿子走同治皇帝的老路。

如今，西太后主动提出要选一处僻静场所颐养天年，这正是醇亲王梦寐以求的事情。从西太后召见他时的神情可以判断出西太后并不是想试探他的心迹，她说得很诚恳。也许，西太后真的想享享清福了。

光绪十年，奕䜣被赶出军机处，醇亲王奕譞虽然没进军机处，但他却暗掌实权。西太后曾谕令军机大臣世铎逢事必与醇亲王商量，因此，醇亲王成了军机处的幕后指挥者。

为什么西太后不让醇亲王进军机处，却又让世铎多与醇亲王商议军机大事呢？这正体现了那拉氏的政治手腕。

醇亲王是光绪皇帝的亲生父亲，如果奕譞进了军机处，他便可以名正言顺地操纵大权，万一他与光绪皇帝父子联手反对西太后，西太后将腹背受敌。所以，奕譞注定不能担任朝廷要职。

但是，西太后又不能不用奕譞。奕䜣与李鸿藻被赶出了军机处，几位新任军机大臣个个是庸才，连一个皇族近亲也没有。这些庸才们难以处理日常事务，但他们团结起来搞阴谋却个个在行。西太后为了钳制他们，只好令奕譞暗中盯住几位军机大臣。

这样一来，醇亲王奕譞便处于十分微妙的境地，不是朝廷重臣，却是西太后的一个不可缺少的工具。自从李鸿章筹办北洋海军，西太后便谕令奕譞为海军衙门总理。这个差使很适合奕譞，他不用具体去训兵，只需牵制李鸿章即可。对于外臣李鸿章，西太后既重用他，同时又要防备他，防备他羽翼丰满对抗朝廷。奕譞身为海军衙门总理，虽然他指挥不了北洋水师，但北洋海军的经费却被他牢牢捏在手心里，对此，李鸿章非常反感。他上奏朝廷要求兵权财权归他北洋大臣所有，但是，西太后坚决反对。李鸿章只要来了兵权，并未要来财权。

如今，西太后欲修颐和园，户部依然拨不出一两银子来，奕譞更不可能动用醇王府的私银，西太后积蓄不多，天上又掉不下银子。

怎么办？

醇亲王首先想到了手中的一大笔海军经费。前几年，李鸿章从洋商人手中买了几艘军舰，醇亲王亲赴北洋舰去巡视过。回来后，他向西太后吹嘘了李鸿章的北洋舰队，为此，李鸿章感激不尽。这两年，李鸿章又要买新军舰，他曾多次表明外国的军舰在更新，大清的军舰也应随之更新，不然的话，一旦打起仗来，后果将不堪设想。可是，醇亲王始终没有答应他，醇亲王认为李鸿章不惜重金买军舰有些哗众取宠的意思，或者是这个汉臣想借大清朝的财力武装自己的军队，醇亲王不得不提防着些。于是，本来并不宽裕的海军经费所剩不多，而且全部被醇亲王攥在手心里。既然西太后授意让他建颐和园，又不拨一两银子给他，他当然明白西太后的意思。

光绪十二年八月十七日，醇亲王奕譞上奏朝廷，声称："查健锐营、外火器营本有昆明湖水操之例，后经裁撤。相应请旨复旧制，改隶神机营，海军衙门会同办理。"

奏折呈上后，西太后故作不解，大殿之上，她问奕譞："水师本属李爱卿负责操练，以往都是在渤海边训练，你为何提出改在昆明湖操练？"

奕譞唱起了"白脸"，煞有介事地说："李大人所操水师只重海战，不重陆战，一旦打起仗来，水师不习水陆夹战，恐怕难以抵抗洋鬼子。"

西太后沉吟半刻，问："你的意思是将水师带到昆明湖操练，士兵既习水战又习陆战，一举两得，是吗？"

"正是，请太后应允。"

西太后与奕譞一唱一和，哪有别人插话的机会。

西太后生怕有人站出来反对，立刻拍板："既然如此，你着手筹办昆明湖水师操练之事，不过，要注意节俭，不可铺张浪费。"

"太后圣明，臣认为应该筹办一个昆明湖水师学堂，招募一些人学习技术，学习水师指挥战术，这样才能抵御强敌。"

"醇亲王，你说得很对，朝廷早该办这样的学堂了，先拨出一些银子筹办学堂吧。地址可以选在昆明湖，那儿离皇宫近一些，有利于朝廷随时督学。其他爱卿有什么看法，大家可以畅所欲言，只要是对大清朝有利，哀家是坚决支持的。"

西太后说得冠冕堂皇，众朝臣哑口无言，竟没有一个人阻拦醇亲王的行动。

一个月后，醇亲王动用海军经费约白银二百万两，开始建"水师学堂"。

刚动工不久，就有人发现其中有问题，明明是建学堂、训练水师，可所建的殿宇楼阁皆为宫殿，一点儿军事气息也没有。有人开始在背后指指点点了。光绪皇帝的师傅翁同龢虽然也被赶出了军机处，但由于他的特殊地位，现仍在毓庆宫行走。

翁同龢仰天长叹："昆明湖易渤海，万寿山换滦阳。"

这话传到了西太后的耳里，她置之一笑，对奕譞说："翁同龢还算个聪明人，他看得出来朝廷的动向。我那拉氏就是要轻渤海水师而重昆明湖建设，若能把万寿山变成热河一样的避暑山庄，岂不美哉？"

西太后与奕譞一意孤行，当然会引起一些朝臣的反对，他们认为动用海军经费建游乐园是不明智的行为。他们除暗中议论外，还有些人犯颜陈谏，以求西太后罢手。可是，即将归政的西太后一句话也听不进去，她谕令奕譞再动用白银五百万两，开始更大规模的修建工程。

为了堵住朝臣的嘴，西太后以光绪皇帝的名义发布上谕：

"其清漪园旧名，谨拟改为颐和园。殿宇一切，宜量加葺治，以备慈舆临幸。恭逢大庆之年，朕躬率群臣，同申祝悃，稍尽区区养尊微忱。"

十六岁的光绪皇帝为他的"亲爸爸"挺身而出，干脆，他直截了当地说出了投资颐和园的目的。他不像西太后和醇亲王那样吞吞吐吐，也不借训练水师为理由，他说得很坦白，使背后议论的人无法再议论。颐和园已经动工，他们非修不可的！

颐和园动工修建，西太后多次巡视工程，她要把新建的园子和皇宫比一比，结果，颐和园风景秀丽、建筑豪华，一点儿也不比紫禁城逊色，甚至有的地方比皇宫强多了。

西太后眉开眼笑，她的新居即将落成，下一步便是考虑交权的问题了。

叶赫那拉氏两度垂帘听政，她已把持朝政大权二十五六年，如今就要交权了，从心底深处讲，她极不情愿。二十多年来，她早已习惯向群臣发号施令，习惯许多男人跪在她的面前磕头、问安，习惯主宰别人的命运，习惯一呼百应的场面。

可是，这一切的一切即将失去，她能舒服吗？叶赫那拉氏思前想后，她总觉得有一种难言的痛楚。她不是男人，无法堂堂正正做皇帝。光绪皇帝已长成一位帅小伙子，高高大大的小伙子站在她的面前，再继续垂帘听政实在说不过去。

归政势在必行！

光绪十二年（1886年），载湉满十六岁，当年康熙帝便是十六岁亲政的。按大清的祖制及臣民的心态，西太后不敢再维持现状了，她实在找不出更好的理由来把持朝政。她不会忘记十二年前光绪皇帝冲龄登基时的诺言：

"惟念皇帝此时尚在冲龄，且时事多艰，王大臣等不能无所禀承，不得已姑如所清，一俟皇帝典学有成，即行归政。"

如果此时不放权，等于说西太后扬起手来打自己一个大耳光。朝廷上下文武百官都在注视着她，她没有勇气再坐在纱帘后听政。

光绪十二年六月十日，即一八八六年七月十一日，叶赫那拉氏召见了几位军机大臣。可笑的是讲明是召见军机大臣，可不是军机大臣的醇亲王奕𫍽却坐在上座。一般情况下，不在大殿时大臣们可以坐在凳子上与西太后交谈。此时，醇亲王奕𫍽，礼亲王世铎，军机大臣张之万、孙毓汶等人正坐在西太后面前。

多年来，几位军机大臣从未出过什么良策，更未有过显赫的政绩，连他们自己也明白他们是西太后垂帘听政的摆设。今天，西太后在乾清宫东暖阁召见他们，无非又是走走过场，掩人耳目。尤其是首席军机大臣礼亲王世铎，他胆小如鼠，平庸无能，也许，他只知道聚财纳妾，除此之外，其他政务一概不通。西太后从未把他当一回事儿，她深知世铎爱财爱色，也就更怂恿他一心扑在财色上，省得他来过问朝政。

狡猾、贪财、好色的世铎并不是对政治不关心，可是，他看得十分清楚，政治敏锐、头脑清醒的奕䜣、李鸿藻、宝鋆、翁同龢等人，一个个被赶出了军机处。他世铎若要保住"乌纱帽"就必须装糊涂。在西太后面前多磕头、少说话，在西太后背后多敛财、少做事。只有这样才能稳坐军机处之位。

的确，世铎等人明哲保身的处世态度使他们从中捞到了不少好处，政治上风平浪静不说，单是经济上的实惠就足以让他们欣喜若狂。所以，他们对西太后独揽朝政大权十分拥护，如果这种政治格局能维持下去，他们会欢呼雀跃。但是，奕𫍽与世铎等人的心情不同，对于醇亲王来说，聚财固然十分重要，但更重要的是儿子载湉的前途。

载湉进宫当皇帝，当初奕𫍽并不十分乐意，他一直为儿子捏一把汗。他退隐后静观西太后的态度，结果发现西太后还算善待载湉，他才舒了一口气。儿子渐渐长大，他才是大清的皇帝，作为父亲，他唯一的心愿是看到儿子堂堂正正做皇帝，而不是西太后的傀儡。

乾清宫东暖阁里的这几个人各怀心事，西太后更是心事重重。今天，她要试探一下这几个人，看一看他们对归政的反应。

西太后呷了一口茶，她望了望外面的骄阳，无意似的说："天真热，空中一丝风儿也没有，令人好难受。"她面前的几个大臣纷纷附和：

"是的，好几年没这么热过了。"

"天太热，请太后保重玉体。"

"好热的天，太后依然每日临朝，令臣等感动不已。"

西太后拖着长腔，说："上了岁数，天一热便觉得心慌气闷，年岁不饶人呀。"

"不，太后还年轻得很，太后的玉体比臣等还康健。"

一提起身体来，大家七嘴八舌地说开了："听说恭亲王近来欠安，他都两个多月没出门了。"

西太后似乎很关心他，问："老六怎么了？"

醇亲王奕𬇙毕竟是恭亲王的亲弟弟，他比别人知道的多一些："回太后，六阿哥患了肝病，身体十分虚弱。"

"哦，哀家怎么未曾听说。既然如此，今日就着小李子去探病，他总归是哀家的皇弟嘛，哀家很是惦念他。"

"谢太后！"醇亲王奕𬇙代皇兄奕䜣谢了"老佛爷"。

西太后冲着面前的几位大臣，关切地说："你们也应多保重身体，国家正值多事之秋，朝廷需要你们，为了大清子民，你们也要身体康健。"

几位大臣感激涕零，世铎坐不住了，他"扑通"一声跪在西太后面前，口称："臣等蒙太后关心，十分感动。臣等唯愿太后千岁、千岁、千千岁，太后的安康就是大清的福兆。"

西太后故作老态，打了一个哈欠，慢慢地说："不服老不行啊！哀家的精力已明显衰退，不比早些年，该归政了！"

自然而然扯到了朝政上，大家心里都明白，今天西太后召见他们一定有大事相谈，绝不是只为了谈天气、谈身体。西太后终于拉回了正题，大家心中好像有了一点谱儿。

西太后停顿了一下，环视一下几个人，又接着说："皇上已十六周岁，他快要亲政了，哀家年迈体衰，不胜朝政，早想退隐了。"

一时间无人说话。西太后接着说："哀家打算明年归政，选个吉日举行皇帝亲政大典，着各衙门敬谨查照成案，奏明办理，并告知中外，使大清朝平稳过渡。"

西太后的语速很慢，她的口齿又非常清晰，在座的每一个人都听得清清楚楚。可是，西太后的话语早已止住，半晌，连一个人的咳嗽声都没有。西太后归政早在人们的预料之中，但人们觉得不会那么突然而至。今天，西太后说得似乎很诚恳，大家不由得不信。

此时，内心斗争最激烈的要数醇亲王奕譞，西太后的这句话，他盼望好多年了，可是，一旦发生，他又显得有些恐惧。他怕西太后耍手腕故意试探他，他更怕西太后言而无信，使光绪皇帝处于尴尬的境地。

　　西太后见奕譞沉默不语，她发起了"攻势"："醇王爷，怎么不说话呀？"

　　奕譞猛地一哆嗦，大热的天，他居然浑身发抖："太，太后，臣有些不舒服，可能在打摆子。"

　　"哦，传太医。"

　　"不，不，今天早上已经看过太医。臣此时有些发烧，乞求太后恩准退殿。"

　　"既然如此，你快回王府休息吧，过两天再议此事。"

　　其他几个大臣更不敢表态，他们纷纷随醇亲王而去。

　　西太后端坐在雕龙画凤的红木椅上，心中暗喜："老七等人还算识时务，他们早已震慑于我的威力。看来，归政一事要暂时放一放，就今天的反应来看，他们不会马上逼我归政。"

　　五天后，醇亲王"痊愈"进宫了。

　　这几天，他如在油锅里煎熬一般，掂量来、掂量去，终于想出了一个万全之策。

　　光绪十二年六月十五日，醇亲王上奏一折："王大臣等，审时度势，合词吁恳皇太后训政。敬祈密迩，俟及二旬，再议亲理庶务。"

　　纱帘后的西太后喜形于色，她满意地看了看跪在丹墀下的奕譞，心里说："老七，你为人够精明，今日乞求我训政两年，说明你是个聪明人！"

　　什么是训政？训政即指导朝政。垂帘听政应该结束，西太后又不愿意放权，醇亲王只好来个新招术——训政。让西太后撤去纱帘，也不再坐在皇帝身后，而是偏殿指导朝政。听政变训政，换汤不换药，西太后焉能不高兴。

　　可是，叶赫那拉氏要推辞一番，做出不愿干预朝政的样子。"犹抱琵琶半遮面"，最后还是要露颜面的。在文武百官千呼万唤的局势里，西太后半推半就答应训政了。为了使训政合法化、制度化，西太后谕令军机处制定《训政细则》，以便自己名正言顺地继续把持朝政。

　　礼亲王世铎会同醇亲王奕譞商定太后训政之若干事宜。经过他们的精心策划，光绪十二年秋，《训政细则》出台了。

　　西太后仔细地阅读着细则中的每一句话、推敲了每一个字，她的脸上露出了笑容。军机大臣及醇亲王完全按照她的意思行事，保证了西太后在两年的训政生涯中仍享有至高无上的特权。

　　太后训政虽不再设纱屏听政，但政治权力只增不减。细则规定，以后每逢皇上召见大臣之时，太后应在座，而且外臣呈上的请安折也必须是同时两份，光绪皇帝一份、西太后一份，两份规格完全相同。皇上向全国发布诏书必须有太后钤印，每份圣旨也必须交太后过目，否则无效。

《训政细则》令西太后十分满意，却令光绪皇帝反感至极。皇宫里长大的光绪皇帝并不是人们想象的那么软弱无能，相反，少年天子风度翩翩、气宇轩昂，他饱读经书、学有所成。

帝师翁同龢多年来悉心教导小皇上，希望这个特殊的学生早日成材，因为大清的江山还等着他来撑起。

光绪皇帝没有辜负翁师傅的殷勤栽培，少年天子已懂得什么是勤政爱民、什么是励精图治、怎样才能做一个圣明的君王。他想方设法要摆脱西太后的控制，无奈毓庆宫行走——亲生父亲奕譞对西太后却一味退让。西太后处处压抑着他，这一切都使光绪皇帝十分苦恼。

当太后训政的消息传到光绪皇帝的耳里时，少年天子悲愤至极。毓庆宫里，他一个字也读不下去，望着窗外飘零的黄叶，感慨万分。

光绪皇帝尚未亲政，他十分思念病中的母亲，第一次向西太后提出回家省亲，西太后勉强答应了。

光绪十二年冬，载湉回到了阔别已久的家——醇亲王府。一路上，他心潮起伏、激动不已。儿时模糊的记忆此时变得清晰了，王府门前那对威武的石狮子和记忆中的一模一样，大厅、侧室、花园、鱼池，依然如故。

光绪皇帝暂时忘记了自己是九五之尊的皇帝，他不用贴身太监王商引路，径直向母亲卧房走去。

醇亲王紧随其后，太监王商一路小跑追了上来："万岁爷，小心脚下有门槛儿。"

"少啰唆，躲一边去，朕要单独见福晋，除王爷外，任何人不得入内。"

"万岁爷，您别为难奴才了，离宫时，老佛爷还叮嘱过，不让奴才离万岁爷左右。"

王商为难至极，他哆哆嗦嗦地跟在光绪皇帝的身后。

光绪皇帝气恼地说："老佛爷、老佛爷，口口声声'老佛爷'，狗奴才闭上嘴！再多说一句，回去一百大板！你就在这儿站着，一步也不准上前。王府的公公不会去宫里告你的状，放心吧，回去后你就说时刻不离朕半步，朕一定为你遮掩。"

王商有气无力地说："嗻。不过，万岁爷可不能把奴才出卖了，老佛爷动怒会吓死人的。"

光绪皇帝苦涩地一笑："放心吧，狗奴才！"

光绪皇帝在前，醇亲王紧随其后，父子二人踏进了七福晋的卧房。

却说西太后的胞妹七福晋，她虽与西太后一母所生，但两个人的长相与性格都有些不同。

七福晋为人和蔼，善良柔弱，深得丈夫奕譞的敬爱。如今，她已是四十多岁的人了，近些年来，她身弱多病，加上思念儿子载湉，人显得十分苍老。

光绪皇帝迈出大步，一脚跨进母亲的卧房，映入他眼帘的是儿时最温馨的地方以及憔悴不堪的母亲。自从载湉入嗣西太后，他就在西太后的授意下称自己的亲生母亲为"福晋"，而称西太后为"亲爸爸"。这种习惯已沿用了十二年，光绪皇帝猛扑向母亲，口呼："福晋。"

七福晋欲按皇族礼节向光绪皇帝施礼，她艰难地欠了欠身子，无奈身子像灌了铅一样沉，抬不起。七福晋低声说："皇上吉祥！"

七王爷将妻子扶坐起来，七福晋半倚在丈夫的胸前，她伸出枯瘦的手，想拉一拉儿子。光绪皇帝见状，忙上前一步，让母亲拉住了自己的手。

七福晋幸福地笑了一下："才两年没见，皇上长这么高了，只是仍然很瘦。"

母亲心疼儿子，儿子依恋母亲。

光绪皇帝凝视着母亲，说："福晋，你都有白发了。"

母亲用另一只手拢了拢凌乱的、有些灰白的头发，说："老了，岁月不饶人呀！"

就在七福晋拢头发的那一瞬间，光绪皇帝猛然看见了母亲眼里的泪花，他心头一酸，将头埋在母亲的怀里，哭了。

"皇上，怎么了？"

"福晋，不！额娘，儿好想念您呀！进宫十几年，儿时时刻刻都想回到额娘的身边。"

"皇上，我的儿！"

七福晋张开双臂，紧紧搂住怀里的儿子，生怕有人夺走她的心肝宝贝似的。

七王爷见状，劝慰道："都不要再哭了，皇上一会儿就要起驾，回去迟了，太后会生气的。"

光绪皇帝揩一把眼泪，愤愤地说："亲爸爸生气正好，朕只求她一怒之下将朕赶出皇宫，这个皇帝，朕早就不想当了！"

七王爷面如土色，他连忙向窗外望了望，还好，太监、家丁、奴婢们都站得很远，他们听不到室内的人说什么。

七王爷胆战心惊地问儿子："皇上，可不得胡言！臣想问一句，皇上为何这般愤慨？"

载湉将头从母亲的怀里挣扎出来，向父母直言不讳："你们知道吗？儿在大清皇宫简直就是受罪。亲爸爸喜怒无常，没有人能够忍受她！儿小的时候，看起来她也十分关心、疼爱我，常常抱着我上大殿，关心我的学业。可是，当她看不惯我或者我犯错误时，便令我跪在她的面前，扬起手来狠狠地打我，有好几次，我被她打得口角流血。王商跪在地上为我求情，也被她责令重打五十大板，差一点儿王公公就没命了。"

七王爷无可奈何地说："棍棒底下出孝子，太后也是为了皇上成大器呀！皇上是一国之君，太后当然希望皇上是一位品行端正、博学多才的仁君啊！"

"不，她是随心所欲、为所欲为，她根本不在乎我的感受。"

七王爷微怒，厉声道："不得对太后微词。太后这十几年辛辛苦苦辅助皇上，还不是为了坐稳大清的江山，日后将富庶、安宁的江山交到皇上的手里。"

光绪皇帝顶了父亲一句："阿玛，你好糊涂！都是你的一味退让坑苦了我。眼见着儿已长大成人，该亲政了。可是，你又抛出什么太后训政来迎合亲爸爸的心理，你难道真想把我变成傀儡皇帝！"

光绪皇帝的话很尖锐，说得七王爷低下了头。

这时，七福晋又涌出了眼泪，她依然拉住儿子的手，低声说："皇上，你阿玛难道想让你心里难过？他也是不得已而为之呀！天下的爹娘为儿好，你阿玛的苦心，日后你会明白的。"

光绪皇帝不语，七福晋贴在他的耳边，小声说："你姨妈那个人一向专横、暴戾，你切切不可得罪她。你的今天全是她给的，如果违逆了她，她会把给你的一切全夺回去。儿呀，小心做人，顺应太后，这样，额娘才能放心。"

"额娘，你放心吧，儿懂得分寸，儿不会和亲爸爸硬顶撞的。"

七福晋黯然神伤，似对儿子、又似对自己说："有我活一天，我姐姐不会对我的儿子怎么样，她会看在我的面子上善待我儿子的。可是，一旦我不在了，她还念亲情吗？"

七福晋潸然泪下，光绪皇帝陪着母亲落泪。一时间，醇王府里一片凝重。

光绪皇帝省亲归来，西太后懿旨皇宫里上上下下装饰一新，处处张灯结彩，迎接光绪皇帝亲政大典。

光绪十三年正月十五日，即一八八七年二月十五日，光绪皇帝亲政。为了表达对西太后十二年哺育、辅政的感谢，光绪皇帝率王公大臣向西太后行三拜九叩之礼。

在一片欢呼声中，光绪皇帝及西太后被众臣簇拥着到了太和殿，接受朝臣的祝贺。大殿里人声嘈杂，笑语不断，不过，大家说的是同一句话，无非是对西太后的称颂、对少年天子的称赞。

光绪皇帝亲政已告天下黎民百姓，大清的皇帝是爱新觉罗·载湉。可是，知情的人皆知龙椅上的皇帝仍是个摆设，十七岁的天子不能批奏折，不得颁发谕令。纱帘虽然撤去了，但太后依然坐在天子的身边，她在训政！

太后训政两年来，光绪皇帝仍在毓庆宫跟翁同龢学习。可是，光绪皇帝并没有因此而忽略朝政，他一直在不动声色地学习处理朝政，因为他相信有朝一日，西太后会从政坛上退下来。

颐和园早已竣工，为了建造这处人间胜境，醇亲王不顾李鸿章的反对，动用了大笔海军经费，以致几年间，北洋舰队连一艘新军舰也没买。园子也建成了，可是，西太后就是迟迟不提住进去的事情，光绪皇帝只好耐着性子等待西太后归政。

西太后当然有自己的打算，她已经五十多岁了，她不可能永远把持朝政大权。不过，她对十七八岁的光绪皇帝并不十分放心。西太后多年来一直在默默地观察光绪皇帝的一举一动，她发现载湉表面很顺从她，可他心里却有些反抗情绪。尽管光绪皇帝从未顶撞过她，但聪明并且老于世故的她从载湉那眸子里读出了不满与反抗。

光绪皇帝不听命于西太后，这是西太后万万不能容忍的。别说这个从宫外抱来养大的孩子，就是自己的亲生儿子同治皇帝，他也不敢公然对抗西太后。西太后早已习惯于支配别人，哪怕他是大清的皇帝。

光绪十三年十二月初八，西太后颁发了一道谕旨，命令内务府筹备光绪皇帝大婚事宜。

皇上大婚意味着成年，这说明此时的西太后已归政在即。为光绪皇帝册立皇后，西太后视为头等大事，因为她接受了十四年前的教训，由于她不喜欢同治皇帝的阿鲁特氏皇后，最后酿成了婆媳成仇、母子反目的大祸。这次，她要反复掂量，为光绪皇帝选一位她自己满意的皇后。归政后，万一光绪皇帝不听命于西太后，西太后还可以利用皇后来牵制皇上，使他永远跳不出自己的掌心。

立谁为皇后好呢？

内务府送来五位女子的画像，个个都窈窕可爱。一个是西太后的亲侄女——大督统桂祥的长女，还有就是江西巡抚德馨的长女、次女，另两位是长叙的长女与次女。不用反复掂量，西太后当然一定会首选侄女叶赫那拉氏。

立亲侄女为皇后，西太后一百个放心。一来她是娘家人，与西太后最贴心；二来亲上加亲，光绪皇帝也会喜欢这个可爱的小表妹。虽然侄女叶赫姑娘长相稍逊于其他三个姑娘，但她也是个大美人，白皙的皮肤、丰满的身材、乌黑的头发、亮晶晶的大眼睛，无不透出青春之美。

主意已定，西太后决定让光绪皇帝效仿他父母当年，把侄女立刻接进宫，让一对青年男女自然相处，等他们产生了感情，水到渠成地为他们办喜事。西太后的这一番安排，可谓用心良苦。

大督统桂祥府里欢天喜地，紫禁城养心殿一片哀怨。

光绪皇帝心情烦躁，他躺在养心殿内的软榻上直发呆。

太监王商见此情景，他悄悄地走近皇上，小声问："万岁爷，又想心事了？"

王商是光绪皇帝最信赖的太监，自从光绪皇帝四岁进宫那一刻起，王商就没有离开过他的"万岁爷"。他一心忠于皇上，从不搬弄是非，也不仗势欺人，所以，光绪皇帝很愿意和他说些知心话儿："王公公，朕听说亲爸爸偏于立国舅的长女为皇后，朕心里很烦。"

"万岁爷，那是好事呀！听说国舅爷的长女貌若天仙、性情温和，又是亲上加亲，万岁爷应该高兴啊。"

"不，那个姑娘朕见过，长得不丑，但也绝不是貌若天仙，而且性格刁钻古怪，很难相处。"

一句话提醒了王商，三年前，叶赫姑娘曾进过宫，她在西太后的寝宫住过一阵子，虽然王商没见过她，但光绪皇帝见过这个表妹。此时，光绪皇帝心烦如麻，他一定有自己的道理。

主仆二人正说着，只听得李莲英在宫门外高叫："皇上，太后请皇上过去叙话儿。"

光绪皇帝不情愿地欠了欠身子，问："李公公，朕有些困乏了，明日再去请安，行吗？"

"皇上，奴才认为这样不好。太后正等着哩。"

"你知道什么事儿吗？"

"奴才略知一点儿，桂公爷的大格格进宫了，太后请皇上过去见见格格。"

光绪皇帝嘀咕了一句："大北京地斜，说到谁谁就来！朕刚提到大表妹，她就来了。唉，亲爸爸的意志不可违，朕就去见见这个表妹，也许她长大以后性情会温和些，女大十八变嘛。"

光绪皇帝不情愿地到了长春宫，西太后笑眯眯地说："皇上，你还记得大国舅家的这位表妹吗？"

光绪皇帝顺着西太后手指的方向望去，只见一位少女正羞答答地站在自己面前。

西太后的声音非常温和："大格格，过来，见过皇上。"

叶赫姑娘很听话，她上前施了礼，娇滴滴地说了声："皇上吉祥！"

西太后依然很和蔼可亲，拉住侄女的手说："皇上是你的大表兄，以后在后宫时可以称他为皇哥哥。你忘了吗？皇上七岁的时候，你还进过宫和你皇哥哥玩耍过。三年前，你们也见过面呀！"

出于礼貌，光绪皇帝冲叶赫表妹笑了笑。叶赫姑娘抬起头来，十分大胆地注视着光绪皇帝。

就在两位少年对视的那一刹那间，光绪皇帝猛然闪过一个念头："女大十八变，这个表妹不但变漂亮了，她也变得温和多了。"

想到这里，光绪皇帝变得温和多了："大表妹不必拘礼。既然进宫了，就多住些日子吧。"

"谢皇上恩典！"

叶赫姑娘表现得十分得体，她时刻牢记父母的教导，尽力将自己优秀的一面表现出来，以博得皇上的好感。西太后望着外甥与侄女，暗自欢喜："真是天生的一对儿，若他们能真心相爱，我也就心满意足了。"

叶赫姑娘在宫中住了三个多月，这三个多月来与光绪皇帝相处过几次，她的表现总是温文尔雅，并没有引起光绪皇帝的反感，但是，她也没激起少年天子的一丝怜爱。光绪皇帝是位心地善良的人，他善待周围的每一个人，包括太监和宫女。叶赫姑娘也受到过良好的教育，加上西太后及她父母的指导，她懂得要博得光绪皇帝的好感，首先必须表现出温柔与娇媚，大家闺秀的她在这一点上表现得十分出色。

当叶赫姑娘离开皇宫后，西太后跟年轻的皇上说："皇上，你表妹回国舅府了。"

"朕还央求她给朕做一个香荷包哩。"

西太后满面笑容："急什么，以后的日子还长着呢。只要皇上愿意，你表妹可以永远住在皇宫里，一辈子陪伴着皇上。"

光绪皇帝早已悟出西太后的心意，不过，彼此心照不宣罢了。今日一说，少年天子一下子脸红了："亲爸爸，这事儿以后再说吧。"

"皇上，过了腊月，你就十八岁了，在民间，十八岁的男子早已娶妻生子。皇上是一国之君，当然要立皇后的。"

西太后停下不说了，因为她发现光绪皇帝的脸上掠过一丝不快。

"皇上，你不喜欢表妹吗？"

"嗯，朕不讨厌她，但朕也不……不……不爱她。"

大清的皇上一鼓勇气，终于说出了"不爱她"这几个字。

西太后吃惊地望着有些新潮思想的少年天子，低声说："咸丰爷、同治皇帝，他们从未说过什么'爱'字。皇上，都是翁同龢带坏了你。"

"不，这与翁师傅没有任何关系，是朕自己体悟出来的。"

西太后不再说什么，她深知光绪皇帝对西学很感兴趣，他曾谕令同文馆的留洋学生教他说英语，或许是那两个"假洋鬼子"影响了大清皇帝吧！如果任凭皇上胡闹下去，弄不好哪一天大清宫里会来个"西学运动"。西太后敛起笑容，严肃地说："皇上以后不准再习洋文了，皇上若是沾染上西洋习气，列祖列宗会动怒的。"

"亲爸爸，学习西洋有用知识为我大清所用，有什么不好吗？"

"不准学就是不准学！没那么多理由。皇上，该回养心殿歇息了！"

西太后脸一沉，光绪皇帝立刻住了嘴，他闷闷不乐地回到了养心殿。

太监王商见万岁爷一脸的不高兴，关切地问："万岁爷，哪儿不舒服？"

光绪皇帝指着胸口，气恼地说："这儿堵得难受！"

王商明白了是怎么回事儿，他在宫中生活了二十多年，宫中一切，他早已谙熟。出于对主子的忠心，他安慰道："万岁爷不必伤神，凡事多听太后的，太后总是为皇上好。"

"不，一想到她时刻左右着朕，朕就一肚子的恼火。唉，亲爸爸什么时候才能住进颐和园？朕要一身轻松坐天下。"

西太后为光绪皇帝的婚事忙碌起来了，她决定于光绪十五年正月为载湉举行大婚典礼，随后，她便正式归政，住进颐和园享受人间的荣华富贵。

大婚与归政是密切相关的，按清廷祖制，男子未婚是未成人，男人结婚标志着成年。一旦光绪皇帝立了皇后，西太后便要交权，让大清的皇帝处理朝政。

西太后训政这两年来，光绪皇帝仍在毓庆宫读书。不过，这两年他书读得不多，道理悟出得却不少，奠定了他日后变革求富的思想基础。西太后也明白光绪皇帝并不十分听命于她，更明白自己不可能把持朝政太久，无奈之下，她不得不让年轻的天子学习批奏折。接下来便是立后选妃一事了。

"皇上，明年正月举行结婚大典，立后选妃近在咫尺，皇上该确定皇后人选了。"西太后郑重其事地对光绪帝说。

光绪皇帝也知道西太后为他初选了五位女子，其中，只有一个是他认识的，即表妹叶赫那拉氏，其他四个女孩儿长相怎么样？人品如何？他一概不知。他当然希望能亲眼见一见她们，于是，光绪皇帝腼腆地说："亲爸爸，您见过那几个女子吗？"

"没有，过几天择吉日，皇上可以目视一下。不过，你表妹很害羞，千万不要总盯着她看，姑娘脸皮总是薄一些。"

光绪皇帝龙颜大悦，就要立后选妃了，他怎能不高兴！一个年轻、俊逸的小伙子，都十八岁了，他怎能不渴望异性？可是，宫中除了年迈的太后及容颜早已衰退的咸丰、同治遗妃外，就是那些规规矩矩的宫女。十八岁的载湉从未体验过什么叫"爱情"。

西太后时时刻刻提醒光绪皇帝千万不要遗忘了表妹叶赫那拉氏。光绪皇帝点头应允，西太后这才放宽了心，她说："皇上目视那天，手里要拿一块玉如意，皇上看中哪个女子，就将玉如意递到她的手中，那一个女子将是皇后，其余的皆是皇嫔或皇妃。皇上千万不要乱递玉如意，选皇后要注重她的家教与品行。皇后乃一国之母，应母仪天下，有非凡的气度。"

　　光绪皇帝连一丝反抗情绪也不敢表露出来，他要静静地等待着那一天的到来。选妃的日子越来越近，西太后有些坐立不安，尽管她已明确指示载湉应当立叶赫姑娘为皇后，可是，光绪皇帝的态度总是很暧昧。毕竟他是一国之君，万一到时候他将玉如意递到另外一个女子手中可怎么更改呢？

　　"老佛爷，又为皇上的事儿烦心了？"

　　李莲英就好像是西太后肚子里的蛔虫，他时刻猜度着主子的心理。

　　西太后轻轻地叹了口气说："这孩子很有些不听话，从小哀家那么疼爱他，养恩胜生恩，皇上却不明白这一点。只怕他自作主张，不遂哀家的心意。"

　　小李子小眼一眯，拖住一副"娘娘腔"，尖声尖气地说："不会的，老佛爷对皇上的恩情比天高、比海深，皇上不会违逆老佛爷的。"

　　西太后心里安慰了许多，她的如意算盘打得啪啪响，一旦侄女叶赫姑娘立为皇后，她便要着手亲自教导侄女儿，使她成为自己安在皇帝身边的一个"情报员"，让她监视皇帝的一举一动。到那时，无论西太后住在皇宫，还是住在颐和园，她都能"遥控"大清的皇帝，从而间接地掌握朝政大权。

　　西太后与光绪皇帝殷切盼望的那一天终于到来了。

　　光绪十四年初秋，五位貌美如仙的满蒙姑娘并排站在了大清皇宫体和殿正厅里。西太后坐正座，丽太妃坐侧座，同治皇帝的遗妃慧妃坐偏座，固伦公主坐侧座，光绪皇帝激动得坐不住，他背着双走踱来踱去。内务府的一个大臣报着每位姑娘的姓名、身世、年龄。

　　在西太后的授意下，内务府安排叶赫姑娘站在首席，她身边依次是江西巡抚德馨的两个女儿和礼部左侍郎长叙的两个女儿。可以说，五位女子个个漂亮，那拉氏雍容华贵，德馨的两个女儿娇小玲珑，长叙的两个女儿透出一股灵气来。

　　西太后一看，心中暗喜但也有些担心，生怕皇上爱美心切，被她们的美貌所吸引，忽视了品行与家世这些重要问题。

　　西太后的担心并不是没有道理的，此时，光绪皇帝真的为眼前的女子所打动。眼前的几位姑娘简直如天女下凡、西施再生、贵妃再现，个个美丽绝伦，他真不知该将玉如意递到谁的手中。光绪皇帝在姑娘们的面前绕来绕去，他生平第一次体会到什么叫"犹豫不决"。

　　这时，只听得叶赫姑娘轻轻咳了一声，她猛地羞红了脸，咬住下嘴唇，一副娇憨可爱的样子。光绪皇帝盯着她看了几眼，她的脸更红了，就像一朵牡丹花。光绪皇帝暗自感慨："国舅爷的女儿好美，只可惜她眉间有痣，眉心藏痣，必有厚福（后夫）。"

光绪皇帝移了一步，到了德馨的两个女儿面前，大一点的嫣然一笑，小一点的大胆地凝视着皇上。光绪皇帝立刻否定了她们。

他又站在长叙的两个女儿面前，大一点的约十五六岁，相貌很美，但身材不佳；小一点的约十三四岁，圆圆的脸蛋儿、乌黑的亮发，双眸含情、身材窈窕，白里透红，光彩照人如旭日初升。

光绪皇帝大喜："这个妙人儿，正是朕思慕已久的婵娟，就是她，朕要立她为后。"

光绪皇帝不再迟疑，他抬起右臂欲递玉如意，眼前的姑娘羞涩地低下了头。

光绪皇帝左手上前想拉住姑娘的手，这时，只听西太后猛然喊了一声："皇上！"

这声音好阴沉、好阴沉，如晴空里的一片乌云瞬间笼罩大殿的上空。

光绪皇帝一动也不动，如木雕泥塑一般。

西太后又用缓和的语气说了一句："皇上快些定夺。"

光绪皇帝退了回来，他的声音很微弱："孩儿听亲爸爸的。"

西太后露出了笑容，她用眼神瞟了一下叶赫姑娘，说："皇上，别犹豫了，快着些吧！"

西太后的话中有话，光绪皇帝焉能听不出来？他猛地向叶赫姑娘面前走去，将玉如意递到了她的手中。

西太后十分欢喜，说："皇上，还有荷包哩。"

荷包到了谁的手中，谁就是嫔或妃。刚才，光绪皇帝在无可奈何之下立了皇后，他中意的人落选了，他能高兴吗？一气之下，他忘了手里还攥着两个荷包。

光绪皇帝一吭也不吭，将两个荷包塞到长叙的长女及次女手中，说："亲爸爸，您满意了吗？"

西太后脸一沉，拖着长腔说："只要皇上开心就行。"

西太后一手炮制下的立后选妃活动结束了，光绪皇帝一点儿也不高兴。虽然自己喜欢的那个姑娘成了嫔妃，但光绪皇帝总觉得自己是一个木偶，任凭西太后摆弄。不过，他也想过：不管立谁为皇后，长叙的二女儿一定是他最宠爱的人。后妃进了宫，皇上宠幸谁，西太后就难以过问了。如此想来，光绪皇帝心里好受多了。

大婚典礼定在光绪十五年正月中旬。西太后令大学士额勒和布为正使，礼部尚书奎润为副使到了叶赫家，然后宫中举行了大征、册立、奉迎、合卺、庆贺和赐宴等庆典活动。宫中热热闹闹了一天，西太后脸上挂了一天的笑容。光绪皇帝像个木偶被人摆弄了一天，他一丝笑容也没有。

当人们抢着吃喜饽饽的时候，光绪皇帝拉住心腹太监王商的衣袖问："那两个姑娘进宫了没有？"

王商了解万岁爷的心思，他挤眉弄眼，调皮地说："瑾主儿和珍主儿已经从小偏门进宫了，万岁爷今日洞房花烛夜，总不至于撇下皇后去召幸她们吧？！"

"狗奴才，少废话。"

光绪皇帝长长地舒了一口气。

热闹了一天，西太后有些困乏。当光绪皇帝携新婚皇后向西太后请晚安时，西太后笑眯眯地说："从今日起，你们就是恩爱夫妻了。皇上，你一定要善待她。皇后，你母仪天下，不仅要敬爱皇上，而且还要爱护瑾嫔、珍嫔。你们几个相亲相爱，伺候好皇上。"

一听西太后这话，新娘子隆裕皇后显然很不高兴，今天是她大喜的日子，姑妈加婆婆的西太后不是祝福于她，而是教训起她来了。娇生惯养的皇后一�‍小嘴，生气了。

西太后马上看出了侄女的心思，她沉吟了一会儿，并没有发太后之威。她按捺住心头之火，温和地说："后宫佳丽众多，皇上应善待每一位。皇上，她们都是你的妻妾，不可偏袒任何一个人，知道吗？"

光绪皇帝恭恭敬敬地回答："请亲爸爸放心吧，儿明白这一点。"

"你们早点入寝吧，今晚是你们的洞房花烛夜，额娘祝福你们！"

此时的西太后很慈祥，这令光绪皇帝真的有些感动。自从他四岁进宫继承大统十五年来，西太后的确也在他身上倾注了心血。如果亲爸爸不那么专断、蛮横，也许，她是一位慈母。

作为儿子，光绪皇帝不能无动于衷。他跪在西太后的面前，动情地说："谢亲爸爸关怀。"

当夜，养心殿内，光绪皇帝挨着隆裕皇后并排坐着。红烛照着新娘子的脸颊，她满面羞红，眉目含情，一言不发，煞是可爱。

光绪皇帝想伸手拉一拉她，她更娇媚了："皇上。"

"皇后，从今日起，你就是朕的皇后了。朕希望你温柔、大方、端庄、秀丽，朕相信你能做到这一点。"

"臣妾会尽心伺候皇上的。"

"不仅要伺候朕，你还要与瑾嫔、珍嫔和睦相处，让后宫欢快起来。"

隆裕皇后脸色猛地一变，她顶了光绪皇帝一句："太后与皇上口口声声提及她们，好像对臣妾不放心似的。难道臣妾是气量小的人吗？"

说着，她站了起来，一副十分生气的样子。

光绪皇帝本来就不爱皇后，刚才，一对新人并排坐着，他刚刚感受到一点点吸引力，却被皇后的言行给破坏了。于是，冷冷地说："朕还要读书，皇后先睡吧！”

隆裕皇后的眼泪夺眶而出，她一扭身子，赌气坐到了新床上。光绪皇帝走到案几边，顺手拿起一本书来读。一个时辰过去了，光绪皇帝仍未有就寝的意思，隆裕皇后有些后悔了，她干咳了两声，示意丈夫走过来。可是，光绪皇帝装作没听见。

天亮时分，隆裕皇后两眼红肿，一夜未眠。光绪皇帝则和衣而卧。

早膳后，光绪皇帝冷冷地说：“朕要去给亲爸爸请安，你去吗？”

隆裕皇后不点头，也不摇头。

光绪皇帝以为她不明白宫中的规矩，又说了一遍：“每天早上应去向皇太后请安。”

隆裕皇后将头扭过去，不搭理他，也不看他。光绪皇帝除了有些怕西太后，其他的人在他面前永远是俯首帖耳，他何曾受过这种气！他龙颜大怒，拂袖而去。

长春宫里的西太后早膳后并不急于上朝，她今天又当上了“婆婆”，精心打扮了一番，又让李莲英给她变换了一个发式，端端正正坐在正厅里等候皇上、皇后来敬茶。

光绪皇帝大婚使她又想起了早逝的儿子载淳，昨天夜里，她的心头一阵一阵地发酸，几颗冷泪落到了玉枕上。

不过，让她安慰的是光绪皇帝的皇后是按她的意志选立的，不像当年阿鲁特氏皇后令她心烦。

“亲爸爸吉祥！”

西太后抬头一看，只有皇上一个人，心里纳闷了，有些不悦，说：“皇上吉祥！皇后呢？”

正说着，新娘子隆裕皇后冲冲撞撞地闯了进来，她一见西太后，眼泪就像断了线的珠子，一个劲儿往下落。她不顾宫中礼仪，一下子扑在西太后的怀里，哭得像个泪人儿。

西太后一怔，然后又笑了：“皇后，女人总要过这一关的，哭什么，这是好事呀。来年给皇上生个白白胖胖的龙子，也让亲爸爸早些抱上皇孙。”

隆裕皇后直摇头：“不，不，亲爸爸，皇上，他，他……”

皇后哽咽得说不出话来，光绪皇帝低下了头。

西太后追问：“皇上，你欺负皇后了？”

“儿不敢。”

“那她为什么哭得如此伤心？”

西太后觉得有些不对劲儿，她一定要问个水落石出：“皇后，有什么话儿只管对亲爸爸说，别哭了。”

"皇上昨晚读了一夜的书。"

西太后震惊："什么？洞房花烛夜，皇上读了一夜的书？"

光绪皇帝不语，隆裕皇后直点头。

西太后生气了，责问皇上："你如此冷落皇后是什么意思？你想气死亲爸爸吗？"

光绪皇帝跪在了西太后的面前，怯怯地说："请亲爸爸原谅儿的行为，朕知错，也请皇后息怒。"

西太后抚摸着隆裕皇后的秀发，温和地劝慰道："傻孩子，别哭了，你们以后一定要互敬互爱，千万不要耍小孩子脾气。"

西太后以为皇上、皇后只是偶然闹个小小的别扭，她此时并没有意识到事态的严重性。

三天后，她令李莲英到内务府要来"承幸簿"，小李子贴在她耳边悄悄说了几句，她连忙打开承幸簿翻阅，大吃一惊，对小李子说："新婚夫妻从未同床，这怎么可能？"

小李子一眯小眼儿，凑近主子："老佛爷，天下竟有这种怪事儿，奴才虽不是个男人，但对男女之事也略知一二。"

西太后"扑哧"一声笑了："狗奴才，你是个公公，如何懂得男女之事？"

小李子苦笑了一下。西太后抚摸着他白皙的脸颊，感慨万分："你不是男人，不知其乐啊！"

七八天过去了，光绪皇帝仍未召幸过隆裕皇后。每天早膳后，隆裕皇后去长春宫请安时，她总是面带愧色。西太后不禁纳闷儿："皇后雍容华贵、秀丽端庄，皇上为何不召幸于她？难道皇上生理有毛病？"

西太后越想越害怕，万一光绪皇帝不中用，她岂不是白费了苦心？十五年来，西太后一心扑在光绪皇帝的身上，希望他快快长大成人，立后纳妃，为大清宫生许许多多的阿哥与格格。皇宫大内没小孩子的笑声太寂静了。

隆裕皇后又在哭，哭得西太后有些心烦，她有些阴沉地说："好好的日子哭什么！皇上不召幸于你，亲爸爸也不能强迫他呀！再说，瑾嫔、珍嫔也未被召幸过。"

正在这时，光绪皇帝到了这里，他先向西太后请了安，又转向妻子，说了声："皇后好！"

隆裕皇后一扭身子，并不搭理他。西太后见状，指责皇后："皇上是一国之君，你岂能如此对待他？你太不懂事了。难道你阿玛、你额娘没教过你吗？一点儿规矩都不懂！"

隆裕皇后一听这话，委屈的泪水夺眶而出，她一扭身跑了出去。若是换了别人，西太后早大吼大叫了，她岂能容忍别人这样冲撞她。可是，皇后是自己的亲侄女，又是她一手选定的，她只有按捺住心头之火。

"皇上，为何不召幸她们？"

西太后有些责备光绪皇帝。

光绪皇帝有口难言。儿女私事，他怎对西太后直言？所以，只有默不作声。

西太后见状，和蔼地说："皇后有些失礼，她太不懂规矩了，以后亲爸爸会慢慢教导她。"

"多谢亲爸爸。"

光绪皇帝不过是应付一下罢了，西太后认为皇上真的很感激她。她要表现得更和蔼可亲，似一位慈母：

"皇上，皇后这几天心情不好，原谅她吧。今晚召瑾嫔或珍嫔侍寝吧！"

"谢亲爸爸！"

这一次，他的语调比刚才欢快多了。西太后这句话是光绪皇帝盼望已久的，他碍于情面，未召皇后，也不敢召珍嫔。既然西太后发了话，他便无所顾忌。当晚，珍嫔被扛到了养心殿。

光绪皇帝也从未接触过异性，他战战兢兢地与珍嫔完成了人生大事。

事后，他有些激动，紧紧搂住娇小、玲珑又妩媚的珍嫔，喃喃地说："珍儿，朕好高兴。"

"皇上，奴婢受宠若惊。"

珍嫔柔声细语，在光绪皇帝听来，这柔和的声音就像三月的春风吹拂他的心田。他托起珍嫔的下巴，高兴地说："珍儿，你太美了，美得让人战栗。"

"皇上取笑奴婢。"

"不，朕是真心话，自从上次体和殿第一次见到你，朕便久久不能忘怀。朕一直默默地盼望着这一天快快到来。珍儿，你是上苍给朕的最珍贵的礼物，朕今日才明白了一个字的含义。"

"哪个字？"

珍嫔明知故问，光绪皇帝将心爱的人揽在怀里，贴在她的耳边悄悄地说："爱！"

珍嫔轻语："是Love."

"珍儿，你会说洋语？"

珍嫔点了点头，她的眸子里闪烁着智慧的光芒，低声说："我小的时候师从文廷式，文师傅博学多识，他曾潜心于西学，我的英语就是他教的。"

光绪皇帝幸福地说："朕也学过一些洋文，日后有什么不懂的，一定向你请教。"

"不，奴婢不敢。"

"珍儿，以后在朕的面前，不要再称'奴婢'了，好吗？"

"是，皇上。"

珍嫔羞涩地披上睡袍，半倚在皇上的怀里。突然，她发现了一件东西，她指着窗子下的一个案几说："皇上，案几上的那个是什么？"

"是小火车，是朕十岁时翁师傅送的。朕非常喜欢它，就摆在了那儿。"

珍嫔闪动着美丽的大眼睛，问："皇上会玩它吗？"

"不会。"

"珍儿会。珍儿也有这么一个小火车，是八九年前，我阿玛从洋人手中买来的。珍儿记得是两个小火车，其中一个被阿玛送给了翁伯伯。"

光绪皇帝兴奋地大叫："是它，送给翁师傅的那一个就是它。"

光绪皇帝顾不得赤身裸体，跳下床来去取小火车。

"珍儿，摆弄给朕看看。"

珍嫔不好意思地说："皇上先把龙袍穿上呀，多羞人！"

光绪皇帝脸色微红，顺从地穿上了龙袍，一对新人其乐融融。

第二天早上醒来，光绪皇帝推了推身边的珍嫔，说："珍儿，朕去听朝，你千万不要走，留在养心殿住几天，朕太寂寞了，朕需要你。"

珍嫔为难地说："这不好吧，珍儿不敢。"

"怕什么，朕是一国之君，今天，朕就下诏封你为妃，你的姐姐叫什么，朕也把她给封了。"

珍嫔说："我姐姐很善良，她叫瑾儿。"

"哦，也封她为妃吧。一个珍妃，一个瑾妃，宫中姊妹花，朕只爱你一个！"

珍嫔变成了珍妃，她好幸福。当光绪皇帝上朝后，珍妃坐不住了，她不是怕养心殿太冷清，而是担心脾气古怪的皇后会找她的碴儿，所以，珍妃离开了养心殿。

刚出宫门，她与皇后撞了个满怀。

"皇后吉祥！"

"是珍嫔呀，你怎么在这儿？"

隆裕皇后异常警觉，珍妃低下了头，她的脸上飞出了红霞。

隆裕皇后立刻明白了是怎么一回事儿，她醋意大发，面带愠色："珍嫔，瞧你的头发乱成什么样子，来，姐姐给你整一整。"

说着，她动手上来狠狠地抓了一下珍妃的头发，疼得珍妃直发抖："皇后，珍儿不敢劳你大驾，珍儿回宫便梳理，以后不敢再蓬头垢面了。"

珍妃流下了委屈的泪水，隆裕皇后在她背后狞笑："不懂得宫规就去多问问太后，我那个太后姑妈会慢慢教导你的。"

珍妃流着眼泪，一路小跑，跑回了自己的景仁宫，扑在床上大哭，哭得十分伤心。

坤宁宫里的皇后也在哭，她为自己备受冷落而哭。

永和宫里的瑾妃更在哭，今天一大早，她闲来无事便去景仁宫找妹妹珍儿闲聊，可是，景仁宫的宫女告诉她珍主子昨晚伴驾还未回。

瑾妃顿感恼怒。一母所生的姐妹二人，前后两顶轿子一起进宫，为什么皇上只召幸妹妹，却把姐姐冷落在一边！

一个男人与三个女人的故事永远离不开欢笑与悲哀，此时，光绪皇帝身边的一后二妃正处在这个境界之中。

不甘受冷落的隆裕皇后揩干了泪水，又去找她的坚强后盾西太后了。

"亲爸爸吉祥！"

西太后退朝回来，便令李莲英拿来笔墨纸砚，她想写几个字打发时光。刚静下心来想提笔挥毫，只见侄女隆裕皇后一脸苦相地走了进来。西太后放下毛笔，关切地问："今早不是请过安了吗？怎么，你有事儿？"

"亲爸爸，珍儿在皇上那儿赖着不走，亲爸爸要替孩儿做主。"

隆裕皇后落了几滴眼泪，西太后看了又心疼又生气，她又提起毛笔，写了一个字，然后说："这个'忍'字，就是心头插把刀，你怎么白读了那么多年的书？皇上现在只有两个嫔妃，你就吃起醋来了，若日后皇上纳他十个、八个妃子，你还不打翻醋坛子了。"

西太后白了她一眼，隆裕皇后羞愧地低下了头，西太后又提笔写了一个"福"字，然后说："你眉心藏痣，是有福（夫）之人，这个'福'字送给你，并送你一句话：有福之人不用忙，无福之人忙断肠。记住，不要和嫔妃争风吃醋，你是一国之母，谁也取代不了你！"

说罢，西太后转身进了卧房。

隆裕皇后上上下下、仔仔细细地揣摩了西太后刚写的"福"字，她自言自语道："是呀，我那拉氏是从皇宫大门正式迎娶进来的，你珍儿是从小偏门抬进来的，你无法和我比高低。我是皇后，管他皇上最爱谁，只要不动摇我的地位就行！"

光绪十五年夏，西太后忽感身上不适。自从光绪皇帝大婚后亲政以来，她便"归政"了。近三十年来，西太后的人生主调是争权夺权、坐稳大清的江山，如今突然清闲了下来，有些不适应。

起初，西太后很不放心，生怕光绪皇帝违背她的意愿。通过几个月的观察，她欣慰地看到自己一手培养起来的皇帝基本上能遵从她的意志，颇让她放心。

近来，西太后时常感到多梦厌食、心烦气躁，她令太医仔细会诊，结果是："老佛爷并没什么疾病，多梦厌食是心不宁静造成的，需静心调养才是。"

听了太医的忠告，西太后也想：对呀，我睡不安、吃不下，皆是一心惦着朝政造成的。我都五十多岁了，自从进宫以来就没停止过争斗，早年与嫔妃争斗，后来与肃顺争斗，再后来与恭亲王争斗、与皇后争斗、与亲儿子争斗。斗来斗去，死的死、亡的亡、罢免的罢免，我叶赫那拉氏总是胜利者。

我胜利了！可是，我得到的是什么呢？儿子带着憎恨离开了人世，恭亲王及醇亲王疏远我。我无非是得到了一个天下，现在还拱手交给了外甥载湉。还得到了一个皇宫，一个冰冷的、没有笑声的皇宫。

这个皇宫，我早就住够了。也许，宫外的人称它为人间天堂，可是我总觉得它像一座地狱，人在里面几乎要窒息。

这里除了只会称自己为"奴才"或"奴婢"的太监、宫女们，剩下的就是一群疯子一般争风吃醋的后妃们。她们把争宠放在第一位，一天到晚诽谤这个，嫉妒那个，一个个鼠目寸光，实在令人心烦。

该超脱了，颐和园早已竣工，那儿有山、有水、有柔和的风、有自由自在的天地，我何不驻跸颐和园，也享受一下人生的另一种境界。

突然间，西太后认为自己超脱了，她对光绪皇帝说："皇上亲政之后，尚能勤于朝政，臣民皆拥戴皇上，也不枉亲爸爸的精心栽培。如今，亲爸爸实感心累，欲住颐和园，皇上是什么意思？"

一听这话，光绪皇帝龙颜大悦，但他立刻又掩饰住了自己的感情，恭敬地说："亲爸爸教导孩儿多年，才有孩儿的今天，如果亲爸爸驻跸颐和园，只恐孩儿不胜重任。"

西太后温和地笑了一下，说："皇上不必担心，皇宫与颐和园这么近，来回十分方便，皇上可以每隔三五日便去颐和园给亲爸爸请安！"

"当然，孩儿也是这么想的。遇有重大朝政，孩儿一定向亲爸爸禀告，或许还要烦劳亲爸爸回宫处理朝政。"

光绪皇帝心想：只要慈禧太后能离开皇宫，远离朝政，他就可以大展宏图了。

西太后虽不十分清楚光绪皇帝的心思，但她也似乎意识到自己是光绪皇帝的羁绊。她一语双关，平静地说："皇上请放心，亲爸爸不会置你于不顾的。亲爸爸虽住进了颐和园，但心永远留在皇宫里，大清的天下是我们的天下，亲爸爸一定会关注皇宫的。"

西太后要移居颐和园，这对于光绪皇帝的后妃来说是个不小的震动。何去何从，她们必须迈开那关键的一步。隆裕皇后是西太后的亲侄女，进宫以后，西太后虽时常偏袒她，但光绪皇帝对她总是很冷淡。她在怨恨之余，时常在西太后面前告珍妃的状，西太后不止一次地教训过她，让她宽宏大度一点，不要总在小事上计较得失。

隆裕皇后心里很委屈，她觉得姑妈西太后不了解她。若太后进了颐和园，她留在宫里，光绪皇帝绝不会改变态度，不如随太后进园子，既可以接近太后，讨得太后的欢心，又不要看到皇上与珍妃亲亲热热的样子。与皇上的关系也许冷处理会好一些。

于是，隆裕皇后向西太后提出了请求："亲爸爸若住颐和园，孩儿愿随同前往。"

"罢了，你们小夫小妻的，亲爸爸不愿拆散你们。"

"不，亲爸爸年纪大了，身边需要有人服侍。孩儿一直愁着没机会，现在，正是孩儿尽孝的时候。"

西太后眉开眼笑，说："静芬啊，你的孝心，亲爸爸心领了。你的话让亲爸爸听了心里很高兴，如果在皇上面前也能这么甜言蜜语，恐怕你们小夫妻两个的关系不会那么僵。"

隆裕皇后最怕别人提及她受冷落之事，可是，专横的西太后揭了她的伤疤，她只能有泪往肚里咽，强颜欢笑："孩儿的孝心亲爸爸是知道的，并不是什么甜言蜜语，孩儿真的放心不下亲爸爸一个人住进园子。听说颐和园很大、很大，若没有孩儿陪伴，亲爸爸会感到孤独的。"

西太后一笑："还有小李子呀，那个奴才最会讲笑话，他常常逗得亲爸爸捧腹大笑。此外，那几只小猫、小狗也带进园子，天天看它们争斗也是一种乐趣。"

"亲爸爸，如此说来，你是不带孩儿去了？"说着，隆裕皇后挤下几滴眼泪来。

西太后一看，连忙说："别哭，别哭，答应你，还不行吗？"

隆裕皇后破涕为笑，她的计划完成了一半。

这时，瑾妃跪在西太后的面前也哀求道："瑾儿请求随太后、皇后一同住进园子。"

西太后一向不喜欢这个肥胖不堪，专门挑拨离间的瑾妃。她冷冷地说："起来吧，你愿意住在哪里都行。"

后妃三个人，只剩下珍妃没表态了。从心底讲，她不愿意陪同西太后住进颐和园，因为，她不愿意与亲爱的人分开。但是，皇后、瑾妃都表了态，她不能再保持沉默了。

"亲爸爸，孩儿请求也住进园子。"

西太后此时并不讨厌聪明伶俐的珍妃，相反，她还有些偏爱珍妃。有时，西太后冷静地想一想，总为珍妃叫屈。从珍妃的身上，她看到了自己当年的影子，珍妃的委屈，她一眼就看得出来，所以，平日里每当隆裕皇后告状时，西太后总是一言不发，她还算公正。

西太后笑了笑，对珍妃说："珍儿，你的孝心，亲爸爸心领了。但是，有皇后和瑾妃陪伴就行了，你留在皇宫里吧，皇上身边不能没有人伺候。只要你尽心尽力伺候皇上，亲爸爸也就放心了。"

"珍儿遵旨。"

珍妃如小鸟儿一样活泼，她来了个跪谢礼，姿势十分优美，逗得西太后直发笑："珍儿，怪不得皇上宠你，你的确很可人。"

西太后住进了颐和园，她除了带去了侄女隆裕皇后和瑾妃外，还带去了心腹太监李莲英等人。上上下下一百多人住进了颐和园，颐和园一下子热闹了起来。

西太后暂时忘却了朝政，她开始了悠然自得的宫外生活。

西太后从小就爱听戏，几十年来，她从未放弃过这一爱好。不过，以前在宫中总是听戏，并不参与演戏。如今到了颐和园，她忽感一身的轻松，便又来了戏瘾。李莲英从宫外请来了京城有名的戏班子，他打算让"老佛爷"大过戏瘾。

几出戏下来，西太后总觉得很不过瘾，好像伶人们发挥得不够好，听不出味儿来。

小李子一向善于揣摩主子的心理，他媚态十足地对西太后说："那个扮观音的人太死板了，若是换上了老佛爷一定好极了。"

西太后哈哈大笑："你是说哀家长得似观音？就你的嘴巴甜如蜜，专拣我爱听的话说。"

小李子来了劲儿，神气十足，说："哪儿是奴才嘴巴甜，分明是老佛爷就是再世观音。老佛爷肯赏脸的话，扮上观音，奴才一定扮童子，园中定能上演一出好戏。"

西太后有些犹豫，隆裕皇后笑着点头，瑾妃拍手应和。西太后为难地说："哀家从未演过戏，行吗？"

在众人的鼓励下，西太后穿上了戏装，小李子为她上了妆，拿过西洋镜一照，西太后心里乐开了花。镜子里的人儿哪儿是威严的皇太后？分明是慈眉善目、和蔼可亲的观世音菩萨。

西太后笑着问："小李子，像吗？"

李莲英上上下下、仔仔细细打量了一番，拍手称赞："观世音菩萨！好一个活菩萨啊！"

隆裕皇后和瑾妃等人也赞不绝口，西太后有些飘飘然了。在众人的簇拥下，她演观音，小李子扮童子，主仆二人配合默契，也颇动人。

卸了装，西太后笑眯眯地说："这下儿，哀家真过了戏瘾了。原来听戏有乐趣，演戏更有乐趣。"

李莲英不失时机地逢迎主子："老佛爷哪儿是演戏，分明就是菩萨在世。只要老佛爷开心，奴才永远给老佛爷当童子。"

"小李子，你的扮相还真不错，上了妆挺漂亮的。"

说着，西太后情不自禁地抚摸着小李子的脸颊，感叹道："只可惜你不是个女娃儿，若是个女娃儿，一定长相俊美。"

小李子跪在西太后的面前，像一只温驯的哈巴狗。

"主子，奴才还真有一个妹妹，今年十六岁了，她长得比奴才俊多了。"

"哦，你有个漂亮妹妹？"

小李子点了点头，西太后猛然想起什么似的，问："你的小妹可曾许配人家？"

"没有，爹娘很疼爱她，不愿让小妹到夫家受气。"

西太后叹了一口气，自言自语道："再娇的女儿都要离开爹娘，女人嫁了人才有了归宿。"

小李子心里高兴极了，他壮了壮胆子，说："求老佛爷给小妹赐婚！"

西太后哈哈大笑："让老佛爷当媒婆，哈哈哈……小李子，亏你想得出来。"

小李子见太后并不恼怒，他的胆子更大了，脱口而出："奴才把小妹带进园子请太后看一看，成吗？"

西太后未作考虑，顺口说了句："反正园子里也不在乎多养一两个人，就让她进园子吧，让老佛爷瞧一瞧，她究竟有多漂亮。"

得了这话，小李子心花怒放，三天后，李莲英之妹进了颐和园，人们都称她为"李姐儿"。李姐儿虽不像他哥哥李莲英描述的那么漂亮，但人也不丑。大大的眼睛、小小的嘴巴、乌黑的亮发、白皙的皮肤，十六岁，正是一朵鲜花盛开的季节，充满青春的朝气。

西太后一看，夸赞了一句："小李子，你妹妹长得的确比你漂亮多了，水灵灵的，像一朵水莲花。这样吧，先留在哀家身边，不急着找婆家。"

李姐儿在西太后身边颇得西太后的欢心，她聪明伶俐，善于察言观色，伺候得老佛爷开开心心。

小李子见西太后很喜欢自己的妹妹，便见机进言，希望西太后能成全他的心愿，把妹妹赐给皇上。小李子跪了下来，向西太后磕了三个响头，西太后总算答应了他。

当光绪皇帝携珍妃进园子向西太后请安时，西太后把李姐儿硬塞给了他：

"皇上，这位姑娘是小李子的妹妹，她心灵手巧，十分可人，皇上宫里也缺宫女，带回去吧。不要让她干粗重的活计，陪陪皇上和珍儿就行了。"

十六七岁的大姑娘养在深宫，又不让她干活儿，这不明摆着吗？此时，光绪皇帝与珍妃正浓情蜜意，他岂能容忍"第三者插足"，他马上回绝了太后。

西太后拉着皇上的手，有些慈母的样子，说："皇上，你与珍儿相亲相爱，亲爸爸心中十分高兴，只盼珍儿早日生下皇子，让亲爸爸尽享天伦之乐。不过，也别做得过分了，不断从宫里传来消息，说皇上和珍儿双宿双飞，皇上用膳时竟亲自为珍儿夹菜，皇上临朝时也手挽珍儿不肯松手。有这等事儿吗？"

光绪皇帝心中一惊："朕与珍妃之事她全知道，这说明朕的一举一动都瞒不过她，万一李莲英的妹子再到朕的身边，朕岂不是更在老佛爷的控制之下？到那时，朕一点自由都没有了。"于是，光绪皇帝坚决推辞："既然李姐儿懂事可人，就留在亲爸爸身边吧。"

坐在一旁的隆裕皇后一直没出声，当她听到西太后硬塞给皇上一个女人时，她心里直叫苦。一个珍妃就够她头疼的了，若再来个什么"李妃"，她岂不更受冷落！她的泪水一直在眼眶里打转转。突然，她又萌发了一个念头：帮助老佛爷把李姐儿硬塞进宫，让李姐儿去和珍妃争风吃醋，那时，她就能渔翁得利了。

想到这里，隆裕皇后坚决站到了西太后一边，她显得很大度："亲爸爸的心意，皇上就别推辞了，皇上身边多一个人照顾，才让人放心呀！"

光绪皇帝狠狠地瞪了皇后一眼，无奈之下，便带回了李莲英的妹妹。

自从李姐儿到了养心殿，西太后便多了一个耳目，光绪皇帝与珍妃的一举一动全逃不过西太后的"耳目"，光绪皇帝甚感苦恼。

西太后住进了颐和园后，把皇宫的金银库房也交给了光绪皇帝。

一日，光绪皇帝清点库房时，突然发现一个精致的木匣子里装有上万颗珍珠。那上等的贡品晶莹圆润、光彩夺目，他灵机一动，计上心来：让宫中的工匠把珍珠用白丝线穿上，做成一件珍珠披风送给珍妃。

光绪皇帝的突发奇想很快变成了现实。珍妃手捧由上万颗珍珠串成的披风时，高兴极了，但也有些顾虑："皇上，这件披风太漂亮了，但如果太后知道这件事，她会不高兴的。"

光绪皇帝安慰她说："只要珍儿高兴，朕就高兴，太后不会知道的。若太后令人查起这件事，便把它拆了，珠子放回库里不就得了。"

珍妃小心翼翼，不敢公开披上珍珠披风，只是在光绪皇帝的卧房里偶尔披一披，不承想还是被李姐儿看见了。

李姐儿自从到了养心殿，她后悔极了，光绪皇帝从不搭理她，别说宠幸了，恐怕连给皇上端洗脸水都没资格。她意识到他们兄妹失算了，不是任何一个女人都能打动皇上的心，她没有珍妃那样的福气。

大半年以后，李姐儿彻底心灰意冷了，由后悔转为妒恨。她要利用便利条件抓住珍妃的把柄，通过哥哥李莲英，在西太后面前狠狠打击一下珍妃。

这一天，李莲英悄悄地对西太后说了些什么，只见西太后脸色一沉，追问：

"真的吗？皇上胡闹到这种地步？珍儿这么不检点？"

"老佛爷，奴才敢撒谎吗？这是我小妹亲眼所见，宫中都传开了，说皇上宠爱珍主儿，珍主儿娇纵万分，怂恿皇上打开库房，拿出珍珠做披风。"

"他们也太气人了。"

"老佛爷，您想想看，大清皇宫有过先例吗？别说当年的母后皇太后没穿过这等衣服，就是老佛爷您也从未想过呀！"

小李子早已摸透了西太后的脾气，她最怕别人激，别人一激，她就生气。

西太后坐不住了，她谕令："小李子，即刻回宫！"

"嗻！"

养心殿里，珍妃正摆弄着一架新照相机，突然，太监王商气喘吁吁地跑了进来，惊叫："珍主子，不好了，太后回宫了！"

珍妃大惊，她猛然想起了那件披风，连忙说："快叫几个宫女来，大家赶紧动手拆披风。"

她的话刚落音，三四个贴心宫女便上前动手拆披风，拆的拆、捡的捡、装的装，不一会儿，珍珠披风变成了零散的珠子。

珍妃令王商把珠匣子藏好，然后说："快去请皇上打开金库，把匣子放回原处千万别让太后的人看见了。"

王商慌慌张张地出去，西太后紧接赶到，珍妃满脸通红地跪迎西太后："亲爸爸恕罪，珍儿不知亲爸爸驾临，有失远迎。"

西太后并不理睬珍妃，她气呼呼地坐在红木椅子上，说："皇上听朝去了，珍儿怎么不回景仁宫呀！"

珍妃小声辩白："皇上说下朝回来总感寂寞，不让珍儿回去，请亲爸爸恕罪。"

西太后令宫女、太监全退下，室内只剩下西太后、隆裕皇后和珍妃三个人。

西太后语重心长地说："珍儿，亲爸爸一直很偏袒你，可你太不检点，一天到晚缠着皇上。万一拖垮了皇上的龙体，大清的江山谁来支撑呢？"

珍妃默默地流泪，西太后顺手捡起脚边的一颗大珍珠，说："有人说皇上宠你，做了件什么珍珠披风，亲爸爸不信，亲爸爸相信你们不会如此胡闹一气。"

说罢，她将珍珠放在珍妃面前的案几上，扬长而去。

西太后走后，珍妃只能暗自流泪。

披风事件很快平息了下来，如惊弓之鸟的珍妃再也不敢向皇上要求什么了，她只求平平安安伴着心爱的人儿，幸幸福福地过上一辈子。

光绪皇帝退朝后，仍强留珍妃在养心殿陪伴着他。这一阵子，光绪皇帝迷上了照相，他令人从宫外买了一架照相机，并和珍妃一同研究照相技术。珍妃进宫前，她曾玩过照相机，现在，她充当光绪皇帝的"师傅"，为皇上拍了不少照片，还让王商到宫外去冲洗出来。光绪皇帝看过照片，大声惊叹："奇了，好端端一个人变成了小画片，洋人真会想点子，太妙了！"

珍妃温柔地说："洋人的确有可取之处。珍儿前些年读过一本书，是英国人赫胥黎的著作，叫《进化论与伦理学》，书中的道理很深。"

光绪皇帝出于好奇，便问："外国人写书，他们讲了什么道理？难道比华夏的孔孟之道还深刻？"

珍妃嫣然一笑，回答道："不是一回事儿。华夏的孔孟讲的是传统教育学、伦理学，而洋人讲的是科学，是人类进步的科学。"

从珍妃口中吐出"科学"一词，光绪皇帝觉得很新鲜，此时，他还弄不懂什么是"科学"。他问："爱妃不妨解释一下，朕一点儿也不懂。"

珍妃耐心地解释道："那本书讲的是人类在不断进化，进化中势必优胜劣汰；强者必胜、弱者必败。珍儿读了，觉得很有道理。"

光绪皇帝认真地听着，自言自语道："对，强者胜，弱者败，我大清若不自强，只恐会被列强吞并。"

"皇上，你好明理，珍儿因有皇上而感到幸福。"

光绪皇帝将爱妃揽进怀里，坚定地说："我大清须自强，国泰民安，朕安安稳稳坐天下，一生一世只爱珍儿一个人。"

两个相爱的人亲热了一阵子后，光绪皇帝问："那本书，你从哪儿弄到的？"

珍妃想了想，答道："是珍儿的师傅文廷式从康有为处借的，康有为这个人，珍儿并不认识。《进化论与伦理学》是洋文，即使皇上得到那本书，也看不懂呀。"

"没关系，朕可以把康有为召进宫，让他讲读给朕听。"

光绪皇帝虽然性格内向，但他也有性急的时候，自从听说了"康有为"这个名字，便不能忘怀。

第二天，他问师傅翁同龢："爱卿认识康有为吗？"

翁同龢猛地一吃惊，问："皇上为何突然提起他？"

"珍妃提及过他。"

"认识。康有为，广东南海人，此人很有些激进思想。"

"朕正渴求这样的人。"

"皇上，朝廷上下早已流传帝党与后党暗地争斗之说，皇上此举更应三思啊！"

"朕谢谢师傅提醒。不过，朕不怕，管他什么帝党与后党，朕一心想富国强兵，为我大清振兴就是好党。"

颐和园里的西太后一刻也没放松对皇宫里的光绪皇帝进行监控，从朝廷大事到生活琐事，她都不允许光绪皇帝有自己的主张。而血气方刚的天子岂能容忍？

很快，西太后与光绪皇帝的矛盾暴露了出来。双方各有一定的实力，西太后的追随者主要是李鸿藻、徐桐等三代老臣，他们抱着"祖宗家法"僵尸不放，竭力维护西太后的利益，又称"后党（李党）"。另一种势力显得弱一些，那些人坚决站在年轻的天子一边，他们的思想要活跃一些，能接受西方思想，愿意向西方学习，以求富国强兵之路。这一派以翁同龢、潘祖荫、沈文定等人为代表，人称"帝党"。

帝党的成员多是清流派的人物，他们多恃才自傲，不求高官厚俸，所以，实力不如后党。一贯善弄权术的西太后明里归政住进了颐和园，暗里却操纵着实权，这使光绪皇帝大为恼火。

两人关系一天天恶化。

西太后与光绪皇帝的正面冲突是在西太后六十大寿之际发生的。光绪二十年，公元一八九四年，西太后六十大寿，一个风云突变的艰难岁月，这一年夏，爆发了中日甲午战争。

光绪二十年春，颐和园里一片喜庆的气氛，大家为太后六十大寿庆典而忙碌着，西太后更是热心于这次庆典活动。早在两年前，她就谕令礼亲王世铎、庆亲王奕䜣等人筹备这次庆典活动。这两位亲王都是皇室旁支，因恭亲王被罢免，朝中无贤才，无奈之下，西太后才起用他们。

世铎与奕䜣是后党的忠实之徒，他们无德、无才，但却善于逢迎西太后，以至于一路平步青云，由郡王晋升为亲王。

这次西太后过六十大寿，他们不愿放过这个奉迎、巴结西太后的好机会，格外卖力地准备着一切。

光绪二十年四月初，西太后召见光绪皇帝时，她听到了一个令人吃惊的消息：日本军队攻占了朝鲜，朝鲜向大清国求救。当时，她并未放在心上，她唯一关心的是六十大寿庆典。

可是，光绪皇帝却忧心忡忡地说："亲爸爸，朝鲜是大清的属国，唇亡齿寒，朝鲜已求救于大清国，应立刻援助才对。"

西太后沉吟了一下，说："令李鸿章的北洋舰队去援助吧！"

光绪皇帝马上问："军饷不足，从何而补？"

西太后一拍案几，怒声问："皇上总不至于要减少大典之礼吧！"

光绪皇帝低头不语，望了望西太后，发现"亲爸爸"的脸色很难看，话到嘴边，又咽下了。

光绪二十年六月二十三日，即一八九四年七月二十五日，中日战争爆发。这场战争来得并不突然，年轻的天子早料到会有这一天。当日本军队侵略朝鲜之时，光绪皇帝便明确了立场，坚决站在朝鲜一边，令李鸿章派船只前往仁川、汉城，以保护华商为名，援助朝鲜抵抗入侵的日军。当清军雇用的英国商船"高升"号满载清兵及军需物资到达丰岛海面时，日军击沉了"高升"号，并重创"济远"号，掳走了"操江"号。

消息传到清廷，光绪皇帝怒不可遏。他龙颜大怒，拍案而起，决定对日宣战，甲午战争正式开始。

战火已燃起，仗非打下去不可。西太后此时很恼火，她觉得光绪皇帝太不冷静，在没有与她商议的情况下，擅自发出谕旨对日宣战，这一定会影响她的六十大典。可是，这种恼火，她说不出口！

战火愈燃愈烈，大寿之日愈来愈近，西太后与光绪皇帝各干各的事情，一个忙着去打仗，一个忙着搞庆典，七月至八月间，两个人谁也没有顾及到对方。可是，军饷不足的大清朝何以对抗早已有所准备的日本帝国？敌人有备而来，清军仓促应战，其结果是可想而知的。北洋舰队的海军提督丁汝昌率北洋舰队与日军展开了激烈的战斗，结果被日军打得惨败。

消息震惊了清廷，西太后一个劲儿地埋怨光绪皇帝，说："我朝无力与敌人抗衡，皇上难道不知道这一点吗？"

大清的天子载湉一手拿着李鸿章的奏折，一手抹着眼泪，说："亲爸爸，孩儿乞求您读一读李鸿章的折子，这折子里讲得太感人了。"

西太后接过折子，读罢，她沉默无语。光绪皇帝沉痛地说："我大清朝不乏英勇之壮士，只缺军饷之银两。亲爸爸，甲午海战，涌现出多少仁人志士，难道不令人感慨万分吗？"

西太后脸色铁青，她当然明白皇上的用意，黄海海战失利，她不可能无动于衷。自咸丰末年八国联军火烧圆明园以来，中日甲午战争是清军最惨痛的一战。政治上一向异常敏锐的她也不能不惊骇了，她急切地问："李鸿章的舰队武装了近二十年，他养了一群饭桶吗？"

"不，亲爸爸，从海战指挥看，北洋舰队训练有素。只是由于多年来未购置新舰，原来所购舰上炮台早已陈旧，加上军饷严重缺乏，士兵仓促应战，怎能打胜仗？！"

西太后沉默不语，她忘不了为了修建颐和园，一次次挪用海军经费，也忘不了为了六十庆典，前几个月又将海军经费扣留。今日海战失利，西太后无言以对。

光绪皇帝见西太后沉默无语，他犯颜直谏："亲爸爸，国难当头，颐和园不能再建了，庆典活动也应立即取消，挪出经费以充海军。"

西太后闻言，刚才的内疚一扫而光，她勃然大怒了！她万万没想到亲手养大的皇帝今日会如此冲撞于她，竟把海战失利的责任全部推到她的头上，她岂能容忍？

西太后霍地一下站了起来，那架势一点儿也不像六十岁的老妪，她叫道："皇上言重了吧！建一个颐和园与海战失利有必然联系吗？六十庆典为何要取消？哀家能有几个六十大寿？皇上，你太不孝顺了。"

说罢，她"呜呜"大哭起来，弄得光绪皇帝一时不知如何是好。本来，西太后祈盼着皇帝在风光秀丽的颐和园为她举行六十庆典活动，看来，计划要落空了。而且，光绪皇帝的言语中带有指责她的意味，她又气又恼，便以哭泄气。

"亲爸爸，孩儿如有冲撞之处，还请亲爸爸原谅。"

西太后抹了一把眼泪，为自己掩饰："人老了，总怕冷清，原想趁大寿庆典热闹热闹。既然战事失利，大家心里都不好受，庆典就不在颐和园举行了，不过，宫中庆典不能少！"

光绪皇帝总算取得了一点点胜利，他一方面积极应战，一方面亲自筹备宫中举行的庆典活动。作为天子、作为人子，他心里痛苦至极。虽然朝廷上有一部分主战派，但围绕在西太后身边的一群主和派的势力更强大，光绪皇帝斗得过西太后吗？

西太后作出了初步的让步，光绪二十年八月二十二日，她谕令："着由宫中节省项下发出内帑银子三百万两，交由户部陆续拨用，以收士饱马腾之效。"

四天后，又谕令："所有庆辰典礼，着仍在宫中举行。其颐和园受贺事宜，即行停办。"

光绪皇帝因海战失利，悲痛万分，但是，"亲爸爸"的六十庆典，又非举行不可。作为继子，他要在这次庆典活动中表现出孝顺与恭敬，使西太后一百个满意。

九月二十日，海战战况恶化，光绪皇帝向西太后报告了这一情况，他希望西太后能识大体、顾大局。

不承想，西太后尚未听完奏折，就不耐烦地打断了皇上的话，声音低沉地说："战不过日寇，那就求和吧。皇上，亲爸爸寿辰典礼之前，不要再报告战况了。亲爸爸老了，想高高兴兴过大寿，从明日起，各王、公、大臣及外省地方进贡物品陆续进宫，呈进时一律进福华门。"

光绪皇帝忧郁地说："国家正值多事之秋，能不能取消进贡？"

"不能！"西太后的态度很坚决，连一点回旋的余地也没有。

光绪皇帝什么也没有说，大殿之上，他令御前太监宣读了寿辰进贡谕令，然后默默地退朝了。

丹墀下，大臣们议论纷纷：

"太后六十大寿，庆典不可减弱！"

“太后三十年支撑着大清的江山，如今过六十大寿，寿辰庆典不算过分。”

“国家正值危难之时，不应大肆铺张。”

“打仗没有银两怎么行，省下些银子扩充军队，以后再补办庆典也行啊！”

……

这些话很快传到了西太后耳里，她一句也不往心里记，她只是笑了一下，说：“任他们去说吧，该进贡的还得进贡、该祝贺的还得祝贺。”

九月二十八日，西太后写了一幅幅“福”或“寿”字赏给每个进贡者。

十月初六，西太后召见了几位军机大臣，对他们说：“从明日起，众爱卿都不用上朝了，在宫中听戏三日，赏早点一份、午膳一餐、晚点一份，另赏糖果一碟、奶饼一碟、水果一碟、锦缎一匹。”

受制于西太后的这几位趋炎附势者听罢，个个磕头谢恩。

朝廷文武百官个个被西太后牵着鼻子走，他们除了叩头与赞颂，几乎没有人去关心一下前方的战事。

光绪皇帝无力扭转这个局面，只好机械地带领群臣向西太后行三跪九叩之礼，祝福“老佛爷”：“万寿无疆！万寿无疆！”

西太后在众人的簇拥下，在皇极殿完成了她的六十大寿庆典。光绪皇帝还亲自手捧贺表入宁寿门，将贺表交给内侍，再退出门，率众人跪拜皇太后。

西太后容光焕发，端坐在太后椅上，接受皇帝及王公大臣的贺拜。她声音洪亮，向众人宣布：“感谢皇帝恩典！众爱卿免礼平身！”

贺拜之后，西太后赏众人皆去听戏。许多人谈笑风生，脸上挂着笑容，随西太后而去。

大清的皇帝载湉满面忧愁，他的师傅翁同龢最了解他的心。翁同龢低声说：“庆典热浪就快要掀过去了，皇上这些日子也不容易，国事家事事事烦心，臣能理解皇上的苦衷。”

“师傅，太后的威力如此强大，朕能干出一番事业吗？”

“皇上，千万不能灰心丧气。自古以来成大业者多艰难，皇上是一国之君，只要有坚忍不拔的毅力，臣相信皇上早晚有一天成大业！”

“师傅，谢谢你的鼓励！朕不是孤独无助的，朕有师傅的支持，有众多有识之志的相助，朕一定能披荆斩棘、勇往直前。”

翁同龢注视着年轻的天子，捋着胡须，露出了一丝笑容，他十几年的心血没有白费。他亲手教导了一代君王，当然希望这个君王能有一番作为。

庆典过后，清军大败的消息传来，西太后一味求和，她对外国人有种恐惧的心理。在众王臣的呼吁下，西太后决定重新起用恭亲王奕訢，派他“内廷行走”，并管理总理各国事务衙门事务、总理海军事务。可是，几经挫败的恭亲王已没了当年的锐气，加之体弱多病，这次"出山"，奕䜣显得缩手缩脚，唯命是从，他简直成了西太后的代言人，也积极主张求和。

围绕在西太后身边的一群主和派还有许多掌握实权的人物，首先是北洋大臣李鸿章，他手中掌有重兵。然后是孙毓汶、徐桐等人，这两个人奸诈、狡猾，一直帮助西太后打击以光绪皇帝为后台的主战派。一时间，前线海面上炮声不断，后方皇宫里唇枪舌剑，围绕"战"与"和"展开了一场激烈的斗争。

一过六十大寿，西太后便安坐不住了，她从颐和园搬回了皇宫，暂住修缮一新的储秀宫，原来的住处长春宫狼藉一片，西太后连看也不愿看一眼。在储秀宫西暖阁，西太后召见了帝师翁同龢。她深知翁同龢坚决和光绪皇帝站在一边，积极主战，所以，这一次她想利用这次事件挑拨翁同龢与光绪皇帝的关系。如果挑拨成功，光绪皇帝将失去有力的支持，他的"主战"很快便偃旗息鼓。

"翁师傅，不必拘礼。哀家有事相商，特请翁师傅前来议一议。"

今日，西太后召见，老谋深算的翁同龢一下子就猜出了七八分。他恭敬地说："太后赐教，臣洗耳恭听！"

西太后打量了一下翁同龢，她的声音很温和："爱卿教导皇帝多年，哀家十分感激。爱卿对大清的衷心，先帝在天之灵为之感动。"

翁同龢下跪，感谢西太后的赞誉。

西太后停顿了一下，她清了清嗓子，接着说："目前日本挑衅我大清，大清臣民奋力抗敌，其英勇故事可歌可泣。可是，我大清军械装备不及小日本，加之国内连年发生灾害，国库早已空虚，这个仗不能再打下去了！"

"太后，前方官兵同仇敌忾，虽我方损失惨重，但士气并不低，此时求和，还应三思！"

"哀家早已思虑一番，求和也是为了保住大清的江山，保障清军主力不受损。哀家的苦心，你应该体会得出。"

"请太后三思！"翁同龢的脸色很难看，但他又不敢直接顶撞西太后，只有静静地听下去。

只听西太后叹了一口气，低声说："哀家派爱卿立刻赴天津，传谕至李鸿章，让他尽快托俄国公使出面调停、议和。"

翁同龢脱口而出："去哀求俄国公使做和事佬，这有失国体吧！"

西太后微怒，问："李鸿章总不能直闯日本公馆吧，请俄使出面调停有什么不好呢？"

翁同龢无语，他正想退下去，西太后又开口了：

"这件事情暂时不要告诉皇上。皇上日理万机，龙体欠安，不要再让他烦心了。"

翁同龢心里想：好毒的一个妇人！你卖国求荣还拉我下水，你明明知道皇上是积极抗战，这会儿派我去疏通李鸿章，并要求我隐瞒皇上，这不明摆着挑拨我们君臣关系吗？

翁同龢仗着自己在朝廷上的特殊身份，他暗中尚敢违背西太后。刚离开储秀宫，便径直到了养心殿，把西太后的懿旨全部告诉了光绪皇帝。

光绪皇帝一听，肺都快气炸了。他愤慨至极，说："太后如此行为，我大清国将不国！"

翁同龢进言："皇上，太后谕令臣传旨与李鸿章，李鸿章得不到皇上的默许，他不一定敢去议和，因为他也不愿自己被国人唾骂。只要皇上不表态，他万万不敢擅自行动的。"

光绪皇帝点了点头，握住师傅的手，说："爱卿，朕的心思你最清楚，朕是一国之君，朕要维护大清的利益，积极主战。以日本国的情况看，短时期的火力猛攻，或许他们占上风，但若要打持久战，还是我大清的实力雄厚。"

翁同龢安慰道："无论发生什么事情，臣永远追随皇上。"

"谢谢师傅！"

光绪皇帝非常感动，在民族危难之际，他最信赖的人坚决和他站在一起，他的心理上得到了莫大的安慰。

果然不出光绪皇帝师徒所料，北洋大臣李鸿章得到西太后的谕令后，他立刻进京要求觐见皇上。光绪皇帝避而不召，他又求见西太后，西太后趁机召见了众王臣。

在场的除了李鸿章之外，还有恭亲王、翁同龢、李鸿藻、孙毓汶、徐桐、奕劻等重要人物，唯独没有大清的皇帝。

西太后在众人面前表了态，她主张求和！

恭亲王奕䜣本来就犹豫不决，站在民族大义的立场上，他主战；站在保全自己，讨好西太后的角度上，他主和。当西太后明确表态后，他也表示了求和主张。

光绪二十年十月二十五日，闻报旅顺失守，西太后惊惶失措，她一方面督促李鸿章积极和谈，一方面谕令恭亲王与美国人接洽。因为，俄国公使虽一再表示愿意充当"和事佬"，促使日本停战，但他们实际行动十分缓慢。西太后意识到俄国人在冷眼观战，两败俱伤以后，他们想从中得渔翁之利，气得西太后直骂。

光绪皇帝对西太后一忍再忍，他坚决反对西太后的求和主义。当西太后指责他不怜惜清兵的性命时，他龙颜大怒，但强忍着不去发作，他尽量使自己的语调平缓一些："亲爸爸，朕为一国之君，每一个子民的性命，朕都怜惜，可是，能战不能和！战，振我大清国威；和，扫我大清威风！再者，此时已进入冬天，倭人不适应寒冷的海风，一定病倒不少，此时正是我大清发起攻势的最好时机。此时谈什么'和谈'？孩儿乞求亲爸爸三思！"

"皇上，这些还用得着你来教吗？难道亲爸爸想'和谈'？这是形势所逼呀！继续打下去，清兵损伤惨重，万一英、法、俄、美联合起来，趁我东南沿海及西南、西北等地空虚之机，来个猛虎抓小鸡，岂不更糟？"

"亲爸爸之言虽很有道理，但朕还是不能接受。战争才开始不久，便乞求和谈，于祖宗、于国人都无法交代！"

"哼！士兵死伤惨重就有法交代了？！"

西太后一扭身子，不愿意再搭理光绪皇帝，光绪皇帝只好默默地离开了他的"亲爸爸"。

毓庆宫里，以翁同龢为首，早已聚集了许多主战派的人，他们把皇帝的上书房当成了"战时议事厅"，大家你一言、我一语地就议论开了。

主战派中情绪最激昂的当数高燮曾，身为御史的他早已识破西太后的阴谋，慷慨陈词："太后挟私朋比，淆乱国是，若如此继续下去，朝廷将陷入一片混乱。"

翁同龢比所有的人都看得清楚，自从中日甲午战争以来，西太后又从幕后走到了前台，她频频召见朝臣，所颁谕令根本不需要征询光绪皇帝的意见。对此，帝师翁同龢早有意见，可是，他的政治经验十分丰富，他深知毓庆宫里到处都有西太后的"耳目"，万万不可乱发牢骚。他将着胡须，低声说："臣等可联名上奏太后，请求太后三思而后行。"

另一位主战派右部侍郎志锐，他是珍、瑾二妃的哥哥。他年轻气盛，很看不惯西太后外倚李鸿章，内用孙毓汶、徐桐等人，不顾后患、求和卖国的无耻行径，他愤愤地说："翁大人，你太温和了，对于太后周围的这些奸佞小人应坚决铲除。太后不用三思，她比谁都清楚所谓'议和'，无非又是一个丧权辱国的条约。"

光绪皇帝一听这话，他连忙用眼神示意"大舅哥"志锐，令他不要说下去。可是，志锐太激动了，他发话犹如"机关枪"，一梭子子弹发了出去，就收不回来。他针砭时弊，抨击主和派，说得高燮曾拍手叫好，说得光绪皇帝叫苦不迭。

三天后，西太后对光绪皇帝说："瑾、珍二妃有祈请干预朝政之行为，皇上不能包庇她们，应立刻下诏降二妃为贵人。她们须闭门思过，否则，打入冷宫。"

光绪皇帝一下子明白了，一定有人把二妃兄长志锐的话传给西太后听了，西太后一怒之下便拿二妃"开刀"。光绪皇帝为心爱的珍妃求情，却无济于事。

第四天，西太后召见了孙毓汶、徐桐、翁同龢等人，宣布即刻撤上书房，也就是把光绪皇帝等主战派的"议事大厅"给捣毁。

消息很快传遍了京城，京城里议论纷纷，尤其是主战派，人人义愤填膺，大有示威游行的趋势。

恭亲王得知这一消息后，连夜求见西太后，认真地说："老佛爷请息怒！听臣一言：上书房不能撤。皇上主战颇得民心，如今撤了上书房，等于说惩治了皇上，恐怕会激起民怨的。"

西太后固执己见，她根本听不进去恭亲王的劝告。

恭亲王无奈，摇头而诵："君，舟也；人，水也。水能载舟，亦能覆舟。"

说罢，他后退告辞。

西太后猛然说："老六，请留步！谢谢你的提醒，哀家一时生气，才谕令撤上书房。既然民有怨声，不撤好了。"

恭亲王露出了满意的微笑。

此时，西太后深深地意识到光绪皇帝的君威已远远盖过她的威风，这不能不叫她深思。

二妃事件及上书房事件刚刚平息，御史安维峻又上了一折，奏折中说：

"李鸿章身为北洋大臣，不在前线浴血奋战，却跑到俄国人那里求救，这是辱国之行为，应当受到严惩。李鸿章不但误国，而且卖国，这种奸党小人不容逍遥法外。"

所有的人一看就明白，安维峻借指责李鸿章而批评西太后。西太后岂能容忍？她立刻将安维峻革职，发往军台效力赎罪。

西太后打击了一个个主战分子，把光绪皇帝驾空了，最终目的就是让李鸿章、恭亲王二人顺利地与俄使、美使接洽，以尽快与日本议和。

光绪二十一年（1895年）三月，这是一个特别凄凉的春天，到了春季花不开，凄风苦雨、冷风瑟瑟。

养心殿里的大清皇帝痛苦地自言自语："签？还是不签？"

他知道，一旦签署了李鸿章与日本人伊藤博文议定的《马关条约》，他爱新觉罗·载湉就将成为举国唾骂的昏君。不签吧，战火立刻又要燃起来，他的"亲爸爸"会再次兴师动众、不依不饶。

面对强大的压力，光绪皇帝深思了一夜，最后，他扬起朱笔起拟谕令。事后，他将朱笔折断并掷向地上。

大清的天子很少流泪，今天，他泪流满面，伏案痛哭："朕无能，愧对列祖列宗，愧对大清的臣民。"

养心殿里，太监、宫女们没有一个不陪皇上流泪的。珍妃悄悄走向光绪皇帝，她也哭肿了双眼。她想安慰皇上几句，可是，话到嘴边又咽了回来。

光绪皇帝拉着珍妃的手，痛苦地说："珍儿，身为天子，朕不能捍卫国家领土完整；作为男人，朕不能保护心爱的女人。朕好难过，好难过……"

中日甲午战争以清军失败而结束。在西太后的暗中支持下，李鸿章、孙毓汶、徐桐等人疾呼议和，光绪皇帝虽极力主战，但终究敌不过手握重兵的西太后，他被迫答应签订《马关条约》。签约后他痛心疾首，仰天长啸。一连三天，他滴水未进，一想起《马关条约》中的不平等条款，就泪如雨下。

光绪皇帝挥泪签约后，在京的一百多名大小官员纷纷上奏朝廷，要求废约。可是，他们的奏折全被军机处扣留了。恰巧此时京城聚集了一千多名来自全国各地的举人，他们正准备一年一度的会试。签约消息传开后，他们议论纷纷，有的甚至是痛哭流涕。

其中有一个人，他慷慨陈言，痛斥李鸿章等"后党"的无耻卖国行径，呼吁大清皇帝猛醒，拯救中国于危难之中。

这个人便是康有为！

在爱国志士康有为的号召下，京城一千三百多位举人联名上书朝廷，要求废除《马关条约》。他们还提出了改革政治的要求，建议将赔款转为战争经费，暂时迁都上海，与日本人斗争到底。

可是，康有为等人的两次上书均未到达光绪皇帝的手中。

当光绪皇帝得知后，他震惊了。这么大的事情，身为一国之君的他竟一点儿也不知道！西太后始终装作什么事也没发生，暗中操纵着一切。

光绪皇帝诚请老师，想见康有为一面。

翁同龢沉思了一下，说："皇上近日内不可能见到康有为，大清祖制：四品以下不得入朝觐见。不过，臣可以想方设法让康有为再上书朝廷。"

"爱卿尽快着手办理此事。"

"嗻。"

很快，康有为的《上清帝第三书》通过翁同龢之手秘密传到了毓庆宫。光绪皇帝急切地读着。读完后，他望着窗外飘落的柳絮，感慨万分："朕亲政已六年有余，从未见到如此大胆陈言的人。历史惨痛的教训告诉朕：那些昏庸之徒不可用，此等明智之士须重用。"

"皇上，康有为只是个工部主事，他官职太低，怎能重用？"

"官位是朝廷给的，朕可以让他立达二品。"

翁同龢直摇头："不妥，不妥！皇上事事应禀告老佛爷，万万不可擅自行动。"

"朕是皇上，早已亲政多年，难道亲爸爸她还要野蛮干涉？"

"皇上，小心为好。"

光绪皇帝无奈地点了点头，他说："此上书誊录副本三份，一份立刻送到太后手里，一份存放乾清宫，一份送与军机处。让太后仔细读读，或许她与朕也有同感。"

不久，西太后便读到了康有为的上书。当她得知公车上书的发起者就是这个康有为时，便派恭亲王密切监视皇上的行动。

维新天子谋变法，守旧慈禧三垂帘

在面对维新力量的时候，西太后与恭亲王又达成了一致。在政治生涯中，他们之间反复较量，斗来斗去总以恭亲王退缩、失败而结束。沉寂了十几年的恭亲王再次复出后，他的锐气全没了，他不再敢与强硬的西太后争斗，于是对她言听计从。

西太后又住到了颐和园。虽然她无时不"遥控"着光绪皇帝，但毕竟不是看在"眼皮底下"，有许多事情她不可能及时得到消息。当康有为的第四书、第五书到达年轻的天子手中时，她一点儿也不知道。

此时已是光绪二十三年冬。德国强占了胶州湾，国内危机四伏，康有为从广东再次进京，向光绪皇帝呈上了第五书。这第五书起初被军机处扣留下来，翁同龢知道此事后，想方设法、四处打听，终于从一个广东籍大臣口中得知康有为的住处，立刻赶往了南海会馆。

两个人一见如故，谈得很投机。

翁同龢耐心地听着康有为的讲述，频频点头。他看到康有为的床头处摆放了几本书，从书的装帧上看应属新潮书籍，他试探着问："你在读新书？"

"是敝人所编。"

"可否借去一读？"

"可以！"

康有为拿过《日本变政考》《俄大彼得变政记》《孔子改制考》《新学伪经考》等书递到了翁同龢的手中，说："这些皆是敝人研究了中西历史、政治、经济、文化后得出的心得体会，翁大人见笑了。"

翁同龢敬佩地望着比自己小二十多岁的康有为，真诚地说："老朽久居皇城，耳目闭塞，外国之事竟无所知。今天听你一言胜读十年圣贤书，回去后，老朽定当竭力推荐，皇上对西学一定会感兴趣的。"

康有为站了起来，他显得有些激动，高兴地说："唯愿圣上开明通达，若能变法，我大清定能强国富兵。”

离开了南海会馆，翁同龢径直到了皇宫。由于他是帝师，出入宫廷十分方便，他很快见到了光绪皇帝。六十多岁的老翁，今日容光焕发，他激动得像个年轻人：“皇上，臣带来康有为所撰的几本书，皇上不妨一读。”

光绪皇帝也被师傅的情绪感染了，兴奋地问：“爱卿与康有为谈及变革一事，他怎么说？”

翁同龢呷了口茶，说开了：“康有为认为大清非变法不可，古王安石变法成效显著，昔两宫太后垂宫之初略有变法，出现了同治中兴局面，今西太后老朽僵化，以致朝廷上下死气沉沉、国力日趋衰落。”

“对，康有为讲得对！”

翁同龢见光绪皇帝的态度很明朗，他也就无所顾忌了，接着说：“康有为认为变法有三策：一曰采法、英、日、俄以定国是；二曰大集群才而谋变政；三曰听任疆臣自行变法。此三则，若采用了则国力变强，大清朝由衰势转成盛势；如果行不通，我大清将日益衰亡，后果不堪设想。皇上，三思啊！”

光绪皇帝握着师傅的手，诚恳地说：“师傅，朕的决心已定，变法图强、无人能阻挡。”

“好！有皇上这话，臣愿追随皇上，至死不渝。”

“康有为这个人聪明机警吗？”

“康有为的才能远远超过臣。皇上，臣认为皇上可以召见他，让满朝文武都听听他的见解。那些只会跪头，口口声声称‘嗻’的老朽们太闭塞了。”

“准奏！”

就在光绪皇帝与翁同龢商议采纳康有为变法建议的同时，“帝党”中比较开明的一个年轻人——高燮曾也注意到了广东人康有为。高燮曾当时是三品官，他有上奏朝廷的权利。一天，高燮曾上奏一折，请求皇上破例召见低微小吏康有为。

光绪帝龙颜大悦。本来他就想让康有为入朝觐见，无奈无人请奏，他不便突然召见。今日高燮曾提出了请求，召见康有为便顺理成章了，他便口谕：“明日宣康有为觐见。”

不过，光绪皇帝的这一行为被恭亲王以康有为官位不够四品，不能召见为由阻止了。最终只能让大臣在偏殿召见，然后将其话转奏皇上。

光绪皇帝只好谕令李鸿章、翁同龢、荣禄、廖寿桓、张荫桓五人在总署西花厅接见了康有为。可是，恭亲王却不在列。

李鸿章、翁同龢等人心中十分高兴，虽然李鸿章、荣禄为“后党”分子，但他们不愿另一个“后党”分子恭亲王参与此事，因为他们对恭亲王存有畏惧心理。早年，恭亲王曾以“铁帽子”王爷的身份，排挤、压制过汉臣李鸿章。对此，李鸿章耿耿于怀。二十多年前，西太后与荣禄发生私情时，恭亲王也曾暗中作梗，荣禄一直怀恨在心。今日，恭亲王大势已去，加之他真的年迈体衰，李、荣二人当然有些排挤他。光绪皇帝防备他亲太后、疏皇上，也有意打击他，所以，恭亲王抑郁寡欢，积愤于心，竟一病不起。当年显赫一时的恭王爷病重之际，除侄儿光绪皇帝差太监王商前来问候之外，竟无一位同僚踏进恭王府。

遵照谕旨，光绪二十四年正月初三，即一八九八年一月二十四日，总署西花厅里，李鸿章、翁同龢、荣禄等五人接见了维新人物康有为，听他宣扬变法。

翁同龢静静地观察在场的每一个人的情绪变化。他发现康有为慷慨激昂，李鸿章饶有兴趣，荣禄脸色铁青，廖寿桓、张荫桓反响不大。

政治经验丰富的翁同龢立刻意识到："荣禄是西太后的死党，荣禄反应冷漠，甚至是仇视康有为，只怕西太后已经给他交了底儿。没有西太后的点头，这个法变不成！"

康有为进宫谈话的当天晚上，西太后便得到了荣禄的详细汇报。

毓庆宫里，光绪皇帝饶有兴致地读着翁同龢这几天新带进宫的几本书。这几本书仍是康有为所编，有《英国变政记》《法兰西革命记》《波兰灭亡记》等。皇上对变法似乎着了迷，便令王商将毓庆宫中"四书""五经"等书籍搬出去烧了。

翁同龢见状，愁云满面，暗自想："皇上年轻气盛，变法主意已定，看来，大清有救了。可是，万一遇到什么阻力，他的积极性也很容易被挫败。年轻人啊，太毛躁了。"

西太后安在皇帝身边的一些"耳目"们很快把他激昂的情绪与焚烧典籍的事情报告给了西太后。

此时，只听得一位太监报："老佛爷，庆亲王求见。"

"让他进来吧，哀家正欲问一问他宫中发生的事儿。"

庆亲王奕劻是个坚定的"后党"分子，当年，西太后打击恭亲王后便扶植了他。从那以后，他官运亨通，不久便发了大财。

对于西太后，他感激不尽。所以，西太后住进了颐和园，他便成了当之无愧的"情报员"。可是，他对光绪帝尚有一点点感情，在这种矛盾心理的支配下，有时他表现得很矛盾。

西太后深信奕劻坚决站在她的一边，便问："宫中闹腾得怎么样了？听说皇上欲推行什么新政，你们几位朝廷重臣就没有任何反应吗？"

奕劻低下了头，嘀咕了一句："不知老佛爷是什么意思？"

"好糊涂的庆亲王，哀家能让小子胡闹一气吗？"

庆亲王比光绪皇帝高一辈，算起来，他是皇叔。不过，西太后可以称皇上为

"小子"，他可不敢，他开口说："皇上曾对臣说，若太后不允许他变法，皇位他就不要了，他不愿当亡国之君。看来，他变法决心已定。"

西太后冷笑了一声："哼！狂徒出狂言！他不愿意坐皇位，哀家早就不想让他坐了，既然如此，明日让他退位好了！"

一听此语，奕劻吓得面色苍白，他再次下跪，为光绪皇帝求情："老佛爷请息怒，皇上年幼无知，太后千万不要往心里记，他的皇位万万不可废。皇上亲政以来尚勤于朝政，颇得人心，此时，万万不可废他。"

西太后望了一眼吓瘫了的奕劻，冷笑一声说："起来吧！别吓成这个样子，哀家暂时不会废你们爱新觉罗家族嫡传人的。不过，如果他闹腾得太离谱，也不一定不废他！"

西太后虽居颐和园，但宫中的一切都逃脱不了她的眼睛，光绪皇帝欲变法、求富强，她心中自有数。

登上政坛四十年来，她也深刻地意识到大清太落后了，这几十年来一直受洋人的欺负。作为中国人，她当然是仇恨洋人的。如果按现在的趋势发展下去，中国终有一天会被外国列强瓜分，她的祖业、她的地位、她的江山有可能被外国列强粉碎，所以，她也曾萌动过变法的念头。

只不过，当变法热浪真的来临时，她又有些害怕。就在她困惑、迷茫之际，大清廷传来了不幸的消息：恭亲王奕䜣病危！

此时是光绪二十四年春。

西太后听到恭亲王病危的消息后，心底不禁一阵酸楚，毕竟是几十年的感情，顷刻间，又一位亲人将逝，她焉能不悲伤。遥想四十多年前，初入宫时的情景，她感慨万分。

咸丰帝归天、东太后归天、老七夫妇先她而去，老六即将仙逝。唉，人生如梦，一晃几十年过去了，死的死、散的散，也就只有她还健健康康地活着。

西太后带着小李子等人来到了恭王府。恭亲王奕䜣见西太后屈尊造访王府，老泪纵横，欲起身施礼，但病体动弹不了。

西太后坐在床榻边，温和地说："老六，安心养病，朝廷上的事情不用担心，养好了身体再上朝吧！"

恭亲王的声音十分微弱："太后，臣好不了了，臣自知不久将追随先帝而去。"说着，潸然泪下。

一旁的西太后也揩了把泪水，安慰道："你会好起来的。皇上太年轻，经验不足，并且还很任性，咱们这一家人，也就只有你和他最亲了，他需要你的帮助。"

提到"一家人"这几个字，恭亲王为之感动。他伸出枯黄的手拉住了西太后的手，动情地说："皇嫂，臣临终前只求你一件事，请你一定要答应臣，否则，臣死不瞑目！"

西太后又递过另一只手，双手紧握住恭亲王无力的手，动情地说："说吧，老六。只要皇嫂能办到的，一定答应你。"

西太后以为恭亲王要提出朝廷如何庇护他的子孙后代，所以，爽快地答应了。

太监张端见恭王爷想往上耸一耸身子，便马上轻轻走过去扶起恭王爷，让王爷半倚在软榻上讲话。

恭亲王依然流着泪，说："皇嫂，皇上是咱们的亲侄儿，他年轻气盛，有些莽撞，有时难免让太后生气。特别是近日来搞什么变法，尽出些新鲜事儿，太后能原谅他吗？"

西太后没点头也没摇头，她一言不发。

恭亲王继续说："这些日子，臣卧病榻，前前后后、反反复复思量过了，也许皇上是对的。维新也是为了富国强兵，为了大清的臣民安康地生活。皇嫂，老六请求你，就随他去吧！"

西太后依然握住恭亲王的手，低语道："皇嫂也有这个意思，只不过他搞得不能太离谱。若闹腾得太不像话，皇嫂会制止他的。"

"谢皇嫂，四阿哥、老七、先帝泉下有知，他们也会感谢皇嫂的。"

光绪二十四年四月十日，恭亲王奕䜣病逝。

奕䜣之死使得慈禧太后与光绪皇帝之间少了一个必要的调和人，以致后来母子反目成仇，终酿成大祸——戊戌政变。

光绪皇帝积极筹备变法，但他深知若没有西太后的认可，这个法变不成，所以，近日来他三天两头跑到颐和园去"请安"。先前，只有隆裕皇后、瑾妃等人在颐和园陪伴着西太后，如今，光绪皇帝有事相求他的"亲爸爸"，他便动员心爱的珍妃也住进颐和园，以示为人子的孝心。除此之外，光绪皇帝还把珍妃最珍贵的照相机送给了西太后，并让珍妃常给太后照照相，逗得西太后颇为开心。

这一天，光绪帝又来给西太后请安了。西太后正站在荷塘边，笑眯眯地望着远方，珍妃拿着照相机在选景。

"亲爸爸，您再笑一笑，珍儿要拍了。"

珍妃的声音很清脆，一见爱妃，光绪皇帝抑制不住内心的激动。他欲上前靠近心爱的人儿，太监王商忙低声说："万岁爷，太后、皇后皆在此，别让珍主子太难做！"

一句话提醒了光绪皇帝，他温和地走向西太后："亲爸爸，您红光满面，一脸的祥和之气，孩儿实感欣慰。"

西太后扶着小李子的手背，轻声说："皇上这几天好吗？睡得稳吗？吃得好吗？怎么今天有闲暇来园子？"

光绪皇帝机械地回答："谢亲爸爸关心，孩儿吃得下、睡得稳。两天不见，孩儿会想念亲爸爸的。"

西太后一笑："不是想念亲爸爸吧，皇上是想珍儿了。今天就让珍儿跟你回宫，你们分别太久会怨恨亲爸爸的。"

"不，不，让珍儿在园子里陪伴亲爸爸，孩儿会放心一些。"

珍妃幽怨地望着皇上，光绪帝和她对视了一下。

珍妃也非常善解人意，她附和着皇上："亲爸爸，珍儿不愿意离开您。"

西太后露出了欣慰的微笑，说："既然如此，珍儿留在园子里吧。不过，皇上会感到寂寞的。"

光绪皇帝忙说："一点儿也不寂寞，退朝回来，朕在读书。近日来，朕得到一些好书，读罢茅塞顿开，有得书太迟之感。"

西太后觉得有些累了，便说："小李子，把轿子抬来，哀家想回寝宫。回到宫中，让皇上慢慢讲给哀家听。"

于是，光绪皇帝随西太后回到了寝宫。珍妃亲自端上两碗银耳汤，双手捧给西太后和光绪皇帝，然后，她退了下去。

望着珍妃退下时的背影，西太后说："珍儿还算可以，今天令她回宫吧，园子里够热闹的了。皇上至今无子嗣，亲爸爸有些着急，让珍儿回宫，她能尽快怀上龙子，也了却亲爸爸的一桩心事。"

光绪皇帝脸微红，但他马上掩饰了过去，说："亲爸爸，孩儿得到的那几本书，如黄遵宪的《日本国志》、宋育仁的《采风记》、康有为的《日本变政考》、冯桂芬的《校邠庐抗议》等书，读罢的确给人耳目一新之感。虽然他们阐述的角度不同，但最终归结为一个问题，即变革大清才有出路。"

西太后沉思了一下，说："亲爸爸也想过，甲午失利应归结于我大清国力太弱。小小的倭国竟割我地、索我银，亲爸爸心里能好过吗？你六皇叔临终前也赞同让你试一试，既然皇上坚持变法富国，亲爸爸就依了你。"

西太后尚未讲完话，光绪皇帝就高兴得跪了下来，口呼："亲爸爸，孩儿能得到您的支持，真是太高兴了！"

西太后抚摸着皇上的黑发，宛如一位慈母，拖着长长的腔调说："皇上可别高兴得太早了，虽然亲爸爸答应了你，但你不能任着性子胡闹一气。若变，祖宗大法不能变！"

光绪皇帝欢快地说："孩儿遵旨！"

西太后抬起手来整了整漂亮的银指甲，慢条斯理地说："皇上若违背了亲爸爸的意志，可别怪亲爸爸不客气呀！"

光绪皇帝脸上掠过一丝不快的神情，西太后是何等聪明之人，她焉能看不出来？

得到了西太后的默许，光绪皇帝准备大干一场。他与师傅翁同龢商议了许久，决定立刻设学堂、办团练、开办农工商总局，以尽快发展经济、提高国力。对于这一系列的措施，西太后并未加干涉。可是，有些事情她容忍不了，那就是人事权被光绪皇帝争夺过去了。

变法之初，朝廷上每个人的反响不同，有积极参与者，有静观其变者，更有阻挠、畏惧者。一些守旧派生怕变法会动摇他们的地位，所以暗中诬告帝师翁同龢，说他怂恿皇上有违祖制，说他撺掇皇上欲摆脱皇太后的控制……

几个人一诬告，西太后不由得怒气冲天，她狠狠地说："早就告诉皇上，祖宗大法不能变！他若不听我的话，吃亏的是他自己！"

四月二十一日，光绪皇帝与翁同龢长谈了一夜。他们决定，于二十三日发布《明定国是》诏书，向全国发出变法图强的谕令。维新变法的序幕已经拉开！

《明定国是》诏书大致内容如下：

> 谕内阁：数年以来，中外臣工讲求时务，多主变法自强。迩者诏书数下，如开特科，裁冗兵，改武科制度，立大小学堂，皆经再三审定，筹之至熟，甫议施行。惟是风气尚未大开，论说莫衷一是，或托于老成忧国，以为旧章，必应墨守，新法必当摈除……朕惟国是不定，则号令不行，极其流弊，必至门户纷争，互相水火，徒蹈宋明积习，于时政毫无裨益。即以中国大经大法而论，五帝三王，不相沿袭，譬之冬裘夏葛，势不两存。用特明白宣示，嗣后中外大小诸臣，自王公以及士庶，各宜努力向上，发愤为雄。以圣贤义理之学，植其根本，又须博采西学切于时务者，实力讲求，以救空疏迂谬之弊……

此外，《明定国是》诏书中还提到重视人才、选拔人才等举措。可以说，它是从政治、军事、经济、文化教育等方面对大清国进行改革。

四月二十三日，《明定国是》颁布，朝廷上下一片哗然。赞叹声有之，怀疑声有之，反对声也有之。

当天下午，光绪皇帝驾临颐和园，去向他的"亲爸爸"禀告情况。

以前，每次西太后见到皇上，都是一脸的微笑，尽量表现出慈母的样子。可是，今天她的脸色好阴沉，吓得光绪皇帝不敢正视她。

西太后端坐在雕花木椅上，声调低沉地说："皇上近来政务特别繁忙吗？都四天没来园子了，是把亲爸爸搁在脑后了吧！"

光绪皇帝垂首低眉，轻声说："孩儿不敢！只是这几日孩儿患了感冒，头很疼，未能来看望亲爸爸。"

"皇上头疼？是弹劾你师傅翁同龢的折子如雪花一般飞来，让皇上头疼吧！"

光绪皇帝一愣，他连忙问："有人弹劾翁同龢？为什么？"

"哼！皇上还想装糊涂！亲爸爸这里早有所闻，有人奏他仗着自己是帝师便骄纵、嚣张，迷惑皇帝。亲爸爸对他早就反感至极。"

光绪皇帝霍地一下站了起来，吃惊地说："怎么朕连一份这样的折子都没接到呢？"

西太后不满地瞅了皇上一下，蛮横地说："皇上是有意掩饰吧！"

"不，不，朕真的感到很吃惊！"

西太后示意光绪皇帝坐下来，她说："皇上不要这么激动嘛。翁同龢是你的师傅，也许他们不敢直接上奏皇上吧！"

"亲爸爸，翁同龢廉洁、正直，又效忠朝廷，从来就没有人指责过他。今天，一定是有人陷害他，或许朕的维新活动触动了某些人的神经，他们借打击翁师傅而反对朕。"

光绪皇帝大胆直陈引起了西太后的大怒，她拍案而起，怒声道："皇上的意思是亲爸爸诬陷你师傅了？或者说是亲爸爸反对维新？"

西太后的脸色更难看了，光绪皇帝从小就最怕她露出这种神情，他"扑通"一声跪在了地上，说："亲爸爸息怒，孩儿不该惹亲爸爸生气！"

"哼！"

西太后一扭身子，不再理睬跪在她面前的光绪皇帝。

太监王商看在眼里，气在心头。可他一个奴才插不上嘴，只好陪皇上跪着。

约莫一刻钟的工夫，西太后才阴沉沉地说："起来吧！皇上好好想一想，皇上如此袒护翁同龢是不是误国殃民，像翁同龢这种奸党小人早该铲除了。"

光绪皇帝惊愕地望着威严的西太后，西太后瞟了一眼皇上，慢条斯理地说："皇上不必惊愕，亲爸爸已想得很明白：非除翁同龢不可！"

"不！不！亲爸爸不能啊！"

"为什么？"

"他是朕的师傅。"

"那革职回家养老好了，多发些银子给他，他回到常熟可以安居乐业。"

"不，他不但是帝师，更是朕的忠实臣子，没有了翁师傅，朕如同被砍掉了臂膀。"

西太后心想："你终于道出心声了，正是因为他是你的得力助手，我才要除掉他。皇上，你开办工厂、修铁路、办学堂、组团练都可以。可是，你闹得太过分了，借维新来改祖制，夺我那拉氏的大权。哼！你休想！"

西太后主意已定。光绪皇帝的哀求只能使得西太后更加反感："皇上，还犹豫什么，拟旨吧，立刻革了翁同龢的职！"

"亲爸爸，孩儿求您了！"

"不，别求亲爸爸！亲爸爸是个铁面无私的人，为了大清的江山社稷，非这样做不可！"

西太后说得很坚定，光绪皇帝明白事已至此，没有更改的余地，痛苦地垂下了头。

四天后，即四月二十七日，西太后逼迫光绪皇帝连发四道谕旨。这四道谕旨如一把把匕首直刺年轻天子的心，他仰天长叹："这个皇帝当得太窝囊了！若不是为了大清的中兴，朕早就不想做傀儡皇帝了！"

第一道谕旨是罢免翁同龢；第二道是西太后收回二品以上大臣的任用权；第三道是准备秋后西太后到天津阅操；第四道是任命荣禄为直隶总督兼北洋大臣。

如果说这四道谕旨对光绪皇帝来说是当头一棒的打击，对西太后来说则是重返政坛的"前奏曲"。这四道谕旨从人权、兵权等方面明确了叶赫那拉氏的重要地位，实际上，四道谕旨一经发出，光绪皇帝便成了西太后幕后操纵清廷大权的摆设。

西太后又一次获得了胜利。

西太后铲除了光绪皇帝最信赖的翁同龢，为她自己复出铺平了道路。此外，二品以上朝廷命官任命后，必须向西太后叩头谢恩，这就表明光绪皇帝没有人事任免权，朝臣的命运攥在西太后的手心里。那些守旧派势必猖獗一时，维新派注定要灭亡。

另外，西太后要求几个月后光绪皇帝陪着她去天津阅操，这也是几十年来破天荒的第一次。所谓"阅操"即"阅兵"，只有掌握兵权的人才有资格阅操。此时，西太后明明白白告诉了光绪皇帝：我那拉氏要抓兵权，以免你覆灭我！

迫于西太后的强压，光绪皇帝挥泪罢免了恩师翁同龢，可是，他并没有被西太后吓倒。四月二十八日，排除重重干涉，光绪皇帝终于召见了他渴慕已久的康有为。这次召见，令光绪皇帝信心倍增，让西太后更加嫉恨。尤其是荣禄与康有为二人的对话，把守旧派与维新派的尖锐矛盾完全暴露了出来。光绪皇帝明白：变法非流血不可了！

光绪二十四年四月二十八日晨，浓云密布，空中凝聚着重重阴霾，沉闷的空气令人喘不过气来。康有为身着五品朝服，在朝房中坐立不安，他希望早一刻见到大清的天子，这是他生平第一次觐见皇上，也是唯一的一次。

"轰隆隆……"空中打起了闷雷。

"风雨欲来，黑云压顶，不过，乌云总遮不住太阳的。只要皇上坚持变法、锐意进取，是没有什么力量可以阻挡他的。"

想到这里，康有为感到乌云就要飘散，阳光即将普洒大地。

这时，一位太监高声报："传康有为上殿！"

康有为正了正朝服官帽，迈开大步准备上殿。他刚走两步，便迎面撞上新任直隶总督荣禄。

今天，荣禄一见康有为欲上殿觐见皇上，他先是一愣，然后马上恢复了常态，先开了口："康有为，你区区小吏也入朝觐见？"

荣禄的态度傲慢而无礼，一下子激怒了康有为，康有为回敬了一句："正是，皇上召见下官有要事！"

荣禄皮笑肉不笑地说："你今日怀着雄心壮志展开变法，将来万一不成功怎么办，你想过没有？你有没有补救的办法？"

康有为毫不犹豫地说："非变法不可！人非圣贤，孰能无错，变法之中出现失误在所难免，但不能因此而捆住手脚不敢前进。"

荣禄仍然咄咄逼人，他想以自己显赫的身份威吓康有为，他说："本来我等也知道应当变法，富国强兵，众人拥护。但是，大清一两百年以来的成法，难道说在一夜之间就全推翻了？"

康有为见荣禄步步紧逼，大有压倒他之势。他岂能被守旧派的嚣张气焰所吓倒？加之昨天翁同龢被罢了官，康有为认为荣禄在这个事件中也做了些"文章"，所以，他对荣禄反感至极，便斩钉截铁地说："谁若阻拦变法，杀他几个一品大员也是可能的。"说罢，拂袖而去。

这气得荣禄直翻眼珠子，狠狠地说："要杀，先杀的也是你康有为！"

康有为一路怒气难消。他上了大殿，终于觐见了变法维新的关键人物——光绪皇帝。

按朝中规矩，康有为向年轻的天子行了三跪九叩之礼。

龙椅上的光绪皇帝微笑着说："爱卿，朕早想召见于你，今日得以相见，朕很高兴。"

康有为不像其他朝臣那样唯唯诺诺，他大胆地正视着年轻的天子，心中大喜："皇上虽很年轻，但他神情镇定、态度和蔼、思维敏捷、语言准确，有一代明君之风范。"

光绪皇帝问："爱卿是广东南海人氏吗？今年多大了？"

"正是广东南海人，今年四十岁整。"

"哦，比朕大十二岁。听翁师傅说爱卿自幼饱读诗书，通晓历史、地理，后又居住香港，深受西学的影响。"

"感谢皇上对臣的关心，臣二十二岁赴香港，三十四岁回到了广州，在广州开办了万木堂讲学，臣的学生计五百多人。"

"是讲西学吗？"

"不完全是。臣主要是讲中外历史上的一些变法，寻求治国之道。大清今日已被外国列强所窥伺，他们的野心是瓜分中国。中国若不振兴，恐怕不久就要被列强吞并。"

光绪皇帝一字不漏地认真听着，他身子稍倾，面目和善，边听边不断地点头，表现出极大的热情与兴趣。

康有为不是朝中旧臣，又深受西方文化的影响，故而他讲究平等、自由。虽然在礼节上，他对皇上是恭恭敬敬的，但是，言谈中时常流露出真诚、平等的态度，这使得光绪皇帝感到耳目一新。很快，两个人便畅所欲言了。

康有为见光绪皇帝并不是他想象中的那样威严。这个皇帝是一位头脑敏锐、善于接受新生事物的年轻人。于是，康有为放心大胆地问道："既然皇上变法之意已决，为何行动缓慢？"

一语说到了皇上的痛处。光绪皇帝望着外面沉闷的天空，轻声感叹："朕受制于一人。"

"老妪思想已很陈旧，皇上为何惧怕于她？"

"众朝臣皆听命于她。"

"难道皇上没想过任用一些年轻官吏吗？那些年轻人思想活跃，愿为朝廷做一番事业。"

光绪皇帝无可奈何地说："朝臣多是由各地各州各府一步步提拔上来的，他们一个台阶、一个台阶地往上迈，等官居要位时已老态龙钟，精力已衰。他们早已习惯了磕头作揖，哪儿还有心思锐意进取？"

康有为双手一拍，笑着说："正是！皇上讲得太深刻了。既然如此，皇上何不任用一些新科举人，不要墨守成规，可以破格提拔一些人才。把那些只拿厚禄，不办实事的人予以革职，来个杀一儆百。"

"对，爱卿讲得太好了！"

就在光绪皇帝与康有为密谈之时，隔壁之耳已听得清清楚楚。西太后安插在皇上身边的一个小太监一字不漏地记下了这些话，他马上就可以到西太后身边去领赏。可恶的是，他只传给西太后有关制度的变革、人事的任用这些事情，至于光绪皇帝与康有为谈到的办学、铁路、矿业、购舰、练兵、译书等方面的举措，他只字未提。

当小太监绘声绘色地向西太后描述光绪这次召见康有为的过程时，西太后气得面色铁青。事后，她对荣禄说："你要加紧练兵，恐怕不久皇上会来要哀家的命，哀家要趁他动手之前先动手。"

"太后，臣以为应在他们采取大行动之前就扼制住他们。"

"别忙，再等等看，看看他们究竟能搞出什么鬼名堂。"

在西太后的暗中监视下，光绪皇帝搞起了轰轰烈烈的"百日维新"。此时，已箭在弦上！

从光绪二十四年四月下旬起，到八月六日，一百零三天内，光绪皇帝下诏变法的谕令像雪花一样纷扬到全国各地。锐意进取的变法维新派为之欢欣鼓舞，害怕新生事物的守旧派为之沮丧不安。

五月十四日，继召见康有为之后，光绪皇帝又召见了另一位四品以下的小吏梁启超。此时，康有为已是"在总理各国事务衙门章京上行走"，他随时可以上奏皇上。多日来，他极力推荐另一位改革派人物——梁启超。于是，光绪皇帝决定见一见自称布衣举人的梁启超。

这一天，梁启超在太监王商的引领下，来到了养心殿的东暖阁，见到了意气风发的年轻皇上。可是，光绪皇帝与梁启超交谈时遇到了麻烦，因为，梁启超的广东口音太浓，光绪皇帝几乎一句也听不懂。

梁启超又是打手势，又是学着京腔，光绪皇帝还是听不懂。

梁启超只好伏在龙案上书写了一行小字："臣已将变法之举措写成书，现呈给皇上。"

写罢，他从怀中掏出自撰的《变法通议》，双手呈给皇上。

光绪皇帝高兴地说："爱卿的文章，朕早已听说过，今日既然得此书，朕一定认真阅读。"

第二日，光绪皇帝又召见了谭嗣同、黄遵宪、杨锐、刘光第、严复、林旭等人。

光绪皇帝频频召见维新派人物，早已引起守旧派的恐慌，朝中一些老臣纷纷跑到颐和园向西太后告密。

西太后一律是置之一笑。当老臣们走后，她对李莲英说："小李子，准备垂钓之物，下午到昆明湖钓鱼去。"

"老佛爷，您真叫'宰相肚里能撑船'呀！朝中来了那么多重臣，纷纷告皇上的状，您还有心思去钓鱼！"

西太后拍了拍小李子的肩膀，说："让他们去折腾一阵子吧，哀家还不到出场的时候。"

"老佛爷，您真英明伟大！"

"别要贫嘴了，让你的那些兄弟们多留心皇上的动静就行了。"

"放心吧，那些公公们个个忠于老佛爷，皇上打了一个喷嚏，他们都会来报告的。"

西太后露出了满意的微笑。

康有为在总理衙门"行走"之后，一方面网罗变法人才，使梁启超、谭嗣同、杨深秀、杨锐、林旭、刘光第、康广仁、张荫桓等积极参与变法者得以重用；一方面帮助光绪皇帝拟定了一系列谕旨，把变法运动推向了高潮。

　　"百日维新"中，光绪皇帝全面推进了一系列改革，主要表现在政治方面、经济领域、军事方面和文化教育方面。政治上，他大胆地进行了机构改革，裁减了闲职人员，合并了臃肿的机构；在经济领域，他劝导绅民，兼采中西各法振兴农业，倡议设立农学会，翻译外国农学书籍，鼓励发明创造，扩大利用水利资源，筹办中国通商银行，广设邮政局；军事方面，他谕令军机大臣及督办军务王臣采用西法编制军队，仿照西方兵制，改习洋枪，添设海军，筹造军舰；文化教育方面，命筹办京师大学堂，督促各省督抚选派人才赴日本学习，并废朝考制度，一律改试策论，设华侨学堂，兼学中西文字，准设医学堂，学习中西医理，鼓励各州、府广育人才。

　　仅仅一百零三天，他就颁布了一百九十多条谕旨。光绪皇帝是日理万机，他希望早日让大清国富强起来。这些谕令发往全国各地，大小官吏们有的坚决执行，有的阳奉阴违，有的暗中抵抗，一时间，在全国范围内，变法的成效并不显著。

　　尤其在京城，政治制度的改革触动了许多人的"神经"，他们一改原来观望的态度，坚决反对光绪皇帝。不久，他们就形成了一股强大的反对势力，冲击着刚刚起步的变法活动，使得光绪皇帝的变法举步维艰。

　　光绪二十四年七月十四日，也就是召见梁启超的同一天，光绪皇帝颁发了一个令许多人惊骇的谕令：裁撤詹事府、通政司、光禄寺、太仆寺、鸿胪寺、大理寺等六个闲散衙门，将其归并内阁及刑部礼部办理。裁撤湖北、广东、云南三省巡抚。

　　谕令发出，那些养尊处优、高官厚禄的老臣们无不歔欷，有的揩眼泪，感慨大势已去；有的咬牙切齿，痛骂光绪皇帝；有的立刻跑到颐和园，在西太后面前告状。五天后，光绪皇帝又"扔了一颗炸弹"，他罢免了礼部六堂官。这六个人是：礼部尚书怀塔布、许应骙、左侍郎堃岫、右侍郎溥颋、署左侍郎徐会澧、署右侍郎曾广汉。

　　其原因是礼部主事王照的折子本应由礼部各堂官逐层上递，递到皇上的手里，可是他们认为王照的折子所陈多为新政，于是联手阻挠了折子的正常传递。光绪皇帝得知此事后，勃然大怒，罢免了这几位一、二品高官，想要来个杀一儆百。

　　孰料这个谕令不但触动了被罢官员的"神经"，也触怒了西太后的"神经"。还是在变法之初，西太后便逼迫光绪皇帝颁布了一条谕令：凡朝中一、二品高官任免均掌握在皇太后手中！如今，光绪皇帝破坏了这个制度，等于说对西太后进行了挑战。

　　当光绪皇帝罢免了一大批旧僚官吏时，西太后震惊了，她责备前来请安的光绪皇帝："皇上，亲爸爸听说你在宫里闹得不轻啊，不少老臣跑到园子里哭诉。"

　　光绪皇帝理直气壮地回答："朕要变法，但是那些顽固派却百般阻挠维新运动，对于他们，不能姑息。"

西太后不满地望了皇上一眼，说："那些朝廷重臣，有的甚至是三朝老臣，他们一心效忠朝廷，如果不是什么重大问题，不能处置他们。不然，朝廷上下人心惶惶，会引发混乱的。如果皇上一意孤行，乱了家法，皇上无法向列祖列宗交代！"

光绪皇帝听到这里，非常生气。他走近西太后，对她说："亲爸爸，儿既为一国之君，就当以拯救大清子民为己任，以捍卫国家领土完整为己任。岂能死抱什么'祖宗家法'不放？误国殃民的事情，儿不干！"

"放肆！皇上是说亲爸爸在误国殃民？"

"儿不敢！儿只是说亲爸爸应该顺应时代潮流，向西方学习，以使国富民强。"

西太后抓起一只茶杯，猛地掷向光绪皇帝的脚下，大吼："退下去，日后皇上不要再来园子里请安了！"

接着便是西太后的"呜呜"哭声。

光绪皇帝吓得不知所措，他久久地跪在西太后的面前，哀求似的说："亲爸爸息怒，孩儿不孝，还望亲爸爸原谅。"

西太后揩了一把泪水说："皇上早把亲爸爸的恩情给忘了，你长大了，眼里还有亲爸爸吗？"说罢，又大哭大叫起来。

光绪皇帝恭恭敬敬地向西太后叩了一个头，说："亲爸爸，别伤心了！孩儿告辞了。孩儿如果有什么过错，乞求亲爸爸原谅。"说罢，转身欲走。

西太后猛地喝住了他："皇上，有个决定忘了告诉你，荣大人北洋三军中的一部分人今日驻扎长辛店，还有，皇宫各门守卫从明日起由荣大人的卫兵担任。"

光绪皇帝愣住了，他万万没想到西太后竟以武力监视他，他再次暗自说："看来变法要流血了。"

西太后低沉地说："皇上回宫吧，亲爸爸累了！"

光绪皇帝回到皇宫，仔细揣摩着西太后的每一句话，越想越害怕。他深信西太后已安排妥当，可能会以武力相逼，逼迫他停止变法，甚至是废除他的皇位。

夜已深，光绪皇帝一点儿睡意也没有。珍妃坐在床头，望着蜡烛出神。

光绪皇帝走近珍妃，轻声说："亲爸爸暗中操纵着实权，万一她想发动政变，废除朕，轰轰烈烈的维新运动不就夭折了吗？"

珍妃也是愁云满面，她轻声说："箭在弦上，不得不发。珍儿以为皇上该布置一下了，以应付突发事件。"

"对，爱妃道出了朕的心声。朕立刻拟旨，令人将密旨送到康有为手中，或许，他有妙计。"

"皇上，珍儿有一言，不知当讲不当讲？"

"只管说，这儿只有你我，我们是最亲爱的人，有什么话不可以讲！"

珍妃受到了鼓励，她鼓足勇气说："珍儿思前想后，总怕太后趁九月阅操之际发动政变，囚禁皇上。"

光绪皇帝紧握珍妃的手，轻声说："朕也有这层顾虑。可是，秋天阅操不得不去呀！"

"那就先动手为强，抢在太后的前面，免得被动。"

"爱妃，喝口茶，你慢慢说。"

光绪皇帝凝视着珍妃，仿佛珍妃是他的"谋士"。自从珍妃进宫以来，光绪皇帝不仅在感情上依恋她，而且在朝政上也依靠于她。珍妃见识广，处理问题冷静沉着，很有"伟丈夫"的气魄，每当光绪皇帝遇到棘手的问题时，他总想请教一下身边的"女秘书"，而珍妃往往能一语道破天机，想出妙招。

珍妃从光绪皇帝手中接过茶杯，抿了一口茶水说："太后暗中早已派荣禄布置了兵力，皇上所顾虑的流血事件可能难以避免，因此，目前谁抢在前面，谁就有可能胜利。皇上所信赖的维新派多出身书生，果真打起来的话，维新派绝对不是守旧派的对手。珍儿以为还是尽快召见康有为等人为好。"

"好，朕这就谕令康有为、梁启超等人觐见。"

"恐怕他们上不了大殿。荣禄的卫兵早已控制了整个皇宫，只怕皇上见不到他们。"

"这怎么办呢？"

"可以让杨锐设法联络康有为，让康有为或梁启超设法混入皇宫，皇上可以在毓庆宫召见他们。"

"这行吗？"

"这是唯一的办法。"

珍妃脸上一点儿笑容也没有，光绪皇帝更是神情紧张。他紧握住心爱人的手，低声说："朕明天早上就拟一份密谕，让杨锐带出宫，希望康有为他们尽快想出稳妥办法以对付突发事件。"

光绪二十四年七月二十九日，军机章宗杨锐正在军机处值班。他突然看见光绪皇帝的心腹太监王商走了进来，不用多问，一定是皇上有事找他。他立刻站了起来，对王商说："王公公，这儿只你我二人，有话只管说！"

王商在宫中生活了近三十年，虽然他从不干涉朝政，但是光绪皇帝近日的变法维新运动，他也十分关注。出于忠诚，他一心追随光绪皇帝。他压低了声音说："杨大人不必多问什么，快随奴才去毓庆宫。"说罢，他一使眼色。

此时，庆亲王奕劻从远处走了过来。杨锐连忙一闪身，躲到了屏风背后。

王商故意大声喊："杨大人，皇上口谕宣大人养心殿候旨。"

远处的庆亲王一听这话，心里纳闷儿："怪事，明明我是军机大臣，皇上应

455

该宣我进殿听旨呀，为什么今日宣他去？不行，我必须赶快布置那几位特殊太监去养心殿监视皇上的行动。"

庆亲王尚未走近，便又转身回去了。

王商暗自高兴，催促道："杨大人，快走，皇上在毓庆宫该等急了。"

杨锐随王商匆匆走向毓庆宫。

光绪皇帝早已等得不耐烦了，他向正在施礼的杨锐说了一句："爱卿免礼！朕有重要事情要说，请爱卿仔细听着。"

杨锐从未见过皇上如此神色慌张，顿感事态严重。

"皇上，臣句句牢记在心，请皇上快说吧。"

光绪皇帝令所有的太监都退下后，踱到书桌旁，示意杨锐坐在他的对面。

杨锐不敢坐下，光绪皇帝低声说："爱卿不必拘礼。朕已朝不保夕，今日是皇上，说不定明日就为阶下囚。"

光绪皇帝黯然神伤，杨锐心中大惊，战战兢兢地问："皇上难道真有此虑？"

"当然。昨日朕去园子里向皇太后请安，太后怒斥了朕，朕据此判断可能会有不测发生。"

"啊！"杨锐惊惶失措。

光绪皇帝努力使自己镇定下来，快速说道："爱卿不必惊慌。朕已拟写密诏一份，爱卿今日必须送到康有为手中，让他们做好充分的心理准备，快快设法营救朕。"说着，他将密谕递给了杨锐。

杨锐迟迟不敢伸手接旨，光绪皇帝微怒，问："爱卿怕受牵连吗？"

杨锐连忙下跪，哭着说："这是皇族宗室的内部纷争，臣是汉人，恐怕不便介入其中。"

"杨锐，你好糊涂！朕与太后之争，根本不是什么家事不和，而是变法与顽固之争。爱卿一向倾向维新，怎么今日又退缩了？"

"不，不，臣为皇上赴汤蹈火，在所不辞，臣怎么会退缩呢！"

说着，他接过了密诏，塞进宫帽里，又向光绪皇帝叩了一个头，退了下去。

光绪皇帝望着杨锐远去的背影，自言自语道："朕不该委托他送密谕。"

却说杨锐揣着密谕出宫后，越想越害怕。他肩上如负千斤重担，只是机械地向前走去。他明白事态已相当严重，看来，流血在所难免了。

突然，杨锐眼前一黑，几乎栽倒，扶着路边的小树，定了定神，他才辨认清楚去康有为住所的方向，然后，拖着沉重的步子去找康有为。

正巧，梁启超、刘光第、林旭、谭嗣同等人都在康有为这儿。大家一见杨锐至此，马上警觉了起来。

康有为急切地问："杨大人，宫中有事吗？"

杨锐点点头，此时，他脸色蜡黄，语无伦次："有，事情有了，皇上有事了。"

刘光第递上一杯茶水，安慰道："杨大人不必惊慌，来，先喝口水，慢慢说。"

杨锐一个劲儿地冒虚汗，谭嗣同又递上一把折扇，杨锐抓过扇子，"呼呼"地扇了几下，说："这儿，这儿是皇上的密诏。"

康有为立刻接过密诏，迅速浏览一遍。阅后，他双眉紧锁，说："大家不必惊慌！来，大家商量个对策，看来那老妪要行动了。"

大家个个神情慌张。

杨锐结结巴巴地说："本来皇上想让康大人混入皇宫，偏殿召见，可是，刚才杨某出宫时发现已有人暗中监视，恐怕皇上见不到诸位了。"

康有为稍稍镇定了一下，说："我们总不能坐以待毙吧，大清的皇上是位明君，他支持变法维新运动。现在，皇上面临着危险、国家面临着灾难，正是需要我们挺身而出的时候。"

他停顿了一下，看看在场各位的表情，心里稍有安慰，因为他发现大家不再神色慌张，而是个个变得刚毅起来。他继续说："各位同人，既然大家坚定了信念，我们就齐心协力、同舟共济，帮助皇上渡过难关，挽救民族于危难之中吧！"

说罢，他摊开双手，刘光第、谭嗣同、林旭会意，他们上前一步，紧紧握住康有为的手，异口同声地说："齐心协力、同舟共济！"

杨锐生怕离宫太久会引起庆亲王奕劻的怀疑，便催促道："几位可有什么妙计，快快写好密奏，杨某带进宫交给皇上。"

康有为沉吟半刻，说："看来形势已十分危急，我建议皇上立刻改年号、换服制、迁都上海，以示与旧朝的决裂。迁都上海后立刻实施新政，老妪远在北京，她奈何不了皇上。"

刘光第立刻表示赞同这个意见。

杨锐清了清嗓子，迅速说："此计不可行，也行不通。太后早已令荣大人的军队驻扎长辛店，皇宫的守卫也是他的人，宫中稍有动静，太后就会先动手的。"

"谭嗣同，你说说看，该怎么办？"

康有为很信任谭嗣同，他急于征求谭嗣同的意见。

谭嗣同背着手在屋子里踱来踱去，他说："我的这个意见很不成熟，仅供大家参考。"

康有为催促着："情况紧急，谁的意见都不可能很成熟，你快说给大家听听。"

几个人围拢上来，只听得谭嗣同说："看来太后欲以武力相逼，流血事件避免不了的。既然如此，我认为咱们应该抢在前头，也以武力对抗那老妪。"

刘光第着急地说："我等皆为书生，手中无一兵一卒呀！"

"可以借兵！"

"借兵？"

"对！借兵，向太后控制的军队去借兵。"谭嗣同说得很坚定。

康有为点了点头，低声说："我的弟子徐仁禄一向与袁世凯私交甚深，可以让他去说服袁世凯，使其站到革命党一边，若有了袁军做后盾，对付老妪就容易多了。"

林旭有些担心地问："袁世凯是荣禄的部下，这个人可靠吗？"

康有为回答："袁世凯一直倾向变法维新运动，可以让徐仁禄去试探一下，若他死心塌地追随荣禄，则放弃他；若他流露出反荣之心，则拉拢住他，为我们所用。"

杨锐此时插话了："事到如今，也只好破釜沉舟去试一试了。你们快写密奏，我立刻回宫。"

康有为马上拟了一份密折交与杨锐，杨锐利用自己军机处的身份，轻而易举地到了光绪皇帝身边。

他将大家的意见禀告给皇上，并将密折递了上去。

看完康有为的密折，光绪皇帝陷入了深思之中，一旁的珍妃轻声说："皇上，这个方案可以试一试，若袁世凯肯保驾，亲爸爸不敢轻举妄动的。"

"朕也是这种看法。不过，袁世凯这个人为人如何，朕不清楚，这么做危险性太大了。"

珍妃低语："不这么做，危险性更大。皇上可以拟一密诏，许以高官厚禄，事成之后，让袁世凯得到更大的好处，他岂能不动心？"

"爱妃所言极是，朕这便拟旨。杨爱卿，你务必将密旨带出去，让康有为设法送至袁世凯的手中。"

"嗻。"

正在天津小站忙于练兵的袁世凯绝非等闲之辈。乍一看他呆头呆脑的，大腹便便、脑满肠肥，可实际上他脑瓜子灵活得很，最善于两面三刀、见风使舵。可悲的是，光绪皇帝没能及时认识到这一点，以致酿成大祸，终生遗憾。

当年，袁世凯曾带兵赴朝鲜抵抗日本侵略军。在朝鲜期间，他积极参加了强学会活动，曾流露出倾向进步的思想。

眼前，拥有重兵又有可能维护变法之人，数来数去也就只有他一个人了，无奈之下，康有为等人孤注一掷，派徐仁禄找到了袁世凯。

八月一日，袁世凯入了宫。光绪皇帝见袁世凯一副虔诚、忠厚的样子，心中十分高兴，好像汪洋大海中看到了一点白帆。他对袁世凯十分信任，迫不及待地说："现在练兵要紧，以防不测。朕谕令爱卿为直隶按察使，着开缺以侍郎候补，责成专办练兵事务。"

袁世凯心中暗喜："先把高官弄到手，办不办事就由我袁世凯决定了。"

想到这里，他叩头谢恩。

大殿上的一切活动都没逃过西太后的"眼睛"。就在光绪皇帝召见袁世凯的当天晚上，庆亲王奕劻进了颐和园，他忧心忡忡地说："老佛爷，看来皇上在抓兵权。他先闹维新，后抓兵权，不得不防啊！"

西太后有些困意，连打了几个呵欠，慢条斯理地说："王爷，你慌什么呀？皇上肚里有几条蛔虫，哀家看得清清楚楚。回去吧，天不早了。"

庆亲王碰了一鼻子灰，悻悻地走了。

李莲英凑了上来："老佛爷，奴才伺候您歇息吧。这位庆王爷简直是个蠢蛋，袁世凯听命于荣大人，难道他不知道？"

西太后又打了一个呵欠，懒洋洋地说："困了，什么都不去想了。等皇上折腾够了，老佛爷再出面也不晚。"

光绪二十四年八月二日及八月五日，光绪皇帝又召见了袁世凯。特别是八月五日这一次召见，光绪皇帝对袁世凯简直不加任何设防。

当袁世凯刚刚进殿时，光绪皇帝便令其他人全退下。袁世凯心中明白皇上一定有重要的话儿要说。他低垂着头，准备聆听圣谕。

光绪皇帝从龙椅上走了下来，握住袁世凯的手，亲切地说："爱卿，朕欲实行新政，这对于大清来说是历史上从未有过的壮举。实施新政之后，国将富、民将强，国家再不受外国列强的欺凌，人民将从水深火热中挣扎出来。"

袁世凯注视着年轻的天子，也颇激动，他说："皇上真乃一明君，臣愿为皇上肝脑涂地，只要皇上一道谕令，臣即刻去办。"

光绪皇帝有些兴奋，他的脸涨得通红，加上天太热，额上直冒汗。

"爱卿，自古以来有变法者，就有阻挡的人。今日也如此，有人知道老佛爷墨守成规，不喜欢变法，他就跳出来明里暗里反对朕。对于这些的人，当然不能轻饶。"

"皇上英明，臣也有同感。"

光绪皇帝认定袁世凯一心保皇，便滔滔不绝地说："老佛爷不能接受新生事物，朕很能体谅她的心情，朕担心她出面阻拦新政。所以，朕谕令爱卿立刻调一小队把颐和园监视起来，不允许园子里的太监与宫中太监串通一气，免得他们在老佛爷面前说三道四。那些太监们，朕恨透了他们，捕风捉影，甚至是无中生有，搬弄是非，挑拨朕与老佛爷的关系。这些日子，若园子里的太监擅自闯宫、宫中太监私去园子，统统抓起来。"

袁世凯睁大了眼睛，问道："皇上，有那么严重吗？"

光绪皇帝肯定地回答："有。情况的确很严重，朕已谕令康有为等人迅速逃离京城。实施新政，非流血不可。"

　　紫禁城里大清的天子神经紧绷，颐和园内西太后也暗中调兵遣将。险情时刻都有可能出现，较量的双方谁都不敢放松警惕。

　　光绪皇帝谕令康有为等人快速离开京城，先逃到上海，再转香港。如果新政得以顺利实施，则再让他们回来；如果发生不测，则希望他们永不回头，以保性命。

　　可是，康有为等人坚持与皇上肩并肩"战斗"到底，他们不可能把危险留给皇上一个人来承受。于是，康有为找到了洋人，他希望英国人濮兰德能派英国兵舰直入天津大沽，以要挟西太后放弃阻挠，帮助光绪皇帝。可是，傲慢的濮兰德借口无好处可得拒绝了。

　　康有为刚回到住处，便接到了光绪皇帝的谕旨。这次不是密旨，而是明发上谕。因为情况危急，光绪皇帝明白他必须为康有为等人开脱罪名，于是，他写道："工部主事康有为，前命其督办官报局，此时闻尚未出宗，实堪诧异。朕深念时艰，思得通达时务之人，与商治法。康有为素日讲求，是以召见一次，令其督办官报。诚以报馆为开民智之本，职任不为不重。现筹有款项，着康有为迅速携款前往上海，毋得迁延观望。特谕。"

　　宣旨太监刚离开，康有为便泪如雨下。他对刘光第说："皇上把危险留给了自己，督促我们快离京，你说，我们能走吗？"

　　说着，林旭突然闯了进来，他二话没说，从衣袖里掏出一个小纸团，递给康有为说："这是皇上设法带出的密旨。"

　　康有为急忙展开一看，竟放声大哭，他边哭边念："朕令命汝督办官报，实有不得已之苦衷……汝可迅速出外，不可延迟。汝一片忠心热肠，朕所深悉。望卿爱惜身体，善自调摄，将来更效驰驱，共建大业，朕有厚望焉。……"

　　康有为揩干眼泪说："我们不能弃皇上于不顾，必须立刻行动起来，帮助皇上对付那老姬。"

　　谭嗣同站了起来，勇敢地说："我现在就去说服袁世凯，让他起兵，以保皇上。"

　　康有为紧握他的手，一字一句地说："祝你马到成功！"

　　光绪二十四年八月初五，黄昏时分，谭嗣同来到了袁世凯的住处。

　　袁世凯见谭嗣同匆忙来访，便直截了当地问："宫中有变故吗？"

　　谭嗣同点了点头。

　　袁世凯焦急地说："我刚刚接到荣禄的命令，他说天津海面上发现英人的军舰，令我立刻赶回天津，不得有误。"

　　谭嗣同一听，急了。

　　他嚷嚷道："目前外国军舰不可能对大清发动攻势，这个不必担忧。真正令人担忧的是宫廷内乱，皇上处境非常危险，袁大人一定要保驾呀！"

袁世凯低头不语。

谭嗣同急忙说："袁大人不久前被破格提拔，都是皇上的恩典。如今皇上有难，大人难道不该出面相救吗？"

袁世凯眼珠子一翻，表现出十分忠诚的样子，问道："皇上面临怎样的大难？"

"被废除、被杀头，都有可能性。"

"谭兄莫轻信那些谣言。"

"不是谣言，是千真万确的事实。"

"那……"

"那必须要袁大人出面救驾！"

"具体怎么办呢？"

"皇上不是曾经密令过袁大人吗？"

"围颐和园？"

"不但是围住，更要冲进去杀那老妪。"

"啊？！"

"不杀老妪，难以保护皇上，更谈不上实施新政。"

见袁世凯满面疑惑，谭嗣同心中"咯噔"了一下，他暗想：世凯尚动摇不定，恐怕杀老妪有些困难。

只听得袁世凯说："皇太后听政三十多年，深得人心，袁某平日常以'忠义'二字为训诫，如果今日率部反对太后，恐怕士兵不从。"

"这个不用担心，袁大人只需派兵围住颐和园，至于进园子杀老妪之人，由我们来遣派，袁大人不会落犯上的罪名。"

袁世凯双手抱住圆溜溜的脑袋，痛苦地说："谭兄，让袁某冷静地想一想，好吗？此等事情，袁某从未想过，今日一听，心中大惊，此时心中如乱麻一团。"

谭嗣同慢慢地站了起来，温和地拍了拍袁世凯的肩膀，轻声说："袁大人，保驾为国，你会干的！"

谭嗣同带着无限怅惘离开了袁世凯的住处。

袁世凯真的心乱如麻，他前思后想，痛苦至极。他意识到自己已被推到了悬崖边上，稍不留心，就有可能从悬崖上摔下去，摔得粉身碎骨。

何去何从，今晚他必须选择！

一个是大清的皇上，他血气方刚，如果变法成功，他有可能是一代明君。若今日护驾有功，日后还愁荣华富贵吗？可是，爱新觉罗·载湉能成功吗？一个皇宫里长大的君王，一个摆设一样的傀儡皇帝斗得过"铁女人"西太后吗？她的心狠手辣与善弄权术无人不知。

袁世凯对自己说："这么多强硬者都没斗过西太后，光绪皇帝一向惧怕她，他一定也是她的手下败将。既然如此，我袁世凯为什么要护驾，那不是拿鸡蛋撞石头吗？不如给自己选一条广阔的出路，投靠西太后，以求日后的飞黄腾达。"

　　此时已是八月五日深夜，袁世凯反反复复掂量了许久。最后，他下定决心，直奔荣禄府。

　　深夜时分，荣禄见袁世凯神色慌张地来敲门，便知道一定发生了什么大事。

　　荣禄正襟危坐，只听袁世凯说："皇上密谕下官近日内带兵包围颐和园，然后由谭嗣同带二十几个高手冲进园子，趁纷乱之际杀了老佛爷。"

　　"什么？皇上说过这话？"

　　"千真万确！"

　　"放肆！诬陷皇上，该当何罪！"

　　袁世凯"扑通"一声跪了下来，哭着辩解："下官敢诬陷皇上吗？请荣大人一定相信下官，下官所言句句属实。"

　　"皇上不可能杀母！"

　　"老佛爷不是皇上的生母。"

　　"可是，皇上是老佛爷抚养长大的，养育之恩定当报答。"

　　"正是因为一个'孝'字，下官才觉得皇上做得太过分了。他要杀老佛爷，下官实感天理不容。"

　　"那么，今夜至此，你出卖了皇上，不怕皇上砍你的头吗？"

　　袁世凯一怔，他马上反应了过来："下官并没有违逆皇上呀，皇上并没有谕令下官不把这件事情说出去。再说，下官能眼睁睁地看着老佛爷遭险吗？"

　　荣禄又亲手递上一杯茶，说："小弟，你还算头脑清醒。其实，老佛爷早已知道皇上的歹意，不过，既然你一心捍卫老佛爷，本大人保荐你做一品大员。回去安睡吧，此事千万不可再传一人，不管宫中发生了什么事情，你只管把守住天津大沽口就行了。保你不出三个月就升官又发财。"

　　"谢大人！"

　　袁世凯谢过荣禄，昂首阔步走出了荣府，他心里连一点负疚感都没有。

　　袁世凯刚走，荣禄便匆匆赶到了颐和园，此时是八月六日凌晨，天才微微亮，人们尚在酣梦之中。园子里的守卫见荣大人匆匆至此，不禁诧异。

　　值夜班的守卫拦住了荣禄："荣大人，虽说小的全是您的手下，但规定难违，晚八时至晨六时，所有男子不得入园子。"

　　荣禄大怒："闪开！误了事儿，本大人要你的狗命！"

　　说着，他一扬手推倒了卫兵，大步流星地直奔西太后寝宫。

　　室内的西太后被吵醒了，她定神一听是荣禄，忙说："请荣大人进来吧！"

此时，西太后身着粉红色睡袍，一脸的惺忪，忙问："发生了什么事儿？这么急。"

荣禄凑近西太后低语了几句。西太后脸色大变，她一骨碌坐了起来，一点都不像六十多岁的老妪，恶狠狠地说："他想要我的命，让我来先要他的命吧！"

荣禄急忙劝慰："老佛爷万万不要生气，气伤了玉体不值得。皇上是一国之君，老佛爷如何处置皇上，还要三思啊！"

"呸！他要杀哀家，还让哀家冷静吗？"

"此时更要冷静，老佛爷的一生风范是临危不乱，臣相信今天也会如此！"

这句话果然很奏效，西太后仔细品了品荣禄的劝告，暂时冷静了下来。

由于西太后大吵大嚷，惊动了颐和园里其他殿里的人，光绪皇帝的皇后也在其中。当她听说老佛爷为皇上之事震怒时，不禁为丈夫捏了一把汗。虽然隆裕皇后得不到光绪皇帝的爱，但是毕竟她是他的妻子，虽平日里对光绪他恨之入骨，可关键时刻，她又担心丈夫遭受危险。她知道，一旦丈夫出了事，她在宫中的地位也就没有了，所以，她战战兢兢地来到了西太后的面前。

一见隆裕皇后，西太后便把气撒到侄女身上，大吼道："没用的东西，连自己的丈夫都管束不住，闹到今天，他要杀你的亲爸爸，你说，亲爸爸能饶过他吗？"

隆裕皇后"扑通"一声跪在了地上，她吓得脸色苍白，哭着求饶："亲爸爸息怒，孩儿自知有错，还乞亲爸爸看在骨肉亲情的分上，请亲爸爸高抬贵手！"

"哼！要哀家高抬贵手，皇上呢？他要杀哀家，他怎么不念骨肉亲情呢？"

大清皇宫中上下近千人，也就只有西太后与光绪皇帝夫妇是亲人了，皇上是她的亲外甥，皇后是她的亲侄女。如今，皇上欲杀她，她又愤怒，又伤心。想到这里，西太后再次号啕大哭。

就在西太后蒙脸大哭时，隆裕皇后趁机使了个眼色，一位小太监偷偷溜了出去。

西太后哭了一阵子，突然止住了泪水，狠狠地说："回宫，哀家要他说个明白！"

却说光绪皇帝正在用早膳之际，忽见太监王商神色慌张地闯了进来。王商径直走向光绪皇帝，在皇上身边低语着。光绪皇帝听完，猛地一掷银筷，说："爱妃，快随朕去寝宫。"

说罢，他起身就走，珍妃紧跟其后，她知道预料之中的事情就要发生了。

皇上寝宫里站着一个人，他便是隆裕皇后派来的小太监。光绪皇帝一向不喜欢这个人，可是，今天他不得不温和地询问："皇后派你来的？有事儿吗？"

"万岁爷，不好了，老佛爷马上会回宫的，看来她要兴师问罪。"

"慢慢说，从头说来。"

珍妃亲自为小太监送了个矮凳，并安慰他不要慌张。

小太监哪里敢坐，他跪了下来，哭着讲述了一切。说罢，他退了下去。

光绪皇帝愣愣地望着窗外，骂道："狗贼袁世凯，你出卖了朕，有朝一日，你落到朕的手中，朕定叫你粉身碎骨！"

珍妃示意所有的太监、宫女全退下后，温柔地走近光绪皇帝，轻声说："皇上，此时不是咒骂袁世凯的时候。太后即刻回宫，该如何面对她呢？"

光绪皇帝呆呆地说："实话实说，朕只是要变法，以求富国强兵，并没有忤逆之心呀！"

"可是，据刚才这位公公说，太后骂皇上欲杀母，难道袁世凯从中添油加醋了？"

"一定是。"

"这样一来，太后当然震怒。皇上，珍儿劝皇上一定要忍让一步，等会儿太后责骂皇上时，请皇上千万不要顶撞太后。"

"不为自己辩解，岂不成了刀下之肉？"

"不，不可辩解！太后的脾气，皇上是知道的，万一太后盛怒不止，有可能立刻废了皇上。"

"废了朕，朕不足惜，只是珍儿跟着受苦了。"

说罢，他将爱妃搂在怀里，"呜呜"地哭了。

珍妃也沉浸在悲哀之中，喃喃地说："珍儿一心爱皇上，皇上真诚对珍儿，珍儿的幸福是皇上给的。今日，皇上有难，珍儿当舍身相助，可是，珍儿力量太薄弱，无力救皇上。若珍儿一死能让太后息怒，珍儿愿为皇上献身。"

"爱妃，说什么傻话。如果太后废了朕，朕只求做一平民。朕将带着爱妃平平淡淡地生活，生上一大群儿女，相亲相爱一辈子，岂不比现在更幸福。"

珍妃听了，止住了泪水。就在这时，只听得宫外有人大叫："老佛爷召皇上进殿！"

珍妃浑身上下一哆嗦，她紧拉皇上的手不放。

光绪皇帝吻别了爱妃，急速说："朕走后，爱妃快回宫。这几日，朕不能召你了。"

"皇上，千万忍让一步呀！"

两个人执手相看泪眼，竟无语相别。

光绪二十四年八月六日，即《明定国是》诏书颁布后的第一百零三天，戊戌政变发生了。

西太后归政十年后，又从幕后走到了前台。在她的一手策划下，她实现了第三次"垂帘听政"。

当光绪皇帝神色匆匆地进大殿时，西太后已端端正正地坐在龙椅的右侧了。庆亲王奕劻、端王载漪以及几位军机大臣、御前大臣全跪在丹墀下，他们个个低头不语。从神情上看，他们内心都十分恐惧。

光绪皇帝昂首阔步走向龙椅，西太后猛地怒吼一声："跪下！"

光绪皇帝猛地一愣，丹墀下的大臣们没有一个敢抬头张望的。

西太后又叫道："皇上，你是聋子吗？"

光绪皇帝立住未动，西太后一拍龙案，大吼："不孝之子，跪下！"

光绪皇帝犹豫了一下，突然想起了珍妃的叮咛，于是，他缓缓地跪了下来。当他跪下时，他发现西太后的手中握着一根长长的竹杖，那是皇族家法的象征。

不容光绪皇帝开口，西太后便厉声问："皇上，你不是想杀母吗？你的母亲此时正在你面前，来，动手杀吧！"

光绪皇帝吓得脸色蜡黄，他连连摆手说："没影儿的事，没影儿的事！此等不孝之事，孩儿连想也没想过！"

西太后一捶龙案，责问道："那皇上谕令袁世凯派兵包围颐和园怎么解释？"

"这个……"

光绪皇帝一时张口结舌，西太后却步步紧逼："不用皇上巧舌解释了，这分明是一场弑母阴谋，事到如今，你还有什么话好说？！"

"亲爸爸，孩儿只想讲一句，乞求亲爸爸听下去。"

见光绪皇帝露出了哀求的目光，西太后似乎平静了一些，她说："说吧，众爱卿全听着哩，只是皇上不要破绽百出。"

"孩儿只是实话实说，一句谎话都没有，谈何破绽百出？"

西太后不耐烦地打断了他的话："你少啰唆，有什么话快说吧。"

光绪皇帝知道，西太后今天是来兴师问罪的，说不定她盛怒之下会立刻废了自己的皇位，此时有话不说，恐怕以后永远没有机会说了。于是，他不再慌张，颇有临危不惧的风范。几位大臣见了，几声欷歔。

只听得光绪皇帝说："太后，孩儿真的没有弑母之心。孩儿的确谕令袁世凯派卫士守护园子，但并不是去弑母。"

"去干什么？"

"去看守那些上蹿下跳的奴才们。朕推行变法处处受阻，就连亲爸爸身边的太监们也想插上一脚，很令朕反感。所以，朕不愿他们来回传话，尽在太后面前搬弄是非。"

说着，光绪皇帝狠狠地瞪了一眼西太后身边的李莲英。

李莲英并不示弱，他居然在大庭广众之下也瞪了皇上一下，并"哼"了一声。

西太后瞄了一眼小李子，示意他不要作声。

西太后说："大清祖制，哀家不会忘记的，哀家从未让太监干预过朝政。以前没有，以后更不会，皇上有必要严加防范吗？"

"朕欲通过变法使国家富强起来，可是，不少奸佞小人处处作梗，朕不得不防。"

西太后冷笑一声："哼！口口声声变法，哀家不明白你变的是什么法！"

"当然是铲除弊端，实行新政，以求富国强兵！"

西太后一点也不退让，依然是咄咄逼人："天下是大清的天下，是祖宗的天下，你怎么敢任意妄为？这些朝廷重臣是大清朝多年来的人才，他们对朝廷鞠躬尽瘁，有的甚至是呕心沥血，不求荣华富贵，只求忠效皇上，可皇上任意罢免他们。皇上，你不觉得太过分了吗？"

"于朝廷有利者，朕仍在重用他们，至于那些腐朽、顽固之徒，阻挠变法维新者，当然要革职罢免了。"

"放肆！谁是腐朽顽固者？！"

西太后几乎是咆哮了，因为光绪皇帝的话让她接受不了。她大叫："皇上偏听小人谗言！康有为是什么东西，他哪一点比这些朝廷重臣强？你说，你说呀！"

光绪皇帝吓得浑身发抖，他刚想开口，西太后便又大叫，她望着丹墀下战战兢兢的大臣们，气不打一处来。

"你们一个个都哑巴了吗？皇上年幼无知，你们为什么不禀报于哀家？你们以为皇上亲政了，皇太后就撒手不管了，对吗？

"哼，不对！哀家要管，皇上是哀家的儿子，儿子犯了错，母亲当然要严加管教，总不能由着他的性子胡闹下去吧！"

大臣们面面相觑，没有一个敢吭声的。

西太后见状，心中十分高兴。她要乘胜追击，一举打垮光绪皇帝。于是，她厉声道："皇上，有人要变你的祖宗大法，以乱你的天下。你好糊涂，不但不能认清他们卑鄙无耻的嘴脸，反而祖护着他们，任他们去乱天下。亲爸爸问你一句：是祖宗家法重，还是康有为重？"

见光绪皇帝沉默不语，西太后继续说："亲爸爸相信，皇上心中也不愿违背祖制，也不愿让外人乱了家法，是吗？"

光绪皇帝力争为维新派说句公道话，他战战兢兢地开口："康有为等人并不是企图乱我家法，只是洋人逼得太紧，朕想振兴大清，才任用他们学习西法。"

"还敢狡辩！难道说祖宗大法不如洋鬼子的西法，我大清不如外国了？"

光绪皇帝生怕落卖国的罪名，便糊里糊涂地回答："当然不是，西法怎比我大清祖宗家法。"

西太后心中大喜，说："既然皇上是位明白事理的圣君，那康有为等人以西法蛊惑皇上，罪该杀头了。"

"不，不，亲爸爸，求您高抬贵手，放过他们吧！"

光绪皇帝几乎是哀求了。他眼里噙着泪，为自己的软弱无能而哭泣，为西太后的强暴高压而悲愤！

西太后见光绪皇帝已无反驳之力，便高声叫道："众爱卿，不必惊慌，皇上一时糊涂做错了事情，哀家原谅他年幼无知，并不计较。只是皇上近来龙体欠安，从今日起，哀家暂理朝政。日后皇上龙体康复了，哀家仍回颐和园养老去。"

"亲爸爸，孩儿没什么病！"

光绪皇帝向西太后求饶。西太后看都不看他一眼，冷冷地说："皇上脑子里有病，病得不轻，必须回寝宫静养几日！"

"众爱卿，你们都听见了吗？"

西太后不容任何人插话。光绪皇帝一望丹墀下的大臣们，他心里明白了，这里没有一个维新派，没人会为他说话。

八月初八，西太后又在勤政殿训斥了"不孝之子"光绪皇帝。在众朝臣的拥戴下，西太后欣然接受"训政"。

当日，光绪皇帝被迫发布上谕，将朝政大权再次交到了西太后手里，西太后实现了第三次"垂帘听政"。

紧接着，西太后胁迫光绪皇帝又发了一道谕旨："工部候补主事康有为结党营私，莠言乱政，屡被参劾，将其革职，其弟康广仁一并由步军统领衙门拏交刑部，按律治罪。"

然后便是传令将张荫桓、徐致靖、杨深秀、杨锐、林旭、谭嗣同、刘光第等革职，交刑部治罪。

光绪皇帝不忍心眼睁睁地看着一个个维新人士被砍头，他向西太后求饶着："亲爸爸，错在朕一人，恳请亲爸爸放过他们吧！"

西太后冷眼相对，阴森森地说："皇上，你一定听说过一句话：顺我者昌，逆我者亡！"

"他们是无辜的。"

"他们差一点儿乱了我大清朝！"

"要罚，就罚朕一人吧！"

"都得受罚，谁也跑不掉！"

西太后脸上一点"晴空"都没有。

却说得知光绪皇帝被迫"请训"后，康有为等人意识到轰轰烈烈的变法已告失败。于是，康广仁、刘光第、林旭等人，极力劝康有为马上出逃。可是，往哪儿逃呀？北京城虽大，但却无维新派的藏身之处。情急之中，康有为逃到了瀛海。面对四周茫茫大水，康有为一面担心皇上的安危，一面也为自己捏一把汗。谁肯出面帮他逃离小岛？

于是，康有为派其弟康广仁找到了英使馆里的濮兰德。不久，康有为乘英船先到了上海，又转香港，再到日本，从此开始了他的流亡生活。在康有为出逃的同时，梁启超也亡命海外。他们在外组织保皇党，希望有朝一日重返祖国。可是，那一天一直没有到来。

剩下的人流亡的流亡、监禁的监禁、流放的流放，其中有六个人最为壮烈，他们是：杨深秀、杨锐、林旭、谭嗣同、刘光第、康广仁。他们在北京西郊菜市口被杀戮，史称"戊戌六君子"。

戊戌政变后，光绪皇帝失去了自由，他被软禁在瀛台。

瀛台位于北海、中海、南海三海中的南海，它四面环水，只有一架木吊桥可以与外界相通。而且，这座桥被人牢牢地看守着，除了送饭和偶尔接皇上上大殿，吊桥放下当通道，其余的时候，它都被高高地吊了起来。

瀛台多树，中央建筑涵元殿便是囚禁光绪皇帝的图圄。

悲愤的天子一个人生活在涵元殿里。这里没有宫女，没有太监，没有欢声，更没有笑语，有的只是落难天子重重的叹息。

为了防止光绪皇帝与外界接触，西太后谕令李莲英亲自选派几个可靠的太监来监视光绪皇帝。除了宫中举行庆典活动或接见外国使臣，一般情况下，西太后是不会让光绪皇帝出场的。

爱新觉罗·载湉才二十七八岁，几个月前，他曾轰轰烈烈地大干一场，如今被囚禁在孤岛上，他要承受多么大的心理压力。他夜夜失眠，与世隔绝几个月来，他不知道朝中发生了什么事情，尤其让他惦念的是珍妃。每当他询问珍妃的处境时，看守吊桥的小太监呆若木鸡，或许那小太监就是个哑巴，无论皇上怎么苦苦相问，他就是不开口。

寒夜漫长，光绪皇帝紧裹薄薄的棉被，他又想起了美丽而聪慧的珍妃。

听见外面隐隐约约传来几声爆竹响，光绪皇帝捏着指头一算，该过春节了。他的脸上掠过一丝笑容，自言自语道："过春节了，皇太后一定会放朕进宫的，到那时，无论如何也要打听一下珍儿的下落。"

天刚蒙蒙亮，光绪皇帝迷迷糊糊地睡着。只听得一阵紧似一阵的脚步声由远而近，他被吓醒，揉了揉眼皮，问："是谁？"

"是奴才！"

一副不男不女的令人恶心的尖腔，原来是李莲英。

"朕还在睡觉，少来打搅！"

光绪皇帝很是反感，他没好气。

李莲英并不示弱："皇上，老佛爷口谕：今个儿过新年，请皇上过去团圆。"

李莲英连个"万岁爷"也不喊，一脸的傲慢。

光绪皇帝不愿与这种势利小人分辩什么，他披上破旧不堪的龙袍欲起身。

李莲英将手中的新龙袍放在床上，冷冷地说："老佛爷口谕：皇上今天穿这件龙袍。"

　　光绪皇帝拎了拎新衣服，他鼻子里"哼"了一声，并没有立刻照办。

　　李莲英依然冷冷地说："皇上不要为难奴才，若不换上新龙袍，奴才万万不敢带皇上出瀛台。"

　　迫于无奈，堂堂的大清天子只好听命于一个狗奴才。

　　跟在李莲英的后面，光绪皇帝步行到了储秀宫。

　　刚进宫门，光绪皇帝远远地就看见身着盛装的隆裕皇后和瑾妃，他立刻四处搜查起来，只是见不到那张最可爱的脸。

　　隆裕皇后上前一步行跪安礼："皇上吉祥！"

　　光绪皇帝冷冷地说："免礼！"

　　瑾妃也欲行礼，光绪皇帝一扭头，甩开大步弃她而去，瑾妃的泪水一下子涌了出来。

　　隆裕皇后将气出在瑾妃身上："丧门星！大过年的，哭什么丧！"

　　光绪皇帝举步进正厅，只见西太后正端坐在那儿。

　　光绪皇帝跪了下来："亲爸爸吉祥！过年好！"

　　西太后勉强笑了一下，说："皇上吉祥！过年好！"

　　光绪皇帝心不在焉，他向里面张望，西太后阴沉着脸，说："皇上在寻珍儿吧！"

　　"是！珍儿呢？"

　　"她很好，今天她有些不舒服，亲爸爸让她歇着了。"

　　"珍儿怎么了？"

　　"皇上，瞧你紧张成什么样子，身为一国之君，为一个后妃就慌张到这种地步，难怪你治理不了大清的江山！"

　　西太后当着太监、宫女的面责备光绪皇帝，光绪皇帝心里很恼火，却不便发作，只好咽下这口气。

　　"皇上近日都在干些什么？"

　　"闭门思过。"

　　"思什么过呀？"

　　"孩儿不听亲爸爸的劝告，乱了祖宗家法，惹亲爸爸生气了。"

　　"重要的不是惹亲爸爸生气，是皇上胡闹一气乱了朝政。"

　　"孩儿明白！"

　　一问一答，西太后心里乐滋滋的，光绪皇帝的心里在流血，受伤的心灵在流血！

　　西太后也明白光绪皇帝这几句机械的回答是应付她，不过，她依然很高兴，心中暗想：载湉，你不是要杀我吗？今天，我不杀你，但你比死还难受，让你尝尝什么叫"生不如死"！

"皇上除了思过，还干了些什么？"

"没干什么。"

"皇上没有读书吗？"

"瀛台涵元殿没有书。"

"亲爸爸这儿有一本《三国演义》，皇上拿去读吧。"

西太后随手递上一本《三国演义》，光绪皇帝如获至宝，立刻装进袖筒里。

西太后见状，或许一瞬间动了恻隐之心，她的语调缓和多了，说话不那么生硬了："皇上，岛上的太监还听话吧？"

"那是个哑巴。"

西太后一怔，忙问李莲英："小莲子，你派了哪一个哑巴奴才看吊桥呀？"

李莲英露出了谄媚的笑脸，那笑脸让人看了恶心。

"回老佛爷，岛上没哑巴呀！"

光绪皇帝狠狠地瞪了李莲英一眼，他再次跪了下来："亲爸爸，孩儿心里惦着珍儿，求亲爸爸开恩，孩儿想知道珍儿到底哪儿不舒服？"

西太后"哼"了一声，不耐烦地说："她的经水一直不调，皇上又不是不知道，不然的话，她进宫都快十年了，怎么连个龙子都没怀上！"

西太后不像在说谎话，光绪皇帝放心了，他舒了一口气，默默地诵道："珍儿，有了你的消息，朕就放心了！"

一提到"龙子"，西太后就生气，本来她立亲侄女为皇后，就是希望叶赫家族的后代能在宫中扎根。可是，十年来，皇上、皇后一直不和，"龙子"始终没能生出来。

想到这里，西太后换了一副和蔼的笑脸说："皇上，岛上太冷清了，今日让皇后陪皇上住在涵元殿吧！"

光绪皇帝连连摇头又摆手："不，不，一点儿也不冷清，朕一个人独处很好，很好。"

立在一旁的隆裕皇后的脸一下子变得煞白，她咬牙切齿地想："瀛台那个鬼地方，我还不想去哩！皇上，瞧你那紧张的样子，仿佛我是一头猛兽，难道我会把你吃了？你一心惦着狐媚子珍妃，可老佛爷就是不让你们团聚。你不接纳我，更休想得到珍妃！"

隆裕皇后的恨全写在了脸上，西太后看得十分清楚，马上转换了话题："皇上不仅要闭门思过，而且要趁闲暇之际养好龙体，皇上前几个月被乱党分子所迷惑，也影响了龙体的安康。"

"亲爸爸所言极是，孩儿遵命。只是涵元殿悄无声息，孩儿有时想找个人说说话儿，看吊桥的奴才始终不肯开口。乞求亲爸爸把王商赏给孩儿，让他陪孩儿解解闷儿。”

西太后脸一沉，说："王商？不行！"

"为什么？"

"那个狗奴才不老实，听小李子说他倾向康有为。"

"亲爸爸，孩儿敢以性命担保，王商只是个普普通通的奴才，他从未干预过朝政。自从孩儿四岁入宫起，王商就伺候朕，他的为人，难道亲爸爸不清楚？"

说着，光绪皇帝流出了眼泪。

西太后叹了一口气，说："话虽如此，可是……"

光绪皇帝继续苦苦哀求："孩儿只提这一个请求！亲爸爸，可以吗？"

西太后想了想，说："王商可以住进岛上，不过，他一旦住进去便不准出岛了。"

"可以！谢亲爸爸恩典！"

就这样，瀛台涵元殿多了一个人——太监王商。王商二十五年前入养心殿，专职伺候四岁的小皇上载湉，伴着皇上，他走过了青年、中年，如今已走向老年。几十年过去了，他那颗心始终没有变，他永远无条件地忠实于光绪皇帝。

当王商到来时，光绪皇帝迫不及待地问他："珍妃真的是身体不舒服吗？还是老佛爷已经把她打入了冷宫？"

王商注视着身陷囹圄的大清皇帝，老泪纵横："万岁爷，奴才无用，一点儿珍主子的消息都没有。"

"这几个月来，你没见到珍妃吗？"

"没有。只见到过瑾主子几次，老奴向她打听过，她什么也不说。"

光绪皇帝悲愤地说："这哪儿是亲姐妹，珍妃是她的亲妹妹呀，怎么一点儿亲情也没有。"

"或许是瑾主儿不敢说吧！"

"不，是嫉妒已经扭曲了她的人性。"

王商贴近光绪皇帝，低声说："皇上不要着急。老奴和看吊桥的那位小公公的大哥私交很好，他年龄小，很听老奴的话，慢慢会让他开口的，让他帮忙打听打听珍主子的消息。"

光绪皇帝一把抓住王商的手，兴奋地叫道："太好了！"

瀛台涵元殿里只有一主一仆二人，不过，王商的到来给极端苦闷中的大清皇帝带来了一缕阳光。有时，他们共同回忆二十年前欢乐的时光；有时，他们讨论变法维新失败的原因；有时，他们畅想未来。

却说皇宫里，隆裕皇后恨透了珍妃，特别是过新年时，皇上宁愿忍受孤独与寂寞，也不愿让她那拉氏上岛陪伴，这足以说明他心里只有珍妃一个人。

隆裕皇后暗地里直抹眼泪，直怨自己的命苦："唉，皇后乃一国之母，本应得到皇帝的宠爱，可是，自从我进宫以后，皇上就没和颜悦色地对待过我。如果没有狐媚子珍妃，或许我在皇上眼中还有些分量，那个狐媚子迷惑住了皇上，哪里还有我的地位。如今，皇太后抑制皇上，皇上已经失去了人身自由，我这个受冷遇的皇后更没地位了。"

想到这里，隆裕皇后潸然泪下，正在抹眼泪之际，令她讨厌的瑾妃至此。这位人人都不喜欢的皇妃其胖无比，她几乎未被召幸过，皇宫畸形的生活扭曲了她的灵魂，就连同胞之妹珍妃，她也不愿意放过。

"皇后吉祥！"

隆裕皇后不愿搭理这位令人讨厌的胖女人，她在鼻子里"哼"了一声，算是打了个招呼。

瑾妃很尴尬，搭讪着说："天真冷，外面的冰结得很厚，好多年都没这么冷过了。"

"嗯，屋里坐吧！"

隆裕皇后的脸色好看了一些，瑾妃小心翼翼地凑近她，随便问了句："天这么冷，你宫里有暖炉吗？"

"谢谢皇后关心，奴婢宫里有四只暖炉。"

"可是，昨天内务府说你要暖炉？"

"不是奴婢要，是奴婢的妹妹珍儿要，她宫中没有暖炉。她说自己本来身子就不舒服，天一冷，她更觉不适。"

一听是珍妃要暖炉，隆裕皇后就生气，冲着瑾妃吼道："你那个狐媚子妹妹，总爱没事儿找点事儿，很叫人讨厌。"

瑾妃也恨妹妹夺了她的爱，她又想巴结皇后，于是说："她从小个性就强，凡事非占上风不可。进宫以后，她的脾气更大了，霸道无比，专宠于皇上。若不是她引诱皇上读什么洋文，让皇上接受西学，介绍文廷式入宫，在皇上面前吹嘘康有为等人，皇上也不会有今天！"

说着，瑾妃揩了把泪水，隆裕皇后以前只恨珍妃，不过，她只恨珍妃夺了她的丈夫。今天，听瑾妃这么一说，她猛地意识到珍妃是导致皇上今日失利的罪魁祸首。

隆裕皇后咬牙切齿地说："那个狐媚子，非让她吃吃苦头不可！"

瑾妃吃惊地望着一脸杀气的皇后，她又后悔了，不管怎么说，珍妃总是她的亲妹妹。

瑾妃低声下气地说："皇后，给她一点教训是应该的，只是别让她太受罪。"

皇后双眼一瞪，吼道："你心疼了？"

"不，不，珍儿轻狂无知，皇后只管教训便是。"

瑾妃忐忑不安地离开了坤宁宫，她好后悔，欲去找珍妃报个信儿，让珍妃多提防些。但是，半路上，她又打消了这个念头，她要让妹妹吃点苦头，免得日后得势还踩在她的头上。

瑾妃只顾讨好皇后，就不知她把妹妹推上了悬崖，以致珍妃最后从"悬崖"上跳了下去，摔得粉身碎骨。

隆裕皇后得到了瑾妃提供的可靠情报，她如获至宝，瑾妃刚走，她便风风火火地赶到了储秀宫来找她的"亲爸爸"。此时，西太后正逗着她的两只小狗在玩耍，从西太后的表情上看，此时她的心情正好。

见侄女隆裕皇后来请安，西太后放下怀中的爱犬。她笑眯眯地问："今日这么寒冷，外面的冰厚不厚？"

"亲爸爸，冰结得可厚了。"

"快过来，暖暖身子。"

西太后宛如一位慈祥的母亲，隆裕皇后顺从地坐在姑妈西太后的身边，突然间，她发现西太后多了几根白发，她小声说："亲爸爸，该染发了。瞧，又多了几根白发。"

西太后握住皇后的手，温柔地说："老了，真的老了！再染黑也不行，不几天便会长出白发来。"

"亲爸爸一点儿也不老，看上去就像四十岁的模样。"

"孩子，你真会逗亲爸爸开心，亲爸爸今年都六十五岁了，无论如何也不像四十岁的人呀！"

李莲英总是能寻找到最佳的时机恰当地献媚，他注视着西太后，手一拍，笑着说："老佛爷哪儿像六十多岁的人，看上去真的不过四十岁。老佛爷脸上一点皱纹都没有，这白皙的皮肤就像十八九岁的大姑娘。"

西太后一拍小李子的头，调笑道："耍贫嘴的狗奴才。去，把珍妃找来，给哀家染染头发。"

"嗻。"

小李子走了，西太后拉着皇后的手，说："珍儿脾气的确犟了点儿，但她近来温顺多了。她入宫前会染发，她呀，认得几个洋文，从洋人那里学了染发术，每次她都给亲爸爸染发。"

隆裕皇后听见西太后似乎在夸奖珍妃，心里酸溜溜的。她开口道："珍妃一点儿也不像咱们满旗女人，她从小读的书、认识的人，全是洋的。"

西太后满不在乎地闲扯着："这也不能责备她，父亲为她选了文廷式做师傅，文廷式曾留过洋，他一定把自己的西学思想传播给珍儿。"

隆裕皇后一撇嘴，一副极端不满的样子："若不是这样，皇上也不会误入歧途。"

西太后猛地警觉了起来："这话是什么意思？"

"亲爸爸难道没想过皇上为何崇拜西学，搞什么变法维新运动？"

"当然是康有为等人蛊惑所至。"

"皇上为何赏识康有为？"

"是翁同龢推荐的。"

"亲爸爸，孩儿曾听皇上无意中流露过，康有为当然是翁同龢推荐给皇上的。但是，孩儿最近才知道，康有为与文廷式还是一对好朋友。"

"此话当真？"

"千真万确，是瑾妃亲口讲的。亲爸爸，你想一想：珍妃崇拜她的师傅文廷式，文廷式又与康有为是密友，她当然也敬重康有为了。当翁同龢推荐康有为时，珍妃也一定帮了不少腔。"

西太后不再一脸的笑容，她低声问："瑾妃没说谎吧？"

"说谎骗太后和皇后，难道她不想活了吗？"

西太后似自言自语，又像在对皇后说：

"如此说来，珍妃是拉皇上误入歧途的罪魁祸首了！"

正说着，小李子带着珍妃来了。

一见西太后，珍妃便请安："老佛爷吉祥！"

西太后一语不发。珍妃纳闷了，小心翼翼地说："李公公说，老佛爷让奴婢来染发，奴婢带来了染发膏，这是一位朋友从英国带来的，老佛爷不妨试一试。"

西太后乜了一眼珍妃，怪声怪气地说："是文廷式送给你的吧！听说康有为已从香港到了英国，是不是他带给文廷式的？"

珍妃一听这话中带刺，立刻警觉了起来，连忙辩解："老佛爷，孩儿不敢接受文师傅的礼物，这染发剂的确是另一位朋友送的。"

西太后冲着蜷在她脚边的爱犬吼道："起来，打滚儿！"

小洋狗立刻站起，它抖了抖金色的长毛，连连打了三个滚。

西太后又叫道："坐下！"

小狗乖乖地坐下了。

"去死！老佛爷赐你立刻去死！"

小狗往前一躺，直挺挺地卧在地上装死，一动也不动。

西太后阴冷地笑着："只要老佛爷欲令你死，你就不敢不死！"

珍妃心头打了一个寒噤。

西太后冷冷地说："还愣着干什么？"

垂帘听政：慈禧太后

珍妃浑身一哆嗦，连忙调制染发剂。她用心地梳理着西太后的头发，只听得西太后"哎哟"一声，转过身子，指着珍妃的鼻子大骂："该死的东西，弄疼哀家了！"

珍妃吓得脸色蜡黄，她"扑通"一声跪了下来，泪流满面："老佛爷恕罪，珍儿不是故意的。"

西太后大叫："大胆的奴婢，你还敢顶嘴！"

隆裕皇后暗自高兴，李莲英跃跃欲试，珍妃低声抽泣。

西太后气呼呼地说："小李子，把她拉出去，杖打四十板。"

珍妃如此瘦弱的身子，别说四十大板了，恐怕二十大板就能要她的命。她苦苦哀求："老佛爷，珍儿知错了！求老佛爷开恩，饶过珍儿这一回吧！"

西太后一扭身子，不愿看到珍妃那泪流满面的样子。

隆裕皇后生怕西太后心软，低声道："珍儿，你故意弄疼亲爸爸，居心何在？上次，你递上的茶水太凉，亲爸爸喝了一小口，第二天便闹肚子，现在联想起来，你分明是有心害亲爸爸！"

西太后觉得皇后说得句句在理儿，她怒气未消，便对珍妃"数罪并罚"，令小李子掌珍妃的嘴。

李莲英把对光绪皇帝和珍妃的恨全发泄了出来，他重重地殴打了珍妃，末了说："老佛爷，气消了吗？"

西太后手一摆，说："把她拉下去，换个地方关起来，她也要闭门思过。"

李莲英不由分说，拖走了珍妃，把她关在钟粹宫西北角的北三所。从此，珍妃被打入了冷宫。

瀛台涵元殿里，光绪皇帝有了忠心太监王商相陪伴，他安慰了许多。寒冷的冬天并未过去，但他仿佛觉得涵元殿不那么冰冷，因为得到了珍妃的消息，这犹如一缕阳光照到了光绪皇帝的身上。

"万岁爷，珍主子只是身体欠佳，老佛爷并没有处罚她。"

"真的吗？珍儿真的安然无恙？"

王商点了点头，光绪皇帝这才舒了一口气。他让王商弄来一盘象棋，没事儿的时候，主仆二人对弈，也颇自在。

光绪二十五年正月初九，天依然很冷，光绪皇帝披着破旧的棉袍正与王商下棋，忽见看守吊桥的小太监神情慌张地走过来，光绪皇帝一使眼色，王商立刻迎了上去。小太监凑近王商低语着什么，光绪皇帝的心头猛地一缩，他知道宫中一定发生了什么事情。

自从王商住进孤岛，宫中的消息不断传来。

小太监有个哥哥与王商的关系极好，王商说服小太监，使他从一个"哑巴"

变成了"情报员"。

今天，"情报员"的神色有些不对劲儿，光绪皇帝立刻警觉了起来。

当小太监匆匆离开后，光绪皇帝迫不及待地问："怎么了？发生了什么事情？"

王商满脸的愤怒，他欲言又止，光绪皇帝忘记了自己是堂堂的天子，吼叫着问："难道你也哑巴了？"

王商难过至极，他哭着说："宫中传来消息，说珍主子被打入了冷宫，现在情形很不好。"

"啊？"光绪皇帝惊叫。

王商上前劝慰道："万岁爷，现在具体情形还不清楚，皇上千万不能着急。"

"你叫朕如何不急呀！"

"万岁爷，您急也没有用呀！老佛爷为什么这么对待珍主子，现在还不清楚，等奴才慢慢打听到消息后，再商议对策才行。"

光绪皇帝双手抱着脑袋，一副极端痛苦的样子。

两天后，珍妃在冷宫的情形传来了：

"万岁爷，奴才已从看吊桥的小公公那里打听到了确凿的消息：珍主子惹恼了老佛爷，皇后又在一边吹冷风，致使老佛爷责打了珍主子。李公公手下并未留情，打得珍主子口角直流鲜血，最后，李公公把珍主子关进了北三所冷宫。"

光绪皇帝流出了眼泪，痛苦地喊："珍儿，你受苦了！"

王商为皇上抹去泪水，安慰道："据说珍主子一心惦着皇上，她在冷宫坚强地活着，她曾多次乞求老佛爷开恩，让她见皇上一面。"

"亲爸爸不会答应她的。亲爸爸的心肠很硬，这一点，朕比任何人都清楚。"

这一夜，光绪皇帝失眠了，他的眼前总是浮现出珍妃的影子，好像珍妃正幽幽怨怨地对他说："皇上，来救珍儿！"

光绪皇帝披着单薄的破旧龙袍坐了起来，泪又涌了出来。

睡在外间的王商听到了动静，轻轻地走了进来。他点燃蜡烛，烛光照着光绪皇帝瘦弱的面庞，那脸上还挂着两行泪。

"万岁爷，保重龙体。"

一句安慰，似寒冬中的一丝春风。

光绪皇帝感激地抓住太监王商的手，说："朕好痛苦。"

"奴才知道万岁爷此时的心情。听说珍主子正在遭难，奴才心里也很难过，奴才已让人去打听，希望珍主子能捎来几句话。"

三天后，依然是看守吊桥的小太监带来了一张揉碎的小纸条，王商像揣宝贝似的揣在怀里。

他匆匆将纸条交给了皇上："万岁爷，珍主子有消息了。"

垂帘听政：慈禧太后

"啊？快说！"

"在这儿！"

光绪皇帝迫不及待，一把抓过纸条，读了起来："皇上，珍儿一切都好，请放心。皇上切切保重龙体，提防李莲英。"

就这么两句话，却胜似千言万语。

光绪皇帝把纸条贴在心口，喃喃地说："珍儿，朕很想念你！"

"万岁爷，珍主子好吗？"

光绪皇帝黯然神伤，痛苦地说："被打入冷宫，哪能过得好呢？"

"奴才正在想办法，让万岁爷见珍主子一面。"

"太好了！什么时候？"

光绪皇帝眼中放出了异彩。

王商老老实实地回答："明天夜里试试看，趁着月色好办些。"

光绪皇帝担心地说："这冰天雪地的，怎么好走。"

"冰天雪地才好行呀！这几天湖中结了厚冰，宫中来送饭的人都不用走吊桥了，他们全是从冰上滑来的。"

"可朕从未滑过冰，恐怕滑不过去。"

"这个不必担心，到时候，奴才背着皇上滑过去，皇上只需牢牢地搂住奴才的脖子就行了。"

"王商，你都五十岁了，背得动朕吗？"

"皇上只管放心，老奴豁出命也要把皇上送到对岸。"

"谢谢你！"

此时，这二人不像是主仆关系，倒像是一对亲密的朋友。

光绪皇帝放心地睡了，这一夜，他睡得好安稳。

第二天上午，他倍感神清气爽。突然，一阵强烈的响声从岸边传来，他带着王商急忙出了涵元殿，跑近一看，傻了：许多太监正在破冰！

大清的天子不顾九五之尊，怒吼道："为何破冰？"

李莲英上前一步，勉强施了跪安礼，阴阳怪气地说："奉老佛爷口谕，破了冰以保皇上的安全。老佛爷说了：湖中有冰难防刺客上岛，所以，必须破冰。"

光绪皇帝恨得直咬牙："小李子，你这个狗奴才太毒了！"

原来，当李莲英发现这几日送饭上岛的太监在冰上滑行时，他便向西太后出这个馊主意。

冰被破了，光绪皇帝的希望并未破灭，王商找到了看守吊桥的小太监，耐心地劝导。

小太监被"逼上梁山"了，他横下一条心决定帮光绪皇帝一把。

在夜色的笼罩下，一只小船静静地划过水面。小船的两头各拴一根长绳，船被拉行，没有桨声，也没有吊桥起落时的响声，神不知，鬼不觉，光绪皇帝来到了北三所。

"珍主子，珍主子，快醒一醒，皇上看您来了。"

噩梦中的珍妃猛然醒来，她揉了揉双眼，竖起耳朵聆听，她不相信这是真的。

"奴才恭贺珍主子！珍主子，皇上真的来了。"

是王商的声音！珍妃浑身一颤，她连忙爬了起来，冲到窗子边，隔着窗栏低声喊："皇上在哪儿？"

光绪皇帝不顾一切地冲向冷宫大门，他一推，才发现大门被一把大铁锁紧紧地锁着，他根本就进不去。

"皇上，这儿有个窗口！"

是珍妃的声音，光绪皇帝又冲向窗口，他想一把抓住心爱的人儿，可是，两双手隔着密密的栏杆，怎么也抓不住。

"珍儿！"

"皇上！"

两个人泪流满面，那情景好让人心酸！

王商催促着："老奴去把风，有什么话儿，皇上快说吧，时间不能耽搁得太久，免得被人发现。"

光绪皇帝还想拉住珍妃的手，珍妃灵机一动，她甩过来一条丝帕，两个人一人牵一头，彼此的心靠得更近了！

"珍儿，你受委屈了！"

趁着月色，光绪皇帝发现珍妃憔悴不堪，她头发蓬乱，目中无光，脸颊消瘦。他好心疼！

"皇上，你也瘦多了！"

珍妃咬着下嘴唇，努力不让自己哭出声来。

光绪皇帝还想说什么，突然，王商急匆匆跑来，他一把拉过皇上，硬把光绪皇帝拖走。

这时，夜巡太监渐渐走近。王商吓得出了一身的冷汗，不由分说，他硬拉着皇上回了瀛台。

此次相见后，光绪皇帝的心更沉重了，他常常暗自垂泪，让王商看了很难受。

"朕还想去看望珍妃！"

光绪皇帝似哀求王商，王商老泪纵横，他跪在天子面前说："老奴何尝不了解万岁爷的心！可是，万一被老佛爷发现了，恐怕会连累珍主子。"

"朕与珍妃已将生死置之度外，万一被太后发现了，大不了一死。没自由，不如死！"

光绪皇帝的态度很坚定，再次打动了忠实奴才的心，王商回答："老奴正想法子说服看守珍主子的公公，求他打开门锁，让皇上与珍主子一聚。"

"王商，朕真的好感激。"

光绪皇帝拥抱了一下忠诚的太监。

不几天，一个漆黑的夜晚，依然是小船悄悄划过湖面。光绪皇帝在夜色中紧紧拥抱住泪流满面的珍妃。珍妃浑身上下直哆嗦，她激动得一句话也说不出来。

光绪皇帝关切地问："爱妃哪儿不舒服？"

"不，珍儿太高兴了！"

"珍儿，朕不能久留，有什么话快说吧，免得时间一长被人发现，以后朕就来不成了。"

"皇上——"

珍妃欲言，可是，她哽咽着不能语。

光绪皇帝看不清爱妃的脸，但他能感到爱妃的心跳。

"爱妃，太后为何严惩于你？"

"呜——"

珍妃哭了起来。

光绪皇帝温柔地抚摸着珍妃的头发，他感到一头秀发变成了一头枯草。他鼻子一酸，落下几颗冷泪来。

珍妃用粗糙的手抚摸着光绪皇帝的脸颊，带着哭腔说："皇上，你千万要保重龙体，老佛爷今年都六十五岁了，她活不过皇上的。太后一旦宾天，大清的江山还是皇上的。"

听到这话，光绪皇帝信心顿生，心里安慰了许多，他低声说："朕一定听爱妃的劝告，好好地活下去！"

光绪皇帝在黑夜中感到他怀中的人儿笑了一下，他也勉强露出了笑容。

"等朕重见天日的那一天，要杀两个人！"

"皇上，别太冲动！"

"杀，一定要杀两个人！一个是狗奴才袁世凯，他出卖了朕；一个是狗奴才李莲英，他太可恶了，仗着主子的势力为非作歹。杀了他，也不解恨！"

"皇上，暂且必须强忍住悲愤，千万不能让太后知道皇上的心迹。"

"爱妃，请你放心，朕懂得什么叫'卧薪尝胆'，君子报仇，十年不晚！"

一对苦命的人儿依依惜别！

寒冬的夜好长、好长，好冷、好冷……

光绪二十五年春，从紫禁城里传来一个消息：光绪皇帝病了！

这消息不胫而走，不出一个月，几乎全国上下的人都知道大清的天子病得不轻。有人为之担心，有人为之庆幸。不过，知内情的人全明白：光绪皇帝没什么大病，西太后欲废光绪帝，便使出了这招儿。

起初，西太后一口咬定光绪皇帝的病源是吃了康有为弄进宫的一颗"红丸"，致使大清的皇上神情恍惚。后来她又说皇上浑身糜烂、气虚遗精，已病入膏肓。总之，大清的皇帝活不了几天了。

此时，西太后欲废光绪帝犹如司马昭之心——路人皆知，但她没有料到反对废帝的呼声那么强烈，更没有想到洋鬼子也来干涉此事！

西太后囚禁了大清皇帝，继而又向外散发消息，说天子龙体欠安，这引起了许多人的注意。

这时，英、法两国公使出面了，他们不相信三十岁左右的年轻人会死于无名的疾病。

英、法大使来到了总署，他们请求让法国使馆医官多德福为大清皇帝诊治。

庆亲王奕劻吃惊不小，他马上进宫见太后，说："老佛爷，看来外国人想插手了！"

西太后恨得直咬牙，愤愤地说："皇上有疾，大清国有的是医生，他们洋人为什么要来插一脚，不准他们如此干涉大清国内务！"

"嗻。"

庆亲王起身刚想走，西太后又止住了他："慢着，让哀家再细细想一想。"

李莲英端上一杯上等的龙井茶，低声说："老佛爷，那些洋鬼子惹不起呀！"

西太后叹了一口气，说："是这个理儿！洋人，可恶的洋人，大清惹不起他们。唉，就让医官进宫吧，反正，皇上的确身体欠佳。"

三天后，法国使馆医官多德福自带翻译，大摇大摆进了宫。养心殿已打扫了一番，不再显得荒凉。

"陛下，你哪儿不舒服？"

多德福拿起听诊器听了听光绪皇帝的心脏，又按了按他的肝脾处，耐心地询问着。结果，法国医官下的结论是：肾虚之症，以静养为宜。

西太后心想：看来皇上一时死不了。但他太过分，也折腾够了，我万万不可让他东山再起，如此说来，我该考虑一个万全之策才好。

炮声起君臣西逃，帷幕落母子宾天

　　既然大清的皇上死不了，那就废了他！西太后主意已定，她着手做一些废帝的准备工作。首先，她开始布置兵力，希望以强大的武力来实行废帝。

　　她将前些年遭冷遇的李鸿章重新委以重任，派李鸿章出镇广东，将原来属聂士成、董福祥、宗庆、袁世凯的部队重新编为武卫前、后、左、右四军，另外募集一万人编为中军，归荣禄直接指挥，又派载漪掌握京师的虎神营。

　　废帝之举近在眼前，地方上一些有实力的老臣再也不能保持沉默了，他们中有一部分鼓足了勇气，上疏力陈不可废帝。其中，以两江总督刘坤一的呼声最为强烈。

　　几年前的甲午中日海战中，刘坤一积极主战，曾受到过光绪皇帝的嘉奖，所以，刘坤一对大清的天子感情很深。他上奏朝廷，声称："君臣之议已定，中外之口难防……"

　　西太后读了这份折子，气得脸色煞白，气急败坏地说："调刘坤一入京，看他还凭什么嚣张！"

　　荣禄明白此举不可行，耐心地劝道："请老佛爷息怒，刘坤一的政绩显赫，他任南洋大臣及两江总督以来，深受老百姓的爱戴，对于他不可轻易处置。"

　　"气死哀家了，他为什么要反对哀家！"

　　荣禄托着下巴，沉思着，他吞吞吐吐地说："太后，臣有一言，憋在心里很长时间了，不知当讲不当讲？"

　　西太后十分不满地瞅了他一眼，说："哀家从没把你当外人，为什么几十年来，你总这么畏畏缩缩的？有什么话尽管说，这儿只有你我二人，大可不必吞吞吐吐。"

　　荣禄知道无论自己说什么，西太后都不会追究的，于是，他放心大胆地说开了："老佛爷，康有为、梁启超等人在海外联合华侨巨商组成了'保皇党'，太后听说过吗？"

西太后点了点头，悲哀地说："他们提出的口号是'保皇上、反太后'，哀家早就听说了。"

荣禄说："康、梁之流实在可恶，可为什么他们尚有号召力？这就是说他们利用了一些人的忠君思想，公然反对皇太后。"

"忠君？"

"对，大清的子民无限忠于君王，在他们的心目中，皇帝才是至高无上的。皇太后若要废皇帝，他们当然会来反对皇太后的。"

西太后争辩着："可是，朝中不少老臣积极支持废帝。"

荣禄说："皇太后的观点，朝中谁敢不认同！可是，皇上并没有明显的过失，若废了他，不但朝野会起纷乱，恐怕外国人也会来干涉。太后，此事应三思而后行啊！"

荣禄的规劝果然见效，西太后沉默了。

荣禄又接着说："不但外国人、各省疆臣反对废帝，就是民间也起来了。"

西太后愕然，荣禄解释道："蔡元培和黄炎培二人均留过洋，他们这些学者联合海外华侨数十万人，不断发电报回来，抗议废帝之举。"

"哀家曾看过他们的电文，文辞激昂，颇能蛊惑人心。"

荣禄进一步说："据说，他们声势浩大，已发回一百多次电报，要求太后善待皇上。而且，他们还声称若真的废了皇帝，他们将聚众游行。"

西太后明白大清皇宫只有荣禄敢对她说真话，此时，她很感谢荣禄的以诚相待。

西太后有些为难地说："朝廷上下都知道将废帝，再不废他，哀家如何收场？"

荣禄见西太后已有了转变，高兴地说："办法多得很，暂时不废不等于说以后也不废。"

"此话怎讲？"

"难道老佛爷忘了吗？皇上至今无子嗣！"

西太后恍然大悟，她欣然接受了荣禄的建议，开始为光绪皇帝寻找"皇子"，皇族中辈分比光绪皇帝低一辈的是"溥"字辈。

"溥"字辈的阿哥中一共有十二个人，除了惇郡王的后代为道光皇帝的嫡传外，其他十一个人皆是皇族旁支。恰巧道光皇帝的曾孙溥儁不仅是嫡传人，而且他的母亲还具有叶赫那拉血统。

溥儁的父亲端王载漪，母亲是西太后的另一个亲侄女——桂祥之女、隆裕皇后之妹。载漪是惇郡王奕誴的儿子，这就是说，同治皇帝、光绪皇帝与载漪是堂兄弟。

载漪的长子溥儁今年十四岁，长相俊美，颇讨西太后的欢心。对于接大阿哥进宫一事，隆裕皇后十分反感，因为这直接影响了她在宫中的地位。此时，她感到身陷绝境，因为她的富贵与荣华是大清光绪皇帝给的，一旦光绪帝被废除，自己也不再是统摄六宫的皇后。此时，她很害怕，更后悔。可是，后悔已迟！

光绪二十五年深冬，西太后觉得时机已经成熟，便召集了一次"会议"。参加"会议"的人员有：荣禄、奕劻、载漪、孙家鼐等人，此外，还有一个特殊人物——光绪皇帝。

勤政殿里，西太后坐在正位上，光绪皇帝坐在她的左边，李莲英站在她的右后方，其余的人全跪在下面。大家明白，今天一定有什么重要事情要发生，不然，光绪皇帝不可能从瀛台来到这里。

西太后看了看皇上，又看了看众臣，她的声音非常洪亮："自从今年夏天，皇上住进瀛台以来，他龙体一直欠安，至今冬，一直咳嗽不止，痰中带血，厌食多梦，消瘦不堪，哀家很是担心！"

正说着，光绪皇帝又猛烈咳嗽了一阵子，证明了西太后的话不假。光绪皇帝越想憋住不咳，可越咳得猛，一时间，鼻涕、眼泪全流了出来。

西太后口角间掩饰不住一丝笑容，说道："皇上，不要那么咳嘛，药吃了没有？太医怎么说？"

光绪皇帝抚着胸口点了点头，西太后故意提高了嗓门儿，问："吃了药还不见好转吗？"

光绪皇帝无语，大殿里人人屏住呼吸，仿佛是专心致志地"聆听"皇上的咳嗽。

过了一阵子，光绪皇帝总算平息了下来。西太后冷冷地说："小李子，给皇上端杯水来，要热的，皇上体弱多病，受不了冷水。"

"嗻。"

西太后皱了皱眉头，对众臣说："哀家实在是很担心，皇上龙体如此虚弱，至今无子嗣，为此，哀家寝食不安。"

她的话刚落音，只听得荣禄说："太后，臣有一奏折。"

"呈上。"

李莲英连忙接过奏折，呈给西太后，西太后装模作样读了一下，说："爱卿，你的这个建议可以考虑一下。"

荣禄上前一步，跪下说："皇上龙体欠安，臣以为早立子嗣为上乘！"

西太后沉吟着说："皇上已过而立之年，荣爱卿的主意很不错，可以考虑从宫外抱一位阿哥立为大阿哥，这也了却了哀家的一桩心事。"

载漪喜形于色，他掩饰不住内心的欣欢，高兴地说："臣以为皇太后英明无比，此举可行啊！"

汉臣孙家鼐越听越觉得不对劲儿，他立刻大胆反驳。

西太后没料到一个汉臣竟在大殿之上顶撞于她，她岂能接受！一拍龙案，她低声训斥道："这是皇室的家庭事务，今天召你这个汉臣进大殿，是照顾你们汉臣的面子。立大阿哥之事，也是皇上的心愿！不相信的话，现在就来问问他自己是什么意思。"

说着，西太后用手推了光绪皇帝一把，光绪皇帝浑身一颤抖，西太后咄咄逼人："皇上，对于立大阿哥一事，面对众臣，说说你的意见吧！"

光绪皇帝只觉得寒风刺骨。他唯唯诺诺地说："朕……朕也是这个意思。"

西太后提高了嗓门："怎么样，皇上亲口说的吧！你们都听见了吗？"

荣禄、奕劻、载漪齐声回答："听——见——了！"

西太后盛气凌人，不容别人开口，独断专行，令军机处拟旨：

"立载漪之子溥儁为大阿哥！"

光绪二十五年十二月二十四日，爱新觉罗·溥儁被尊为大阿哥。

不曾想，策立大阿哥不仅遭到了朝中众臣的反对，也受到了外国人的干预。特别是英、法两国公使拒绝出席册封仪式，很令西太后反感。西太后咬牙切齿地说："这些洋鬼子，自从火烧圆明园就令人愤恨，今日又明目张胆救助康有为，反对哀家废帝，哀家定与洋人势不两立！"

不久，载漪奉西太后口谕，在端王府大摆宴席，欲请英、法等各国公使至王府赴宴，求得他们的支持。

请柬也发了，宴席也准备了，只是客人一个也没有到。

载漪很失望，他更害怕，担心洋鬼子坚决站在光绪皇帝那一边，担心他们公然反对立溥儁为大阿哥。

载漪求见西太后，西太后听罢，脸上布满阴云，气恼地说："没用的东西，连这小小的事情都办不好，你还能成什么大器！"

"老佛爷，那些洋鬼子也欺人太甚了，他们不但不赴宴，还说什么：'西太后独断专行，我们会给她点颜色看看的。'这些混账东西太气人了！"

西太后听罢了，怒不可遏，"啪"的一声，摔碎了手中的茶杯，大吼道："给我滚下去！"

西太后谕令荣禄去找李鸿章，希望李鸿章能做通洋人的工作，使外国公使支持西太后的立阿哥之策。

荣禄一向无条件地执行西太后的命令，他马上找到了备受冷落的李鸿章。

荣禄至李府，李鸿章顿感府上蓬荜生辉。

李鸿章是何等聪明之人，虽被冷落了几年，但他也识时务！仗着与几个外国公使私交甚密，便跑到了英、法等国大使馆，去说服他们支持西太后。

可是，没有成功。

西太后指望外国公使庆贺立大阿哥，希望终于破灭了。

她恨死了洋人！

端王载漪猜准了西太后的心思，大胆进言："老佛爷，洋鬼子欺人太甚，若不是老佛爷您宽厚仁慈，洋鬼子早就受到惩罚了。"

西太后叹了一口气，说："他们有洋枪、洋炮，大清怎是他们的敌手呢？"

载漪见西太后已动心，他的胆子更大了："老佛爷，臣听说有一股贼匪，名叫'义和团'，他们的口号是'扶清灭洋、兴清灭洋'。这股势力可以利用。"

西太后一听到"义和团"三个字，她连连摇头："那是一股乱匪贼子，朝廷多年来剿杀不尽，今日怎可利用他们呢？"

载漪不甘心，说："义和团仇恨洋人，他们已烧了不少洋人的教堂，为什么不利用他们呢？朝廷只要变剿为抚，他们定能抑制洋人。"

西太后陷入了沉思。

义和团又称"义和拳"，清康熙年间便有了这个组织，它是民间社团，由大刀会、神拳、梅花拳等组织发展演变而来。"义和"即"取朋友以义合之义"。义和团初起时以"反清复明"为口号，他们秘密结社，与清兵进行小规模的战斗。到了同治年间，反清复明的宗旨逐渐减弱，反抗英、法等外国列强情绪日益增强。当义和团在山东、河北一带发展壮大时，西太后派兵镇压过，可是三任山东巡抚——李秉衡、张汝梅、毓贤，谁也没有镇压倒这个强大的民间社团组织。最后，西太后又派袁世凯去剿杀义和团，袁世凯不遗余力地效忠西太后，血腥镇压了义和团。

山东境内的义和团组织被剿杀，但是义和团的火种又在京畿一带熊熊燃烧，而且势力一天天强盛起来。

今天，载漪提及义和团，西太后为之一动，暗想："载漪说的也有些道理，既然义和团的口号是'扶清灭洋'，为何大清朝不利用他们呢？与其花力气剿杀乱匪，不如安抚他们，让他们去打洋鬼子，来个'坐山观虎斗'，岂不妙哉！"

正在西太后犹豫不决之际，庄王载勋及大臣刚毅等人也纷纷进言对义和团采取安抚政策，借其力量打击洋人。

光绪二十六年五月初十日，西太后以光绪皇帝的名义发布上谕：

谕内阁。西人传教，历有年所，该教士无非劝人为善，而教民等亦从无特教滋事，故尔民教均克相安，各行其道……无论其会不会，但论其匪不匪。如有借端滋事，即应严拿惩办。是教民、拳民，均为国家赤子，朝廷一视同仁，不分教、会。

诏书颁布后，朝臣反应虽不强烈，但义和团为之一振。多少年来，大清朝对他们都是镇压，如今朝廷一改常态，由剿杀变成了招安，许多拳民感到纳闷儿，但他们的几个首领清楚西太后的计策。虽然他们明白西太后是利用义和团灭洋，他们是朝廷可利用的工具，但他们还是接受了招安。

如今，诏书已下，义和团可以名正言顺地去杀洋鬼子了。义和团首领带领广大拳民横扫京津一带的教堂及外国商人、使臣处所，吓得洋人抱头逃窜。

诏书下达后十天，西太后谕令户部拨银十万两，赏给义和团。紧接着，又发放大米两万石，枪支、弹药等军械若干，西太后希望"刀枪不入"的义和团一举杀尽洋鬼子，免得洋鬼子来干预朝政，以便她安安稳稳来训政。

光绪二十六年（1900年）五月下旬，西太后召开了四次御前会议，她决意对洋人宣战！

为了配合义和团作战，西太后谕令朝臣董福祥带领甘军助战。光绪二十六年五月底，在京的洋人被包围了起来，大部分人躲到英国使馆。

各国公使不甘心束手就擒，他们推选英国海军中将西摩为统帅，率英兵七百三十六人，德兵四百五十人，美、俄、法、奥、意、日兵七百多人，组成了一支"八国联军"，抵抗义和团及甘军的攻打。

五月二十四日，义和团及董福祥的联军开始包围东交民巷的外国使馆。外国公使及公使家属闻风丧胆，他们全躲到了英国使馆内。朝廷下令暂时不攻英使馆，把它层层包围起来，里面的人可以当做人质，将来用之与外国人谈判。

义和团攻打了其他各国使馆，又烧了西什库教堂，西什库教堂内留下了大批传教士的尸首。

这时，由西摩组成的八国联军由天津攻了过来。义和团中有一部分人醉心于外国使馆的珍奇财物，不肯奋力作战；甘军中也有一部分人贪生怕死，一听西摩的外国兵要攻打北京城，他们吓得缩作一团，北京岌岌可危。

近两个月来，北京城处在战乱之中，但是西太后并不十分惧怕，因为自五月二十四日以来，义和团和甘军处于优势，除了一个英使馆，东交民巷的其他各国使馆全部被捣毁，外国公使已吓得屁滚尿流，老百姓高呼："杀洋鬼子！杀尽洋鬼子！"

北京城内，从三岁的小儿至七八旬老翁，人人高喊"杀洋鬼子"！中国老百姓的情绪特别激昂，西太后感到被迫之下的对洋人宣战是英明无比的。

可是，到了七月二十一日，西太后坐不住了。

486

这天早上，八国联军的枪炮声时时传来，一天炮声未断。西太后惊魂未定，她问身边的大臣："义和团及甘军顶得住吗？"

一群只知道贪赃枉法的"蛀虫"比西太后还害怕，洋人的枪炮一响，他们早已吓破了胆，没有一个人肯回答"老佛爷"的问话，气得西太后大声吼叫："你们都是饭桶、废物，滚下去！"

留京朝臣各自想着逃命了。

勤政殿里空空旷旷的，只剩下西太后和她那条"忠实的狗"——李莲英。

李莲英劝慰道："老佛爷，天色已晚，回宫吧！"

西太后揩了把眼泪，悲哀地说："朝中无人，哀家愧对列祖列宗呀！"

小李子低声说："朝廷诸臣如林中之鸟，大难来时各自逃命，听说当年咸丰爷巡幸木兰时也是这个样子。"

西太后深深叹了一口气，说："朝廷重金白养了一群饭桶，怎叫哀家不伤心！"

"老佛爷，恐怕要打起来了。奴才斗胆进一言：奴才认为该想想退路了。"

"退？往哪儿退呀？哀家都六十六岁了，走不动了！"

"奴才背着老佛爷走。"

"小李子，难得你一片忠心，你比他们强多了，哀家好安慰。"

李莲英又凑近一些，问："皇上还在瀛台，该怎么办？"

西太后差一点把囚禁在荒岛上的大清皇帝给忘了，经小李子一提醒，她意识到危难时刻应让大清皇上陪伴着她，万一洋人攻进皇宫，她可以借光绪皇帝来保护自己，因为洋鬼子一定不杀光绪皇帝。

"去，快把皇上接过来，暂居养心殿。"

"养心殿里住着大阿哥！"

一提及大阿哥，西太后就来气。若不是立什么大阿哥，也不会招致洋人的反感，更不会使得西太后日益仇恨洋人。这一切的罪过皆源于大阿哥。

西太后狠狠地说："让大阿哥滚出养心殿！"

"嗻。"

西太后失眠了，她辗转反侧，怎么也睡不着，枪炮声一阵响似一阵，就像在耳边炸开一般，震得屋瓦直作响。西太后令宫女找来一身民妇的衣服，她要预防不测。

正在这时，载澜直闯"老佛爷"的寝宫。

西太后霍地一下坐了起来，她情急之下有些结舌："怎，怎么了？"

"回老佛爷，八国联军已攻占了东华门，他们扬言即刻攻打皇宫。"

"啊！"西太后尖叫。

李莲英及其他太监、宫女一个也不敢睡觉，他们听到西太后的尖叫声，也顾不得宫规，一下子全跑到了西太后面前，齐声呼："老佛爷！奴婢愿生死相随！"

西太后披上那件民妇服，一只手伸出袖筒里，一只手没伸，她哆哆嗦嗦地说道："都，都，都快，快逃命吧！"

李莲英上前扶住西太后，说："奴才愿与老佛爷同生死！老佛爷，奴才背着您走。"

西太后泪如雨下，感动地说："小李子，哀家明白你的心，只是哀家已六十六岁了，不愿受辱，这条老命不值得留，还是让哀家殉国吧，也留下一世的英名！"

说着，她偷偷地瞟了几眼太监、宫女们，只见奴婢们个个哭成了泪人儿。猛然间，她一踉跄，欲撞柱而死。

李莲英一把将她拦腰抱住，跪在地上大哭："老佛爷，不能啊！不能啊！留得青山在，不怕没柴烧！奴才一定要背您走！"

"走？往哪儿走呀？"

西太后一屁股坐在地上，号啕大哭。此时，她忘了自己是尊贵的皇太后！

这时，载澜上前扶起西太后，急匆匆地说："老佛爷，暂且避一避吧，总会想出办法的。"

说着，光绪皇帝、皇后、溥儁、瑾妃、奕劻、载漪、载勋、载泽、刚毅、赵舒翘等人全来了，大家顾不得宫中规矩，齐声说："老佛爷，快走吧！现在逃命还来得及！"

西太后望着众人，流着眼泪说："你们都太年轻了，陪着哀家在这儿等死太残酷了。哀家不走，你们也不肯走，为了你们，哀家只好含辱逃命。"

"谢老佛爷！"

西太后一揩眼泪，说："小李子，你们快去收拾一下，笨重物品不用带，多带些银子、首饰，一个时辰后上路，快一点呀！"

"嗻。"

皇宫里一片混乱，嫔妃们哭的、叫的，太监、宫女们生怕不带他们走，一个个神色慌张，谁也没有心思去收拾行装。

西太后大吼："都还愣着干什么？找死啊！"吓得几位小宫女连忙溜开。

这时，光绪皇帝凑近西太后，低声说："亲爸爸，孩儿以为不一定要逃出皇城。"

西太后大怒道："皇上，你懂什么！万一洋鬼子冲了进来，首先要砍你我的头！"

"他们不敢！"

"哼！他们什么不敢做！皇上若不愿意走，亲爸爸也不强拉你走，你自己来拿主意吧！"

说着，西太后走出寝宫，她要急于逃命。

这时，李莲英告诉西太后："老佛爷，一切准备好了，快上路吧！"

西太后环顾了一下生活了几十年的皇宫，老泪纵横。

"老佛爷，再不走真的来不及了！"

李莲英催促着快上路，皇后和瑾妃也帮腔道：

"亲爸爸，快走吧！"

"走！"

西太后一声令下，众嫔妃一窝蜂似的往外走，光绪皇帝努力从人群中寻找珍妃的身影，可是，他没找到。

光绪皇帝没有移步，西太后急了，大骂："还不快走，真的等洋人来砍你的头呀！"

光绪皇帝拼命大叫："亲爸爸，珍儿呢？"

西太后不语，她的脸好阴沉。

光绪皇帝抓住瑾妃的手，大叫："你妹妹还关在北三所吧！她是你的亲妹妹，你怎能不问呢？"

瑾妃哭道："事到如今，谁还顾得了谁呀！"

"啪"的一声，光绪皇帝重重打了她一巴掌，瑾妃号啕大哭。

光绪皇帝向西太后恳求道："亲爸爸，带上珍儿一块儿走吧！"

西太后一扭头，并不理会光绪皇帝。

光绪皇帝"扑通"一声跪了下来："求您了，亲爸爸！"

西太后看了一眼面前跪着的大清皇帝，不耐烦地说："小李子，去把珍妃带来。"

不一会儿，披头散发、衣衫褴褛的珍妃被带了上来。

"皇上！"

"珍儿！"

两个人抱作一团，哭成泪人儿。西太后紧皱眉头，她真想一口咬死珍妃，免得珍妃在众人面前出丑。

"珍儿，别哭了，快逃命吧！"

光绪皇帝搂抱着心爱的人儿，催促着她快上路。

珍妃迅速问清了缘由，跪在西太后的面前说："亲爸爸，珍儿认为此时皇上应留在宫里，洋鬼子是不敢冲进皇宫的。若皇上走了，会落洋鬼子耻笑，我大清之威武将一扫而尽！"

西太后怒吼："放肆！还用得你一个婢子来教训老佛爷。你若不走，你自己留下来好了！"

光绪皇帝大喊："让她留下来受辱吗？"

西太后冷笑一声："她年纪轻轻，又一脸的狐媚相，当然不能让她留下来受辱。"

"那就带她走吧！"

光绪皇帝几乎是哀求了。

西太后一时无语，李莲英上前说："老佛爷！人太多，车又少，车子坐不下这么多的人。"

"哦，既然珍妃不愿意走，那就成全她吧，这也是她对皇上的一片诚意！"

"亲爸爸，你要干什么？"

光绪皇帝惊呼！

西太后冷笑一声："哼！赐她殉国！"

光绪皇帝大叫："不！不！不！"

西太后大叫："大清的天下都是让这个狐媚子给搅乱的。若不是她怂恿皇上搞什么变法，哪会有一连串的事件发生。今天洋鬼子冲进京城来，她又不愿意走，难道留下她让洋鬼子糟蹋吗？"

西太后一脸的杀气。

光绪皇帝满脸悲哀。

珍妃不哭也不叫，她上前几步，与光绪皇帝诀别：

"皇上，珍儿先走了！"

光绪皇帝死死拽住珍妃不放，西太后一使眼色，李莲英令二总管崔玉贵上前去拉珍妃。崔玉贵像狗一样猛扑上去，一把抱住珍妃的腰，将她拖至远处。

光绪皇帝奋力大叫道："把她放回来！"

太监、宫女及众嫔妃无一人动弹，光绪皇帝扑了过去，西太后气急败坏地大叫："把她扔进井里！快，扔进去！"

光绪皇帝又扑向西太后，他抱住西太后的右腿，哭着哀求："不能呀！不能呀！"

"扔！还愣着干什么？"

"亲爸爸，不能扔呀！孩儿求您了！"

说着，他像发疯了似的，直磕头，额上很快磕出了鲜血。

西太后踢了他一脚："没出息的东西，为了一个狐媚子，值得吗？"

李莲英上前问："老佛爷，怎么办？"

"扔！"

光绪皇帝昏死了过去。

珍妃被扔进井里后，太监二总管崔玉贵唯恐井水浅淹不死她，又向井里扔了几块大石头，把珍妃活活砸死。

在场的人无不震惊！

隆裕皇后吓得咬破了嘴唇，她虽嫉恨珍妃，但她万万想不到珍妃死得这么惨。她怕极了！

瑾妃是珍妃的亲姐姐，当光绪皇帝大叫一声昏死过去的时候，她也吓昏了。

溥儁尚是个孩子，他虽顽劣，但人性中尚有一丝善良，当他目睹了这一切时，他吓得趴在父亲载漪的怀里，"呜呜"地哭了起来。

西太后见众人如此惊吓，低声道："快走吧！若日后有机会回宫，厚葬她便是。"

西太后竟连一滴眼泪也没有落！

皇宫的出逃车队从德胜门出城，因为不敢挂皇家旗号，还遭到了守门卫兵的例行检查。当车队离远后，几个卫兵议论开了："逃难还那么讲究，带了几十个仆人、丫头，也不怕太惹眼。"

"你瞧，那老妪白白胖胖，虽然六十多岁了，但看起来不过是四十来岁。"

"可是，第二辆车子里的年轻人清瘦无比，他还在哭！"

"真的吗？"

"可能是老妪的儿子吧！儿子不听话，老妪骂他了？"

"真神了，老妪一脸的福相，像个老佛爷！"

"老佛爷？"

"啊！难道她真的是老佛爷？"

"那年轻人是皇帝老子了？"

几个人张大了嘴巴，一拍脑门子，后悔道："唉，怎么不多看几眼！"

却说西太后一行人出了德胜门，赶着马车向西北方向疾驶。光绪皇帝愣愣地坐在马车里，脑子里一片空白。马车颠得很厉害，他直想吐。

光绪皇帝的泪水流到了腮边，又流到了嘴里，很苦、很涩，他突然冒出了一句话，自言自语道："很苦、很涩，人生啊！很苦、很涩。"

说着，又一股泪水流了出来，他突然大声叫道："珍儿、珍儿，快，去把珍儿抓回来！"

车外的人全听见了，赶车的向帝子里轻轻唤了一声："万岁爷，马上就到颐和园了，等到了颐和园，奴才给万岁爷弄口水喝。现在，求万岁爷别这么大声地叫，路上的行人多，有危险！"

光绪皇帝暂时安静了下来。

又过了一会儿，光绪皇帝再次大叫起来："珍儿，朕带上你一块儿逃，好吗？珍儿，珍儿！"

西太后坐在车子里，她恼火极了，便掀开帘子，向走在马车后面的李莲英高声喊："小李子，小李子。"

李莲英听到主子的呼唤，连忙跑上前，他累得直喘："老佛爷，小李子在这儿呢。"

"快让皇上闭上嘴，他这么大喊大叫的，就这几个卫兵，万一遇上土匪就全完了。"

"嗻。"

李莲英跑到第二辆马车旁边，他对车内的光绪皇帝说："万岁爷，老佛爷让你安静些，不要这么大喊大叫的，以防引来了土匪。"

自从早上珍妃被投下井，西太后令人把光绪皇帝硬塞进马车里，光绪皇帝便昏昏沉沉颠了一路，他几乎没见到一个人。这会儿，杀害珍妃的刽子手李莲英一露面，光绪皇帝岂能轻饶他。

光绪皇帝大骂："狗奴才，朕杀了你！"

小李子并不示弱，他眼一瞪，说："皇上，你是太伤心了吧！"

光绪皇帝欲奋力下车，他指着李莲英大声喊叫："狗奴才，你杀死了珍妃，朕要杀你来偿命！"

李莲英尽管有西太后撑腰，并不惧怕有名无实的光绪皇帝，但他也不愿惹恼皇上，万一皇上真的动了怒，一跃而上杀了他，也不会有人治皇上的罪。他还是溜之大吉的好。

李莲英跑到了西太后的马车后面，跟在车后慢跑。

西太后在车里听到外面有人喘得很厉害，透过帘缝一看，她顿时心疼了起来，心想："是小李子，跟在后面像条狗，也真难为他了，也四十多岁的人了，哪儿能和年轻的奴才相比。"

想到这里，西太后令马车停下来。

"小李子，快上来，凑在哀家身边，瞧你满头大汗！"

李莲英有些犹豫，西太后催促道："你想累死自己啊！"

小李子连忙像狗一样爬到了主子身边，蜷缩着身子，张口喘粗气。

"小李子，皇上在大叫什么？"

"他口口声声唤珍妃。"

"你没叫他闭嘴吗？"

"他岂能听奴才的劝告，还嚷嚷着要杀奴才呢！"

"十足的疯子！"

小李子见西太后对光绪皇帝连一点儿怜惜之意也没有，他的狗胆也大了起来："老佛爷，为什么一定要带上皇上，还不知一路上他会怎样发疯呢。"

"任他发疯吧！"

"要么，奴才把皇上送回宫，或等会儿到了颐和园，把他丢在颐和园？"

小李子担心的是皇上会杀他为珍妃报仇。

西太后一瞪眼，说："胆小的东西，你怕什么！跟着老佛爷，难道还怕皇上杀你不成！"

"带上皇上也没用啊！"

"你懂什么！"

西太后不再往下说，小李子恍然大悟："老佛爷哟！老佛爷！您真够英明的，奴才明白了：您是怕皇上留在北京，万一洋鬼子打进来，扶植起皇上，逃亡在外的皇太后就成了空架子。所以，您一定要带上皇上一块儿走，这样，大清的皇权还牢牢地掌握在您的手中！"

小李子不愧是西太后的心腹太监，他一下子就猜中了西太后的心思。

约莫又过了一个时辰，颐和园已近在眼前。先一步赶到的载勋已在大路口等着了，只见他背了一大口袋东西。当马车停在他身边时，他大叫："老佛爷。"

西太后令小李子跳下马车，将载勋背上的大口袋抬进马车。

西太后小声说："全装来了吗？"

"老佛爷，园子里值钱的东西太多，臣实在拿不动，只拣了一些值钱的古玩字画装进口袋。"

西太后望了望颐和园，悲哀地说："剩下的留给八国联军吧。"

说罢，她潸然泪下。

西太后默默地祈祷："老天爷保佑，八国联军进园子，尽管让他们去拿，只是不要像圆明园那样一把火烧掉！颐和园是哀家六十大寿的礼物，若烧了园子，哀家也不想活了。"

马车队又继续向西北方面疾驰，到了午后，西太后觉得饥肠辘辘，就下令让车子停下。

"小李子，该用午膳了，早上匆匆忙忙上路，大家都没吃东西，让人、马全停下吧。"

离开皇宫时，李莲英令小太监急奔御膳房，装了一口袋吃的。西太后一说饿了，他也觉得该吃些东西了。

李莲英令几位太监打开口袋一看，不禁失望了：口袋里除了一些黄瓜、土豆、冷馍、番茄、茄子、生肉外，没什么好吃的了。

李莲英认得其中一个小太监是御膳房的人，他的脸一沉，道："该死的奴才，让你们多带些吃的，好吃的东西呢？"

说着，他狠狠地打了御膳房小太监两巴掌。

小太监捂着脸说："没，没，没什么……没什么好吃的，宫……宫中不吃剩菜，每……每天买新鲜的吃，今天，天那早就出宫了，到……到哪儿弄吃……吃的呀。"

本来，小太监就有些结巴，这一紧张，他更说不出话来了，气得李莲英连踢了他三脚："滚，快去找些柴火来，把菜洗净了，做得好吃些。"

"李……李公公，这荒郊野岭的，没油没盐，怎么烧好吃的菜呀！"

小太监说得也对，李莲英便对二总管崔玉贵说："崔公公，你带几个公公到附近看一看，若见到民户，向他们买些油盐，再买些鸡蛋、鲜鱼、大米、面粉。银子不用愁，上路时，我从内务府拿了不少银子。兵荒马乱之际，物品可能会贵一些，你尽量讨价还价便是。"

"嗻。"

崔玉贵走了，他也不想留在这儿，等一会儿皇上若看见他，还不撕了他！

半个时辰后，崔玉贵哭丧着脸回来了，他两手空空："李公公，附近只有一个小村庄，不过三五户人家，我们敲了几个家，连一个人影儿也没有。"

"都死到哪儿去了？"

"可能都逃了吧！你瞧，这一路上多少逃难之人。"

"没用的东西，家里没有人，屋里的东西只管拿，还能省下一些银子。"

"我们翻遍了，连一块山芋干也没有。"

小李子无奈，他只好来到西太后面前如实禀报："老佛爷，午膳凑合一顿，晚膳丰盛些，好吗？"

西太后真饿了，她迫不及待地说："快去烧饭吧，菜里多放一些肉。"

"老佛爷，就一小块猪肉，还不到一斤。"

"那就烧一碗荤菜，哀家和皇上吃，皇后及其他人吃素菜吧。"

"嗻。"

午膳总算对付过去了，皇后及其他嫔妃、大阿哥、端王、庄王等人只吃上一小碗烧土豆，气得大阿哥直嚷嚷："这叫午膳吗？我吃不下去！"

他父亲载漪连忙制止住儿子，不让他发牢骚。

西太后皱了皱眉头，说："溥儁呀，这不比宫里，你就忍一忍吧。等到了怀来县城，老佛爷让你吃个够。"

"什么时候能到怀来县？"

"闭上嘴！小孩子多嘴多舌的，真令人心烦！"

西太后一发火，溥儁不再敢说话。

午膳后，西太后觉得有些困乏，她想休息一会儿，便令马车队躲进林子里。

谁知她刚想打个盹儿，就听得炮声震天，吓得她猛地坐了起来："怎么了？"

"回老佛爷，洋鬼子的炮在轰北京城，依臣看来此地不宜久留。"

载漪的声音都有些发抖，载勋也来劝告："快走吧，说不定一会儿洋鬼子能追来，再不走就来不及了！"

西太后扶着李莲英的手，艰难地起身。颠簸了一上午，她觉得浑身上下骨头都散了架似的，她对隆裕皇后说："亲爸爸好累，上了年纪了，不比你们年轻人。"

隆裕皇后鼻子一酸，几乎要哭了："亲爸爸，这道路坎坷不平，孩儿觉得实在撑不住了。"

"忍着点儿吧，晚上睡个好觉。"

一行人继续向西逃命。

到了夜幕降临的时候，西太后简直直不起腰来，她半倚半躺在马车里，双腿浮肿，面色苍白，口渴难忍。

李莲英令马车停下，所有的太监、宫女都累得趴在地下，几十个人，谁也不愿意说一句话。

西太后抬头望去，四周阴森森的，远处连一点儿灯火也看不见，她有气无力地问："附近没有村庄吗？"

李莲英强打起精神，起身回答："好像没有。不过，老佛爷别担心，奴才这便差人去打听一下，今晚一定让老佛爷睡个好觉。"

西太后凄凉地说："逃难在外，怎么也不比在皇宫呀。"

李莲英塞了几两碎银子给两个小太监，叮嘱道："就是跑断腿也要给老佛爷找个舒适的行宫，找不到的话，不要回来见我。"

两个小太监明白，完不成任务，李公公饶不过他们。他们拖着沉重的步子向远处走去。还好，走了约四五里地，找到了一个村庄。村子里的年轻人全跑光了，有一户人家剩下一对老夫妻。

一位太监说："老爷，今晚有位贵人能住在你家吗？"

老翁看见两个太监，一怔，却马上明白了过来。他张着嘴巴，吃吃地说道："是老……佛……爷，还是皇……皇上？"

另一个太监默默地点头："都来！"

"呀！我这儿四壁透风，老佛爷能受得了吗？"

"逃难路上，只好忍受了。"

老翁、老妪欣喜若狂，他们连声说："我们这便做饭，老佛爷、皇上驾临，可不能怠慢了。"

一位太监叮嘱了一句："别声张！"

老翁喜滋滋地说："这个，我懂！"

西太后昏昏沉沉地到了老翁家，一踏进门槛就瞥见屋里那张破旧不堪的床，她真想一下子扑到床上，好好睡上一觉。

可是，好多双眼睛盯着她，她只好正襟危坐。

一对贫寒老夫妻跪了下来："草民及糟糠拜见老佛爷！"

西太后一听，心里有点儿乐了："咦，村中老翁还知道称老伴为'糟糠'，看来此人识几个大字。"

"免礼平身！"

"谢老佛爷！"

"哀家及皇上、皇后今晚就在此借宿，打扰你们了。明天让李公公多给你们一些银子。"

老夫妻直摆手："不，不，这是我们的荣幸，老佛爷千万别提什么银子。"

"你们家有什么可吃的吗？"

老妪低声答："夏粮已吃完，秋粮尚未收获。不过，家中养了两只母鸡，刚才已煮进锅里，老佛爷不嫌弃的话，就喝鸡汤吧！"

"太好了！"

西太后脱口而出，她没想到逃难路上还能喝上鲜美的鸡汤。

果然，不到半个时辰，鸡汤端了上来。西太后顾不得体面，她扯下一条鸡大腿，津津有味地吃着："这鸡怎么做的？这么香！"

老妪笑着说："白水煮鸡加点盐，这是原汁原味儿。"

西太后很快吃完了一条鸡腿，她喊道："小李子。"

"奴才在。"

"把剩下的端给皇上、皇后。还有，让御膳房的公公学着点儿，以后回了宫，哀家还想吃这种鸡。"

小李子暗笑，心想："老佛爷，您是天天在宫中山珍海味吃麻嘴了，宫中哪一道菜不比这好吃。"

西太后打了个饱嗝，伸了个懒腰，她该休息了。

老妪怯怯地问："老佛爷，我家就这么一张床，委屈老佛爷了。"

"嗯，不错、不错。可是，皇上、皇后睡哪儿呢？"

"隔壁邻居家也只是一张床，皇上、皇后可以睡过去，可是，其余的人就要打地铺了。行吗？"

"可以，可以，总比睡在露天地里好吧！"

西太后太乏了，她一上床便打起了呼噜。

"喔喔喔……"

天还没亮，公鸡便扯着嗓子叫开了。几十年来，西太后深居皇宫，她哪里听过这响亮的鸡鸣，她再也睡不着。

西太后刚翻身，蜷缩在她床尾的李莲英便醒来了。

"老佛爷，怎么不睡了？"

"鸡鸣太吵人，睡不着。"

"早膳想用些什么？"

西太后凄惨地问："他们家有什么？"

小李子笑了："对呀，首先应该问一问他们家有什么可吃的。"

老妪悄悄地走了进来，笑眯眯地说："老佛爷，夜里睡得好吗？"

"还好。"

西太后盯着老妪看。老妪不解，问："老佛爷看什么呀？"

"你这件衣服很好，能卖给哀家吗？"

小李子不解，心想："老妪这衣服又脏又破，买它干什么？"

西太后说："哀家想留个纪念。落难时曾在你这儿住过，日后回了宫，也好留个念想。"

老妪为难地说："我就这一件衣服呀！"

"这不用担心，哀家随身带了几套，送你一套好的。"

"这可不敢！"

"没什么，你尽管穿哀家的衣服，都是些上等的丝绸，没人敢治你的罪。"

小李子猛地明白了：原来西太后生怕路上遭劫匪，用丝绸衫换一件破烂衫，路上安全些。

吃过早饭，西太后不敢耽搁，她生怕洋人会追过来，于是，又匆匆西行。

如此艰辛跋涉又两天，到了七月二十三日，他们终于抵达出京后的第一个接驾的县城——怀来县。

经过两三天的颠簸，西太后一行人已疲惫不堪，加之一路惊吓，西太后及隆裕皇后、瑾妃等女眷一个个面色苍白、嘴唇干裂、头发散乱、衣服脏乱，活脱脱的逃难之人。

离县城约二三十里地时，李莲英禀报了西太后："老佛爷，怀来知县吴永前来迎驾！"

西太后一听，为之一振，她"哇"的一声大哭了起来。

"这下子可好了！这两三天，哀家受够了罪，快唤卫兵，把那几个淫棍全绑了，立即斩首！"

为何西太后一听说怀来知县前来接驾，她首先要斩几个卫兵呢？原来，路上还有一段令人惊心的故事。

七月二十一日，西太后一行人逃离京城时，匆匆带了二三十个卫兵护驾，但这二三十个卫兵属于不同的管营。出京时，由于慌乱，李莲英没来得及和卫兵的上司交涉，他亲自"点将"带了卫兵。

刚出京城时，卫兵还算听话，一心护驾。

可是，自从第二天早上断饮食的时候，几个大小伙子就怨开了："真倒霉，护驾如此辛苦，连碗稀饭都喝不上。"

"皇太后吃鸡腿，我们连鸡骨头也没捞上，还让我们拼死护驾，哼！"

"你们瞧一瞧，那老佛爷都六七十岁了，活得有滋有味儿。洋人打了过来，她让别人拼命来保护那把老骨头，这叫什么理儿！"

"你们看见没有，皇上瘦得像根柱子，他三宫六院，一群漂亮的娘儿们围着他，他还不要。不如分给我们两个，也让哥儿们享用享用！"

"哈哈哈……"

一阵淫笑。

"你们看，老佛爷身边的姑娘们，个个模样周正，给我哪一个，我都要。"

"我更要！今晚就成亲，我还嫌晚呢！"

"那干脆现在就干吧！"

"哈哈哈……"

又是一阵淫笑。

本来，卫兵全是二十来岁的小伙子，正是蠢蠢欲动的年纪，平日里守宫门时，他们也想女人，可是想不到手。如今逃难路上，一个个鲜丽无比的俏佳娘在眼前晃来晃去，他们焉能不春心荡漾？

一路护驾又饿又累，他们怨言一阵高过一阵，怨恨中就滋长了另一种需求——想女人！

西太后不是聋子，卫兵们你一言、我一语，淫秽之语全飘到她的耳边。

她叹了口气说："小李子，让姑娘们跟紧一点儿，可别让恶狼叼了去。"

李莲英心中明白，他像条警犬一样严密地注视着动静。

白天里无事，夜间，预料之中的事情发生了。

李莲英累了一天，到了晚上，他累得直打哈欠，把十几个宫女召集到一处，说："夜里你们背靠背坐着睡，任何人也不能单独行动，需要方便时，一定要两个人一块儿去，听见吗？"

姑娘们呵欠连天，她们顾不得饥饿，只想睡上一觉。

"李公公，快别说了，让我们睡一会儿吧，累死人了！"

"是啊，公公，赶紧让我们歇息歇息吧！"

李莲英又叮嘱了一句："千万不要招惹那些卫兵们，他们一个个都是饿狼！"

李莲英放心地倚在西太后身边，睡着了。半夜里，一声尖叫响起。

"救命呀！"

李莲英、崔玉贵、溥儁等人一跃而起，拼命向树林里跑去，当他们跑到林子里时，月色下，一位宫女头发披散，衣服已被扯开，捂着脸抽泣着。

林子远处蹲着三个"鬼影"。

李莲英大吼："给我滚出来！"

其中一个胆小的抖抖地走近了一些，"扑通"一声跪了下来，直求饶："不，不是我干的，我，我没干成。是，是他们干的。"

李莲英走近小卫兵，扬起手来狠狠地打了卫兵几巴掌："恶狼，老佛爷非宰了你们不可！"

话刚落音，远处的两个卫兵齐声说："我们拼命保驾，连饭都吃不上，玩个姑娘还不行！哼，我们还想玩娘娘呢！"

说罢，他们转身就跑。

李莲英忙在后面追，他边追边喊："回来，都快回来！李公公敢以性命担保：皇太后不再追究此事，只要你们一心护驾，等到了西安行宫，李公公求老佛爷赏你们白银五十两。"

两个卫兵果真止了步。

那位被污辱的宫女下半夜吊死在了林子里。

当隆裕皇后、瑾妃等年轻女人听说此事后，她们吓得直哭。

瑾妃说："亲爸爸，那些卫兵是禽兽，他们会不会猛地扑来呀？"

西太后一手拉着皇后，一手拉着瑾妃，安慰她们说："有老佛爷在，他们还反了不成？"

她很气愤，对李莲英说："你去查一查，把昨晚作恶的两个人斩了！"

小李子忙劝阻："老佛爷息怒，正在西行路上，本来卫兵就一肚子怨气，他们都两天没吃东西了，玩个姑娘就斩了他们，剩下的岂不要造反？"

西太后觉得小李子的话也很有道理，她深深地叹了一口气，说："就让他们多活几天吧，等一安定下来，非斩不可！"

如此说来，一到怀来县，西太后觉得有了依靠，她首先想到的便是斩不法卫兵。

却说这怀来知县吴永，此人系曾国藩的孙婿。曾国藩的孙女已于前年病故，她的丈夫吴永深受曾国藩的影响，无限爱戴西太后。

再说，吴永也是个聪明人，他知道西太后仓皇西行，正是逢迎巴结的好时机，此时不表现，更待何时！

于是，吴永出城迎驾。

西太后满面污垢，她身着前天从村子里买来的老妪衣衫，浑身上下补丁叠补丁。

吴永一见，不禁大吃一惊。开始，他还怀疑眼前之人不是皇太后，他记忆中的皇太后雍容华贵，所以，他没有立刻跪下。

　　李莲英捏着不男不女的长腔说："吴知县，还不快跪拜老佛爷！"

　　吴永不再犹豫，他按朝中礼节跪拜了西太后："老佛爷辛苦了！"

　　西太后有些感动，逃难路上竟遇到了忠臣。她嗓音嘶哑，艰难地说："你叫什么名字？"

　　"臣叫吴永。"

　　"你是旗人，还是汉人？"

　　"汉人。"

　　西太后打量着怀来知县，觉得眼前之人很面熟。

　　吴永自我介绍："臣妻是曾国藩的孙女，臣五年前随岳父觐见过皇太后。"

　　"哦，有一点点印象。"

　　吴永操着一口并不流利的官话说："臣接驾来迟。"

　　西太后说："爱卿之忠心，哀家心中明白，日后回到京城里，爱卿定能得到重赏！"

　　"谢太后！"

　　"你是哪儿人？"

　　"浙江。"

　　"怪不得你官话说得不好。你的名字是哪一个字？"

　　"长乐永康的'永'字。"

　　"嗯！'长乐永康'之'永'字好呀，是不是'水'字加一点？"

　　"正是。"

　　西太后心里不再沉重了，她仿佛抓住了救命的稻草：

　　"吴爱卿，你到任几年了？"

　　"三年。"

　　"这里离县城还有多远？"

　　"二十五里地。"

　　"哀家实在不想挪一步了，这儿准备了吃的吗？"

　　西太后饥肠辘辘，已顾不得尊严与体面，没问几句话，她便"书归正传"了。

　　吴永回答："昨天晚上，臣已得到报告，说老佛爷今日至此，所以，臣已预备了一些饭菜。只怕偏远之地照顾不周，委屈了老佛爷！"

　　西太后越想心越心酸，她又"哇"的一声大哭了起来，吓得吴知县直磕头："老佛爷饶命！老佛爷饶命！"

　　李莲英明白西太后此时的心情，她憋了两三天了，今天终于发泄了出来。她这一哭，心里会好受一些。

西太后揩了一把泪水说："吴爱卿，不关你的事，快快免礼平身，哀家是心里难过才掉泪的。"

吴知县诚惶诚恐地站了起来，听着西太后哭诉。

"自从离开京城，哀家没吃上一顿可口的饭菜，没睡上一夜好觉，整日在惊恐中度过。这几日，连行几百里，别说没见到官吏接驾了，就是连老百姓也见不到几个。"

李莲英插了一句："见到的全是死尸。"

"一日，哀家感到口渴难忍，李公公派人找了很久，才找到一口井，可是，井边既无井绳又无水桶，而且井中还浮着一具死尸。当时太渴了，哪还顾得这许多，便令一位公公设法瓢上一碗水，与皇上共饮之，呜……"

西太后很伤心，她哭的声音很大，边哭边诉说："昨天夜里，连张睡觉的床铺也找不到，小李子好不容易才弄来一条长凳子，哀家与皇上背靠着背打了个盹儿。爱卿，你看看哀家与逃难的村姬有什么两样？皇上这几天也辛苦得很，自从出了皇宫，他几乎没说过一句话。"

吴永陪着西太后流泪，他安慰道："老佛爷请放心，日后不再有那种苦日子了！"

西太后脸上有了一丝笑容，她问道："爱卿准备了什么吃的，皇上已饿得很厉害，快呈上来吧！"

吴知县低下头，羞愧地说："本来臣已准备了三大锅子饭，但是今早闯进二十几个溃兵，他们抓起饭便吃，现在只剩下一锅米饭了，除此之外，还有一锅绿豆小米粥。只恐乡间饭食粗劣，老佛爷看不上眼，所以，迟迟不敢呈上来。"

西太后笑了一下："很好、很好，哀家最爱吃小米粥，快呈上来吧。非常时期，哪儿还挑剔什么饭食，只要能吃饱便行。"

吴知县迟疑地问："臣、臣还得叩见皇上吧？"

西太后猛地想起了什么似的说："对呀，爱卿还没拜见皇上呢！小李子，快带吴爱卿叩见皇上。"

"嗻。"

吴永一见光绪皇帝，不禁大吃一惊，他对自己说："这就是大清的天子吗？此人面目清瘦，双眸无神、神情呆滞、衣衫褴褛。怎么，皇上穿得不伦不类，哪儿像大清的天子，这分明是一个讨饭花子。"

出于忠君思想，吴永痛哭流涕。

光绪皇帝干裂的嘴唇动了两下，可是，他没有说什么，他已形如槁木、心如死灰。

珍妃被西太后活活地推下井，"君王掩面救不得"！现在，他什么也不想说。

这时，李莲英催促道："吴知县，老佛爷还饿着呢！"

"哦，哦，这便开饭！这便开饭！"

一大锅米饭和一大锅绿豆小米粥抬了上来，还有几碟咸菜和一碟花生米。

一位太监问："吴大人，筷子呢？"

吴永一愣："是呀！忘了带筷子。"

他将随身携带的小刀牙筷在衣襟上擦了擦。

顿了顿，他又说："请老佛爷恕罪！"

太监还问："没筷子，我们怎么吃呀？"

西太后听到了，大声喊："有饭还吃不到嘴里去吗？你们真笨，折些秫秸梗不就是筷子嘛！"

众人笑了，纷纷去折秫秸梗。

光绪皇帝手捧一大碗米饭，他低下头，一口气就吃完了，然后凄惨地说："白米饭还真香！"

过了一会儿，李莲英悄悄地对吴知县说："你做得很不错，老佛爷很高兴。吴大人，你好好伺候老佛爷，以后你一定能升官发财。如今皇太后、皇上正在落难之时，你若能一心效忠，日后还愁赏赐吗？"

吴永一笑，说："日后还请李公公为吴某美言几句，吴永一定重谢李公公。"

说着，他塞给李莲英一百两银子。

李莲英还假客套："这不好、这不好，吴大人别客气！"

话虽这么说，李莲英并不真的推辞。

他连忙将银子揣在腰包里，挤眉弄眼地说："刚才，老佛爷想吃鸡蛋，不知吴大人可能弄几个鸡蛋来？"

吴知县面有难色，小声说："这儿离县城还有二十五里地，这个村子里的人听说洋鬼子快打来了，三天前一下子人跑光了，如今吴某去哪儿弄鸡蛋呀！"

李莲英的脸一沉，说："吴知县，老佛爷发起火来，你大概没见过吧！"

吴永连忙说："还望李大人教导！"

"还愣着干什么，快去找呀，我不信这么大的村子找不到一只母鸡！只要能抓到母鸡，开肠剖肚取鸡子，这不难吧！"

"是、是、是，吴某这就去抓母鸡。"

吴永急了，万一满足不了西太后的要求，日后升官发财就"泡汤"了。

他挨家挨户地搜查，希望有只老母鸡能突然间一扑棱飞出来。可是，找了半天连堆鸡屎也没见着。

就在他几乎绝望之际，一位老人从屋里走了出来。老人七八十岁了，佝偻着背，边咳边问："这位官老爷在喊什么？"

吴永不想搭理他，老人又问了一遍。

吴永不耐烦地说："老人家，你又不能下鸡子，你帮不上忙反添乱！"

老人问："官老爷，你为何这般急着找鸡子？"

"有位圣人想吃！"

"圣人？是谁呀？"

"说出来吓你一跳！"

老人说："老汉我活了七八十年，什么人没见过，老汉不相信什么人能吓我一跳。"

吴永转身欲走，不想理会老人。

老人眼一眯，说："大人若真的需要鸡子，拿银子来买。"

吴永眼前一亮："真的？老人家真的有鸡子？"

"五个！我儿子临走时给我留下了五个鸡蛋，我一直没舍得吃，看来今天可以换副棺材了。"

"五个鸡子多少两银子？"

老人伸出五个指头，吴永疑惑地问："五两银子？"

老人摇头。

吴永又问："五十两银子？"

老人还摇头。

吴永恼了，大叫："总不至于五百两银子吧？"

老人点了点头。

吴永依然大叫："你想发横财！"

老人一笑："你不买，我可要煮着吃了！"

说着，他从抽屉里拿出五个鸡蛋，不慌不忙地揭开锅盖、放上水、燃起灶，片刻，鸡蛋全煮熟了。

老人将鸡蛋放在冷水里冰一冰，正欲去壳，吴永大叫："放下，我买！"

老人手捧五个煮熟的鸡蛋，笑眯眯地说："拿去吧！银子一两不要，日后赏我儿子做个衙门小官就行了。"

吴永激动地接过鸡蛋，连连说："这好办，这好办，吴某一定能办到！"

吴永献宝似的将鸡蛋送至西太后面前，又过了一会儿，李莲英小声说："吴知县干得不错！老佛爷一口气吃了三个鸡子，皇上吃了两个，皇后娘娘馋涎欲滴，可是，她一个也没吃到。"

吴永问："鸡子有那么好吃吗？"

李莲英一挤眼，笑着说："老佛爷此刻吃这鸡子就像平日里吃鹿肉，吃得津津有味呢。"

吴永看见老佛爷吃饱了，也该歇息了，于是准备给她弄"软榻"去。

吴永刚转身，李莲英喊住了他。

"吴知县，老佛爷想吸口水烟。自从离开皇城，她连一口烟也没抽，这会儿烟瘾犯了，快想想办法呀！"

吴永心里烦了。

"老佛爷怎么这么难伺候，刚才说有小米粥就行，这会儿，又要吃鸡子、又要抽口烟，不知等会儿还会要什么！"

他嚷嚷道："抽水烟，非要纸吹（纸媒子）不可，这会儿上哪儿弄纸吹去？"

李莲英脸一沉，道："吴知县看着办吧！"

李莲英一掉头想走。

吴永忙拦住他，问："撮支纸烟抽行不行？"

李莲英阴声怪气地说："那就看老佛爷喜不喜欢了！"

吴永哀求似的说："还请李公公在老佛爷面前说上几句，吴某这便卷纸烟。"

说着，他找来几张粗纸，从自己的烟袋里掏出些烟丝，在窗板上搓卷起来。不一会儿，五支纸烟便搓好了。

这时，二总管崔玉贵跑来，说："老佛爷马上要抽烟，快！全拿来。"

说着，他抓起刚搓好的烟卷就跑。

西太后吃饱了饭，又过了烟瘾，觉得精神好多了。

"小李子。"

"老佛爷，奴才候着哩。"

"你吃了吗？"

"吃了一碗小米粥。"

"皇上、皇后呢？"

"皇上吃了一碗白米饭、两个鸡子，皇后也吃饱了。"

"唉，遭罪呀！可恶的洋人把哀家逼到了这穷乡僻壤，简直叫遭罪！"

说着，西太后又想落泪。

小李子忙上前劝慰："老佛爷，一切困难都已过去，再往西行就到了宣化城，吴知县说宣化城比怀来县好多了。等到了宣化城，奴才一定给老佛爷弄只鸡来好好补补身子。"

西太后叹了一口气，说："吴永还算忠臣，他前来接驾，又准备了粥饭，兵荒马乱的，够难为他的了。"

李莲英摸了摸腰间的一百两银子，说："老佛爷，患难之中见人心，吴知县的一片忠心，奴才感动不已！"

西太后突然觉得身上的衣服太难看了，她问："吴永可有女眷，让他找些衣服来。"

李莲英连忙又喊来吴永，吴永不好意思地说："臣之妻已亡故，她的旧衣服全放在京城岳父家。不过，我这儿还有几件老母的遗物，臣不敢呈。"

西太后一笑："怕什么，你母亲遗留下来的衣物总比这件村妇破衫强吧！"

"当然要好许多。"

"还犹豫什么，快快多拿几件来，皇后、瑾妃也缺衣服穿。"

"臣这便回城取衣物。"

"爱卿，你先行一步，哀家与皇上随后便到。"

"臣回城恭候圣驾！"

西太后又提出一个要求："一路走来，人困马乏，能否换几顶轿子，也让马夫歇歇脚？"

吴永高兴地回答："臣早已预备好了轿子，老佛爷不嫌弃便好！"

西太后几天来第一次真正开心地笑了。

吴永快马加鞭地赶回了县城，从母亲的遗物中挑了几件上等的衣裙，又拿出梳妆匣。他将这些东西一并呈上。

西太后笑眯眯地说："你母亲生前很讲究哟，瞧，这衣服的款式多好，这梳妆匣也精巧。"

李莲英凑上前，献媚说了句："奴才为老佛爷梳梳头吧！"

西太后抓了抓头皮："几天来也没洗过脸，今天哀家先洗一洗。小李子，等会儿你再给哀家梳个好发式，哀家都快成村妇了。"

"嗻。"

西太后一行人在怀来县住了两天，人吃饱了、马歇够了，七月二十五日，他们离开了怀来县。

经过两三天的整修，西太后显得精神了许多，二十七日到来宣化府时，她又显得雍容华贵了。至此，吴永献上的四人小轿换成了宣化府的四人大轿。

八月初一至大同府，八月初五奔太原，十七日抵太原府。到了太原府，山西巡抚毓贤率文武百官数百人，至城外二十里的黄土寨跪迎，西太后又感到了至高无上的尊荣。

二十多天前，吴永一人跪拜西太后，只准备了一锅小米粥，西太后感动得几乎落泪。今天，一二百人跪拜于城外，她反而一点也不感动了。她悄悄地对李莲英说："二十多天前，这些人都死哪儿去了，当时无衣无食，多亏吴永相助。"

西太后到达太原后，留京大臣李鸿章等人便发来电报，乞求皇太后、皇上立刻回京议和。可是，西太后马上吼道："洋鬼子不撤，皇上能回京吗？"

她一意孤行，听不进去任何人的劝告。

她谕令："继续西行，赴西安。"

尽管一路上大小官员纷纷进贡，绫罗绸缎堆积如山，金银财宝享用不完，排场宏大、气势不凡，但西太后没有真正高兴过。因为，她觉得自己是个"逃犯"。

光绪二十六年九月四日，西太后历尽千辛万苦，终于到了西安。

一路逃亡，西太后除了历尽艰辛，身体受创外，更让她难受的是洋鬼子提出了令她难以接受的"议和"条件。

光绪二十六年九月五日，各国公使一致要求严惩载漪、载勋、载澜、刚毅、赵舒翘、董福祥等"罪魁祸首"。

消息传到西安，西太后辗转反侧，她对自己说："洋鬼子口口声声惩办战争的罪魁祸首，他们第一矛头指的是我那拉氏，可是，外国公使不可能直接说出这一点。我那拉氏若能侥幸逃过这一劫，也是祖宗在阴间保佑我。不过，拳民和甘军的确攻打了东交民巷的各国使馆，并放火烧了外国教堂，若大清朝不惩办几个凶手，恐怕他们不会撤出北京城。"

这时，李鸿章、刘坤一、张之洞纷纷来电，奏明皇太后，若大清朝不惩办载漪、载勋、载澜、刚毅、赵舒翘、董福祥等人，外国公使是不愿意"和谈"的。

远在西安的西太后一心庇护载漪等人，她一时难以接受洋鬼子的苛刻条件。她电告奕劻，希望奕劻再与外国公使周旋，能否修改条约。三天后奕劻复电："外国公使态度强硬，条约没有修改的余地。若西安行宫的皇太后不能接受的话，外国公使将立刻在北京另立清政府！"

接到这份电报后，西太后吓得手脚发抖、面色苍白，她逼着光绪皇帝复电："条约生效，日后永远不再有任何疑义。"

西太后归銮心切，她想起了当年咸丰皇帝"巡幸木兰"却死在热河，如今的她也六十六岁了，她生怕死在西安，所以，她只好找来一批"替罪羊"。

光绪二十七年一月初三，西太后以光绪皇帝的名义发布上谕，谕令："载勋自尽，毓贤正法。载漪、载澜为斩监候，加恩发往新疆，永远监禁。英年、赵舒翘令自尽，刚毅斩立决，徐桐斩监候……"

西太后的一大批心腹死的死、撤的撤、流的流，最终换来了叶赫那拉氏的回京。

光绪二十七年七月二十五日，清廷与德、奥、比、西、美、英、法、意、日、荷、俄十一国签订了《辛丑条约》，共十二款：

一、对德谢罪；

二、严惩祸首：处以斩决、赐死、永远监禁者达一百二十多人；

三、对日谢罪；

四、在外国坟墓被掘处建碑，建碑费用一万五千万两白银由户部拨出；

五、禁止军火运入；

六、赔偿白银四点五亿两；

七、各国使馆驻军，中国人不准在使馆区界内居住；

八、削平大沽炮台；

九、各国驻军留守通道；

十、永远禁止军民仇视外国人，永远禁止仇视各国的各种会道门；

十一、修改通商、行船等各项条款；

十二、改变总理各国事务衙门，以及各国驻华使节拜见皇帝的礼节。

　　丧权辱国的《辛丑条约》换来了西太后晚年的"安宁与幸福"！

　　自从仓皇出逃至西安，一眨眼，一年多过去了，六十七岁的西太后不愿在西安久居。一来，她怕洋鬼子在北京另外扶植一个清政府；二来，随着她年岁的增长，她越来越怕死，更怕死在行宫。当夜深人静之时，西太后失眠中痛苦地想："当年咸丰帝就是死在热河行宫的，今日我那拉氏也是被洋人逼得逃出京城，眼看着一年多过去了，留京大臣尚无几人上奏朝廷恳请回銮。难道说我这把老骨头要抛在异乡吗？"越想，她越难过。

　　光绪二十七年（1901年）八月初的一天，西太后对光绪皇帝说："皇上，你瞧，秋风起，黄叶飘满地，眼见着冬日来临了。"

　　自从到了西安，光绪皇帝很少开口说话，他早已麻木。爱妃之死令他心灰意冷，他不再去品尝悲哀与痛苦。对于西太后的话外音，即使听了出来，他也不会去附和。

　　"皇上，又出神了？想什么呢？"

　　西太后有些心酸，毕竟皇上是她亲外甥，一个好端端的青年，如今呆呆傻傻的，叫她如何心安！

　　"皇上，该回銮了！如果现在不起程，一旦来了大风雪，恐怕又要在这儿过冬了。"

　　"怕什么，有火车坐，亲爸爸担心什么。"

　　皇后开了口。

　　西太后叹口气说："皇城是皇上的家，哀家在宫里生活了五十年，故土难离呀！"

　　说着，西太后落了几滴眼泪。

　　光绪皇帝应付了一句："那就回京好了！只是回京后要厚葬珍儿，行吗？"

　　西太后点了点头："当时也是不得已呀！把她留在宫里，万一洋鬼子闯进来把她糟蹋了，皇上不更难过吗？"

　　光绪皇帝的情绪一下子激动了起来："当时完全可以带她一起走！"

西太后自知理亏，小声说："珍儿就是脾气太犟，不然，亲爸爸也不会惩罚于她。"

"亲爸爸，孩儿最难过的就是珍儿之死，所以，孩儿不想回京。"

西太后想："皇上，对于这件事情，一年多来你耿耿于怀，看来不找个'替罪羊'难平你心头之恨。"

于是，西太后说："当时，亲爸爸正在气头上，说惩罚珍儿，难道真的要惩罚她吗？都是狗奴才崔玉贵害了珍儿。"

皇后也附和道："珍妃死得好惨。亲爸爸，应严惩崔玉贵，以告慰珍妃在天之灵！"

光绪皇帝也知道西太后不会自咎的，他说："亲爸爸，今日就严惩那狗奴才！"

西太后立刻说："好，立刻把崔玉贵逐出宫，发配新疆为奴！"

光绪皇帝急得大叫："应斩首！"

西太后厉声道："皇上，你是一国之君，应以慈悲为怀，怎可动不动就杀人？"

光绪皇帝不敢再说什么，他心底悲哀地默诵道："珍儿，朕无能，不能为心爱的人儿报仇雪恨。朕只求一死，到阴间去陪伴你。"

光绪二十七年（1901年）八月二十四日，两宫启銮，从西安向洛阳进发。

到了洛阳，西太后心中大喜，因为，她来的时候狼狈不堪，而今日回京，一路风风光光不必说，沿途大小官员的进贡就让她眼花缭乱，古玩字画、珍奇异宝、地方特产、绫罗绸缎应有尽有；更有堆积如山的银子、炫目的珠宝；还有叫她赞不绝口的西洋玩意儿。

西太后五十年来拥有大清的江山，但她一直没感到过满足，如今数不尽的宝物映入眼帘，她竟欣喜若狂。

"小李子，快清点一下，登记造册，全带回宫去！"

李莲英高兴地回答："嗻！"

自从二总管崔玉贵被逐出宫，小李子更欢快了。

虽然，他也参与了谋害珍妃，但崔玉贵替他顶了罪，无论如何，西太后也不舍得把宠监李莲英加以治罪的！

李莲英脸上挂着笑容，他像耗子一样窜来窜去，乐不可支。他忙着为主子敛财，而西太后却忙着笼络人心，她召见了河南巡抚于荫霖。

于荫霖，一个思想守旧，但为官清廉的老臣，他于咸丰九年中进士，曾任广东按察使、湖北巡抚。

对于西太后的召见，他受宠若惊。

"皇上圣安！老佛爷圣安！臣于荫霖叩拜皇上、皇太后！"

六十六岁的老臣几乎跪不下去了，但还是艰难地跪下了。

西太后微笑着说："爱卿免礼平身！"

于荫霖长跪不起，西太后纳闷儿了，说："爱卿快平身！"

于荫霖还是不动。

李莲英凑近西太后，说："洛阳人喊他'于聋子'，可能他真的有些耳聋！"

西太后大叫："免礼平身！"

于荫霖站了起来，笑着说："臣有些耳聋，请太后说话声音大一些！"

西太后笑着说："哀家这种声音，你听得见吗？"

"勉勉强强听见一点儿。"

西太后对小李子说："哀家小声说，你大声叫喊。"

李莲英也笑着说："今天遇到个聋子，奴才只好大喊大叫了，只是别震着老佛爷。"

"没关系。"

于是，李莲英当起了"翻译"。

西太后问："爱卿，你哪天到的洛阳？"

"初五就来了。臣本住在南阳，为迎接圣驾，觐见皇上、皇太后，臣特来洛阳。"

西太后故作悲哀，悲悲切切地说："皇上与哀家离京一年多了，哀家无时无刻不在想念着皇宫。那日，洋鬼子闯入北京城，哀家本想组织官兵反抗，无奈，几个狗奴才硬拉强扯地把哀家带出了京城。现在回想起来很心痛。"

于荫霖连忙磕头，说："幸亏皇上、皇太后出了京，不然，后果难以想象！"

西太后惨淡地说："爱卿能理解就好！"

接着，西太后又安抚了几句。

西太后问长问短，于荫霖感动得流下了热泪。他想不到高高在上的西太后竟如此体察民情、体恤臣子。

于荫霖感动地说："老佛爷，臣愿为大清捐了我这把老骨头，只要老佛爷一声谕令，臣赴汤蹈火，在所不辞！"

于荫霖又叩了三个响头。

西太后心想：原来我那拉氏不是骂名一片，我还有些人缘。

从洛阳启銮后，西太后信心大增，她要风风光光地回北京。

西太后一行人经开封、过正定，于十一月二十四日抵保定。

十一月二十八日，西太后坐上了开往马家堡的专列，火车一声长鸣，她到了马家堡车站。

一下火车，她倍感欣慰，因为前来迎驾的官员多达二百多人，一些外国驻兵也挥手致意，西太后满面春风。

"皇上圣安！"

"老佛爷圣安！"

"皇后圣安！"

一声声请安，乐得西太后心花怒放。笑着、笑着，突然，她不笑了！

原来，有几个外国人举起照相机，对准皇上和皇太后，"咔嚓、咔嚓"拍了几张照片。

西太后恼怒地说："这些外国人太无礼了，快撵走他们！"

小李子大声喊："快赶走这些外国狗！"

几位外国记者依然拍着，其中一个说："你这个阉人，你才是真正的狗奴才！"

他居然会说汉语！

西太后眉头一皱："以后不能让他们乱学大清的话。"

光绪皇帝小声说："亲爸爸，中西文化交流，你是挡不住的。"

西太后一瞪眼，冲了光绪皇帝一句："就你总和哀家对着干！"

西太后回到了久别的皇城后，在光绪皇帝和一些朝臣的恳求下，她谕令安葬惨死的珍妃。

这件事很让她不高兴，接着，更让她不高兴的事情发生了！

戊戌政变已过去两三年，但变法维新的呼声一天比一天强烈。一些朝臣意识到大清政府早已腐败，他们呼吁：变法自强！

面对一些有识之士的呼吁，西太后虽然不高兴，但又不能不深思："是呀，堂堂的大清国居然被洋鬼子逼得无出路，只要洋鬼子枪炮一响，皇室就要离京远逃，这也太窝囊人了！"

西太后此次出逃，她历尽千辛万苦，所以，对大清国的软弱无能体会得最深。

夜已深，六十七岁的西太后一点儿睡意也没有，她反复问自己："叶赫那拉氏，你已年迈，真是老朽了吗？大清国积重难返，难道你看不见吗？"

西太后，她很痛苦！

清国的软弱、官僚的腐败、子民的痛苦，她全看在了眼里。

她知道：若不变法强国，大清国将很快亡国。可是，若下诏变法，她岂不是扬起手来打自己的脸！

经过两个多月的思想斗争，西太后终于下定决心：下诏变法！

大殿之上，西太后的声音很响亮："众爱卿，哀家一向主张变法，只是当年康有为等人迷惑皇上，乱了国家，哀家才加以制止。如今，大清国非变法不可，唯有变法，才能强国，大清才有辉煌的未来。"

丹墀下，一些朝臣愕然，一些朝臣暗喜，还有一些朝臣惶恐。

不管朝臣作何反应，西太后颁发了变法诏书。

不过，这个诏书是以光绪皇帝名义颁发的，诏书中洋溢着对西太后的赞美：

"世有万古不易之常经，无一成不变之治法，穷变通久，见于大《易》；损益可知，著于《论语》。……伊古以来，代有兴革，即我朝列祖列宗，因时立制，屡有异同。入关以后，已殊沈阳之时。嘉庆道光以来，岂尽雍正乾隆之旧？大抵法积则敝，法敝则更，要归于强国利民而已。自播迁以来，皇太后宵旰焦劳，朕尤痛自责，深念近数十年积习相仍，因循粉饰，以致成此大衅。……懿训认为取外国之长，乃可补中国之短，惩前事之失，乃可作后事之师……皇太后何尝不许更新？损益科条，朕何尝盖行陈旧？执中以御，择善而从，母子一心，臣民共见。今日恭承慈命，一意振兴，严禁新旧之名，浑融中外之迹。我中国之弱，在于习气太深，文法太密，庸俗之吏多，豪杰之士少。……总之，法令不更，锢习不破，欲求振作，当议更张。……"

诏书中，西太后有意强调"母子一心"，她认为这么做可以减轻别人对"戊戌政变"中，她下令杀害"六君子"的指责。

其实，该流的血流了；该被人们遗忘的，人们也遗忘了。菜市口"六君子"的鲜血早已被岁月的雪雨冲刷得干干净净。

西太后主意已定，"变法强国"轰轰烈烈地开展了起来。

就在这时，朝臣纷纷上书呼吁废除大阿哥溥儁，因为，这个大阿哥越来越荒唐。他不但在宫中与十几个宫女有染，而且时常跑到宫外胡作非为，已令众人反感。

西太后心里也非常讨厌溥儁，若不是两三年前立他为皇嗣子，招致外国公使的反对，也不会有西太后下令义和团围攻东交民巷外国使馆的事件，更不会有庚子年西逃。这一切的不幸全由溥儁一人而生，如今，他不学无术、整日游荡，很令西太后头疼。

光绪二十七年十月，西太后颁布了废除大阿哥诏书："已革端王载漪之子溥儁，前经降旨立为大阿哥，承继穆宗毅皇帝为嗣，宣谕中外。慨自上年拳匪之变，肇衅列邦，以至庙社震惊，乘舆播迁。惟究变端，载漪实为祸首，得罪列祖列宗，既经严谴，其子岂宜膺储位之重，溥儁着撤去大阿哥名号，并即出宫。"

大阿哥被赶出了皇宫，虽然是西太后下的诏书，但她心里总觉得不是滋味，册立大阿哥的失败证明了她打击光绪皇帝是一大失误。

溥儁被废了，但大清的天子并没有出头之日，爱新觉罗·载湉仍被囚禁在瀛台。

除了举行重大庆典活动或接见外国重要使臣，一般情况下，朝臣在大殿上是见不到他们的皇帝的。

西太后仍在"训政"，光绪末年的实施新政控制在西太后手中，许多新政诏书的颁布，光绪皇帝甚至连听也没听说过。

光绪二十七年三月初三，西太后下令成立督办政务处，以推动变法。

诏书刚刚颁发，一些朝廷老臣便议论纷纷："皇太后此举英明也，不实施新政，我大清何以振兴！"

"这与几年前的变法维新有什么不同？当年皇上欲变法，老佛爷极力反对，最后变法人士血染菜市口。"

"此次实施的新政比起戊戌年的变法，有过之而无不及，这作何解释！"

"皇太后本不反对变法，她反对的是乱了国法。"

……

众说纷纭，莫衷一是。

不管人们怎么议论，新政最终推行开了。

首先是兴学堂，改科举。对此，西太后明谕"人才为政事之本""共学育才，实为当务之急"。她谕令张百熙创建新学堂，又于光绪二十八年（1902年）废除了科举制，以求中国新文化的发展。

其次是军事制度的改革。西太后明谕旧式军队腐朽落后，必须坚决改兵制、练兵士，举办武备学堂。

再次是法律制度的改革。由于同治、光绪年间，近代资本主义在中国的萌发，原先的"祖宗家法"早已不适应新的要求，西太后谕令制订《大清商律》《公司注册章程》，又模仿西方法律，制订了《大清律例》。

最后是游学西方，考查西方政治。一次次的惨痛教训告诉西太后必须"以夷之长技"抵制夷人。于是，她派出五大臣，即端方、戴鸿慈、载泽、尚其亨、李盛铎到英、美、法、德、丹麦、挪威、奥地利、俄、意等十几个国家考察，希望他们带回先进的经验。

此次的西太后仿佛回到了四十年前，她雄心勃勃，希望能挽救垂死的大清朝。

光绪三十一年（1905年），当五大臣各国考察回国后，他们纷纷向西太后讲述了在外见闻，并主张中国也实行君主立宪制。

这一年，拉开了君主立宪制的序幕。

叶赫那拉氏是一位权欲极大的女人，她已掌握大清的政权四十多年，此次，若让她主动放弃皇权，等于说是"拿刀抹她的脖子"。

可是，历史的洪流势不可当，西太后企图一手遮天的日子似乎已经过去。南方各种学派如雨后春笋层出不穷，南洋一带爱国华侨不断反对独裁者西太后。

西太后感到岌岌可危！

闽浙总督端方上奏朝廷："宪法所以安国内、御外侮、固邦基、保人民。"

西太后似信非信，犹豫不决。

山东布政使尚其亨又奏一折："立宪政体，利君利民。"

西太后惶恐不安。

镇国公载泽耐心地劝导她："老佛爷，君主立宪乃世界之共同趋势，我大清也应顺应天意，这样才能赢得民心。"

西太后长叹了一口气，问："如何立宪呢？"

载泽胸有成竹地说："立宪必做三件事情：一曰宣示宗旨；二曰实行地方自治；三曰允许集会、言论、出版自由。"

西太后经过一番思考，最后，召见了光绪皇帝的亲弟弟载沣以及北洋大臣袁世凯。

"端方等人出洋考察，他们都认为大清国也应实行君主立宪制，哀家经过深思熟虑，认为此举可行。从今日起，载沣会同袁爱卿与军机处、政务处大臣议定立宪原则。"

载沣慑于西太后的威严，一口答应了。

袁世凯自从戊戌政变后，一路扶摇直上，今日是逢迎西太后的最佳时机，他岂能错过！

袁世凯说："老佛爷英明之举，臣佩服至极。臣一定不遗余力地拟订立宪章程。"

西太后说："中国帝王制度已绵延两千年，如果突然间改变政体，恐怕人们难以接受。"

袁世凯马上意识到了她将要说出的话，他抢先一步说出："臣认为二十年后再正式实行君主立宪制为好。"

西太后沉吟着，过了一会儿，才吞吞吐吐地说："十年以后实行吧！二十年，似乎时间太长了。端方等五大臣建议五年内实行君主立宪制，哀家觉得有些太仓促。"

袁世凯马上说："就是嘛！欲速则不达，这等大事岂能求快。"

西太后微笑了一下，心想："袁世凯这个人，外表看起来样子笨笨的，其实，他精明得很。哀家没有看错人！"

光绪三十二年（1906年），经军机处、政务处众臣商议，君主立宪制的基本原则制定了出来：

一、因民智未开，十年后实行君主立宪制；

二、废现行督抚制，改革官制；

三、财权、军权归朝廷。

接着，预备立宪诏书颁发，这个诏书依然是以天子的名义发出的，内容大致如下：

光绪三十二年七月十三日内阁奉上谕：朕钦奉慈禧端佑康颐昭豫庄诚寿恭钦献崇熙皇太后懿旨，我朝自开国以来，列圣相承，谟烈昭垂，无不因时损益，着为宪典。现在各国交通，政治法度，皆有彼此相因之势，而我国政令积久相仍，日处阽险，忧患迫切，非广求知识，更订法制，上无以承祖宗缔造之心，下无以慰臣庶治平之望，是以前派大臣分赴各国考察政治。现载泽等回国陈奏，皆以国势不振，实由于上下相暌，内外隔阂，官不知所以保民，民不知所以卫国，而各国之所以富强者，实由于实行宪法，取决公论，君民一体，呼吸相通，博采众长，明定权限，以及筹备财用，经画政务，无不公之于黎庶。

　　……

　　但目前规制未备，民智未开，若操切从事，涂饰空文，何以对国民荫昭大信。故廓清积弊，明定责成，必从官制入手……使绅民明悉国政，以预备立宪基础……俟数年后规模初具，查看情形，参用各国成法，妥议立宪实行期限，再行宣布天下，视进步之迟速，定期限之远近。……

　　当群臣齐呼"皇上圣明！皇太后圣明！"之时，西太后心想："历史的车轮不可阻挡啊！不过，'数年后察看情形'，这句话有很大的余地。数年后，若情形不错，当然可以实行君主立宪制；若情形不好，则仍实行旧制。"

　　光绪三十四年（1908年）春，被幽禁在瀛台涵元殿的光绪皇帝感到病情加重，他几乎不愿出宫了。

　　十年前，戊戌政变后，大清的天子就失去了自由，从此，他多梦厌食、肾虚遗精，尤其是光绪二十六年，爱妃珍妃被害死后，他更感到心灰意冷，病情不断加重。这些年来，他遗精之症一直未愈，而且常常感到耳鸣目眩、四肢发凉、胃涨口臭，三十六七岁的天子已是百病缠身。

　　光绪三十四年春，西太后也感到身体一天不如一天，她担心自己活不过皇上，便整日忧心忡忡。

　　李莲英跟了西太后四十多年，她的心思早已被他看穿，他悄悄地对主子说："老佛爷，皇上龙体欠安，老佛爷为何还要谕令天下名医进宫诊治皇上的病呢？"

　　西太后已明显地呈现出老态，毕竟是七十三岁的老妪了，她的眸子里已丧失了昔日的光彩，说话的声音也没以前响亮，她慢慢吞吞地说："皇上怕是熬不过今冬了，你看他连说话的力气都没有，才三十六七岁的人，看起来像个老头子，不召天下名医进京医治他的病，难道眼睁睁地看着他死吗？"

　　"可是……"

　　可是什么，小李子没有说出口，但西太后心里明白，万一她熬不过皇上，自己死后，皇上就会翻身的。

西太后乜了一眼小李子，说：“狗奴才，你是怕皇上恨你吧？自从珍儿死后，皇上就没正眼看过你，他恨你。”

“老佛爷，奴才的命贱，奴才是为老佛爷活的。”

西太后拍着李莲英的手说：“放心吧！老佛爷会保护你的。”

主奴二人正说着，内务府一位太监报：“老佛爷，应召入宫的各地名医全到了，如何安排呀？”

西太后想了一会儿说：“来了几个人？”

“六个人。”

“都有谁呀？”

“有江苏名医陈秉钧、曹元桓，浙江人杜钟骏，还有周景涛、施焕、吕用宾三人。”

西太后拖着长长的腔调说：“把他们分为三班吧，每班两个人，一天换一个班。”

“嘛。”

六位地方名医进了京，他们仔细为光绪皇帝诊治，可是，病入膏肓的大清天子一天不如一天。

爱新觉罗·载湉如秋叶一般凋零了。

整个酷热的夏天，光绪皇帝几乎难以下咽食物，他靠西瓜汁、人参汤、银耳茶等补品维持生命。

九月初，天气已凉，光绪皇帝不断咳嗽，他竟有些浑身发抖，连西太后七十三岁寿辰庆典，都不愿露面。

十月初十日，西太后七十三岁大寿，她要好好庆贺一番。

暗地里，她对心腹太监小李子说：“民间有个说法：七十三、八十四，阎王老爷不召自己去。”

小李子宽劝主子：“老佛爷，这一年，您不是平平安安的吗？再过三天，老佛爷就七十四岁了。老佛爷一定会万寿无疆！”

西太后笑了一下：“就你的嘴巴甜，老佛爷我不求万寿无疆，但求百岁安康！”

“老佛爷，宫中已准备了各种庆典活动，奴才特意请了两个戏班子进宫，让伶人们唱它个几天几夜，好好热闹热闹。”

西太后问：“皇上这几日好些了没有？过两天，请皇上一同来听戏。”

西太后已囚禁了大清的天子十年，她深信光绪皇帝早已震慑于她的淫威。

十月初十日早上，西太后穿上崭新的太后服，正津津有味地听戏，忽见内务府一位太监匆匆而至。

他贴在西太后耳边说了几句，西太后脸色一变，口谕：“快请太医及三班名医会诊。"

"嗻。"

听完戏回到寝宫，小李子凑上前问："皇上有事儿吗？"

"对，皇上病情加重。"

"奴才去问安，行吗？"

"快去吧。"

约两个时辰后，小李子回来了，他低声说："皇上气息微弱、肾元不纳，已八日无出恭，三日未进食。"

西太后说："召内务府大臣！"

"何处召见？"

"让他们来这儿吧！哀家连日来甚感劳累，就不上大殿了。"

十月十二日，内务府大臣来到了西太后寝宫，西太后问："皇上龙体如何？"

"回老佛爷，皇上情况很不好，太医及各地名医说皇上身体太虚弱，不是一剂方子或两剂方子能医好的。"

"那就多换几个方子，一个人医不好皇上的病就多换几个人医。"

"老佛爷，臣以为，颇繁换大夫或多方治病并不好，还不如只指定一个人为皇上治病。"

西太后低声斥责道："你敢顶撞哀家！"

那大臣连忙下跪："臣不敢！臣遵太后懿旨。"

"下去吧！及时向哀家报告皇上的病情。"

"嗻。"

这一切，李莲英全看在了眼里，他暗自佩服西太后："老佛爷，您真圣明！您知道皇上恨您，所以唯求皇上先您而去。今天，您来这么一手，让皇上有病得不到有效地医治，自己又不落骂名。您真厉害！"

光绪三十四年十月二十日，光绪皇帝神志不清、牙关紧闭，正处于弥留之际。

隆裕皇后坐在他身边，泪水涟涟，连声呼唤："皇上、皇上！"

可是，光绪皇帝喘逆气短、呛逆作恶，其势岌岌可危。

隆裕皇后哭哭啼啼地来到了西太后面前，哽咽着说："亲爸爸，皇上不行了，太医说趁早准备后事吧！"

西太后落了几滴眼泪，安慰着皇后："别哭！太医有起死回生之术，皇上不会有事的。"

"不，太医说恐怕熬不过两天了，呜——"

"别哭、别哭！快去陪一陪皇上吧！"

皇后走后，西太后不能不想到立嗣问题了。

自她登上政坛以来，她亲自缔造了同治皇帝、光绪皇帝，今天，她要钦定另一个新君王。

　　"立谁为嗣皇子呢？"

　　西太后冥思苦想，她并未意识到自己也只有两天的生命了，她想：

　　"从大阿哥失败的教训看：立长不如立幼！从小抱进宫的孩子好管教。"

　　基于这一点，西太后首先想到了妹妹的孙子——载沣之子溥仪。再者，溥仪也是光绪皇帝的亲侄子，立溥仪为皇嗣子合情又合理。

　　西太后当机立断，十月二十日，她连发三道谕旨：

　　上不豫。谕内阁。朕钦奉慈禧端佑康颐昭豫庄诚寿恭钦献崇熙皇太后懿旨：醇亲王载沣之子溥仪着在宫内教养，并在上书房读书。

　　又谕。朕钦奉皇太后懿旨：醇亲王载沣授为摄政王。

　　谕军机大臣等。朝会大典、常朝班次，摄政王着在诸王之前。

　　当天夜里，三岁的爱新觉罗·溥仪进宫，他大哭不止。

　　西太后眉头一皱，她不愿多看小儿一眼，冷冷地说："抱下去吧！"

　　摄政王载沣怀抱小儿匆匆赶到涵元殿，他要和亲哥哥作诀别。

　　十月二十一日上午，光绪皇帝清醒了一会儿，他问身边坐着的皇后："朕昏睡几日了？"

　　"两三日！"

　　"皇后，别哭了！"

　　光绪伸出无力的手，临终前，他想拉一拉妻子的手。

　　皇后连忙凑上前，抚摸着皇上消瘦的脸颊。

　　"皇后，苦了你了！"

　　"皇上，臣妾早年确有过错，还望皇上原谅。"

　　"说什么傻话，是朕愧对你。"

　　"不——"

　　皇后哭得很伤心，她说不下去了。

　　"皇后，皇嗣子立了吗？"

　　皇后难过地点了点头。

　　"是谁？"

　　"载沣的儿子溥仪。"

"朕想看看这个侄儿，朕从来没见过他。"

载沣抱着小儿早已候在门外，他听到皇帝的这一句，泪如雨下，大声说："皇上，臣在此！"

载沣走向皇上，他跪在龙榻前直流泪。

光绪皇帝低声说："把孩子抱上来，让朕看一看。"

溥仪吓得趴在父亲的怀里，他不敢正视骨瘦如柴的皇上。

光绪皇帝看着可爱的侄儿，艰难地笑了一下，对载沣说："当年朕进宫时比他大一岁，那时，你还没出生，阿玛、额娘舍不得朕进宫，他们那时哭得很厉害，朕还记得一些。"

说到这里，光绪皇帝难过地说不下去了。

载沣第一次和亲哥哥挨得这么近，他低声喊了声："阿哥。"

"载沣，你身为摄政王，好好教导幼子，日后让他堂堂正正地坐天下！"

临死前的光绪皇帝深深遗憾自己成了西太后弄权的玩偶！

光绪三十四年十月二十一日下午，大清朝入关后的第九代君王——光绪皇帝宾天了。

"老佛爷，老佛爷！"

李莲英匆匆来到西太后面前，他低声呼唤西太后。

西太后微微睁了一下眼，懒洋洋地说了句："什么事儿？"

"皇上宾天了。"

"哦！"

西太后手一摆，示意小李子退下。

李莲英有些担心，因为他看到"老佛爷"精神委靡。他不敢走远，只是退到卧房门外候着。

小李子站在门外，听得清清楚楚。

"载湉，你走在了亲爸爸的前面。唉，你太不听话了，辜负了亲爸爸的一片苦心。其实，大清宫里，我就你和皇后这两个亲人，当初你若不是几乎凌驾于亲爸爸之上，这十几年来也不会遭这么大的罪。你死在瀛台，亲爸爸心里很难过。"

接着，是低低的抽泣声。

过了一会儿，什么动静也没有。

李莲英欲转身离去，突然西太后尖叫了一声："啊！肚子好疼！"

小李子一个箭步蹿了进去："老佛爷！老佛爷！您怎么了？"

西太后脸色蜡黄，痛苦地说："快传太医！"

小李子又一下子冲了出去，很快，太医张仲元、戴家瑜便赶到。他们岂敢怠慢，立刻为西太后把脉。李莲英看得出来：西太后情况危急！

隆裕皇后满脸泪痕，她从涵元殿赶到了中南海仪鸾殿。

她跪在西太后的病榻前，悲悲切切："亲爸爸、亲爸爸！"

西太后微微睁了一下眼："是皇后吗？"

"嗯！"

"别哭了！孩子，亲爸爸刚才看到了一丝曙光，不过不是在人间，是一处我从未去过的地方。那儿真美呀！那儿有鲜花、阳光，有欢声、有笑语，不像这大清宫里这么冷清。"

皇后哽咽不能语。

西太后又闭上了眼睛，她的脑海里浮现出一幅幅画面："兰儿、兰儿！"是谁在呼唤她？

"啊，是阿玛、额娘！怎么？蓉儿也在这里？"

"阿玛、额娘，女儿来了！"

"兰儿，是朕！"

那拉氏定睛一瞧："怎么又变成了咸丰皇帝！"

"皇上！"

"兰儿，朕归西之后，你都做了些什么！"

听口气，咸丰皇帝有些责备之意。

那拉氏竭力辩解："肃顺太猖狂，逼得我们母子无路可走！"

"朕不是说他，朕是说皇儿载淳、皇后钮祜禄氏，还有六弟、皇侄载澂，他们都受到了不公平的待遇！特别是皇后之死，朕为此很伤心！"

那拉氏狠狠地说："皇上，他们处处与兰儿作对。为了大清的江山，臣妾只能那么做！"

"哼！是为了维护你自己的权力吧！"

"这……"

那拉氏无言以对。

咸丰皇帝低声说了句："这一切都烟消云散了，朕也不予追究。兰儿，天国里很美，载淳、载澂、皇后、蓉儿、六弟、七弟全在这儿，快来吧，我们一家人又可以团聚了。"

说罢，咸丰皇帝飘然而去。

"皇上，等一等兰儿，等一等兰儿……"

"老佛爷、老佛爷……"

一群人在呼唤！

西太后努力睁开了眼睛。刚才，她做了一个梦！

李莲英哭肿了眼睛："老佛爷，您想吃点什么？"

西太后无力地摇了摇头，她的声音很微弱："小李子，快召醇亲王载沣！"

"嗻！"

载沣牵着刚刚登基的宣统皇帝溥仪的手，快步走向西太后："老佛爷，臣载沣在此！"

西太后望了一眼宣统皇帝，她想伸手拉一拉新帝的手，溥仪吓得大哭了起来。

西太后难过地说："哀家的气数已尽，你们瞧，小孩子见到老人放声大哭，这说明老人要走了。"

"不，不，老佛爷，臣知罪，臣以后一定好好教育皇上。皇上年龄太小，还乞老佛爷开恩！"

"没什么，把皇上抱下去吧！哀家已经不行了，别吓着他。"

李莲英抱走了宣统皇帝。

西太后示意载沣坐在她的身边。

载沣顺从地坐在姨妈西太后的身边，他知道，西太后该立遗嘱了。

西太后艰难地说："自从今年六七月以来，哀家身体一直欠安，特别是近日来，睡不安、吃不下。十月初十日，哀家硬撑着看戏，为的是让大家高兴一下。"

西太后苦涩地笑了一下，接着说："哀家回想往事总觉得问心无愧，自从咸丰爷归天，同治皇帝冲龄登基，两宫太后垂帘听政，哀家就全身心地投入朝政。杀肃顺、消太平军、平判回疆之乱、救实恤民、任贤纳谏、建海军、修铁路、办学堂、废科举、预备立宪。哀家为大清朝鞠躬尽瘁五十多年。这些，天下臣庶都明白吗？"

西太后在粉饰自己，她知道五十多年来，干了不少事情，但也害了不少人，她死后，不知后人如何评价她。所以，临终前有些惶恐不安。

载沣动了动嘴唇，但他没有发出声音来，心想："皇太后，你的千秋功过自有后人来评说！"

西太后依然声音很微弱，但载沣听得很清楚："载沣，皇上年幼，你作为摄政王须尽心教导皇上，巩固我大清的基业。"

载沣点了点头，西太后说："召众爱卿！"

"嗻！"

当众臣跪在仪鸾殿时，西太后让小李子扶着她坐起来，她发出了最后的谕令："皇上冲龄，正资启迪。摄政王及内外诸臣勉节哀思，丧服二十七日而除，布告天下，咸使闻知。还有，以后勿再使妇人参与朝政，不得令太监擅权。明末之事，可为殷鉴。"

众臣齐哭，西太后永远听不见了。

在光绪皇帝死后仅仅二十几个小时后，也就是光绪三十四年十月二十二日晚七时，统治中国长达四十八年之久的叶赫那拉氏撒手人寰了！

垂帘听政：慈禧太后